中国高技术产业统计年鉴

CHINA STATISTICS YEARBOOK ON HIGH TECHNOLOGY INDUSTRY

2012

国　家　统　计　局
国家发展和改革委员会　编
科　学　技　术　部

Edited By
National Bureau of Statistics
National Development and Reform Commission
Ministry of Science and Technology

（京）新登字 041 号

图书在版编目（CIP）数据

中国高技术产业统计年鉴. 2012 : 汉英对照 / 国家统计局, 国家发展与改革委员会, 科学技术部编. -- 北京 : 中国统计出版社, 2012.8
ISBN 978-7-5037-6630-5

Ⅰ. ①中… Ⅱ. ①国… ②国… ③科… Ⅲ. ①高技术产业－统计资料－中国－2012－年鉴－汉、英 Ⅳ. ①F279.244.4-54

中国版本图书馆 CIP 数据核字(2012)第 181811 号

中国高技术产业统计年鉴—2012

作　者/国家统计局，国家发展和改革委员会，科学技术部编
责任编辑/徐　涛
装帧设计/李雪燕
出版发行/中国统计出版社
通信地址/北京市西城区月坛南街 57 号　邮政编码/100826
办公地址/北京市丰台区西三环南路甲 6 号
电　话/邮购（010）63376907 书店（010）68783172
印　刷/河北天普润印刷厂
经　销/新华书店
开　本/880×1230mm　1/16
印　张/31.25
字　数/1000 千字
版　别/2012 年 8 月第 1 版
版　次/2012 年 8 月第 1 次印刷
书　号/ISBN 978-7-5037-6630-5/F.3139
定　价/280.00 元

《中国高技术产业统计年鉴—2012》

指导委员会、编辑委员会、编辑部

CHINA TATISTICS YEARBOOK ON HIGH TECHNOLOGY INDUSTRY-2012

Consultant Board, Editorial Board and Staff

编辑说明

为反映我国高技术产业发展状况和国际竞争能力，满足国家宏观管理部门制订调整产业政策和产业发展规划的需要，我们根据国家统计局 2002 年颁布的《高技术产业统计分类目录》，加工整理了这本高技术产业发展状况的统计资料书。

本书收集了 2000-2011 年我国高技术产业生产经营、研发及相关活动、固定资产投资等资料以及相关的国际比较数据，较为全面地描述了“十五”以来我国高技术产业发展的基本状况，是有关管理部门和社会各界了解我国高技术产业发展情况的主要资料工具书。

本书共分五个部分。第一部分主要反映高技术产业企业的生产经营情况。第二部分主要反映高技术产业企业的研发活动、新产品开发和生产、专利、技术获取和改造、企业办研发机构等情况。第三部分主要反映高技术产业企业的固定资产投资情况。第四部分为国际比较资料，根据经济合作与发展组织（OECD）等国际组织公布的高技术产业统计资料整理。第五部分为附录，包括高技术产业统计分类目录、高技术产业统计资料整理公布格式和主要指标解释。

本书中的“空格”表示该项统计指标数据不足本表最小单位数、数据不详或无该项数据；书中因小数取舍而产生的误差均未做配平处理。按地区分组东部地区包括：北京、天津、河北、辽宁、上海、江苏、浙江、福建、山东、广东、广西和海南；中部地区包括：山西、内蒙古、吉林、黑龙江、安徽、江西、河南、湖北和湖南；西部地区包括：重庆、四川、贵州、云南、西藏、陕西、甘肃、青海、宁夏和新疆。

PREFACE

This Yearbook of High Technology Industry is based on the Statistics Catalogue of High Technology Industry Classification, which has been published by the National Bureau of Statistics in 2002. The purposes of the Yearbook are to summarize the development and international competitive position of China's hi-tech industry and to facilitate the goals of the state macro administration in formulating policy and programming in support of China's hi-tech industry.

The Yearbook describes the development of China's hi-tech industry during the period from 2000 to 2011. Statistical series for the years 2000 to 2011 include production, R&D and related activities, investment on fixed assets, and relative international comparative measures of this fast-growing industry. The Yearbook should serve as a useful source for the public planning and administration sector as well as the broader business and research communities for understanding recent developments in China's hi-tech industry.

The Yearbook contains five parts. The first part focuses on the production and management of hi-tech industry. The second part of the Yearbook focuses on R&D activities, new products development, patents, technology acquisition and technology reconstruction, and R&D institutions in hi-tech enterprises. The third part focuses on investment on fixed assets in hi-tech industry. The fourth part of the Yearbook focuses on international comparisons among China and the OECD countries. The fifth part is appendix information, including catalogue of Hi-Technology Industry Classifications, Published Format for Sorting-out the Statistical Data of High-Technology Industry and Main Indicators.

Notations used in this book:"(blank space)"indicates that the figure is not large enough to be measured with the smallest unit in the table or data are unknown or are not available. Statistical discrepancies due to rounding are not adjusted in the yearbook. Eastern region include Beijing, Tianjin, Hebei, Liaoning, Shanghai, Jiangsu, Zhejiang, Fujian, Shandong, Guangdong, Guangxi and Hainan. Middle region include Shanxi, Inner Mongolia, Jilin, Heilongjiang, Anhui, Jiangxi, Henan, Hubei and Hunan. Western region include Chongqing, Sichuan, Guizhou, Yunnan, Xizang, Shaanxi, Gansu, Qinghai, Ningxia and Xinjiang.

目　录

Contents

第一部分　生产经营情况

Statistics on Production and Management

第二部分 R&D 及相关活动情况

Statistics on R&D and Related Activities

第三部分 固定资产投资情况

Statistics on Investment in Fixed Assets

第四部分　国际比较情况

International Comparison

附　录

Appendix

生产经营情况

Production and Financial Indicators

1-1-1　高技术产业生产经营情况

Statistics on Production and Management in High-tech Industry

指　标	Indicator	2000	2005	2008	2009	2010	2011
企业数（个）	Number of Enterprises (unit)	9758	17527	25817	27218	28189	21682
从业人员年平均人数（万人）	Annual Average Number of Employed Personnel (person)	390	663	945	958	1092	1147
当年价总产值（亿元）	Gross Industrial Output Value at Current Prices (100 million yuan)	10411	34367	57087	60430	74709	88434
主营业务收入（亿元）	Revenue from Principal Business (100 million yuan)	10034	33922	55729	59567	74483	87527
利润（亿元）	Profits (100 million yuan)	673	1423	2725	3279	4880	5245
利税（亿元）	Taxes and Profits (100 million yuan)	1033	2090	4024	4660	6753	7814
出口交货值(亿元)	Exports(100 million Yuan)	3396	17636	31504	29500	37002	40600

注：本表2006年及以前年份数据口径为全部国有及年主营业务收入500万元及以上的非国有法人工业企业，2007年-2010年为年主营业务收入500万元及以上的法人工业企业，2011年为年主营业务收入2000万元及以上的法人工业企业。以下至1-1-14表相同。

1-1-2　制造业生产经营情况

Statistics on Production and Management in Manufacturing Industry

指　标	Indicator	2000	2005	2008	2009	2010	2011
企业数（个）	Number of Enterprises (unit)	148279	251499	396950	405183	422532	301489
从业人员年平均人数（万人）	Annual Average Number of Employed Personnel (person)	4606	5935	7732	7720	8391	8054
当年价总产值（亿元）	Gross Industrial Output Value at Current Prices (100 million yuan)	75108	217836	441358	479200	609558	733984
主营业务收入（亿元）	Revenue from Principal Business (100 million yuan)	71698	213844	432760	471870	606300	729264
利润（亿元）	Profits (100 million yuan)	2733	9704	21674	27972	42550	47843
利税（亿元）	Taxes and Profits (100 million yuan)	6700	18441	40051	49736	69587	78806
出口交货值(亿元)	Export(100 million yuan)	14193	47082	81942	71672	89534	99274

1-1-3 按行业分高技术产业生产经营情况

Statistics on Production and Management in High-tech Industry by Industrial Sector

行业	Industry	企业数（个） Number of Enterprises (unit)					
		2000	2005	2008	2009	2010	2011
合 计	**Total**	**9835**	**17527**	**25817**	**27218**	**28189**	**21682**
医药制造业	**Manufacture of Medicines**	**3533**	**4971**	**6524**	**6807**	**7039**	**5926**
#化学药品制造	Manufacture of Chemical Medicine	1619	2037	2459	2494	2525	2172
中成药制造	Manufacture of Finished Traditional Chinese Herbal Medicine		1288	1479	1510	1550	1398
生物、生化制品的制造	Manufacture of Biological and Biochemical Chemical Products	271	478	746	815	862	731
航空航天器制造业	**Manufacture of Aircrafts and Spacecrafts**	**176**	**167**	**217**	**220**	**237**	**224**
1.飞机制造及修理	Manufacture and Repairing of Airplanes	130	143	183	186	197	182
2.航天器制造	Manufacture of Spacecrafts	46	24	34	34	40	42
电子及通信设备制造业	**Manufacture of Electronic Equipment and Communication Equipment**	**3996**	**7781**	**12871**	**12831**	**13425**	**10220**
1.通信设备制造	Manufacture of Communication Equipment	809	1195	1578	1605	1540	1206
#通信传输设备制造	Manufacture of Communication Transmitting Equipment	145	263	385	401	394	297
通信交换设备制造	Manufacture of Communication Exchanging Equipment	178	163	173	158	148	108
通信终端设备制造	Manufacture of Communication Terminal Equipment	129	223	251	244	225	174
2.雷达及配套设备制造	Manufacture of Radar and Its Fittings	47	47	60	51	54	47
3.广播电视设备制造	Manufacture of Broadcasting and TV Equipment	98	361	461	477	473	365
4.电子器件制造	Manufacture of Electronic Appliances	513	1285	2289	2355	2485	2114
#电子真空器件制造	Manufacture of Electronic Vacuum Appliances	105	134	166	167	157	116
半导体分立器件制造	Manufacture of Semiconductor Discreting Appliances	236	258	422	408	412	314
集成电路制造	Manufacture of Integrate Circuit	172	362	500	482	492	412
5.电子元件制造	Manufacture of Electronic Components	1598	3558	6226	6145	6674	4791
6.家用视听设备制造	Manufacture of Domestic TV Set and Radio Receiver	453	855	1182	1088	1090	864
7.其他电子设备制造	Manufacture of Other Electronic Equipment	478	480	1075	1110	1109	833
电子计算机及办公设备制造业	**Manufacture of Computers and Office Equipments**	**506**	**1267**	**1695**	**1676**	**1642**	**1313**
1.电子计算机整机制造	Manufacture of Entired Computer	139	201	175	162	157	154
2.电子计算机外部设备制造	Manufacture of Computer Peripheral Equipment	272	886	1301	1291	1256	990
3.办公设备制造	Manufacture of Office Equipment	95	180	219	223	229	169
医疗设备及仪器仪表制造业	**Manufacture of Medical Equipments and Measuring Instrument**	**1624**	**3341**	**4510**	**5684**	**5846**	**3999**
1.医疗设备及器械制造	Manufacture of Medical Equipment and Appliances	338	704	1200	1262	1310	878
2.仪器仪表制造	Manufacture of Measuring Instrument	1286	2637	3310	4422	4536	3121

1-1-3 续表 1 continued

行业	Industry	从业人员年平均人数（人） Annual Average Number of Employed Personnel (person)					
		2000	2005	2008	2009	2010	2011
合 计	**Total**	**3922875**	**6633422**	**9447700**	**9575428**	**10922252**	**11469153**
医药制造业	**Manufacture of Medicines**	**1045293**	**1234389**	**1507512**	**1604792**	**1731652**	**1786022**
#化学药品制造	Manufacture of Chemical Medicine	612191	641919	734497	767596	832429	832357
中成药制造	Manufacture of Finished Traditional Chinese Herbal Medicine		350233	396798	428684	449042	487421
生物、生化制品的制造	Manufacture of Biological and Biochemical Chemical Products	53451	77122	119509	129036	141614	153551
航空航天器制造业	**Manufacture of Aircrafts and Spacecrafts**	**456531**	**304691**	**314070**	**325270**	**336630**	**349995**
1.飞机制造及修理	Manufacture and Repairing of Airplanes	394176	283082	289494	302792	312536	324141
2.航天器制造	Manufacture of Spacecrafts	62355	21609	24576	22478	24094	25854
电子及通信设备制造业	**Manufacture of Electronic Equipment and Communication Equipment**	**1739147**	**3466681**	**5232248**	**5100040**	**6015152**	**6356687**
1.通信设备制造	Manufacture of Communication Equipment	324118	555028	864463	893945	1006802	1236585
#通信传输设备制造	Manufacture of Communication Transmitting Equipment	67149	62438	103538	114735	132764	141210
通信交换设备制造	Manufacture of Communication Exchanging Equipment	84578	98932	172796	203465	218616	257483
通信终端设备制造	Manufacture of Communication Terminal Equipment	56902	115108	116914	103270	117236	120891
2.雷达及配套设备制造	Manufacture of Radar and Its Fittings	54161	39307	42660	35565	35780	37272
3.广播电视设备制造	Manufacture of Broadcasting and TV Equipment	21493	75849	102348	100141	109621	124673
4.电子器件制造	Manufacture of Electronic Appliances	268611	616231	1055998	1035697	1247942	1431397
#电子真空器件制造	Manufacture of Electronic Vacuum Appliances	112600	104010	88417	77407	70923	64013
半导体分立器件制造	Manufacture of Semiconductor Discreting Appliances	82007	73727	111790	101839	119304	116070
集成电路制造	Manufacture of Integrate Circuit	74004	188080	313441	275637	293023	290468
5.电子元件制造	Manufacture of Electronic Components	645061	1495255	2306669	2213312	2746589	2584111
6.家用视听设备制造	Manufacture of Domestic TV Set and Radio Receiver	317255	553288	579221	541130	573280	644624
7.其他电子设备制造	Manufacture of Other Electronic Equipment	108448	131723	280889	280250	295138	298025
电子计算机及办公设备制造业	**Manufacture of Computers and Office Equipments**	**246902**	**1011417**	**1650041**	**1632703**	**1814873**	**1945089**
1.电子计算机整机制造	Manufacture of Entired Computer	62331	322380	583118	513380	546542	676008
2.电子计算机外部设备制造	Manufacture of Computer Peripheral Equipment	125570	607302	957760	1022983	1165787	1162090
3.办公设备制造	Manufacture of Office Equipment	59001	81735	109163	96340	102544	106991
医疗设备及仪器仪表制造业	**Manufacture of Medical Equipments and Measuring Instrument**	**435002**	**616244**	**743829**	**912623**	**1023945**	**1031360**
1.医疗设备及器械制造	Manufacture of Medical Equipment and Appliances	67749	129701	223142	233022	252814	241674
2.仪器仪表制造	Manufacture of Measuring Instrument	367253	486543	520687	679601	771131	789686

1-1-3 续表 2 continued

行　业	Industry	当年价总产值（亿元） Gross Industrial Output Value at Current Prices (100 million yuan)					
		2000	2005	2008	2009	2010	2011
合　计	**Total**	**10425.9**	**34360.8**	**57087.4**	**60430.5**	**74708.9**	**88433.9**
医药制造业	**Manufacture of Medicines**	**1843.2**	**4250.4**	**7875.0**	**9443.3**	**11741.3**	**14942.0**
#化学药品制造	Manufacture of Chemical Medicine	1077.5	2405.9	4198.2	4890.6	5951.5	7243.8
中成药制造	Manufacture of Finished Traditional Chinese Herbal Medicine		1048.2	1715.3	2057.3	2651.1	3543.8
生物、生化制品的制造	Manufacture of Biological and Biochemical Chemical Products	135.6	353.7	776.9	980.7	1208.0	1603.7
航空航天器制造业	**Manufacture of Aircrafts and Spacecrafts**	**387.6**	**797.2**	**1199.1**	**1353.0**	**1598.1**	**1913.0**
1.飞机制造及修理	Manufacture and Repairing of Airplanes	340.8	750.8	1123.9	1273.2	1499.3	1786.3
2.航天器制造	Manufacture of Spacecrafts	46.8	46.4	75.2	79.9	98.8	126.7
电子及通信设备制造业	**Manufacture of Electronic Equipment and Communication Equipment**	**5983.4**	**16867.1**	**28151.4**	**28947.1**	**35929.8**	**43559.5**
1.通信设备制造	Manufacture of Communication Equipment	2178.7	5804.8	8382.7	8531.3	9591.2	11912.7
#通信传输设备制造	Manufacture of Communication Transmitting Equipment	251.7	277.4	546.4	661.3	832.6	1128.0
通信交换设备制造	Manufacture of Communication Exchanging Equipment	676.0	990.6	2174.7	2570.8	2909.3	3698.2
通信终端设备制造	Manufacture of Communication Terminal Equipment	284.8	493.3	573.6	523.8	572.5	630.8
2.雷达及配套设备制造	Manufacture of Radar and Its Fittings	37.6	102.7	153.8	122.9	173.5	217.3
3.广播电视设备制造	Manufacture of Broadcasting and TV Equipment	34.8	200.3	396.3	424.7	577.3	657.5
4.电子器件制造	Manufacture of Electronic Appliances	950.4	3039.3	6350.8	6447.1	8826.3	11549.0
#电子真空器件制造	Manufacture of Electronic Vacuum Appliances	541.6	582.8	545.1	395.7	502.1	489.5
半导体分立器件制造	Manufacture of Semiconductor Discreting Appliances	136.4	254.7	551.2	532.3	653.7	684.1
集成电路制造	Manufacture of Integrate Circuit	272.3	1155.5	2342.7	1926.5	2340.2	2454.5
5.电子元件制造	Manufacture of Electronic Components	1050.5	4303.2	8234.4	8259.1	10894.1	12117.0
6.家用视听设备制造	Manufacture of Domestic TV Set and Radio Receiver	1458.8	3062.1	3589.5	3918.4	4452.8	5378.0
7.其他电子设备制造	Manufacture of Other Electronic Equipment	272.5	354.6	1044.0	1243.7	1414.6	1728.1
电子计算机及办公设备制造业	**Manufacture of Computers and Office Equipments**	**1685.7**	**10660.6**	**16493.4**	**16292.7**	**19822.5**	**21135.2**
1.电子计算机整机制造	Manufacture of Entired Computer	685.3	5563.8	9155.8	8960.3	10123.3	11607.4
2.电子计算机外部设备制造	Manufacture of Computer Peripheral Equipment	807.4	4557.1	6595.7	6655.2	8917.6	8628.7
3.办公设备制造	Manufacture of Office Equipment	193.0	539.7	742.0	677.2	781.6	899.0
医疗设备及仪器仪表制造业	**Manufacture of Medical Equipments and Measuring Instrument**	**526.1**	**1785.3**	**3368.5**	**4394.3**	**5617.3**	**6884.2**
1.医疗设备及器械制造	Manufacture of Medical Equipment and Appliances	101.9	352.5	832.4	973.5	1178.4	1384.7
2.仪器仪表制造	Manufacture of Measuring Instrument	424.2	1432.8	2536.1	3420.8	4438.9	5499.5

1-1-3 续表 3 continued

行 业	Industry	主营业务收入（亿元） Revenue from Principal Business (100 million yuan)					
		2000	2005	2008	2009	2010	2011
合 计	**Total**	**10050.1**	**33916.2**	**55728.9**	**59566.7**	**74482.8**	**87527.2**
医药制造业	**Manufacture of Medicines**	**1682.8**	**4019.8**	**7402.3**	**9087.0**	**11417.3**	**14484.4**
#化学药品制造	Manufacture of Chemical Medicine	1000.7	2325.6	3984.7	4780.3	5914.2	7118.2
中成药制造	Manufacture of Finished Traditional Chinese Herbal Medicine		970.8	1577.3	1942.9	2520.0	3344.4
生物、生化制品的制造	Manufacture of Biological and Biochemical Chemical Products	112.3	318.2	710.3	919.3	1128.7	1525.3
航空航天器制造业	**Manufacture of Aircrafts and Spacecrafts**	**377.8**	**781.4**	**1162.0**	**1322.8**	**1592.4**	**1934.3**
1.飞机制造及修理	Manufacture and Repairing of Airplanes	335.1	735.3	1088.7	1245.8	1496.1	1808.6
2.航天器制造	Manufacture of Spacecrafts	42.8	46.0	73.4	77.0	96.3	125.8
电子及通信设备制造业	**Manufacture of Electronic Equipment and Communication Equipment**	**5874.5**	**16646.3**	**27409.9**	**28465.5**	**35984.4**	**43206.3**
1.通信设备制造	Manufacture of Communication Equipment	2162.2	5834.0	8190.4	8540.5	9902.5	11926.5
#通信传输设备制造	Manufacture of Communication Transmitting Equipment	275.5	316.7	528.7	663.3	868.0	1149.7
通信交换设备制造	Manufacture of Communication Exchanging Equipment	637.7	1086.8	2087.2	2676.4	3243.8	3794.6
通信终端设备制造	Manufacture of Communication Terminal Equipment	283.1	490.4	543.2	503.9	566.3	612.9
2.雷达及配套设备制造	Manufacture of Radar and Its Fittings	34.1	92.5	162.6	132.1	193.7	230.7
3.广播电视设备制造	Manufacture of Broadcasting and TV Equipment	33.2	196.0	382.5	408.9	559.5	647.0
4.电子器件制造	Manufacture of Electronic Appliances	920.1	2958.6	6045.3	6163.0	8610.4	11318.4
#电子真空器件制造	Manufacture of Electronic Vacuum Appliances	533.0	563.0	525.4	384.4	498.1	477.6
半导体分立器件制造	Manufacture of Semiconductor Discreting Appliances	126.8	249.0	540.6	522.4	639.3	670.3
集成电路制造	Manufacture of Integrate Circuit	260.3	1118.8	2184.0	1781.8	2270.1	2407.7
5.电子元件制造	Manufacture of Electronic Components	993.8	4167.0	8044.2	8101.5	10702.5	11865.6
6.家用视听设备制造	Manufacture of Domestic TV Set and Radio Receiver	1467.8	3049.0	3587.8	3914.3	4591.3	5489.0
7.其他电子设备制造	Manufacture of Other Electronic Equipment	263.2	349.1	997.2	1205.2	1424.5	1729.3
电子计算机及办公设备制造业	**Manufacture of Computers and Office Equipments**	**1606.7**	**10716.6**	**16499.0**	**16432.0**	**19957.7**	**21163.5**
1.电子计算机整机制造	Manufacture of Entired Computer	657.3	5683.4	9371.9	9276.9	10407.8	11820.2
2.电子计算机外部设备制造	Manufacture of Computer Peripheral Equipment	763.0	4508.8	6396.1	6473.5	8768.9	8448.4
3.办公设备制造	Manufacture of Office Equipment	186.4	524.4	731.0	681.5	781.0	895.0
医疗设备及仪器仪表制造业	**Manufacture of Medical Equipments and Measuring Instrument**	**508.3**	**1752.2**	**3255.6**	**4259.4**	**5530.9**	**6738.6**
1.医疗设备及器械制造	Manufacture of Medical Equipment and Appliances	95.4	341.6	795.4	939.3	1148.5	1362.9
2.仪器仪表制造	Manufacture of Measuring Instrument	412.9	1410.6	2460.2	3320.0	4382.4	5375.7

1-1-3 续表 4 continued

行 业	Industry	利润（亿元）Profits (100 million yuan)					
		2000	2005	2008	2009	2010	2011
合 计	**Total**	**673.1**	**1423.2**	**2725.1**	**3278.5**	**4879.7**	**5244.9**
医药制造业	**Manufacture of Medicines**	**139.1**	**338.2**	**792.9**	**994.0**	**1331.1**	**1606.0**
#化学药品制造	Manufacture of Chemical Medicine	67.2	174.5	427.1	508.8	667.5	727.0
中成药制造	Manufacture of Finished Traditional Chinese Herbal Medicine		97.4	170.7	220.3	305.4	405.5
生物、生化制品的制造	Manufacture of Biological and Biochemical Chemical Products	14.1	38.0	97.1	135.3	178.5	224.4
航空航天器制造业	**Manufacture of Aircrafts and Spacecrafts**	**3.8**	**32.4**	**75.8**	**89.7**	**81.3**	**104.0**
1.飞机制造及修理	Manufacture and Repairing of Airplanes	3.8	27.5	69.4	81.9	72.5	91.3
2.航天器制造	Manufacture of Spacecrafts		4.9	6.4	7.8	8.7	12.6
电子及通信设备制造业	**Manufacture of Electronic Equipment and Communication Equipment**	**426.1**	**650.8**	**1059.1**	**1309.6**	**2233.7**	**2161.9**
1.通信设备制造	Manufacture of Communication Equipment	211.1	277.9	309.3	550.8	732.3	627.4
#通信传输设备制造	Manufacture of Communication Transmitting Equipment	25.7	5.6	40.9	51.7	83.5	105.0
通信交换设备制造	Manufacture of Communication Exchanging Equipment	74.5	71.5	84.3	283.2	382.8	219.4
通信终端设备制造	Manufacture of Communication Terminal Equipment	11.7	8.2	17.0	20.5	41.5	37.1
2.雷达及配套设备制造	Manufacture of Radar and Its Fittings	-0.1	6.5	13.0	11.4	13.8	18.1
3.广播电视设备制造	Manufacture of Broadcasting and TV Equipment	1.6	9.2	19.4	25.8	39.4	47.6
4.电子器件制造	Manufacture of Electronic Appliances	82.7	65.4	192.2	153.6	479.5	506.7
#电子真空器件制造	Manufacture of Electronic Vacuum Appliances	57.1	-13.3	-1.7	-31.9	20.5	18.6
半导体分立器件制造	Manufacture of Semiconductor Discreting Appliances	7.9	7.1	45.3	42.4	46.5	34.9
集成电路制造	Manufacture of Integrate Circuit	17.7	32.6	49.6	9.0	132.7	150.2
5.电子元件制造	Manufacture of Electronic Components	65.5	209.8	359.1	353.0	629.1	608.8
6.家用视听设备制造	Manufacture of Domestic TV Set and Radio Receiver	40.8	64.2	105.5	144.9	246.8	230.6
7.其他电子设备制造	Manufacture of Other Electronic Equipment	24.4	17.9	60.7	70.1	92.8	122.7
电子计算机及办公设备制造业	**Manufacture of Computers and Office Equipments**	**76.0**	**262.7**	**521.4**	**487.2**	**690.5**	**710.4**
1.电子计算机整机制造	Manufacture of Entired Computer	36.3	103.6	193.5	148.9	228.3	287.5
2.电子计算机外部设备制造	Manufacture of Computer Peripheral Equipment	33.6	137.3	290.0	297.7	411.1	378.1
3.办公设备制造	Manufacture of Office Equipment	6.1	21.8	37.9	40.6	51.1	44.9
医疗设备及仪器仪表制造业	**Manufacture of Medical Equipments and Measuring Instrument**	**28.2**	**139.1**	**275.9**	**398.0**	**543.2**	**662.6**
1.医疗设备及器械制造	Manufacture of Medical Equipment and Appliances	6.0	30.5	81.9	112.1	125.6	153.6
2.仪器仪表制造	Manufacture of Measuring Instrument	22.2	108.7	194.0	285.9	417.7	509.1

1-1-3 续表 5 continued

行　业	Industry	利税（亿元）Taxes and Profits (100 million yuan)					
		2000	2005	2008	2009	2010	2011
合　计	**Total**	**1033.6**	**2089.6**	**4023.9**	**4660.3**	**6753.1**	**7813.8**
医药制造业	**Manufacture of Medicines**	**268.0**	**584.4**	**1242.3**	**1517.6**	**1955.9**	**2374.7**
#化学药品制造	Manufacture of Chemical Medicine	139.4	306.4	666.1	792.0	997.5	1125.4
中成药制造	Manufacture of Finished Traditional Chinese Herbal Medicine		177.2	288.8	356.9	467.5	607.1
生物、生化制品的制造	Manufacture of Biological and Biochemical Chemical Products	22.9	56.1	136.1	178.2	234.3	298.5
航空航天器制造业	**Manufacture of Aircrafts and Spacecrafts**	**17.2**	**44.5**	**91.9**	**113.3**	**107.0**	**139.7**
1.飞机制造及修理	Manufacture and Repairing of Airplanes	16.5	39.3	84.9	104.9	97.4	125.9
2.航天器制造	Manufacture of Spacecrafts	0.7	5.2	7.1	8.5	9.5	13.9
电子及通信设备制造业	**Manufacture of Electronic Equipment and Communication Equipment**	**592.5**	**927.3**	**1615.5**	**1858.2**	**3019.2**	**3356.7**
1.通信设备制造	Manufacture of Communication Equipment	280.9	392.3	496.4	746.5	1013.2	1238.3
#通信传输设备制造	Manufacture of Communication Transmitting Equipment	34.7	11.7	53.6	65.7	99.8	123.2
通信交换设备制造	Manufacture of Communication Exchanging Equipment	103.9	137.6	197.2	412.7	542.5	655.8
通信终端设备制造	Manufacture of Communication Terminal Equipment	17.8	12.5	26.5	27.4	49.7	44.6
2.雷达及配套设备制造	Manufacture of Radar and Its Fittings	0.3	7.8	16.8	13.6	20.1	26.1
3.广播电视设备制造	Manufacture of Broadcasting and TV Equipment	3.1	15.0	28.5	35.5	52.9	65.9
4.电子器件制造	Manufacture of Electronic Appliances	114.7	108.8	295.1	248.7	622.5	678.6
#电子真空器件制造	Manufacture of Electronic Vacuum Appliances	79.7	-0.1	9.5	-25.3	29.2	24.4
半导体分立器件制造	Manufacture of Semiconductor Discreting Appliances	11.5	10.8	61.1	58.2	58.1	46.7
集成电路制造	Manufacture of Integrate Circuit	23.6	46.2	80.9	30.8	174.7	194.2
5.电子元件制造	Manufacture of Electronic Components	96.1	272.7	515.1	503.5	831.9	839.5
6.家用视听设备制造	Manufacture of Domestic TV Set and Radio Receiver	64.4	105.5	177.8	210.8	349.6	343.6
7.其他电子设备制造	Manufacture of Other Electronic Equipment	32.9	25.3	85.7	99.6	128.9	164.8
电子计算机及办公设备制造业	**Manufacture of Computers and Office Equipments**	**104.0**	**331.0**	**675.7**	**607.8**	**918.3**	**1017.7**
1.电子计算机整机制造	Manufacture of Entired Computer	52.4	125.5	255.5	187.4	298.2	470.6
2.电子计算机外部设备制造	Manufacture of Computer Peripheral Equipment	42.5	177.5	372.6	369.8	557.9	487.7
3.办公设备制造	Manufacture of Office Equipment	9.2	28.0	47.6	50.6	62.2	59.3
医疗设备及仪器仪表制造业	**Manufacture of Medical Equipments and Measuring Instrument**	**51.9**	**202.3**	**398.5**	**563.4**	**752.7**	**925.0**
1.医疗设备及器械制造	Manufacture of Medical Equipment and Appliances	10.5	42.2	115.8	147.4	164.9	206.9
2.仪器仪表制造	Manufacture of Measuring Instrument	41.3	160.1	282.7	416.0	587.9	718.1

1-1-3 续表 6 continued

行 业	Industry	出口交货值（亿元） Exports (100 million yuan)					
		2000	2005	2008	2009	2010	2011
合 计	**Total**	**3396.0**	**17636.0**	**31503.9**	**29499.7**	**37001.6**	**40600.3**
医药制造业	**Manufacture of Medicines**	**189.6**	**439.3**	**746.7**	**747.2**	**948.6**	**1030.5**
#化学药品制造	Manufacture of Chemical Medicine	139.2	312.7	500.2	494.5	629.1	634.6
中成药制造	Manufacture of Finished Traditional Chinese Herbal Medicine		25.2	47.7	48.4	40.4	54.3
生物、生化制品的制造	Manufacture of Biological and Biochemical Chemical Products	10.1	55.3	91.7	100.2	149.5	181.5
航空航天器制造业	**Manufacture of Aircrafts and Spacecrafts**	**31.2**	**77.8**	**205.7**	**208.2**	**202.5**	**274.9**
1.飞机制造及修理	Manufacture and Repairing of Airplanes	27.5	77.3	202.7	206.5	199.3	269.4
2.航天器制造	Manufacture of Spacecrafts	3.7	0.4	3.0	1.7	3.2	5.5
电子及通信设备制造业	**Manufacture of Electronic Equipment and Communication Equipment**	**2158.1**	**9410.0**	**16760.3**	**15542.0**	**19588.5**	**22239.9**
1.通信设备制造	Manufacture of Communication Equipment	439.3	3084.6	4919.5	4481.1	4879.6	5651.5
#通信传输设备制造	Manufacture of Communication Transmitting Equipment	28.2	74.8	186.7	162.8	302.2	316.4
通信交换设备制造	Manufacture of Communication Exchanging Equipment	48.4	342.5	1280.7	1293.8	1502.9	1769.1
通信终端设备制造	Manufacture of Communication Terminal Equipment	103.0	294.3	349.6	285.0	339.8	368.3
2.雷达及配套设备制造	Manufacture of Radar and Its Fittings	6.0	14.3	20.2	2.7	25.2	37.0
3.广播电视设备制造	Manufacture of Broadcasting and TV Equipment	4.2	66.7	161.2	159.8	226.7	227.6
4.电子器件制造	Manufacture of Electronic Appliances	367.7	1819.6	4329.3	4090.4	5756.5	7025.4
#电子真空器件制造	Manufacture of Electronic Vacuum Appliances	117.7	238.9	243.3	160.1	276.5	279.3
半导体分立器件制造	Manufacture of Semiconductor Discreting Appliances	90.5	149.1	266.5	247.0	338.3	323.5
集成电路制造	Manufacture of Integrate Circuit	159.5	833.7	1903.1	1382.5	1545.7	1465.8
5.电子元件制造	Manufacture of Electronic Components	644.4	2548.7	4983.5	4397.8	5917.9	6118.6
6.家用视听设备制造	Manufacture of Domestic TV Set and Radio Receiver	590.3	1707.5	1908.5	1885.7	2227.1	2600.6
7.其他电子设备制造	Manufacture of Other Electronic Equipment	106.1	168.6	438.1	524.4	555.5	579.1
电子计算机及办公设备制造业	**Manufacture of Computers and Office Equipments**	**910.7**	**7194.6**	**12976.4**	**12143.0**	**15178.0**	**15879.9**
1.电子计算机整机制造	Manufacture of Entired Computer	239.8	3160.9	7284.4	6800.0	7741.5	8509.1
2.电子计算机外部设备制造	Manufacture of Computer Peripheral Equipment	538.2	3593.3	5134.7	4882.0	6920.3	6720.2
3.办公设备制造	Manufacture of Office Equipment	132.6	440.3	557.3	461.0	516.2	650.6
医疗设备及仪器仪表制造业	**Manufacture of Medical Equipments and Measuring Instrument**	**106.4**	**514.4**	**814.8**	**859.3**	**1084.0**	**1175.1**
1.医疗设备及器械制造	Manufacture of Medical Equipment and Appliances	28.2	114.5	259.9	280.6	352.0	414.5
2.仪器仪表制造	Manufacture of Measuring Instrument	78.2	399.9	554.9	578.8	732.0	760.7

1-1-4 大中型企业分行业高技术产业生产经营情况

Statistics on Production and Management in High-tech Industry of Large and Medium-sized Enterprises by Industrial Sector

行 业	Industry	企业数（个） Number of Enterprises (unit)					
		2000	2005	2008	2009	2010	2011
合 计	**Total**	**2030**	**3454**	**4815**	**4936**	**5654**	**6803**
医药制造业	**Manufacture of Medicines**	**733**	**795**	**1003**	**1020**	**1125**	**1340**
#化学药品制造	Manufacture of Chemical Medicine	444	441	548	557	586	631
中成药制造	Manufacture of Finished Traditional Chinese Herbal Medicine		240	257	256	283	357
生物、生化制品的制造	Manufacture of Biological and Biochemical Chemical Products	52	45	77	91	102	135
航空航天器制造业	**Manufacture of Aircrafts and Spacecrafts**	**156**	**109**	**130**	**125**	**127**	**132**
1.飞机制造及修理	Manufacture and Repairing of Airplanes	116	94	112	109	111	113
2.航天器制造	Manufacture of Spacecrafts	40	15	18	16	16	19
电子及通信设备制造业	**Manufacture of Electronic Equipment and Communication Equipment**	**784**	**1791**	**2723**	**2727**	**3211**	**3890**
1.通信设备制造	Manufacture of Communication Equipment	167	270	365	380	404	451
#通信传输设备制造	Manufacture of Communication Transmitting Equipment	41	40	72	80	77	83
通信交换设备制造	Manufacture of Communication Exchanging Equipment	44	35	34	32	28	31
通信终端设备制造	Manufacture of Communication Terminal Equipment	34	59	61	62	62	72
2.雷达及配套设备制造	Manufacture of Radar and Its Fittings	35	21	28	25	27	26
3.广播电视设备制造	Manufacture of Broadcasting and TV Equipment	13	42	55	56	70	102
4.电子器件制造	Manufacture of Electronic Appliances	142	370	584	609	714	871
#电子真空器件制造	Manufacture of Electronic Vacuum Appliances	45	47	50	50	42	45
半导体分立器件制造	Manufacture of Semiconductor Discreting Appliances	63	59	70	67	81	96
集成电路制造	Manufacture of Integrate Circuit	34	126	163	165	176	188
5.电子元件制造	Manufacture of Electronic Components	282	790	1257	1227	1507	1821
6.家用视听设备制造	Manufacture of Domestic TV Set and Radio Receiver	108	247	292	285	312	390
7.其他电子设备制造	Manufacture of Other Electronic Equipment	37	51	142	145	177	229
电子计算机及办公设备制造业	**Manufacture of Computers and Office Equipments**	**88**	**436**	**540**	**536**	**562**	**627**
1.电子计算机整机制造	Manufacture of Entired Computer	27	85	74	74	73	86
2.电子计算机外部设备制造	Manufacture of Computer Peripheral Equipment	40	308	410	411	432	476
3.办公设备制造	Manufacture of Office Equipment	21	43	56	51	57	65
医疗设备及仪器仪表制造业	**Manufacture of Medical Equipments and Measuring Instrument**	**269**	**323**	**419**	**528**	**629**	**814**
1.医疗设备及器械制造	Manufacture of Medical Equipment and Appliances	42	65	121	139	164	209
2.仪器仪表制造	Manufacture of Measuring Instrument	227	258	298	389	465	605

注：2010年及以前年份数据口径为从业人员年平均人数300人及以上且年主营业务收入3000万元及以上且年资产合计4000万元及以上的法人工业企业。2011年为从业人员年均人数300人及以上且年主营业务收入2000万元及以上的法人工业企业。

1-1-4 续表 1 continued

行　业	Industry	从业人员年平均人数（人） Annual Average Number of Employed Personnel (person)					
		2000	2005	2008	2009	2010	2011
合　计	**Total**	**2252216**	**4717460**	**6894059**	**6995399**	**8234957**	**9537086**
医药制造业	**Manufacture of Medicines**	**595461**	**735910**	**893764**	**971539**	**1071854**	**1222763**
#化学药品制造	Manufacture of Chemical Medicine	404721	439872	508529	542284	602211	627937
中成药制造	Manufacture of Finished Traditional Chinese Herbal Medicine		208741	244293	273962	288252	347910
生物、生化制品的制造	Manufacture of Biological and Biochemical Chemical Products	26209	34208	55176	60772	66627	88976
航空航天器制造业	**Manufacture of Aircrafts and Spacecrafts**	**441174**	**295608**	**301703**	**315965**	**325170**	**338768**
1.飞机制造及修理	Manufacture and Repairing of Airplanes	380543	275002	278558	295402	303959	315819
2.航天器制造	Manufacture of Spacecrafts	60631	20606	23145	20563	21211	22949
电子及通信设备制造业	**Manufacture of Electronic Equipment and Communication Equipment**	**897501**	**2513846**	**3859903**	**3783841**	**4654846**	**5475802**
1.通信设备制造	Manufacture of Communication Equipment	189054	439610	718797	757963	875797	1136387
#通信传输设备制造	Manufacture of Communication Transmitting Equipment	48120	39421	70348	82537	100715	114351
通信交换设备制造	Manufacture of Communication Exchanging Equipment	57809	86917	160763	192170	206401	247719
通信终端设备制造	Manufacture of Communication Terminal Equipment	34660	89351	89426	80173	94184	107244
2.雷达及配套设备制造	Manufacture of Radar and Its Fittings	50285	31809	39224	32147	33021	34285
3.广播电视设备制造	Manufacture of Broadcasting and TV Equipment	9775	37306	55270	53844	64612	91070
4.电子器件制造	Manufacture of Electronic Appliances	166699	483607	840470	814286	1016455	1260447
#电子真空器件制造	Manufacture of Electronic Vacuum Appliances	95194	92150	77284	66552	59156	55227
半导体分立器件制造	Manufacture of Semiconductor Discreting Appliances	41955	46488	73088	66240	84227	88466
集成电路制造	Manufacture of Integrate Circuit	29550	156367	267640	234927	252187	260656
5.电子元件制造	Manufacture of Electronic Components	278364	1018103	1610749	1552706	2030945	2154143
6.家用视听设备制造	Manufacture of Domestic TV Set and Radio Receiver	179337	427187	439142	412590	450471	577139
7.其他电子设备制造	Manufacture of Other Electronic Equipment	23987	76224	156251	160305	183545	222331
电子计算机及办公设备制造业	**Manufacture of Computers and Office Equipments**	**87499**	**874723**	**1461251**	**1468061**	**1646731**	**1845862**
1.电子计算机整机制造	Manufacture of Entired Computer	26408	308291	568602	501290	533647	667459
2.电子计算机外部设备制造	Manufacture of Computer Peripheral Equipment	48855	509343	808299	891581	1030195	1085612
3.办公设备制造	Manufacture of Office Equipment	12236	57089	84350	75190	82889	92791
医疗设备及仪器仪表制造业	**Manufacture of Medical Equipments and Measuring Instrument**	**230581**	**297373**	**377438**	**455993**	**536356**	**653891**
1.医疗设备及器械制造	Manufacture of Medical Equipment and Appliances	23393	54682	102839	111804	129986	154719
2.仪器仪表制造	Manufacture of Measuring Instrument	207188	242691	274599	344189	406370	499172

1-1-4 续表 2 continued

行 业	Industry	当年价总产值（亿元） Gross Industrial Output Value at Current Prices (100 million yuan)					
		2000	2005	2008	2009	2010	2011
合 计	**Total**	**6176.6**	**28944.2**	**46850.9**	**48666.6**	**60346.5**	**72589.9**
医药制造业	**Manufacture of Medicines**	**1121.8**	**2704.4**	**4756.0**	**5590.6**	**6947.9**	**9211.0**
#化学药品制造	Manufacture of Chemical Medicine	737.8	1703.3	2984.5	3459.8	4173.8	5079.9
中成药制造	Manufacture of Finished Traditional Chinese Herbal Medicine		703.5	1049.2	1246.0	1642.1	2238.4
生物、生化制品的制造	Manufacture of Biological and Biochemical Chemical Products	74.8	157.8	369.9	454.4	534.2	858.2
航空航天器制造业	**Manufacture of Aircrafts and Spacecrafts**	**363.8**	**769.1**	**1127.8**	**1281.5**	**1502.7**	**1808.8**
1.飞机制造及修理	Manufacture and Repairing of Airplanes	318.1	728.3	1057.7	1210.0	1416.2	1703.0
2.航天器制造	Manufacture of Spacecrafts	45.7	40.8	70.1	71.5	86.5	105.8
电子及通信设备制造业	**Manufacture of Electronic Equipment and Communication Equipment**	**3791.2**	**14568.0**	**23615.8**	**24082.6**	**29973.9**	**37284.7**
1.通信设备制造	Manufacture of Communication Equipment	1435.7	5240.0	7653.2	7792.3	8765.6	10999.3
#通信传输设备制造	Manufacture of Communication Transmitting Equipment	162.2	182.9	373.5	480.3	627.0	899.2
通信交换设备制造	Manufacture of Communication Exchanging Equipment	532.5	936.0	2109.2	2500.4	2842.6	3617.0
通信终端设备制造	Manufacture of Communication Terminal Equipment	231.9	423.2	479.1	420.8	467.4	524.9
2.雷达及配套设备制造	Manufacture of Radar and Its Fittings	35.1	94.0	144.6	111.0	157.9	194.4
3.广播电视设备制造	Manufacture of Broadcasting and TV Equipment	7.1	102.7	260.3	249.8	378.6	453.8
4.电子器件制造	Manufacture of Electronic Appliances	645.7	2653.7	5506.9	5520.0	7641.9	10322.2
#电子真空器件制造	Manufacture of Electronic Vacuum Appliances	485.1	546.6	498.9	344.2	423.4	413.4
半导体分立器件制造	Manufacture of Semiconductor Discreting Appliances	49.2	186.5	390.1	371.7	456.4	473.3
集成电路制造	Manufacture of Integrate Circuit	111.4	1056.8	2144.2	1743.8	2110.8	2231.8
5.电子元件制造	Manufacture of Electronic Components	492.7	3441.4	6277.0	6150.5	8195.7	9370.6
6.家用视听设备制造	Manufacture of Domestic TV Set and Radio Receiver	1120.7	2817.1	3148.3	3525.8	4007.7	4855.1
7.其他电子设备制造	Manufacture of Other Electronic Equipment	54.1	219.0	625.6	733.2	826.6	1089.2
电子计算机及办公设备制造业	**Manufacture of Computers and Office Equipments**	**653.8**	**9978.4**	**15568.0**	**15487.5**	**19001.0**	**20387.4**
1.电子计算机整机制造	Manufacture of Entired Computer	170.2	5453.2	8809.7	8840.1	9932.5	11487.1
2.电子计算机外部设备制造	Manufacture of Computer Peripheral Equipment	428.0	4058.2	6077.7	6039.0	8358.4	8081.3
3.办公设备制造	Manufacture of Office Equipment	55.6	467.0	680.6	608.4	710.1	819.0
医疗设备及仪器仪表制造业	**Manufacture of Medical Equipments and Measuring Instrument**	**246.0**	**924.3**	**1783.3**	**2224.4**	**2921.0**	**3898.1**
1.医疗设备及器械制造	Manufacture of Medical Equipment and Appliances	49.0	175.0	419.2	483.1	599.7	781.8
2.仪器仪表制造	Manufacture of Measuring Instrument	197.0	749.4	1364.1	1741.3	2321.3	3116.3

1-1-4 续表 3 continued

行 业	Industry	主营业务收入（亿元） Revenue from Principal Business (100 million yuan)					
		2000	2005	2008	2009	2010	2011
合 计	**Total**	**6085.2**	**28783.2**	**45953.7**	**48277.5**	**60501.1**	**72065.5**
医药制造业	**Manufacture of Medicines**	**1090.8**	**2674.7**	**4518.3**	**5487.8**	**6868.2**	**9013.2**
#化学药品制造	Manufacture of Chemical Medicine	711.2	1703.8	2862.6	3439.0	4194.9	5035.5
中成药制造	Manufacture of Finished Traditional Chinese Herbal Medicine		694.9	988.8	1216.0	1596.2	2156.1
生物、生化制品的制造	Manufacture of Biological and Biochemical Chemical Products	63.7	148.0	331.3	425.1	509.9	815.1
航空航天器制造业	**Manufacture of Aircrafts and Spacecrafts**	**352.3**	**753.9**	**1107.4**	**1254.0**	**1495.6**	**1831.2**
1.飞机制造及修理	Manufacture and Repairing of Airplanes	310.6	714.1	1038.9	1185.2	1412.0	1726.9
2.航天器制造	Manufacture of Spacecrafts	41.6	39.8	68.5	68.8	83.6	104.2
电子及通信设备制造业	**Manufacture of Electronic Equipment and Communication Equipment**	**3741.9**	**14417.0**	**23037.3**	**23735.9**	**30120.3**	**37033.5**
1.通信设备制造	Manufacture of Communication Equipment	1430.8	5272.1	7487.5	7820.2	9070.9	11035.3
#通信传输设备制造	Manufacture of Communication Transmitting Equipment	188.2	221.9	363.9	483.6	656.3	915.8
通信交换设备制造	Manufacture of Communication Exchanging Equipment	505.7	1028.9	2015.2	2608.0	3176.8	3712.0
通信终端设备制造	Manufacture of Communication Terminal Equipment	232.7	424.1	451.4	409.8	466.0	520.0
2.雷达及配套设备制造	Manufacture of Radar and Its Fittings	31.6	83.6	153.5	120.4	178.0	207.7
3.广播电视设备制造	Manufacture of Broadcasting and TV Equipment	6.7	100.3	245.4	235.5	360.6	437.4
4.电子器件制造	Manufacture of Electronic Appliances	632.0	2593.9	5246.0	5271.5	7447.9	10099.7
#电子真空器件制造	Manufacture of Electronic Vacuum Appliances	486.2	529.0	481.3	335.9	422.5	405.6
半导体分立器件制造	Manufacture of Semiconductor Discreting Appliances	43.1	184.5	385.6	366.1	445.8	462.9
集成电路制造	Manufacture of Integrate Circuit	102.8	1025.2	1999.9	1608.2	2045.1	2187.7
5.电子元件制造	Manufacture of Electronic Components	464.7	3341.8	6152.1	6043.6	8065.9	9193.7
6.家用视听设备制造	Manufacture of Domestic TV Set and Radio Receiver	1113.7	2809.0	3162.1	3538.2	4155.7	4965.4
7.其他电子设备制造	Manufacture of Other Electronic Equipment	62.4	216.2	590.6	706.4	841.2	1094.5
电子计算机及办公设备制造业	**Manufacture of Computers and Office Equipments**	**658.9**	**10028.7**	**15579.5**	**15640.7**	**19142.0**	**20394.3**
1.电子计算机整机制造	Manufacture of Entired Computer	179.5	5571.6	9011.6	9158.2	10213.6	11680.0
2.电子计算机外部设备制造	Manufacture of Computer Peripheral Equipment	418.4	4001.7	5897.3	5869.1	8219.8	7901.2
3.办公设备制造	Manufacture of Office Equipment	61.1	455.3	670.7	613.5	708.5	813.2
医疗设备及仪器仪表制造业	**Manufacture of Medical Equipments and Measuring Instrument**	**241.2**	**909.0**	**1711.1**	**2159.1**	**2875.1**	**3793.3**
1.医疗设备及器械制造	Manufacture of Medical Equipment and Appliances	46.0	171.5	406.7	475.9	578.8	768.4
2.仪器仪表制造	Manufacture of Measuring Instrument	195.3	737.5	1304.3	1683.1	2296.2	3024.9

1-1-4 续表 4 continued

行　业	Industry	利润（亿元） Profits (100 million yuan)					
		2000	2005	2008	2009	2010	2011
合　计	**Total**	**434.1**	**1153.7**	**2132.1**	**2533.6**	**3794.9**	**4087.2**
医药制造业	**Manufacture of Medicines**	**92.1**	**253.2**	**548.3**	**689.2**	**912.0**	**1109.9**
#化学药品制造	Manufacture of Chemical Medicine	45.3	139.7	335.1	401.5	516.1	550.3
中成药制造	Manufacture of Finished Traditional Chinese Herbal Medicine		80.5	121.9	161.9	219.6	290.3
生物、生化制品的制造	Manufacture of Biological and Biochemical Chemical Products	7.5	21.5	56.3	78.3	104.4	147.7
航空航天器制造业	**Manufacture of Aircrafts and Spacecrafts**	**0.5**	**29.6**	**69.1**	**85.6**	**74.5**	**95.0**
1.飞机制造及修理	Manufacture and Repairing of Airplanes	0.5	25.3	63.3	78.4	67.1	85.1
2.航天器制造	Manufacture of Spacecrafts	-0.1	4.3	5.8	7.2	7.4	9.8
电子及通信设备制造业	**Manufacture of Electronic Equipment and Communication Equipment**	**296.1**	**572.9**	**867.6**	**1081.9**	**1859.2**	**1810.2**
1.通信设备制造	Manufacture of Communication Equipment	155.0	267.4	268.8	500.9	659.6	567.2
#通信传输设备制造	Manufacture of Communication Transmitting Equipment	16.1	0.6	26.8	33.7	54.8	84.0
通信交换设备制造	Manufacture of Communication Exchanging Equipment	67.4	73.1	83.2	278.5	376.8	213.3
通信终端设备制造	Manufacture of Communication Terminal Equipment	8.7	8.3	12.6	13.1	33.5	30.9
2.雷达及配套设备制造	Manufacture of Radar and Its Fittings	-0.5	5.8	12.4	10.1	12.2	15.0
3.广播电视设备制造	Manufacture of Broadcasting and TV Equipment	-0.4	5.8	12.3	15.7	27.5	35.2
4.电子器件制造	Manufacture of Electronic Appliances	63.3	55.3	153.0	103.2	395.0	435.2
#电子真空器件制造	Manufacture of Electronic Vacuum Appliances	51.3	-13.9	-4.2	-34.7	15.8	14.9
半导体分立器件制造	Manufacture of Semiconductor Discreting Appliances	1.5	4.8	41.6	36.2	33.3	26.0
集成电路制造	Manufacture of Integrate Circuit	10.5	28.6	36.3	-5.0	113.3	132.3
5.电子元件制造	Manufacture of Electronic Components	34.6	167.8	285.0	272.9	484.3	470.5
6.家用视听设备制造	Manufacture of Domestic TV Set and Radio Receiver	35.1	59.5	101.0	133.3	228.5	206.0
7.其他电子设备制造	Manufacture of Other Electronic Equipment	8.9	11.3	35.1	45.8	52.1	81.3
电子计算机及办公设备制造业	**Manufacture of Computers and Office Equipments**	**33.4**	**231.9**	**493.9**	**455.6**	**646.6**	**663.4**
1.电子计算机整机制造	Manufacture of Entired Computer	8.6	104.2	188.6	146.1	220.8	281.0
2.电子计算机外部设备制造	Manufacture of Computer Peripheral Equipment	22.8	109.9	270.0	272.1	380.1	342.9
3.办公设备制造	Manufacture of Office Equipment	2.0	17.8	35.3	37.5	45.6	39.5
医疗设备及仪器仪表制造业	**Manufacture of Medical Equipments and Measuring Instrument**	**12.1**	**66.0**	**153.3**	**221.4**	**302.6**	**408.8**
1.医疗设备及器械制造	Manufacture of Medical Equipment and Appliances	3.2	15.9	52.3	69.9	72.9	98.2
2.仪器仪表制造	Manufacture of Measuring Instrument	8.8	50.1	101.0	151.4	229.7	310.6

1-1-4 续表 5 continued

行业	Industry	利税（亿元）Taxes and Profits (100 million yuan)					
		2000	2005	2008	2009	2010	2011
合 计	**Total**	**666.0**	**1638.5**	**3051.6**	**3494.9**	**5159.5**	**6109.6**
医药制造业	**Manufacture of Medicines**	**179.3**	**428.4**	**844.8**	**1040.4**	**1325.8**	**1640.1**
#化学药品制造	Manufacture of Chemical Medicine	97.3	239.9	516.4	622.2	769.0	857.3
中成药制造	Manufacture of Finished Traditional Chinese Herbal Medicine		141.3	203.9	255.1	330.8	431.8
生物、生化制品的制造	Manufacture of Biological and Biochemical Chemical Products	13.0	30.3	74.7	97.5	129.2	189.5
航空航天器制造业	**Manufacture of Aircrafts and Spacecrafts**	**13.2**	**40.6**	**82.5**	**106.4**	**97.0**	**127.6**
1.飞机制造及修理	Manufacture and Repairing of Airplanes	12.5	36.1	76.3	98.7	89.1	117.1
2.航天器制造	Manufacture of Spacecrafts	0.7	4.5	6.1	7.7	7.9	10.5
电子及通信设备制造业	**Manufacture of Electronic Equipment and Communication Equipment**	**408.8**	**789.3**	**1285.3**	**1490.5**	**2477.1**	**2831.5**
1.通信设备制造	Manufacture of Communication Equipment	203.6	368.3	433.2	671.6	912.8	1150.2
#通信传输设备制造	Manufacture of Communication Transmitting Equipment	21.9	3.7	33.2	41.2	63.0	94.3
通信交换设备制造	Manufacture of Communication Exchanging Equipment	93.5	137.2	193.0	405.8	533.1	646.0
通信终端设备制造	Manufacture of Communication Terminal Equipment	12.0	10.8	19.8	16.8	38.8	35.6
2.雷达及配套设备制造	Manufacture of Radar and Its Fittings	-0.1	6.6	15.6	11.9	17.7	22.2
3.广播电视设备制造	Manufacture of Broadcasting and TV Equipment	-0.2	8.3	16.1	19.6	34.8	47.7
4.电子器件制造	Manufacture of Electronic Appliances	87.1	89.3	229.4	173.3	506.8	576.0
#电子真空器件制造	Manufacture of Electronic Vacuum Appliances	71.5	-1.8	5.4	-29.6	22.4	18.4
半导体分立器件制造	Manufacture of Semiconductor Discreting Appliances	2.9	7.1	52.9	48.3	40.2	34.2
集成电路制造	Manufacture of Integrate Circuit	12.7	39.9	61.1	10.7	148.8	170.2
5.电子元件制造	Manufacture of Electronic Components	51.2	207.1	381.2	363.2	612.3	621.2
6.家用视听设备制造	Manufacture of Domestic TV Set and Radio Receiver	55.9	95.7	162.8	190.2	322.1	309.7
7.其他电子设备制造	Manufacture of Other Electronic Equipment	11.4	13.9	47.0	60.7	70.5	104.4
电子计算机及办公设备制造业	**Manufacture of Computers and Office Equipments**	**40.7**	**286.8**	**628.2**	**558.7**	**855.9**	**954.9**
1.电子计算机整机制造	Manufacture of Entired Computer	11.6	124.6	247.7	182.0	285.9	461.8
2.电子计算机外部设备制造	Manufacture of Computer Peripheral Equipment	26.2	140.4	337.4	331.5	515.6	441.6
3.办公设备制造	Manufacture of Office Equipment	2.9	21.9	43.2	45.1	54.4	51.5
医疗设备及仪器仪表制造业	**Manufacture of Medical Equipments and Measuring Instrument**	**24.0**	**93.3**	**210.7**	**298.9**	**403.8**	**555.5**
1.医疗设备及器械制造	Manufacture of Medical Equipment and Appliances	5.2	20.4	69.5	86.9	90.6	129.6
2.仪器仪表制造	Manufacture of Measuring Instrument	18.8	73.0	141.2	212.1	313.2	425.9

1-1-4 续表 6 continued

行业	Industry	出口交货值（亿元） Exports (100 million yuan)					
		2000	2005	2008	2009	2010	2011
合 计	**Total**	**1771.5**	**16271.8**	**29427.3**	**27619.9**	**34977.9**	**38611.3**
医药制造业	**Manufacture of Medicines**	**123.5**	**299.8**	**540.6**	**528.3**	**688.9**	**756.0**
#化学药品制造	Manufacture of Chemical Medicine	101.7	240.5	401.8	392.0	516.5	510.1
中成药制造	Manufacture of Finished Traditional Chinese Herbal Medicine		15.7	32.6	31.6	23.5	30.0
生物、生化制品的制造	Manufacture of Biological and Biochemical Chemical Products	3.7	25.3	49.8	50.3	81.5	110.8
航空航天器制造业	**Manufacture of Aircrafts and Spacecrafts**	**24.0**	**72.4**	**193.9**	**191.9**	**169.9**	**240.4**
1.飞机制造及修理	Manufacture and Repairing of Airplanes	20.3	72.2	192.6	190.6	168.1	237.9
2.航天器制造	Manufacture of Spacecrafts	3.7	0.2	1.3	1.3	1.8	2.6
电子及通信设备制造业	**Manufacture of Electronic Equipment and Communication Equipment**	**1194.2**	**8631.2**	**15555.2**	**14465.1**	**18388.6**	**21031.3**
1.通信设备制造	Manufacture of Communication Equipment	271.5	2923.1	4801.0	4389.2	4792.6	5535.8
#通信传输设备制造	Manufacture of Communication Transmitting Equipment	17.8	66.4	167.0	145.4	286.9	294.4
通信交换设备制造	Manufacture of Communication Exchanging Equipment	25.3	337.2	1273.0	1291.7	1499.3	1764.5
通信终端设备制造	Manufacture of Communication Terminal Equipment	93.9	282.8	315.2	268.1	320.1	346.2
2.雷达及配套设备制造	Manufacture of Radar and Its Fittings	6.0	13.6	19.9	1.7	24.4	36.2
3.广播电视设备制造	Manufacture of Broadcasting and TV Equipment	3.2	40.0	128.1	124.6	194.8	195.5
4.电子器件制造	Manufacture of Electronic Appliances	195.2	1693.8	4090.9	3881.1	5491.4	6777.9
#电子真空器件制造	Manufacture of Electronic Vacuum Appliances	100.2	232.7	234.9	155.4	264.6	269.6
半导体分立器件制造	Manufacture of Semiconductor Discreting Appliances	24.4	126.6	232.2	218.4	293.3	278.5
集成电路制造	Manufacture of Integrate Circuit	70.6	797.6	1850.0	1346.9	1509.1	1429.9
5.电子元件制造	Manufacture of Electronic Components	305.8	2238.1	4461.0	3916.9	5362.6	5635.1
6.家用视听设备制造	Manufacture of Domestic TV Set and Radio Receiver	396.3	1590.6	1708.2	1717.1	2060.7	2358.7
7.其他电子设备制造	Manufacture of Other Electronic Equipment	16.1	132.0	346.0	434.5	461.9	492.2
电子计算机及办公设备制造业	**Manufacture of Computers and Office Equipments**	**380.4**	**6895.8**	**12535.7**	**11832.0**	**14945.2**	**15699.9**
1.电子计算机整机制造	Manufacture of Entired Computer	58.9	3154.5	7055.0	6795.5	7732.3	8500.3
2.电子计算机外部设备制造	Manufacture of Computer Peripheral Equipment	302.4	3330.6	4940.2	4593.3	6716.4	6577.6
3.办公设备制造	Manufacture of Office Equipment	19.1	410.7	540.5	443.2	496.5	622.0
医疗设备及仪器仪表制造业	**Manufacture of Medical Equipments and Measuring Instrument**	**49.4**	**372.6**	**601.9**	**602.6**	**785.3**	**883.5**
1.医疗设备及器械制造	Manufacture of Medical Equipment and Appliances	17.4	76.4	189.7	200.4	269.8	330.5
2.仪器仪表制造	Manufacture of Measuring Instrument	32.1	296.2	412.2	402.2	515.5	553.1

1-1-5 国有及国有控股企业分行业高技术产业生产经营情况

Statistics on Production and Management in High-tech Industry of State-owned and State-controlled Enterprises by Industrial Sector

行　业	Industry	企业数（个） Number of Enterprises (unit)					
		2000	2005	2008	2009	2010	2011
合　计	**Total**	**3759**	**2179**	**1743**	**1770**	**1707**	**1413**
医药制造业	**Manufacture of Medicines**	**1558**	**676**	**527**	**508**	**507**	**420**
#化学药品制造	Manufacture of Chemical Medicine	724	320	256	246	242	197
中成药制造	Manufacture of Finished Traditional Chinese Herbal Medicine		207	155	151	150	133
生物、生化制品的制造	Manufacture of Biological and Biochemical Chemical Products	104	54	49	48	50	40
航空航天器制造业	**Manufacture of Aircrafts and Spacecrafts**	**167**	**125**	**130**	**127**	**135**	**130**
1.飞机制造及修理	Manufacture and Repairing of Airplanes	123	107	110	108	113	109
2.航天器制造	Manufacture of Spacecrafts	44	18	20	19	22	21
电子及通信设备制造业	**Manufacture of Electronic Equipment and Communication Equipment**	**1214**	**753**	**699**	**662**	**633**	**545**
1.通信设备制造	Manufacture of Communication Equipment	310	199	186	175	165	145
#通信传输设备制造	Manufacture of Communication Transmitting Equipment	73	58	64	58	56	45
通信交换设备制造	Manufacture of Communication Exchanging Equipment	66	35	26	23	18	15
通信终端设备制造	Manufacture of Communication Terminal Equipment	60	34	28	26	22	25
2.雷达及配套设备制造	Manufacture of Radar and Its Fittings	41	37	35	30	28	27
3.广播电视设备制造	Manufacture of Broadcasting and TV Equipment	39	24	28	30	25	20
4.电子器件制造	Manufacture of Electronic Appliances	190	161	166	161	170	151
#电子真空器件制造	Manufacture of Electronic Vacuum Appliances	52	29	25	26	23	19
半导体分立器件制造	Manufacture of Semiconductor Discreting Appliances	113	46	35	30	30	24
集成电路制造	Manufacture of Integrate Circuit	25	28	40	35	33	34
5.电子元件制造	Manufacture of Electronic Components	381	234	188	185	172	140
6.家用视听设备制造	Manufacture of Domestic TV Set and Radio Receiver	133	59	45	40	36	27
7.其他电子设备制造	Manufacture of Other Electronic Equipment	120	39	51	41	37	35
电子计算机及办公设备制造业	**Manufacture of Computers and Office Equipments**	**130**	**83**	**81**	**76**	**65**	**55**
1.电子计算机整机制造	Manufacture of Entired Computer	65	24	20	19	14	13
2.电子计算机外部设备制造	Manufacture of Computer Peripheral Equipment	47	53	51	46	42	34
3.办公设备制造	Manufacture of Office Equipment	18	6	10	11	9	8
医疗设备及仪器仪表制造业	**Manufacture of Medical Equipments and Measuring Instrument**	**690**	**542**	**306**	**397**	**367**	**263**
1.医疗设备及器械制造	Manufacture of Medical Equipment and Appliances	144	109	66	57	49	27
2.仪器仪表制造	Manufacture of Measuring Instrument	546	433	240	340	318	236

1-1-5 续表 1 continued

行业	Industry	从业人员年平均人数（人） Annual Average Number of Employed Personnel (person)					
		2000	2005	2008	2009	2010	2011
合 计	**Total**	**2079749**	**1369536**	**1246470**	**1297339**	**1347248**	**1375122**
医药制造业	**Manufacture of Medicines**	**619460**	**363415**	**296977**	**281595**	**309529**	**305063**
#化学药品制造	Manufacture of Chemical Medicine	405310	239137	192494	173696	197888	177422
中成药制造	Manufacture of Finished Traditional Chinese Herbal Medicine		92390	74166	76041	77169	87829
生物、生化制品的制造	Manufacture of Biological and Biochemical Chemical Products	27507	16156	16654	19248	20287	21190
航空航天器制造业	**Manufacture of Aircrafts and Spacecrafts**	**452968**	**295644**	**287625**	**298588**	**307688**	**320952**
1.飞机制造及修理	Manufacture and Repairing of Airplanes	391328	274519	264575	277963	286175	298730
2.航天器制造	Manufacture of Spacecrafts	61640	21125	23050	20625	21513	22222
电子及通信设备制造业	**Manufacture of Electronic Equipment and Communication Equipment**	**696170**	**507389**	**506743**	**513130**	**524572**	**550682**
1.通信设备制造	Manufacture of Communication Equipment	166023	120006	145064	168286	175436	197246
#通信传输设备制造	Manufacture of Communication Transmitting Equipment	51167	24380	25868	33471	36772	35829
通信交换设备制造	Manufacture of Communication Exchanging Equipment	44911	42801	74832	95898	95721	112728
通信终端设备制造	Manufacture of Communication Terminal Equipment	29872	16771	9710	10630	10233	12007
2.雷达及配套设备制造	Manufacture of Radar and Its Fittings	49261	36056	38576	31468	31039	32112
3.广播电视设备制造	Manufacture of Broadcasting and TV Equipment	9353	4981	7705	5631	5494	5839
4.电子器件制造	Manufacture of Electronic Appliances	146365	119209	100217	110233	122290	117684
#电子真空器件制造	Manufacture of Electronic Vacuum Appliances	87622	50984	35366	34420	28012	16750
半导体分立器件制造	Manufacture of Semiconductor Discreting Appliances	44639	14837	11707	10093	8617	9200
集成电路制造	Manufacture of Integrate Circuit	14104	9264	10925	11289	12156	13250
5.电子元件制造	Manufacture of Electronic Components	158044	126186	127165	100146	97422	94561
6.家用视听设备制造	Manufacture of Domestic TV Set and Radio Receiver	139927	94773	70379	83170	78686	94578
7.其他电子设备制造	Manufacture of Other Electronic Equipment	27197	6178	17637	14196	14205	8662
电子计算机及办公设备制造业	**Manufacture of Computers and Office Equipments**	**58721**	**53501**	**52861**	**58862**	**59305**	**55619**
1.电子计算机整机制造	Manufacture of Entired Computer	31408	25754	17371	16616	17328	13034
2.电子计算机外部设备制造	Manufacture of Computer Peripheral Equipment	21381	26022	31305	39192	38862	39442
3.办公设备制造	Manufacture of Office Equipment	5932	1725	4185	3054	3115	3143
医疗设备及仪器仪表制造业	**Manufacture of Medical Equipments and Measuring Instrument**	**252430**	**149587**	**102264**	**145164**	**146154**	**142806**
1.医疗设备及器械制造	Manufacture of Medical Equipment and Appliances	28866	17542	15161	14052	13454	10948
2.仪器仪表制造	Manufacture of Measuring Instrument	223564	132045	87103	131112	132700	131858

1-1-5 续表 2 continued

行 业	Industry	当年价总产值（亿元） Gross Industrial Output Value at Current Prices (100 million yuan)					
		2000	2005	2008	2009	2010	2011
合 计	**Total**	**4314.4**	**5629.8**	**6486.8**	**6751.9**	**7866.3**	**9409.3**
医药制造业	**Manufacture of Medicines**	**894.9**	**1017.8**	**1215.8**	**1198.2**	**1510.4**	**1767.9**
#化学药品制造	Manufacture of Chemical Medicine	590.7	670.7	772.3	700.6	921.0	937.9
中成药制造	Manufacture of Finished Traditional Chinese Herbal Medicine		257.9	304.7	332.0	386.5	525.7
生物、生化制品的制造	Manufacture of Biological and Biochemical Chemical Products	56.1	48.4	78.0	98.1	123.3	157.0
航空航天器制造业	**Manufacture of Aircrafts and Spacecrafts**	**379.8**	**743.1**	**991.1**	**1139.5**	**1332.2**	**1496.5**
1.飞机制造及修理	Manufacture and Repairing of Airplanes	333.5	698.2	922.7	1067.2	1244.0	1393.5
2.航天器制造	Manufacture of Spacecrafts	46.3	44.8	68.4	72.3	88.2	103.0
电子及通信设备制造业	**Manufacture of Electronic Equipment and Communication Equipment**	**2446.1**	**2729.6**	**3262.4**	**3199.4**	**3708.7**	**4628.5**
1.通信设备制造	Manufacture of Communication Equipment	876.4	858.7	1041.2	1361.7	1530.1	1984.0
#通信传输设备制造	Manufacture of Communication Transmitting Equipment	149.5	76.0	118.6	180.2	185.7	272.4
通信交换设备制造	Manufacture of Communication Exchanging Equipment	336.7	402.8	633.2	873.8	1001.2	1324.0
通信终端设备制造	Manufacture of Communication Terminal Equipment	75.1	61.2	38.7	66.1	72.0	83.8
2.雷达及配套设备制造	Manufacture of Radar and Its Fittings	34.9	98.5	140.9	106.9	153.9	188.4
3.广播电视设备制造	Manufacture of Broadcasting and TV Equipment	6.8	13.1	34.0	27.5	25.5	24.5
4.电子器件制造	Manufacture of Electronic Appliances	459.2	471.9	583.8	504.7	679.3	793.6
#电子真空器件制造	Manufacture of Electronic Vacuum Appliances	354.0	229.7	193.5	130.8	160.4	54.0
半导体分立器件制造	Manufacture of Semiconductor Discreting Appliances	46.3	31.7	38.4	33.1	40.0	49.5
集成电路制造	Manufacture of Integrate Circuit	58.9	43.4	55.4	51.8	60.5	82.4
5.电子元件制造	Manufacture of Electronic Components	187.4	460.3	675.6	272.7	272.2	403.4
6.家用视听设备制造	Manufacture of Domestic TV Set and Radio Receiver	810.2	806.6	721.2	862.2	978.5	1182.9
7.其他电子设备制造	Manufacture of Other Electronic Equipment	71.2	20.6	65.7	63.8	69.1	51.8
电子计算机及办公设备制造业	**Manufacture of Computers and Office Equipments**	**408.0**	**846.9**	**618.8**	**680.9**	**653.6**	**718.6**
1.电子计算机整机制造	Manufacture of Entired Computer	277.4	609.8	427.5	393.0	228.9	322.5
2.电子计算机外部设备制造	Manufacture of Computer Peripheral Equipment	123.9	229.5	170.2	267.2	401.3	367.1
3.办公设备制造	Manufacture of Office Equipment	6.7	7.6	21.1	20.7	23.4	29.0
医疗设备及仪器仪表制造业	**Manufacture of Medical Equipments and Measuring Instrument**	**185.6**	**292.6**	**398.6**	**534.1**	**661.4**	**797.8**
1.医疗设备及器械制造	Manufacture of Medical Equipment and Appliances	23.5	31.6	40.8	42.4	49.4	49.1
2.仪器仪表制造	Manufacture of Measuring Instrument	162.1	260.9	357.8	491.7	612.0	748.7

1-1-5 续表 3 continued

行　业	Industry	主营业务收入（亿元） Revenue from Principal Business (100 million yuan)					
		2000	2005	2008	2009	2010	2011
合　计	**Total**	**4197.4**	**5712.5**	**6481.6**	**6905.9**	**8410.5**	**9801.0**
医药制造业	**Manufacture of Medicines**	**861.9**	**1113.1**	**1274.0**	**1300.8**	**1752.3**	**2023.1**
#化学药品制造	Manufacture of Chemical Medicine	567.1	741.4	818.4	766.0	1111.7	1169.4
中成药制造	Manufacture of Finished Traditional Chinese Herbal Medicine		290.4	321.7	370.6	438.1	565.5
生物、生化制品的制造	Manufacture of Biological and Biochemical Chemical Products	42.7	40.1	69.7	100.3	128.3	156.4
航空航天器制造业	**Manufacture of Aircrafts and Spacecrafts**	**369.1**	**727.7**	**976.9**	**1108.0**	**1337.0**	**1519.5**
1.飞机制造及修理	Manufacture and Repairing of Airplanes	326.7	683.4	909.7	1038.4	1251.4	1417.8
2.航天器制造	Manufacture of Spacecrafts	42.3	44.3	67.1	69.7	85.6	101.6
电子及通信设备制造业	**Manufacture of Electronic Equipment and Communication Equipment**	**2387.6**	**2735.3**	**3233.1**	**3286.8**	**3981.6**	**4728.3**
1.通信设备制造	Manufacture of Communication Equipment	832.1	859.9	892.5	1317.3	1571.1	1917.3
#通信传输设备制造	Manufacture of Communication Transmitting Equipment	168.2	82.0	128.3	197.8	214.5	309.8
通信交换设备制造	Manufacture of Communication Exchanging Equipment	300.3	391.4	475.5	812.5	994.7	1204.3
通信终端设备制造	Manufacture of Communication Terminal Equipment	60.9	59.7	39.5	66.1	75.3	86.7
2.雷达及配套设备制造	Manufacture of Radar and Its Fittings	31.5	88.0	150.2	116.3	174.1	202.4
3.广播电视设备制造	Manufacture of Broadcasting and TV Equipment	6.3	11.6	34.3	30.9	25.9	26.1
4.电子器件制造	Manufacture of Electronic Appliances	450.6	447.1	555.6	496.1	683.5	755.5
#电子真空器件制造	Manufacture of Electronic Vacuum Appliances	357.9	219.1	180.5	129.1	158.9	57.4
半导体分立器件制造	Manufacture of Semiconductor Discreting Appliances	38.6	29.5	40.2	36.0	41.4	50.4
集成电路制造	Manufacture of Integrate Circuit	54.1	38.4	70.6	52.6	54.4	81.3
5.电子元件制造	Manufacture of Electronic Components	178.4	445.7	668.0	276.2	280.4	414.2
6.家用视听设备制造	Manufacture of Domestic TV Set and Radio Receiver	823.1	861.1	863.3	978.1	1173.3	1359.8
7.其他电子设备制造	Manufacture of Other Electronic Equipment	65.6	22.0	69.0	71.8	73.3	53.1
电子计算机及办公设备制造业	**Manufacture of Computers and Office Equipments**	**395.0**	**841.3**	**597.5**	**677.5**	**656.0**	**725.1**
1.电子计算机整机制造	Manufacture of Entired Computer	263.5	629.4	422.2	393.0	237.6	349.9
2.电子计算机外部设备制造	Manufacture of Computer Peripheral Equipment	123.7	204.6	154.7	263.2	396.0	349.7
3.办公设备制造	Manufacture of Office Equipment	7.7	7.3	20.6	21.2	22.5	25.5
医疗设备及仪器仪表制造业	**Manufacture of Medical Equipments and Measuring Instrument**	**183.8**	**295.1**	**400.1**	**532.9**	**683.4**	**805.0**
1.医疗设备及器械制造	Manufacture of Medical Equipment and Appliances	22.6	30.8	40.3	43.1	54.1	59.3
2.仪器仪表制造	Manufacture of Measuring Instrument	161.1	264.3	359.9	489.8	629.3	745.7

1-1-5 续表 4 continued

行业	Industry	利润（亿元） Profits (100 million yuan)					
		2000	2005	2008	2009	2010	2011
合 计	**Total**	**248.1**	**182.1**	**350.8**	**431.3**	**695.0**	**728.6**
医药制造业	**Manufacture of Medicines**	**68.0**	**94.6**	**144.3**	**158.1**	**219.0**	**246.6**
#化学药品制造	Manufacture of Chemical Medicine	36.5	51.4	82.6	81.9	117.8	106.1
中成药制造	Manufacture of Finished Traditional Chinese Herbal Medicine		33.8	37.8	42.2	49.1	73.7
生物、生化制品的制造	Manufacture of Biological and Biochemical Chemical Products	5.7	6.1	18.1	26.3	41.1	47.3
航空航天器制造业	**Manufacture of Aircrafts and Spacecrafts**	**2.3**	**27.3**	**59.1**	**66.0**	**71.5**	**75.0**
1.飞机制造及修理	Manufacture and Repairing of Airplanes	2.1	22.5	53.2	59.4	62.9	63.6
2.航天器制造	Manufacture of Spacecrafts	0.2	4.8	5.9	6.6	8.5	11.3
电子及通信设备制造业	**Manufacture of Electronic Equipment and Communication Equipment**	**150.9**	**20.1**	**86.8**	**121.6**	**282.9**	**255.3**
1.通信设备制造	Manufacture of Communication Equipment	69.1	10.9	38.4	78.5	140.5	118.7
#通信传输设备制造	Manufacture of Communication Transmitting Equipment	15.2	5.3	14.7	19.4	24.0	25.3
通信交换设备制造	Manufacture of Communication Exchanging Equipment	30.8	13.4	15.6	40.5	85.2	60.3
通信终端设备制造	Manufacture of Communication Terminal Equipment	1.8	-2.5	2.3	3.1	3.8	5.3
2.雷达及配套设备制造	Manufacture of Radar and Its Fittings	-0.4	5.9	12.2	10.2	12.0	14.6
3.广播电视设备制造	Manufacture of Broadcasting and TV Equipment	-0.2		1.4	2.1	1.6	0.7
4.电子器件制造	Manufacture of Electronic Appliances	38.2	-24.1	-9.3	-23.4	22.4	26.4
#电子真空器件制造	Manufacture of Electronic Vacuum Appliances	32.7	-32.4	-5.9	-17.7	2.8	0.0
半导体分立器件制造	Manufacture of Semiconductor Discreting Appliances	1.3	1.9	5.0	2.5	4.1	3.9
集成电路制造	Manufacture of Integrate Circuit	4.2	2.1	9.7	4.6	5.8	6.9
5.电子元件制造	Manufacture of Electronic Components	11.6	16.3	20.3	18.4	29.7	29.5
6.家用视听设备制造	Manufacture of Domestic TV Set and Radio Receiver	20.2	10.9	16.6	29.2	69.8	60.8
7.其他电子设备制造	Manufacture of Other Electronic Equipment	12.5	0.2	7.1	6.4	6.8	4.6
电子计算机及办公设备制造业	**Manufacture of Computers and Office Equipments**	**22.5**	**18.4**	**27.6**	**32.0**	**49.0**	**66.4**
1.电子计算机整机制造	Manufacture of Entired Computer	18.2	19.4	9.6	4.9	16.8	15.6
2.电子计算机外部设备制造	Manufacture of Computer Peripheral Equipment	4.2	-1.5	14.1	23.1	26.7	45.0
3.办公设备制造	Manufacture of Office Equipment	0.1	0.5	3.9	4.0	5.5	5.7
医疗设备及仪器仪表制造业	**Manufacture of Medical Equipments and Measuring Instrument**	**4.4**	**21.8**	**33.1**	**53.6**	**72.7**	**85.3**
1.医疗设备及器械制造	Manufacture of Medical Equipment and Appliances	1.0	2.6	3.2	5.7	7.3	6.5
2.仪器仪表制造	Manufacture of Measuring Instrument	3.4	19.2	29.9	47.9	65.4	78.8

1-1-5 续表 5 continued

行 业	Industry	利税（亿元） Taxes and Profits (100 million yuan)					
		2000	2005	2008	2009	2010	2011
合 计	**Total**	**414.7**	**357.1**	**575.4**	**642.0**	**996.5**	**1197.7**
医药制造业	**Manufacture of Medicines**	**134.9**	**166.8**	**228.4**	**243.5**	**322.1**	**360.5**
#化学药品制造	Manufacture of Chemical Medicine	77.0	92.5	129.2	126.1	175.2	160.9
中成药制造	Manufacture of Finished Traditional Chinese Herbal Medicine		59.8	66.3	73.2	82.2	114.7
生物、生化制品的制造	Manufacture of Biological and Biochemical Chemical Products	8.9	9.2	23.5	32.9	49.9	58.4
航空航天器制造业	**Manufacture of Aircrafts and Spacecrafts**	**15.6**	**37.7**	**70.9**	**86.3**	**92.5**	**96.4**
1.飞机制造及修理	Manufacture and Repairing of Airplanes	14.7	32.7	64.6	79.3	83.5	84.6
2.航天器制造	Manufacture of Spacecrafts	1.0	5.0	6.3	7.0	9.0	11.8
电子及通信设备制造业	**Manufacture of Electronic Equipment and Communication Equipment**	**218.5**	**93.8**	**189.5**	**190.8**	**409.2**	**522.9**
1.通信设备制造	Manufacture of Communication Equipment	90.3	45.0	77.6	96.2	190.7	284.8
#通信传输设备制造	Manufacture of Communication Transmitting Equipment	20.9	6.7	18.1	22.5	27.1	29.5
通信交换设备制造	Manufacture of Communication Exchanging Equipment	40.0	42.1	44.2	48.4	123.9	214.0
通信终端设备制造	Manufacture of Communication Terminal Equipment	3.1	-1.6	3.2	4.0	4.7	6.4
2.雷达及配套设备制造	Manufacture of Radar and Its Fittings		6.9	15.3	11.9	17.5	21.7
3.广播电视设备制造	Manufacture of Broadcasting and TV Equipment	0.1	0.3	2.5	3.0	2.4	1.5
4.电子器件制造	Manufacture of Electronic Appliances	57.2	-11.9	3.5	-9.2	39.1	56.3
#电子真空器件制造	Manufacture of Electronic Vacuum Appliances	48.2	-26.4	-1.0	-15.2	5.3	2.0
半导体分立器件制造	Manufacture of Semiconductor Discreting Appliances	2.9	2.9	6.5	3.5	4.9	5.6
集成电路制造	Manufacture of Integrate Circuit	6.1	3.3	12.6	6.9	7.9	9.1
5.电子元件制造	Manufacture of Electronic Components	19.3	25.7	35.0	26.5	38.9	36.8
6.家用视听设备制造	Manufacture of Domestic TV Set and Radio Receiver	35.9	26.7	45.3	52.6	111.1	114.9
7.其他电子设备制造	Manufacture of Other Electronic Equipment	15.7	1.0	10.3	9.7	9.4	6.9
电子计算机及办公设备制造业	**Manufacture of Computers and Office Equipments**	**31.2**	**24.4**	**37.2**	**44.3**	**64.0**	**96.0**
1.电子计算机整机制造	Manufacture of Entired Computer	24.5	22.8	13.9	11.1	22.9	28.4
2.电子计算机外部设备制造	Manufacture of Computer Peripheral Equipment	6.3	0.7	18.4	28.2	34.5	60.4
3.办公设备制造	Manufacture of Office Equipment	0.4	0.9	4.9	5.0	6.6	7.2
医疗设备及仪器仪表制造业	**Manufacture of Medical Equipments and Measuring Instrument**	**14.5**	**34.4**	**49.4**	**77.2**	**108.6**	**121.9**
1.医疗设备及器械制造	Manufacture of Medical Equipment and Appliances	2.5	4.0	5.7	8.6	10.4	9.8
2.仪器仪表制造	Manufacture of Measuring Instrument	11.9	30.4	43.7	68.6	98.2	112.1

1-1-5 续表 6 continued

行业	Industry	出口交货值（亿元） Exports (100 million yuan)					
		2000	2005	2008	2009	2010	2011
合 计	**Total**	**707.5**	**1566.8**	**1507.2**	**1225.0**	**1650.4**	**1749.6**
医药制造业	**Manufacture of Medicines**	**85.4**	**120.0**	**138.9**	**128.7**	**156.2**	**162.3**
#化学药品制造	Manufacture of Chemical Medicine	75.4	109.5	128.6	117.3	146.6	147.6
中成药制造	Manufacture of Finished Traditional Chinese Herbal Medicine		7.1	7.9	9.0	7.0	7.4
生物、生化制品的制造	Manufacture of Biological and Biochemical Chemical Products	0.5	1.0	1.0	1.1	1.2	2.0
航空航天器制造业	**Manufacture of Aircrafts and Spacecrafts**	**25.0**	**48.5**	**102.7**	**95.5**	**130.0**	**159.0**
1.飞机制造及修理	Manufacture and Repairing of Airplanes	21.6	48.3	102.6	95.5	129.9	158.2
2.航天器制造	Manufacture of Spacecrafts	3.4	0.2	0.1	0.1	0.1	0.8
电子及通信设备制造业	**Manufacture of Electronic Equipment and Communication Equipment**	**511.5**	**852.0**	**1151.5**	**797.7**	**1057.0**	**1261.7**
1.通信设备制造	Manufacture of Communication Equipment	124.9	216.1	305.2	394.7	487.1	645.6
#通信传输设备制造	Manufacture of Communication Transmitting Equipment	4.6	11.2	7.6	5.0	7.5	18.5
通信交换设备制造	Manufacture of Communication Exchanging Equipment	19.8	108.8	238.5	311.0	414.1	552.8
通信终端设备制造	Manufacture of Communication Terminal Equipment	22.7	6.5	6.1	26.5	9.7	9.8
2.雷达及配套设备制造	Manufacture of Radar and Its Fittings	6.0	13.7	20.0	1.7	24.4	33.9
3.广播电视设备制造	Manufacture of Broadcasting and TV Equipment	0.1	3.2	14.9	12.2	3.3	2.8
4.电子器件制造	Manufacture of Electronic Appliances	110.2	176.6	193.8	150.8	268.3	233.4
#电子真空器件制造	Manufacture of Electronic Vacuum Appliances	72.1	72.7	56.8	53.1	90.5	14.1
半导体分立器件制造	Manufacture of Semiconductor Discreting Appliances	13.8	5.9	5.8	5.7	5.7	4.8
集成电路制造	Manufacture of Integrate Circuit	24.4	13.6	6.9	7.5	10.4	15.8
5.电子元件制造	Manufacture of Electronic Components	61.4	206.7	440.2	71.4	71.7	149.7
6.家用视听设备制造	Manufacture of Domestic TV Set and Radio Receiver	203.4	234.3	165.5	165.1	201.0	194.0
7.其他电子设备制造	Manufacture of Other Electronic Equipment	5.4	1.6	11.9	1.9	1.4	2.4
电子计算机及办公设备制造业	**Manufacture of Computers and Office Equipments**	**67.7**	**519.8**	**93.5**	**175.0**	**252.1**	**95.8**
1.电子计算机整机制造	Manufacture of Entired Computer	13.1	370.0	18.0	14.6	20.9	15.5
2.电子计算机外部设备制造	Manufacture of Computer Peripheral Equipment	53.9	144.7	70.7	155.5	226.6	73.6
3.办公设备制造	Manufacture of Office Equipment	0.6	5.0	4.9	4.9	4.5	6.6
医疗设备及仪器仪表制造业	**Manufacture of Medical Equipments and Measuring Instrument**	**17.9**	**26.5**	**20.7**	**28.1**	**55.1**	**70.9**
1.医疗设备及器械制造	Manufacture of Medical Equipment and Appliances	1.6	5.3	4.3	2.6	2.7	3.0
2.仪器仪表制造	Manufacture of Measuring Instrument	16.3	21.2	16.4	25.4	52.3	67.8

1-1-6 内资企业分行业高技术产业生产经营情况

Statistics on Production and Management in High-tech Industry of Domestic Funded Enterprises by Industrial Sector

行 业	Industry	企业数（个） Number of Enterprises (unit)					
		2000	2005	2008	2009	2010	2011
合 计	**Total**	**6767**	**11036**	**16521**	**17922**	**18905**	**14075**
医药制造业	**Manufacture of Medicines**	**2941**	**4081**	**5380**	**5663**	**5899**	**4975**
#化学药品制造	Manufacture of Chemical Medicine	1342	1650	1964	2009	2052	1760
中成药制造	Manufacture of Finished Traditional Chinese Herbal Medicine		1096	1265	1302	1336	1233
生物、生化制品的制造	Manufacture of Biological and Biochemical Chemical Products	201	350	570	624	675	573
航空航天器制造业	**Manufacture of Aircrafts and Spacecrafts**	**168**	**137**	**164**	**161**	**176**	**167**
1.飞机制造及修理	Manufacture and Repairing of Airplanes	123	114	132	130	142	131
2.航天器制造	Manufacture of Spacecrafts	45	23	32	31	34	36
电子及通信设备制造业	**Manufacture of Electronic Equipment and Communication Equipment**	**2162**	**3834**	**6853**	**6952**	**7538**	**5387**
1.通信设备制造	Manufacture of Communication Equipment	509	734	973	1007	994	763
#通信传输设备制造	Manufacture of Communication Transmitting Equipment	91	179	277	294	301	225
通信交换设备制造	Manufacture of Communication Exchanging Equipment	123	112	122	113	111	82
通信终端设备制造	Manufacture of Communication Terminal Equipment	73	125	146	147	140	112
2.雷达及配套设备制造	Manufacture of Radar and Its Fittings	47	44	56	47	50	46
3.广播电视设备制造	Manufacture of Broadcasting and TV Equipment	77	240	322	327	334	255
4.电子器件制造	Manufacture of Electronic Appliances	253	557	1140	1215	1325	1059
#电子真空器件制造	Manufacture of Electronic Vacuum Appliances	63	82	111	111	106	84
半导体分立器件制造	Manufacture of Semiconductor Discreting Appliances	124	122	223	211	222	163
集成电路制造	Manufacture of Integrate Circuit	66	125	209	211	224	184
5.电子元件制造	Manufacture of Electronic Components	802	1612	3147	3150	3577	2346
6.家用视听设备制造	Manufacture of Domestic TV Set and Radio Receiver	225	369	579	546	566	410
7.其他电子设备制造	Manufacture of Other Electronic Equipment	249	278	636	660	692	508
电子计算机及办公设备制造业	**Manufacture of Computers and Office Equipments**	**201**	**467**	**700**	**734**	**736**	**552**
1.电子计算机整机制造	Manufacture of Entired Computer	85	90	92	84	79	77
2.电子计算机外部设备制造	Manufacture of Computer Peripheral Equipment	86	307	497	534	526	390
3.办公设备制造	Manufacture of Office Equipment	30	70	111	116	131	85
医疗设备及仪器仪表制造业	**Manufacture of Medical Equipments and Measuring Instrument**	**1295**	**2517**	**3424**	**4412**	**4556**	**2994**
1.医疗设备及器械制造	Manufacture of Medical Equipment and Appliances	272	503	831	883	927	584
2.仪器仪表制造	Manufacture of Measuring Instrument	1023	2014	2593	3529	3629	2410

1-1-6 续表 1 continued

行业	Industry	从业人员年平均人数（人） Annual Average Number of Employed Personnel (person)					
		2000	2005	2008	2009	2010	2011
合 计	**Total**	**2715464**	**2939172**	**3759966**	**4067372**	**4539404**	**4667126**
医药制造业	**Manufacture of Medicines**	**918351**	**1008153**	**1189862**	**1257047**	**1349602**	**1392475**
#化学药品制造	Manufacture of Chemical Medicine	548219	516618	562352	572373	615227	596930
中成药制造	Manufacture of Finished Traditional Chinese Herbal Medicine		299277	341044	375915	391298	432432
生物、生化制品的制造	Manufacture of Biological and Biochemical Chemical Products	44551	59459	88298	95354	103922	111089
航空航天器制造业	**Manufacture of Aircrafts and Spacecrafts**	**448315**	**290621**	**288716**	**299309**	**309937**	**321920**
1.飞机制造及修理	Manufacture and Repairing of Airplanes	386175	269263	264551	277454	286911	296941
2.航天器制造	Manufacture of Spacecrafts	62140	21358	24165	21855	23026	24979
电子及通信设备制造业	**Manufacture of Electronic Equipment and Communication Equipment**	**905668**	**1098897**	**1607942**	**1668176**	**1962031**	**2039218**
1.通信设备制造	Manufacture of Communication Equipment	205064	209232	328784	383635	419841	506311
#通信传输设备制造	Manufacture of Communication Transmitting Equipment	53311	35719	53844	69475	74889	76100
通信交换设备制造	Manufacture of Communication Exchanging Equipment	62373	79181	142603	174180	186854	219597
通信终端设备制造	Manufacture of Communication Terminal Equipment	31227	33704	46512	41864	36097	42199
2.雷达及配套设备制造	Manufacture of Radar and Its Fittings	54161	37585	42466	35340	35529	37161
3.广播电视设备制造	Manufacture of Broadcasting and TV Equipment	17389	43040	53254	52337	61298	72781
4.电子器件制造	Manufacture of Electronic Appliances	136864	176289	271504	301709	376296	397194
#电子真空器件制造	Manufacture of Electronic Vacuum Appliances	73683	54507	51033	51502	44155	40830
半导体分立器件制造	Manufacture of Semiconductor Discreting Appliances	43002	32301	36556	37037	40532	39325
集成电路制造	Manufacture of Integrate Circuit	20179	25232	55244	52406	65878	72847
5.电子元件制造	Manufacture of Electronic Components	312723	417991	610897	593140	740266	686136
6.家用视听设备制造	Manufacture of Domestic TV Set and Radio Receiver	135625	169834	202338	198704	217259	228206
7.其他电子设备制造	Manufacture of Other Electronic Equipment	43842	44926	98699	103311	111542	111429
电子计算机及办公设备制造业	**Manufacture of Computers and Office Equipments**	**77777**	**130993**	**191152**	**216966**	**230471**	**228596**
1.电子计算机整机制造	Manufacture of Entired Computer	31758	32153	50751	49373	35651	31947
2.电子计算机外部设备制造	Manufacture of Computer Peripheral Equipment	29304	80424	116523	146712	170266	172092
3.办公设备制造	Manufacture of Office Equipment	16715	18416	23878	20881	24554	24557
医疗设备及仪器仪表制造业	**Manufacture of Medical Equipments and Measuring Instrument**	**365353**	**410508**	**482294**	**625874**	**687363**	**684917**
1.医疗设备及器械制造	Manufacture of Medical Equipment and Appliances	56250	83737	141223	146572	158999	149747
2.仪器仪表制造	Manufacture of Measuring Instrument	309103	326771	341071	479302	528364	535170

1-1-6 续表 2 continued

行 业	Industry	当年价总产值（亿元） Gross Industrial Output Value at Current Prices (100 million yuan)					
		2000	2005	2008	2009	2010	2011
合 计	**Total**	**4283.8**	**9188.6**	**16981.1**	**20717.1**	**26072.0**	**32793.3**
医药制造业	**Manufacture of Medicines**	**1417.4**	**3202.5**	**5741.5**	**6805.0**	**8570.0**	**11240.0**
#化学药品制造	Manufacture of Chemical Medicine	825.2	1725.4	2837.8	3136.0	3864.5	4833.1
中成药制造	Manufacture of Finished Traditional Chinese Herbal Medicine		885.0	1427.6	1749.6	2285.8	3089.0
生物、生化制品的制造	Manufacture of Biological and Biochemical Chemical Products	101.9	242.0	529.4	674.1	834.1	1191.3
航空航天器制造业	**Manufacture of Aircrafts and Spacecrafts**	**364.0**	**721.0**	**1012.2**	**1159.3**	**1350.9**	**1595.0**
1.飞机制造及修理	Manufacture and Repairing of Airplanes	317.6	675.4	939.0	1082.1	1256.0	1473.9
2.航天器制造	Manufacture of Spacecrafts	46.4	45.6	73.2	77.3	94.9	121.1
电子及通信设备制造业	**Manufacture of Electronic Equipment and Communication Equipment**	**1858.1**	**3634.6**	**6969.8**	**8368.7**	**10896.7**	**13664.5**
1.通信设备制造	Manufacture of Communication Equipment	669.8	1283.9	2476.0	3182.3	3730.5	4981.2
#通信传输设备制造	Manufacture of Communication Transmitting Equipment	140.2	132.5	238.7	397.1	415.3	581.5
通信交换设备制造	Manufacture of Communication Exchanging Equipment	316.1	716.8	1670.9	2086.6	2412.5	3070.4
通信终端设备制造	Manufacture of Communication Terminal Equipment	52.0	108.0	131.0	177.7	178.4	234.9
2.雷达及配套设备制造	Manufacture of Radar and Its Fittings	37.6	101.4	152.6	121.0	171.8	216.3
3.广播电视设备制造	Manufacture of Broadcasting and TV Equipment	18.4	106.6	205.8	224.3	310.0	391.4
4.电子器件制造	Manufacture of Electronic Appliances	297.4	500.9	1130.2	1260.0	1982.3	2388.1
#电子真空器件制造	Manufacture of Electronic Vacuum Appliances	213.5	162.4	242.3	191.8	231.0	160.0
半导体分立器件制造	Manufacture of Semiconductor Discreting Appliances	36.1	76.2	121.9	138.4	196.5	229.4
集成电路制造	Manufacture of Integrate Circuit	47.8	81.8	269.0	227.4	403.5	459.4
5.电子元件制造	Manufacture of Electronic Components	286.7	732.6	1509.5	1751.6	2551.8	3089.3
6.家用视听设备制造	Manufacture of Domestic TV Set and Radio Receiver	456.4	800.9	1116.5	1341.2	1574.4	1866.5
7.其他电子设备制造	Manufacture of Other Electronic Equipment	91.7	108.4	379.1	488.2	576.1	731.7
电子计算机及办公设备制造业	**Manufacture of Computers and Office Equipments**	**297.7**	**677.5**	**1328.9**	**1571.4**	**1643.3**	**1712.2**
1.电子计算机整机制造	Manufacture of Entired Computer	152.2	321.0	710.2	716.0	496.9	560.8
2.电子计算机外部设备制造	Manufacture of Computer Peripheral Equipment	125.9	326.4	538.3	764.7	1038.2	1020.4
3.办公设备制造	Manufacture of Office Equipment	19.6	30.1	80.3	90.7	108.2	131.0
医疗设备及仪器仪表制造业	**Manufacture of Medical Equipments and Measuring Instrument**	**346.6**	**952.9**	**1928.8**	**2812.8**	**3611.0**	**4581.6**
1.医疗设备及器械制造	Manufacture of Medical Equipment and Appliances	59.8	160.7	436.0	543.2	686.8	835.0
2.仪器仪表制造	Manufacture of Measuring Instrument	286.8	792.3	1492.8	2269.5	2924.3	3746.6

1-1-6 续表 3 continued

行　业	Industry	主营业务收入（亿元） Revenue from Principal Business (100 million yuan)					
		2000	2005	2008	2009	2010	2011
合　计	**Total**	**4036.6**	**9132.0**	**16473.9**	**20425.3**	**26266.5**	**32551.4**
医药制造业	**Manufacture of Medicines**	**1296.5**	**3052.8**	**5406.4**	**6541.1**	**8386.3**	**10932.7**
#化学药品制造	Manufacture of Chemical Medicine	760.6	1679.5	2695.7	3054.9	3855.9	4779.1
中成药制造	Manufacture of Finished Traditional Chinese Herbal Medicine		834.7	1322.7	1664.2	2184.7	2927.3
生物、生化制品的制造	Manufacture of Biological and Biochemical Chemical Products	82.7	219.1	479.4	627.4	799.1	1132.9
航空航天器制造业	**Manufacture of Aircrafts and Spacecrafts**	**352.7**	**704.9**	**992.0**	**1123.0**	**1349.6**	**1616.3**
1.飞机制造及修理	Manufacture and Repairing of Airplanes	310.3	659.6	920.7	1048.5	1257.2	1496.2
2.航天器制造	Manufacture of Spacecrafts	42.4	45.2	71.3	74.4	92.4	120.1
电子及通信设备制造业	**Manufacture of Electronic Equipment and Communication Equipment**	**1755.9**	**3732.2**	**6892.3**	**8475.3**	**11337.2**	**13821.8**
1.通信设备制造	Manufacture of Communication Equipment	623.7	1379.4	2367.6	3253.5	4087.3	5068.1
#通信传输设备制造	Manufacture of Communication Transmitting Equipment	158.0	134.8	240.7	402.8	435.3	613.7
通信交换设备制造	Manufacture of Communication Exchanging Equipment	272.8	805.9	1587.4	2190.3	2748.5	3168.0
通信终端设备制造	Manufacture of Communication Terminal Equipment	40.5	108.3	123.0	168.3	174.4	225.8
2.雷达及配套设备制造	Manufacture of Radar and Its Fittings	34.1	91.1	161.3	130.2	191.9	229.6
3.广播电视设备制造	Manufacture of Broadcasting and TV Equipment	16.5	104.2	202.4	220.1	304.8	392.7
4.电子器件制造	Manufacture of Electronic Appliances	298.4	480.7	1078.9	1216.0	1931.8	2309.3
#电子真空器件制造	Manufacture of Electronic Vacuum Appliances	226.1	155.6	226.0	186.7	224.8	152.5
半导体分立器件制造	Manufacture of Semiconductor Discreting Appliances	28.9	71.1	119.6	139.3	187.7	221.6
集成电路制造	Manufacture of Integrate Circuit	43.4	78.8	274.5	216.3	389.1	451.3
5.电子元件制造	Manufacture of Electronic Components	264.9	697.2	1460.0	1707.3	2484.2	3029.2
6.家用视听设备制造	Manufacture of Domestic TV Set and Radio Receiver	429.8	871.1	1266.0	1474.2	1768.5	2069.1
7.其他电子设备制造	Manufacture of Other Electronic Equipment	88.4	108.4	356.1	473.9	568.6	723.8
电子计算机及办公设备制造业	**Manufacture of Computers and Office Equipments**	**299.0**	**718.0**	**1316.6**	**1584.2**	**1656.1**	**1737.3**
1.电子计算机整机制造	Manufacture of Entired Computer	153.1	340.3	723.1	737.7	517.9	577.2
2.电子计算机外部设备制造	Manufacture of Computer Peripheral Equipment	126.8	348.3	518.2	758.5	1033.7	1033.2
3.办公设备制造	Manufacture of Office Equipment	19.0	29.5	75.3	88.0	104.5	126.9
医疗设备及仪器仪表制造业	**Manufacture of Medical Equipments and Measuring Instrument**	**332.6**	**924.1**	**1866.6**	**2701.8**	**3537.2**	**4443.3**
1.医疗设备及器械制造	Manufacture of Medical Equipment and Appliances	55.2	153.3	415.2	519.2	662.9	817.7
2.仪器仪表制造	Manufacture of Measuring Instrument	277.4	770.8	1451.4	2182.6	2874.4	3625.6

1-1-6 续表 4 continued

行 业	Industry	利润（亿元） Profits (100 million yuan)					
		2000	2005	2008	2009	2010	2011
合 计	**Total**	**266.3**	**495.2**	**1167.3**	**1685.4**	**2487.2**	**2754.2**
医药制造业	**Manufacture of Medicines**	**105.3**	**235.0**	**532.8**	**664.0**	**919.9**	**1193.4**
#化学药品制造	Manufacture of Chemical Medicine	47.4	113.3	261.7	293.9	400.6	476.7
中成药制造	Manufacture of Finished Traditional Chinese Herbal Medicine		77.7	131.2	178.6	250.0	344.6
生物、生化制品的制造	Manufacture of Biological and Biochemical Chemical Products	11.3	22.7	58.9	87.4	126.7	170.8
航空航天器制造业	**Manufacture of Aircrafts and Spacecrafts**	**0.3**	**24.5**	**62.5**	**68.5**	**73.3**	**82.4**
1.飞机制造及修理	Manufacture and Repairing of Airplanes	0.1	19.7	56.2	61.5	65.1	71.8
2.航天器制造	Manufacture of Spacecrafts	0.2	4.8	6.3	7.0	8.2	10.6
电子及通信设备制造业	**Manufacture of Electronic Equipment and Communication Equipment**	**133.5**	**146.2**	**362.7**	**619.6**	**1015.7**	**943.3**
1.通信设备制造	Manufacture of Communication Equipment	73.5	78.2	126.8	345.9	490.5	364.8
#通信传输设备制造	Manufacture of Communication Transmitting Equipment	13.7	9.7	24.7	34.8	48.3	59.3
通信交换设备制造	Manufacture of Communication Exchanging Equipment	42.6	60.8	67.8	264.2	363.8	196.7
通信终端设备制造	Manufacture of Communication Terminal Equipment	1.7	-0.1	9.5	10.9	17.1	18.3
2.雷达及配套设备制造	Manufacture of Radar and Its Fittings	-0.1	6.5	12.9	11.2	13.6	18.0
3.广播电视设备制造	Manufacture of Broadcasting and TV Equipment	0.6	5.7	13.9	19.0	26.6	36.6
4.电子器件制造	Manufacture of Electronic Appliances	17.1	-3.8	69.0	64.0	162.8	138.3
#电子真空器件制造	Manufacture of Electronic Vacuum Appliances	15.0	-23.6	-2.9	-20.9	9.3	6.0
半导体分立器件制造	Manufacture of Semiconductor Discreting Appliances	0.5	4.5	9.6	8.8	14.8	14.8
集成电路制造	Manufacture of Integrate Circuit	1.6	5.9	23.8	17.8	31.5	23.6
5.电子元件制造	Manufacture of Electronic Components	16.9	36.3	84.0	95.9	179.5	226.6
6.家用视听设备制造	Manufacture of Domestic TV Set and Radio Receiver	11.0	15.9	31.2	51.5	95.3	95.9
7.其他电子设备制造	Manufacture of Other Electronic Equipment	14.5	7.3	24.9	32.2	47.3	63.2
电子计算机及办公设备制造业	**Manufacture of Computers and Office Equipments**	**13.5**	**21.5**	**51.4**	**92.1**	**146.8**	**115.5**
1.电子计算机整机制造	Manufacture of Entired Computer	7.3	9.5	19.0	20.0	40.0	32.3
2.电子计算机外部设备制造	Manufacture of Computer Peripheral Equipment	6.1	10.4	24.5	61.5	91.7	68.0
3.办公设备制造	Manufacture of Office Equipment		1.7	8.0	10.5	15.1	15.1
医疗设备及仪器仪表制造业	**Manufacture of Medical Equipments and Measuring Instrument**	**13.9**	**68.1**	**157.9**	**241.3**	**331.5**	**419.6**
1.医疗设备及器械制造	Manufacture of Medical Equipment and Appliances	2.9	11.4	41.3	57.2	66.3	90.8
2.仪器仪表制造	Manufacture of Measuring Instrument	10.9	56.6	116.6	184.1	265.2	328.8

1-1-6 续表 5 continued

行 业	Industry	利税（亿元） Taxes and Profits (100 million yuan)					
		2000	2005	2008	2009	2010	2011
合 计	**Total**	**477.3**	**875.1**	**1893.7**	**2538.2**	**3555.6**	**4299.2**
医药制造业	**Manufacture of Medicines**	**201.6**	**409.9**	**847.4**	**1029.3**	**1354.9**	**1721.8**
#化学药品制造	Manufacture of Chemical Medicine	98.9	197.1	412.1	461.3	593.7	697.7
中成药制造	Manufacture of Finished Traditional Chinese Herbal Medicine		143.3	228.1	296.1	388.3	518.4
生物、生化制品的制造	Manufacture of Biological and Biochemical Chemical Products	17.3	35.1	84.1	117.9	167.5	224.0
航空航天器制造业	**Manufacture of Aircrafts and Spacecrafts**	**12.7**	**33.7**	**75.0**	**89.1**	**94.5**	**105.1**
1.飞机制造及修理	Manufacture and Repairing of Airplanes	11.7	28.6	68.1	81.4	85.6	93.4
2.航天器制造	Manufacture of Spacecrafts	0.9	5.1	6.9	7.7	9.0	11.7
电子及通信设备制造业	**Manufacture of Electronic Equipment and Communication Equipment**	**213.4**	**285.1**	**646.7**	**936.5**	**1435.9**	**1694.1**
1.通信设备制造	Manufacture of Communication Equipment	105.4	145.1	253.3	499.4	685.9	836.7
#通信传输设备制造	Manufacture of Communication Transmitting Equipment	18.5	12.8	32.8	44.8	59.8	73.8
通信交换设备制造	Manufacture of Communication Exchanging Equipment	60.8	114.8	167.0	385.5	517.5	620.0
通信终端设备制造	Manufacture of Communication Terminal Equipment	3.5	2.5	12.9	15.4	21.6	23.8
2.雷达及配套设备制造	Manufacture of Radar and Its Fittings	0.3	7.7	16.6	13.4	19.9	25.9
3.广播电视设备制造	Manufacture of Broadcasting and TV Equipment	1.4	10.2	20.7	26.2	35.0	48.5
4.电子器件制造	Manufacture of Electronic Appliances	32.1	12.0	103.7	104.6	217.0	210.1
#电子真空器件制造	Manufacture of Electronic Vacuum Appliances	26.2	-19.6	3.7	-16.3	14.2	10.4
半导体分立器件制造	Manufacture of Semiconductor Discreting Appliances	2.1	6.8	13.5	13.3	19.9	19.6
集成电路制造	Manufacture of Integrate Circuit	3.7	8.9	32.6	27.2	43.4	36.8
5.电子元件制造	Manufacture of Electronic Components	29.9	63.0	142.6	156.1	258.8	324.2
6.家用视听设备制造	Manufacture of Domestic TV Set and Radio Receiver	24.2	35.3	69.3	87.7	152.3	162.4
7.其他电子设备制造	Manufacture of Other Electronic Equipment	20.1	11.8	40.5	49.1	67.0	86.3
电子计算机及办公设备制造业	**Manufacture of Computers and Office Equipments**	**18.3**	**34.9**	**79.9**	**124.6**	**184.6**	**168.4**
1.电子计算机整机制造	Manufacture of Entired Computer	9.2	14.5	30.3	30.7	51.3	50.6
2.电子计算机外部设备制造	Manufacture of Computer Peripheral Equipment	8.7	17.5	38.3	80.0	113.9	96.7
3.办公设备制造	Manufacture of Office Equipment	0.4	2.9	11.3	13.9	19.4	21.2
医疗设备及仪器仪表制造业	**Manufacture of Medical Equipments and Measuring Instrument**	**31.3**	**111.5**	**244.7**	**358.7**	**485.7**	**609.8**
1.医疗设备及器械制造	Manufacture of Medical Equipment and Appliances	6.2	19.1	62.9	78.6	92.4	125.0
2.仪器仪表制造	Manufacture of Measuring Instrument	25.1	92.5	181.7	280.1	393.3	484.8

1-1-6 续表 6 continued

行业	Industry	出口交货值（亿元）Exports (100 million yuan)					
		2000	2005	2008	2009	2010	2011
合计	**Total**	**510.8**	**1490.7**	**3179.5**	**3247.3**	**4202.9**	**4582.6**
医药制造业	**Manufacture of Medicines**	**141.1**	**320.7**	**470.7**	**410.3**	**527.1**	**604.6**
#化学药品制造	Manufacture of Chemical Medicine	114.1	242.7	351.8	301.3	387.2	400.9
中成药制造	Manufacture of Finished Traditional Chinese Herbal Medicine		20.3	29.8	25.3	16.8	24.7
生物、生化制品的制造	Manufacture of Biological and Biochemical Chemical Products	5.4	33.9	43.5	41.2	69.1	111.5
航空航天器制造业	**Manufacture of Aircrafts and Spacecrafts**	**24.4**	**47.7**	**105.9**	**97.0**	**124.7**	**170.9**
1.飞机制造及修理	Manufacture and Repairing of Airplanes	21.0	47.4	102.9	95.3	122.2	168.0
2.航天器制造	Manufacture of Spacecrafts	3.4	0.3	3.0	1.7	2.5	2.9
电子及通信设备制造业	**Manufacture of Electronic Equipment and Communication Equipment**	**237.1**	**854.4**	**2113.3**	**2137.8**	**2828.7**	**3105.6**
1.通信设备制造	Manufacture of Communication Equipment	25.2	336.1	1130.5	1171.2	1331.8	1613.6
#通信传输设备制造	Manufacture of Communication Transmitting Equipment	2.7	12.3	13.7	10.7	27.3	39.3
通信交换设备制造	Manufacture of Communication Exchanging Equipment	14.5	272.4	1050.6	1089.6	1226.4	1424.0
通信终端设备制造	Manufacture of Communication Terminal Equipment	3.7	4.5	18.1	32.3	17.8	32.4
2.雷达及配套设备制造	Manufacture of Radar and Its Fittings	6.0	13.8	20.2	1.8	24.5	36.8
3.广播电视设备制造	Manufacture of Broadcasting and TV Equipment	0.5	21.4	41.5	43.7	67.6	84.1
4.电子器件制造	Manufacture of Electronic Appliances	64.1	126.4	275.7	238.6	468.7	419.7
#电子真空器件制造	Manufacture of Electronic Vacuum Appliances	50.5	57.8	60.4	57.5	94.1	23.6
半导体分立器件制造	Manufacture of Semiconductor Discreting Appliances	5.5	20.8	15.9	28.3	35.2	41.1
集成电路制造	Manufacture of Integrate Circuit	8.1	16.9	94.3	41.6	51.3	62.9
5.电子元件制造	Manufacture of Electronic Components	77.1	138.6	253.7	257.4	393.5	414.7
6.家用视听设备制造	Manufacture of Domestic TV Set and Radio Receiver	57.1	203.6	355.0	367.2	494.1	488.6
7.其他电子设备制造	Manufacture of Other Electronic Equipment	6.9	14.5	36.8	57.9	48.4	48.1
电子计算机及办公设备制造业	**Manufacture of Computers and Office Equipments**	**70.8**	**172.9**	**261.7**	**333.6**	**418.6**	**335.6**
1.电子计算机整机制造	Manufacture of Entired Computer	21.8	16.8	40.9	81.7	33.2	50.5
2.电子计算机外部设备制造	Manufacture of Computer Peripheral Equipment	40.2	145.5	209.7	241.0	370.3	263.9
3.办公设备制造	Manufacture of Office Equipment	8.8	10.6	11.1	11.0	15.0	21.2
医疗设备及仪器仪表制造业	**Manufacture of Medical Equipments and Measuring Instrument**	**37.4**	**95.0**	**227.9**	**268.5**	**303.8**	**365.9**
1.医疗设备及器械制造	Manufacture of Medical Equipment and Appliances	8.0	16.2	69.8	75.7	103.4	118.4
2.仪器仪表制造	Manufacture of Measuring Instrument	29.3	78.8	158.1	192.8	200.5	247.5

1-1-7 港澳台资企业分行业高技术产业生产经营情况

Statistics on Production and Management in High-tech Industry of Hong Kong,Macau and Taiwan Funded Enterprises by Industrial Sector

行　业	Industry	企业数（个） Number of Enterprises (unit)					
		2000	2005	2008	2009	2010	2011
合　计	**Total**	**1627**	**2856**	**3854**	**3809**	**3891**	**3173**
医药制造业	**Manufacture of Medicines**	**276**	**356**	**440**	**452**	**444**	**392**
#化学药品制造	Manufacture of Chemical Medicine	125	155	183	188	180	160
中成药制造	Manufacture of Finished Traditional Chinese Herbal Medicine		103	108	111	110	93
生物、生化制品的制造	Manufacture of Biological and Biochemical Chemical Products	28	36	56	62	58	52
航空航天器制造业	**Manufacture of Aircrafts and Spacecrafts**	**2**	**4**	**8**	**9**	**9**	**11**
1.飞机制造及修理	Manufacture and Repairing of Airplanes	2	4	8	9	9	10
2.航天器制造	Manufacture of Spacecrafts						1
电子及通信设备制造业	**Manufacture of Electronic Equipment and Communication Equipment**	**1045**	**1830**	**2631**	**2553**	**2644**	**2151**
1.通信设备制造	Manufacture of Communication Equipment	138	183	242	236	224	183
#通信传输设备制造	Manufacture of Communication Transmitting Equipment	22	38	45	44	41	31
通信交换设备制造	Manufacture of Communication Exchanging Equipment	27	18	19	17	16	11
通信终端设备制造	Manufacture of Communication Terminal Equipment	28	59	57	52	49	34
2.雷达及配套设备制造	Manufacture of Radar and Its Fittings		1				
3.广播电视设备制造	Manufacture of Broadcasting and TV Equipment	13	61	65	74	64	61
4.电子器件制造	Manufacture of Electronic Appliances	156	311	428	420	428	391
#电子真空器件制造	Manufacture of Electronic Vacuum Appliances	19	14	12	13	13	10
半导体分立器件制造	Manufacture of Semiconductor Discreting Appliances	67	62	63	66	64	51
集成电路制造	Manufacture of Integrate Circuit	70	97	122	107	104	82
5.电子元件制造	Manufacture of Electronic Components	457	895	1367	1319	1445	1120
6.家用视听设备制造	Manufacture of Domestic TV Set and Radio Receiver	157	280	346	313	306	258
7.其他电子设备制造	Manufacture of Other Electronic Equipment	124	99	183	191	177	138
电子计算机及办公设备制造业	**Manufacture of Computers and Office Equipments**	**184**	**390**	**445**	**417**	**408**	**334**
1.电子计算机整机制造	Manufacture of Entired Computer	29	47	35	27	32	30
2.电子计算机外部设备制造	Manufacture of Computer Peripheral Equipment	121	294	367	342	329	268
3.办公设备制造	Manufacture of Office Equipment	34	49	43	48	47	36
医疗设备及仪器仪表制造业	**Manufacture of Medical Equipments and Measuring Instrument**	**120**	**276**	**330**	**378**	**386**	**285**
1.医疗设备及器械制造	Manufacture of Medical Equipment and Appliances	20	61	108	105	110	82
2.仪器仪表制造	Manufacture of Measuring Instrument	100	215	222	273	276	203

1-1-7 续表 1 continued

行 业	Industry	从业人员年平均人数（人） Annual Average Number of Employed Personnel (person)					
		2000	2005	2008	2009	2010	2011
合 计	**Total**	**595800**	**1518686**	**2268148**	**2136353**	**2489372**	**2847497**
医药制造业	**Manufacture of Medicines**	**55317**	**77653**	**106605**	**131968**	**147499**	**151972**
#化学药品制造	Manufacture of Chemical Medicine	28233	36231	49509	66666	75619	82660
中成药制造	Manufacture of Finished Traditional Chinese Herbal Medicine		25897	24787	24671	26225	27891
生物、生化制品的制造	Manufacture of Biological and Biochemical Chemical Products	2773	4409	9678	12366	15975	17878
航空航天器制造业	**Manufacture of Aircrafts and Spacecrafts**	**1618**	**3475**	**7384**	**6272**	**6050**	**11774**
1.飞机制造及修理	Manufacture and Repairing of Airplanes	1618	3475	7384	6272	6050	11706
2.航天器制造	Manufacture of Spacecrafts						68
电子及通信设备制造业	**Manufacture of Electronic Equipment and Communication Equipment**	**417128**	**1051800**	**1596066**	**1519854**	**1742415**	**1986772**
1.通信设备制造	Manufacture of Communication Equipment	41321	110824	205650	163968	176403	310315
#通信传输设备制造	Manufacture of Communication Transmitting Equipment	5904	12669	23161	18880	37653	45705
通信交换设备制造	Manufacture of Communication Exchanging Equipment	8131	4557	7740	13283	4966	3704
通信终端设备制造	Manufacture of Communication Terminal Equipment	13511	49249	34979	28626	41192	48020
2.雷达及配套设备制造	Manufacture of Radar and Its Fittings		1500				
3.广播电视设备制造	Manufacture of Broadcasting and TV Equipment	1790	16729	24898	26388	21268	26816
4.电子器件制造	Manufacture of Electronic Appliances	67372	154813	305795	295227	332816	368034
#电子真空器件制造	Manufacture of Electronic Vacuum Appliances	12774	12272	4758	3790	4744	5358
半导体分立器件制造	Manufacture of Semiconductor Discreting Appliances	17873	17952	23260	22838	24086	28745
集成电路制造	Manufacture of Integrate Circuit	36725	48406	97203	86622	81112	64152
5.电子元件制造	Manufacture of Electronic Components	153496	477794	750537	741579	906234	947155
6.家用视听设备制造	Manufacture of Domestic TV Set and Radio Receiver	111703	240474	218021	204072	213900	236802
7.其他电子设备制造	Manufacture of Other Electronic Equipment	41446	49666	91165	88620	91794	97650
电子计算机及办公设备制造业	**Manufacture of Computers and Office Equipments**	**96660**	**300184**	**469382**	**391834**	**481738**	**575160**
1.电子计算机整机制造	Manufacture of Entired Computer	19667	45879	88995	66145	105398	226015
2.电子计算机外部设备制造	Manufacture of Computer Peripheral Equipment	47954	223575	347577	294180	341491	318793
3.办公设备制造	Manufacture of Office Equipment	29039	30730	32810	31509	34849	30352
医疗设备及仪器仪表制造业	**Manufacture of Medical Equipments and Measuring Instrument**	**25077**	**85574**	**88711**	**86425**	**111670**	**121819**
1.医疗设备及器械制造	Manufacture of Medical Equipment and Appliances	4175	13463	26228	25933	27459	25629
2.仪器仪表制造	Manufacture of Measuring Instrument	20902	72111	62483	60492	84211	96190

1-1-7 续表 2 continued

行 业	Industry	当年价总产值（亿元） Gross Industrial Output Value at Current Prices (100 million yuan)					
		2000	2005	2008	2009	2010	2011
合 计	**Total**	**1926.9**	**6722.4**	**12066.0**	**11907.4**	**14457.2**	**17844.1**
医药制造业	**Manufacture of Medicines**	**153.1**	**293.1**	**624.7**	**871.0**	**1094.3**	**1301.2**
#化学药品制造	Manufacture of Chemical Medicine	77.2	171.6	356.4	549.6	654.3	752.3
中成药制造	Manufacture of Finished Traditional Chinese Herbal Medicine		76.6	125.8	143.4	160.2	222.3
生物、生化制品的制造	Manufacture of Biological and Biochemical Chemical Products	10.7	22.3	64.2	95.6	152.5	170.0
航空航天器制造业	**Manufacture of Aircrafts and Spacecrafts**	**5.7**	**25.0**	**71.1**	**43.1**	**31.5**	**72.5**
1.飞机制造及修理	Manufacture and Repairing of Airplanes	5.7	25.0	71.1	43.1	31.5	71.9
2.航天器制造	Manufacture of Spacecrafts						0.6
电子及通信设备制造业	**Manufacture of Electronic Equipment and Communication Equipment**	**1113.4**	**3665.4**	**6773.2**	**6818.8**	**7918.2**	**10017.1**
1.通信设备制造	Manufacture of Communication Equipment	108.7	432.6	922.8	910.7	1076.8	1748.0
#通信传输设备制造	Manufacture of Communication Transmitting Equipment	6.5	45.0	136.7	107.9	249.2	396.3
通信交换设备制造	Manufacture of Communication Exchanging Equipment	27.0	15.9	47.4	108.8	17.7	23.5
通信终端设备制造	Manufacture of Communication Terminal Equipment	30.6	134.5	101.4	74.2	148.7	145.8
2.雷达及配套设备制造	Manufacture of Radar and Its Fittings		0.2				
3.广播电视设备制造	Manufacture of Broadcasting and TV Equipment	3.1	32.8	73.4	101.1	106.5	145.5
4.电子器件制造	Manufacture of Electronic Appliances	233.9	667.1	1733.0	1631.4	1793.7	2219.9
#电子真空器件制造	Manufacture of Electronic Vacuum Appliances	117.1	112.9	33.9	31.3	50.5	7.3
半导体分立器件制造	Manufacture of Semiconductor Discreting Appliances	33.5	57.5	131.7	131.6	123.4	134.7
集成电路制造	Manufacture of Integrate Circuit	83.3	272.4	654.6	451.0	430.1	470.9
5.电子元件制造	Manufacture of Electronic Components	244.9	1228.2	2634.5	2685.0	3356.6	4015.3
6.家用视听设备制造	Manufacture of Domestic TV Set and Radio Receiver	455.4	1202.3	1132.9	1173.2	1235.5	1475.3
7.其他电子设备制造	Manufacture of Other Electronic Equipment	67.4	102.2	276.6	317.3	349.0	413.1
电子计算机及办公设备制造业	**Manufacture of Computers and Office Equipments**	**605.0**	**2481.9**	**4184.0**	**3810.7**	**4914.3**	**5827.5**
1.电子计算机整机制造	Manufacture of Entired Computer	273.6	1132.5	2189.9	2023.1	2856.4	3519.1
2.电子计算机外部设备制造	Manufacture of Computer Peripheral Equipment	275.2	1231.1	1814.8	1606.4	1817.3	2047.9
3.办公设备制造	Manufacture of Office Equipment	56.1	118.2	179.4	181.2	240.5	260.5
医疗设备及仪器仪表制造业	**Manufacture of Medical Equipments and Measuring Instrument**	**49.8**	**257.0**	**413.1**	**363.8**	**498.9**	**625.8**
1.医疗设备及器械制造	Manufacture of Medical Equipment and Appliances	5.0	33.5	87.0	108.0	120.6	130.3
2.仪器仪表制造	Manufacture of Measuring Instrument	44.8	223.5	326.1	255.8	378.3	495.4

1-1-7 续表 3 continued

行 业	Industry	主营业务收入（亿元） Revenue from Principal Business (100 million yuan)					
		2000	2005	2008	2009	2010	2011
合 计	**Total**	**1872.1**	**6539.4**	**11842.8**	**11822.2**	**14345.9**	**17534.7**
医药制造业	**Manufacture of Medicines**	**134.3**	**254.7**	**569.7**	**842.3**	**1056.2**	**1194.0**
#化学药品制造	Manufacture of Chemical Medicine	70.1	145.9	319.9	543.5	669.3	691.9
中成药制造	Manufacture of Finished Traditional Chinese Herbal Medicine		66.6	114.5	132.0	147.5	198.9
生物、生化制品的制造	Manufacture of Biological and Biochemical Chemical Products	8.6	20.2	60.9	93.0	135.3	161.5
航空航天器制造业	**Manufacture of Aircrafts and Spacecrafts**	**6.4**	**24.9**	**69.1**	**42.8**	**30.8**	**72.1**
1.飞机制造及修理	Manufacture and Repairing of Airplanes	6.4	24.9	69.1	42.8	30.8	71.5
2.航天器制造	Manufacture of Spacecrafts						0.6
电子及通信设备制造业	**Manufacture of Electronic Equipment and Communication Equipment**	**1125.0**	**3541.7**	**6495.9**	**6612.8**	**7741.3**	**9690.8**
1.通信设备制造	Manufacture of Communication Equipment	99.0	431.4	884.4	895.4	1057.1	1687.0
#通信传输设备制造	Manufacture of Communication Transmitting Equipment	6.5	42.7	125.3	103.7	261.1	391.2
通信交换设备制造	Manufacture of Communication Exchanging Equipment	26.3	18.0	46.2	113.7	19.2	28.5
通信终端设备制造	Manufacture of Communication Terminal Equipment	28.2	132.9	97.7	70.7	142.3	143.8
2.雷达及配套设备制造	Manufacture of Radar and Its Fittings		0.3				
3.广播电视设备制造	Manufacture of Broadcasting and TV Equipment	2.8	33.0	68.4	99.5	103.9	132.9
4.电子器件制造	Manufacture of Electronic Appliances	223.0	659.5	1686.5	1592.3	1733.6	2157.1
#电子真空器件制造	Manufacture of Electronic Vacuum Appliances	112.2	110.7	33.4	29.9	51.2	7.3
半导体分立器件制造	Manufacture of Semiconductor Discreting Appliances	31.8	56.0	130.2	127.6	116.6	129.5
集成电路制造	Manufacture of Integrate Circuit	79.1	274.2	636.5	446.4	415.2	457.3
5.电子元件制造	Manufacture of Electronic Components	234.0	1180.3	2570.0	2647.5	3292.5	3912.2
6.家用视听设备制造	Manufacture of Domestic TV Set and Radio Receiver	496.8	1135.2	1022.4	1069.2	1180.8	1371.7
7.其他电子设备制造	Manufacture of Other Electronic Equipment	69.3	102.0	264.2	308.7	373.4	430.0
电子计算机及办公设备制造业	**Manufacture of Computers and Office Equipments**	**563.6**	**2461.8**	**4307.7**	**3975.4**	**5028.8**	**5959.8**
1.电子计算机整机制造	Manufacture of Entired Computer	263.6	1137.7	2364.5	2215.8	3053.9	3745.0
2.电子计算机外部设备制造	Manufacture of Computer Peripheral Equipment	251.1	1223.5	1767.4	1579.3	1729.9	1947.9
3.办公设备制造	Manufacture of Office Equipment	48.9	100.5	175.8	180.3	245.0	267.0
医疗设备及仪器仪表制造业	**Manufacture of Medical Equipments and Measuring Instrument**	**42.8**	**256.3**	**400.4**	**349.0**	**488.9**	**618.0**
1.医疗设备及器械制造	Manufacture of Medical Equipment and Appliances	5.0	32.7	85.1	107.6	121.5	126.5
2.仪器仪表制造	Manufacture of Measuring Instrument	37.8	223.6	315.3	241.5	367.4	491.5

1-1-7 续表 4 continued

行 业	Industry	利润（亿元） Profits (100 million yuan)					
		2000	2005	2008	2009	2010	2011
合 计	**Total**	**84.4**	**186.0**	**511.6**	**497.4**	**735.3**	**862.3**
医药制造业	**Manufacture of Medicines**	**11.3**	**22.5**	**67.4**	**109.7**	**147.4**	**154.2**
#化学药品制造	Manufacture of Chemical Medicine	4.9	11.2	38.0	65.7	90.9	83.3
中成药制造	Manufacture of Finished Traditional Chinese Herbal Medicine		7.6	14.0	16.8	19.1	28.5
生物、生化制品的制造	Manufacture of Biological and Biochemical Chemical Products	1.5	2.2	9.9	18.9	22.5	22.2
航空航天器制造业	**Manufacture of Aircrafts and Spacecrafts**	**1.7**	**2.6**	**5.6**	**2.0**	**1.7**	**3.7**
1.飞机制造及修理	Manufacture and Repairing of Airplanes	1.7	2.6	5.6	2.0	1.7	3.8
2.航天器制造	Manufacture of Spacecrafts						-0.1
电子及通信设备制造业	**Manufacture of Electronic Equipment and Communication Equipment**	**49.4**	**101.9**	**268.5**	**257.1**	**398.8**	**446.5**
1.通信设备制造	Manufacture of Communication Equipment	5.9	-1.6	20.6	29.1	60.5	78.4
#通信传输设备制造	Manufacture of Communication Transmitting Equipment	0.6	0.9	5.6	6.1	26.9	42.3
通信交换设备制造	Manufacture of Communication Exchanging Equipment	2.1	0.6	2.2	3.6	1.4	2.2
通信终端设备制造	Manufacture of Communication Terminal Equipment	1.2	2.3	-2.1	1.1	8.6	6.3
2.雷达及配套设备制造	Manufacture of Radar and Its Fittings						
3.广播电视设备制造	Manufacture of Broadcasting and TV Equipment		0.6	2.1	2.6	3.5	6.0
4.电子器件制造	Manufacture of Electronic Appliances	21.5	20.3	85.0	65.9	73.1	103.1
#电子真空器件制造	Manufacture of Electronic Vacuum Appliances	15.8	-4.2	1.3	0.9	2.3	0.4
半导体分立器件制造	Manufacture of Semiconductor Discreting Appliances	1.6	3.0	25.3	23.1	7.6	4.8
集成电路制造	Manufacture of Integrate Circuit	4.1	11.9	15.1	4.1	19.6	27.2
5.电子元件制造	Manufacture of Electronic Components	13.5	52.9	125.0	106.4	180.1	182.1
6.家用视听设备制造	Manufacture of Domestic TV Set and Radio Receiver	7.5	22.2	23.6	38.2	67.0	56.3
7.其他电子设备制造	Manufacture of Other Electronic Equipment	1.0	7.5	12.1	15.0	14.6	20.6
电子计算机及办公设备制造业	**Manufacture of Computers and Office Equipments**	**19.2**	**44.4**	**142.8**	**93.2**	**139.4**	**194.9**
1.电子计算机整机制造	Manufacture of Entired Computer	12.6	4.7	15.3	10.6	21.8	38.0
2.电子计算机外部设备制造	Manufacture of Computer Peripheral Equipment	5.7	36.4	119.7	73.0	107.2	148.0
3.办公设备制造	Manufacture of Office Equipment	0.9	3.4	7.7	9.6	10.4	8.9
医疗设备及仪器仪表制造业	**Manufacture of Medical Equipments and Measuring Instrument**	**2.8**	**14.4**	**27.3**	**35.4**	**48.1**	**62.9**
1.医疗设备及器械制造	Manufacture of Medical Equipment and Appliances	0.4	2.8	7.2	17.0	18.2	15.8
2.仪器仪表制造	Manufacture of Measuring Instrument	2.4	11.7	20.0	18.4	29.9	47.2

1-1-7 续表 5 continued

行 业	Industry	利税（亿元） Taxes and Profits (100 million yuan)					
		2000	2005	2008	2009	2010	2011
合 计	**Total**	**127.4**	**270.3**	**691.4**	**682.3**	**945.3**	**1199.0**
医药制造业	**Manufacture of Medicines**	**21.6**	**38.7**	**100.9**	**150.7**	**197.9**	**231.2**
#化学药品制造	Manufacture of Chemical Medicine	10.5	18.5	54.2	90.8	119.5	134.2
中成药制造	Manufacture of Finished Traditional Chinese Herbal Medicine		14.1	23.4	25.7	29.8	42.0
生物、生化制品的制造	Manufacture of Biological and Biochemical Chemical Products	2.4	3.5	13.6	22.7	28.4	29.1
航空航天器制造业	**Manufacture of Aircrafts and Spacecrafts**	**1.8**	**3.0**	**5.8**	**2.2**	**1.9**	**5.6**
1.飞机制造及修理	Manufacture and Repairing of Airplanes	1.8	3.0	5.8	2.2	1.9	5.7
2.航天器制造	Manufacture of Spacecrafts						-0.1
电子及通信设备制造业	**Manufacture of Electronic Equipment and Communication Equipment**	**71.6**	**140.6**	**372.8**	**351.3**	**503.0**	**597.1**
1.通信设备制造	Manufacture of Communication Equipment	9.2	3.6	30.6	39.1	72.1	107.8
#通信传输设备制造	Manufacture of Communication Transmitting Equipment	0.7	1.5	6.6	6.9	28.3	43.4
通信交换设备制造	Manufacture of Communication Exchanging Equipment	3.4	1.3	3.3	4.2	2.3	3.5
通信终端设备制造	Manufacture of Communication Terminal Equipment	2.2	3.1		1.7	10.2	7.5
2.雷达及配套设备制造	Manufacture of Radar and Its Fittings						
3.广播电视设备制造	Manufacture of Broadcasting and TV Equipment	0.1	1.2	3.0	3.6	5.2	9.6
4.电子器件制造	Manufacture of Electronic Appliances	28.3	27.7	111.7	88.7	97.7	129.3
#电子真空器件制造	Manufacture of Electronic Vacuum Appliances	19.4	-2.8	1.4	1.2	2.6	0.7
半导体分立器件制造	Manufacture of Semiconductor Discreting Appliances	2.1	3.7	31.3	29.5	9.5	6.4
集成电路制造	Manufacture of Integrate Circuit	6.7	15.2	25.7	7.7	24.2	32.3
5.电子元件制造	Manufacture of Electronic Components	22.1	65.6	168.7	143.1	225.9	241.9
6.家用视听设备制造	Manufacture of Domestic TV Set and Radio Receiver	10.2	33.6	42.8	55.7	80.4	79.9
7.其他电子设备制造	Manufacture of Other Electronic Equipment	1.8	9.0	16.0	21.2	21.7	28.7
电子计算机及办公设备制造业	**Manufacture of Computers and Office Equipments**	**28.0**	**67.9**	**175.4**	**132.4**	**180.1**	**282.8**
1.电子计算机整机制造	Manufacture of Entired Computer	18.2	13.4	23.4	24.6	28.2	89.0
2.电子计算机外部设备制造	Manufacture of Computer Peripheral Equipment	8.5	50.7	142.1	96.4	140.1	182.5
3.办公设备制造	Manufacture of Office Equipment	1.3	3.8	9.9	11.4	11.8	11.2
医疗设备及仪器仪表制造业	**Manufacture of Medical Equipments and Measuring Instrument**	**4.5**	**20.1**	**36.5**	**45.8**	**62.5**	**82.3**
1.医疗设备及器械制造	Manufacture of Medical Equipment and Appliances	0.7	3.7	9.9	21.0	21.5	20.4
2.仪器仪表制造	Manufacture of Measuring Instrument	3.8	16.4	26.6	24.8	41.0	61.9

1-1-7 续表 6 continued

行 业	Industry	出口交货值（亿元） Taxes and Profits (100 million yuan)					
		2000	2005	2008	2009	2010	2011
合 计	**Total**	**867.1**	**4301.8**	**8160.2**	**7516.4**	**9233.4**	**11214.8**
医药制造业	**Manufacture of Medicines**	**18.1**	**34.8**	**91.1**	**122.1**	**151.0**	**150.5**
#化学药品制造	Manufacture of Chemical Medicine	9.6	21.4	48.6	84.9	109.1	111.2
中成药制造	Manufacture of Finished Traditional Chinese Herbal Medicine		2.3	2.2	3.0	3.6	1.4
生物、生化制品的制造	Manufacture of Biological and Biochemical Chemical Products	0.8	5.1	17.8	18.7	21.8	22.4
航空航天器制造业	**Manufacture of Aircrafts and Spacecrafts**	**5.6**	**23.4**	**64.1**	**35.0**	**23.5**	**49.5**
1.飞机制造及修理	Manufacture and Repairing of Airplanes	5.6	23.4	64.1	35.0	23.5	49.5
2.航天器制造	Manufacture of Spacecrafts						
电子及通信设备制造业	**Manufacture of Electronic Equipment and Communication Equipment**	**516.9**	**2347.3**	**4458.1**	**4329.8**	**5213.4**	**6212.9**
1.通信设备制造	Manufacture of Communication Equipment	32.0	219.2	446.8	535.7	723.8	1108.2
#通信传输设备制造	Manufacture of Communication Transmitting Equipment	3.5	33.5	82.1	70.4	216.4	193.5
通信交换设备制造	Manufacture of Communication Exchanging Equipment	4.1	4.5	27.9	89.8	4.5	7.8
通信终端设备制造	Manufacture of Communication Terminal Equipment	15.3	104.0	70.2	44.2	108.6	112.6
2.雷达及配套设备制造	Manufacture of Radar and Its Fittings		0.2				
3.广播电视设备制造	Manufacture of Broadcasting and TV Equipment	1.1	18.5	47.3	73.6	77.1	75.1
4.电子器件制造	Manufacture of Electronic Appliances	122.9	477.4	1296.7	1158.5	1293.2	1499.8
#电子真空器件制造	Manufacture of Electronic Vacuum Appliances	27.4	67.6	17.8	20.6	37.8	3.2
半导体分立器件制造	Manufacture of Semiconductor Discreting Appliances	26.3	37.4	48.5	50.6	75.5	83.4
集成电路制造	Manufacture of Integrate Circuit	69.2	213.6	540.2	327.1	274.6	248.5
5.电子元件制造	Manufacture of Electronic Components	170.8	819.2	1833.7	1791.6	2272.1	2576.4
6.家用视听设备制造	Manufacture of Domestic TV Set and Radio Receiver	145.5	732.4	652.1	563.2	615.0	689.5
7.其他电子设备制造	Manufacture of Other Electronic Equipment	44.5	80.5	181.5	207.2	232.3	263.9
电子计算机及办公设备制造业	**Manufacture of Computers and Office Equipments**	**309.0**	**1729.9**	**3347.0**	**2908.7**	**3638.6**	**4566.2**
1.电子计算机整机制造	Manufacture of Entired Computer	93.4	731.0	1828.7	1570.5	2168.7	2780.0
2.电子计算机外部设备制造	Manufacture of Computer Peripheral Equipment	167.7	912.0	1381.0	1238.4	1343.2	1574.2
3.办公设备制造	Manufacture of Office Equipment	48.0	86.9	137.3	99.8	126.7	211.9
医疗设备及仪器仪表制造业	**Manufacture of Medical Equipments and Measuring Instrument**	**17.5**	**166.5**	**199.8**	**120.7**	**207.0**	**235.8**
1.医疗设备及器械制造	Manufacture of Medical Equipment and Appliances	1.7	18.1	44.3	51.1	64.9	74.9
2.仪器仪表制造	Manufacture of Measuring Instrument	15.8	148.4	155.5	69.6	142.1	160.9

1-1-8 外资企业分行业高技术产业生产经营情况

Statistics on Production and Management in High-tech Industry of Foreign Funded Enterprises by Industrial Sector

行 业	Industry	企业数（个） Number of Enterprises (unit)					
		2000	2005	2008	2009	2010	2011
合 计	**Total**	**1441**	**3635**	**5442**	**5487**	**5393**	**4434**
医药制造业	**Manufacture of Medicines**	**316**	**534**	**704**	**692**	**696**	**559**
#化学药品制造	Manufacture of Chemical Medicine	152	232	312	297	293	252
中成药制造	Manufacture of Finished Traditional Chinese Herbal Medicine		89	106	97	104	72
生物、生化制品的制造	Manufacture of Biological and Biochemical Chemical Products	42	92	120	129	129	106
航空航天器制造业	**Manufacture of Aircrafts and Spacecrafts**	**6**	**26**	**45**	**50**	**52**	**46**
1.飞机制造及修理	Manufacture and Repairing of Airplanes	5	25	43	47	46	41
2.航天器制造	Manufacture of Spacecrafts	1	1	2	3	6	5
电子及通信设备制造业	**Manufacture of Electronic Equipment and Communication Equipment**	**789**	**2117**	**3387**	**3326**	**3243**	**2682**
1.通信设备制造	Manufacture of Communication Equipment	162	278	363	362	322	260
#通信传输设备制造	Manufacture of Communication Transmitting Equipment	32	46	63	63	52	41
通信交换设备制造	Manufacture of Communication Exchanging Equipment	28	33	32	28	21	15
通信终端设备制造	Manufacture of Communication Terminal Equipment	28	39	48	45	36	28
2.雷达及配套设备制造	Manufacture of Radar and Its Fittings		2	4	4	4	1
3.广播电视设备制造	Manufacture of Broadcasting and TV Equipment	8	60	74	76	75	49
4.电子器件制造	Manufacture of Electronic Appliances	104	417	721	720	732	664
#电子真空器件制造	Manufacture of Electronic Vacuum Appliances	23	38	43	43	38	22
半导体分立器件制造	Manufacture of Semiconductor Discreting Appliances	45	74	136	131	126	100
集成电路制造	Manufacture of Integrate Circuit	36	140	169	164	164	146
5.电子元件制造	Manufacture of Electronic Components	339	1051	1712	1676	1652	1325
6.家用视听设备制造	Manufacture of Domestic TV Set and Radio Receiver	71	206	257	229	218	196
7.其他电子设备制造	Manufacture of Other Electronic Equipment	105	103	256	259	240	187
电子计算机及办公设备制造业	**Manufacture of Computers and Office Equipments**	**121**	**410**	**550**	**525**	**498**	**427**
1.电子计算机整机制造	Manufacture of Entired Computer	25	64	48	51	46	47
2.电子计算机外部设备制造	Manufacture of Computer Peripheral Equipment	65	285	437	415	401	332
3.办公设备制造	Manufacture of Office Equipment	31	61	65	59	51	48
医疗设备及仪器仪表制造业	**Manufacture of Medical Equipments and Measuring Instrument**	**209**	**548**	**756**	**894**	**904**	**720**
1.医疗设备及器械制造	Manufacture of Medical Equipment and Appliances	46	140	261	274	273	212
2.仪器仪表制造	Manufacture of Measuring Instrument	163	408	495	620	631	508

1-1-8 续表 1 continued

行业	Industry	从业人员年平均人数（人） Annual Average Number of Employed Personnel (person)					
		2000	2005	2008	2009	2010	2011
合 计	**Total**	**611611**	**2175564**	**3419586**	**3371703**	**3893476**	**3954530**
医药制造业	**Manufacture of Medicines**	**71625**	**148583**	**211045**	**215777**	**234551**	**241575**
#化学药品制造	Manufacture of Chemical Medicine	35739	89070	122636	128557	141583	152767
中成药制造	Manufacture of Finished Traditional Chinese Herbal Medicine		25059	30967	28098	31519	27098
生物、生化制品的制造	Manufacture of Biological and Biochemical Chemical Products	6127	13254	21533	21316	21717	24584
航空航天器制造业	**Manufacture of Aircrafts and Spacecrafts**	**6598**	**10595**	**17970**	**19689**	**20643**	**16301**
1.飞机制造及修理	Manufacture and Repairing of Airplanes	6383	10344	17559	19066	19575	15494
2.航天器制造	Manufacture of Spacecrafts	215	251	411	623	1068	807
电子及通信设备制造业	**Manufacture of Electronic Equipment and Communication Equipment**	**416351**	**1315984**	**2028240**	**1912010**	**2310706**	**2330697**
1.通信设备制造	Manufacture of Communication Equipment	77733	234972	330029	346342	410558	419959
#通信传输设备制造	Manufacture of Communication Transmitting Equipment	7934	14050	26533	26380	20222	19405
通信交换设备制造	Manufacture of Communication Exchanging Equipment	14074	15194	22453	16002	26796	34182
通信终端设备制造	Manufacture of Communication Terminal Equipment	12164	32155	35423	32780	39947	30672
2.雷达及配套设备制造	Manufacture of Radar and Its Fittings		222	194	225	251	111
3.广播电视设备制造	Manufacture of Broadcasting and TV Equipment	2314	16080	24196	21416	27055	25076
4.电子器件制造	Manufacture of Electronic Appliances	64375	285129	478699	438761	538830	666169
#电子真空器件制造	Manufacture of Electronic Vacuum Appliances	26143	37231	32626	22115	22024	17825
半导体分立器件制造	Manufacture of Semiconductor Discreting Appliances	21132	23474	51974	41964	54686	48000
集成电路制造	Manufacture of Integrate Circuit	17100	114442	160994	136609	146033	153469
5.电子元件制造	Manufacture of Electronic Components	178842	599470	945235	878593	1100089	950820
6.家用视听设备制造	Manufacture of Domestic TV Set and Radio Receiver	69927	142980	158862	138354	142121	179616
7.其他电子设备制造	Manufacture of Other Electronic Equipment	23160	37131	91025	88319	91802	88946
电子计算机及办公设备制造业	**Manufacture of Computers and Office Equipments**	**72465**	**580240**	**989507**	**1023903**	**1102664**	**1141333**
1.电子计算机整机制造	Manufacture of Entired Computer	10906	244348	443372	397862	405493	418046
2.电子计算机外部设备制造	Manufacture of Computer Peripheral Equipment	48312	303303	493660	582091	654030	671205
3.办公设备制造	Manufacture of Office Equipment	13247	32589	52475	43950	43141	52082
医疗设备及仪器仪表制造业	**Manufacture of Medical Equipments and Measuring Instrument**	**44572**	**120162**	**172824**	**200324**	**224912**	**224624**
1.医疗设备及器械制造	Manufacture of Medical Equipment and Appliances	7324	32501	55691	60517	66356	66298
2.仪器仪表制造	Manufacture of Measuring Instrument	37248	87661	117133	139807	158556	158326

1-1-8 续表 2 continued

行 业	Industry	当年价总产值（亿元） Gross Industrial Output Value at Current Prices (100 million yuan)					
		2000	2005	2008	2009	2010	2011
合 计	**Total**	**4215.2**	**18449.7**	**28040.2**	**27805.9**	**34179.7**	**37796.5**
医药制造业	**Manufacture of Medicines**	**272.7**	**754.8**	**1508.8**	**1767.3**	**2077.0**	**2400.8**
#化学药品制造	Manufacture of Chemical Medicine	175.1	508.9	1004.0	1205.0	1432.7	1658.4
中成药制造	Manufacture of Finished Traditional Chinese Herbal Medicine		86.5	161.9	164.3	205.1	232.5
生物、生化制品的制造	Manufacture of Biological and Biochemical Chemical Products	23.0	89.4	183.3	210.9	221.4	242.4
航空航天器制造业	**Manufacture of Aircrafts and Spacecrafts**	**17.9**	**51.2**	**115.9**	**150.6**	**215.6**	**245.4**
1.飞机制造及修理	Manufacture and Repairing of Airplanes	17.5	50.4	113.9	148.0	211.8	240.5
2.航天器制造	Manufacture of Spacecrafts	0.4	0.8	2.0	2.6	3.8	4.9
电子及通信设备制造业	**Manufacture of Electronic Equipment and Communication Equipment**	**3011.9**	**9567.1**	**14408.5**	**13759.5**	**17114.9**	**19877.9**
1.通信设备制造	Manufacture of Communication Equipment	1400.1	4088.3	4983.9	4438.2	4783.9	5183.4
#通信传输设备制造	Manufacture of Communication Transmitting Equipment	105.0	99.9	170.9	156.3	168.1	150.2
通信交换设备制造	Manufacture of Communication Exchanging Equipment	332.9	257.8	456.4	375.4	479.1	604.2
通信终端设备制造	Manufacture of Communication Terminal Equipment	202.2	250.8	341.2	271.9	245.3	250.2
2.雷达及配套设备制造	Manufacture of Radar and Its Fittings		1.0	1.2	1.8	1.7	1.0
3.广播电视设备制造	Manufacture of Broadcasting and TV Equipment	13.4	61.0	117.1	99.3	160.8	120.6
4.电子器件制造	Manufacture of Electronic Appliances	419.1	1871.3	3487.5	3555.6	5050.3	6941.0
#电子真空器件制造	Manufacture of Electronic Vacuum Appliances	211.0	307.5	268.9	172.6	220.5	322.2
半导体分立器件制造	Manufacture of Semiconductor Discreting Appliances	66.8	121.1	297.7	262.3	333.7	320.0
集成电路制造	Manufacture of Integrate Circuit	141.2	801.3	1419.1	1248.1	1506.6	1524.2
5.电子元件制造	Manufacture of Electronic Components	518.9	2342.5	4090.4	3822.5	4985.7	5012.4
6.家用视听设备制造	Manufacture of Domestic TV Set and Radio Receiver	547.0	1059.0	1340.1	1404.0	1642.9	2036.2
7.其他电子设备制造	Manufacture of Other Electronic Equipment	113.5	144.0	388.2	438.2	489.5	583.3
电子计算机及办公设备制造业	**Manufacture of Computers and Office Equipments**	**783.0**	**7501.2**	**10980.4**	**10910.7**	**13264.8**	**13595.5**
1.电子计算机整机制造	Manufacture of Entired Computer	259.4	4110.3	6255.6	6221.1	6770.0	7527.5
2.电子计算机外部设备制造	Manufacture of Computer Peripheral Equipment	406.2	2999.5	4242.5	4284.2	6062.1	5560.5
3.办公设备制造	Manufacture of Office Equipment	117.3	391.4	482.3	405.4	432.8	507.6
医疗设备及仪器仪表制造业	**Manufacture of Medical Equipments and Measuring Instrument**	**129.7**	**575.4**	**1026.6**	**1217.7**	**1507.4**	**1676.8**
1.医疗设备及器械制造	Manufacture of Medical Equipment and Appliances	37.1	158.3	309.4	322.3	371.1	419.4
2.仪器仪表制造	Manufacture of Measuring Instrument	92.6	417.1	717.3	895.4	1136.3	1257.4

1-1-8 续表 3 continued

行 业	Industry	主营业务收入（亿元） Revenue from Principal Business (100 million yuan)					
		2000	2005	2008	2009	2010	2011
合 计	**Total**	**4141.4**	**18244.8**	**27412.2**	**27319.1**	**33870.4**	**37441.0**
医药制造业	**Manufacture of Medicines**	**252.0**	**712.3**	**1426.3**	**1703.6**	**1974.8**	**2357.7**
#化学药品制造	Manufacture of Chemical Medicine	170.0	500.1	969.0	1181.9	1389.0	1647.2
中成药制造	Manufacture of Finished Traditional Chinese Herbal Medicine		69.6	140.0	146.6	187.9	218.2
生物、生化制品的制造	Manufacture of Biological and Biochemical Chemical Products	21.0	78.9	170.1	199.0	194.3	230.9
航空航天器制造业	**Manufacture of Aircrafts and Spacecrafts**	**18.7**	**51.6**	**101.0**	**157.1**	**211.9**	**245.9**
1.飞机制造及修理	Manufacture and Repairing of Airplanes	18.4	50.8	98.9	154.6	208.1	240.9
2.航天器制造	Manufacture of Spacecrafts	0.3	0.8	2.0	2.6	3.9	5.0
电子及通信设备制造业	**Manufacture of Electronic Equipment and Communication Equipment**	**2993.6**	**9372.3**	**14021.7**	**13377.4**	**16906.0**	**19693.7**
1.通信设备制造	Manufacture of Communication Equipment	1439.6	4023.2	4938.4	4391.6	4758.2	5171.4
#通信传输设备制造	Manufacture of Communication Transmitting Equipment	111.1	139.2	162.7	156.8	171.6	144.8
通信交换设备制造	Manufacture of Communication Exchanging Equipment	338.6	263.0	453.7	372.5	476.1	598.1
通信终端设备制造	Manufacture of Communication Terminal Equipment	214.4	249.2	322.5	264.9	249.6	243.3
2.雷达及配套设备制造	Manufacture of Radar and Its Fittings		1.1	1.3	1.8	1.8	1.1
3.广播电视设备制造	Manufacture of Broadcasting and TV Equipment	13.9	58.7	111.6	89.3	150.8	121.4
4.电子器件制造	Manufacture of Electronic Appliances	398.7	1818.3	3279.8	3354.7	4945.0	6852.0
#电子真空器件制造	Manufacture of Electronic Vacuum Appliances	194.8	296.7	266.0	167.9	222.0	317.9
半导体分立器件制造	Manufacture of Semiconductor Discreting Appliances	66.1	121.9	290.8	255.5	334.9	319.2
集成电路制造	Manufacture of Integrate Circuit	137.7	765.8	1273.0	1119.1	1465.8	1499.1
5.电子元件制造	Manufacture of Electronic Components	494.9	2289.6	4014.3	3746.7	4925.7	4924.1
6.家用视听设备制造	Manufacture of Domestic TV Set and Radio Receiver	541.2	1042.7	1299.4	1370.9	1642.0	2048.3
7.其他电子设备制造	Manufacture of Other Electronic Equipment	105.4	138.6	376.9	422.5	482.5	575.5
电子计算机及办公设备制造业	**Manufacture of Computers and Office Equipments**	**744.1**	**7536.8**	**10874.7**	**10872.4**	**13272.9**	**13466.4**
1.电子计算机整机制造	Manufacture of Entired Computer	240.6	4205.4	6284.4	6323.4	6836.0	7498.0
2.电子计算机外部设备制造	Manufacture of Computer Peripheral Equipment	385.1	2936.9	4110.5	4135.7	6005.3	5467.3
3.办公设备制造	Manufacture of Office Equipment	118.4	394.5	479.8	413.3	431.6	501.1
医疗设备及仪器仪表制造业	**Manufacture of Medical Equipments and Measuring Instrument**	**133.0**	**571.7**	**988.6**	**1208.6**	**1504.8**	**1677.4**
1.医疗设备及器械制造	Manufacture of Medical Equipment and Appliances	35.1	155.5	295.1	312.5	364.2	418.7
2.仪器仪表制造	Manufacture of Measuring Instrument	97.8	416.2	693.5	896.0	1140.7	1258.7

1-1-8 续表 4 continued

行 业	Industry	利润（亿元） Profits (100 million yuan)					
		2000	2005	2008	2009	2010	2011
合 计	**Total**	**322.4**	**742.0**	**1046.2**	**1095.7**	**1657.2**	**1628.5**
医药制造业	**Manufacture of Medicines**	**22.6**	**80.7**	**192.7**	**220.3**	**263.9**	**258.4**
#化学药品制造	Manufacture of Chemical Medicine	14.9	50.0	127.5	149.1	176.0	167.0
中成药制造	Manufacture of Finished Traditional Chinese Herbal Medicine		12.1	25.5	24.9	36.3	32.5
生物、生化制品的制造	Manufacture of Biological and Biochemical Chemical Products	1.4	13.2	28.3	29.0	29.3	31.4
航空航天器制造业	**Manufacture of Aircrafts and Spacecrafts**	**1.7**	**5.3**	**7.7**	**19.1**	**6.3**	**17.9**
1.飞机制造及修理	Manufacture and Repairing of Airplanes	1.9	5.2	7.6	18.4	5.8	15.7
2.航天器制造	Manufacture of Spacecrafts	-0.2	0.1	0.1	0.8	0.5	2.2
电子及通信设备制造业	**Manufacture of Electronic Equipment and Communication Equipment**	**243.2**	**402.7**	**427.9**	**433.0**	**819.3**	**772.0**
1.通信设备制造	Manufacture of Communication Equipment	131.8	201.2	161.9	175.8	181.3	184.2
#通信传输设备制造	Manufacture of Communication Transmitting Equipment	11.5	-5.0	10.6	10.8	8.3	3.4
通信交换设备制造	Manufacture of Communication Exchanging Equipment	29.8	10.1	14.3	15.3	17.6	20.5
通信终端设备制造	Manufacture of Communication Terminal Equipment	8.8	6.0	9.5	8.5	15.8	12.4
2.雷达及配套设备制造	Manufacture of Radar and Its Fittings		0.1	0.1	0.2	0.2	0.1
3.广播电视设备制造	Manufacture of Broadcasting and TV Equipment	0.9	2.8	3.3	4.3	9.3	5.0
4.电子器件制造	Manufacture of Electronic Appliances	44.1	48.8	38.2	23.7	243.6	265.3
#电子真空器件制造	Manufacture of Electronic Vacuum Appliances	26.3	14.6	-0.1	-11.9	8.9	12.2
半导体分立器件制造	Manufacture of Semiconductor Discreting Appliances	5.8	-0.4	10.5	10.4	24.1	15.2
集成电路制造	Manufacture of Integrate Circuit	11.9	14.8	10.7	-13.0	81.6	99.5
5.电子元件制造	Manufacture of Electronic Components	35.1	120.7	150.0	150.7	269.5	200.0
6.家用视听设备制造	Manufacture of Domestic TV Set and Radio Receiver	22.4	26.0	50.6	55.2	84.4	78.4
7.其他电子设备制造	Manufacture of Other Electronic Equipment	8.9	3.2	23.7	23.0	30.9	39.0
电子计算机及办公设备制造业	**Manufacture of Computers and Office Equipments**	**43.4**	**196.7**	**327.1**	**301.9**	**404.2**	**400.0**
1.电子计算机整机制造	Manufacture of Entired Computer	16.3	89.4	159.2	118.3	166.4	217.2
2.电子计算机外部设备制造	Manufacture of Computer Peripheral Equipment	21.9	90.5	145.8	163.1	212.2	162.0
3.办公设备制造	Manufacture of Office Equipment	5.2	16.8	22.2	20.5	25.6	20.8
医疗设备及仪器仪表制造业	**Manufacture of Medical Equipments and Measuring Instrument**	**11.5**	**56.7**	**90.8**	**121.3**	**163.6**	**180.2**
1.医疗设备及器械制造	Manufacture of Medical Equipment and Appliances	2.6	16.3	33.3	38.0	41.1	47.0
2.仪器仪表制造	Manufacture of Measuring Instrument	8.9	40.4	57.4	83.4	122.5	133.2

1-1-8 续表 5 continued

行　业	Industry	利税（亿元） Taxes and Profits (100 million yuan)					
		2000	2005	2008	2009	2010	2011
合　计	**Total**	**428.9**	**944.2**	**1438.8**	**1439.8**	**2252.1**	**2315.6**
医药制造业	**Manufacture of Medicines**	**44.8**	**135.9**	**294.0**	**337.7**	**403.1**	**421.7**
#化学药品制造	Manufacture of Chemical Medicine	30.0	90.8	199.8	239.9	284.4	293.4
中成药制造	Manufacture of Finished Traditional Chinese Herbal Medicine		19.7	37.3	35.2	49.4	46.7
生物、生化制品的制造	Manufacture of Biological and Biochemical Chemical Products	3.1	17.5	38.4	37.6	38.4	45.4
航空航天器制造业	**Manufacture of Aircrafts and Spacecrafts**	**2.8**	**7.8**	**11.1**	**22.0**	**10.5**	**29.0**
1.飞机制造及修理	Manufacture and Repairing of Airplanes	3.0	7.7	11.0	21.3	9.9	26.7
2.航天器制造	Manufacture of Spacecrafts	-0.2	0.1	0.2	0.8	0.6	2.2
电子及通信设备制造业	**Manufacture of Electronic Equipment and Communication Equipment**	**307.5**	**501.6**	**596.0**	**570.3**	**1080.4**	**1065.5**
1.通信设备制造	Manufacture of Communication Equipment	166.4	243.6	212.6	208.0	255.2	293.8
#通信传输设备制造	Manufacture of Communication Transmitting Equipment	15.6	-2.6	14.2	14.0	11.7	6.0
通信交换设备制造	Manufacture of Communication Exchanging Equipment	39.7	21.5	26.9	23.0	22.6	32.3
通信终端设备制造	Manufacture of Communication Terminal Equipment	12.0	7.0	13.6	10.3	17.9	13.3
2.雷达及配套设备制造	Manufacture of Radar and Its Fittings		0.1	0.2	0.2	0.3	0.2
3.广播电视设备制造	Manufacture of Broadcasting and TV Equipment	1.5	3.6	4.9	5.7	12.8	7.8
4.电子器件制造	Manufacture of Electronic Appliances	54.4	69.0	79.7	55.5	307.8	339.1
#电子真空器件制造	Manufacture of Electronic Vacuum Appliances	34.1	22.2	4.3	-10.3	12.4	13.4
半导体分立器件制造	Manufacture of Semiconductor Discreting Appliances	7.3	0.3	16.4	15.4	28.7	20.7
集成电路制造	Manufacture of Integrate Circuit	13.1	22.1	22.6	-4.0	107.1	125.2
5.电子元件制造	Manufacture of Electronic Components	44.1	144.1	203.7	204.4	347.1	273.4
6.家用视听设备制造	Manufacture of Domestic TV Set and Radio Receiver	30.0	36.6	65.7	67.4	117.0	101.3
7.其他电子设备制造	Manufacture of Other Electronic Equipment	11.1	4.6	29.2	29.2	40.2	49.9
电子计算机及办公设备制造业	**Manufacture of Computers and Office Equipments**	**57.8**	**228.2**	**420.4**	**350.9**	**553.6**	**566.5**
1.电子计算机整机制造	Manufacture of Entired Computer	25.0	97.6	201.7	132.1	218.7	331.0
2.电子计算机外部设备制造	Manufacture of Computer Peripheral Equipment	25.3	109.3	192.2	193.4	303.9	208.5
3.办公设备制造	Manufacture of Office Equipment	7.5	21.3	26.4	25.3	31.0	26.9
医疗设备及仪器仪表制造业	**Manufacture of Medical Equipments and Measuring Instrument**	**16.1**	**70.7**	**117.3**	**158.9**	**204.6**	**233.0**
1.医疗设备及器械制造	Manufacture of Medical Equipment and Appliances	3.7	19.5	43.0	47.8	51.0	61.5
2.仪器仪表制造	Manufacture of Measuring Instrument	12.4	51.2	74.3	111.1	153.6	171.5

1-1-8 续表 6 continued

行 业	Industry	出口交货值（亿元） Exports (100 million yuan)					
		2000	2005	2008	2009	2010	2011
合 计	**Total**	**2018.1**	**11843.4**	**20164.3**	**18736.1**	**23565.2**	**24802.9**
医药制造业	**Manufacture of Medicines**	**30.3**	**83.7**	**184.9**	**214.7**	**270.6**	**275.4**
#化学药品制造	Manufacture of Chemical Medicine	15.5	48.7	99.8	108.4	132.8	122.6
中成药制造	Manufacture of Finished Traditional Chinese Herbal Medicine		2.6	15.6	20.1	19.9	28.2
生物、生化制品的制造	Manufacture of Biological and Biochemical Chemical Products	3.9	16.3	30.4	40.3	58.7	47.6
航空航天器制造业	**Manufacture of Aircrafts and Spacecrafts**	**1.2**	**6.7**	**35.7**	**76.2**	**54.3**	**54.6**
1.飞机制造及修理	Manufacture and Repairing of Airplanes	0.9	6.6	35.7	76.2	53.5	52.0
2.航天器制造	Manufacture of Spacecrafts	0.3	0.2			0.8	2.6
电子及通信设备制造业	**Manufacture of Electronic Equipment and Communication Equipment**	**1404.2**	**6208.3**	**10188.9**	**9074.4**	**11546.4**	**12921.5**
1.通信设备制造	Manufacture of Communication Equipment	382.0	2529.4	3342.2	2774.2	2824.1	2929.6
#通信传输设备制造	Manufacture of Communication Transmitting Equipment	21.9	29.0	90.9	81.7	58.4	83.6
通信交换设备制造	Manufacture of Communication Exchanging Equipment	29.8	65.5	202.2	114.4	272.1	337.2
通信终端设备制造	Manufacture of Communication Terminal Equipment	84.1	185.8	261.2	208.6	213.4	223.4
2.雷达及配套设备制造	Manufacture of Radar and Its Fittings		0.2	0.1	0.9	0.6	0.2
3.广播电视设备制造	Manufacture of Broadcasting and TV Equipment	2.6	26.8	72.5	42.5	82.0	68.5
4.电子器件制造	Manufacture of Electronic Appliances	180.7	1215.8	2756.9	2693.3	3994.6	5106.0
#电子真空器件制造	Manufacture of Electronic Vacuum Appliances	39.8	113.6	165.1	82.0	144.6	252.5
半导体分立器件制造	Manufacture of Semiconductor Discreting Appliances	58.7	90.9	202.1	168.1	227.6	199.0
集成电路制造	Manufacture of Integrate Circuit	82.3	603.2	1268.6	1013.8	1219.8	1154.4
5.电子元件制造	Manufacture of Electronic Components	396.5	1590.9	2896.1	2348.8	3252.2	3127.6
6.家用视听设备制造	Manufacture of Domestic TV Set and Radio Receiver	387.7	771.6	901.4	955.3	1118.1	1422.6
7.其他电子设备制造	Manufacture of Other Electronic Equipment	54.7	73.6	219.8	259.2	274.8	267.0
电子计算机及办公设备制造业	**Manufacture of Computers and Office Equipments**	**530.8**	**5291.8**	**9367.7**	**8900.7**	**11120.8**	**10978.1**
1.电子计算机整机制造	Manufacture of Entired Computer	124.6	2413.2	5414.8	5147.8	5539.6	5678.5
2.电子计算机外部设备制造	Manufacture of Computer Peripheral Equipment	330.3	2535.8	3544.0	3402.6	5206.8	4882.1
3.办公设备制造	Manufacture of Office Equipment	75.8	342.9	408.9	350.2	374.5	417.5
医疗设备及仪器仪表制造业	**Manufacture of Medical Equipments and Measuring Instrument**	**51.6**	**252.9**	**387.1**	**470.1**	**573.1**	**573.4**
1.医疗设备及器械制造	Manufacture of Medical Equipment and Appliances	18.5	80.3	145.8	153.7	183.7	221.2
2.仪器仪表制造	Manufacture of Measuring Instrument	33.1	172.7	241.3	316.4	389.4	352.3

1-1-9 各地区高技术产业生产经营情况

Statistics on Production and Management in High-tech Industry by Region

地区	Region	企业数（个） Number of Enterprises (unit)					
		2000	2005	2008	2009	2010	2011
全国	**Total**	**9835**	**17527**	**25817**	**27218**	**28189**	**21682**
东部地区	Eastern Region	7084	13721	20301	21221	21782	16283
中部地区	Middle Region	1723	2321	3631	4058	4408	3745
西部地区	Western Region	1028	1485	1885	1939	1999	1654
北京	Beijing	582	1101	1134	1150	1103	737
天津	Tianjin	496	602	776	868	817	497
河北	Hebei	254	312	355	424	438	370
山西	Shanxi	127	145	149	154	157	118
内蒙古	Inner Mongolia	55	71	95	109	107	98
辽宁	Liaoning	350	547	870	999	987	701
吉林	Jilin	237	246	397	447	436	368
黑龙江	Heilongjiang	125	155	198	209	199	138
上海	Shanghai	737	1248	1542	1536	1423	962
江苏	Jiangsu	1144	2220	4381	4542	4868	4061
浙江	Zhejiang	861	1991	2849	3094	3339	1923
安徽	Anhui	177	287	489	617	745	574
福建	Fujian	315	517	677	743	791	596
江西	Jiangxi	176	272	469	502	555	499
山东	Shandong	424	1219	1721	1907	1847	1514
河南	Henan	303	383	629	678	728	723
湖北	Hubei	333	446	683	739	798	544
湖南	Hunan	190	316	522	603	683	683
广东	Guangdong	1711	3693	5649	5603	5774	4601
广西	Guangxi	160	214	292	303	338	275
海南	Hainan	50	57	55	52	57	46
重庆	Chongqing	116	149	254	287	324	252
四川	Sichuan	277	563	863	830	830	727
贵州	Guizhou	157	178	147	151	150	119
云南	Yunnan	92	122	147	143	144	104
西藏	Tibet	15	12	8	10	11	5
陕西	Shaanxi	245	307	322	359	381	325
甘肃	Gansu	69	84	71	80	81	59
青海	Qinghai	10	24	26	28	28	26
宁夏	Ningxia	16	20	17	20	16	14
新疆	Xinjiang	31	26	30	31	34	23

1-1-9 续表 1 continued

地 区	Region	从业人员年平均人数（人） Annual Average Number of Employed Personnel (person)					
		2000	2005	2008	2009	2010	2011
全 国	**Total**	**3922875**	**6633422**	**9447700**	**9575428**	**10922252**	**11469153**
东部地区	Eastern Region	2565130	5333709	7773636	7761421	8862826	9003856
中部地区	Middle Region	698765	711348	1019436	1121847	1304514	1579795
西部地区	Western Region	658980	588365	654628	692160	754912	885502
北 京	Beijing	158433	208827	247254	238984	249889	259535
天 津	Tianjin	139192	176089	192562	200280	240022	238898
河 北	Hebei	98710	111211	128857	144490	171439	181494
山 西	Shanxi	41713	44027	91374	93724	120945	121814
内蒙古	Inner Mongolia	17205	21598	22015	23293	27846	31145
辽 宁	Liaoning	179272	162618	195602	215211	218709	198248
吉 林	Jilin	78439	59259	86436	107673	101147	127094
黑龙江	Heilongjiang	87888	82350	74794	75737	72422	74220
上 海	Shanghai	215236	389357	513462	475240	531834	586846
江 苏	Jiangsu	399677	1000337	1972553	1923840	2267628	2333488
浙 江	Zhejiang	218291	429489	539914	553078	646326	586366
安 徽	Anhui	54542	64533	101019	114639	146412	149818
福 建	Fujian	125585	230226	284456	270506	321249	332282
江 西	Jiangxi	97208	109870	172675	185719	218106	239996
山 东	Shandong	172261	356621	485730	523435	545398	553395
河 南	Henan	117308	139235	180628	196213	244892	400204
湖 北	Hubei	129716	121394	175589	195742	214977	221429
湖 南	Hunan	74746	69082	114906	129107	157767	214075
广 东	Guangdong	811708	2214553	3134669	3124661	3547488	3614903
广 西	Guangxi	40522	47455	68523	80973	110210	104282
海 南	Hainan	6243	6926	10054	10723	12634	14119
重 庆	Chongqing	58706	51282	66260	79949	88616	115688
四 川	Sichuan	197771	203812	272758	278478	325736	426474
贵 州	Guizhou	92967	67411	61117	67722	66968	63297
云 南	Yunnan	23264	23326	25159	25576	26672	25390
西 藏	Tibet	1191	1085	1076	1282	1471	1060
陕 西	Shaanxi	222716	196330	185315	195119	198975	211006
甘 肃	Gansu	45729	27156	26342	25740	27545	24873
青 海	Qinghai	3699	4528	4740	5197	5145	4638
宁 夏	Ningxia	7815	8565	6200	6634	6708	5612
新 疆	Xinjiang	5122	4870	5661	6463	7076	7464

1-1-9 续表 2 continued

地　区　Region	当年价总产值（亿元） Gross Industrial Output Value at Current Prices (100 million yuan)					
	2000	2005	2008	2009	2010	2011
全　国　Total	**10425.9**	**34360.8**	**57087.4**	**60430.5**	**74708.9**	**88433.9**
东部地区　Eastern Region	8577.8	30765.9	50089.5	51864.2	63746.6	72218.8
中部地区　Middle Region	1006.5	2079.9	4192.2	5139.6	6751.6	9990.7
西部地区　Western Region	841.6	1515.0	2805.7	3426.7	4210.7	6224.3
北　京　Beijing	974.9	2134.3	2953.2	2757.1	2992.7	2897.6
天　津　Tianjin	675.5	1793.0	1944.3	1901.1	2242.4	2672.3
河　北　Hebei	158.7	301.1	556.5	629.2	843.2	973.3
山　西　Shanxi	38.9	74.8	188.2	196.5	249.2	318.1
内蒙古　Inner Mongolia	20.6	112.7	187.7	236.6	234.7	326.2
辽　宁　Liaoning	358.4	641.1	1177.1	1313.8	1711.8	1884.5
吉　林　Jilin	101.9	185.8	426.0	537.7	726.7	1020.6
黑龙江　Heilongjiang	177.7	303.9	284.6	311.4	351.6	395.3
上　海　Shanghai	1006.8	3905.1	5900.9	5557.5	6900.6	7021.4
江　苏　Jiangsu	1271.7	6178.4	11910.4	13015.4	16277.8	19487.8
浙　江　Zhejiang	522.6	1734.2	2700.5	2672.1	3413.3	3722.4
安　徽　Anhui	82.2	172.9	340.4	460.3	682.2	1118.6
福　建　Fujian	451.0	1438.8	1980.7	1972.0	2620.9	3068.0
江　西　Jiangxi	119.3	234.0	586.0	755.7	1037.5	1418.6
山　东　Shandong	370.2	1785.7	3924.4	4555.7	5175.6	6201.1
河　南　Henan	138.8	328.9	809.0	953.2	1227.1	2127.4
湖　北　Hubei	218.8	447.5	847.5	1039.5	1312.0	1721.0
湖　南　Hunan	108.3	219.3	522.8	648.8	930.6	1544.9
广　东　Guangdong	2714.9	10704.4	16750.5	17161.9	21050.2	23576.3
广　西　Guangxi	50.8	114.8	242.6	273.7	432.4	615.8
海　南　Hainan	22.3	35.1	48.3	54.7	85.7	98.3
重　庆　Chongqing	71.3	145.5	282.9	352.8	531.5	1160.3
四　川　Sichuan	333.8	617.9	1404.5	1766.8	2154.3	3221.4
贵　州　Guizhou	78.1	156.2	219.6	293.6	322.5	369.9
云　南　Yunnan	35.9	65.0	124.1	147.2	169.4	201.4
西　藏　Tibet	2.5	4.2	5.8	6.0	6.1	6.0
陕　西　Shaanxi	262.4	444.0	650.0	717.0	858.4	1060.4
甘　肃　Gansu	42.6	43.6	59.6	67.4	80.9	95.6
青　海　Qinghai	3.4	8.3	14.8	19.2	23.3	30.7
宁　夏　Ningxia	6.5	19.1	24.9	32.9	35.9	45.1
新　疆　Xinjiang	5.2	11.3	19.6	23.7	28.5	33.6

1-1-9 续表 3 continued

地 区	Region	主营业务收入（亿元） Revenue from Principal Business (100 million yuan)					
		2000	2005	2008	2009	2010	2011
全 国	**Total**	**10050.1**	**33916.2**	**55728.9**	**59566.7**	**74482.8**	**87527.2**
东部地区	Eastern Region	8438.9	30608.9	49230.4	51530.5	63869.3	72000.9
中部地区	Middle Region	888.1	1915.2	3914.6	4948.1	6550.4	9551.4
西部地区	Western Region	723.1	1392.1	2584.0	3088.1	4063.0	5974.8
北 京	Beijing	1020.8	2168.5	3182.1	3019.2	3333.8	3326.3
天 津	Tianjin	656.3	1909.0	1965.1	1918.3	2291.1	2697.4
河 北	Hebei	155.5	300.2	539.3	622.3	883.1	1041.4
山 西	Shanxi	29.1	67.6	164.4	172.3	233.9	302.4
内蒙古	Inner Mongolia	19.4	102.8	179.2	231.0	225.2	312.2
辽 宁	Liaoning	354.0	608.5	1119.0	1294.1	1709.8	1898.5
吉 林	Jilin	80.0	145.4	359.7	474.4	642.4	918.1
黑龙江	Heilongjiang	166.9	313.3	311.7	356.5	399.2	472.7
上 海	Shanghai	1057.1	4030.3	6063.5	5785.7	7019.7	7063.6
江 苏	Jiangsu	1235.5	6137.5	11670.7	12781.8	16169.6	19396.0
浙 江	Zhejiang	489.5	1741.8	2600.3	2569.4	3323.7	3607.3
安 徽	Anhui	79.5	156.5	329.1	431.4	661.5	1055.1
福 建	Fujian	415.9	1421.9	1922.5	1948.1	2576.5	2989.8
江 西	Jiangxi	100.0	229.9	559.2	743.4	1039.3	1432.0
山 东	Shandong	366.1	1737.9	3861.8	4548.8	5148.8	6121.4
河 南	Henan	120.0	297.6	720.1	897.2	1185.6	2033.5
湖 北	Hubei	195.1	396.9	793.7	1025.9	1257.0	1552.1
湖 南	Hunan	98.2	205.1	497.6	616.1	906.1	1473.4
广 东	Guangdong	2625.3	10428.8	16070.8	16758.0	20952.8	23227.6
广 西	Guangxi	44.7	94.2	191.0	234.4	383.8	539.6
海 南	Hainan	18.1	30.4	44.3	50.4	76.7	92.1
重 庆	Chongqing	60.6	136.0	272.0	339.1	507.8	1111.8
四 川	Sichuan	297.1	578.3	1294.7	1583.3	2104.9	3186.5
贵 州	Guizhou	67.5	127.9	184.5	245.0	266.0	305.0
云 南	Yunnan	32.3	59.8	111.4	131.3	160.1	188.7
西 藏	Tibet	1.9	3.7	4.4	4.6	5.1	5.2
陕 西	Shaanxi	230.6	414.3	610.4	665.8	865.2	1001.5
甘 肃	Gansu	20.0	39.2	53.9	56.5	76.2	87.6
青 海	Qinghai	2.4	6.9	12.0	15.0	21.3	21.6
宁 夏	Ningxia	5.9	15.7	22.9	28.5	30.9	35.9
新 疆	Xinjiang	4.7	10.5	17.8	19.1	25.5	31.1

1-1-9 续表 4 continued

地 区	Region	利润（亿元） Profits (100 million yuan) 2000	2005	2008	2009	2010	2011
全 国	**Total**	**673.1**	**1423.2**	**2725.1**	**3278.5**	**4879.7**	**5244.9**
东部地区	Eastern Region	572.8	1261.3	2202.3	2635.6	3895.2	4017.8
中部地区	Middle Region	62.0	102.2	319.8	406.7	652.9	818.7
西部地区	Western Region	38.3	59.7	203.0	236.2	331.6	408.4
北 京	Beijing	82.6	96.8	140.8	156.5	182.2	228.9
天 津	Tianjin	78.0	156.0	70.4	106.2	115.6	165.1
河 北	Hebei	8.0	18.0	61.8	72.5	89.3	83.6
山 西	Shanxi	2.0	2.7	6.3	8.1	12.8	28.4
内蒙古	Inner Mongolia	0.5	6.3	8.6	12.8	31.1	33.8
辽 宁	Liaoning	14.1	16.8	56.7	67.7	141.0	153.5
吉 林	Jilin	9.6	11.8	32.5	50.9	57.5	98.0
黑龙江	Heilongjiang	7.1	14.4	30.3	38.5	47.7	47.0
上 海	Shanghai	92.5	93.9	105.6	75.9	251.2	222.0
江 苏	Jiangsu	66.6	252.3	687.2	676.1	942.1	1065.1
浙 江	Zhejiang	41.9	82.0	182.4	198.3	296.3	350.2
安 徽	Anhui	2.5	9.5	31.0	40.9	69.6	85.9
福 建	Fujian	19.7	69.1	108.0	114.2	197.7	182.8
江 西	Jiangxi	3.7	10.8	37.8	41.5	64.0	85.8
山 东	Shandong	21.0	95.7	226.6	279.1	383.6	463.7
河 南	Henan	11.9	15.0	74.6	83.2	129.7	167.1
湖 北	Hubei	19.0	21.3	60.1	80.4	151.3	130.1
湖 南	Hunan	5.6	10.5	38.6	50.3	89.3	142.5
广 东	Guangdong	143.1	367.3	538.3	859.9	1225.6	1006.5
广 西	Guangxi	3.8	7.7	16.0	19.2	55.9	83.7
海 南	Hainan	1.5	5.5	8.4	10.0	14.5	12.8
重 庆	Chongqing	0.3	9.1	14.8	23.3	25.4	36.2
四 川	Sichuan	17.2	27.6	108.2	116.1	154.6	212.3
贵 州	Guizhou	2.1	3.0	16.3	21.2	27.2	29.1
云 南	Yunnan	3.6	6.6	14.8	19.5	21.5	28.9
西 藏	Tibet	0.6	1.6	1.4	1.8	2.1	1.9
陕 西	Shaanxi	13.9	6.5	33.1	38.4	77.6	73.4
甘 肃	Gansu	-0.2	2.6	9.9	9.7	11.7	12.1
青 海	Qinghai	0.1	0.8	0.5	0.7	1.2	2.4
宁 夏	Ningxia	0.6	0.9	1.6	2.7	6.0	7.7
新 疆	Xinjiang	0.1	1.1	2.5	2.9	4.2	4.4

1-1-9 续表 5 continued

地区	Region	利税（亿元） Taxes and Profits (100 million yuan)					
		2000	2005	2008	2009	2010	2011
全国	**Total**	**1033.6**	**2089.6**	**4023.9**	**4660.3**	**6753.1**	**7813.8**
东部地区	Eastern Region	839.4	1788.8	3198.5	3678.6	5325.8	5970.1
中部地区	Middle Region	116.9	184.6	495.1	608.6	910.3	1172.1
西部地区	Western Region	77.3	116.1	330.2	373.1	517.0	671.6
北京	Beijing	110.6	139.4	202.9	220.3	264.9	312.3
天津	Tianjin	97.5	183.9	100.4	139.8	187.4	255.9
河北	Hebei	16.3	31.1	84.0	95.8	123.3	117.4
山西	Shanxi	3.9	6.0	11.7	14.5	20.4	38.2
内蒙古	Inner Mongolia	1.3	9.1	13.3	23.6	40.3	46.6
辽宁	Liaoning	26.5	27.9	82.3	106.2	182.8	199.1
吉林	Jilin	15.9	20.1	49.4	72.4	79.8	130.4
黑龙江	Heilongjiang	20.0	30.7	46.0	57.2	70.4	68.1
上海	Shanghai	124.4	136.5	155.0	124.1	307.9	279.1
江苏	Jiangsu	117.1	334.4	926.9	949.5	1285.7	1474.4
浙江	Zhejiang	66.2	133.0	263.0	288.7	404.4	475.0
安徽	Anhui	5.9	14.8	46.1	58.6	95.1	136.1
福建	Fujian	31.5	85.3	129.6	147.9	242.1	221.0
江西	Jiangxi	10.3	22.6	65.0	72.6	101.6	134.2
山东	Shandong	36.1	149.2	336.3	407.7	554.7	660.9
河南	Henan	19.4	28.0	103.8	115.8	169.2	238.1
湖北	Hubei	29.1	33.7	89.5	110.1	192.1	169.0
湖南	Hunan	11.1	19.7	70.2	84.0	141.5	211.4
广东	Guangdong	202.8	545.7	880.2	1154.8	1684.1	1853.2
广西	Guangxi	7.4	14.1	26.2	30.3	69.0	101.8
海南	Hainan	2.9	8.4	11.5	13.6	19.5	19.9
重庆	Chongqing	3.9	15.2	25.3	42.7	45.9	73.0
四川	Sichuan	33.3	47.3	173.1	177.5	257.9	368.2
贵州	Guizhou	5.2	9.3	25.4	31.9	38.6	42.9
云南	Yunnan	5.8	11.2	23.9	30.2	33.2	41.0
西藏	Tibet	0.9	2.1	2.1	2.5	2.7	2.6
陕西	Shaanxi	25.4	21.6	59.9	66.1	108.9	110.3
甘肃	Gansu	0.8	4.7	13.4	12.3	15.1	16.1
青海	Qinghai	0.4	1.2	1.3	1.6	2.2	3.5
宁夏	Ningxia	1.0	1.4	2.3	3.9	7.1	8.8
新疆	Xinjiang	0.5	2.1	3.7	4.4	5.4	5.2

1-1-9 续表 6 continued

地　区 Region	出口交货值（亿元） Exports (100 million yuan)					
	2000	2005	2008	2009	2010	2011
全　国 Total	**3396.0**	**17636.0**	**31503.9**	**29499.7**	**37001.6**	**40600.3**
东部地区 Eastern Region	3279.7	17285.2	30818.3	28656.0	35645.2	37625.1
中部地区 Middle Region	58.3	227.7	372.8	508.1	745.2	1364.9
西部地区 Western Region	58.0	123.1	312.8	335.6	611.2	1610.3
北　京 Beijing	160.2	832.6	1328.3	1170.8	1217.0	1055.8
天　津 Tianjin	259.2	1054.5	1094.8	879.2	1114.8	1185.3
河　北 Hebei	17.3	41.8	94.1	108.4	158.0	157.4
山　西 Shanxi	1.7	5.7	26.9	53.5	53.6	78.5
内蒙古 Inner Mongolia	1.1	31.7	5.9	5.6	6.6	6.5
辽　宁 Liaoning	163.9	271.1	372.8	344.3	516.2	415.8
吉　林 Jilin	2.0	6.6	11.2	6.5	7.2	10.6
黑龙江 Heilongjiang	12.8	15.4	14.8	19.3	14.4	13.0
上　海 Shanghai	370.7	2726.0	4402.0	3901.9	4987.0	4918.8
江　苏 Jiangsu	537.0	3876.4	7570.2	7762.9	9726.0	10936.9
浙　江 Zhejiang	120.9	744.7	1288.2	1026.9	1290.0	1305.0
安　徽 Anhui	4.5	15.6	32.1	32.3	44.7	119.5
福　建 Fujian	196.6	827.5	1236.0	1133.6	1494.4	1771.1
江　西 Jiangxi	4.8	27.1	60.0	104.4	146.9	213.4
山　东 Shandong	78.8	423.8	1373.3	1334.5	1564.9	1463.7
河　南 Henan	10.1	33.7	25.4	37.2	59.5	436.6
湖　北 Hubei	11.7	61.5	156.9	225.6	377.7	382.7
湖　南 Hunan	9.6	30.5	39.5	23.8	34.6	104.1
广　东 Guangdong	1371.7	6475.2	12020.8	10956.4	13479.4	14265.7
广　西 Guangxi	2.4	9.5	34.3	34.2	95.1	147.8
海　南 Hainan	0.9	2.0	3.5	2.9	2.3	1.9
重　庆 Chongqing	6.3	9.5	28.3	30.2	57.1	489.4
四　川 Sichuan	21.6	66.1	191.8	227.2	453.1	987.8
贵　州 Guizhou	1.8	10.7	8.1	11.2	9.7	17.4
云　南 Yunnan	4.0	5.0	6.5	6.3	6.5	6.2
西　藏 Tibet				0.1		0.0
陕　西 Shaanxi	19.7	24.8	67.5	49.2	68.9	85.4
甘　肃 Gansu	2.7	0.5	1.0	1.4	2.6	5.7
青　海 Qinghai	0.2	0.2	0.1		0.1	0.1
宁　夏 Ningxia	1.1	6.1	7.2	8.3	9.3	12.9
新　疆 Xinjiang	0.4	0.4	2.2	1.7	3.8	5.4

1-1-10 大中型企业各地区高技术产业生产经营情况

Statistics on Production and Management in High-tech Industry of Large and Medium-sized Enterprises by Region

地区	Region	企业数（个） Number of Enterprises (unit)					
		2000	2005	2008	2009	2010	2011
全国	**Total**	**2030**	**3454**	**4815**	**4936**	**5654**	**6803**
东部地区	Eastern Region	1289	2772	3888	3968	4546	5366
中部地区	Middle Region	421	372	539	566	663	914
西部地区	Western Region	320	310	388	402	445	523
北京	Beijing	75	125	141	134	149	179
天津	Tianjin	106	108	127	131	151	167
河北	Hebei	52	47	65	64	75	86
山西	Shanxi	28	28	36	37	37	37
内蒙古	Inner Mongolia	12	15	19	24	27	23
辽宁	Liaoning	81	67	91	93	96	101
吉林	Jilin	69	38	42	37	44	68
黑龙江	Heilongjiang	34	28	32	29	29	31
上海	Shanghai	224	258	304	286	294	322
江苏	Jiangsu	197	591	1006	1019	1170	1356
浙江	Zhejiang	85	259	330	341	418	459
安徽	Anhui	46	50	62	72	**83**	**101**
福建	Fujian	26	102	150	156	182	213
江西	Jiangxi	47	40	57	67	94	163
山东	Shandong	118	189	235	245	254	338
河南	Henan	63	69	111	125	148	219
湖北	Hubei	83	65	100	110	115	140
湖南	Hunan	39	39	80	65	86	132
广东	Guangdong	271	989	1392	1445	1689	2062
广西	Guangxi	41	29	39	43	54	67
海南	Hainan	13	8	8	11	14	16
重庆	Chongqing	35	38	49	55	68	93
四川	Sichuan	93	100	150	156	177	213
贵州	Guizhou	60	51	45	46	49	48
云南	Yunnan	13	17	20	19	19	25
西藏	Tibet	1		1	1	1	1
陕西	Shaanxi	80	74	93	95	96	112
甘肃	Gansu	23	18	18	18	21	18
青海	Qinghai	4	4	4	4	5	5
宁夏	Ningxia	5	6	6	5	6	5
新疆	Xinjiang	6	2	2	3	3	3

注：本表数据口径相同于表1-1-4。

1-1-10 续表 1 continued

地区	Region	从业人员年平均人数（人） Annual Average Number of Employed Personnel (person)					
		2000	2005	2008	2009	2010	2011
全 国	**Total**	**2252216**	**4717460**	**6894059**	**6995399**	**8234957**	**9537086**
东部地区	Eastern Region	1238342	3823583	5745248	5750301	6796316	7563167
中部地区	Middle Region	492522	455269	660386	724189	859220	1229018
西部地区	Western Region	521352	438608	488425	520909	579421	744901
北 京	Beijing	70587	127846	163789	150183	163350	192969
天 津	Tianjin	87568	119281	132106	138349	180173	199084
河 北	Hebei	67464	74527	90755	102448	127943	145421
山 西	Shanxi	28389	29934	79619	81006	107704	111911
内蒙古	Inner Mongolia	9924	13789	12085	13872	19245	21497
辽 宁	Liaoning	130205	119453	135573	143097	143687	134501
吉 林	Jilin	54155	31630	48060	62429	58946	93435
黑龙江	Heilongjiang	72989	67647	56342	57687	54105	59943
上 海	Shanghai	145747	286602	394419	360275	421724	506100
江 苏	Jiangsu	190250	791908	1582324	1529151	1844586	1977685
浙 江	Zhejiang	81637	247568	309727	309264	379794	398992
安 徽	Anhui	34154	36976	58270	65095	84477	98347
福 建	Fujian	46940	169598	212559	196876	236207	277642
江 西	Jiangxi	77329	76012	100291	110776	134923	188892
山 东	Shandong	113403	213921	305256	336052	362454	422526
河 南	Henan	76979	88429	119400	128719	168770	331945
湖 北	Hubei	85980	72403	121325	137043	153115	178165
湖 南	Hunan	52623	38449	64994	67562	77935	144883
广 东	Guangdong	276531	1645177	2376054	2430112	2860542	3222867
广 西	Guangxi	25495	24487	38155	48543	68844	76199
海 南	Hainan	2515	3215	4531	5951	7012	9181
重 庆	Chongqing	42490	35326	44608	53511	63165	95967
四 川	Sichuan	157478	147969	192203	203015	247418	362269
贵 州	Guizhou	76097	52389	51092	57236	55705	54089
云 南	Yunnan	10104	10812	12257	12177	13179	15692
西 藏	Tibet	181		319	361	393	395
陕 西	Shaanxi	191102	162001	156557	164249	165343	184660
甘 肃	Gansu	33839	18351	20620	19024	21515	19899
青 海	Qinghai	2745	2470	2525	2635	2881	2660
宁 夏	Ningxia	5391	6369	5188	4929	5767	4354
新 疆	Xinjiang	1925	2921	3056	3772	4055	4916

1-1-10 续表 2 continued

地 区	Region	当年价总产值（亿元） Gross Industrial Output Value at Current Prices (100 million yuan)					
		2000	2005	2008	2009	2010	2011
全 国	**Total**	**6176.6**	**28944.2**	**46850.9**	**48666.6**	**60346.5**	**72589.9**
东部地区	Eastern Region	4835.0	26380.6	42228.1	43098.6	53160.4	60936.6
中部地区	Middle Region	699.5	1411.3	2606.1	3096.0	4016.1	6611.9
西部地区	Western Region	642.2	1152.3	2016.7	2472.1	3170.0	5041.5
北 京	Beijing	236.3	1767.6	2532.7	2318.0	2524.5	2411.8
天 津	Tianjin	603.3	1659.7	1693.1	1666.2	1981.8	2398.0
河 北	Hebei	111.6	214.9	372.0	398.0	527.9	614.2
山 西	Shanxi	20.9	52.4	155.8	167.8	203.7	260.7
内蒙古	Inner Mongolia	12.5	83.0	146.0	183.0	173.6	235.7
辽 宁	Liaoning	274.0	514.1	753.7	783.9	957.2	959.3
吉 林	Jilin	68.5	114.4	197.9	249.2	354.7	547.4
黑龙江	Heilongjiang	157.3	255.7	216.0	239.3	257.5	300.6
上 海	Shanghai	844.6	3313.4	5120.3	4994.7	6232.9	6461.4
江 苏	Jiangsu	596.5	5470.7	10198.1	10953.9	13623.6	16345.0
浙 江	Zhejiang	215.7	1150.7	1932.0	1814.9	2369.1	2637.2
安 徽	Anhui	34.9	118.1	191.8	274.2	395.7	676.0
福 建	Fujian	236.3	1290.0	1756.5	1702.5	2279.1	2699.4
江 西	Jiangxi	97.8	172.5	318.8	395.6	532.8	965.7
山 东	Shandong	263.0	1278.1	2753.6	3100.4	3575.4	4555.2
河 南	Henan	92.2	210.3	505.5	578.1	785.0	1572.1
湖 北	Hubei	147.0	285.3	592.0	735.2	940.2	1245.7
湖 南	Hunan	68.2	119.6	282.4	273.6	372.9	808.0
广 东	Guangdong	1408.1	9650.4	15014.2	15224.9	18815.3	21468.8
广 西	Guangxi	34.5	55.2	78.8	110.5	218.3	325.2
海 南	Hainan	11.0	15.7	22.9	30.8	55.3	60.9
重 庆	Chongqing	55.0	109.8	209.3	249.4	376.8	1029.6
四 川	Sichuan	262.2	466.3	941.7	1244.8	1648.5	2625.1
贵 州	Guizhou	44.7	112.6	163.6	217.7	231.7	257.5
云 南	Yunnan	12.8	33.8	71.5	81.9	94.2	123.3
西 藏	Tibet	1.6		1.2	1.4	1.6	1.7
陕 西	Shaanxi	219.2	372.8	545.4	582.2	700.5	880.4
甘 肃	Gansu	36.7	29.8	45.2	48.6	58.3	58.5
青 海	Qinghai	1.8	3.4	5.1	5.0	7.7	7.3
宁 夏	Ningxia	5.6	16.8	22.3	26.3	33.0	36.7
新 疆	Xinjiang	2.4	7.0	11.4	14.6	17.8	21.5

1-1-10 续表 3 continued

地 区	Region	主营业务收入（亿元） Revenue from Principal Business (100 million yuan)					
		2000	2005	2008	2009	2010	2011
全 国	**Total**	**6085.2**	**28783.2**	**45953.7**	**48277.5**	**60501.1**	**72065.5**
东部地区	Eastern Region	4888.5	26355.6	41605.9	42994.0	53442.4	60849.0
中部地区	Middle Region	637.6	1336.4	2447.8	3029.4	3959.4	6317.1
西部地区	Western Region	559.1	1091.1	1900.0	2254.1	3099.4	4899.4
北 京	Beijing	320.5	1762.4	2703.8	2536.0	2823.3	2799.4
天 津	Tianjin	585.2	1766.0	1715.6	1669.0	2015.6	2415.2
河 北	Hebei	113.5	220.7	362.5	401.4	578.7	694.0
山 西	Shanxi	16.4	44.2	137.9	146.3	193.2	254.3
内蒙古	Inner Mongolia	12.5	76.2	139.7	180.2	167.0	227.7
辽 宁	Liaoning	275.9	496.6	717.1	782.1	981.2	971.0
吉 林	Jilin	57.7	94.4	161.9	222.5	320.3	488.5
黑龙江	Heilongjiang	150.4	269.5	253.1	287.4	309.5	380.6
上 海	Shanghai	886.1	3437.4	5270.4	5217.1	6332.9	6472.1
江 苏	Jiangsu	601.5	5454.0	10005.2	10768.3	13572.3	16318.7
浙 江	Zhejiang	210.3	1181.6	1867.8	1751.1	2319.6	2539.3
安 徽	Anhui	36.8	104.5	194.2	265.5	394.6	619.0
福 建	Fujian	217.6	1283.9	1706.5	1688.2	2242.9	2631.4
江 西	Jiangxi	83.6	172.9	301.2	389.9	538.8	979.5
山 东	Shandong	268.4	1278.5	2750.3	3152.8	3589.1	4528.9
河 南	Henan	81.3	193.8	434.1	534.8	753.7	1493.1
湖 北	Hubei	136.2	260.9	557.3	745.2	916.2	1122.1
湖 南	Hunan	62.5	120.1	268.4	257.6	366.1	752.3
广 东	Guangdong	1369.7	9412.6	14417.8	14901.0	18737.7	21136.3
广 西	Guangxi	32.1	49.1	68.4	99.4	201.4	286.8
海 南	Hainan	7.7	12.7	20.4	27.5	47.8	55.9
重 庆	Chongqing	46.3	101.7	203.0	239.5	357.2	985.8
四 川	Sichuan	236.0	454.1	893.4	1128.8	1627.8	2637.3
贵 州	Guizhou	43.3	96.0	139.4	181.9	191.8	211.5
云 南	Yunnan	11.0	32.1	64.6	75.1	90.2	118.2
西 藏	Tibet	1.1		0.7	0.5	0.8	1.0
陕 西	Shaanxi	196.1	354.8	522.1	549.1	723.3	833.9
甘 肃	Gansu	16.4	28.2	41.3	40.5	56.9	55.9
青 海	Qinghai	1.6	4.0	4.6	4.1	6.8	6.7
宁 夏	Ningxia	5.2	13.7	20.7	23.1	28.6	28.8
新 疆	Xinjiang	2.2	6.4	10.3	11.5	16.0	20.3

1-1-10 续表 4 continued

地 区	Region	利润（亿元） Profits (100 million yuan)					
		2000	2005	2008	2009	2010	2011
全 国	**Total**	**434.1**	**1153.7**	**2132.1**	**2533.6**	**3794.9**	**4087.2**
东部地区	Eastern Region	367.5	1032.2	1783.2	2107.0	3109.6	3214.5
中部地区	Middle Region	41.2	74.6	202.4	256.9	430.8	559.7
西部地区	Western Region	25.3	46.9	146.4	169.7	254.5	313.0
北 京	Beijing	20.5	65.7	103.8	105.6	127.8	174.8
天 津	Tianjin	74.2	150.6	60.7	100.1	99.6	140.4
河 北	Hebei	5.9	12.1	44.9	51.9	57.2	50.1
山 西	Shanxi	1.1	2.5	5.5	7.4	11.2	24.5
内蒙古	Inner Mongolia	0.1	5.2	7.1	9.2	25.0	26.1
辽 宁	Liaoning	11.3	11.0	34.7	40.8	86.6	91.7
吉 林	Jilin	6.1	12.1	17.8	28.8	33.7	65.4
黑龙江	Heilongjiang	5.2	10.6	22.4	28.6	33.4	37.2
上 海	Shanghai	82.6	58.1	74.7	32.5	185.5	177.5
江 苏	Jiangsu	35.6	214.9	587.8	566.1	767.5	857.3
浙 江	Zhejiang	19.2	52.3	141.6	141.9	223.6	266.0
安 徽	Anhui	1.4	7.0	18.7	26.6	45.6	51.6
福 建	Fujian	4.9	61.9	93.5	94.4	166.4	156.1
江 西	Jiangxi	2.0	8.0	19.2	23.5	34.8	56.1
山 东	Shandong	14.1	59.3	150.1	187.1	268.4	349.3
河 南	Henan	8.8	8.2	44.6	46.6	83.2	109.0
湖 北	Hubei	14.6	15.7	45.9	59.5	121.9	99.1
湖 南	Hunan	2.0	5.2	21.3	26.7	42.0	90.6
广 东	Guangdong	95.6	338.3	478.3	766.6	1082.8	895.8
广 西	Guangxi	3.3	6.2	8.9	13.5	35.0	48.6
海 南	Hainan	0.3	1.8	4.2	6.6	9.3	6.9
重 庆	Chongqing	0.1	7.7	11.4	16.2	17.2	26.5
四 川	Sichuan	10.4	21.9	72.3	78.8	117.7	169.6
贵 州	Guizhou	0.6	1.2	12.8	16.3	18.9	17.1
云 南	Yunnan	1.6	5.3	8.9	12.6	14.8	23.2
西 藏	Tibet	0.5		0.1	0.2	0.4	0.2
陕 西	Shaanxi	11.2	5.7	28.1	32.3	66.2	57.0
甘 肃	Gansu	0.2	2.5	9.0	8.7	10.0	8.7
青 海	Qinghai	0.1	0.7	0.3		0.7	1.4
宁 夏	Ningxia	0.7	1.1	1.8	2.6	5.8	6.3
新 疆	Xinjiang	0.1	0.7	1.9	1.9	2.9	3.1

1-1-10 续表 5 continued

地 区	Region	利税（亿元） Taxes and Profits (100 million yuan)					
		2000	2005	2008	2009	2010	2011
全 国	**Total**	**666.0**	**1638.5**	**3051.6**	**3494.9**	**5159.5**	**6109.6**
东部地区	Eastern Region	531.7	1421.4	2514.1	2858.7	4187.3	4790.9
中部地区	Middle Region	81.1	130.6	303.3	374.0	580.3	786.5
西部地区	Western Region	53.2	86.6	234.2	262.2	391.9	532.2
北 京	Beijing	27.4	91.2	144.7	144.7	187.2	236.2
天 津	Tianjin	90.9	174.1	82.2	125.8	162.5	219.0
河 北	Hebei	12.6	22.0	59.8	66.6	80.2	71.6
山 西	Shanxi	2.1	4.7	9.7	12.5	17.2	32.4
内 蒙 古	Inner Mongolia	0.3	6.6	10.3	17.8	31.6	36.0
辽 宁	Liaoning	21.1	17.4	46.6	61.5	102.3	110.1
吉 林	Jilin	10.4	17.4	25.4	38.0	43.7	82.5
黑 龙 江	Heilongjiang	16.7	23.9	34.6	43.4	50.3	53.6
上 海	Shanghai	109.0	85.4	104.3	60.6	220.9	217.6
江 苏	Jiangsu	63.3	274.9	766.0	768.4	1015.4	1158.1
浙 江	Zhejiang	32.2	86.7	194.2	202.1	295.9	350.6
安 徽	Anhui	3.2	10.2	26.9	37.1	61.2	87.4
福 建	Fujian	9.1	73.9	107.8	118.5	198.7	184.1
江 西	Jiangxi	7.6	17.4	33.9	42.7	56.8	87.6
山 东	Shandong	25.0	96.5	222.0	271.0	385.4	488.2
河 南	Henan	13.8	16.4	60.9	63.4	106.5	160.0
湖 北	Hubei	21.9	24.0	63.7	77.2	147.3	122.6
湖 南	Hunan	5.2	9.8	38.1	41.8	65.7	124.5
广 东	Guangdong	134.0	485.5	766.8	1011.6	1484.3	1686.0
广 西	Guangxi	6.2	10.9	14.3	19.3	42.2	58.8
海 南	Hainan	0.9	2.8	5.3	8.5	12.2	10.6
重 庆	Chongqing	3.0	12.5	19.1	30.3	31.4	59.6
四 川	Sichuan	22.5	36.2	113.2	117.5	196.2	304.3
贵 州	Guizhou	1.9	5.6	19.3	23.7	26.6	26.7
云 南	Yunnan	2.3	7.9	14.0	19.1	21.4	31.4
西 藏	Tibet	0.6		0.2	0.3	0.4	0.4
陕 西	Shaanxi	20.3	16.3	50.8	53.9	91.8	86.2
甘 肃	Gansu	1.0	4.1	11.9	10.9	12.6	11.3
青 海	Qinghai	0.2	0.9	0.8	0.3	1.1	1.9
宁 夏	Ningxia	1.0	1.5	2.4	3.4	6.8	7.2
新 疆	Xinjiang	0.3	1.3	2.6	2.8	3.4	3.2

1-1-10 续表 6 continued

地 区	Region	出口交货值（亿元） Exports (100 million yuan)					
		2000	2005	2008	2009	2010	2011
全 国	**Total**	**1771.5**	**16271.8**	**29427.3**	**27619.9**	**34977.9**	**38611.3**
东部地区	Eastern Region	1676.8	16001.9	28873.9	26929.2	33810.0	35820.8
中部地区	Middle Region	48.7	169.1	274.3	396.4	597.1	1227.9
西部地区	Western Region	46.1	100.7	279.1	294.3	570.8	1562.5
北 京	Beijing	50.8	806.0	1284.4	1130.8	1181.8	997.1
天 津	Tianjin	241.6	1017.5	1043.4	828.3	1060.4	1143.0
河 北	Hebei	14.8	35.4	86.5	91.7	144.3	144.1
山 西	Shanxi	1.4	5.6	26.2	53.1	51.7	76.9
内 蒙 古	Inner Mongolia	0.9	25.6	5.2	4.2	5.6	5.4
辽 宁	Liaoning	128.3	256.9	352.7	324.1	490.1	332.8
吉 林	Jilin	1.4	5.3	4.7	3.3	4.4	6.9
黑 龙 江	Heilongjiang	12.8	8.9	13.3	18.5	14.3	12.0
上 海	Shanghai	317.9	2485.8	4038.9	3749.7	4803.0	4762.3
江 苏	Jiangsu	174.8	3702.9	7205.8	7378.6	9293.8	10444.9
浙 江	Zhejiang	40.4	518.5	1104.5	857.5	1075.6	1086.2
安 徽	Anhui	1.6	12.2	19.8	21.3	29.4	97.9
福 建	Fujian	98.6	790.3	1192.0	1088.1	1434.5	1705.9
江 西	Jiangxi	4.6	23.3	24.3	66.1	97.0	171.3
山 东	Shandong	55.5	341.9	1180.3	1167.2	1468.0	1360.2
河 南	Henan	8.8	26.6	19.1	33.1	46.9	434.6
湖 北	Hubei	8.4	33.8	125.9	181.1	329.2	332.0
湖 南	Hunan	8.8	27.8	35.6	15.7	18.5	91.0
广 东	Guangdong	551.8	6038.0	11371.5	10282.1	12767.8	13710.8
广 西	Guangxi	1.6	6.9	10.7	28.2	88.5	131.8
海 南	Hainan	0.5	1.7	3.4	2.9	2.3	1.9
重 庆	Chongqing	3.2	4.1	20.4	22.1	45.5	481.5
四 川	Sichuan	17.3	56.8	173.5	205.5	438.2	968.2
贵 州	Guizhou	1.7	6.7	7.9	7.6	5.2	10.6
云 南	Yunnan	1.2	3.1	3.5	3.2	3.7	3.5
西 藏	Tibet						
陕 西	Shaanxi	18.6	23.2	63.7	45.8	63.3	77.1
甘 肃	Gansu	2.7	0.4	1.0	1.3	2.6	3.9
青 海	Qinghai	0.2	0.2	0.1		0.1	0.1
宁 夏	Ningxia	1.1	6.1	7.2	7.5	9.3	12.9
新 疆	Xinjiang	0.1	0.3	1.8	1.3	2.9	4.7

1-1-11 国有及国有控股企业各地区高技术产业生产经营情况
Statistics on Production and Management in High-tech Industry of State-owned and State-controlled Enterprises by Region

地 区	Region	企业数（个） Number of Enterprises (unit)					
		2000	2005	2008	2009	2010	2011
全 国	**Total**	**3759**	**2179**	**1743**	**1770**	**1707**	**1413**
东部地区	Eastern Region	2159	1416	1082	1092	1044	854
中部地区	Middle Region	1003	416	311	322	335	270
西部地区	Western Region	597	347	350	356	328	289
北 京	Beijing	317	357	233	239	234	188
天 津	Tianjin	185	185	115	140	118	87
河 北	Hebei	129	53	27	33	34	30
山 西	Shanxi	93	44	21	23	22	18
内蒙古	Inner Mongolia	32	14	10	10	9	7
辽 宁	Liaoning	167	85	65	61	58	42
吉 林	Jilin	143	45	27	29	29	23
黑龙江	Heilongjiang	67	31	27	28	26	20
上 海	Shanghai	272	219	191	182	165	128
江 苏	Jiangsu	242	99	91	96	99	89
浙 江	Zhejiang	133	68	46	47	50	40
安 徽	Anhui	69	42	40	45	52	43
福 建	Fujian	82	43	27	35	34	27
江 西	Jiangxi	135	46	37	35	34	28
山 东	Shandong	141	61	61	60	58	51
河 南	Henan	150	66	40	41	47	33
湖 北	Hubei	198	78	67	69	72	61
湖 南	Hunan	116	50	42	42	44	37
广 东	Guangdong	359	190	200	175	169	151
广 西	Guangxi	109	45	21	19	18	14
海 南	Hainan	23	11	5	5	7	7
重 庆	Chongqing	72	43	49	56	54	42
四 川	Sichuan	113	80	116	108	83	73
贵 州	Guizhou	97	59	40	40	43	38
云 南	Yunnan	58	25	26	25	23	22
西 藏	Tibet	11	9	2	3	4	1
陕 西	Shaanxi	157	89	90	94	94	87
甘 肃	Gansu	48	23	14	16	13	14
青 海	Qinghai	7	3	3	4	4	3
宁 夏	Ningxia	11	6	2	1	1	
新 疆	Xinjiang	23	10	8	9	9	9

1-1-11 续表 1 continued

地 区	Region	从业人员年平均人数（人）Annual Average Number of Employed Personnel (person)					
		2000	2005	2008	2009	2010	2011
全 国	**Total**	**2079749**	**1369536**	**1246470**	**1297339**	**1347248**	**1375122**
东部地区	Eastern Region	977340	692232	625332	655198	678956	716172
中部地区	Middle Region	541294	315110	276860	277821	315228	296455
西部地区	Western Region	561115	362194	344278	364320	353064	362495
北 京	Beijing	117353	85785	66313	67505	71811	83460
天 津	Tianjin	54378	51152	32192	39482	43396	47150
河 北	Hebei	73605	58035	34212	37878	37994	35774
山 西	Shanxi	34661	23173	11634	13439	14821	13735
内蒙古	Inner Mongolia	13481	5741	5389	6028	5845	3247
辽 宁	Liaoning	128616	75880	67852	81452	77608	53155
吉 林	Jilin	57934	21848	13247	12424	12724	11459
黑龙江	Heilongjiang	73448	56347	43755	25881	43885	47803
上 海	Shanghai	106081	82416	68751	69245	65216	71944
江 苏	Jiangsu	151107	65176	64970	75399	79961	73081
浙 江	Zhejiang	43114	32798	25848	24176	27878	27036
安 徽	Anhui	31517	22170	31709	32432	39587	36895
福 建	Fujian	33385	30157	17486	14391	13823	19243
江 西	Jiangxi	84883	54225	43037	50156	52807	42622
山 东	Shandong	87667	44191	49109	49436	53272	59809
河 南	Henan	83652	52618	44330	43029	46045	31950
湖 北	Hubei	97190	53570	53327	63331	68835	73944
湖 南	Hunan	64528	25418	30432	31101	30679	34800
广 东	Guangdong	149702	150517	189407	187342	198487	236262
广 西	Guangxi	29102	14116	7455	7143	7022	5140
海 南	Hainan	3230	2009	1737	1749	2488	4118
重 庆	Chongqing	49465	31159	27651	32047	34340	29810
四 川	Sichuan	149260	102535	118073	122270	112248	119351
贵 州	Guizhou	81752	44315	36747	42426	41179	37520
云 南	Yunnan	15427	6514	7371	7543	7008	8132
西 藏	Tibet	870	828	395	541	626	395
陕 西	Shaanxi	207777	152828	139398	144025	142241	153389
甘 肃	Gansu	43667	14562	10967	11545	11227	11118
青 海	Qinghai	2362	1112	756	959	789	794
宁 夏	Ningxia	6598	4832	1542	1434	1450	
新 疆	Xinjiang	3937	3509	1378	1530	1956	1986

1-1-11 续表 2 continued

地 区	Region	当年价总产值（亿元） Gross Industrial Output Value at Current Prices (100 million yuan)					
		2000	2005	2008	2009	2010	2011
全 国	**Total**	**4314.4**	**5629.8**	**6486.8**	**6751.9**	**7866.3**	**9409.3**
东部地区	Eastern Region	2989.7	3989.5	4216.0	4172.7	4774.3	5636.3
中部地区	Middle Region	699.7	819.7	950.3	1008.6	1349.8	1698.8
西部地区	Western Region	625.0	820.7	1320.5	1570.6	1742.2	2074.2
北 京	Beijing	656.6	420.7	346.8	334.1	397.6	564.1
天 津	Tianjin	75.4	218.5	156.9	210.8	234.9	287.5
河 北	Hebei	109.7	148.3	97.9	102.3	120.4	161.7
山 西	Shanxi	24.1	24.8	16.5	20.4	43.3	38.3
内蒙古	Inner Mongolia	15.0	14.6	11.0	17.0	24.5	28.3
辽 宁	Liaoning	199.6	330.0	446.5	435.9	547.8	414.8
吉 林	Jilin	67.8	47.3	35.7	30.0	33.8	41.5
黑龙江	Heilongjiang	132.6	240.1	184.0	104.7	217.5	219.4
上 海	Shanghai	336.8	293.5	451.1	416.4	476.0	502.6
江 苏	Jiangsu	396.5	411.8	392.8	384.5	480.2	581.7
浙 江	Zhejiang	101.8	207.0	122.0	147.4	177.7	210.5
安 徽	Anhui	31.4	54.7	88.3	109.2	164.0	291.9
福 建	Fujian	137.4	215.1	48.5	44.0	53.9	106.3
江 西	Jiangxi	95.9	106.7	159.8	173.5	201.3	221.3
山 东	Shandong	204.3	384.0	499.3	564.0	590.2	817.7
河 南	Henan	96.4	107.0	130.9	117.5	149.6	127.7
湖 北	Hubei	155.5	181.1	209.7	301.0	345.6	446.2
湖 南	Hunan	81.1	43.5	114.5	135.2	170.3	284.2
广 东	Guangdong	733.0	1329.3	1613.4	1490.2	1634.7	1915.9
广 西	Guangxi	29.2	25.5	33.2	35.9	38.1	48.4
海 南	Hainan	9.5	5.8	7.6	7.2	22.7	25.1
重 庆	Chongqing	58.7	73.8	131.0	144.4	170.4	187.3
四 川	Sichuan	232.3	320.2	580.9	725.0	768.5	954.4
贵 州	Guizhou	53.7	66.1	98.8	139.3	140.6	145.3
云 南	Yunnan	17.3	21.0	47.9	54.7	59.1	74.3
西 藏	Tibet	0.6	1.8	1.3	1.6	2.0	1.7
陕 西	Shaanxi	213.2	297.1	428.6	467.1	559.2	671.9
甘 肃	Gansu	38.6	17.5	22.8	26.0	27.4	29.1
青 海	Qinghai	1.6	2.3	1.2	1.9	2.0	2.1
宁 夏	Ningxia	5.5	13.0	4.2	5.9	6.1	
新 疆	Xinjiang	3.5	7.8	3.8	4.7	7.0	8.0

1-1-11 续表 3 continued

地 区	Region	主营业务收入（亿元） Revenue from Principal Business (100 million yuan)					
		2000	2005	2008	2009	2010	2011
全 国	**Total**	**4197.4**	**5712.5**	**6481.6**	**6905.9**	**8410.5**	**9801.0**
东部地区	Eastern Region	3029.7	4126.4	4204.2	4384.8	5169.4	5991.9
中部地区	Middle Region	633.5	801.0	949.7	997.0	1423.4	1704.0
西部地区	Western Region	534.1	785.1	1327.7	1524.2	1817.6	2105.1
北 京	Beijing	682.4	451.7	383.3	376.0	437.2	628.3
天 津	Tianjin	79.3	268.6	187.1	251.2	283.2	338.4
河 北	Hebei	112.5	153.4	95.8	99.6	171.8	227.4
山 西	Shanxi	19.3	22.8	14.4	23.7	37.1	36.0
内蒙古	Inner Mongolia	14.5	12.9	10.3	16.5	23.7	27.7
辽 宁	Liaoning	197.9	313.5	423.8	444.3	581.5	470.5
吉 林	Jilin	55.2	37.2	36.3	26.1	29.6	37.3
黑龙江	Heilongjiang	129.8	256.9	223.8	99.9	277.4	306.5
上 海	Shanghai	354.3	321.6	462.2	449.1	507.5	534.0
江 苏	Jiangsu	408.8	415.6	413.4	414.6	523.8	635.7
浙 江	Zhejiang	105.0	209.2	123.0	149.8	188.9	240.6
安 徽	Anhui	33.2	48.4	96.8	116.9	185.2	307.2
福 建	Fujian	125.0	206.6	51.1	42.0	51.8	91.0
江 西	Jiangxi	80.4	107.3	141.4	172.1	210.1	231.0
山 东	Shandong	209.1	451.4	615.7	703.4	753.5	959.1
河 南	Henan	84.5	102.4	118.5	109.2	143.9	115.2
湖 北	Hubei	139.9	167.1	201.5	305.7	349.9	401.4
湖 南	Hunan	76.7	46.1	106.7	126.8	166.5	241.7
广 东	Guangdong	722.5	1306.8	1421.2	1414.3	1617.2	1801.7
广 西	Guangxi	26.5	22.6	21.1	33.6	32.2	40.9
海 南	Hainan	6.4	5.5	6.5	6.9	20.8	24.2
重 庆	Chongqing	49.5	66.5	123.8	140.9	160.9	177.5
四 川	Sichuan	207.5	313.7	620.7	730.3	828.0	1029.9
贵 州	Guizhou	47.3	66.4	91.0	119.9	127.4	129.7
云 南	Yunnan	15.2	18.9	45.9	51.8	58.9	73.4
西 藏	Tibet	0.7	1.5	0.7	0.6	1.0	1.0
陕 西	Shaanxi	186.2	282.1	417.0	448.4	601.3	657.0
甘 肃	Gansu	18.0	15.3	20.1	21.4	27.5	28.3
青 海	Qinghai	1.4	2.3	1.1	1.5	1.9	1.4
宁 夏	Ningxia	5.0	11.1	3.8	5.7	5.1	
新 疆	Xinjiang	3.2	7.3	3.6	3.7	5.5	7.0

1-1-11 续表 4 continued

地区 Region		利润（亿元） Profits (100 million yuan)					
		2000	2005	2008	2009	2010	2011
全国	**Total**	**248.1**	**182.1**	**350.8**	**431.3**	**695.0**	**728.6**
东部地区	Eastern Region	195.1	137.6	190.2	279.0	405.3	502.8
中部地区	Middle Region	36.2	26.2	76.9	64.0	158.9	104.0
西部地区	Western Region	16.8	18.4	83.8	88.2	130.7	121.7
北京	Beijing	56.2	20.5	31.9	49.6	51.1	98.5
天津	Tianjin	8.8	16.5	22.4	23.1	23.8	29.6
河北	Hebei	5.2	0.8	9.3	8.9	9.8	6.7
山西	Shanxi	0.3	1.0	0.3	0.9	3.4	2.0
内蒙古	Inner Mongolia	0.1	0.9	1.1	0.4	4.4	4.1
辽宁	Liaoning	6.5	-0.7	17.5	20.1	39.2	31.4
吉林	Jilin	4.8	1.2	7.2	4.1	5.3	7.0
黑龙江	Heilongjiang	3.9	9.3	18.2	5.8	25.4	21.1
上海	Shanghai	40.0	10.1	-11.6	2.3	30.3	29.1
江苏	Jiangsu	16.5	20.0	26.7	26.5	37.7	40.7
浙江	Zhejiang	9.0	7.1	25.6	33.2	36.7	46.5
安徽	Anhui	0.8	2.9	5.8	7.9	13.0	8.6
福建	Fujian	-0.2	-2.0	-4.3	5.7	8.0	14.1
江西	Jiangxi	2.7	4.0	6.6	8.2	11.0	8.7
山东	Shandong	12.6	9.3	21.6	30.7	40.5	72.6
河南	Henan	8.7	-0.2	6.6	-6.3	11.5	8.2
湖北	Hubei	12.5	6.0	18.8	28.8	65.9	18.7
湖南	Hunan	2.3	1.1	12.4	14.4	19.0	25.8
广东	Guangdong	39.0	54.9	50.2	77.2	124.6	125.9
广西	Guangxi	1.2	0.7		0.4	1.4	6.4
海南	Hainan	0.4	0.4	0.8	1.3	2.3	1.4
重庆	Chongqing	-0.7	3.3	5.6	6.2	6.4	9.2
四川	Sichuan	7.4	12.9	42.8	40.3	51.8	57.8
贵州	Guizhou	0.6	-1.0	6.1	9.3	6.9	4.9
云南	Yunnan	1.5	3.6	6.3	8.7	8.5	13.6
西藏	Tibet	0.1	0.2	0.1	0.2	0.4	0.2
陕西	Shaanxi	7.5	-3.3	17.2	17.5	49.2	29.4
甘肃	Gansu	-0.3	0.7	4.7	5.5	6.1	5.8
青海	Qinghai	0.1	0.6	0.1	0.1	-0.1	0.0
宁夏	Ningxia	0.5	0.8	0.3	0.1	1.0	
新疆	Xinjiang		0.7	0.7	0.4	0.6	0.9

1-1-11 续表 5 continued

地　区	Region	利税（亿元） Taxes and Profits (100 million yuan)					
		2000	2005	2008	2009	2010	2011
全　国	**Total**	**414.7**	**357.1**	**575.4**	**642.0**	**996.5**	**1197.7**
东部地区	Eastern Region	297.3	257.8	330.9	411.6	581.9	823.5
中部地区	Middle Region	75.2	58.0	116.4	97.9	220.4	175.7
西部地区	Western Region	42.2	41.3	128.2	132.4	194.2	198.5
北　京	Beijing	73.9	35.7	47.7	67.9	71.2	120.6
天　津	Tianjin	14.3	25.8	31.9	33.2	32.7	44.2
河　北	Hebei	11.4	5.9	12.1	12.6	13.9	12.0
山　西	Shanxi	1.4	2.4	1.2	1.9	4.9	2.6
内蒙古	Inner Mongolia	0.5	1.7	1.9	1.3	5.0	5.1
辽　宁	Liaoning	14.2	3.4	23.9	31.2	47.6	36.7
吉　林	Jilin	8.7	3.6	8.5	5.3	6.8	8.8
黑龙江	Heilongjiang	15.0	21.0	28.4	8.2	40.3	33.9
上　海	Shanghai	52.8	20.1	-0.1	14.2	44.0	42.4
江　苏	Jiangsu	36.0	35.3	36.8	38.1	54.1	59.7
浙　江	Zhejiang	14.8	12.5	33.3	43.1	48.2	59.2
安　徽	Anhui	2.4	4.7	9.8	11.9	19.5	33.0
福　建	Fujian	1.7	0.7	-2.7	8.0	10.9	18.1
江　西	Jiangxi	7.4	7.7	12.0	13.7	18.0	13.1
山　东	Shandong	21.5	22.3	44.6	55.2	69.9	112.4
河　南	Henan	13.9	3.1	11.1	-3.6	16.5	12.0
湖　北	Hubei	19.7	10.7	24.8	38.2	79.5	30.2
湖　南	Hunan	6.2	3.0	18.7	21.0	29.9	37.1
广　东	Guangdong	52.8	93.0	101.9	105.0	184.4	308.2
广　西	Guangxi	3.3	2.4	0.3	1.4	1.8	6.9
海　南	Hainan	0.7	0.7	1.2	1.7	3.2	3.1
重　庆	Chongqing	2.3	7.0	10.7	14.5	12.7	16.4
四　川	Sichuan	17.7	20.8	62.8	57.9	86.7	105.7
贵　州	Guizhou	2.2	0.6	7.8	11.3	8.8	7.1
云　南	Yunnan	2.6	5.1	9.6	12.9	12.9	17.5
西　藏	Tibet	0.2	0.4	0.2	0.3	0.5	0.4
陕　西	Shaanxi	15.1	2.9	29.7	27.6	63.1	43.0
甘　肃	Gansu	0.7	1.3	5.7	6.6	7.4	7.1
青　海	Qinghai	0.2	0.7	0.2	0.2	-0.1	0.1
宁　夏	Ningxia	0.9	1.2	0.5	0.4	1.1	
新　疆	Xinjiang	0.3	1.4	1.0	0.7	1.0	1.2

1-1-11 续表 6 continued

地区	Region	出口交货值（亿元） Exports (100 million yuan)					
		2000	2005	2008	2009	2010	2011
全国	**Total**	**707.5**	**1566.8**	**1507.2**	**1225.0**	**1650.4**	**1749.6**
东部地区	Eastern Region	621.1	1429.1	1314.9	1043.2	1423.3	1444.8
中部地区	Middle Region	38.0	62.9	59.1	59.3	100.2	141.6
西部地区	Western Region	48.4	74.8	133.3	122.5	127.0	163.3
北京	Beijing	108.9	91.0	47.7	29.9	35.5	41.9
天津	Tianjin	9.8	45.4	16.0	11.0	16.9	22.0
河北	Hebei	14.0	29.8	28.0	23.9	28.2	29.5
山西	Shanxi	1.6	0.1	0.6	0.1	4.1	4.8
内蒙古	Inner Mongolia	0.8	1.5	1.7	1.8	2.6	0.0
辽宁	Liaoning	74.6	127.8	156.8	149.7	214.6	133.8
吉林	Jilin	1.5	2.3	2.0	1.1	0.6	0.9
黑龙江	Heilongjiang	2.8	8.8	9.9	6.0	12.4	12.1
上海	Shanghai	50.2	72.9	140.4	102.0	146.4	141.5
江苏	Jiangsu	97.1	162.2	75.2	64.4	104.6	140.7
浙江	Zhejiang	14.5	71.5	45.8	63.6	54.6	68.9
安徽	Anhui	0.9	1.0	9.2	3.9	5.1	38.0
福建	Fujian	24.6	63.1	18.1	10.4	8.4	8.3
江西	Jiangxi	4.7	13.4	9.5	17.7	25.5	21.4
山东	Shandong	18.9	60.6	78.6	69.6	101.8	116.0
河南	Henan	8.8	16.3	6.4	5.0	9.8	11.7
湖北	Hubei	8.1	13.3	11.8	13.8	30.8	36.7
湖南	Hunan	8.7	6.1	8.0	10.0	9.2	15.8
广东	Guangdong	207.1	704.2	708.2	518.4	712.2	742.1
广西	Guangxi	1.4	0.6	0.2	0.1		0.1
海南	Hainan	0.1					
重庆	Chongqing	4.9	3.6	5.2	6.4	9.0	18.1
四川	Sichuan	16.7	37.8	70.5	66.4	56.5	67.4
贵州	Guizhou	1.7	6.7	7.9	10.9	9.5	16.8
云南	Yunnan	1.4	0.6	1.6	1.6	0.9	0.7
西藏	Tibet						
陕西	Shaanxi	19.5	21.6	47.9	37.0	50.7	59.7
甘肃	Gansu	2.7		0.2	0.2	0.3	0.3
青海	Qinghai						
宁夏	Ningxia	1.1	4.1				
新疆	Xinjiang	0.3	0.4	0.1	0.1	0.1	0.2

1-1-12 内资企业各地区高技术产业生产经营情况

Statistics on Production and Management in High-tech Industry of Domesdtic Funded Enterprises by Region

地　区	Region	企业数（个） Number of Enterprises (unit)					
		2000	2005	2008	2009	2010	2011
全　国	**Total**	**6767**	**11036**	**16521**	**17922**	**18905**	**14075**
东部地区	Eastern Region	4329	7731	11728	12669	13284	9328
中部地区	Middle Region	1513	1988	3131	3534	3853	3281
西部地区	Western Region	925	1317	1662	1719	1768	1466
北　京	Beijing	376	814	835	860	827	529
天　津	Tianjin	310	300	343	407	379	202
河　北	Hebei	214	256	287	350	368	310
山　西	Shanxi	109	130	130	137	140	106
内蒙古	Inner Mongolia	49	57	80	93	93	88
辽　宁	Liaoning	257	377	645	770	768	548
吉　林	Jilin	203	212	346	390	379	325
黑龙江	Heilongjiang	109	134	170	185	176	124
上　海	Shanghai	378	583	710	706	663	371
江　苏	Jiangsu	800	1178	2247	2384	2650	2089
浙　江	Zhejiang	701	1510	2194	2453	2675	1410
安　徽	Anhui	149	239	422	544	661	513
福　建	Fujian	137	245	341	388	429	319
江　西	Jiangxi	159	228	371	396	441	388
山　东	Shandong	310	783	1159	1342	1332	1122
河　南	Henan	271	342	574	623	674	673
湖　北	Hubei	295	372	582	634	690	462
湖　南	Hunan	169	274	456	532	599	602
广　东	Guangdong	673	1455	2686	2723	2870	2166
广　西	Guangxi	143	189	243	250	282	232
海　南	Hainan	30	41	38	36	41	30
重　庆	Chongqing	99	131	226	257	285	210
四　川	Sichuan	240	497	761	737	734	652
贵　州	Guizhou	143	157	128	133	132	106
云　南	Yunnan	80	99	119	121	122	89
西　藏	Tibet	15	12	8	9	10	5
陕　西	Shaanxi	225	278	285	313	334	289
甘　肃	Gansu	67	79	69	77	79	56
青　海	Qinghai	10	21	24	25	25	24
宁　夏	Ningxia	16	20	16	18	15	13
新　疆	Xinjiang	30	23	26	29	32	22

1-1-12 续表 1 continued

地区	Region	从业人员年平均人数（人） Annual Average Number of Employed Personnel (person)					
		2000	2005	2008	2009	2010	2011
全国	**Total**	**2715464**	**2939172**	**3759966**	**4067372**	**4539404**	**4667126**
东部地区	Eastern Region	1432512	1799383	2388736	2561899	2935599	2932359
中部地区	Middle Region	653170	592475	795914	882745	972283	1069366
西部地区	Western Region	629782	547314	575316	622728	631522	665401
北京	Beijing	108682	115587	119635	126978	128295	128345
天津	Tianjin	68555	57253	50736	66847	72370	69118
河北	Hebei	92951	95956	98686	90953	97138	99066
山西	Shanxi	38095	36107	32776	36392	41507	35027
内蒙古	Inner Mongolia	16149	14318	15683	17236	19231	24539
辽宁	Liaoning	149753	109492	116965	144951	145137	125887
吉林	Jilin	73705	53300	80425	101862	94320	119716
黑龙江	Heilongjiang	82517	56476	48734	49373	47494	46503
上海	Shanghai	96515	104428	106004	105028	110948	101360
江苏	Jiangsu	272708	244102	390479	435542	511902	552683
浙江	Zhejiang	175391	286839	331255	353447	412358	346150
安徽	Anhui	46407	55999	86063	98163	119963	122731
福建	Fujian	34587	39861	63701	68787	91280	89088
江西	Jiangxi	93695	95286	127270	133041	153703	163993
山东	Shandong	131612	202621	244144	258836	274369	283856
河南	Henan	108661	123564	164598	176059	207398	230059
湖北	Hubei	122324	101982	146988	165880	162902	155559
湖南	Hunan	71617	55443	93377	104739	125765	171239
广东	Guangdong	259821	496496	815496	856856	1020899	1066738
广西	Guangxi	38198	41438	45520	47046	62663	60469
海南	Hainan	3739	5310	6115	6628	8240	9599
重庆	Chongqing	54131	48455	50730	64596	64910	65088
四川	Sichuan	186634	188947	234185	250228	256563	284659
贵州	Guizhou	90076	62581	57139	63790	62556	59243
云南	Yunnan	21086	17151	20595	21718	21060	19728
西藏	Tibet	1191	1085	1076	1228	1389	1060
陕西	Shaanxi	215644	185610	170153	178718	179969	194365
甘肃	Gansu	44468	26163	25966	25293	27189	24429
青海	Qinghai	3699	4092	4293	4542	4572	4155
宁夏	Ningxia	7815	8565	5824	6286	6366	5305
新疆	Xinjiang	5038	4665	5355	6329	6948	7369

1-1-12 续表 2 continued

地区	Region	当年价总产值（亿元） Gross Industrial Output Value at Current Prices (100 million yuan)					
		2000	2005	2008	2009	2010	2011
全 国	**Total**	**4283.8**	**9188.6**	**16981.1**	**20717.1**	**26072.0**	**32793.3**
东部地区	Eastern Region	2746.8	6358.2	11595.0	13982.2	17648.8	21276.7
中部地区	Middle Region	827.1	1496.4	3120.1	3919.3	5187.5	7370.2
西部地区	Western Region	709.9	1334.1	2266.1	2815.6	3235.6	4146.4
北 京	Beijing	187.4	415.0	582.0	591.0	665.7	773.6
天 津	Tianjin	63.9	138.7	191.2	286.9	349.3	441.1
河 北	Hebei	149.2	245.3	420.3	370.8	495.6	613.0
山 西	Shanxi	25.0	49.0	75.3	82.3	128.9	139.6
内蒙古	Inner Mongolia	19.9	41.0	58.9	84.2	113.0	192.9
辽 宁	Liaoning	235.0	407.4	722.2	886.1	1129.5	1194.4
吉 林	Jilin	93.2	154.0	378.1	497.7	658.1	911.4
黑龙江	Heilongjiang	155.2	220.3	169.4	196.7	226.4	287.3
上 海	Shanghai	186.1	299.7	391.2	415.0	515.6	546.5
江 苏	Jiangsu	421.0	814.9	1944.8	2569.2	3565.9	4778.3
浙 江	Zhejiang	374.1	934.2	1225.1	1515.8	1910.0	1892.6
安 徽	Anhui	58.3	139.2	295.6	377.0	556.9	916.9
福 建	Fujian	79.6	125.6	229.5	272.7	417.1	472.4
江 西	Jiangxi	110.1	196.5	458.2	585.2	806.7	1103.1
山 东	Shandong	274.2	1034.0	1732.3	2112.5	2423.0	3027.7
河 南	Henan	95.7	254.0	697.7	824.1	1086.7	1493.1
湖 北	Hubei	173.5	294.6	566.2	722.6	838.4	1064.3
湖 南	Hunan	96.2	147.8	420.8	549.4	772.5	1261.6
广 东	Guangdong	715.8	1826.2	3957.5	4728.7	5827.7	7046.6
广 西	Guangxi	45.5	91.1	170.0	199.3	289.0	422.4
海 南	Hainan	15.1	26.1	29.0	34.1	60.4	68.0
重 庆	Chongqing	56.8	132.4	188.6	258.9	325.3	415.9
四 川	Sichuan	292.9	565.1	1137.6	1445.5	1619.6	2157.5
贵 州	Guizhou	71.3	138.5	202.5	271.1	296.0	337.1
云 南	Yunnan	28.9	49.1	101.9	124.2	137.1	162.0
西 藏	Tibet	2.5	4.2	5.8	5.9	6.0	6.0
陕 西	Shaanxi	203.0	365.7	514.7	572.9	688.2	875.4
甘 肃	Gansu	39.7	41.9	59.0	66.3	80.1	92.8
青 海	Qinghai	3.4	7.4	13.8	17.7	21.6	29.3
宁 夏	Ningxia	6.5	19.1	23.9	30.3	33.8	37.2
新 疆	Xinjiang	5.0	10.8	18.4	22.9	27.9	33.2

1-1-12 续表 3 continued

地 区	Region	主营业务收入（亿元） Revenue from Principal Business (100 million yuan)					
		2000	2005	2008	2009	2010	2011
全 国	**Total**	**4036.6**	**9132.0**	**16473.9**	**20425.3**	**26266.5**	**32551.4**
东部地区	Eastern Region	2686.3	6507.8	11420.1	14052.6	18049.3	21496.3
中部地区	Middle Region	735.5	1383.5	2895.7	3741.9	5018.9	7027.5
西部地区	Western Region	614.8	1240.7	2158.1	2630.8	3198.3	4027.6
北 京	Beijing	237.5	494.2	665.9	675.6	761.2	884.3
天 津	Tianjin	60.0	201.1	225.2	326.7	390.3	487.9
河 北	Hebei	147.3	247.4	408.2	353.8	527.8	659.8
山 西	Shanxi	19.9	47.5	65.4	77.6	117.5	124.8
内蒙古	Inner Mongolia	18.8	36.6	55.1	78.7	105.2	183.6
辽 宁	Liaoning	231.2	387.0	682.2	874.7	1143.7	1234.5
吉 林	Jilin	75.8	121.8	320.4	439.0	583.1	823.9
黑龙江	Heilongjiang	148.5	209.0	163.5	188.0	211.2	277.0
上 海	Shanghai	200.2	332.7	396.7	435.9	536.1	565.6
江 苏	Jiangsu	413.0	796.9	1918.7	2542.4	3545.7	4734.9
浙 江	Zhejiang	353.2	907.2	1174.7	1442.3	1844.9	1836.1
安 徽	Anhui	54.9	133.1	296.2	367.8	562.2	876.2
福 建	Fujian	75.1	117.5	216.6	259.7	401.8	459.3
江 西	Jiangxi	92.8	193.8	436.2	576.7	811.0	1119.3
山 东	Shandong	275.5	1048.9	1795.2	2203.3	2542.2	3136.6
河 南	Henan	79.7	229.7	621.5	768.7	1050.0	1445.3
湖 北	Hubei	155.7	274.7	535.2	718.9	821.5	977.1
湖 南	Hunan	89.4	137.5	402.1	526.6	757.1	1200.4
广 东	Guangdong	641.6	1878.0	3771.7	4736.5	6051.9	7061.8
广 西	Guangxi	40.4	74.9	139.0	170.9	250.9	370.3
海 南	Hainan	11.3	22.0	26.0	31.0	52.7	65.2
重 庆	Chongqing	51.1	123.3	183.0	245.0	309.2	392.8
四 川	Sichuan	261.5	531.0	1095.7	1367.5	1650.4	2143.4
贵 州	Guizhou	60.4	112.8	170.8	227.7	245.4	278.2
云 南	Yunnan	25.7	45.2	91.6	110.5	130.7	152.3
西 藏	Tibet	1.9	3.7	4.4	4.5	5.1	5.2
陕 西	Shaanxi	182.7	354.9	509.8	561.9	709.3	888.1
甘 肃	Gansu	18.6	38.0	53.3	55.6	75.6	85.6
青 海	Qinghai	2.4	6.3	11.0	13.7	19.7	20.3
宁 夏	Ningxia	5.9	15.7	21.9	26.0	28.0	31.0
新 疆	Xinjiang	4.6	10.0	16.5	18.4	24.9	30.7

1-1-12 续表 4 continued

地 区	Region	利润（亿元） Profits (100 million yuan)					
		2000	2005	2008	2009	2010	2011
全 国	**Total**	**266.3**	**495.2**	**1167.3**	**1685.4**	**2487.2**	**2754.2**
东部地区	Eastern Region	198.7	368.3	744.3	1171.4	1703.0	1799.5
中部地区	Middle Region	41.5	72.3	261.5	317.9	512.2	617.3
西部地区	Western Region	26.1	54.6	161.5	196.1	272.0	337.3
北 京	Beijing	26.1	24.9	56.8	74.6	101.7	126.2
天 津	Tianjin	5.5	15.2	21.9	32.8	44.5	59.3
河 北	Hebei	7.4	7.7	41.1	33.7	45.7	48.8
山 西	Shanxi	0.3	1.5	3.8	3.1	7.8	12.1
内蒙古	Inner Mongolia	0.5	2.8	4.1	6.0	12.4	17.8
辽 宁	Liaoning	7.1	6.8	26.7	42.2	78.0	82.2
吉 林	Jilin	9.0	9.1	28.9	46.3	52.4	87.4
黑龙江	Heilongjiang	6.5	6.0	13.6	21.0	26.6	32.1
上 海	Shanghai	11.7	21.5	17.9	30.4	51.5	46.5
江 苏	Jiangsu	16.5	43.1	154.2	176.4	259.6	370.3
浙 江	Zhejiang	29.5	54.4	88.0	140.0	198.6	180.1
安 徽	Anhui	1.6	7.8	29.5	31.7	55.7	64.9
福 建	Fujian	3.7	12.2	18.3	24.5	44.7	45.7
江 西	Jiangxi	2.1	8.3	29.4	32.9	50.2	66.2
山 东	Shandong	16.9	50.6	114.4	156.4	220.8	272.2
河 南	Henan	4.0	14.9	65.0	65.4	120.3	146.5
湖 北	Hubei	14.5	15.5	50.8	67.6	111.9	75.7
湖 南	Hunan	3.2	6.4	36.4	43.9	74.9	114.8
广 东	Guangdong	69.6	119.6	187.7	441.1	615.9	504.2
广 西	Guangxi	3.8	7.6	14.0	14.3	34.9	56.9
海 南	Hainan	0.8	4.7	3.3	4.9	7.0	7.1
重 庆	Chongqing	0.1	9.0	10.4	19.1	23.0	28.0
四 川	Sichuan	13.7	25.1	84.3	96.2	132.3	170.6
贵 州	Guizhou	1.5	9.1	15.0	20.0	25.9	27.1
云 南	Yunnan	2.3	5.8	12.8	17.1	17.6	22.9
西 藏	Tibet	0.6	1.6	1.4	1.8	2.1	1.9
陕 西	Shaanxi	7.5	-1.3	23.2	26.0	48.0	62.3
甘 肃	Gansu	-0.4	2.5	9.8	9.6	11.6	11.9
青 海	Qinghai	0.1	0.8	0.5	0.6	1.4	2.5
宁 夏	Ningxia	0.6	0.9	1.4	2.6	5.8	5.7
新 疆	Xinjiang	0.1	1.1	2.7	2.9	4.3	4.4

1-1-13 港澳台资企业各地区高技术产业生产经营情况

Statistics on Production and Management in High-tech Industry of Hong Kong,Macau and Taiwan Funded Enterprises by Region

地区	Region	企业数（个） Number of Enterprises (unit)					
		2000	2005	2008	2009	2010	2011
全国	**Total**	**1627**	**2856**	**3854**	**3809**	**3891**	**3173**
东部地区	Eastern Region	1472	2632	3550	3496	3554	2868
中部地区	Middle Region	113	164	230	235	251	232
西部地区	Western Region	42	60	74	78	86	73
北京	Beijing	67	71	77	78	75	59
天津	Tianjin	45	28	49	48	43	29
河北	Hebei	17	17	22	24	24	21
山西	Shanxi	12	8	10	6	7	5
内蒙古	Inner Mongolia	2	7	6	7	7	6
辽宁	Liaoning	23	37	54	53	54	46
吉林	Jilin	12	11	13	11	11	11
黑龙江	Heilongjiang	4	8	5	4	5	3
上海	Shanghai	121	173	207	216	204	151
江苏	Jiangsu	173	432	732	729	757	632
浙江	Zhejiang	91	217	278	282	290	227
安徽	Anhui	18	26	31	32	33	25
福建	Fujian	129	152	176	191	196	153
江西	Jiangxi	9	21	53	58	64	64
山东	Shandong	30	60	68	77	72	52
河南	Henan	19	22	26	27	27	25
湖北	Hubei	23	40	53	50	48	42
湖南	Hunan	14	21	33	40	49	51
广东	Guangdong	752	1418	1855	1762	1800	1465
广西	Guangxi	10	15	24	28	31	27
海南	Hainan	14	12	8	8	8	6
重庆	Chongqing	6	7	7	9	16	17
四川	Sichuan	14	19	26	27	28	25
贵州	Guizhou	8	12	11	10	10	6
云南	Yunnan	8	13	18	12	12	9
西藏	Tibet						
陕西	Shaanxi	5	7	8	15	16	13
甘肃	Gansu	1	1	1	1	1	2
青海	Qinghai				1	1	
宁夏	Ningxia			1	2	1	1
新疆	Xinjiang		1	2	1	1	

1-1-13 续表 1 continued

地区	Region	从业人员年平均人数（人） Annual Average Number of Employed Personnel (person)					
		2000	2005	2008	2009	2010	2011
全国	**Total**	**595800**	**1518686**	**2268148**	**2136353**	**2489372**	**2847497**
东部地区	Eastern Region	562619	1458073	2117174	2030691	2283176	2375645
中部地区	Middle Region	25732	47462	130807	85580	149683	316498
西部地区	Western Region	7449	13151	20167	20082	56513	155354
北京	Beijing	13440	16381	43344	35007	24785	26218
天津	Tianjin	8039	12211	24503	11325	17107	21951
河北	Hebei	2752	3657	14258	36784	25659	30951
山西	Shanxi	3127	3502	53578	1622	1207	18538
内蒙古	Inner Mongolia	341	5602	3993	3897	6436	5406
辽宁	Liaoning	3356	5032	10308	12557	13389	13510
吉林	Jilin	2307	2095	2060	1462	1528	2028
黑龙江	Heilongjiang	984	2435	1287	727	1671	869
上海	Shanghai	26528	64122	116666	119981	129572	150084
江苏	Jiangsu	48728	232492	512813	482638	555986	646323
浙江	Zhejiang	25102	54184	86015	78695	94849	101472
安徽	Anhui	5566	5330	4538	5988	14123	14816
福建	Fujian	63975	96057	112033	100297	115347	110247
江西	Jiangxi	1829	4491	29051	30783	39312	39463
山东	Shandong	8447	15543	18964	17686	19548	22072
河南	Henan	6769	6101	6865	8887	24320	153080
湖北	Hubei	2788	12080	18386	18830	42223	56987
湖南	Hunan	2021	5826	11049	13384	18863	25311
广东	Guangdong	358977	954629	1161814	1112647	1254853	1218556
广西	Guangxi	1727	2558	14368	21011	29931	32510
海南	Hainan	1548	1207	2088	2063	2150	1751
重庆	Chongqing	1764	875	2028	2569	8744	30364
四川	Sichuan	2724	5541	10569	9765	39405	117980
贵州	Guizhou	597	1271	1137	877	1068	520
云南	Yunnan	1337	3156	3037	2280	2337	2623
西藏	Tibet						
陕西	Shaanxi	982	1665	2506	3766	4133	3148
甘肃	Gansu	45	543	349	341	328	412
青海	Qinghai				100	126	
宁夏	Ningxia			376	348	342	307
新疆	Xinjiang		100	165	36	30	

1-1-13 续表 2 continued

地 区	Region	当年价总产值（亿元） Gross Industrial Output Value at Current Prices (100 million yuan)					
		2000	2005	2008	2009	2010	2011
全 国	**Total**	**1926.9**	**6722.4**	**12066.0**	**11907.4**	**14457.2**	**17844.1**
东部地区	Eastern Region	1795.6	6453.9	11384.8	11141.9	13332.9	14878.6
中部地区	Middle Region	97.9	220.1	579.7	620.0	877.0	1723.2
西部地区	Western Region	33.4	48.4	101.6	145.5	247.2	1242.3
北 京	Beijing	232.2	265.2	590.6	521.7	473.3	485.1
天 津	Tianjin	12.4	47.3	267.1	71.1	101.2	191.8
河 北	Hebei	3.3	11.4	67.2	183.3	160.4	172.9
山 西	Shanxi	13.1	8.5	82.9	5.6	6.1	65.2
内蒙古	Inner Mongolia	0.2	69.4	119.2	139.4	102.8	107.6
辽 宁	Liaoning	9.9	18.1	64.4	75.8	96.2	112.9
吉 林	Jilin	3.2	7.0	11.3	4.8	7.4	24.3
黑龙江	Heilongjiang	4.3	4.1	1.8	1.5	5.6	2.8
上 海	Shanghai	131.3	993.7	2114.8	2167.2	2999.5	2795.4
江 苏	Jiangsu	164.4	963.1	2248.4	2258.7	2670.4	3587.6
浙 江	Zhejiang	39.1	179.3	393.2	319.8	451.8	674.8
安 徽	Anhui	18.7	20.0	16.6	23.6	63.1	117.9
福 建	Fujian	243.0	652.8	745.8	619.9	813.2	944.3
江 西	Jiangxi	3.2	6.7	61.6	98.4	141.7	198.3
山 东	Shandong	14.9	53.6	113.0	138.7	187.0	261.6
河 南	Henan	39.5	31.6	35.5	44.4	42.1	478.8
湖 北	Hubei	10.6	54.5	206.6	251.5	423.7	588.3
湖 南	Hunan	5.1	18.4	44.0	50.8	84.5	140.0
广 东	Guangdong	940.2	3251.6	4747.0	4739.9	5279.7	5506.5
广 西	Guangxi	0.8	12.1	25.6	38.5	94.2	138.5
海 南	Hainan	4.1	5.8	7.8	7.4	6.1	7.3
重 庆	Chongqing	10.2	2.9	5.3	17.5	65.5	449.5
四 川	Sichuan	5.1	17.0	41.3	58.7	93.2	667.4
贵 州	Guizhou	1.1	2.3	6.5	9.5	10.1	10.7
云 南	Yunnan	3.3	9.7	16.2	16.0	18.5	24.1
西 藏	Tibet						
陕 西	Shaanxi	13.6	15.9	29.9	39.9	56.9	80.1
甘 肃	Gansu	0.2	0.5	0.3	0.3	0.4	2.5
青 海	Qinghai				0.3	0.3	
宁 夏	Ningxia			1.0	2.6	2.2	7.9
新 疆	Xinjiang		0.2	1.0	0.6	0.2	

1-1-13 续表 3 continued

地　区	Region	主营业务收入（亿元） Revenue from Principal Business (100 million yuan) 2000	2005	2008	2009	2010	2011
全　国	**Total**	**1872.1**	**6539.4**	**11842.8**	**11822.2**	**14345.9**	**17534.7**
东部地区	Eastern Region	1765.2	6314.8	11240.3	11120.9	13314.2	14824.4
中部地区	Middle Region	85.7	192.7	527.5	596.8	803.8	1572.0
西部地区	Western Region	21.2	31.9	75.0	104.6	227.9	1138.3
北　京	Beijing	209.2	287.5	714.6	687.1	706.6	757.5
天　津	Tianjin	9.7	45.3	273.2	71.1	100.8	196.5
河　北	Hebei	3.1	10.9	60.4	191.8	168.5	188.3
山　西	Shanxi	8.3	7.9	73.5	5.2	4.3	61.2
内 蒙 古	Inner Mongolia	0.2	64.1	114.7	140.1	102.1	103.3
辽　宁	Liaoning	7.7	16.5	61.8	73.4	94.6	109.1
吉　林	Jilin	1.8	4.6	7.1	4.2	6.1	14.2
黑 龙 江	Heilongjiang	4.3	3.2	1.8	1.8	5.7	2.4
上　海	Shanghai	127.5	1000.0	2154.8	2203.3	2965.8	2768.0
江　苏	Jiangsu	157.3	953.9	2191.5	2217.7	2611.9	3533.9
浙　江	Zhejiang	37.5	173.5	396.6	317.9	444.6	652.7
安　徽	Anhui	19.5	12.2	13.1	16.9	39.3	103.9
福　建	Fujian	224.9	635.4	734.4	610.0	791.5	921.3
江　西	Jiangxi	2.1	6.2	59.1	95.2	139.1	197.2
山　东	Shandong	14.1	55.9	110.8	134.6	184.8	250.2
河　南	Henan	37.5	28.8	33.3	45.9	36.0	441.6
湖　北	Hubei	8.2	50.3	186.6	242.7	392.0	514.6
湖　南	Hunan	3.9	15.3	38.4	44.9	79.2	133.4
广　东	Guangdong	969.7	3121.0	4518.7	4574.0	5150.8	5323.1
广　西	Guangxi	0.8	9.3	16.0	32.9	88.6	117.5
海　南	Hainan	3.8	5.8	7.5	7.1	5.9	6.4
重　庆	Chongqing	5.4	2.6	5.1	17.8	64.8	429.3
四　川	Sichuan	4.6	15.7	43.3	53.1	81.0	658.8
贵　州	Guizhou	0.9	1.4	4.8	7.6	8.8	8.3
云　南	Yunnan	3.3	9.1	15.2	14.8	17.0	23.2
西　藏	Tibet						
陕　西	Shaanxi	6.8	2.4	4.4	8.0	52.4	12.2
甘　肃	Gansu	0.2	0.5	0.3	0.3	0.3	1.7
青　海	Qinghai				0.1	0.3	
宁　夏	Ningxia			1.0	2.6	3.0	4.8
新　疆	Xinjiang		0.2	0.9	0.4	0.2	

1-1-13 续表 4 continued

地区	Region	利润（亿元） Profits (100 million yuan)					
		2000	2005	2008	2009	2010	2011
全国	**Total**	**84.4**	**186.0**	**511.6**	**497.4**	**735.3**	**862.3**
东部地区	Eastern Region	71.1	178.4	476.4	453.5	639.7	705.2
中部地区	Middle Region	11.7	6.9	25.6	36.4	74.8	124.3
西部地区	Western Region	1.5	0.6	9.6	7.6	20.8	32.8
北京	Beijing	14.6	9.3	34.8	21.9	22.2	23.2
天津	Tianjin	0.3	2.4	11.4	2.8	6.2	8.3
河北	Hebei	0.1	1.3	7.6	23.4	18.0	11.3
山西	Shanxi	1.7	0.4	0.3	0.6	0.3	8.9
内蒙古	Inner Mongolia		3.5	4.2	6.4	15.0	13.1
辽宁	Liaoning	0.8	1.2	6.2	5.3	7.6	7.5
吉林	Jilin	0.4	0.6	1.0	0.5	0.7	1.5
黑龙江	Heilongjiang	0.1	0.3		-0.1	0.8	0.1
上海	Shanghai	9.2	3.4	19.7	14.7	60.7	64.0
江苏	Jiangsu	5.6	42.0	152.8	145.6	158.5	195.1
浙江	Zhejiang	3.5	13.4	40.9	16.7	32.9	106.5
安徽	Anhui	0.2	0.1	1.5	1.2	2.7	9.0
福建	Fujian	6.5	12.9	51.9	30.3	65.2	45.2
江西	Jiangxi	0.1	0.4	4.0	4.6	8.8	13.5
山东	Shandong	1.5	4.1	10.9	12.1	15.3	34.4
河南	Henan	7.8	-1.5	3.8	10.0	3.4	10.3
湖北	Hubei	0.5	1.3	6.3	8.3	34.9	52.5
湖南	Hunan	0.8	1.9	4.4	4.9	8.3	15.3
广东	Guangdong	28.8	87.9	139.0	176.1	235.5	188.1
广西	Guangxi		0.2	0.3	3.2	17.0	21.1
海南	Hainan	0.3	0.3	1.0	1.2	0.8	0.7
重庆	Chongqing	0.1	0.1		0.9	-2.5	2.2
四川	Sichuan	0.8	0.3	6.7	4.6	5.7	23.3
贵州	Guizhou	0.1	-0.1	0.2	0.2	0.2	0.3
云南	Yunnan	0.2	0.1	1.4	1.5	1.9	4.0
西藏	Tibet						
陕西	Shaanxi	0.2	0.1	1.2	0.3	15.5	0.9
甘肃	Gansu						0.1
青海	Qinghai					-0.2	
宁夏	Ningxia			0.1	0.1	0.1	2.0
新疆	Xinjiang						

1-1-13 续表 5 continued

地 区	Region	利税（亿元） Taxes and Profits (100 million yuan)					
		2000	2005	2008	2009	2010	2011
全 国	**Total**	**127.4**	**270.3**	**691.4**	**682.3**	**945.3**	**1199.0**
东部地区	Eastern Region	107.5	256.7	636.4	615.5	820.8	941.6
中部地区	Middle Region	17.5	11.5	37.5	55.8	96.3	173.8
西部地区	Western Region	2.4	2.1	17.5	11.0	28.2	83.6
北 京	Beijing	20.2	16.6	42.9	31.5	32.4	33.8
天 津	Tianjin	0.5	2.8	12.6	3.8	8.9	11.7
河 北	Hebei	0.2	1.7	10.1	27.0	22.4	15.1
山 西	Shanxi	2.4	0.6	0.9	1.1	0.7	9.4
内蒙古	Inner Mongolia		3.9	5.9	12.8	19.6	18.4
辽 宁	Liaoning	1.2	1.9	10.5	8.4	11.1	11.6
吉 林	Jilin	0.7	1.0	1.4	0.9	1.3	2.2
黑龙江	Heilongjiang	0.2	0.6	0.2		1.1	0.2
上 海	Shanghai	13.3	7.7	26.4	20.1	66.2	71.1
江 苏	Jiangsu	10.2	53.2	197.7	203.3	210.9	262.8
浙 江	Zhejiang	5.5	20.1	53.8	25.1	44.4	132.4
安 徽	Anhui	0.5	0.6	2.2	1.9	4.2	13.9
福 建	Fujian	10.5	15.4	58.6	43.3	81.4	55.5
江 西	Jiangxi	0.3	0.6	6.1	8.6	12.9	21.3
山 东	Shandong	2.6	6.0	14.0	15.6	19.2	43.8
河 南	Henan	11.2	-0.8	5.4	11.7	4.3	29.4
湖 北	Hubei	1.2	2.0	9.0	11.8	40.0	56.7
湖 南	Hunan	1.2	3.0	6.3	6.9	12.2	22.4
广 东	Guangdong	42.6	130.3	207.7	232.1	304.9	278.6
广 西	Guangxi		0.3	0.8	3.6	17.7	24.2
海 南	Hainan	0.6	0.8	1.2	1.5	1.2	1.1
重 庆	Chongqing	0.2	0.2	0.1	1.0	-0.8	17.7
四 川	Sichuan	1.3	1.2	9.1	6.4	9.8	56.6
贵 州	Guizhou	0.2	0.1	0.4	0.3	0.4	0.5
云 南	Yunnan	0.4	0.4	2.0	2.2	2.7	5.1
西 藏	Tibet						
陕 西	Shaanxi	0.3	0.2	5.6	0.7	16.0	1.6
甘 肃	Gansu						0.2
青 海	Qinghai					-0.2	
宁 夏	Ningxia			0.2	0.4	0.3	2.1
新 疆	Xinjiang						

1-1-13 续表 6 continued

地 区	Region	出口交货值（亿元） Exports (100 million yuan)					
		2000	2005	2008	2009	2010	2011
全 国	**Total**	**867.1**	**4301.8**	**8160.2**	**7516.4**	**9233.4**	**11214.8**
东部地区	Eastern Region	857.0	4222.7	8003.7	7324.1	8861.3	9450.3
中部地区	Middle Region	7.3	76.8	154.0	175.7	332.6	794.2
西部地区	Western Region	2.8	2.4	2.5	16.6	39.5	970.3
北 京	Beijing	13.0	19.3	210.9	185.0	120.6	107.6
天 津	Tianjin	7.4	27.9	223.2	34.8	55.8	55.2
河 北	Hebei	1.0	4.3	6.4	59.6	47.6	50.4
山 西	Shanxi		5.5	19.2			34.8
内蒙古	Inner Mongolia		29.9	3.6	2.4	3.0	3.3
辽 宁	Liaoning	2.5	3.9	5.4	12.6	24.2	25.1
吉 林	Jilin		0.1	0.1	0.1		0.7
黑龙江	Heilongjiang		0.1	0.2	0.1		0.1
上 海	Shanghai	31.0	758.8	1839.8	1818.5	2503.1	2224.4
江 苏	Jiangsu	90.7	546.3	1385.1	1408.0	1701.6	2379.8
浙 江	Zhejiang	19.7	64.3	164.4	142.7	200.9	254.4
安 徽	Anhui	0.4	1.5	2.7	1.9	3.6	3.4
福 建	Fujian	127.8	427.1	578.0	446.2	556.3	651.6
江 西	Jiangxi	0.1	1.0	16.0	40.9	55.7	75.0
山 东	Shandong	5.1	19.2	33.9	31.8	51.4	104.9
河 南	Henan	6.1	9.4	3.1	2.6	5.3	381.6
湖 北	Hubei	0.4	28.6	107.2	125.9	263.2	279.1
湖 南	Hunan	0.2	0.8	1.8	1.8	1.9	16.2
广 东	Guangdong	558.0	2349.0	3546.6	3162.0	3525.7	3497.7
广 西	Guangxi	0.3	0.9	6.4	20.0	71.7	97.4
海 南	Hainan	0.6	2.0	3.5	2.9	2.3	1.8
重 庆	Chongqing	1.1	0.6	0.2	0.8	29.8	398.5
四 川	Sichuan	0.6	0.3	0.7	10.0	3.7	563.7
贵 州	Guizhou	0.1	0.1		3.3	4.1	6.0
云 南	Yunnan	1.0	1.4	1.6	1.1	0.6	0.9
西 藏	Tibet						
陕 西	Shaanxi				0.6	1.2	1.2
甘 肃	Gansu						
青 海	Qinghai						
宁 夏	Ningxia				0.8		
新 疆	Xinjiang						

1-1-14 外资企业各地区高技术产业生产经营情况

Statistics on Production and Management in High-tech Industry of Foreign Funded Enterprises by Region

地区	Region	企业数（个） Number of Enterprises (unit)					
		2000	2005	2008	2009	2010	2011
全国	**Total**	**1441**	**3635**	**5442**	**5487**	**5393**	**4434**
东部地区	Eastern Region	1283	3358	5023	5056	4944	4087
中部地区	Middle Region	97	169	270	289	304	232
西部地区	Western Region	61	108	149	142	145	115
北京	Beijing	139	216	222	212	201	149
天津	Tianjin	141	274	384	413	395	266
河北	Hebei	23	39	46	50	46	39
山西	Shanxi	6	7	9	11	10	7
内蒙古	Inner Mongolia	4	7	9	9	7	4
辽宁	Liaoning	70	133	171	176	165	107
吉林	Jilin	22	23	38	46	46	32
黑龙江	Heilongjiang	12	13	23	20	18	11
上海	Shanghai	238	492	625	614	556	440
江苏	Jiangsu	171	610	1402	1429	1461	1340
浙江	Zhejiang	69	264	377	359	374	286
安徽	Anhui	10	22	36	41	51	36
福建	Fujian	49	120	160	164	166	124
江西	Jiangxi	8	23	45	48	50	47
山东	Shandong	84	376	494	488	443	340
河南	Henan	13	19	29	28	27	25
湖北	Hubei	15	34	48	55	60	40
湖南	Hunan	7	21	33	31	35	30
广东	Guangdong	286	820	1108	1118	1104	970
广西	Guangxi	7	10	25	25	25	16
海南	Hainan	6	4	9	8	8	10
重庆	Chongqing	11	11	21	21	23	25
四川	Sichuan	23	47	76	66	68	50
贵州	Guizhou	6	9	8	8	8	7
云南	Yunnan	4	10	10	10	10	6
西藏	Tibet				1	1	
陕西	Shaanxi	15	22	29	31	31	23
甘肃	Gansu	1	4	1	2	1	1
青海	Qinghai		3	2	2	2	2
宁夏	Ningxia						
新疆	Xinjiang	1	2	2	1	1	1

1-1-14 续表 1 continued

地　区	Region	从业人员年平均人数（人） Annual Average Number of Employed Personnel (person)					
		2000	2005	2008	2009	2010	2011
全　国	**Total**	**611611**	**2175564**	**3419586**	**3371703**	**3893476**	**3954530**
东部地区	Eastern Region	569999	2076253	3267726	3168831	3644051	3695852
中部地区	Middle Region	19863	71411	92715	153522	182548	193931
西部地区	Western Region	21749	27900	59145	49350	66877	64747
北　京	Beijing	36311	76859	84275	76999	96809	104972
天　津	Tianjin	62598	106625	117323	122108	150545	147829
河　北	Hebei	3007	11598	15913	16753	48642	51477
山　西	Shanxi	491	4418	5020	55710	78231	68249
内蒙古	Inner Mongolia	715	1678	2339	2160	2179	1200
辽　宁	Liaoning	26163	48094	68329	57703	60183	58851
吉　林	Jilin	2427	3864	3951	4349	5299	5350
黑龙江	Heilongjiang	4387	23439	24773	25637	23257	26848
上　海	Shanghai	92193	220807	290792	250231	291314	335402
江　苏	Jiangsu	78241	523743	1069261	1005660	1199740	1134482
浙　江	Zhejiang	17798	88466	122644	120936	139119	138744
安　徽	Anhui	2569	3204	10418	10488	12326	12271
福　建	Fujian	27023	94308	108722	101422	114622	132947
江　西	Jiangxi	1684	10093	16354	21895	25091	36540
山　东	Shandong	32202	138457	222622	246913	251481	247467
河　南	Henan	1878	9570	9165	11267	13174	17065
湖　北	Hubei	4604	7332	10215	11032	9852	8883
湖　南	Hunan	1108	7813	10480	10984	13139	17525
广　东	Guangdong	192910	763428	1157359	1155158	1271736	1329609
广　西	Guangxi	597	3459	8635	12916	17616	11303
海　南	Hainan	956	409	1851	2032	2244	2769
重　庆	Chongqing	2811	1952	13502	12784	14962	20236
四　川	Sichuan	8413	9324	28004	18485	29768	23835
贵　州	Guizhou	2294	3559	2841	3055	3344	3534
云　南	Yunnan	841	3019	1527	1578	3275	3039
西　藏	Tibet				54	82	
陕　西	Shaanxi	6090	9055	12656	12635	14873	13493
甘　肃	Gansu	1216	450	27	106	28	32
青　海	Qinghai		436	447	555	447	483
宁　夏	Ningxia						
新　疆	Xinjiang	84	105	141	98	98	95

1-1-14 续表 2 continued

地 区	Region	当年价总产值（亿元） Gross Industrial Output Value at Current Prices (100 million yuan)					
		2000	2005	2008	2009	2010	2011
全 国	**Total**	**4215.2**	**18449.7**	**28040.2**	**27805.9**	**34179.7**	**37796.5**
东部地区	Eastern Region	4035.5	17953.9	27109.7	26740.1	32764.9	36063.6
中部地区	Middle Region	81.5	363.4	492.5	600.3	687.1	897.3
西部地区	Western Region	98.2	132.4	438.0	465.6	727.8	835.7
北 京	Beijing	555.3	1454.1	1780.6	1644.5	1853.7	1638.9
天 津	Tianjin	599.2	1607.1	1486.0	1543.1	1791.9	2039.4
河 北	Hebei	6.2	44.4	69.0	75.1	187.2	187.3
山 西	Shanxi	0.8	17.3	30.0	108.6	114.2	113.3
内 蒙 古	Inner Mongolia	0.5	2.3	9.6	13.0	18.8	25.7
辽 宁	Liaoning	113.5	215.7	390.6	351.9	486.1	577.2
吉 林	Jilin	5.5	24.8	36.6	35.2	61.2	85.0
黑 龙 江	Heilongjiang	18.2	79.5	113.4	113.1	119.6	105.2
上 海	Shanghai	689.4	2611.7	3394.9	2975.3	3385.5	3679.5
江 苏	Jiangsu	686.3	4400.3	7717.2	8187.4	10041.5	11122.0
浙 江	Zhejiang	109.5	620.8	1082.2	836.5	1051.4	1155.1
安 徽	Anhui	5.1	13.8	28.2	59.7	62.2	83.8
福 建	Fujian	128.4	660.5	1005.5	1079.4	1390.6	1651.3
江 西	Jiangxi	6.0	30.9	66.3	72.0	89.2	117.2
山 东	Shandong	81.2	698.0	2079.1	2304.5	2565.6	2911.8
河 南	Henan	3.6	43.3	75.8	84.7	98.3	155.5
湖 北	Hubei	34.7	98.4	74.6	65.4	49.9	68.4
湖 南	Hunan	7.1	53.1	58.0	48.5	73.6	143.2
广 东	Guangdong	1058.9	5626.6	8046.0	7693.4	9942.9	11023.3
广 西	Guangxi	4.4	11.6	47.0	35.8	49.2	55.0
海 南	Hainan	3.1	3.2	11.5	13.3	19.2	22.9
重 庆	Chongqing	4.3	10.1	89.0	76.4	140.7	294.8
四 川	Sichuan	35.8	35.8	225.6	262.5	441.6	396.5
贵 州	Guizhou	5.6	15.5	10.7	13.0	16.3	22.2
云 南	Yunnan	3.8	6.3	6.0	7.0	13.7	15.3
西 藏	Tibet				0.1	0.2	
陕 西	Shaanxi	45.8	62.4	105.3	104.2	113.3	104.8
甘 肃	Gansu	2.7	1.1	0.2	0.8	0.3	0.4
青 海	Qinghai		0.9	1.0	1.2	1.3	1.4
宁 夏	Ningxia						
新 疆	Xinjiang	0.2	0.3	0.2	0.3	0.4	0.4

1-1-14 续表 3 continued

地区	Region	主营业务收入（亿元） Revenue from Principal Business (100 million yuan)					
		2000	2005	2008	2009	2010	2011
全国	**Total**	**4141.4**	**18244.8**	**27412.2**	**27319.1**	**33870.4**	**37441.0**
东部地区	Eastern Region	3987.4	17786.3	26570.0	26356.9	32505.9	35680.3
中部地区	Middle Region	66.9	339.0	491.3	609.4	727.8	951.9
西部地区	Western Region	87.1	119.5	350.9	352.8	636.8	808.9
北京	Beijing	574.2	1386.8	1801.7	1656.4	1866.0	1684.6
天津	Tianjin	586.6	1662.6	1466.7	1520.5	1800.0	2013.1
河北	Hebei	5.2	41.9	70.7	76.7	186.8	193.3
山西	Shanxi	0.9	12.3	25.5	89.4	112.1	116.3
内蒙古	Inner Mongolia	0.5	2.2	9.3	12.2	17.9	25.3
辽宁	Liaoning	115.1	204.9	375.0	346.0	471.5	554.8
吉林	Jilin	2.4	18.9	32.2	31.2	53.3	80.0
黑龙江	Heilongjiang	14.1	101.2	146.4	166.8	182.3	193.3
上海	Shanghai	729.4	2697.6	3512.0	3146.5	3517.8	3729.9
江苏	Jiangsu	665.2	4386.7	7560.5	8021.8	10012.0	11127.3
浙江	Zhejiang	98.8	661.1	1029.0	809.2	1034.2	1118.5
安徽	Anhui	5.1	11.2	19.7	46.7	60.0	75.0
福建	Fujian	115.9	669.0	971.5	1078.3	1383.2	1609.2
江西	Jiangxi	5.1	29.9	63.9	71.6	89.2	115.5
山东	Shandong	76.5	633.2	1955.8	2210.9	2421.9	2734.5
河南	Henan	2.8	39.1	65.3	82.6	99.6	146.6
湖北	Hubei	31.2	72.0	72.0	64.3	43.5	60.3
湖南	Hunan	4.9	52.3	57.1	44.6	69.9	139.6
广东	Guangdong	1014.0	5429.8	7780.3	7447.5	9750.1	10842.8
广西	Guangxi	3.5	10.0	36.1	30.6	44.4	51.8
海南	Hainan	3.0	2.7	10.8	12.3	18.1	20.4
重庆	Chongqing	4.1	10.2	83.9	76.3	133.8	289.6
四川	Sichuan	30.9	31.6	155.7	162.7	373.6	384.3
贵州	Guizhou	6.2	13.6	8.8	9.7	11.8	18.5
云南	Yunnan	3.3	5.5	4.6	6.0	12.3	13.3
西藏	Tibet				0.1	0.1	
陕西	Shaanxi	41.2	57.0	96.2	95.8	103.5	101.2
甘肃	Gansu	1.3	0.7	0.3	0.7	0.3	0.3
青海	Qinghai		0.6	1.0	1.1	1.2	1.3
宁夏	Ningxia						
新疆	Xinjiang	0.1	0.3	0.4	0.3	0.4	0.4

1-1-14 续表 4 continued

地 区	Region	利润（亿元） Profits (100 million yuan)					
		2000	2005	2008	2009	2010	2011
全 国	**Total**	**322.4**	**742.0**	**1046.2**	**1095.7**	**1657.2**	**1628.5**
东部地区	Eastern Region	303.1	714.5	981.5	1010.7	1552.5	1513.0
中部地区	Middle Region	8.7	22.9	32.8	52.4	65.9	77.1
西部地区	Western Region	10.6	4.6	31.9	32.6	38.8	38.3
北 京	Beijing	41.9	62.6	49.2	59.9	58.4	79.5
天 津	Tianjin	72.2	138.4	37.1	70.6	64.9	97.5
河 北	Hebei	0.5	9.1	13.1	15.3	25.6	23.5
山 西	Shanxi		0.9	2.2	4.3	4.7	7.4
内蒙古	Inner Mongolia			0.2	0.4	3.7	3.0
辽 宁	Liaoning	6.2	8.9	23.8	20.2	55.4	63.7
吉 林	Jilin	0.1	2.0	2.6	4.1	4.4	9.1
黑龙江	Heilongjiang	0.6	8.1	16.7	17.7	20.3	14.8
上 海	Shanghai	71.5	68.9	68.0	30.9	139.0	111.5
江 苏	Jiangsu	44.5	167.2	380.2	354.0	524.0	499.8
浙 江	Zhejiang	8.9	14.2	53.5	41.6	64.9	63.7
安 徽	Anhui	0.7	1.6		8.0	11.2	12.0
福 建	Fujian	9.5	43.9	37.8	59.4	87.8	91.9
江 西	Jiangxi	1.6	2.1	4.4	4.0	4.9	6.1
山 东	Shandong	2.7	41.0	101.3	110.6	147.6	157.1
河 南	Henan	0.2	1.6	5.8	7.8	6.1	10.3
湖 北	Hubei	4.0	4.5	3.0	4.5	4.4	2.0
湖 南	Hunan	1.6	2.2	-2.1	1.6	6.1	12.4
广 东	Guangdong	44.7	159.8	211.5	242.6	374.2	314.2
广 西	Guangxi			1.7	1.8	4.0	5.7
海 南	Hainan	0.3	0.5	4.2	3.8	6.8	5.0
重 庆	Chongqing		-0.1	4.4	3.3	4.9	6.0
四 川	Sichuan	2.7	2.1	17.2	15.2	16.6	18.4
贵 州	Guizhou	0.4	-6.0	1.1	1.0	1.1	1.7
云 南	Yunnan	1.0	0.7	0.5	0.8	2.1	2.0
西 藏	Tibet						
陕 西	Shaanxi	6.2	7.7	8.7	12.1	14.0	10.2
甘 肃	Gansu	0.2	0.1		0.1		0.0
青 海	Qinghai				0.1		-0.1
宁 夏	Ningxia						
新 疆	Xinjiang			-0.2			0.0

1-1-14 续表 5 continued

地区	Region	利税（亿元） Taxes and Profits (100 million yuan) 2000	2005	2008	2009	2010	2011
全国	**Total**	**428.9**	**944.2**	**1438.8**	**1439.8**	**2252.1**	**2315.6**
东部地区	Eastern Region	399.7	894.2	1333.9	1308.7	2083.5	2127.4
中部地区	Middle Region	12.6	38.0	52.7	77.9	93.7	109.5
西部地区	Western Region	16.7	12.0	52.2	53.2	75.0	78.7
北京	Beijing	53.8	77.1	74.2	80.6	96.0	112.5
天津	Tianjin	87.1	157.2	54.4	86.1	115.8	157.6
河北	Hebei	0.7	12.2	16.6	19.2	36.0	29.9
山西	Shanxi		1.3	2.8	5.9	5.7	10.6
内蒙古	Inner Mongolia	0.1	0.1	0.5	1.0	4.3	3.7
辽宁	Liaoning	8.9	11.2	29.5	30.3	67.2	76.7
吉林	Jilin	0.3	3.1	3.5	5.4	6.4	12.9
黑龙江	Heilongjiang	0.8	16.5	25.5	28.3	32.7	25.5
上海	Shanghai	90.5	94.4	93.6	54.7	168.3	139.7
江苏	Jiangsu	68.5	203.2	487.8	464.0	671.5	647.7
浙江	Zhejiang	11.1	22.4	67.7	57.4	86.6	88.5
安徽	Anhui	1.1	2.1	0.8	10.3	13.7	15.3
福建	Fujian	14.3	52.9	44.8	68.4	99.9	104.1
江西	Jiangxi	1.9	3.3	7.3	7.3	7.4	8.3
山东	Shandong	6.0	56.2	138.8	149.5	210.2	222.5
河南	Henan	0.3	2.5	7.4	9.8	7.5	12.6
湖北	Hubei	5.9	6.1	5.3	5.8	6.2	3.7
湖南	Hunan	2.1	2.9	-0.4	4.1	9.7	17.1
广东	Guangdong	58.1	206.5	318.1	291.2	518.9	535.0
广西	Guangxi	0.1	0.2	3.0	2.4	4.6	6.5
海南	Hainan	0.6	0.9	5.4	5.1	8.5	6.7
重庆	Chongqing	0.3	0.1	6.9	6.9	10.2	12.2
四川	Sichuan	4.3	4.0	23.9	20.2	34.9	39.2
贵州	Guizhou	0.7	-5.9	1.8	1.7	2.0	3.1
云南	Yunnan	1.4	1.5	1.1	1.4	3.3	3.4
西藏	Tibet						
陕西	Shaanxi	9.7	12.1	18.5	22.6	24.4	20.7
甘肃	Gansu	0.3	0.1		0.1		0.0
青海	Qinghai			0.1	0.1		0.0
宁夏	Ningxia						
新疆	Xinjiang			-0.2	0.1		0.0

1-1-14 续表 6 continued

地 区	Region	出口交货值（亿元） Exports (100 million yuan)					
		2000	2005	2008	2009	2010	2011
全 国	**Total**	**2018.1**	**11843.4**	**20164.3**	**18736.1**	**23565.2**	**24802.9**
东部地区	Eastern Region	1993.4	11761.5	19964.2	18469.1	23042.0	24221.2
中部地区	Middle Region	13.2	65.3	72.2	127.8	156.6	180.3
西部地区	Western Region	11.6	16.6	128.0	139.1	366.7	401.5
北 京	Beijing	140.5	796.5	1090.4	956.7	1070.6	919.1
天 津	Tianjin	242.6	1013.1	855.3	827.7	1034.7	1107.0
河 北	Hebei	0.8	2.4	17.2	13.2	65.6	60.0
山 西	Shanxi			6.3	52.6	51.1	40.6
内蒙古	Inner Mongolia		0.1	0.1	0.1		
辽 宁	Liaoning	87.7	162.2	206.3	165.8	255.9	222.9
吉 林	Jilin	0.2	1.2	3.7	0.9	1.4	1.4
黑龙江	Heilongjiang	10.0	3.1	9.8	12.1	9.8	9.8
上 海	Shanghai	326.5	1938.7	2512.1	2036.3	2403.2	2618.6
江 苏	Jiangsu	359.9	3209.8	5889.6	6080.2	7635.0	8115.3
浙 江	Zhejiang	30.8	412.7	778.5	511.1	613.3	606.4
安 徽	Anhui	0.4	2.3	2.9	8.8	10.7	16.4
福 建	Fujian	58.5	380.3	616.8	648.3	886.3	1047.6
江 西	Jiangxi		12.0	18.4	24.4	39.7	61.8
山 东	Shandong	50.4	299.0	1189.0	1183.1	1306.0	1126.8
河 南	Henan	0.4	7.2	4.0	21.7	27.2	28.3
湖 北	Hubei	2.1	18.1	5.4	4.9	10.5	7.6
湖 南	Hunan	0.1	21.4	21.5	2.3	6.1	14.4
广 东	Guangdong	695.4	3541.5	6788.1	6037.2	7753.1	8363.4
广 西	Guangxi		5.2	20.9	9.6	18.2	34.1
海 南	Hainan	0.3					0.0
重 庆	Chongqing	1.0	2.8	8.1	6.7	11.6	66.5
四 川	Sichuan	8.8	6.7	110.9	124.2	341.2	316.0
贵 州	Guizhou		5.4	0.2	0.4	0.2	0.6
云 南	Yunnan	0.8	0.2	0.2	0.3	0.5	0.6
西 藏	Tibet						
陕 西	Shaanxi	0.8	1.5	8.5	7.5	13.2	17.8
甘 肃	Gansu	0.2					
青 海	Qinghai						
宁 夏	Ningxia						
新 疆	Xinjiang		0.1	0.1	0.1		

1-2-1 按行业分高技术产业生产经营情况(2011年)
Statistics on Production and Management in High-tech Industry by Industrial Sector(2011)

单位：个，人，亿元 (unit,person,100 million yuan)

行 业	Industry	企业单位数 Number of Enterp-rises	从业人员平均人数 Annual Average Number of Employed Personnel	当年价总产值 Gross Industrial Output Value at Current Prices	资产总计 Total Assets	主营业务收入 Revenue from Principal Business	利润总额 Profits	利税 Taxes and Profits	出口交货值 Exports
合 计	**Total**	**21682**	**11469153**	**88433.9**	**64911.2**	**87527.2**	**5244.9**	**7813.8**	**40600.3**
医药制造业	**Manufacture of Medicines**	**5926**	**1786022**	**14942.0**	**13220.5**	**14484.4**	**1606.0**	**2374.7**	**1030.5**
#化学药品制造	Manufacture of Chemical Medicine	2172	832357	7243.8	6817.2	7118.2	727.0	1125.4	634.6
中成药制造	Manufacture of Finished Traditional Chinese Herbal Medicine	1398	487421	3543.8	3203.7	3344.4	405.5	607.1	54.3
生物、生化制品的制造	Manufacture of Biological and Biochemical Chemical Products	731	153551	1603.7	1697.5	1525.3	224.4	298.5	181.5
航空航天器制造业	**Manufacture of Aircrafts and Spacecrafts**	**224**	**349995**	**1913.0**	**3670.0**	**1934.3**	**104.0**	**139.7**	**274.9**
1.飞机制造及修理	Manufacture and Repairing of Airplanes	182	324141	1786.3	3394.4	1808.6	91.3	125.9	269.4
2.航天器制造	Manufacture of Spacecrafts	42	25854	126.7	275.7	125.8	12.6	13.9	5.5
电子及通信设备制造业	**Manufacture of Electronic Equipment and Communication Equipment**	**10220**	**6356687**	**43559.5**	**33270.1**	**43206.3**	**2161.9**	**3356.7**	**22239.9**
1.通信设备制造	Manufacture of Communication Equipment	1206	1236585	11912.7	9034.3	11926.5	627.4	1238.3	5651.5
#通信传输设备制造	Manufacture of Communication Transmitting Equipment	297	141210	1128.0	1077.6	1149.7	105.0	123.2	316.4
通信交换设备制造	Manufacture of Communication Exchanging Equipment	108	257483	3698.2	3988.1	3794.6	219.4	655.8	1769.1
通信终端设备制造	Manufacture of Communication Terminal Equipment	174	120891	630.8	430.2	612.9	37.1	44.6	368.3
2.雷达及配套设备制造	Manufacture of Radar and Its Fittings	47	37272	217.3	349.3	230.7	18.1	26.1	37.0
3.广播电视设备制造	Manufacture of Broadcasting and TV Equipment	365	124673	657.5	689.1	647.0	47.6	65.9	227.6
4.电子器件制造	Manufacture of Electronic Appliances	2114	1431397	11549.0	10060.2	11318.4	506.7	678.6	7025.4
#电子真空器件制造	Manufacture of Electronic Vacuum Appliances	116	64013	489.5	856.9	477.6	18.6	24.4	279.3
半导体分立器件制造	Manufacture of Semiconductor Discreting Appliances	314	116070	684.1	719.4	670.3	34.9	46.7	323.5
集成电路制造	Manufacture of Integrate Circuit	412	290468	2454.5	2547.9	2407.7	150.2	194.2	1465.8
5.电子元件制造	Manufacture of Electronic Components	4791	2584111	12117.0	8415.1	11865.6	608.8	839.5	6118.6
6.家用视听设备制造	Manufacture of Domestic TV Set and Radio Receiver	864	644624	5378.0	3446.2	5489.0	230.6	343.6	2600.6
7.其他电子设备制造	Manufacture of Other Electronic Equipment	833	298025	1728.1	1275.8	1729.3	122.7	164.8	579.1
电子计算机及办公设备制造业	**Manufacture of Computers and Office Equipments**	**1313**	**1945089**	**21135.2**	**8712.6**	**21163.5**	**710.4**	**1017.7**	**15879.9**
1.电子计算机整机制造	Manufacture of Entired Computer	154	676008	11607.4	4011.0	11820.2	287.5	470.6	8509.1
2.电子计算机外部设备制造	Manufacture of Computer Peripheral Equipment	990	1162090	8628.7	4229.7	8448.4	378.1	487.7	6720.2
3.办公设备制造	Manufacture of Office Equipment	169	106991	899.0	471.8	895.0	44.9	59.3	650.6
医疗设备及仪器仪表制造业	**Manufacture of Medical Equipments and Measuring Instrument**	**3999**	**1031360**	**6884.2**	**6037.9**	**6738.6**	**662.6**	**925.0**	**1175.1**
1.医疗设备及器械制造	Manufacture of Medical Equipment and Appliances	878	241674	1384.7	1187.4	1362.9	153.6	206.9	414.5
2.仪器仪表制造	Manufacture of Measuring Instrument	3121	789686	5499.5	4850.6	5375.7	509.1	718.1	760.7

注：本表数据口径为年主营业务收入2000万元及以上的法人工业企业。以下至1-2-9表相同。

1-2-2 各地区高技术产业生产经营情况(2011年)

Statistics on Production and Management in High-tech Industry by Region (2011)

单位：个，人，亿元 (unit,person,100 million yuan)

地区	Region	企业单位数 Number of Enterprises	从业人员平均人数 Annual Average Number of Employed Personnel	当年价总产值 Gross Industrial Output Value at Current Prices	资产总计 Total Assets	主营业务收入 Revenue from Principal Business	利润 Profits	利税 Taxes and Profits	出口交货值 Exports
全国	**Total**	**21682**	**11469153**	**88433.9**	**64911.2**	**87527.2**	**5244.9**	**7813.8**	**40600.3**
东部地区	Eastern Region	16283	9003856	72218.8	50510.4	72000.9	4017.8	5970.1	37625.1
中部地区	Middle Region	3745	1579795	9990.7	8174.6	9551.4	818.7	1172.1	1364.9
西部地区	Western Region	1654	885502	6224.3	6226.2	5974.8	408.4	671.6	1610.3
北京	Beijing	737	259535	2897.6	3632.1	3326.3	228.9	312.3	1055.8
天津	Tianjin	497	238898	2672.3	2014.1	2697.4	165.1	255.9	1185.3
河北	Hebei	370	181494	973.3	1060.7	1041.4	83.6	117.4	157.4
山西	Shanxi	118	121814	318.1	454.2	302.4	28.4	38.2	78.5
内蒙古	Inner Mongolia	98	31145	326.2	252.7	312.2	33.8	46.6	6.5
辽宁	Liaoning	701	198248	1884.5	1495.5	1898.5	153.5	199.1	415.8
吉林	Jilin	368	127094	1020.6	834.6	918.1	98.0	130.4	10.6
黑龙江	Heilongjiang	138	74220	395.3	584.1	472.7	47.0	68.1	13.0
上海	Shanghai	962	586846	7021.4	4422.2	7063.6	222.0	279.1	4918.8
江苏	Jiangsu	4061	2333488	19487.8	12043.9	19396.0	1065.1	1474.4	10936.9
浙江	Zhejiang	1923	586366	3722.4	3768.9	3607.3	350.2	475.0	1305.0
安徽	Anhui	574	149818	1118.6	1139.1	1055.1	85.9	136.1	119.5
福建	Fujian	596	332282	3068.0	1667.4	2989.8	182.8	221.0	1771.1
江西	Jiangxi	499	239996	1418.6	910.9	1432.0	85.8	134.2	213.4
山东	Shandong	1514	553395	6201.1	3264.0	6121.4	463.7	660.9	1463.7
河南	Henan	723	400204	2127.4	1472.3	2033.5	167.1	238.1	436.6
湖北	Hubei	544	221429	1721.0	1602.1	1552.1	130.1	169.0	382.7
湖南	Hunan	683	214075	1544.9	924.7	1473.4	142.5	211.4	104.1
广东	Guangdong	4601	3614903	23576.3	16611.3	23227.6	1006.5	1853.2	14265.7
广西	Guangxi	275	104282	615.8	389.8	539.6	83.7	101.8	147.8
海南	Hainan	46	14119	98.3	140.5	92.1	12.8	19.9	1.9
重庆	Chongqing	252	115688	1160.3	717.9	1111.8	36.2	73.0	489.4
四川	Sichuan	727	426474	3221.4	2705.2	3186.5	212.3	368.2	987.8
贵州	Guizhou	119	63297	369.9	410.6	305.0	29.1	42.9	17.4
云南	Yunnan	104	25390	201.4	310.5	188.7	28.9	41.0	6.2
西藏	Tibet	5	1060	6.0	19.5	5.2	1.9	2.6	0.0
陕西	Shaanxi	325	211006	1060.4	1623.9	1001.5	73.4	110.3	85.4
甘肃	Gansu	59	24873	95.6	218.9	87.6	12.1	16.1	5.7
青海	Qinghai	26	4638	30.7	63.2	21.6	2.4	3.5	0.1
宁夏	Ningxia	14	5612	45.1	59.9	35.9	7.7	8.8	12.9
新疆	Xinjiang	23	7464	33.6	96.6	31.1	4.4	5.2	5.4

1-2-3 按行业和企业规模分高技术产业生产经营情况(2011年)

Statistics on Production and Management in High-tech Industry by Industrial Sector and Scale of Enterprises(2011)

单位：个，人，亿元 (unit,person,100 million yuan)

行业	Industry	大型企业 Large-sized Enterprises							
		企业单位数 Number of Enterprises	从业人员平均人数 Annual Average Number of Employed Personnel	当年价总产值 Gross Industrial Output Value at Current Prices	资产总计 Total Assets	主营业务收入 Revenue from Principal Business	利润 Profits	利税 Taxes and Profits	出口交货值 Exports
合计	**Total**	**1495**	**6283505**	**55849.2**	**37493.0**	**55951.5**	**2796.3**	**4288.3**	**33740.7**
医药制造业	**Manufacture of Medicines**	**222**	**637172**	**4913.7**	**5085.0**	**5027.0**	**587.2**	**889.1**	**386.2**
#化学药品制造	Manufacture of Chemical Medicine	127	359405	3047.8	3241.5	3144.3	326.4	526.9	322.0
中成药制造	Manufacture of Finished Traditional Chinese Herbal Medicine	57	193662	1191.6	1210.0	1216.3	168.6	246.0	6.9
生物、生化制品的制造	Manufacture of Biological and Biochemical Chemical Products	16	29474	289.1	310.4	285.8	42.6	51.1	27.7
航空航天器制造业	**Manufacture of Aircrafts and Spacecrafts**	**57**	**275066**	**1474.2**	**2936.1**	**1491.9**	**65.0**	**86.6**	**214.2**
1.飞机制造及修理	Manufacture and Repairing of Airplanes	50	259757	1411.0	2753.4	1430.0	59.5	80.8	213.5
2.航天器制造	Manufacture of Spacecrafts	7	15309	63.3	182.7	61.9	5.5	5.8	0.7
电子及通信设备制造业	**Manufacture of Electronic Equipment and Communication Equipment**	**878**	**3527565**	**28567.1**	**20507.9**	**28597.1**	**1361.7**	**2195.1**	**17615.1**
1.通信设备制造	Manufacture of Communication Equipment	136	946158	9629.8	7033.5	9667.4	505.0	1054.4	5167.4
#通信传输设备制造	Manufacture of Communication Transmitting Equipment	21	79253	675.0	546.7	701.6	65.2	70.4	269.5
通信交换设备制造	Manufacture of Communication Exchanging Equipment	8	233440	3511.9	3791.8	3600.3	205.1	635.4	1728.3
通信终端设备制造	Manufacture of Communication Terminal Equipment	18	72571	377.8	196.3	373.7	22.2	23.6	290.3
2.雷达及配套设备制造	Manufacture of Radar and Its Fittings	6	21028	105.7	216.6	120.9	8.5	15.0	5.5
3.广播电视设备制造	Manufacture of Broadcasting and TV Equipment	17	41141	255.9	311.9	240.6	22.0	27.3	122.5
4.电子器件制造	Manufacture of Electronic Appliances	258	867554	8369.9	5760.2	8225.2	341.8	442.7	5976.1
#电子真空器件制造	Manufacture of Electronic Vacuum Appliances	11	25257	290.9	208.7	282.5	11.3	12.9	220.6
半导体分立器件制造	Manufacture of Semiconductor Discreting Appliances	22	45724	270.8	276.8	266.9	12.6	15.2	200.4
集成电路制造	Manufacture of Integrate Circuit	69	190194	1832.1	1786.3	1801.9	119.3	150.7	1255.2
5.电子元件制造	Manufacture of Electronic Components	337	1167670	5868.8	4221.1	5780.9	268.0	344.7	4112.0
6.家用视听设备制造	Manufacture of Domestic TV Set and Radio Receiver	90	372819	3696.1	2444.6	3912.3	171.7	256.4	1886.8
7.其他电子设备制造	Manufacture of Other Electronic Equipment	34	111195	640.9	520.0	650.0	44.5	54.6	344.8
电子计算机及办公设备制造业	**Manufacture of Computers and Office Equipments**	**236**	**1577958**	**19201.2**	**7293.1**	**19209.3**	**602.7**	**869.9**	**15147.8**
1.电子计算机整机制造	Manufacture of Entired Computer	50	647664	11235.9	3782.0	11430.8	262.2	436.9	8454.6
2.电子计算机外部设备制造	Manufacture of Computer Peripheral Equipment	161	859947	7272.4	3211.8	7097.2	310.6	394.6	6135.2
3.办公设备制造	Manufacture of Office Equipment	25	70347	692.8	299.2	681.3	29.8	38.4	558.0
医疗设备及仪器仪表制造业	**Manufacture of Medical Equipments and Measuring Instrument**	**102**	**265744**	**1693.0**	**1670.9**	**1626.2**	**179.8**	**247.6**	**377.5**
1.医疗设备及器械制造	Manufacture of Medical Equipment and Appliances	24	53261	320.5	234.7	325.1	45.7	60.3	149.1
2.仪器仪表制造	Manufacture of Measuring Instrument	78	212483	1372.5	1436.2	1301.1	134.1	187.2	228.4

1-2-3 续表 1 continued

单位：个，人，亿元 (unit,person,100 million yuan)

行业	Industry	中型企业 Medium-sized Enterprises 企业单位数 Number of Enterp-rises	从业人员平均人数 Annual Average Number of Employed Personnel	当年价总产值 Gross Industrial Output Value at Current Prices	资产总计 Total Assets	主营业务收入 Revenue from Principal Business	利润 Profits	利税 Taxes and Profits	出口交货值 Exports
合计	**Total**	**5308**	**3253581**	**16740.7**	**16134.8**	**16113.9**	**1290.9**	**1821.2**	**4870.5**
医药制造业	**Manufacture of Medicines**	**1118**	**585591**	**4297.3**	**4163.6**	**3986.1**	**522.8**	**751.0**	**369.8**
#化学药品制造	Manufacture of Chemical Medicine	504	268532	2032.1	2047.8	1891.2	223.9	330.4	188.1
中成药制造	Manufacture of Finished Traditional Chinese Herbal Medicine	300	154248	1046.8	965.1	939.8	121.8	185.8	23.1
生物、生化制品的制造	Manufacture of Biological and Biochemical Chemical Products	119	59502	569.2	760.8	529.3	105.1	138.4	83.1
航空航天器制造业	**Manufacture of Aircrafts and Spacecrafts**	**75**	**63702**	**334.6**	**594.7**	**339.3**	**30.0**	**41.0**	**26.3**
1.飞机制造及修理	Manufacture and Repairing of Airplanes	63	56062	292.0	530.6	297.0	25.6	36.3	24.4
2.航天器制造	Manufacture of Spacecrafts	12	7640	42.6	64.1	42.3	4.4	4.7	1.9
电子及通信设备制造业	**Manufacture of Electronic Equipment and Communication Equipment**	**3012**	**1948237**	**8717.6**	**8328.5**	**8436.4**	**448.5**	**636.4**	**3416.2**
1.通信设备制造	Manufacture of Communication Equipment	315	190229	1369.5	1168.9	1367.9	62.2	95.9	368.4
#通信传输设备制造	Manufacture of Communication Transmitting Equipment	62	35098	224.2	269.9	214.2	18.8	24.0	24.9
通信交换设备制造	Manufacture of Communication Exchanging Equipment	23	14279	105.1	115.2	111.7	8.2	10.6	36.2
通信终端设备制造	Manufacture of Communication Terminal Equipment	54	34673	147.1	137.4	146.3	8.7	12.0	55.8
2.雷达及配套设备制造	Manufacture of Radar and Its Fittings	20	13257	88.7	108.8	86.8	6.4	7.2	30.7
3.广播电视设备制造	Manufacture of Broadcasting and TV Equipment	85	49929	197.9	230.2	196.8	13.1	20.3	72.9
4.电子器件制造	Manufacture of Electronic Appliances	613	392893	1952.3	3194.9	1874.5	93.3	133.3	801.8
#电子真空器件制造	Manufacture of Electronic Vacuum Appliances	34	29970	122.5	583.6	123.1	3.5	5.5	49.0
半导体分立器件制造	Manufacture of Semiconductor Discreting Appliances	74	42742	202.5	277.3	196.1	13.4	18.9	78.1
集成电路制造	Manufacture of Integrate Circuit	119	70462	399.7	537.0	385.8	13.1	19.6	174.7
5.电子元件制造	Manufacture of Electronic Components	1484	986473	3501.8	2605.4	3412.9	202.4	276.5	1523.0
6.家用视听设备制造	Manufacture of Domestic TV Set and Radio Receiver	300	204320	1159.0	638.2	1053.1	34.3	53.4	471.9
7.其他电子设备制造	Manufacture of Other Electronic Equipment	195	111136	448.3	382.1	444.5	36.8	49.8	147.4
电子计算机及办公设备制造业	**Manufacture of Computers and Office Equipments**	**391**	**267904**	**1186.2**	**850.0**	**1185.0**	**60.7**	**85.0**	**552.2**
1.电子计算机整机制造	Manufacture of Entired Computer	36	19795	251.1	147.9	249.2	18.8	25.0	45.7
2.电子计算机外部设备制造	Manufacture of Computer Peripheral Equipment	315	225665	808.9	598.4	804.0	32.2	46.9	442.5
3.办公设备制造	Manufacture of Office Equipment	40	22444	126.2	103.7	131.9	9.7	13.1	64.0
医疗设备及仪器仪表制造业	**Manufacture of Medical Equipments and Measuring Instrument**	**712**	**388147**	**2205.0**	**2197.9**	**2167.1**	**228.9**	**307.9**	**506.1**
1.医疗设备及器械制造	Manufacture of Medical Equipment and Appliances	185	101458	461.3	438.4	443.3	52.4	69.2	181.4
2.仪器仪表制造	Manufacture of Measuring Instrument	527	286689	1743.8	1759.6	1723.8	176.5	238.7	324.7

1-2-3 续表 2 continued

单位：个，人，亿元 (unit,person,100 million yuan)

行 业	Industry	小型企业 Small-sized Enterprises 企业单位数 Number of Enterp-rises	从业人员平均人数 Annual Average Number of Employed Personnel	当年价总产值 Gross Industrial Output Value at Current Prices	资产总计 Total Assets	主营业务收入 Revenue from Principal Business	利润 Profits	利税 Taxes and Profits	出口交货值 Exports
合 计	**Total**	**14598**	**1921259**	**15661.8**	**11129.3**	**15295.3**	**1148.1**	**1690.0**	**1953.5**
医药制造业	**Manufacture of Medicines**	**4523**	**561080**	**5690.9**	**3921.8**	**5434.8**	**492.7**	**730.0**	**272.0**
#化学药品制造	Manufacture of Chemical Medicine	1522	203455	2155.9	1511.6	2074.9	176.5	267.5	124.5
中成药制造	Manufacture of Finished Traditional Chinese Herbal Medicine	1039	139444	1301.7	1022.2	1187.2	114.9	174.9	24.3
生物、生化制品的制造	Manufacture of Biological and Biochemical Chemical Products	576	64046	736.8	605.8	701.4	75.0	107.0	68.8
航空航天器制造业	**Manufacture of Aircrafts and Spacecrafts**	**91**	**11210**	**102.9**	**138.9**	**102.2**	**9.0**	**12.1**	**33.4**
1.飞机制造及修理	Manufacture and Repairing of Airplanes	68	8305	82.1	110.0	80.7	6.2	8.8	30.4
2.航天器制造	Manufacture of Spacecrafts	23	2905	20.8	28.8	21.5	2.8	3.3	3.0
电子及通信设备制造业	**Manufacture of Electronic Equipment and Communication Equipment**	**6207**	**874194**	**6179.9**	**4364.5**	**6089.9**	**348.1**	**519.6**	**1181.1**
1.通信设备制造	Manufacture of Communication Equipment	742	99282	902.3	826.1	880.1	59.9	87.2	115.3
#通信传输设备制造	Manufacture of Communication Transmitting Equipment	210	26697	223.7	259.4	228.7	20.6	28.4	21.7
通信交换设备制造	Manufacture of Communication Exchanging Equipment	76	9637	80.9	80.8	82.3	6.1	9.8	4.6
通信终端设备制造	Manufacture of Communication Terminal Equipment	101	13625	105.8	96.3	92.6	6.1	8.9	22.0
2.雷达及配套设备制造	Manufacture of Radar and Its Fittings	20	2949	22.8	23.8	23.0	3.2	3.9	0.8
3.广播电视设备制造	Manufacture of Broadcasting and TV Equipment	253	33103	198.6	142.5	203.4	11.8	17.4	32.1
4.电子器件制造	Manufacture of Electronic Appliances	1220	170322	1218.2	1083.4	1210.1	71.5	102.3	246.2
#电子真空器件制造	Manufacture of Electronic Vacuum Appliances	70	8774	75.5	64.3	71.5	3.7	5.9	9.7
半导体分立器件制造	Manufacture of Semiconductor Discreting Appliances	212	27527	208.4	161.2	204.4	8.7	12.3	43.8
集成电路制造	Manufacture of Integrate Circuit	217	29730	221.0	222.8	218.3	17.8	23.8	35.9
5.电子元件制造	Manufacture of Electronic Components	2924	426174	2696.6	1564.4	2634.0	136.9	215.8	465.2
6.家用视听设备制造	Manufacture of Domestic TV Set and Radio Receiver	460	66957	508.7	355.3	510.8	23.6	32.7	234.6
7.其他电子设备制造	Manufacture of Other Electronic Equipment	588	75407	632.7	369.0	628.5	41.3	60.3	86.8
电子计算机及办公设备制造业	**Manufacture of Computers and Office Equipments**	**668**	**99040**	**739.3**	**559.1**	**759.9**	**46.7**	**62.2**	**178.2**
1.电子计算机整机制造	Manufacture of Entired Computer	64	8514	117.1	79.0	137.0	6.4	8.7	8.6
2.电子计算机外部设备制造	Manufacture of Computer Peripheral Equipment	500	76326	542.2	411.2	541.1	34.9	45.7	141.0
3.办公设备制造	Manufacture of Office Equipment	104	14200	80.1	68.9	81.8	5.4	7.8	28.6
医疗设备及仪器仪表制造业	**Manufacture of Medical Equipments and Measuring Instrument**	**3109**	**375735**	**2948.8**	**2145.0**	**2908.4**	**251.6**	**366.1**	**288.9**
1.医疗设备及器械制造	Manufacture of Medical Equipment and Appliances	654	86501	591.4	509.7	583.1	55.0	76.8	82.5
2.仪器仪表制造	Manufacture of Measuring Instrument	2455	289234	2357.3	1635.4	2325.4	196.6	289.3	206.4

1-2-4 按行业分国有及国有控股企业高技术产业生产经营情况(2011年)
Statistics on Production and Management in High-tech Industry of State-owned and State-controlled Enterprises by Industrial Sector (2011)

单位：个，人，亿元 (unit,person,100 million yuan)

行业	Industry	企业单位数 Number of Enterp-rises	从业人员平均人数 Annual Average Number of Employed Personnel	当年价总产值 Gross Industrial Output Value at Current Prices	资产总计 Total Assets	主营业务收入 Revenue from Principal Business	利润 Profits	利税 Taxes and Profits	出口交货值 Exports
合　计	**Total**	**1413**	**1375122**	**9409.3**	**15426.0**	**9801.0**	**728.6**	**1197.7**	**1749.6**
医药制造业	**Manufacture of Medicines**	**420**	**305063**	**1767.9**	**2683.8**	**2023.1**	**246.6**	**360.5**	**162.3**
#化学药品制造	Manufacture of Chemical Medicine	197	177422	937.9	1569.7	1169.4	106.1	160.9	147.6
中成药制造	Manufacture of Finished Traditional Chinese Herbal Medicine	133	87829	525.7	705.5	565.5	73.7	114.7	7.4
生物、生化制品的制造	Manufacture of Biological and Biochemical Chemical Products	40	21190	157.0	281.6	156.4	47.3	58.4	2.0
航空航天器制造业	**Manufacture of Aircrafts and Spacecrafts**	**130**	**320952**	**1496.5**	**3371.5**	**1519.5**	**75.0**	**96.4**	**159.0**
1.飞机制造及修理	Manufacture and Repairing of Airplanes	109	298730	1393.5	3117.3	1417.8	63.6	84.6	158.2
2.航天器制造	Manufacture of Spacecrafts	21	22222	103.0	254.2	101.6	11.3	11.8	0.8
电子及通信设备制造业	**Manufacture of Electronic Equipment and Communication Equipment**	**545**	**550682**	**4628.5**	**7421.1**	**4728.3**	**255.3**	**522.9**	**1261.7**
1.通信设备制造	Manufacture of Communication Equipment	145	197246	1984.0	2802.5	1917.3	118.7	284.8	645.6
#通信传输设备制造	Manufacture of Communication Transmitting Equipment	45	35829	272.4	483.9	309.8	25.3	29.5	18.5
通信交换设备制造	Manufacture of Communication Exchanging Equipment	15	112728	1324.0	1842.6	1204.3	60.3	214.0	552.8
通信终端设备制造	Manufacture of Communication Terminal Equipment	25	12007	83.8	88.0	86.7	5.3	6.4	9.8
2.雷达及配套设备制造	Manufacture of Radar and Its Fittings	27	32112	188.4	321.3	202.4	14.6	21.7	33.9
3.广播电视设备制造	Manufacture of Broadcasting and TV Equipment	20	5839	24.5	63.1	26.1	0.7	1.5	2.8
4.电子器件制造	Manufacture of Electronic Appliances	151	117684	793.6	2410.5	755.5	26.4	56.3	233.4
#电子真空器件制造	Manufacture of Electronic Vacuum Appliances	19	16750	54.0	550.3	57.4	0.0	2.0	14.1
半导体分立器件制造	Manufacture of Semiconductor Discreting Appliances	24	9200	49.5	110.1	50.4	3.9	5.6	4.8
集成电路制造	Manufacture of Integrate Circuit	34	13250	82.4	209.1	81.3	6.9	9.1	15.8
5.电子元件制造	Manufacture of Electronic Components	140	94561	403.4	529.4	414.2	29.5	36.8	149.7
6.家用视听设备制造	Manufacture of Domestic TV Set and Radio Receiver	27	94578	1182.9	1205.8	1359.8	60.8	114.9	194.0
7.其他电子设备制造	Manufacture of Other Electronic Equipment	35	8662	51.8	88.5	53.1	4.6	6.9	2.4
电子计算机及办公设备制造业	**Manufacture of Computers and Office Equipments**	**55**	**55619**	**718.6**	**765.4**	**725.1**	**66.4**	**96.0**	**95.8**
1.电子计算机整机制造	Manufacture of Entired Computer	13	13034	322.5	347.0	349.9	15.6	28.4	15.5
2.电子计算机外部设备制造	Manufacture of Computer Peripheral Equipment	34	39442	367.1	378.7	349.7	45.0	60.4	73.6
3.办公设备制造	Manufacture of Office Equipment	8	3143	29.0	39.8	25.5	5.7	7.2	6.6
医疗设备及仪器仪表制造业	**Manufacture of Medical Equipments and Measuring Instrument**	**263**	**142806**	**797.8**	**1184.2**	**805.0**	**85.3**	**121.9**	**70.9**
1.医疗设备及器械制造	Manufacture of Medical Equipment and Appliances	27	10948	49.1	91.9	59.3	6.5	9.8	3.0
2.仪器仪表制造	Manufacture of Measuring Instrument	236	131858	748.7	1092.3	745.7	78.8	112.1	67.8

1-2-5 按行业和登记注册类型分高技术产业生产经营情况(2011年)
Statistics on Production and Management in High-tech Industry by Industrial Sector and Registration Status(2011)

单位：个，人，亿元 (unit,person,100 million yuan)

行业	Industry	内资企业 Domestic Funded							
		企业单位数 Number of Enterp-rises	从业人员平均人数 Annual Average Number of Employed Personnel	当年价总产值 Gross Industrial Output Value at Current Prices	资产总计 Total Assets	主营业务收入 Revenue from Principal Business	利润 Profits	利税 Taxes and Profits	出口交货值 Exports
合　计	**Total**	**14075**	**4667126**	**32793.3**	**33154.4**	**32551.4**	**2754.2**	**4299.2**	**4582.6**
医药制造业	**Manufacture of Medicines**	**4975**	**1392475**	**11240.0**	**9779.7**	**10932.7**	**1193.4**	**1721.8**	**604.6**
#化学药品制造	Manufacture of Chemical Medicine	1760	596930	4833.1	4622.2	4779.1	476.7	697.7	400.9
中成药制造	Manufacture of Finished Traditional Chinese Herbal Medicine	1233	432432	3089.0	2758.5	2927.3	344.6	518.4	24.7
生物、生化制品的制造	Manufacture of Biological and Biochemical Chemical Products	573	111089	1191.3	1201.4	1132.9	170.8	224.0	111.5
航空航天器制造业	**Manufacture of Aircrafts and Spacecrafts**	**167**	**321920**	**1595.0**	**3398.3**	**1616.3**	**82.4**	**105.1**	**170.9**
1.飞机制造及修理	Manufacture and Repairing of Airplanes	131	296941	1473.9	3134.0	1496.2	71.8	93.4	168.0
2.航天器制造	Manufacture of Spacecrafts	36	24979	121.1	264.3	120.1	10.6	11.7	2.9
电子及通信设备制造业	**Manufacture of Electronic Equipment and Communication Equipment**	**5387**	**2039218**	**13664.5**	**14488.7**	**13821.8**	**943.3**	**1694.1**	**3105.6**
1.通信设备制造	Manufacture of Communication Equipment	763	506311	4981.2	5422.0	5068.1	364.8	836.7	1613.6
#通信传输设备制造	Manufacture of Communication Transmitting Equipment	225	76100	581.5	798.6	613.7	59.3	73.8	39.3
通信交换设备制造	Manufacture of Communication Exchanging Equipment	82	219597	3070.4	3450.0	3168.0	196.7	620.0	1424.0
通信终端设备制造	Manufacture of Communication Terminal Equipment	112	42199	234.9	241.6	225.8	18.3	23.8	32.4
2.雷达及配套设备制造	Manufacture of Radar and Its Fittings	46	37161	216.3	345.7	229.6	18.0	25.9	36.8
3.广播电视设备制造	Manufacture of Broadcasting and TV Equipment	255	72781	391.4	410.7	392.7	36.6	48.5	84.1
4.电子器件制造	Manufacture of Electronic Appliances	1059	397194	2388.1	3847.1	2309.3	138.3	210.1	419.7
#电子真空器件制造	Manufacture of Electronic Vacuum Appliances	84	40830	160.0	703.7	152.5	6.0	10.4	23.6
半导体分立器件制造	Manufacture of Semiconductor Discreting Appliances	163	39325	229.4	281.1	221.6	14.8	19.6	41.1
集成电路制造	Manufacture of Integrate Circuit	184	72847	459.4	526.5	451.3	23.6	36.8	62.9
5.电子元件制造	Manufacture of Electronic Components	2346	686136	3089.3	2269.9	3029.2	226.6	324.2	414.7
6.家用视听设备制造	Manufacture of Domestic TV Set and Radio Receiver	410	228206	1866.5	1653.8	2069.1	95.9	162.4	488.6
7.其他电子设备制造	Manufacture of Other Electronic Equipment	508	111429	731.7	539.6	723.8	63.2	86.3	48.1
电子计算机及办公设备制造业	**Manufacture of Computers and Office Equipments**	**552**	**228596**	**1712.2**	**1407.9**	**1737.3**	**115.5**	**168.4**	**335.6**
1.电子计算机整机制造	Manufacture of Entired Computer	77	31947	560.8	487.2	577.2	32.3	50.6	50.5
2.电子计算机外部设备制造	Manufacture of Computer Peripheral Equipment	390	172092	1020.4	793.0	1033.2	68.0	96.7	263.9
3.办公设备制造	Manufacture of Office Equipment	85	24557	131.0	127.7	126.9	15.1	21.2	21.2
医疗设备及仪器仪表制造业	**Manufacture of Medical Equipments and Measuring Instrument**	**2994**	**684917**	**4581.6**	**4079.8**	**4443.3**	**419.6**	**609.8**	**365.9**
1.医疗设备及器械制造	Manufacture of Medical Equipment and Appliances	584	149747	835.0	701.9	817.7	90.8	125.0	118.4
2.仪器仪表制造	Manufacture of Measuring Instrument	2410	535170	3746.6	3377.9	3625.6	328.8	484.8	247.5

1-2-5 续表 1 continued

单位：个，人，亿元 (unit,person,100 million yuan)

行 业	Industry	#国有企业 State-owned Enterprises							
		企业单位数 Number of Enterp-rises	从业人员平均人数 Annual Average Number of Employed Personnel	当年价总产值 Gross Industrial Output Value at Current Prices	资产总计 Total Assets	主营业务收入 Revenue from Principal Business	利润 Profits	利税 Taxes and Profits	出口交货值 Exports
合 计	**Total**	**322**	**287161**	**1811.9**	**2684.7**	**1975.0**	**127.5**	**202.2**	**195.0**
医药制造业	**Manufacture of Medicines**	**93**	**59950**	**310.5**	**494.9**	**388.5**	**28.8**	**46.7**	**28.3**
#化学药品制造	Manufacture of Chemical Medicine	35	34866	178.7	308.2	243.9	11.8	21.4	25.7
中成药制造	Manufacture of Finished Traditional Chinese Herbal Medicine	34	16363	78.2	93.5	87.5	7.0	11.7	1.4
生物、生化制品的制造	Manufacture of Biological and Biochemical Chemical Products	7	6051	33.0	74.3	37.9	8.2	11.2	1.2
航空航天器制造业	**Manufacture of Aircrafts and Spacecrafts**	**42**	**82182**	**354.9**	**900.6**	**339.2**	**20.5**	**28.9**	**9.2**
1.飞机制造及修理	Manufacture and Repairing of Airplanes	31	64999	289.3	716.8	276.5	14.3	22.4	8.4
2.航天器制造	Manufacture of Spacecrafts	11	17183	65.6	183.7	62.8	6.1	6.5	0.8
电子及通信设备制造业	**Manufacture of Electronic Equipment and Communication Equipment**	**103**	**89099**	**799.9**	**862.7**	**912.3**	**51.4**	**81.1**	**136.2**
1.通信设备制造	Manufacture of Communication Equipment	31	30332	280.0	280.6	246.5	14.0	19.1	16.6
#通信传输设备制造	Manufacture of Communication Transmitting Equipment	13	6406	91.7	74.0	83.6	5.4	6.6	7.7
通信交换设备制造	Manufacture of Communication Exchanging Equipment	4	18739	136.8	164.1	108.8	6.3	9.5	8.7
通信终端设备制造	Manufacture of Communication Terminal Equipment	5	1633	32.5	11.7	32.4	0.5	0.7	0.1
2.雷达及配套设备制造	Manufacture of Radar and Its Fittings	8	6499	29.8	71.8	28.8	2.8	4.8	
3.广播电视设备制造	Manufacture of Broadcasting and TV Equipment	2	104	0.6	0.8	0.7	0.1	0.1	
4.电子器件制造	Manufacture of Electronic Appliances	20	12428	71.2	105.8	70.0	4.7	5.5	34.2
#电子真空器件制造	Manufacture of Electronic Vacuum Appliances	1	721	0.6	9.8	0.5	-0.3	-0.3	
半导体分立器件制造	Manufacture of Semiconductor Discreting Appliances	6	1292	5.0	11.8	5.0	0.8	1.0	0.1
集成电路制造	Manufacture of Integrate Circuit	4	2121	10.2	14.0	9.1	1.5	1.6	
5.电子元件制造	Manufacture of Electronic Components	26	20414	59.5	98.1	67.8	2.4	4.2	5.5
6.家用视听设备制造	Manufacture of Domestic TV Set and Radio Receiver	6	15850	339.2	274.5	476.4	26.5	45.7	78.7
7.其他电子设备制造	Manufacture of Other Electronic Equipment	10	3472	19.6	31.0	22.1	1.1	1.8	1.2
电子计算机及办公设备制造业	**Manufacture of Computers and Office Equipments**	**8**	**7804**	**139.8**	**73.0**	**119.5**	**10.2**	**18.5**	**4.2**
1.电子计算机整机制造	Manufacture of Entired Computer	1	290	0.6	0.4	1.6	0.0	0.0	
2.电子计算机外部设备制造	Manufacture of Computer Peripheral Equipment	6	7195	137.8	71.9	116.4	10.2	18.4	4.2
3.办公设备制造	Manufacture of Office Equipment	1	319	1.4	0.7	1.5	0.0	0.1	
医疗设备及仪器仪表制造业	**Manufacture of Medical Equipments and Measuring Instrument**	**76**	**48126**	**206.9**	**353.5**	**215.5**	**16.7**	**26.9**	**17.2**
1.医疗设备及器械制造	Manufacture of Medical Equipment and Appliances	13	6815	24.7	38.2	34.0	1.2	2.8	1.3
2.仪器仪表制造	Manufacture of Measuring Instrument	63	41311	182.1	315.3	181.5	15.5	24.1	15.9

1-2-5 续表 2 continued

单位：个，人，亿元 (unit,person,100 million yuan)

行业	Industry	港澳台投资企业 Enterprises with Funds from Hong Kong, Macau and Taiwan							
		企业单位数 Number of Enterp-rises	从业人员平均人数 Annual Average Number of Employed Personnel	当年价总产值 Gross Industrial Output Value at Current Prices	资产总计 Total Assets	主营业务收入 Revenue from Principal Business	利润 Profits	利税 Taxes and Profits	出口交货值 Exports
合计	**Total**	**3173**	**2847497**	**17844.1**	**11311.6**	**17534.7**	**862.3**	**1199.0**	**11214.8**
医药制造业	**Manufacture of Medicines**	**392**	**151972**	**1301.2**	**1262.3**	**1194.0**	**154.2**	**231.2**	**150.5**
#化学药品制造	Manufacture of Chemical Medicine	160	82660	752.3	730.7	691.9	83.3	134.2	111.2
中成药制造	Manufacture of Finished Traditional Chinese Herbal Medicine	93	27891	222.3	193.7	198.9	28.5	42.0	1.4
生物、生化制品的制造	Manufacture of Biological and Biochemical Chemical Products	52	17878	170.0	213.5	161.5	22.2	29.1	22.4
航空航天器制造业	**Manufacture of Aircrafts and Spacecrafts**	**11**	**11774**	**72.5**	**65.3**	**72.1**	**3.7**	**5.6**	**49.5**
1.飞机制造及修理	Manufacture and Repairing of Airplanes	10	11706	71.9	64.6	71.5	3.8	5.7	49.5
2.航天器制造	Manufacture of Spacecrafts	**1**	**68**	**0.6**	**0.7**	**0.6**	**-0.1**	**-0.1**	
电子及通信设备制造业	**Manufacture of Electronic Equipment and Communication Equipment**	**2151**	**1986772**	**10017.1**	**6764.0**	**9690.8**	**446.5**	**597.1**	**6212.9**
1.通信设备制造	Manufacture of Communication Equipment	183	310315	1748.0	923.8	1687.0	78.4	107.8	1108.2
#通信传输设备制造	Manufacture of Communication Transmitting Equipment	31	45705	396.3	160.4	391.2	42.3	43.4	193.5
通信交换设备制造	Manufacture of Communication Exchanging Equipment	11	3704	23.5	26.2	28.5	2.2	3.5	7.8
通信终端设备制造	Manufacture of Communication Terminal Equipment	34	48020	145.8	80.3	143.8	6.3	7.5	112.6
2.雷达及配套设备制造	Manufacture of Radar and Its Fittings								
3.广播电视设备制造	Manufacture of Broadcasting and TV Equipment	61	26816	145.5	187.0	132.9	6.0	9.6	75.1
4.电子器件制造	Manufacture of Electronic Appliances	391	368034	2219.9	1626.6	2157.1	103.1	129.3	1499.8
#电子真空器件制造	Manufacture of Electronic Vacuum Appliances	10	5358	7.3	9.8	7.3	0.4	0.7	3.2
半导体分立器件制造	Manufacture of Semiconductor Discreting Appliances	51	28745	134.7	142.2	129.5	4.8	6.4	83.4
集成电路制造	Manufacture of Integrate Circuit	82	64152	470.9	408.4	457.3	27.2	32.3	248.5
5.电子元件制造	Manufacture of Electronic Components	1120	947155	4015.3	2834.6	3912.2	182.1	241.9	2576.4
6.家用视听设备制造	Manufacture of Domestic TV Set and Radio Receiver	258	236802	1475.3	858.6	1371.7	56.3	79.9	689.5
7.其他电子设备制造	Manufacture of Other Electronic Equipment	138	97650	413.1	333.5	430.0	20.6	28.7	263.9
电子计算机及办公设备制造业	**Manufacture of Computers and Office Equipments**	**334**	**575160**	**5827.5**	**2607.0**	**5959.8**	**194.9**	**282.8**	**4566.2**
1.电子计算机整机制造	Manufacture of Entired Computer	30	226015	3519.1	1345.2	3745.0	38.0	89.0	2780.0
2.电子计算机外部设备制造	Manufacture of Computer Peripheral Equipment	268	318793	2047.9	1138.4	1947.9	148.0	182.5	1574.2
3.办公设备制造	Manufacture of Office Equipment	36	30352	260.5	123.4	267.0	8.9	11.2	211.9
医疗设备及仪器仪表制造业	**Manufacture of Medical Equipments and Measuring Instrument**	**285**	**121819**	**625.8**	**613.2**	**618.0**	**62.9**	**82.3**	**235.8**
1.医疗设备及器械制造	Manufacture of Medical Equipment and Appliances	82	25629	130.3	123.7	126.5	15.8	20.4	74.9
2.仪器仪表制造	Manufacture of Measuring Instrument	203	96190	495.4	489.5	491.5	47.2	61.9	160.9

1-2-5 续表 3 continued

单位：个，人，亿元 (unit,person,100 million yuan)

行 业	Industry	外商投资企业 Foreign Funded Enterprises							
		企业单位数 Number of Enterp-rises	从业人员平均人数 Annual Average Number of Employed Personnel	当年价总产值 Gross Industrial Output Value at Current Prices	资产总计 Total Assets	主营业务收入 Revenue from Principal Business	利润 Profits	利税 Taxes and Profits	出口交货值 Exports
合 计	**Total**	**4434**	**3954530**	**37796.5**	**20445.1**	**37441.0**	**1628.5**	**2315.6**	**24802.9**
医药制造业	**Manufacture of Medicines**	**559**	**241575**	**2400.8**	**2178.5**	**2357.7**	**258.4**	**421.7**	**275.4**
#化学药品制造	Manufacture of Chemical Medicine	252	152767	1658.4	1464.3	1647.2	167.0	293.4	122.6
中成药制造	Manufacture of Finished Traditional Chinese Herbal Medicine	72	27098	232.5	251.5	218.2	32.5	46.7	28.2
生物、生化制品的制造	Manufacture of Biological and Biochemical Chemical Products	106	24584	242.4	282.7	230.9	31.4	45.4	47.6
航空航天器制造业	**Manufacture of Aircrafts and Spacecrafts**	**46**	**16301**	**245.4**	**206.5**	**245.9**	**17.9**	**29.0**	**54.6**
1.飞机制造及修理	Manufacture and Repairing of Airplanes	41	15494	240.5	195.8	240.9	15.7	26.7	52.0
2.航天器制造	Manufacture of Spacecrafts	**5**	**807**	**4.9**	**10.6**	**5.0**	**2.2**	**2.2**	**2.6**
电子及通信设备制造业	**Manufacture of Electronic Equipment and Communication Equipment**	**2682**	**2330697**	**19877.9**	**12017.4**	**19693.7**	**772.0**	**1065.5**	**12921.5**
1.通信设备制造	Manufacture of Communication Equipment	260	419959	5183.4	2688.6	5171.4	184.2	293.8	2929.6
#通信传输设备制造	Manufacture of Communication Transmitting Equipment	41	19405	150.2	118.6	144.8	3.4	6.0	83.6
通信交换设备制造	Manufacture of Communication Exchanging Equipment	15	34182	604.2	511.8	598.1	20.5	32.3	337.2
通信终端设备制造	Manufacture of Communication Terminal Equipment	28	30672	250.2	108.3	243.3	12.4	13.3	223.4
2.雷达及配套设备制造	Manufacture of Radar and Its Fittings	1	111	1.0	3.6	1.1	0.1	0.2	0.2
3.广播电视设备制造	Manufacture of Broadcasting and TV Equipment	49	25076	120.6	91.4	121.4	5.0	7.8	68.5
4.电子器件制造	Manufacture of Electronic Appliances	664	666169	6941.0	4586.5	6852.0	265.3	339.1	5106.0
#电子真空器件制造	Manufacture of Electronic Vacuum Appliances	22	17825	322.2	143.3	317.9	12.2	13.4	252.5
半导体分立器件制造	Manufacture of Semiconductor Discreting Appliances	100	48000	320.0	296.1	319.2	15.2	20.7	199.0
集成电路制造	Manufacture of Integrate Circuit	146	153469	1524.2	1613.0	1499.1	99.5	125.2	1154.4
5.电子元件制造	Manufacture of Electronic Components	1325	950820	5012.4	3310.7	4924.1	200.0	273.4	3127.6
6.家用视听设备制造	Manufacture of Domestic TV Set and Radio Receiver	196	179616	2036.2	933.9	2048.3	78.4	101.3	1422.6
7.其他电子设备制造	Manufacture of Other Electronic Equipment	187	88946	583.3	402.7	575.5	39.0	49.9	267.0
电子计算机及办公设备制造业	**Manufacture of Computers and Office Equipments**	**427**	**1141333**	**13595.5**	**4697.8**	**13466.4**	**400.0**	**566.5**	**10978.1**
1.电子计算机整机制造	Manufacture of Entired Computer	47	418046	7527.5	2178.6	7498.0	217.2	331.0	5678.5
2.电子计算机外部设备制造	Manufacture of Computer Peripheral Equipment	332	671205	5560.5	2298.4	5467.3	162.0	208.5	4882.1
3.办公设备制造	Manufacture of Office Equipment	48	52082	507.6	220.8	501.1	20.8	26.9	417.5
医疗设备及仪器仪表制造业	**Manufacture of Medical Equipments and Measuring Instrument**	**720**	**224624**	**1676.8**	**1345.0**	**1677.4**	**180.2**	**233.0**	**573.4**
1.医疗设备及器械制造	Manufacture of Medical Equipment and Appliances	212	66298	419.4	361.8	418.7	47.0	61.5	221.2
2.仪器仪表制造	Manufacture of Measuring Instrument	508	158326	1257.4	983.2	1258.7	133.2	171.5	352.3

1-2-6 按地区和企业规模分高技术产业生产经营情况(2011年)

Statistics on Production and Management in High-tech Industry by Region and Scale of Enterprises(2011)

单位：个，人，亿元 (unit,perosn,100 million yuan)

地区	Region	大型企业 Large-sized Enterprises							
		企业单位数 Number of Enterprises	从业人员平均人数 Annual Average Number of Employed Personnel	当年价总产值 Gross Industrial Output Value at Current Prices	资产总计 Total Assets	主营业务收入 Revenue from Business Principal	利润 Profits	利税 Taxes and Profits	出口交货值 Exports
全国	**Total**	**1495**	**6283505**	**55849.2**	**37493.0**	**55951.5**	**2796.3**	**4288.3**	**33740.7**
东部地区	Eastern Region	1225	4988776	48009.6	29813.9	48220.8	2270.8	3462.5	31219.6
中部地区	Middle Region	161	801369	4220.9	4012.4	4093.3	345.2	483.3	1030.0
西部地区	Western Region	109	493360	3618.7	3666.7	3637.5	180.3	342.5	1491.1
北京	Beijing	43	121319	1950.1	1537.3	2301.2	102.8	141.3	916.7
天津	Tianjin	44	125602	1848.1	1151.7	1869.2	91.4	141.4	1007.4
河北	Hebei	13	97677	402.3	623.4	490.6	33.7	48.1	121.3
山西	Shanxi	8	92247	192.6	288.8	191.2	20.0	24.7	75.5
内蒙古	Inner Mongolia	5	12834	129.0	107.7	124.3	14.2	20.4	5.4
辽宁	Liaoning	21	87907	611.8	699.3	653.3	60.1	65.5	243.5
吉林	Jilin	9	61000	350.5	301.1	339.2	44.0	51.2	2.7
黑龙江	Heilongjiang	8	47260	224.1	374.0	308.6	23.3	35.2	11.8
上海	Shanghai	94	371025	5698.5	2975.5	5691.9	106.4	125.3	4427.8
江苏	Jiangsu	349	1375512	12811.6	7029.0	12848.7	621.1	818.2	9179.9
浙江	Zhejiang	78	193834	1592.6	1427.4	1543.3	185.5	234.3	725.0
安徽	Anhui	19	47068	365.8	531.5	341.1	25.1	50.3	50.7
福建	Fujian	52	181262	2171.8	982.3	2121.9	110.2	126.6	1501.4
江西	Jiangxi	35	113875	538.0	521.8	548.9	32.1	50.4	112.9
山东	Shandong	72	278228	3444.3	1860.8	3447.0	248.6	352.5	1131.9
河南	Henan	37	239160	1069.9	694.2	1014.2	56.2	90.7	420.5
湖北	Hubei	23	105705	881.9	784.2	788.4	70.8	82.5	269.8
湖南	Hunan	17	82220	469.1	409.1	437.4	59.6	77.7	80.9
广东	Guangdong	444	2112092	17265.4	11416.1	17063.9	677.3	1368.9	11842.1
广西	Guangxi	13	41928	198.3	110.5	174.9	33.5	39.2	122.5
海南	Hainan	2	2390	14.8	0.7	14.8	0.0	1.2	
重庆	Chongqing	18	53419	729.3	355.3	692.2	6.5	29.1	449.2
四川	Sichuan	40	260916	2053.0	1741.2	2093.3	108.9	217.5	949.5
贵州	Guizhou	14	31164	149.2	236.1	128.8	11.4	17.8	7.6
云南	Yunnan	4	5672	55.9	88.5	53.9	12.7	16.7	2.4
西藏	Tibet								
陕西	Shaanxi	27	127029	553.4	1060.2	597.8	28.1	46.2	61.7
甘肃	Gansu	3	7924	32.7	74.3	32.1	5.9	7.7	3.6
青海	Qinghai								
宁夏	Ningxia	2	3284	26.5	40.4	21.5	3.9	4.7	12.3
新疆	Xinjiang	1	3952	18.8	70.7	17.9	2.9	3.0	4.7

1-2-6 续表 1 continued

单位：个，人，亿元 (unit,perosn,100 million yuan)

地区	Region	中型企业 Medium-sized Enterprises							
		企业单位数 Number of Enterprises	从业人员平均人数 Annual Average Number of Employed Personnel	当年价总产值 Gross Industrial Output Value at Current Prices	资产总计 Total Assets	主营业务收入 Revenue from Business Principal	利润 Profits	利税 Taxes and Profits	出口交货值 Exports
全国	**Total**	**5308**	**3253581**	**16740.7**	**16134.8**	**16113.9**	**1290.9**	**1821.2**	**4870.5**
东部地区	Eastern Region	4141	2574391	12926.9	12412.3	12628.2	943.7	1328.3	4601.2
中部地区	Middle Region	753	427649	2391.0	2171.6	2223.8	214.5	303.2	197.9
西部地区	Western Region	414	251541	1422.8	1550.9	1261.9	132.7	189.6	71.5
北京	Beijing	136	71650	461.7	1324.0	498.2	72.0	94.8	80.3
天津	Tianjin	123	73482	549.9	517.9	546.0	49.0	77.6	135.6
河北	Hebei	73	47744	211.9	258.4	203.4	16.5	23.5	22.8
山西	Shanxi	29	19664	68.1	100.3	63.0	4.5	7.7	1.5
内蒙古	Inner Mongolia	18	8663	106.7	85.7	103.4	11.9	15.6	
辽宁	Liaoning	80	46594	347.5	314.7	317.7	31.5	44.6	89.4
吉林	Jilin	59	32435	196.9	283.8	149.3	21.4	31.3	4.2
黑龙江	Heilongjiang	23	12683	76.4	108.6	72.0	14.0	18.4	0.3
上海	Shanghai	228	135075	762.9	849.3	780.2	71.1	92.3	334.5
江苏	Jiangsu	1007	602173	3533.4	2986.8	3470.1	236.1	339.9	1264.9
浙江	Zhejiang	381	205158	1044.6	1134.2	995.9	80.4	116.3	361.1
安徽	Anhui	82	51279	310.3	300.1	277.8	26.5	37.1	47.1
福建	Fujian	161	96380	527.7	412.8	509.5	45.9	57.5	204.5
江西	Jiangxi	128	75017	427.7	188.0	430.6	24.0	37.1	58.4
山东	Shandong	266	144298	1110.9	784.5	1081.9	100.7	135.7	228.3
河南	Henan	182	92785	502.3	417.1	478.9	52.8	69.3	14.2
湖北	Hubei	117	72460	363.7	474.4	333.7	28.3	40.1	62.2
湖南	Hunan	115	62663	338.9	213.6	314.9	31.0	46.7	10.1
广东	Guangdong	1618	1110775	4203.4	3633.6	4072.5	218.5	317.2	1868.7
广西	Guangxi	54	34271	126.9	114.4	111.9	15.1	19.6	9.3
海南	Hainan	14	6791	46.1	81.8	41.1	6.8	9.4	1.9
重庆	Chongqing	75	42548	300.2	276.7	293.6	20.0	30.4	32.3
四川	Sichuan	173	101353	572.2	543.1	544.0	60.7	86.8	18.7
贵州	Guizhou	34	22925	108.3	102.0	82.6	5.8	8.9	2.9
云南	Yunnan	21	10020	67.4	133.9	64.4	10.4	14.8	1.1
西藏	Tibet	1	395	1.7	3.1	1.0	0.2	0.4	
陕西	Shaanxi	85	57631	326.9	395.8	236.1	29.0	40.0	15.4
甘肃	Gansu	15	11975	25.8	70.2	23.8	2.7	3.6	0.3
青海	Qinghai	5	2660	7.3	9.4	6.7	1.4	1.9	0.1
宁夏	Ningxia	3	1070	10.3	10.6	7.3	2.3	2.5	0.6
新疆	Xinjiang	2	964	2.7	6.2	2.3	0.2	0.3	0.0

1-2-6 续表 2 continued

单位：个，人，亿元 (unit,perosn,100 million yuan)

地区	Region	小型企业 Small-sized Enterprises 企业单位数 Number of Enterprises	从业人员平均人数 Annual Average Number of Employed Personnel	当年价总产值 Gross Industrial Output Value at Current Prices	资产总计 Total Assets	主营业务收入 Revenue from Business Principal	利润 Profits	利税 Taxes and Profits	出口交货值 Exports
全国	**Total**	**14598**	**1921259**	**15661.8**	**11129.3**	**15295.3**	**1148.1**	**1690.0**	**1953.5**
东部地区	Eastern Region	10677	1430852	11132.7	8150.8	11015.8	794.4	1166.4	1770.4
中部地区	Middle Region	2803	350147	3351.9	1975.5	3211.1	258.6	384.5	136.4
西部地区	Western Region	1118	140260	1177.1	1003.0	1068.4	95.1	139.1	46.7
北京	Beijing	535	65864	472.3	761.5	513.2	53.0	74.5	58.5
天津	Tianjin	316	39175	271.6	338.5	278.9	25.1	37.2	42.2
河北	Hebei	279	35818	357.8	178.4	346.2	33.4	45.8	13.3
山西	Shanxi	81	9903	57.4	65.1	48.1	3.9	5.8	1.6
内蒙古	Inner Mongolia	74	9556	89.8	58.9	83.8	7.5	10.4	1.2
辽宁	Liaoning	584	63510	919.4	465.4	921.7	61.8	88.8	82.5
吉林	Jilin	295	33490	460.7	243.2	419.7	32.4	47.5	3.8
黑龙江	Heilongjiang	106	14265	94.1	100.9	91.5	10.0	14.7	0.4
上海	Shanghai	618	80348	552.8	584.0	583.2	43.5	60.3	155.7
江苏	Jiangsu	2670	355350	3123.8	2003.0	3058.3	205.5	313.7	487.7
浙江	Zhejiang	1431	186431	1063.0	1190.6	1046.0	82.9	122.7	212.1
安徽	Anhui	465	51340	438.5	304.8	432.3	34.1	48.2	21.6
福建	Fujian	378	54556	365.4	269.3	355.3	26.6	36.8	63.7
江西	Jiangxi	334	51088	452.4	200.1	451.9	29.7	46.6	42.1
山东	Shandong	1142	129706	1611.2	611.5	1559.1	112.1	169.3	98.4
河南	Henan	502	68233	550.8	360.0	536.0	58.1	78.1	2.0
湖北	Hubei	402	43238	474.8	342.9	429.4	31.0	46.3	50.6
湖南	Hunan	544	69034	733.5	299.3	718.3	51.8	86.8	13.1
广东	Guangdong	2488	387113	2067.9	1526.1	2065.2	109.6	165.2	540.7
广西	Guangxi	206	28043	290.2	164.5	252.4	35.0	42.9	15.6
海南	Hainan	30	4938	37.4	58.0	36.2	5.9	9.4	0.0
重庆	Chongqing	155	19576	128.3	85.0	123.6	9.5	13.1	7.8
四川	Sichuan	512	64176	596.2	418.4	547.3	42.7	63.9	19.7
贵州	Guizhou	70	9192	112.3	72.3	93.4	12.0	16.2	6.8
云南	Yunnan	79	9698	78.1	88.1	70.5	5.8	9.5	2.6
西藏	Tibet	4	665	4.3	16.5	4.2	1.7	2.2	0.0
陕西	Shaanxi	208	26212	178.1	166.2	166.2	16.4	24.1	7.2
甘肃	Gansu	41	4974	37.1	74.4	31.6	3.5	4.8	1.8
青海	Qinghai	20	1961	22.3	53.4	13.7	1.0	1.5	
宁夏	Ningxia	9	1258	8.4	9.0	7.0	1.4	1.7	
新疆	Xinjiang	20	2548	12.1	19.8	10.9	1.3	2.0	0.7

1-2-7 按地区分国有及国有控股企业高技术产业生产经营情况(2011年)

Statistics on Production and Management in High-tech Industry of State-owned and State-controlled Enterprises by Region (2011)

单位：个，人，亿元 (unit,person,100 million yuan)

地区	Region	企业单位数 Number of Enterprises	从业人员平均人数 Annual Average Number of Employed Personnel	当年价总产值 Gross Industrial Output Value at Current Prices	资产总计 Total Assets	主营业务收入 Revenue from Business Principal	利润 Profits	利税 Taxes and Profits	出口交货值 Exports
全国	**Total**	**1413**	**1375122**	**9409.3**	**15426.0**	**9801.0**	**728.6**	**1197.7**	**1749.6**
东部地区	Eastern Region	854	716172	5636.3	9306.4	5991.9	502.8	823.5	1444.8
中部地区	Middle Region	270	296455	1698.8	2695.3	1704.0	104.0	175.7	141.6
西部地区	Western Region	289	362495	2074.2	3424.3	2105.1	121.7	198.5	163.3
北京	Beijing	188	83460	564.1	1796.1	628.3	98.5	120.6	41.9
天津	Tianjin	87	47150	287.5	701.4	338.4	29.6	44.2	22.0
河北	Hebei	30	35774	161.7	285.0	227.4	6.7	12.0	29.5
山西	Shanxi	18	13735	38.3	78.8	36.0	2.0	2.6	4.8
内蒙古	Inner Mongolia	7	3247	28.3	20.0	27.7	4.1	5.1	0.0
辽宁	Liaoning	42	53155	414.8	596.6	470.5	31.4	36.7	133.8
吉林	Jilin	23	11459	41.5	73.4	37.3	7.0	8.8	0.9
黑龙江	Heilongjiang	20	47803	219.4	389.4	306.5	21.1	33.9	12.1
上海	Shanghai	128	71944	502.6	853.0	534.0	29.1	42.4	141.5
江苏	Jiangsu	89	73081	581.7	1175.8	635.7	40.7	59.7	140.7
浙江	Zhejiang	40	27036	210.5	405.7	240.6	46.5	59.2	68.9
安徽	Anhui	43	36895	291.9	511.6	307.2	8.6	33.0	38.0
福建	Fujian	27	19243	106.3	102.0	91.0	14.1	18.1	8.3
江西	Jiangxi	28	42622	221.3	377.3	231.0	8.7	13.1	21.4
山东	Shandong	51	59809	817.7	615.3	959.1	72.6	112.4	116.0
河南	Henan	33	31950	127.7	211.6	115.2	8.2	12.0	11.7
湖北	Hubei	61	73944	446.2	706.2	401.4	18.7	30.2	36.7
湖南	Hunan	37	34800	284.2	327.1	241.7	25.8	37.1	15.8
广东	Guangdong	151	236262	1915.9	2723.2	1801.7	125.9	308.2	742.1
广西	Guangxi	14	5140	48.4	33.6	40.9	6.4	6.9	0.1
海南	Hainan	7	4118	25.1	18.7	24.2	1.4	3.1	
重庆	Chongqing	42	29810	187.3	237.1	177.5	9.2	16.4	18.1
四川	Sichuan	73	119351	954.4	1365.9	1029.9	57.8	105.7	67.4
贵州	Guizhou	38	37520	145.3	238.3	129.7	4.9	7.1	16.8
云南	Yunnan	22	8132	74.3	161.5	73.4	13.6	17.5	0.7
西藏	Tibet	1	395	1.7	3.1	1.0	0.2	0.4	
陕西	Shaanxi	87	153389	671.9	1317.7	657.0	29.4	43.0	59.7
甘肃	Gansu	14	11118	29.1	83.1	28.3	5.8	7.1	0.3
青海	Qinghai	3	794	2.1	3.1	1.4	0.0	0.1	
宁夏	Ningxia								
新疆	Xinjiang	9	1986	8.0	14.5	7.0	0.9	1.2	0.2

1-2-8 按地区和登记注册类型分高技术产业生产经营情况(2011年)

Statistics on Production and Management in High-tech Industry by Region and Registration Status (2011)

单位：个，人，亿元 (unit,person,100 million yuan)

地区	Region	内资企业 Domestic Funded							
		企业单位数 Number of Enterprises	从业人员平均人数 Annual Average Number of Employed Personnel	当年价总产值 Gross Industrial Output Value at Current Prices	资产总计 Total Assets	主营业务收入 Revenue from Business Principal	利润 Profits	利税 Taxes and Profits	出口交货值 Exports
全　国	**Total**	**14075**	**4667126**	**32793.3**	**33154.4**	**32551.4**	**2754.2**	**4299.2**	**4582.6**
东部地区	Eastern Region	9328	2932359	21276.7	21450.9	21496.3	1799.5	2901.2	3953.6
中部地区	Middle Region	3281	1069366	7370.2	6433.3	7027.5	617.3	888.8	390.5
西部地区	Western Region	1466	665401	4146.4	5270.1	4027.6	337.3	509.3	238.6
北　京	Beijing	529	128345	773.6	2160.6	884.3	126.2	166.0	29.1
天　津	Tianjin	202	69118	441.1	971.1	487.9	59.3	86.6	23.0
河　北	Hebei	310	99066	613.0	599.9	659.8	48.8	72.5	46.9
山　西	Shanxi	106	35027	139.6	218.4	124.8	12.1	18.3	3.2
内蒙古	Inner Mongolia	88	24539	192.9	147.2	183.6	17.8	24.5	3.3
辽　宁	Liaoning	548	125887	1194.4	1024.5	1234.5	82.2	110.9	167.8
吉　林	Jilin	325	119716	911.4	756.2	823.9	87.4	115.3	8.5
黑龙江	Heilongjiang	124	46503	287.3	391.7	277.0	32.1	42.3	3.1
上　海	Shanghai	371	101360	546.5	829.5	565.6	46.5	68.2	75.8
江　苏	Jiangsu	2089	552683	4778.3	3675.7	4734.9	370.3	563.9	441.8
浙　江	Zhejiang	1410	346150	1892.6	2279.8	1836.1	180.1	254.2	444.2
安　徽	Anhui	513	122731	916.9	1022.0	876.2	64.9	107.0	99.7
福　建	Fujian	319	89088	472.4	407.8	459.3	45.7	61.5	71.9
江　西	Jiangxi	388	163993	1103.1	751.1	1119.3	66.2	104.6	76.5
山　东	Shandong	1122	283856	3027.7	1933.6	3136.6	272.2	394.5	231.9
河　南	Henan	673	230059	1493.1	1084.7	1445.3	146.5	196.1	26.7
湖　北	Hubei	462	155559	1064.3	1289.3	977.1	75.7	108.7	96.0
湖　南	Hunan	602	171239	1261.6	772.7	1200.4	114.8	172.0	73.5
广　东	Guangdong	2166	1066738	7046.6	7194.8	7061.8	504.2	1039.7	2404.6
广　西	Guangxi	232	60469	422.4	289.1	370.3	56.9	71.1	16.4
海　南	Hainan	30	9599	68.0	84.7	65.2	7.1	12.1	0.0
重　庆	Chongqing	210	65088	415.9	441.2	392.8	28.0	43.1	24.3
四　川	Sichuan	652	284659	2157.5	2221.6	2143.4	170.6	272.4	108.1
贵　州	Guizhou	106	59243	337.1	386.6	278.2	27.1	39.3	10.9
云　南	Yunnan	89	19728	162.0	262.8	152.3	22.9	32.5	4.7
西　藏	Tibet	5	1060	6.0	19.5	5.2	1.9	2.6	0.0
陕　西	Shaanxi	289	194365	875.4	1512.1	888.1	62.3	88.0	66.4
甘　肃	Gansu	56	24429	92.8	215.5	85.6	11.9	15.9	5.7
青　海	Qinghai	24	4155	29.3	60.9	20.3	2.5	3.6	0.1
宁　夏	Ningxia	13	5305	37.2	54.4	31.0	5.7	6.8	12.9
新　疆	Xinjiang	22	7369	33.2	95.5	30.7	4.4	5.2	5.4

1-2-8 续表 1 continued

单位：个，人，亿元 (unit,person,100 million yuan)

地 区	Region	#国有企业 State-owned Enterprises							
		企业单位数 Number of Enterprises	从业人员平均人数 Annual Average Number of Employed Personnel	当年价总产值 Gross Industrial Output Value at Current Prices	资产总计 Total Assets	主营业务收入 Revenue from Business Principal	利润 Profits	利税 Taxes and Profits	出口交货值 Exports
全 国	**Total**	**322**	**287161**	**1811.9**	**2684.7**	**1975.0**	**127.5**	**202.2**	**195.0**
东部地区	Eastern Region	171	131315	969.9	1475.3	1195.7	74.1	117.7	150.4
中部地区	Middle Region	71	67212	431.0	556.6	398.2	23.4	35.4	31.0
西部地区	Western Region	80	88634	411.1	652.8	381.1	30.1	49.0	13.6
北 京	Beijing	24	11341	42.7	126.1	41.2	4.8	6.0	0.1
天 津	Tianjin	19	18932	118.0	361.4	120.3	4.0	10.1	0.5
河 北	Hebei	8	23479	91.2	202.4	159.6	2.9	6.7	22.9
山 西	Shanxi	6	2787	5.1	11.5	5.4	0.1	0.2	0.0
内蒙古	Inner Mongolia	2	530	10.9	4.5	10.2	0.5	0.7	
辽 宁	Liaoning	11	4651	47.5	58.0	44.0	3.7	4.0	15.5
吉 林	Jilin	3	1573	8.7	11.5	7.6	1.9	2.1	
黑龙江	Heilongjiang	2	671	3.4	3.1	3.3	0.6	0.8	0.0
上 海	Shanghai	20	12746	68.0	110.9	68.6	5.4	7.9	11.9
江 苏	Jiangsu	25	17779	124.5	223.3	130.9	14.1	19.5	22.6
浙 江	Zhejiang	9	2944	39.2	14.8	39.0	0.9	1.6	1.0
安 徽	Anhui	12	9902	76.6	146.8	76.3	5.3	9.9	0.3
福 建	Fujian	4	2180	13.4	6.8	12.5	1.9	2.0	0.0
江 西	Jiangxi	11	14907	35.4	42.7	52.3	1.2	2.6	13.0
山 东	Shandong	14	22702	341.2	285.1	500.6	31.2	51.9	64.0
河 南	Henan	9	3523	30.1	42.1	27.5	1.3	1.7	
湖 北	Hubei	17	28348	166.2	222.9	139.7	8.6	12.6	9.0
湖 南	Hunan	9	4971	94.4	71.4	75.7	3.8	4.9	8.5
广 东	Guangdong	25	10032	62.9	51.9	60.2	3.8	6.1	11.8
广 西	Guangxi	9	3334	15.9	22.0	14.2	1.4	1.7	0.0
海 南	Hainan	3	1195	5.3	12.5	4.4	0.2	0.3	
重 庆	Chongqing	5	2825	10.2	16.7	9.3	0.4	0.7	0.1
四 川	Sichuan	23	19732	183.2	204.9	160.7	15.1	25.9	1.2
贵 州	Guizhou	9	12337	34.6	79.0	30.0	0.7	1.2	6.2
云 南	Yunnan	6	1827	9.3	17.7	8.7	0.7	1.2	
西 藏	Tibet	1	395	1.7	3.1	1.0	0.2	0.4	
陕 西	Shaanxi	31	49026	156.7	291.6	156.6	8.5	14.1	6.1
甘 肃	Gansu	3	2101	13.5	37.2	13.5	4.3	5.2	
青 海	Qinghai	1	157	0.6	0.5	0.2	0.0	0.1	
宁 夏	Ningxia								
新 疆	Xinjiang	1	234	1.2	2.2	1.2	0.2	0.2	

1-2-8 续表 2 continued

单位：个，人，亿元 (unit,person,100 million yuan)

地　区	Region	港澳台投资企业 Enterprises with Funds from Hong Kong, Macau and Taiwan							
		企业单位数 Number of Enterprises	从业人员平均人数 Annual Average Number of Employed Personnel	当年价总产值 Gross Industrial Output Value at Current Prices	资产总计 Total Assets	主营业务收入 Revenue from Business Principal	利润 Profits	利税 Taxes and Profits	出口交货值 Exports
全　国	**Total**	**3173**	**2847497**	**17844.1**	**11311.6**	**17534.7**	**862.3**	**1199.0**	**11214.8**
东部地区	Eastern Region	2868	2375645	14878.6	9830.4	14824.4	705.2	941.6	9450.3
中部地区	Middle Region	232	316498	1723.2	959.1	1572.0	124.3	173.8	794.2
西部地区	Western Region	73	155354	1242.3	522.1	1138.3	32.8	83.6	970.3
北　京	Beijing	59	26218	485.1	415.5	757.5	23.2	33.8	107.6
天　津	Tianjin	29	21951	191.8	125.0	196.5	8.3	11.7	55.2
河　北	Hebei	21	30951	172.9	250.5	188.3	11.3	15.1	50.4
山　西	Shanxi	5	18538	65.2	48.8	61.2	8.9	9.4	34.8
内蒙古	Inner Mongolia	6	5406	107.6	95.1	103.3	13.1	18.4	3.3
辽　宁	Liaoning	46	13510	112.9	76.4	109.1	7.5	11.6	25.1
吉　林	Jilin	11	2028	24.3	19.0	14.2	1.5	2.2	0.7
黑龙江	Heilongjiang	3	869	2.8	1.6	2.4	0.1	0.2	0.1
上　海	Shanghai	151	150084	2795.4	1245.2	2768.0	64.0	71.1	2224.4
江　苏	Jiangsu	632	646323	3587.6	2429.2	3533.9	195.1	262.8	2379.8
浙　江	Zhejiang	227	101472	674.8	650.8	652.7	106.5	132.4	254.4
安　徽	Anhui	25	14816	117.9	50.7	103.9	9.0	13.9	3.4
福　建	Fujian	153	110247	944.3	505.6	921.3	45.2	55.5	651.6
江　西	Jiangxi	64	39463	198.3	86.1	197.2	13.5	21.3	75.0
山　东	Shandong	52	22072	261.6	174.5	250.2	34.4	43.8	104.9
河　南	Henan	25	153080	478.8	300.3	441.6	10.3	29.4	381.6
湖　北	Hubei	42	56987	588.3	251.7	514.6	52.5	56.7	279.1
湖　南	Hunan	51	25311	140.0	105.8	133.4	15.3	22.4	16.2
广　东	Guangdong	1465	1218556	5506.5	3882.7	5323.1	188.1	278.6	3497.7
广　西	Guangxi	27	32510	138.5	67.2	117.5	21.1	24.2	97.4
海　南	Hainan	6	1751	7.3	7.9	6.4	0.7	1.1	1.8
重　庆	Chongqing	17	30364	449.5	135.1	429.3	2.2	17.7	398.5
四　川	Sichuan	25	117980	667.4	320.9	658.8	23.3	56.6	563.7
贵　州	Guizhou	6	520	10.7	4.3	8.3	0.3	0.5	6.0
云　南	Yunnan	9	2623	24.1	30.1	23.2	4.0	5.1	0.9
西　藏	Tibet								
陕　西	Shaanxi	13	3148	80.1	23.2	12.2	0.9	1.6	1.2
甘　肃	Gansu	2	412	2.5	3.0	1.7	0.1	0.2	
青　海	Qinghai								
宁　夏	Ningxia	1	307	7.9	5.5	4.8	2.0	2.1	
新　疆	Xinjiang								

1-2-8 续表 3 continued

单位：个，人，亿元 (unit,person,100 million yuan)

地区	Region	外商投资企业 Foreign Funded Enterprises 企业单位数 Number of Enterprises	从业人员平均人数 Annual Average Number of Employed Personnel	当年价总产值 Gross Industrial Output Value at Current Prices	资产总计 Total Assets	主营业务收入 Revenue from Business Principal	利润 Profits	利税 Taxes and Profits	出口交货值 Exports
全　国	**Total**	**4434**	**3954530**	**37796.5**	**20445.1**	**37441.0**	**1628.5**	**2315.6**	**24802.9**
东部地区	Eastern Region	4087	3695852	36063.6	19229.0	35680.3	1513.0	2127.4	24221.2
中部地区	Middle Region	232	193931	897.3	782.1	951.9	77.1	109.5	180.3
西部地区	Western Region	115	64747	835.7	434.0	808.9	38.3	78.7	401.5
北　京	Beijing	149	104972	1638.9	1056.1	1684.6	79.5	112.5	919.1
天　津	Tianjin	266	147829	2039.4	918.1	2013.1	97.5	157.6	1107.0
河　北	Hebei	39	51477	187.3	210.3	193.3	23.5	29.9	60.0
山　西	Shanxi	7	68249	113.3	187.0	116.3	7.4	10.6	40.6
内蒙古	Inner Mongolia	4	1200	25.7	10.4	25.3	3.0	3.7	
辽　宁	Liaoning	107	58851	577.2	394.6	554.8	63.7	76.7	222.9
吉　林	Jilin	32	5350	85.0	59.4	80.0	9.1	12.9	1.4
黑龙江	Heilongjiang	11	26848	105.2	190.7	193.3	14.8	25.5	9.8
上　海	Shanghai	440	335402	3679.5	2347.5	3729.9	111.5	139.7	2618.6
江　苏	Jiangsu	1340	1134482	11122.0	5938.9	11127.3	499.8	647.7	8115.3
浙　江	Zhejiang	286	138744	1155.1	838.4	1118.5	63.7	88.5	606.4
安　徽	Anhui	36	12271	83.8	66.3	75.0	12.0	15.3	16.4
福　建	Fujian	124	132947	1651.3	754.0	1609.2	91.9	104.1	1047.6
江　西	Jiangxi	47	36540	117.2	73.7	115.5	6.1	8.3	61.8
山　东	Shandong	340	247467	2911.8	1155.9	2734.5	157.1	222.5	1126.8
河　南	Henan	25	17065	155.5	87.3	146.6	10.3	12.6	28.3
湖　北	Hubei	40	8883	68.4	61.1	60.3	2.0	3.7	7.6
湖　南	Hunan	30	17525	143.2	46.1	139.6	12.4	17.1	14.4
广　东	Guangdong	970	1329609	11023.3	5533.8	10842.8	314.2	535.0	8363.4
广　西	Guangxi	16	11303	55.0	33.5	51.8	5.7	6.5	34.1
海　南	Hainan	10	2769	22.9	47.8	20.4	5.0	6.7	0.0
重　庆	Chongqing	25	20236	294.8	141.5	289.6	6.0	12.2	66.5
四　川	Sichuan	50	23835	396.5	162.7	384.3	18.4	39.2	316.0
贵　州	Guizhou	7	3534	22.2	19.6	18.5	1.7	3.1	0.6
云　南	Yunnan	6	3039	15.3	17.6	13.3	2.0	3.4	0.6
西　藏	Tibet								
陕　西	Shaanxi	23	13493	104.8	88.7	101.2	10.2	20.7	17.8
甘　肃	Gansu	1	32	0.4	0.4	0.3	0.0	0.0	
青　海	Qinghai	2	483	1.4	2.2	1.3	-0.1	0.0	
宁　夏	Ningxia								
新　疆	Xinjiang	1	95	0.4	1.2	0.4	0.0	0.0	

1-2-9 按地区和行业分高技术产业生产经营情况(2011年)

Statistics on Production and Management in High-tech Industry by Region and Industrial Sector (2011)

单位：个，人，亿元 (unit,person,100 million yuan)

地区	Region	医药制造业 Medical and Pharmaceutical Products Manufacturing							
		企业单位数 Number of Enterprises	从业人员平均人数 Annual Average Number of Employed Personnel	当年价总产值 Gross Industrial Output Value at Current Prices	资产总计 Total Assets	主营业务收入 Revenue from Business Principal	利润 Profits	利税 Taxes and Profits	出口交货值 Exports
全　国	**Total**	**5926**	**1786022**	**14942.0**	**13220.5**	**14484.4**	**1606.0**	**2374.7**	**1030.5**
东部地区	Eastern Region	3114	932365	8404.2	8068.2	8277.4	959.3	1432.6	834.1
中部地区	Middle Region	1930	593994	4597.2	3346.5	4469.2	439.9	628.1	146.7
西部地区	Western Region	882	259663	1940.6	1805.9	1737.9	206.9	314.0	49.7
北　京	Beijing	169	57845	452.9	587.4	437.2	76.0	115.2	7.1
天　津	Tianjin	96	38324	330.2	554.2	368.9	50.3	78.8	27.5
河　北	Hebei	189	87669	554.4	664.2	632.6	48.4	71.6	75.5
山　西	Shanxi	75	26111	114.2	172.7	97.7	10.5	16.4	5.2
内蒙古	Inner Mongolia	74	27174	270.0	202.2	257.3	30.3	42.1	6.5
辽　宁	Liaoning	263	48731	528.9	373.5	545.2	46.3	71.1	17.3
吉　林	Jilin	287	106684	873.3	682.4	775.5	85.8	114.4	4.3
黑龙江	Heilongjiang	95	49672	271.3	340.6	346.5	42.1	60.4	9.6
上　海	Shanghai	186	55310	449.0	572.1	449.2	57.7	86.0	36.4
江　苏	Jiangsu	595	168387	1810.0	1248.8	1795.4	173.7	281.6	190.1
浙　江	Zhejiang	385	114336	850.6	1117.7	820.8	107.1	154.5	246.0
安　徽	Anhui	242	45279	352.4	257.0	362.0	28.1	41.0	16.4
福　建	Fujian	106	24777	180.8	162.9	170.3	20.0	26.9	17.7
江　西	Jiangxi	236	76744	584.8	310.2	597.7	42.6	72.0	16.9
山　东	Shandong	603	189296	2023.1	1471.8	1957.0	228.2	316.5	131.8
河　南	Henan	389	135199	1084.0	627.4	1040.4	108.9	143.9	22.7
湖　北	Hubei	272	71206	557.2	488.6	524.1	46.4	67.6	55.6
湖　南	Hunan	260	55925	489.9	265.3	468.0	45.2	70.4	9.6
广　东	Guangdong	330	102752	921.0	995.6	824.7	108.2	168.9	77.1
广　西	Guangxi	151	34847	226.7	192.5	204.7	31.2	43.2	7.6
海　南	Hainan	41	10091	76.6	127.4	71.3	12.3	18.3	0.0
重　庆	Chongqing	97	33099	219.8	281.4	204.4	18.4	28.5	12.1
四　川	Sichuan	364	119700	901.6	640.5	842.3	89.7	137.3	14.4
贵　州	Guizhou	76	24563	227.3	170.4	176.3	24.3	36.0	0.0
云　南	Yunnan	81	20353	172.4	231.2	158.1	25.1	36.3	3.9
西　藏	Tibet	5	1060	6.0	19.5	5.2	1.9	2.6	0.0
陕　西	Shaanxi	162	38575	277.6	199.4	239.0	30.0	50.3	4.1
甘　肃	Gansu	45	10145	62.3	129.8	55.3	9.2	12.1	2.1
青　海	Qinghai	24	3989	28.4	60.8	19.8	2.3	3.3	
宁　夏	Ningxia	9	4807	31.7	49.0	26.0	4.7	5.6	12.9
新　疆	Xinjiang	19	3372	13.4	23.8	11.6	1.4	2.1	0.2

1-2-9 续表 1 continued

单位：个，人，亿元 (unit,person,100 million yuan)

地区	Region	航空航天器制造业 Manufacture of Aircrafts and Spacecrafts							
		企业单位数 Number of Enterprises	从业人员平均人数 Annual Average Number of Employed Personnel	当年价总产值 Gross Industrial Output Value at Current Prices	资产总计 Total Assets	主营业务收入 Revenue from Business Principal	利润 Profits	利税 Taxes and Profits	出口交货值 Exports
全国	**Total**	**224**	**349995**	**1913.0**	**3670.0**	**1934.3**	**104.0**	**139.7**	**274.9**
东部地区	Eastern Region	118.00	123480.00	895.5	1568.2	907.2	53.0	76.0	176.6
中部地区	Middle Region	30.00	65939.00	375.4	760.8	362.1	16.4	19.9	17.8
西部地区	Western Region	76.00	160576.00	642.1	1341.1	665.0	34.7	43.8	80.5
北京	Beijing	19	19862	97.6	223.3	94.4	7.8	9.0	10.7
天津	Tianjin	9	19039	227.1	408.9	226.4	16.8	30.6	3.5
河北	Hebei	3	5305	12.4	35.6	12.0	0.6	0.6	
山西	Shanxi	1	807	0.7	1.9	0.8	0.0	0.1	
内蒙古	Inner Mongolia								
辽宁	Liaoning	13	34520	189.5	311.5	195.4	7.6	8.4	20.2
吉林	Jilin	2	3166	4.6	11.0	4.5	0.4	0.4	0.5
黑龙江	Heilongjiang	6	11195	81.2	177.7	84.7	1.1	1.8	1.8
上海	Shanghai	16	10488	59.9	149.0	58.7	2.1	2.7	21.5
江苏	Jiangsu	29	17595	189.0	201.7	202.3	9.9	13.2	67.7
浙江	Zhejiang	5	738	3.2	4.5	3.0	0.2	0.3	0.9
安徽	Anhui	2	4643	32.6	63.2	33.5	6.2	6.5	0.2
福建	Fujian	6	5495	48.5	34.6	48.5	2.1	2.3	44.1
江西	Jiangxi	6	17217	124.2	258.3	109.8	2.8	3.2	8.4
山东	Shandong	7	3407	15.4	20.0	15.2	0.9	1.3	1.9
河南	Henan	3	6631	38.6	55.9	34.7	3.0	3.6	0.4
湖北	Hubei	5	11902	57.1	106.4	55.4	1.1	2.1	3.6
湖南	Hunan	5	10378	36.5	86.3	38.5	1.7	2.3	2.9
广东	Guangdong	10	6342	48.7	171.9	48.4	4.8	7.1	6.1
广西	Guangxi	1	689	4.0	7.0	2.7	0.4	0.4	
海南	Hainan								
重庆	Chongqing								
四川	Sichuan	18	34322	182.3	338.8	181.7	9.7	14.1	24.6
贵州	Guizhou	19	29081	87.6	195.5	78.3	1.9	2.5	10.9
云南	Yunnan								
西藏	Tibet								
陕西	Shaanxi	36	93399	366.4	789.4	398.7	22.2	26.4	45.1
甘肃	Gansu	3	3774	5.8	17.3	6.4	0.8	0.8	0.0
青海	Qinghai								
宁夏	Ningxia								
新疆	Xinjiang								

1-2-9 续表 2 continued

单位：个，人，亿元 (unit,person,100 million yuan)

地 区	Region	企业单位数 Number of Enterprises	从业人员平均人数 Annual Average Number of Employed Personnel	当年价总产值 Gross Industrial Output Value at Current Prices	资产总计 Total Assets	主营业务收入 Revenue from Business Principal	利润 Profits	利税 Taxes and Profits	出口交货值 Exports
		电子及通信设备制造业 Manufacture of Electronic Equipment and Communication Equipment							
全 国	**Total**	**10220**	**6356687**	**43559.5**	**33270.1**	**43206.3**	**2161.9**	**3356.7**	**22239.9**
东部地区	Eastern Region	8765	5434577	38136.2	28296.1	37979.0	1825.4	2836.9	20818.2
中部地区	Middle Region	1050	685991	3537.5	2936.1	3347.9	234.0	345.9	968.2
西部地区	Western Region	405	236119	1885.7	2037.8	1879.4	102.4	173.9	453.5
北 京	Beijing	258	121490	1613.7	1901.3	1699.3	77.4	96.0	926.0
天 津	Tianjin	302	153477	1982.6	926.9	1961.1	91.1	134.8	1077.0
河 北	Hebei	102	67712	300.8	260.6	295.7	21.9	28.7	71.6
山 西	Shanxi	28	88069	177.8	230.3	177.0	15.8	18.9	72.5
内蒙古	Inner Mongolia	12	2816	51.2	46.4	49.6	2.9	3.9	0.0
辽 宁	Liaoning	197	68051	824.0	570.1	816.1	76.4	88.1	271.9
吉 林	Jilin	29	8798	69.5	85.6	68.3	5.4	7.4	3.9
黑龙江	Heilongjiang	10	5267	13.0	23.9	12.1	1.4	2.1	0.9
上 海	Shanghai	445	278270	2321.7	2055.6	2337.5	98.8	115.2	1581.6
江 苏	Jiangsu	2168	1474239	10278.2	7073.8	10248.3	472.0	650.3	5966.0
浙 江	Zhejiang	940	314756	1851.9	1681.0	1806.4	103.4	141.2	729.8
安 徽	Anhui	223	74768	546.5	675.7	489.1	31.3	61.8	63.0
福 建	Fujian	346	218009	1761.7	922.6	1711.9	102.7	122.7	1175.8
江 西	Jiangxi	178	89491	498.0	213.0	497.0	25.8	39.0	109.4
山 东	Shandong	548	183424	1836.0	974.7	1931.7	111.5	162.8	566.5
河 南	Henan	135	196945	687.8	487.5	645.1	23.3	48.3	404.7
湖 北	Hubei	167	116125	877.9	877.8	811.4	75.5	88.9	229.1
湖 南	Hunan	268	103712	615.8	295.9	598.3	52.6	75.6	84.7
广 东	Guangdong	3374	2499972	15112.4	11792.8	14942.9	639.0	1261.0	8365.1
广 西	Guangxi	81	52308	240.0	123.8	215.8	30.8	35.3	85.3
海 南	Hainan	4	2869	13.2	12.9	12.4	0.5	1.0	1.8
重 庆	Chongqing	58	24471	202.3	110.5	195.2	8.0	11.4	15.0
四 川	Sichuan	234	138780	1280.3	1293.6	1340.3	71.6	131.3	396.4
贵 州	Guizhou	16	7665	47.6	35.1	44.7	2.0	2.9	6.4
云 南	Yunnan	6	1222	6.6	9.5	5.8	1.7	1.9	0.3
西 藏	Tibet								
陕 西	Shaanxi	81	49804	300.3	444.9	247.4	13.3	19.5	26.5
甘 肃	Gansu	6	9833	25.0	69.4	23.9	2.1	3.1	3.6
青 海	Qinghai	1	82	0.9	0.6	0.6	0.0	0.0	
宁 夏	Ningxia	1	240	3.4	3.3	3.1	0.8	0.9	
新 疆	Xinjiang	2	4022	19.2	70.9	18.6	2.9	3.0	5.2

1-2-9 续表 3 continued

单位：个，人，亿元 (unit,person,100 million yuan)

地区	Region	电子计算机及办公设备制造业 Manufacture of Computer and Office Equipments							
		企业单位数 Number of Enterprises	从业人员平均人数 Annual Average Number of Employed Personnel	当年价总产值 Gross Industrial Output Value at Current Prices	资产总计 Total Assets	主营业务收入 Revenue from Business Principal	利润 Profits	利税 Taxes and Profits	出口交货值 Exports
全 国	**Total**	**1313**	**1945089**	**21135.2**	**8712.6**	**21163.5**	**710.4**	**1017.7**	**15879.9**
东部地区	Eastern Region	1158	1727425	19316.2	7924.7	19457.7	649.7	887.0	14699.0
中部地区	Middle Region	113	64182	446.1	217.8	375.3	30.0	40.8	174.8
西部地区	Western Region	42	153482	1372.8	570.1	1330.6	30.8	89.8	1006.0
北 京	Beijing	49	18254	438.4	467.1	756.4	17.4	26.2	60.9
天 津	Tianjin	11	10641	63.6	47.2	64.6	2.0	3.5	46.6
河 北	Hebei	7	3120	11.4	12.7	10.6	-0.1	0.1	1.6
山 西	Shanxi	1	2059	2.9	9.0	3.3	-0.1	-0.1	
内蒙古	Inner Mongolia	3	553	1.6	1.1	1.8	0.3	0.4	
辽 宁	Liaoning	27	17376	117.8	77.7	118.6	5.7	6.9	76.5
吉 林	Jilin	4	1484	9.5	9.0	8.5	1.9	2.0	
黑龙江	Heilongjiang	7	1494	9.0	12.4	9.0	1.0	1.4	0.6
上 海	Shanghai	62	186094	3806.0	1295.2	3822.0	23.2	24.9	3136.0
江 苏	Jiangsu	263	399312	4787.9	1666.6	4795.1	190.8	213.8	4361.6
浙 江	Zhejiang	76	31445	345.2	277.1	337.4	72.8	85.3	178.0
安 徽	Anhui	19	8233	41.3	31.5	33.3	2.6	4.0	25.9
福 建	Fujian	64	65833	977.5	472.9	963.0	49.7	59.3	495.0
江 西	Jiangxi	20	22950	77.4	27.4	77.1	4.8	6.7	55.6
山 东	Shandong	37	119936	1775.9	541.2	1674.7	79.4	113.5	714.2
河 南	Henan	14	6713	38.9	27.0	39.6	3.9	5.6	
湖 北	Hubei	19	6892	156.8	48.9	93.8	1.2	1.6	91.6
湖 南	Hunan	26	13804	108.8	51.6	108.8	14.4	19.2	1.2
广 东	Guangdong	551	864419	6883.7	3023.0	6827.6	190.5	334.7	5576.2
广 西	Guangxi	11	10995	108.8	44.0	87.8	18.2	18.8	52.5
海 南	Hainan								
重 庆	Chongqing	13	34622	611.9	209.3	594.5	0.4	18.5	455.5
四 川	Sichuan	24	117538	749.3	338.8	722.0	29.6	70.0	550.2
贵 州	Guizhou								
云 南	Yunnan	3	1111	10.5	20.6	13.0	0.7	1.2	0.3
西 藏	Tibet								
陕 西	Shaanxi	2	211	1.1	1.4	1.0	0.2	0.2	
甘 肃	Gansu								
青 海	Qinghai								
宁 夏	Ningxia								
新 疆	Xinjiang								

1-2-9 续表 4 continued

单位：个，人，亿元 (unit,person,100 million yuan)

地 区	Region	医疗设备及仪器仪表制造业 Manufacture of Medical Equipments and Measuring Instrument							
		企 业 单位数 Number of Enterprises	从业人员平均人数 Annual Average Number of Employed Personnel	当年价总产值 Gross Industrial Output Value at Current Prices	资产总计 Total Assets	主营业务收 入 Revenue from Business Principal	利润 Profits	利税 Taxes and Profits	出 口 交货值 Exports
全 国	**Total**	**3999**	**1031360**	**6884.2**	**6037.9**	**6738.6**	**662.6**	**925.0**	**1175.1**
东部地区	Eastern Region	3128	786009	5466.7	4653.2	5379.6	530.5	737.6	1097.1
中部地区	Middle Region	622	169689	1034.4	913.4	997.0	98.5	137.3	57.4
西部地区	Western Region	249	75662	383.1	471.3	362.0	33.7	50.1	20.6
北 京	Beijing	242	42084	295.1	453.0	339.1	50.3	66.0	51.2
天 津	Tianjin	79	17417	68.7	77.0	76.3	4.9	8.3	30.8
河 北	Hebei	69	17688	94.2	87.5	90.5	12.8	16.4	8.7
山 西	Shanxi	13	4768	22.5	40.3	23.5	2.2	3.0	0.9
内 蒙 古	Inner Mongolia	9	602	3.4	2.9	3.5	0.3	0.3	
辽 宁	Liaoning	201	29570	224.2	162.7	223.2	17.6	24.6	29.9
吉 林	Jilin	46	6962	63.8	46.6	61.4	4.5	6.1	2.0
黑 龙 江	Heilongjiang	20	6592	20.8	29.5	20.3	1.4	2.4	0.2
上 海	Shanghai	253	56684	384.8	350.3	396.1	40.2	50.4	143.4
江 苏	Jiangsu	1006	273955	2422.7	1853.0	2354.9	218.8	315.5	351.6
浙 江	Zhejiang	517	125091	671.6	688.5	639.8	66.7	93.6	150.2
安 徽	Anhui	88	16895	145.7	111.7	137.2	17.7	22.8	14.0
福 建	Fujian	74	18168	99.4	74.5	96.0	8.1	9.8	38.5
江 西	Jiangxi	59	33594	134.3	101.9	150.3	9.8	13.3	23.0
山 东	Shandong	319	57332	550.8	256.3	542.7	43.8	66.8	49.2
河 南	Henan	182	54716	278.2	274.6	273.6	27.9	36.8	8.8
湖 北	Hubei	81	15304	72.0	80.3	67.3	5.9	8.7	2.8
湖 南	Hunan	124	30256	293.9	225.6	259.8	28.6	43.9	5.7
广 东	Guangdong	336	141418	610.6	628.0	584.1	64.0	81.5	241.2
广 西	Guangxi	31	5443	36.3	22.5	28.5	3.2	4.1	2.5
海 南	Hainan	1	1159	8.4	0.1	8.4	0.0	0.7	
重 庆	Chongqing	84	23496	126.2	116.7	117.7	9.4	14.6	6.9
四 川	Sichuan	87	16134	108.0	93.4	100.2	11.8	15.7	2.2
贵 州	Guizhou	8	1988	7.4	9.5	5.7	0.9	1.4	0.1
云 南	Yunnan	14	2704	11.9	49.1	11.9	1.4	1.7	1.6
西 藏	Tibet								
陕 西	Shaanxi	44	29017	114.9	188.8	115.4	7.7	13.9	9.7
甘 肃	Gansu	5	1121	2.4	2.4	2.1	0.0	0.1	
青 海	Qinghai	1	567	1.3	1.7	1.2	0.2	0.2	0.1
宁 夏	Ningxia	4	565	10.0	7.6	6.9	2.2	2.4	
新 疆	Xinjiang	2	70	1.0	1.9	1.0	0.1	0.1	

R&D 及相关活动情况
Statistics on R&D and Related Activities

2-1-1 大中型高技术产业企业R&D及相关活动情况

Statistics on R&D and Related Activities in High Technology Industry of Large and Medium-sized Enterprises

指 标	Indicator	2000	2005	2008	2009	2010	2011
R&D活动情况	**Statitstics on R&D Activities**						
R&D人员全时当量(人年)	Full-time Equivalent of R&D Personnel (man-year)	91573	173161	285079	320033	399074	426718
R&D经费内部支出(万元)	Intramural Expenditure on R&D (10000 yuan)	1110410	3624985	6551994	7740499	9678300	12378065
新产品开发及生产情况	**Statitstics on New Products Development and Production**						
新产品开发经费支出(万元)	Expenditure on New Products Development (10000 yuan)	1177940	4156916	7984007	9250743	10069385	15280302
新产品产值(万元)	Output Value of New Products (10000 yuan)	26672771	70348165	130182842	125012187	165026115	192675940
新产品销售收入(万元)	Sales Revenue of New Products (10000 yuan)	24838202	69146633	128794741	125950003	163647630	203845209
专利情况	**Statistics on Patents**						
专利申请数(件)	Patent Applications (piece)	2245	16823	39656	51513	59683	77725
有效发明专利(件)	Number of Patents In Force (piece)	1443	6658	23915	31830	50166	67428
技术改造、技术获取情况	**Statistics on Technology Acquisition and Technology Reconstruction**						
技术改造经费支出(万元)	Expenditure for Technical Renovation (10000 yuan)	1047478	1590214	2186000	2017410	2687343	2396391
技术引进经费支出(万元)	Expenditure for Acquisition of Foreign Technology (10000 yuan)	470463	848184	842933	644240	687810	621819
消化吸收经费支出(万元)	Expenditure for Assimilation of Technology (10000 yuan)	33685	274972	150163	106224	138268	152481
购买国内技术经费支出(万元)	Expenditure on Purchase of Domestic Technology (10000 yuan)	72099	95359	129707	139026	212944	162429
企业办研发机构情况	**Statistics on R&D Institutions**						
机构数(个)	Number of R&D Institutions in Enterprises (unit)	1379	1619	2534	2845	3184	3254
机构人员(人)	Personnel in R&D Institutions (person)	90187	156789	309766	341439	413640	394590
机构经费支出(万元)	Expenditure in R&D Institutions (10000 yuan)	961000	2607837	5795281	6949092	8784256	9296716

注：2010年及以前年份数据口径为从业人员年平均人数300人及以上并且年主营业务收入3000万元及以上并且年资产合计4000万元及以上的法人工业企业。2011年数据口径为从业人员年平均人数300人及以上且年主营业务收入2000万元及以上的法人工业企业。以下至2-1-12表相同。

2-1-2 大中型制造业企业R&D及相关活动情况
Statistics on R&D and Related Activities in Large and Medium-sized Manufacturing Enterprises

指　标	Indicator	2000	2005	2008	2009	2010	2011
R&D活动情况	**Statitstics on R&D Activities**						
R&D人员全时当量(人年)	Full-time Equivalent of R&D Personnel (man-year)	296697	545026	922842	1069889	1275556	1478986
R&D经费内部支出(万元)	Intramural Expenditure on R&D (10000 yuan)	3230543	11845186	25463789	30129433	37718648	47537548
新产品开发及生产情况	**Statitstics on New Products Development and Production**						
新产品开发经费支出(万元)	Expenditure on New Products Development (10000 yuan)	3791305	14222522	30284936	35495255	43246348	55887990
新产品产值(万元)	Output Value of New Products (10000 yuan)	79603236	250740954	510858348	578686110	729709704	871443115
新产品销售收入(万元)	Sales Revenue of New Products (10000 yuan)	76076657	238042145	502874193	571758255	723101200	876813240
专利情况	**Statistics on Patents**						
专利申请数(件)	Patent Applications (piece)	11139	53843	118050	161065	192674	255813
有效发明专利(件)	Number of Patents In Force (piece)	6054	21870	54223	78884	109732	143397
技术改造、技术获取情况	**Statistics on Technology Acquisition and Technology Reconstruction**						
技术改造经费支出(万元)	Expenditure for Technical Renovation (10000 yuan)	9950798	25122468	36581661	32352328	32809790	32793072
技术引进经费支出(万元)	Expenditure for Acquisition of Foreign Technology (10000 yuan)	2355387	2884886	4118747	3836873	3772500	3970371
消化吸收经费支出(万元)	Expenditure for Assimilation of Technology (10000 yuan)	176927	653496	1024411	1482563	1532166	1525239
购买国内技术经费支出(万元)	Expenditure on Purchase of Domestic Technology (10000 yuan)	245781	784587	1593316	1672216	1909182	1921047
企业办研发机构情况	**Statistics on R&D Institutions**						
机构数(个)	Number of R&D Institutions in Enterprises (unit)	7093	8659	12580	14536	16083	15960
机构人员(人)	Personnel in R&D Institutions (person)	399060	579427	999160	1203352	1407109	1425632
机构经费支出(万元)	Expenditure in R&D Institutions (10000 yuan)	3075258	9678739	22322644	25027666	31432418	33355983

2-1-3 分行业大中型企业R&D及相关活动情况

Statistics on R&D and Related Activities in Large and Medium-sized Enterprises by Industrial Sector

行 业	Industry	R&D人员全时当量（人年） Full-time Equivalent of R&D Personnel (man-year)					
		2000	2005	2008	2009	2010	2011
合 计	**Total**	**91573**	**173161**	**285079**	**320033**	**399074**	**426718**
医药制造业	**Manufacture of Medicines**	**12238**	**19584**	**40192**	**51108**	**55234**	**68682**
#化学药品制造	Manufacture of Chemical Medicine	7794	12574	24797	31457	37291	43985
中成药制造	Manufacture of Finished Traditional Chinese Herbal Medicine	2797	4976	10524	11766	10458	13856
生物、生化制品的制造	Manufacture of Biological and Biochemical Chemical Products	1406	1534	2717	5186	5374	6284
航空航天器制造业	**Manufacture of Aircrafts and Spacecrafts**	**30835**	**29870**	**19346**	**23034**	**28249**	**29497**
1.飞机制造及修理	Manufacture and Repairing of Airplanes	27704	27720	16604	20587	25910	25424
2.航天器制造	Manufacture of Spacecrafts	3131	2150	2742	2448	2339	4073
电子及通信设备制造业	**Manufacture of Electronic Equipment and Communication Equipment**	**36625**	**95091**	**172230**	**183062**	**211512**	**241750**
1.通信设备制造	Manufacture of Communication Equipment	18505	49679	92972	85735	98510	112346
#通信传输设备制造	Manufacture of Communication Transmitting Equipment	2663	3430	4337	6737	8050	8292
通信交换设备制造	Manufacture of Communication Exchanging Equipment	13065	34524	76121	62209	70981	80365
通信终端设备制造	Manufacture of Communication Terminal Equipment	1023	3983	2069	2532	3541	3484
2.雷达及配套设备制造	Manufacture of Radar and Its Fittings	1794	1810	2813	3768	4425	2809
3.广播电视设备制造	Manufacture of Broadcasting and TV Equipment	448	1740	2364	3073	2130	4053
4.电子器件制造	Manufacture of Electronic Appliances	5083	15211	20508	32278	31929	42442
#电子真空器件制造	Manufacture of Electronic Vacuum Appliances	1814	3839	2529	3221	2414	2038
半导体分立器件制造	Manufacture of Semiconductor Discreting Appliances	1948	1832	2544	4415	3198	4080
集成电路制造	Manufacture of Integrate Circuit	1321	3908	8263	13482	11149	14684
5.电子元件制造	Manufacture of Electronic Components	4669	13672	24912	34900	47274	56700
6.家用视听设备制造	Manufacture of Domestic TV Set and Radio Receiver	4117	11573	20256	14945	21422	16822
7.其他电子设备制造	Manufacture of Other Electronic Equipment	2009	1407	8405	8363	5822	6578
电子计算机及办公设备制造业	**Manufacture of Computers and Office Equipments**	**3941**	**17484**	**31052**	**35427**	**68509**	**45697**
1.电子计算机整机制造	Manufacture of Entired Computer	2950	7452	14232	17075	22225	16152
2.电子计算机外部设备制造	Manufacture of Computer Peripheral Equipment	806	8943	14994	16366	44846	26690
3.办公设备制造	Manufacture of Office Equipment	185	1089	1826	1986	1438	2855
医疗设备及仪器仪表制造业	**Manufacture of Medical Equipments and Measuring Instrument**	**7934**	**11132**	**22260**	**27401**	**35570**	**41092**
1.医疗设备及器械制造	Manufacture of Medical Equipment and Appliances	796	1262	3485	5523	7303	7097
2.仪器仪表制造	Manufacture of Measuring Instrument	7138	9870	18775	21878	28267	33995

2-1-3 续表 1 continued

行业	Industry	R&D经费内部支出（万元） Intramural Expenditure on R&D (10000 yuan)					
		2000	2005	2008	2009	2010	2011
合计	**Total**	**1110410**	**3624985**	**6551994**	**7740499**	**9678300**	**12378065**
医药制造业	**Manufacture of Medicines**	**135888**	**399510**	**790879**	**996221**	**1226262**	**1562720**
#化学药品制造	Manufacture of Chemical Medicine	88357	273832	520940	636142	814547	1002710
中成药制造	Manufacture of Finished Traditional Chinese Herbal Medicine	29227	91512	162600	203612	207721	256329
生物、生化制品的制造	Manufacture of Biological and Biochemical Chemical Products	16571	22955	66422	96793	132828	174290
航空航天器制造业	**Manufacture of Aircrafts and Spacecrafts**	**137932**	**277969**	**519869**	**657822**	**928427**	**1435570**
1.飞机制造及修理	Manufacture and Repairing of Airplanes	119250	239156	441850	517029	853331	1255553
2.航天器制造	Manufacture of Spacecrafts	18682	38813	78019	140793	75096	180017
电子及通信设备制造业	**Manufacture of Electronic Equipment and Communication Equipment**	**679441**	**2347164**	**4029384**	**4548486**	**5724094**	**7005706**
1.通信设备制造	Manufacture of Communication Equipment	397600	1196585	2021334	2388342	3047068	3532317
#通信传输设备制造	Manufacture of Communication Transmitting Equipment	63904	128969	80853	157353	138901	195816
通信交换设备制造	Manufacture of Communication Exchanging Equipment	281559	785133	1482334	1760298	2366544	2718852
通信终端设备制造	Manufacture of Communication Terminal Equipment	11693	54847	36575	65825	87283	89025
2.雷达及配套设备制造	Manufacture of Radar and Its Fittings	7003	24472	37973	73858	56977	78121
3.广播电视设备制造	Manufacture of Broadcasting and TV Equipment	2036	18105	46672	38732	40771	78966
4.电子器件制造	Manufacture of Electronic Appliances	85820	328721	613113	684095	933299	1290626
#电子真空器件制造	Manufacture of Electronic Vacuum Appliances	58896	42632	84142	56427	65854	59890
半导体分立器件制造	Manufacture of Semiconductor Discreting Appliances	9102	23160	42711	52439	102095	76026
集成电路制造	Manufacture of Integrate Circuit	17823	145065	300850	279995	301329	369966
5.电子元件制造	Manufacture of Electronic Components	79182	257997	585300	675056	870798	1080411
6.家用视听设备制造	Manufacture of Domestic TV Set and Radio Receiver	86682	500884	630175	590999	635762	757855
7.其他电子设备制造	Manufacture of Other Electronic Equipment	21118	20401	94818	97405	139420	187410
电子计算机及办公设备制造业	**Manufacture of Computers and Office Equipments**	**115541**	**434480**	**808960**	**988665**	**1175661**	**1513265**
1.电子计算机整机制造	Manufacture of Entired Computer	101235	211999	347172	422017	447584	697904
2.电子计算机外部设备制造	Manufacture of Computer Peripheral Equipment	12777	207560	432096	525557	690884	747540
3.办公设备制造	Manufacture of Office Equipment	1529	14921	29693	41092	37193	67820
医疗设备及仪器仪表制造业	**Manufacture of Medical Equipments and Measuring Instrument**	**41607**	**165862**	**402902**	**549305**	**623856**	**860804**
1.医疗设备及器械制造	Manufacture of Medical Equipment and Appliances	6274	34481	95907	143234	148612	205736
2.仪器仪表制造	Manufacture of Measuring Instrument	35334	131381	306995	406071	475244	655068

2-1-3 续表 2 continued

行　业	Industry	新产品开发经费支出 (万元) Expenditure on New Products Development (10000 yuan)					
		2000	2005	2008	2009	2010	2011
合　计	**Total**	**1177940**	**4156916**	**7984007**	**9250743**	**10069385**	**15280302**
医药制造业	**Manufacture of Medicines**	**149276**	**447725**	**871914**	**1073412**	**1314022**	**1691315**
#化学药品制造	Manufacture of Chemical Medicine	91707	300482	563888	680413	878141	1070585
中成药制造	Manufacture of Finished Traditional Chinese Herbal Medicine	38556	97048	168829	210019	225868	280804
生物、生化制品的制造	Manufacture of Biological and Biochemical Chemical Products	15925	28373	85150	108059	140126	205828
航空航天器制造业	**Manufacture of Aircrafts and Spacecrafts**	**114280**	**301632**	**494423**	**764631**	**1033408**	**1340147**
1.飞机制造及修理	Manufacture and Repairing of Airplanes	95570	270864	425487	627015	964989	1156868
2.航天器制造	Manufacture of Spacecrafts	18709	30769	68936	137616	68418	183279
电子及通信设备制造业	**Manufacture of Electronic Equipment and Communication Equipment**	**736736**	**2611326**	**4865650**	**5442512**	**5392710**	**9112209**
1.通信设备制造	Manufacture of Communication Equipment	363991	1267879	2280979	2793220	1994365	4494800
#通信传输设备制造	Manufacture of Communication Transmitting Equipment	61376	138801	109955	194010	167183	242315
通信交换设备制造	Manufacture of Communication Exchanging Equipment	241631	720223	1527856	1932309	1071117	3379688
通信终端设备制造	Manufacture of Communication Terminal Equipment	18365	66003	110789	97709	119958	77626
2.雷达及配套设备制造	Manufacture of Radar and Its Fittings	11129	27487	42449	75597	80554	131179
3.广播电视设备制造	Manufacture of Broadcasting and TV Equipment	1117	27438	59938	60413	67349	119441
4.电子器件制造	Manufacture of Electronic Appliances	102543	355849	815700	878320	1296953	1784389
#电子真空器件制造	Manufacture of Electronic Vacuum Appliances	73629	48067	99002	77754	81119	76186
半导体分立器件制造	Manufacture of Semiconductor Discreting Appliances	9795	30538	78129	86230	106515	86488
集成电路制造	Manufacture of Integrate Circuit	19119	129635	383349	290902	381026	513173
5.电子元件制造	Manufacture of Electronic Components	97668	315540	755823	780830	1049434	1380871
6.家用视听设备制造	Manufacture of Domestic TV Set and Radio Receiver	142278	589840	765367	726350	751944	917630
7.其他电子设备制造	Manufacture of Other Electronic Equipment	18010	27294	145394	127781	152111	283899
电子计算机及办公设备制造业	**Manufacture of Computers and Office Equipments**	**133132**	**617788**	**1252080**	**1271478**	**1479659**	**2090912**
1.电子计算机整机制造	Manufacture of Entired Computer	100730	271034	537765	510656	563301	1077812
2.电子计算机外部设备制造	Manufacture of Computer Peripheral Equipment	28414	307709	685921	712642	861000	928256
3.办公设备制造	Manufacture of Office Equipment	3989	39045	28394	48181	55358	84844
医疗设备及仪器仪表制造业	**Manufacture of Medical Equipments and Measuring Instrument**	**44516**	**178445**	**499941**	**698711**	**849586**	**1045718**
1.医疗设备及器械制造	Manufacture of Medical Equipment and Appliances	7174	33142	114285	171711	206115	257477
2.仪器仪表制造	Manufacture of Measuring Instrument	37342	145303	385655	527000	643471	788242

2-1-3 续表 3 continued

行 业	Industry	新产品产值（万元） Output Value of New Products (10000 yuan)					
		2000	2005	2008	2009	2010	2011
合 计	**Total**	**26672771**	**70348165**	**130182842**	**125012187**	**165026115**	**192675940**
医药制造业	**Manufacture of Medicines**	**2048119**	**5119020**	**10196336**	**13440843**	**17722063**	**19596687**
#化学药品制造	Manufacture of Chemical Medicine	1558455	3674771	6827456	9018293	11951655	11672479
中成药制造	Manufacture of Finished Traditional Chinese Herbal Medicine	344144	1125252	1939867	2659895	3200938	3749457
生物、生化制品的制造	Manufacture of Biological and Biochemical Chemical Products	117730	158905	825456	1024667	1462287	2154652
航空航天器制造业	**Manufacture of Aircrafts and Spacecrafts**	**966141**	**3735597**	**4707442**	**3101400**	**5138592**	**4943480**
1.飞机制造及修理	Manufacture and Repairing of Airplanes	830098	3700713	4511668	2909253	4897219	4586986
2.航天器制造	Manufacture of Spacecrafts	136042	34884	195774	192147	241373	356494
电子及通信设备制造业	**Manufacture of Electronic Equipment and Communication Equipment**	**17389673**	**38812363**	**66950467**	**81867182**	**88737027**	**102993879**
1.通信设备制造	Manufacture of Communication Equipment	7291622	16873125	30679184	39912928	41210183	45463632
#通信传输设备制造	Manufacture of Communication Transmitting Equipment	1175714	564430	1316685	1125679	1125469	1921247
通信交换设备制造	Manufacture of Communication Exchanging Equipment	1637832	5339491	7245735	14886609	13830810	19780620
通信终端设备制造	Manufacture of Communication Terminal Equipment	1184263	1040097	1365400	1400976	1658323	1460878
2.雷达及配套设备制造	Manufacture of Radar and Its Fittings	106142	243074	158570	533778	488398	836230
3.广播电视设备制造	Manufacture of Broadcasting and TV Equipment	7489	165620	586881	665887	628644	1339879
4.电子器件制造	Manufacture of Electronic Appliances	1994841	5207840	11709935	12211180	15026419	18429763
#电子真空器件制造	Manufacture of Electronic Vacuum Appliances	1590328	1257838	1620031	748251	1028187	785710
半导体分立器件制造	Manufacture of Semiconductor Discreting Appliances	65747	163524	775505	751218	1049770	799517
集成电路制造	Manufacture of Integrate Circuit	338766	2190918	2820658	4441523	1792406	3516054
5.电子元件制造	Manufacture of Electronic Components	1037693	3027015	7520956	11003421	14915381	16776592
6.家用视听设备制造	Manufacture of Domestic TV Set and Radio Receiver	6756696	13061339	14600830	16003497	14558076	18023659
7.其他电子设备制造	Manufacture of Other Electronic Equipment	195190	234351	1694110	1536490	1909927	2124124
电子计算机及办公设备制造业	**Manufacture of Computers and Office Equipments**	**5600311**	**20826746**	**43173082**	**20809480**	**46036994**	**55578267**
1.电子计算机整机制造	Manufacture of Entired Computer	2910112	12331549	25667153	7646322	14564760	24765777
2.电子计算机外部设备制造	Manufacture of Computer Peripheral Equipment	2586932	7827349	16615192	12664257	30267515	29768013
3.办公设备制造	Manufacture of Office Equipment	103267	667848	890736	498901	1204720	1044478
医疗设备及仪器仪表制造业	**Manufacture of Medical Equipments and Measuring Instrument**	**668527**	**1854438**	**5155516**	**5793283**	**7391438**	**9563627**
1.医疗设备及器械制造	Manufacture of Medical Equipment and Appliances	100865	332455	988785	1241924	945045	919398
2.仪器仪表制造	Manufacture of Measuring Instrument	567662	1521983	4166731	4551360	6446394	8644229

2-1-3 续表 4 continued

行业	Industry	新产品销售收入（万元） Sales Revenue of New Products (10000 yuan)					
		2000	2005	2008	2009	2010	2011
合 计	**Total**	**24838202**	**69146633**	**128794741**	**125950003**	**163647630**	**203845209**
医药制造业	**Manufacture of Medicines**	**1720272**	**4693608**	**9489106**	**12483159**	**16755263**	**18253060**
#化学药品制造	Manufacture of Chemical Medicine	1348607	3327695	6415616	8468850	11455030	10844461
中成药制造	Manufacture of Finished Traditional Chinese Herbal Medicine	251856	1045794	1773552	2342221	2943796	3446421
生物、生化制品的制造	Manufacture of Biological and Biochemical Chemical Products	95979	171308	719740	991985	1387671	2048086
航空航天器制造业	**Manufacture of Aircrafts and Spacecrafts**	**813277**	**3373540**	**4729806**	**2721714**	**4721627**	**4980325**
1.飞机制造及修理	Manufacture and Repairing of Airplanes	696006	3335683	4524182	2562529	4485881	4619963
2.航天器制造	Manufacture of Spacecrafts	117272	37857	205624	159185	235747	360362
电子及通信设备制造业	**Manufacture of Electronic Equipment and Communication Equipment**	**16308150**	**38520369**	**67590765**	**82327726**	**90714882**	**104118444**
1.通信设备制造	Manufacture of Communication Equipment	6717290	16431725	30989691	41430667	42748773	46192610
#通信传输设备制造	Manufacture of Communication Transmitting Equipment	992629	609256	1187452	1441746	1349610	2080386
通信交换设备制造	Manufacture of Communication Exchanging Equipment	1179165	5118187	7736273	16865814	15440309	20574941
通信终端设备制造	Manufacture of Communication Terminal Equipment	1288981	994193	1318807	1416433	1627424	1491957
2.雷达及配套设备制造	Manufacture of Radar and Its Fittings	102849	258585	164617	514724	431244	752468
3.广播电视设备制造	Manufacture of Broadcasting and TV Equipment	6198	161757	536663	588380	711803	1298986
4.电子器件制造	Manufacture of Electronic Appliances	1910948	5127979	11446943	12010483	14657975	17858509
#电子真空器件制造	Manufacture of Electronic Vacuum Appliances	1512257	1205662	1528940	743568	1020064	769817
半导体分立器件制造	Manufacture of Semiconductor Discreting Appliances	62650	161634	770848	739217	1094858	842190
集成电路制造	Manufacture of Integrate Circuit	336040	2150651	2811918	4380166	1752030	3415390
5.电子元件制造	Manufacture of Electronic Components	973788	3023700	7385399	10918384	14970598	16971775
6.家用视听设备制造	Manufacture of Domestic TV Set and Radio Receiver	6376889	13313107	15763132	15386164	15392293	19026208
7.其他电子设备制造	Manufacture of Other Electronic Equipment	220190	203515	1304320	1478924	1802197	2017889
电子计算机及办公设备制造业	**Manufacture of Computers and Office Equipments**	**5369985**	**20700912**	**42277386**	**22531229**	**44214684**	**67388516**
1.电子计算机整机制造	Manufacture of Entired Computer	2707176	12278252	24974827	9492276	15335388	33655127
2.电子计算机外部设备制造	Manufacture of Computer Peripheral Equipment	2560950	7750678	16454350	12542334	27639164	32831137
3.办公设备制造	Manufacture of Office Equipment	101858	671983	848209	496619	1240132	902253
医疗设备及仪器仪表制造业	**Manufacture of Medical Equipments and Measuring Instrument**	**626518**	**1858204**	**4707678**	**5886175**	**7241173**	**9104864**
1.医疗设备及器械制造	Manufacture of Medical Equipment and Appliances	101634	319050	946912	1126830	880563	862209
2.仪器仪表制造	Manufacture of Measuring Instrument	524884	1539155	3760767	4759345	6360610	8242654

2-1-3 续表 5 continued

行 业	Industry	专利申请数（件） Patent Applications (piece)					
		2000	2005	2008	2009	2010	2011
合 计	**Total**	**2245**	**16823**	**39656**	**51513**	**59683**	**77725**
医药制造业	**Manufacture of Medicines**	**579**	**2708**	**3917**	**4785**	**5767**	**6413**
#化学药品制造	Manufacture of Chemical Medicine	215	1133	1587	2340	2792	3229
中成药制造	Manufacture of Finished Traditional Chinese Herbal Medicine	286	1288	1751	1827	2098	2153
生物、生化制品的制造	Manufacture of Biological and Biochemical Chemical Products	43	242	254	321	382	524
航空航天器制造业	**Manufacture of Aircrafts and Spacecrafts**	**79**	**328**	**1036**	**1504**	**2172**	**2414**
1.飞机制造及修理	Manufacture and Repairing of Airplanes	74	314	946	1362	2014	2125
2.航天器制造	Manufacture of Spacecrafts	5	14	90	142	158	289
电子及通信设备制造业	**Manufacture of Electronic Equipment and Communication Equipment**	**1099**	**11022**	**25909**	**32485**	**35575**	**49360**
1.通信设备制造	Manufacture of Communication Equipment	570	6602	16159	18913	16886	23751
#通信传输设备制造	Manufacture of Communication Transmitting Equipment	43	309	748	707	731	1269
通信交换设备制造	Manufacture of Communication Exchanging Equipment	486	5409	13527	15771	12003	17713
通信终端设备制造	Manufacture of Communication Terminal Equipment	29	177	258	378	867	649
2.雷达及配套设备制造	Manufacture of Radar and Its Fittings	22	9	70	123	288	361
3.广播电视设备制造	Manufacture of Broadcasting and TV Equipment	4	101	600	540	1459	2881
4.电子器件制造	Manufacture of Electronic Appliances	65	812	3273	5165	6887	9902
#电子真空器件制造	Manufacture of Electronic Vacuum Appliances	47	110	243	287	519	1244
半导体分立器件制造	Manufacture of Semiconductor Discreting Appliances	6	10	149	262	352	302
集成电路制造	Manufacture of Integrate Circuit	12	457	1608	2129	2714	3469
5.电子元件制造	Manufacture of Electronic Components	85	947	2057	3278	4879	7532
6.家用视听设备制造	Manufacture of Domestic TV Set and Radio Receiver	331	2434	3189	3594	4212	3275
7.其他电子设备制造	Manufacture of Other Electronic Equipment	22	117	561	872	964	1658
电子计算机及办公设备制造业	**Manufacture of Computers and Office Equipments**	**263**	**1863**	**4540**	**7922**	**10810**	**11180**
1.电子计算机整机制造	Manufacture of Entired Computer	166	1020	1171	3500	5644	6284
2.电子计算机外部设备制造	Manufacture of Computer Peripheral Equipment	93	796	3306	4278	4990	4524
3.办公设备制造	Manufacture of Office Equipment	4	47	63	144	176	372
医疗设备及仪器仪表制造业	**Manufacture of Medical Equipments and Measuring Instrument**	**225**	**902**	**4254**	**4817**	**5359**	**8358**
1.医疗设备及器械制造	Manufacture of Medical Equipment and Appliances	68	401	1326	1009	1217	1705
2.仪器仪表制造	Manufacture of Measuring Instrument	157	501	2928	3808	4142	6653

2-1-3 续表 6 continued

行 业	Industry	有效发明专利数（件） Number of Patents In Force (piece)					
		2000	2005	2008	2009	2010	2011
合 计	**Total**	**1443**	**6658**	**23915**	**31830**	**50166**	**67428**
医药制造业	**Manufacture of Medicines**	**460**	**1134**	**3170**	**3911**	**5672**	**6527**
#化学药品制造	Manufacture of Chemical Medicine	165	495	1300	1762	2598	3306
中成药制造	Manufacture of Finished Traditional Chinese Herbal Medicine	211	497	1388	1677	2270	2346
生物、生化制品的制造	Manufacture of Biological and Biochemical Chemical Products	37	49	293	294	402	533
航空航天器制造业	**Manufacture of Aircrafts and Spacecrafts**	**139**	**192**	**400**	**565**	**700**	**1277**
1.飞机制造及修理	Manufacture and Repairing of Airplanes	102	185	357	480	585	1053
2.航天器制造	Manufacture of Spacecrafts	37	7	43	85	115	224
电子及通信设备制造业	**Manufacture of Electronic Equipment and Communication Equipment**	**589**	**4268**	**15418**	**21298**	**33677**	**44448**
1.通信设备制造	Manufacture of Communication Equipment	372	2959	10222	14770	23979	31499
#通信传输设备制造	Manufacture of Communication Transmitting Equipment	25	50	303	155	727	754
通信交换设备制造	Manufacture of Communication Exchanging Equipment	321	2610	9059	13537	21091	28071
通信终端设备制造	Manufacture of Communication Terminal Equipment	9	110	77	160	465	313
2.雷达及配套设备制造	Manufacture of Radar and Its Fittings	15	5	82	43	63	44
3.广播电视设备制造	Manufacture of Broadcasting and TV Equipment	2	13	158	149	278	663
4.电子器件制造	Manufacture of Electronic Appliances	29	540	1911	3607	4451	4970
#电子真空器件制造	Manufacture of Electronic Vacuum Appliances	19	346	196	321	260	277
半导体分立器件制造	Manufacture of Semiconductor Discreting Appliances	6	14	79	115	253	213
集成电路制造	Manufacture of Integrate Circuit	4	115	393	1808	2004	1835
5.电子元件制造	Manufacture of Electronic Components	44	369	821	1176	2840	4358
6.家用视听设备制造	Manufacture of Domestic TV Set and Radio Receiver	118	371	1941	1165	1538	1809
7.其他电子设备制造	Manufacture of Other Electronic Equipment	9	11	283	388	528	1105
电子计算机及办公设备制造业	**Manufacture of Computers and Office Equipments**	**131**	**473**	**3344**	**4192**	**7552**	**10532**
1.电子计算机整机制造	Manufacture of Entired Computer	69	146	1466	2738	4641	5947
2.电子计算机外部设备制造	Manufacture of Computer Peripheral Equipment	57	323	1866	1412	2812	4448
3.办公设备制造	Manufacture of Office Equipment	5	4	12	42	99	137
医疗设备及仪器仪表制造业	**Manufacture of Medical Equipments and Measuring Instrument**	**124**	**591**	**1583**	**1864**	**2565**	**4644**
1.医疗设备及器械制造	Manufacture of Medical Equipment and Appliances	52	90	527	434	658	1626
2.仪器仪表制造	Manufacture of Measuring Instrument	72	501	1056	1430	1907	3018

2-1-3 续表 7 continued

行业	Industry	技术改造经费支出（万元） Expenditure for Technical Renovation (10000 yuan)					
		2000	2005	2008	2009	2010	2011
合 计	**Total**	**1047478**	**1590214**	**2186000**	**2017410**	**2687343**	**2396391**
医药制造业	**Manufacture of Medicines**	**288150**	**441007**	**513721**	**627433**	**600803**	**602350**
#化学药品制造	Manufacture of Chemical Medicine	240426	299639	319890	419595	423886	450630
中成药制造	Manufacture of Finished Traditional Chinese Herbal Medicine	41244	115426	118326	126035	87116	75515
生物、生化制品的制造	Manufacture of Biological and Biochemical Chemical Products	4751	14754	34834	31766	41378	40938
航空航天器制造业	**Manufacture of Aircrafts and Spacecrafts**	**154666**	**368919**	**332520**	**413887**	**387274**	**373716**
1.飞机制造及修理	Manufacture and Repairing of Airplanes	128203	353441	303814	400696	352979	330906
2.航天器制造	Manufacture of Spacecrafts	26464	15478	28706	13190	34295	42810
电子及通信设备制造业	**Manufacture of Electronic Equipment and Communication Equipment**	**520752**	**611919**	**1038023**	**661653**	**1208715**	**846082**
1.通信设备制造	Manufacture of Communication Equipment	79122	80990	96466	61687	74395	118517
#通信传输设备制造	Manufacture of Communication Transmitting Equipment	12834	27100	16605	32512	14019	54575
通信交换设备制造	Manufacture of Communication Exchanging Equipment	31930	5607	4336	1544	3956	3043
通信终端设备制造	Manufacture of Communication Terminal Equipment	31322	12728	26495	7032	25292	18720
2.雷达及配套设备制造	Manufacture of Radar and Its Fittings	8482	17859	19726	36326	10179	29563
3.广播电视设备制造	Manufacture of Broadcasting and TV Equipment	3394	12355	2197	6833	4142	3666
4.电子器件制造	Manufacture of Electronic Appliances	142873	160201	263182	265275	597467	293921
#电子真空器件制造	Manufacture of Electronic Vacuum Appliances	86502	42193	23404	13908	69829	11575
半导体分立器件制造	Manufacture of Semiconductor Discreting Appliances	21303	12241	42024	32077	97821	40067
集成电路制造	Manufacture of Integrate Circuit	35068	76839	77082	121210	62147	96822
5.电子元件制造	Manufacture of Electronic Components	192458	233566	266726	195426	195460	235365
6.家用视听设备制造	Manufacture of Domestic TV Set and Radio Receiver	72331	102632	308690	86786	305377	154353
7.其他电子设备制造	Manufacture of Other Electronic Equipment	22092	4316	81035	9321	21694	10696
电子计算机及办公设备制造业	**Manufacture of Computers and Office Equipments**	**28852**	**53753**	**103750**	**120367**	**201172**	**132809**
1.电子计算机整机制造	Manufacture of Entired Computer	10885	15313	41281	44089	88406	66152
2.电子计算机外部设备制造	Manufacture of Computer Peripheral Equipment	17915	35001	53575	71479	106202	64366
3.办公设备制造	Manufacture of Office Equipment	52	3439	8894	4800	6564	2291
医疗设备及仪器仪表制造业	**Manufacture of Medical Equipments and Measuring Instrument**	**55058**	**114617**	**197987**	**194070**	**289378**	**441435**
1.医疗设备及器械制造	Manufacture of Medical Equipment and Appliances	7423	12635	17673	21641	60644	44273
2.仪器仪表制造	Manufacture of Measuring Instrument	47635	101982	180314	172429	228734	397162

2-1-3 续表 8 continued

行 业	Industry	技术引进经费支出（万元）Expenditure for Acquisition of Foreign Technology (10000 yuan)					
		2000	2005	2008	2009	2010	2011
合 计	**Total**	**470463**	**848184**	**842933**	**644240**	**687810**	**621819**
医药制造业	**Manufacture of Medicines**	**45441**	**35815**	**45414**	**42329**	**48413**	**54311**
#化学药品制造	Manufacture of Chemical Medicine	28040	28159	29514	38522	39192	45399
中成药制造	Manufacture of Finished Traditional Chinese Herbal Medicine	9602	4874	10521	662	1225	1240
生物、生化制品的制造	Manufacture of Biological and Biochemical Chemical Products	7353	151	3389	2277	5255	2186
航空航天器制造业	**Manufacture of Aircrafts and Spacecrafts**	**29793**	**30369**	**7027**	**26663**	**64941**	**21109**
1.飞机制造及修理	Manufacture and Repairing of Airplanes	19970	28933	6677	26623	64941	21109
2.航天器制造	Manufacture of Spacecrafts	9823	1436	350	40		
电子及通信设备制造业	**Manufacture of Electronic Equipment and Communication Equipment**	**305560**	**665035**	**718437**	**480315**	**474667**	**478520**
1.通信设备制造	Manufacture of Communication Equipment	75927	198733	313944	173136	171859	42183
#通信传输设备制造	Manufacture of Communication Transmitting Equipment	9182	2356	7752	3826	5665	6672
通信交换设备制造	Manufacture of Communication Exchanging Equipment	15027	7116	3866	8457	3104	6266
通信终端设备制造	Manufacture of Communication Terminal Equipment	47938	2550	66353	15752	13324	8448
2.雷达及配套设备制造	Manufacture of Radar and Its Fittings	769	14	100	630	547	596
3.广播电视设备制造	Manufacture of Broadcasting and TV Equipment	152	833	1631	485	532	1633
4.电子器件制造	Manufacture of Electronic Appliances	81345	200662	190354	159958	148097	243710
#电子真空器件制造	Manufacture of Electronic Vacuum Appliances	40312	79691	62637	26637	26902	35592
半导体分立器件制造	Manufacture of Semiconductor Discreting Appliances	7838	236	23987	8752	9411	4600
集成电路制造	Manufacture of Integrate Circuit	33195	56049	25655	15291	16436	20124
5.电子元件制造	Manufacture of Electronic Components	102500	106226	51737	47431	75149	84834
6.家用视听设备制造	Manufacture of Domestic TV Set and Radio Receiver	42840	155500	158603	96296	77984	105122
7.其他电子设备制造	Manufacture of Other Electronic Equipment	2028	3067	2070	2379	499	443
电子计算机及办公设备制造业	**Manufacture of Computers and Office Equipments**	**77839**	**114665**	**26913**	**56422**	**36594**	**8572**
1.电子计算机整机制造	Manufacture of Entired Computer	34399	41904	3338	3779	3753	4372
2.电子计算机外部设备制造	Manufacture of Computer Peripheral Equipment	43048	52436	20525	41715	16184	3050
3.办公设备制造	Manufacture of Office Equipment	392	20325	3050	10929	16657	1150
医疗设备及仪器仪表制造业	**Manufacture of Medical Equipments and Measuring Instrument**	**11829**	**2300**	**45142**	**38510**	**63195**	**59306**
1.医疗设备及器械制造	Manufacture of Medical Equipment and Appliances	1890	30	959	432	27636	32224
2.仪器仪表制造	Manufacture of Measuring Instrument	9940	2270	44183	38079	35559	27082

2-1-3 续表 9 continued

行 业	Industry	消化吸收经费支出（万元） Expenditure for Assimilation of Technology (10000 yuan)					
		2000	2005	2008	2009	2010	2011
合 计	**Total**	**33685**	**274972**	**150163**	**106224**	**138268**	**152481**
医药制造业	**Manufacture of Medicines**	**12121**	**34971**	**43133**	**42094**	**49874**	**43981**
#化学药品制造	Manufacture of Chemical Medicine	11034	31449	33504	30941	40815	33493
中成药制造	Manufacture of Finished Traditional Chinese Herbal Medicine	226	3417	5143	5392	6210	6414
生物、生化制品的制造	Manufacture of Biological and Biochemical Chemical Products	771	55	1768	3812	859	673
航空航天器制造业	**Manufacture of Aircrafts and Spacecrafts**	**1943**	**1438**	**420**	**27586**	**27220**	**5820**
1.飞机制造及修理	Manufacture and Repairing of Airplanes	1943	1438	220	27578	23563	5820
2.航天器制造	Manufacture of Spacecrafts			200	8	3657	
电子及通信设备制造业	**Manufacture of Electronic Equipment and Communication Equipment**	**12716**	**226463**	**65222**	**22483**	**39048**	**70993**
1.通信设备制造	Manufacture of Communication Equipment	2508	166912	7015	3252	4910	3465
#通信传输设备制造	Manufacture of Communication Transmitting Equipment	839	473	996	580	410	
通信交换设备制造	Manufacture of Communication Exchanging Equipment	772				502	5
通信终端设备制造	Manufacture of Communication Terminal Equipment	656	85	942	180	1067	791
2.雷达及配套设备制造	Manufacture of Radar and Its Fittings	1		50	102	108	168
3.广播电视设备制造	Manufacture of Broadcasting and TV Equipment		326	117	91		21
4.电子器件制造	Manufacture of Electronic Appliances	2746	15915	10083	4043	10875	6484
#电子真空器件制造	Manufacture of Electronic Vacuum Appliances	2541	176	1741	190	109	212
半导体分立器件制造	Manufacture of Semiconductor Discreting Appliances	87	43	2382	666	2639	418
集成电路制造	Manufacture of Integrate Circuit	118	4375	1320	469	2764	862
5.电子元件制造	Manufacture of Electronic Components	1978	8779	13031	6274	8377	51678
6.家用视听设备制造	Manufacture of Domestic TV Set and Radio Receiver	5442	34519	19399	8621	14325	7607
7.其他电子设备制造	Manufacture of Other Electronic Equipment	41	11	15527	101	454	1570
电子计算机及办公设备制造业	**Manufacture of Computers and Office Equipments**	**6136**	**8795**	**25453**	**3835**	**9264**	**8282**
1.电子计算机整机制造	Manufacture of Entired Computer	1413	5447		3082	4563	5927
2.电子计算机外部设备制造	Manufacture of Computer Peripheral Equipment	4708	1533	25426	754	4039	51
3.办公设备制造	Manufacture of Office Equipment	15	1815	27		662	2305
医疗设备及仪器仪表制造业	**Manufacture of Medical Equipments and Measuring Instrument**	**768**	**3306**	**15935**	**10226**	**12862**	**23405**
1.医疗设备及器械制造	Manufacture of Medical Equipment and Appliances	180	49	391	709	423	393
2.仪器仪表制造	Manufacture of Measuring Instrument	588	3257	15545	9517	12440	23012

2-1-3 续表 10 continued

行 业	Industry	购买国内技术经费支出（万元） Expenditure on Purchase of Domestic Technology (10000 yuan)					
		2000	2005	2008	2009	2010	2011
合 计	**Total**	**72099**	**95359**	**129707**	**139026**	**212944**	**162429**
医药制造业	**Manufacture of Medicines**	**61208**	**56041**	**64098**	**65555**	**71200**	**69021**
#化学药品制造	Manufacture of Chemical Medicine	19286	46206	35004	44855	48303	50650
中成药制造	Manufacture of Finished Traditional Chinese Herbal Medicine	37713	8399	21379	14108	17379	8591
生物、生化制品的制造	Manufacture of Biological and Biochemical Chemical Products	3691	897	1657	4252	3645	6473
航空航天器制造业	**Manufacture of Aircrafts and Spacecrafts**	**4437**	**10751**	**5717**	**14150**	**16530**	**14764**
1.飞机制造及修理	Manufacture and Repairing of Airplanes	2421	10751	5657	14070	16530	14764
2.航天器制造	Manufacture of Spacecrafts	2016		60	81		
电子及通信设备制造业	**Manufacture of Electronic Equipment and Communication Equipment**	**3013**	**23056**	**48833**	**44935**	**83360**	**49191**
1.通信设备制造	Manufacture of Communication Equipment	1019	6046	8010	9560	12221	18483
#通信传输设备制造	Manufacture of Communication Transmitting Equipment	573	1014	85	2222	3363	6252
通信交换设备制造	Manufacture of Communication Exchanging Equipment	172	86	321		1	5
通信终端设备制造	Manufacture of Communication Terminal Equipment	154	199	487	1117	593	459
2.雷达及配套设备制造	Manufacture of Radar and Its Fittings	2	488	1544	1542	2822	2268
3.广播电视设备制造	Manufacture of Broadcasting and TV Equipment	10	4300	1737	545	56	1021
4.电子器件制造	Manufacture of Electronic Appliances	584	4064	17779	14655	48024	7828
#电子真空器件制造	Manufacture of Electronic Vacuum Appliances	224	1163	376	616	382	
半导体分立器件制造	Manufacture of Semiconductor Discreting Appliances	357	2159	883	998	3810	240
集成电路制造	Manufacture of Integrate Circuit	3	70	2798	239	33404	1981
5.电子元件制造	Manufacture of Electronic Components	897	5429	15351	12809	14983	10933
6.家用视听设备制造	Manufacture of Domestic TV Set and Radio Receiver	470	2287	2802	5153	3205	7273
7.其他电子设备制造	Manufacture of Other Electronic Equipment	31	442	1611	671	2050	1385
电子计算机及办公设备制造业	**Manufacture of Computers and Office Equipments**	**251**	**2191**	**4189**	**5104**	**25477**	**14435**
1.电子计算机整机制造	Manufacture of Entired Computer	243	1933	158	290	804	15
2.电子计算机外部设备制造	Manufacture of Computer Peripheral Equipment	9	152	4028	4814	24638	14400
3.办公设备制造	Manufacture of Office Equipment		106	3		35	20
医疗设备及仪器仪表制造业	**Manufacture of Medical Equipments and Measuring Instrument**	**3190**	**3320**	**6869**	**9282**	**16377**	**15019**
1.医疗设备及器械制造	Manufacture of Medical Equipment and Appliances	2806	15	857	300	1015	4708
2.仪器仪表制造	Manufacture of Measuring Instrument	384	3305	6012	8982	15362	10311

2-1-3 续表 11 continued

行　业	Industry	研发机构数（个） Number of R&D Institutions in Enterprises (unit)					
		2000	2005	2008	2009	2010	2011
合　计	**Total**	**1379**	**1619**	**2534**	**2845**	**3184**	**3254**
医药制造业	**Manufacture of Medicines**	**512**	**581**	**746**	**849**	**929**	**927**
#化学药品制造	Manufacture of Chemical Medicine	308	339	439	477	526	525
中成药制造	Manufacture of Finished Traditional Chinese Herbal Medicine	145	176	200	234	248	239
生物、生化制品的制造	Manufacture of Biological and Biochemical Chemical Products	43	31	55	70	77	88
航空航天器制造业	**Manufacture of Aircrafts and Spacecrafts**	**161**	**103**	**130**	**111**	**122**	**88**
1.飞机制造及修理	Manufacture and Repairing of Airplanes	128	98	117	99	109	79
2.航天器制造	Manufacture of Spacecrafts	33	5	13	12	13	9
电子及通信设备制造业	**Manufacture of Electronic Equipment and Communication Equipment**	**482**	**643**	**1120**	**1251**	**1439**	**1560**
1.通信设备制造	Manufacture of Communication Equipment	168	141	230	239	296	254
#通信传输设备制造	Manufacture of Communication Transmitting Equipment	49	37	62	67	73	69
通信交换设备制造	Manufacture of Communication Exchanging Equipment	54	28	36	41	61	53
通信终端设备制造	Manufacture of Communication Terminal Equipment	22	28	27	28	33	23
2.雷达及配套设备制造	Manufacture of Radar and Its Fittings	30	25	23	29	25	23
3.广播电视设备制造	Manufacture of Broadcasting and TV Equipment	8	17	28	29	37	49
4.电子器件制造	Manufacture of Electronic Appliances	49	118	267	287	333	295
#电子真空器件制造	Manufacture of Electronic Vacuum Appliances	23	36	39	34	37	15
半导体分立器件制造	Manufacture of Semiconductor Discreting Appliances	17	19	29	36	46	36
集成电路制造	Manufacture of Integrate Circuit	9	29	82	72	87	68
5.电子元件制造	Manufacture of Electronic Components	132	220	388	480	505	704
6.家用视听设备制造	Manufacture of Domestic TV Set and Radio Receiver	80	104	129	122	142	145
7.其他电子设备制造	Manufacture of Other Electronic Equipment	15	18	55	65	101	90
电子计算机及办公设备制造业	**Manufacture of Computers and Office Equipments**	**63**	**101**	**172**	**217**	**213**	**209**
1.电子计算机整机制造	Manufacture of Entired Computer	44	32	44	55	46	48
2.电子计算机外部设备制造	Manufacture of Computer Peripheral Equipment	16	61	117	144	143	141
3.办公设备制造	Manufacture of Office Equipment	3	8	11	18	24	20
医疗设备及仪器仪表制造业	**Manufacture of Medical Equipments and Measuring Instrument**	**161**	**191**	**366**	**417**	**481**	**470**
1.医疗设备及器械制造	Manufacture of Medical Equipment and Appliances	22	25	54	78	86	88
2.仪器仪表制造	Manufacture of Measuring Instrument	139	166	312	339	395	382

2-1-3 续表 12 continued

行　业	Industry	机构人员（人） Personnel in the R&D Institutions (person)					
		2000	2005	2008	2009	2010	2011
合　计	**Total**	**90187**	**156789**	**309766**	**341439**	**413640**	**394590**
医药制造业	**Manufacture of Medicines**	**16366**	**22081**	**43264**	**49474**	**59036**	**62023**
#化学药品制造	Manufacture of Chemical Medicine	10749	13181	26250	28776	35962	35684
中成药制造	Manufacture of Finished Traditional Chinese Herbal Medicine	3593	6340	12513	12573	14010	15253
生物、生化制品的制造	Manufacture of Biological and Biochemical Chemical Products	1507	1577	2375	5346	5725	6612
航空航天器制造业	**Manufacture of Aircrafts and Spacecrafts**	**15017**	**14518**	**16600**	**17797**	**23062**	**22634**
1.飞机制造及修理	Manufacture and Repairing of Airplanes	12281	14414	15768	17017	21978	21630
2.航天器制造	Manufacture of Spacecrafts	2736	104	832	780	1084	1004
电子及通信设备制造业	**Manufacture of Electronic Equipment and Communication Equipment**	**44988**	**87031**	**188601**	**203782**	**234563**	**235921**
1.通信设备制造	Manufacture of Communication Equipment	23216	46175	99446	91835	113258	123514
#通信传输设备制造	Manufacture of Communication Transmitting Equipment	3732	2565	5558	6949	8024	6324
通信交换设备制造	Manufacture of Communication Exchanging Equipment	15205	34461	77975	67320	84573	96087
通信终端设备制造	Manufacture of Communication Terminal Equipment	1280	3367	1894	2067	4358	2251
2.雷达及配套设备制造	Manufacture of Radar and Its Fittings	2811	1983	2988	4499	4494	3861
3.广播电视设备制造	Manufacture of Broadcasting and TV Equipment	455	1390	2601	3081	3404	7092
4.电子器件制造	Manufacture of Electronic Appliances	3531	8028	22885	29475	36457	34984
#电子真空器件制造	Manufacture of Electronic Vacuum Appliances	1857	1998	2709	2899	3111	2205
半导体分立器件制造	Manufacture of Semiconductor Discreting Appliances	764	1600	2146	3268	4274	3507
集成电路制造	Manufacture of Integrate Circuit	910	1747	7701	10393	9901	9905
5.电子元件制造	Manufacture of Electronic Components	8173	12689	33370	48481	47316	44530
6.家用视听设备制造	Manufacture of Domestic TV Set and Radio Receiver	4802	14930	23010	21674	23634	15301
7.其他电子设备制造	Manufacture of Other Electronic Equipment	2000	1836	4301	4737	6000	6639
电子计算机及办公设备制造业	**Manufacture of Computers and Office Equipments**	**6715**	**21628**	**35912**	**40031**	**59788**	**36435**
1.电子计算机整机制造	Manufacture of Entired Computer	4850	5524	16296	20163	11273	13890
2.电子计算机外部设备制造	Manufacture of Computer Peripheral Equipment	1678	14911	18458	18461	46966	20444
3.办公设备制造	Manufacture of Office Equipment	187	1193	1158	1407	1549	2101
医疗设备及仪器仪表制造业	**Manufacture of Medical Equipments and Measuring Instrument**	**7101**	**11531**	**25389**	**30355**	**37191**	**37577**
1.医疗设备及器械制造	Manufacture of Medical Equipment and Appliances	957	1789	4753	6098	7374	6918
2.仪器仪表制造	Manufacture of Measuring Instrument	6144	9742	20636	24257	29817	30659

2-1-3 续表 13 continued

行　业	Industry	机构经费支出（万元） Expenditure in the R&D Institutions (10000 yuan)					
		2000	2005	2008	2009	2010	2011
合　计	**Total**	**961000**	**2607837**	**5795281**	**6949093**	**8784256**	**9296716**
医药制造业	**Manufacture of Medicines**	**121593**	**337652**	**709333**	**831378**	**1104925**	**1192574**
#化学药品制造	Manufacture of Chemical Medicine	76463	219877	453474	502073	705108	721205
中成药制造	Manufacture of Finished Traditional Chinese Herbal Medicine	30744	90525	154625	189585	233093	237261
生物、生化制品的制造	Manufacture of Biological and Biochemical Chemical Products	10305	16358	68502	95594	113270	157195
航空航天器制造业	**Manufacture of Aircrafts and Spacecrafts**	**83791**	**130860**	**246019**	**257915**	**382422**	**398750**
1.飞机制造及修理	Manufacture and Repairing of Airplanes	77214	130334	233229	250039	356578	364680
2.航天器制造	Manufacture of Spacecrafts	6577	527	12790	7877	25844	34070
电子及通信设备制造业	**Manufacture of Electronic Equipment and Communication Equipment**	**596823**	**1749116**	**3683835**	**4613256**	**5800914**	**5957820**
1.通信设备制造	Manufacture of Communication Equipment	359866	971936	1800324	2626764	3301142	3660095
#通信传输设备制造	Manufacture of Communication Transmitting Equipment	39904	46521	79039	117834	122844	99445
通信交换设备制造	Manufacture of Communication Exchanging Equipment	259996	717865	1194648	2091544	2726133	3122881
通信终端设备制造	Manufacture of Communication Terminal Equipment	13079	50443	94241	33258	65477	41476
2.雷达及配套设备制造	Manufacture of Radar and Its Fittings	8941	16808	27283	67770	66002	74949
3.广播电视设备制造	Manufacture of Broadcasting and TV Equipment	1374	15044	39579	38267	41910	65555
4.电子器件制造	Manufacture of Electronic Appliances	62900	100552	605280	572019	945930	835193
#电子真空器件制造	Manufacture of Electronic Vacuum Appliances	43653	27702	75965	45192	85527	40190
半导体分立器件制造	Manufacture of Semiconductor Discreting Appliances	4259	12893	23978	36194	60664	41939
集成电路制造	Manufacture of Integrate Circuit	14988	24668	328664	268815	283056	294079
5.电子元件制造	Manufacture of Electronic Components	51177	171325	455141	560352	744582	683261
6.家用视听设备制造	Manufacture of Domestic TV Set and Radio Receiver	93887	461781	695574	687401	620418	539939
7.其他电子设备制造	Manufacture of Other Electronic Equipment	18680	11668	60654	60683	80929	98829
电子计算机及办公设备制造业	**Manufacture of Computers and Office Equipments**	**125045**	**288173**	**796904**	**760427**	**1005461**	**1156083**
1.电子计算机整机制造	Manufacture of Entired Computer	95462	121762	361534	343672	348736	617265
2.电子计算机外部设备制造	Manufacture of Computer Peripheral Equipment	29057	159259	416865	400267	620651	506324
3.办公设备制造	Manufacture of Office Equipment	526	7153	18505	16487	36075	32495
医疗设备及仪器仪表制造业	**Manufacture of Medical Equipments and Measuring Instrument**	**33748**	**102036**	**359189**	**486117**	**490534**	**591489**
1.医疗设备及器械制造	Manufacture of Medical Equipment and Appliances	5519	12949	92133	134957	106014	158092
2.仪器仪表制造	Manufacture of Measuring Instrument	28229	89087	267056	351160	384521	433397

2-1-4 大中型国有及国有控股企业分行业R&D及相关活动情况

Statistics on R&D and Related Activities of State-owned and State-controlled Enterprises in Large and Medium-sized Enterprises by Industrial Sector

行　业	Industry	R&D人员全时当量（人年） Full-time Equivalent of R&D Personnel (man-year)					
		2000	2005	2008	2009	2010	2011
合　计	**Total**	**58427**	**91740**	**95521**	**105444**	**120200**	**128400**
医药制造业	**Manufacture of Medicines**	**5875**	**8813**	**13739**	**15515**	**17519**	**19552**
#化学药品制造	Manufacture of Chemical Medicine	4347	6234	9729	10516	12592	13995
中成药制造	Manufacture of Finished Traditional Chinese Herbal Medicine	790	1712	2798	3270	3293	2803
生物、生化制品的制造	Manufacture of Biological and Biochemical Chemical Products	722	668	853	1529	1396	1730
航空航天器制造业	**Manufacture of Aircrafts and Spacecrafts**	**29634**	**29869**	**18957**	**22593**	**27300**	**28918**
1.飞机制造及修理	Manufacture and Repairing of Airplanes	26503	27719	16236	20217	25044	24887
2.航天器制造	Manufacture of Spacecrafts	3131	2150	2720	2376	2256	4031
电子及通信设备制造业	**Manufacture of Electronic Equipment and Communication Equipment**	**15673**	**42179**	**48253**	**52607**	**57291**	**57445**
1.通信设备制造	Manufacture of Communication Equipment	6286	21703	28826	30666	31696	36061
#通信传输设备制造	Manufacture of Communication Transmitting Equipment	1811	1695	2613	3227	3176	3827
通信交换设备制造	Manufacture of Communication Exchanging Equipment	3214	15236	23429	24282	24332	27177
通信终端设备制造	Manufacture of Communication Terminal Equipment	541	2363	911	387	1231	1398
2.雷达及配套设备制造	Manufacture of Radar and Its Fittings	1428	1782	2645	3125	3894	2593
3.广播电视设备制造	Manufacture of Broadcasting and TV Equipment	358	227	181	154	187	255
4.电子器件制造	Manufacture of Electronic Appliances	3463	7051	5141	6412	5948	7779
#电子真空器件制造	Manufacture of Electronic Vacuum Appliances	1330	2876	1335	1651	1200	750
半导体分立器件制造	Manufacture of Semiconductor Discreting Appliances	1670	1095	455	955	295	739
集成电路制造	Manufacture of Integrate Circuit	463	721	1623	938	1338	1440
5.电子元件制造	Manufacture of Electronic Components	2019	3288	3917	5170	4037	5613
6.家用视听设备制造	Manufacture of Domestic TV Set and Radio Receiver	1894	7790	2236	4798	10729	4037
7.其他电子设备制造	Manufacture of Other Electronic Equipment	225	339	5308	2283	801	1107
电子计算机及办公设备制造业	**Manufacture of Computers and Office Equipments**	**984**	**4721**	**4075**	**4211**	**5185**	**10594**
1.电子计算机整机制造	Manufacture of Entired Computer	898	2380	2260	2564	2569	4349
2.电子计算机外部设备制造	Manufacture of Computer Peripheral Equipment	81	2202	1198	1563	2616	5402
3.办公设备制造	Manufacture of Office Equipment	6	140	616	84		842
医疗设备及仪器仪表制造业	**Manufacture of Medical Equipments and Measuring Instrument**	**6261**	**6158**	**10498**	**10519**	**12904**	**11891**
1.医疗设备及器械制造	Manufacture of Medical Equipment and Appliances	401	321	723	526	726	609
2.仪器仪表制造	Manufacture of Measuring Instrument	5860	5836	9775	9993	12178	11283

2-1-4 续表 1 continued

行 业	Industry	R&D经费内部支出（万元） Intramural Expenditure on R&D (10000 yuan)					
		2000	2005	2008	2009	2010	2011
合 计	**Total**	**384700**	**1475400**	**2002114**	**2418554**	**3160532**	**4352362**
医药制造业	**Manufacture of Medicines**	**42131**	**145225**	**210445**	**247226**	**316071**	**365066**
#化学药品制造	Manufacture of Chemical Medicine	30935	103304	141529	158701	207562	238902
中成药制造	Manufacture of Finished Traditional Chinese Herbal Medicine	6627	32040	41867	52273	52860	57365
生物、生化制品的制造	Manufacture of Biological and Biochemical Chemical Products	4320	6280	20650	32430	49429	48907
航空航天器制造业	**Manufacture of Aircrafts and Spacecrafts**	**130627**	**277954**	**515890**	**649429**	**912701**	**1417420**
1.飞机制造及修理	Manufacture and Repairing of Airplanes	111945	239141	438795	510965	839015	1238888
2.航天器制造	Manufacture of Spacecrafts	18682	38813	77095	138465	73686	178532
电子及通信设备制造业	**Manufacture of Electronic Equipment and Communication Equipment**	**185141**	**872394**	**998840**	**1256890**	**1605025**	**2049150**
1.通信设备制造	Manufacture of Communication Equipment	103769	411782	588384	661074	936271	1191039
#通信传输设备制造	Manufacture of Communication Transmitting Equipment	34672	39272	38783	96397	73556	122101
通信交换设备制造	Manufacture of Communication Exchanging Equipment	57708	290769	492243	515814	797232	953654
通信终端设备制造	Manufacture of Communication Terminal Equipment	5849	31199	8577	9246	25915	24099
2.雷达及配套设备制造	Manufacture of Radar and Its Fittings	3859	23932	35898	67194	50415	74076
3.广播电视设备制造	Manufacture of Broadcasting and TV Equipment	1878	1598	3473	1869	3805	3096
4.电子器件制造	Manufacture of Electronic Appliances	24247	85600	111460	136202	222829	339732
#电子真空器件制造	Manufacture of Electronic Vacuum Appliances	13568	25333	32501	29568	36878	31888
半导体分立器件制造	Manufacture of Semiconductor Discreting Appliances	7753	7541	9263	5735	6804	3087
集成电路制造	Manufacture of Integrate Circuit	2926	10232	26738	9280	31986	79393
5.电子元件制造	Manufacture of Electronic Components	12962	44262	64986	65270	53605	111548
6.家用视听设备制造	Manufacture of Domestic TV Set and Radio Receiver	36242	303240	177733	296736	324692	276786
7.其他电子设备制造	Manufacture of Other Electronic Equipment	2186	1980	16905	28546	13410	52873
电子计算机及办公设备制造业	**Manufacture of Computers and Office Equipments**	**9180**	**114519**	**151580**	**120173**	**126384**	**281818**
1.电子计算机整机制造	Manufacture of Entired Computer	7236	91644	115953	89863	78965	165229
2.电子计算机外部设备制造	Manufacture of Computer Peripheral Equipment	1655	20412	28859	28422	47419	102662
3.办公设备制造	Manufacture of Office Equipment	289	2462	6768	1887		13927
医疗设备及仪器仪表制造业	**Manufacture of Medical Equipments and Measuring Instrument**	**17619**	**65308**	**125360**	**144836**	**200351**	**238909**
1.医疗设备及器械制造	Manufacture of Medical Equipment and Appliances	1790	6070	15657	14442	17828	13999
2.仪器仪表制造	Manufacture of Measuring Instrument	15830	59237	109703	130394	182522	224910

2-1-4 续表 2 continued

行业	Industry	新产品开发经费支出（万元） Expenditure on New Products Development (10000 yuan)					
		2000	2005	2008	2009	2010	2011
合 计	**Total**	**436906**	**1583476**	**2126953**	**2986596**	**3674866**	**4784601**
医药制造业	**Manufacture of Medicines**	**48657**	**149858**	**207597**	**259570**	**311031**	**349386**
#化学药品制造	Manufacture of Chemical Medicine	36158	106835	139411	165112	210309	226384
中成药制造	Manufacture of Finished Traditional Chinese Herbal Medicine	6390	32650	38141	50185	48594	56604
生物、生化制品的制造	Manufacture of Biological and Biochemical Chemical Products	5744	5844	23063	37788	43610	46866
航空航天器制造业	**Manufacture of Aircrafts and Spacecrafts**	**108459**	**300918**	**488816**	**746749**	**1007823**	**1321431**
1.飞机制造及修理	Manufacture and Repairing of Airplanes	89750	270149	420780	611461	940815	1141476
2.航天器制造	Manufacture of Spacecrafts	18709	30769	68036	135287	67008	179954
电子及通信设备制造业	**Manufacture of Electronic Equipment and Communication Equipment**	**249388**	**948548**	**1136254**	**1629271**	**1940192**	**2549276**
1.通信设备制造	Manufacture of Communication Equipment	111117	429979	623440	828479	1130441	1510461
#通信传输设备制造	Manufacture of Communication Transmitting Equipment	34595	47312	50828	119539	83961	142655
通信交换设备制造	Manufacture of Communication Exchanging Equipment	61130	236772	491687	637815	958873	1163252
通信终端设备制造	Manufacture of Communication Terminal Equipment	6996	39851	11759	19267	35277	25146
2.雷达及配套设备制造	Manufacture of Radar and Its Fittings	6426	26180	37221	67289	73048	117103
3.广播电视设备制造	Manufacture of Broadcasting and TV Equipment	991	3662	4482	4288	6430	9699
4.电子器件制造	Manufacture of Electronic Appliances	24885	93897	126013	191036	264559	410404
#电子真空器件制造	Manufacture of Electronic Vacuum Appliances	13790	28755	35520	38640	35604	32478
半导体分立器件制造	Manufacture of Semiconductor Discreting Appliances	6876	10776	12054	10327	9138	8612
集成电路制造	Manufacture of Integrate Circuit	4219	10977	27908	17713	32914	94801
5.电子元件制造	Manufacture of Electronic Components	20389	56681	83016	94239	108044	149807
6.家用视听设备制造	Manufacture of Domestic TV Set and Radio Receiver	83449	329126	239645	403868	343972	292946
7.其他电子设备制造	Manufacture of Other Electronic Equipment	2132	9022	22438	40072	13698	58858
电子计算机及办公设备制造业	**Manufacture of Computers and Office Equipments**	**11245**	**115916**	**154009**	**139124**	**151147**	**290036**
1.电子计算机整机制造	Manufacture of Entired Computer	9359	87774	114796	90867	95355	162300
2.电子计算机外部设备制造	Manufacture of Computer Peripheral Equipment	1593	25251	31840	46142	55277	113809
3.办公设备制造	Manufacture of Office Equipment	293	2891	7373	2114	514	13927
医疗设备及仪器仪表制造业	**Manufacture of Medical Equipments and Measuring Instrument**	**19157**	**68236**	**140277**	**211883**	**264674**	**274473**
1.医疗设备及器械制造	Manufacture of Medical Equipment and Appliances	1973	5869	17309	22623	24355	20805
2.仪器仪表制造	Manufacture of Measuring Instrument	17183	62367	122968	189259	240319	253667

2-1-4 续表 3 continued

行 业	Industry	新产品产值(万元) Output Value of New Products (10000 yuan)					
		2000	2005	2008	2009	2010	2011
合 计	**Total**	**6772868**	**21816973**	**24120392**	**28168651**	**30715641**	**39176897**
医药制造业	**Manufacture of Medicines**	**724633**	**1635038**	**2595496**	**2820163**	**3733260**	**4703059**
#化学药品制造	Manufacture of Chemical Medicine	640440	1122554	1678834	1831521	2339450	2679187
中成药制造	Manufacture of Finished Traditional Chinese Herbal Medicine	58237	380656	496158	582834	850146	1107222
生物、生化制品的制造	Manufacture of Biological and Biochemical Chemical Products	25092	71973	240001	279720	373716	391064
航空航天器制造业	**Manufacture of Aircrafts and Spacecrafts**	**952319**	**3735207**	**4644874**	**3100680**	**5106977**	**4448274**
1.飞机制造及修理	Manufacture and Repairing of Airplanes	816276	3700323	4459764	2908533	4881944	4121507
2.航天器制造	Manufacture of Spacecrafts	136042	34884	185110	192147	225033	326767
电子及通信设备制造业	**Manufacture of Electronic Equipment and Communication Equipment**	**4718473**	**13827480**	**13367793**	**18874941**	**17433920**	**23789649**
1.通信设备制造	Manufacture of Communication Equipment	1632143	5382324	7277235	8602280	10004994	14075239
#通信传输设备制造	Manufacture of Communication Transmitting Equipment	399126	511657	446175	508755	446056	950670
通信交换设备制造	Manufacture of Communication Exchanging Equipment	793920	3217759	5377376	6950607	7949663	11263140
通信终端设备制造	Manufacture of Communication Terminal Equipment	311339	335628	115700	179653	345124	479098
2.雷达及配套设备制造	Manufacture of Radar and Its Fittings	36006	229046	126407	478163	448325	772283
3.广播电视设备制造	Manufacture of Broadcasting and TV Equipment	4503	22125	28106	13195	40890	86851
4.电子器件制造	Manufacture of Electronic Appliances	261027	1488414	2002606	1666333	2232961	2819615
#电子真空器件制造	Manufacture of Electronic Vacuum Appliances	179965	664629	503112	367275	204220	97331
半导体分立器件制造	Manufacture of Semiconductor Discreting Appliances	24952	80531	162433	45902	54747	203207
集成电路制造	Manufacture of Integrate Circuit	56110	108460	121365	64451	104326	267236
5.电子元件制造	Manufacture of Electronic Components	317940	548553	825383	821441	650649	1379178
6.家用视听设备制造	Manufacture of Domestic TV Set and Radio Receiver	2460102	6058356	3008758	7124821	3920080	4446980
7.其他电子设备制造	Manufacture of Other Electronic Equipment	6753	98662	99298	168709	136021	209504
电子计算机及办公设备制造业	**Manufacture of Computers and Office Equipments**	**172171**	**1954085**	**2403377**	**1984531**	**2321298**	**4016478**
1.电子计算机整机制造	Manufacture of Entired Computer	153120	1593529	1462573	1602187	1856113	2910255
2.电子计算机外部设备制造	Manufacture of Computer Peripheral Equipment	6754	303107	801474	367391	449245	927413
3.办公设备制造	Manufacture of Office Equipment	12297	57449	139331	14953	15940	178810
医疗设备及仪器仪表制造业	**Manufacture of Medical Equipments and Measuring Instrument**	**205272**	**665163**	**1108852**	**1388336**	**2120186**	**2219437**
1.医疗设备及器械制造	Manufacture of Medical Equipment and Appliances	44527	83741	110982	173576	150958	141020
2.仪器仪表制造	Manufacture of Measuring Instrument	160745	581421	997871	1214760	1969228	2078417

2-1-4 续表 4 continued

行 业	Industry	新产品销售收入（万元） Sales Revenue of New Products (10000 yuan)					
		2000	2005	2008	2009	2010	2011
合 计	**Total**	**5884034**	**20608590**	**24498408**	**27632537**	**31769634**	**39123877**
医药制造业	**Manufacture of Medicines**	**660791**	**1495400**	**2453569**	**2679023**	**3611522**	**4439014**
#化学药品制造	Manufacture of Chemical Medicine	598623	1016304	1586538	1757268	2309047	2647283
中成药制造	Manufacture of Finished Traditional Chinese Herbal Medicine	49137	378861	489423	538303	794064	962774
生物、生化制品的制造	Manufacture of Biological and Biochemical Chemical Products	12316	48681	197691	263078	364281	363863
航空航天器制造业	**Manufacture of Aircrafts and Spacecrafts**	**799533**	**3371379**	**4672576**	**2721170**	**4692000**	**4532694**
1.飞机制造及修理	Manufacture and Repairing of Airplanes	682261	3333522	4476976	2561985	4471396	4199646
2.航天器制造	Manufacture of Spacecrafts	117272	37857	195600	159185	220604	333048
电子及通信设备制造业	**Manufacture of Electronic Equipment and Communication Equipment**	**4063063**	**13374188**	**13974556**	**18707077**	**19115563**	**24163534**
1.通信设备制造	Manufacture of Communication Equipment	1252911	4897255	6216890	8268603	10536407	13685081
#通信传输设备制造	Manufacture of Communication Transmitting Equipment	385907	555880	437268	558450	662445	1481542
通信交换设备制造	Manufacture of Communication Exchanging Equipment	475890	2768538	4344005	6640174	8263959	10375006
通信终端设备制造	Manufacture of Communication Terminal Equipment	279880	292399	116073	163501	365351	482562
2.雷达及配套设备制造	Manufacture of Radar and Its Fittings	39160	245404	134248	461015	386929	687940
3.广播电视设备制造	Manufacture of Broadcasting and TV Equipment	3789	16144	27476	19475	42814	83332
4.电子器件制造	Manufacture of Electronic Appliances	292590	1397602	1860323	1647150	2187747	2486405
#电子真空器件制造	Manufacture of Electronic Vacuum Appliances	213187	591650	436058	364877	199228	100977
半导体分立器件制造	Manufacture of Semiconductor Discreting Appliances	21285	80094	158014	41711	113423	192027
集成电路制造	Manufacture of Integrate Circuit	58118	64397	128494	71846	91508	251159
5.电子元件制造	Manufacture of Electronic Components	288863	515825	849578	745976	764327	1462384
6.家用视听设备制造	Manufacture of Domestic TV Set and Radio Receiver	2179853	6231810	4786956	7396151	5066475	5552084
7.其他电子设备制造	Manufacture of Other Electronic Equipment	5897	70148	99083	168709	130865	206307
电子计算机及办公设备制造业	**Manufacture of Computers and Office Equipments**	**176921**	**1729158**	**2259396**	**1982613**	**2310484**	**3867371**
1.电子计算机整机制造	Manufacture of Entired Computer	158285	1405272	1347388	1601203	1843005	2793243
2.电子计算机外部设备制造	Manufacture of Computer Peripheral Equipment	5807	268740	783989	366652	452438	915783
3.办公设备制造	Manufacture of Office Equipment	12829	55147	128020	14758	15041	158346
医疗设备及仪器仪表制造业	**Manufacture of Medical Equipments and Measuring Instrument**	**183726**	**638465**	**1138311**	**1542655**	**2040066**	**2121265**
1.医疗设备及器械制造	Manufacture of Medical Equipment and Appliances	42674	77978	162137	116839	135263	128349
2.仪器仪表制造	Manufacture of Measuring Instrument	141052	560487	976174	1425815	1904803	1992915

2-1-4 续表 5 continued

行业	Industry	专利申请数（件） Patent Applications (piece)					
		2000	2005	2008	2009	2010	2011
合 计	**Total**	**734**	**5474**	**11819**	**17328**	**18596**	**22683**
医药制造业	**Manufacture of Medicines**	**128**	**859**	**786**	**1184**	**1383**	**1232**
#化学药品制造	Manufacture of Chemical Medicine	68	467	368	770	896	679
中成药制造	Manufacture of Finished Traditional Chinese Herbal Medicine	52	336	333	339	403	415
生物、生化制品的制造	Manufacture of Biological and Biochemical Chemical Products	8	45	71	56	56	72
航空航天器制造业	**Manufacture of Aircrafts and Spacecrafts**	**79**	**305**	**1007**	**1472**	**2137**	**2271**
1.飞机制造及修理	Manufacture and Repairing of Airplanes	74	291	918	1359	1982	2011
2.航天器制造	Manufacture of Spacecrafts	5	14	89	113	155	260
电子及通信设备制造业	**Manufacture of Electronic Equipment and Communication Equipment**	**462**	**3794**	**8585**	**12731**	**12842**	**15802**
1.通信设备制造	Manufacture of Communication Equipment	251	2143	5628	8601	7826	9954
#通信传输设备制造	Manufacture of Communication Transmitting Equipment	36	121	285	191	299	499
通信交换设备制造	Manufacture of Communication Exchanging Equipment	206	1560	5011	8000	7044	8389
通信终端设备制造	Manufacture of Communication Terminal Equipment	2	43	26	80	170	167
2.雷达及配套设备制造	Manufacture of Radar and Its Fittings	8	2	49	97	255	305
3.广播电视设备制造	Manufacture of Broadcasting and TV Equipment	4	1	8	37	30	84
4.电子器件制造	Manufacture of Electronic Appliances	23	227	897	1194	1438	2657
#电子真空器件制造	Manufacture of Electronic Vacuum Appliances	14	102	187	116	225	867
半导体分立器件制造	Manufacture of Semiconductor Discreting Appliances	2	3	51	27	72	48
集成电路制造	Manufacture of Integrate Circuit	7	38	86	80	97	226
5.电子元件制造	Manufacture of Electronic Components	33	212	497	757	946	828
6.家用视听设备制造	Manufacture of Domestic TV Set and Radio Receiver	141	1200	1421	1982	2319	1703
7.其他电子设备制造	Manufacture of Other Electronic Equipment	2	9	85	63	28	271
电子计算机及办公设备制造业	**Manufacture of Computers and Office Equipments**	**2**	**233**	**550**	**821**	**949**	**1646**
1.电子计算机整机制造	Manufacture of Entired Computer	2	168	344	547	588	920
2.电子计算机外部设备制造	Manufacture of Computer Peripheral Equipment		58	185	272	356	651
3.办公设备制造	Manufacture of Office Equipment		7	21	2	5	75
医疗设备及仪器仪表制造业	**Manufacture of Medical Equipments and Measuring Instrument**	**63**	**283**	**891**	**1120**	**1285**	**1732**
1.医疗设备及器械制造	Manufacture of Medical Equipment and Appliances	23	30	158	97	108	213
2.仪器仪表制造	Manufacture of Measuring Instrument	40	253	733	1023	1177	1519

2-1-4 续表 6 continued

行 业	Industry	有效发明专利数（件） Number of Patents In Force (piece)					
		2000	2005	2008	2009	2010	2011
合 计	**Total**	**616**	**1650**	**6314**	**6633**	**10969**	**16421**
医药制造业	**Manufacture of Medicines**	**129**	**370**	**825**	**921**	**1291**	**1413**
#化学药品制造	Manufacture of Chemical Medicine	101	206	388	527	559	619
中成药制造	Manufacture of Finished Traditional Chinese Herbal Medicine	16	148	381	324	573	603
生物、生化制品的制造	Manufacture of Biological and Biochemical Chemical Products	12	16	43	55	137	155
航空航天器制造业	**Manufacture of Aircrafts and Spacecrafts**	**139**	**188**	**314**	**537**	**686**	**1190**
1.飞机制造及修理	Manufacture and Repairing of Airplanes	102	181	294	477	571	1004
2.航天器制造	Manufacture of Spacecrafts	37	7	20	60	115	186
电子及通信设备制造业	**Manufacture of Electronic Equipment and Communication Equipment**	**318**	**844**	**4495**	**4070**	**8073**	**11956**
1.通信设备制造	Manufacture of Communication Equipment	249	527	3051	2717	6372	9076
#通信传输设备制造	Manufacture of Communication Transmitting Equipment	21	28	57	57	164	322
通信交换设备制造	Manufacture of Communication Exchanging Equipment	221	360	2896	2568	6104	7938
通信终端设备制造	Manufacture of Communication Terminal Equipment	2	20	4	15	13	92
2.雷达及配套设备制造	Manufacture of Radar and Its Fittings	4	5	58	16	46	40
3.广播电视设备制造	Manufacture of Broadcasting and TV Equipment	2		4	2	14	102
4.电子器件制造	Manufacture of Electronic Appliances	3	142	1018	654	851	1511
#电子真空器件制造	Manufacture of Electronic Vacuum Appliances		89	110	183	43	132
半导体分立器件制造	Manufacture of Semiconductor Discreting Appliances	3	2	19	14	39	67
集成电路制造	Manufacture of Integrate Circuit		15	157	89	114	183
5.电子元件制造	Manufacture of Electronic Components	17	95	163	278	378	481
6.家用视听设备制造	Manufacture of Domestic TV Set and Radio Receiver	40	75	173	333	403	401
7.其他电子设备制造	Manufacture of Other Electronic Equipment	3		28	70	9	345
电子计算机及办公设备制造业	**Manufacture of Computers and Office Equipments**	**4**	**146**	**366**	**574**	**176**	**786**
1.电子计算机整机制造	Manufacture of Entired Computer		127	23	451	127	236
2.电子计算机外部设备制造	Manufacture of Computer Peripheral Equipment	4	19	340	123	46	498
3.办公设备制造	Manufacture of Office Equipment			3		3	52
医疗设备及仪器仪表制造业	**Manufacture of Medical Equipments and Measuring Instrument**	**26**	**102**	**314**	**531**	**743**	**1076**
1.医疗设备及器械制造	Manufacture of Medical Equipment and Appliances	1	5	35	116	134	178
2.仪器仪表制造	Manufacture of Measuring Instrument	25	97	279	415	609	898

2-1-4 续表 7 continued

行　业	Industry	技术改造经费支出（万元） Expenditure for Technical Renovation (10000 yuan)					
		2000	2005	2008	2009	2010	2011
合　计	**Total**	**511340**	**892924**	**777595**	**842784**	**1077632**	**785873**
医药制造业	**Manufacture of Medicines**	**110643**	**151727**	**143241**	**142882**	**121545**	**175950**
#化学药品制造	Manufacture of Chemical Medicine	104095	121544	118917	115811	103092	153789
中成药制造	Manufacture of Finished Traditional Chinese Herbal Medicine	4988	28015	12701	19688	16610	10304
生物、生化制品的制造	Manufacture of Biological and Biochemical Chemical Products	1483	1850	5454	7052	1750	1710
航空航天器制造业	**Manufacture of Aircrafts and Spacecrafts**	**153555**	**368895**	**330570**	**412509**	**385005**	**324774**
1.飞机制造及修理	Manufacture and Repairing of Airplanes	127092	353417	302314	399879	350710	281964
2.航天器制造	Manufacture of Spacecrafts	26464	15478	28256	12630	34295	42810
电子及通信设备制造业	**Manufacture of Electronic Equipment and Communication Equipment**	**214112**	**298441**	**183675**	**188174**	**458601**	**195031**
1.通信设备制造	Manufacture of Communication Equipment	30530	55435	48006	39336	30912	68858
#通信传输设备制造	Manufacture of Communication Transmitting Equipment	12815	27040	12496	29073	4369	42056
通信交换设备制造	Manufacture of Communication Exchanging Equipment	15041	5266	3685	711	3721	3040
通信终端设备制造	Manufacture of Communication Terminal Equipment	770	11527	11509	2551	11422	13241
2.雷达及配套设备制造	Manufacture of Radar and Its Fittings	4772	17400	19474	28808	6544	24633
3.广播电视设备制造	Manufacture of Broadcasting and TV Equipment	3372	384	15		1847	
4.电子器件制造	Manufacture of Electronic Appliances	56573	68123	39841	34963	181668	57541
#电子真空器件制造	Manufacture of Electronic Vacuum Appliances	27870	34838	12022	9536	6027	5369
半导体分立器件制造	Manufacture of Semiconductor Discreting Appliances	7504	6923	2710	4456	12046	6847
集成电路制造	Manufacture of Integrate Circuit	21198	13478	267	529	19775	1399
5.电子元件制造	Manufacture of Electronic Components	73930	94233	46936	60056	34349	31739
6.家用视听设备制造	Manufacture of Domestic TV Set and Radio Receiver	44731	61929	26312	21994	201299	9751
7.其他电子设备制造	Manufacture of Other Electronic Equipment	204	938	3090	3017	1983	2510
电子计算机及办公设备制造业	**Manufacture of Computers and Office Equipments**	**6596**	**12233**	**40788**	**56061**	**24772**	**35281**
1.电子计算机整机制造	Manufacture of Entired Computer	6489	6904	32818	39425	19600	30362
2.电子计算机外部设备制造	Manufacture of Computer Peripheral Equipment	55	3755	6427	16329	4814	4919
3.办公设备制造	Manufacture of Office Equipment	52	1573	1543	307	359	
医疗设备及仪器仪表制造业	**Manufacture of Medical Equipments and Measuring Instrument**	**26433**	**61629**	**79322**	**43158**	**87709**	**54837**
1.医疗设备及器械制造	Manufacture of Medical Equipment and Appliances	2480	5104	8199	7143	8300	6000
2.仪器仪表制造	Manufacture of Measuring Instrument	23953	56525	71123	36015	79409	48837

2-1-4 续表 8 continued

行 业	Industry	技术引进经费支出（万元） Expenditure for Acquisition of Foreign Technology (10000 yuan)					
		2000	2005	2008	2009	2010	2011
合 计	**Total**	**125120**	**150492**	**86359**	**125430**	**109735**	**93845**
医药制造业	**Manufacture of Medicines**	**16437**	**12056**	**3486**	**6674**	**9385**	**14013**
#化学药品制造	Manufacture of Chemical Medicine	14811	11320	2840	5217	6962	7413
中成药制造	Manufacture of Finished Traditional Chinese Herbal Medicine	1220	584		102	56	48
生物、生化制品的制造	Manufacture of Biological and Biochemical Chemical Products	406	151	522	1354	2367	1954
航空航天器制造业	**Manufacture of Aircrafts and Spacecrafts**	**29743**	**30369**	**4837**	**23853**	**60573**	**15133**
1.飞机制造及修理	Manufacture and Repairing of Airplanes	19920	28933	4487	23853	60573	15133
2.航天器制造	Manufacture of Spacecrafts	9823	1436	350			
电子及通信设备制造业	**Manufacture of Electronic Equipment and Communication Equipment**	**69882**	**96517**	**69573**	**79037**	**24845**	**55814**
1.通信设备制造	Manufacture of Communication Equipment	4075	27368	6932	8741	5483	12222
#通信传输设备制造	Manufacture of Communication Transmitting Equipment	2128	2349	32	100	2449	4898
通信交换设备制造	Manufacture of Communication Exchanging Equipment		1179	3866	8457	2748	6256
通信终端设备制造	Manufacture of Communication Terminal Equipment	147	2510				410
2.雷达及配套设备制造	Manufacture of Radar and Its Fittings	304		100	172		
3.广播电视设备制造	Manufacture of Broadcasting and TV Equipment	152					1633
4.电子器件制造	Manufacture of Electronic Appliances	26465	18799	19596	16971	12336	30418
#电子真空器件制造	Manufacture of Electronic Vacuum Appliances	10084	5051	339	10962	7296	28776
半导体分立器件制造	Manufacture of Semiconductor Discreting Appliances	4996	39	440			
集成电路制造	Manufacture of Integrate Circuit	11385	162	1361			742
5.电子元件制造	Manufacture of Electronic Components	30508	40152	2421	3544	3372	940
6.家用视听设备制造	Manufacture of Domestic TV Set and Radio Receiver	8113	10194	40523	49610	3654	10602
7.其他电子设备制造	Manufacture of Other Electronic Equipment	265	5				
电子计算机及办公设备制造业	**Manufacture of Computers and Office Equipments**	**1821**	**9867**	**638**	**3839**	**3847**	**3895**
1.电子计算机整机制造	Manufacture of Entired Computer	1821	9297	638	3759	3753	3825
2.电子计算机外部设备制造	Manufacture of Computer Peripheral Equipment		570		80	94	70
3.办公设备制造	Manufacture of Office Equipment						
医疗设备及仪器仪表制造业	**Manufacture of Medical Equipments and Measuring Instrument**	**7237**	**1683**	**7825**	**12029**	**11086**	**4990**
1.医疗设备及器械制造	Manufacture of Medical Equipment and Appliances	234					
2.仪器仪表制造	Manufacture of Measuring Instrument	7003	1683	7825	12029	11086	4990

2-1-4 续表 9 continued

行 业	Industry	消化吸收经费支出（万元） Expenditure for Assimilation of Technology (10000 yuan)					
		2000	2005	2008	2009	2010	2011
合 计	**Total**	**15787**	**31659**	**17799**	**48200**	**59689**	**29041**
医药制造业	**Manufacture of Medicines**	**8848**	**10721**	**5352**	**11402**	**12285**	**13852**
#化学药品制造	Manufacture of Chemical Medicine	8609	10292	5036	10063	11890	12267
中成药制造	Manufacture of Finished Traditional Chinese Herbal Medicine	45	377	294	50	379	319
生物、生化制品的制造	Manufacture of Biological and Biochemical Chemical Products	194	52		1236		192
航空航天器制造业	**Manufacture of Aircrafts and Spacecrafts**	**1943**	**1438**	**420**	**27075**	**26269**	**3706**
1.飞机制造及修理	Manufacture and Repairing of Airplanes	1943	1438	220	27075	22612	3706
2.航天器制造	Manufacture of Spacecrafts			200		3657	
电子及通信设备制造业	**Manufacture of Electronic Equipment and Communication Equipment**	**4150**	**17916**	**11787**	**6000**	**8035**	**4927**
1.通信设备制造	Manufacture of Communication Equipment	577	1323	1940	922	955	875
#通信传输设备制造	Manufacture of Communication Transmitting Equipment	488	466	685	380		
通信交换设备制造	Manufacture of Communication Exchanging Equipment						
通信终端设备制造	Manufacture of Communication Terminal Equipment	1		263	180	372	343
2.雷达及配套设备制造	Manufacture of Radar and Its Fittings			50	100		
3.广播电视设备制造	Manufacture of Broadcasting and TV Equipment		226				
4.电子器件制造	Manufacture of Electronic Appliances	2265	11553	215	100	4011	364
#电子真空器件制造	Manufacture of Electronic Vacuum Appliances	2215	176			14	212
半导体分立器件制造	Manufacture of Semiconductor Discreting Appliances	20		15		8	
集成电路制造	Manufacture of Integrate Circuit	30	83				
5.电子元件制造	Manufacture of Electronic Components	1231	2523	3445	780	15	971
6.家用视听设备制造	Manufacture of Domestic TV Set and Radio Receiver	36	2280	6137	4098	3054	2717
7.其他电子设备制造	Manufacture of Other Electronic Equipment	41	11				
电子计算机及办公设备制造业	**Manufacture of Computers and Office Equipments**	**513**	**943**	**27**	**3022**	**4579**	**5925**
1.电子计算机整机制造	Manufacture of Entired Computer	513	405		2922	4560	5876
2.电子计算机外部设备制造	Manufacture of Computer Peripheral Equipment		539		100	19	49
3.办公设备制造	Manufacture of Office Equipment			27			
医疗设备及仪器仪表制造业	**Manufacture of Medical Equipments and Measuring Instrument**	**334**	**641**	**213**	**702**	**8522**	**630**
1.医疗设备及器械制造	Manufacture of Medical Equipment and Appliances	20				13	
2.仪器仪表制造	Manufacture of Measuring Instrument	314	641	213	702	8509	630

2-1-4 续表 10 continued

行　业	Industry	购买国内技术经费支出（万元） Expenditure on Purchase of Domestic Technology (10000 yuan)					
		2000	2005	2008	2009	2010	2011
合　计	**Total**	**14799**	**41679**	**37279**	**41130**	**42381**	**43663**
医药制造业	**Manufacture of Medicines**	**9273**	**20216**	**17839**	**15700**	**10114**	**13243**
#化学药品制造	Manufacture of Chemical Medicine	7374	17437	12845	11836	7371	8547
中成药制造	Manufacture of Finished Traditional Chinese Herbal Medicine	1390	2154	1163	2980	2322	961
生物、生化制品的制造	Manufacture of Biological and Biochemical Chemical Products	510	423	62	818	400	3329
航空航天器制造业	**Manufacture of Aircrafts and Spacecrafts**	**4437**	**10751**	**5717**	**12315**	**15691**	**8968**
1.飞机制造及修理	Manufacture and Repairing of Airplanes	2421	10751	5657	12315	15691	8968
2.航天器制造	Manufacture of Spacecrafts	2016		60			
电子及通信设备制造业	**Manufacture of Electronic Equipment and Communication Equipment**	**683**	**8166**	**9548**	**5987**	**8728**	**13287**
1.通信设备制造	Manufacture of Communication Equipment	238	5537	3710	1152	4060	7120
#通信传输设备制造	Manufacture of Communication Transmitting Equipment	73	1011	25	350	3135	6192
通信交换设备制造	Manufacture of Communication Exchanging Equipment	47	9				
通信终端设备制造	Manufacture of Communication Terminal Equipment	53	192	431			128
2.雷达及配套设备制造	Manufacture of Radar and Its Fittings	2	333	1235	1445	2421	2213
3.广播电视设备制造	Manufacture of Broadcasting and TV Equipment	10					181
4.电子器件制造	Manufacture of Electronic Appliances	98	943	2904	280	553	1291
#电子真空器件制造	Manufacture of Electronic Vacuum Appliances	40	160		11	382	
半导体分立器件制造	Manufacture of Semiconductor Discreting Appliances	55	88		44	8	200
集成电路制造	Manufacture of Integrate Circuit	3	44	2787			
5.电子元件制造	Manufacture of Electronic Components	299	957	386	2065	80	205
6.家用视听设备制造	Manufacture of Domestic TV Set and Radio Receiver	5	374	1234	665	1614	2277
7.其他电子设备制造	Manufacture of Other Electronic Equipment	31	21	80	380		
电子计算机及办公设备制造业	**Manufacture of Computers and Office Equipments**	**106**	**156**	**161**	**715**	**786**	**3170**
1.电子计算机整机制造	Manufacture of Entired Computer	106		158	260	757	
2.电子计算机外部设备制造	Manufacture of Computer Peripheral Equipment		50		455	29	3170
3.办公设备制造	Manufacture of Office Equipment		106	3			
医疗设备及仪器仪表制造业	**Manufacture of Medical Equipments and Measuring Instrument**	**300**	**2390**	**4013**	**6413**	**7062**	**4995**
1.医疗设备及器械制造	Manufacture of Medical Equipment and Appliances	89			30		320
2.仪器仪表制造	Manufacture of Measuring Instrument	212	2390	4013	6383	7062	4675

2-1-4 续表 11 continued

行　业	Industry	研发机构数（个） Number of R&D Institutions in Enterprises (unit)					
		2000	2005	2008	2009	2010	2011
合　计	**Total**	**744**	**712**	**733**	**680**	**722**	**633**
医药制造业	**Manufacture of Medicines**	**209**	**216**	**208**	**201**	**200**	**193**
#化学药品制造	Manufacture of Chemical Medicine	140	130	119	113	117	117
中成药制造	Manufacture of Finished Traditional Chinese Herbal Medicine	48	63	67	66	66	56
生物、生化制品的制造	Manufacture of Biological and Biochemical Chemical Products	17	15	12	13	12	11
航空航天器制造业	**Manufacture of Aircrafts and Spacecrafts**	**160**	**101**	**125**	**107**	**116**	**77**
1.飞机制造及修理	Manufacture and Repairing of Airplanes	127	96	113	97	104	70
2.航天器制造	Manufacture of Spacecrafts	33	5	12	10	12	7
电子及通信设备制造业	**Manufacture of Electronic Equipment and Communication Equipment**	**253**	**279**	**257**	**238**	**254**	**237**
1.通信设备制造	Manufacture of Communication Equipment	91	75	65	60	78	79
#通信传输设备制造	Manufacture of Communication Transmitting Equipment	34	27	35	31	29	25
通信交换设备制造	Manufacture of Communication Exchanging Equipment	19	16	11	12	23	21
通信终端设备制造	Manufacture of Communication Terminal Equipment	11	14	5	4	6	12
2.雷达及配套设备制造	Manufacture of Radar and Its Fittings	17	20	17	20	14	10
3.广播电视设备制造	Manufacture of Broadcasting and TV Equipment	6	7	2	1	3	2
4.电子器件制造	Manufacture of Electronic Appliances	25	65	70	60	61	46
#电子真空器件制造	Manufacture of Electronic Vacuum Appliances	10	30	22	18	17	6
半导体分立器件制造	Manufacture of Semiconductor Discreting Appliances	10	11	8	4	11	5
集成电路制造	Manufacture of Integrate Circuit	5	5	20	7	6	9
5.电子元件制造	Manufacture of Electronic Components	66	65	68	67	65	70
6.家用视听设备制造	Manufacture of Domestic TV Set and Radio Receiver	42	41	28	25	28	21
7.其他电子设备制造	Manufacture of Other Electronic Equipment	6	6	7	5	5	9
电子计算机及办公设备制造业	**Manufacture of Computers and Office Equipments**	**28**	**29**	**25**	**17**	**23**	**32**
1.电子计算机整机制造	Manufacture of Entired Computer	23	19	14	8	10	12
2.电子计算机外部设备制造	Manufacture of Computer Peripheral Equipment	3	9	9	8	12	19
3.办公设备制造	Manufacture of Office Equipment	2	1	2	1	1	1
医疗设备及仪器仪表制造业	**Manufacture of Medical Equipments and Measuring Instrument**	**94**	**87**	**118**	**117**	**129**	**94**
1.医疗设备及器械制造	Manufacture of Medical Equipment and Appliances	10	3	10	11	8	8
2.仪器仪表制造	Manufacture of Measuring Instrument	84	84	108	106	121	86

2-1-4 续表 12 continued

行 业	Industry	机构人员（人） Personnel in the R&D Institutions (person)					
		2000	2005	2008	2009	2010	2011
合 计	**Total**	**48076**	**77435**	**87952**	**100425**	**115667**	**111552**
医药制造业	**Manufacture of Medicines**	**6359**	**8261**	**12572**	**12261**	**12774**	**13853**
#化学药品制造	Manufacture of Chemical Medicine	4779	5476	8997	7727	8254	8190
中成药制造	Manufacture of Finished Traditional Chinese Herbal Medicine	996	1989	2760	3086	3061	3203
生物、生化制品的制造	Manufacture of Biological and Biochemical Chemical Products	544	522	448	1105	1169	1459
航空航天器制造业	**Manufacture of Aircrafts and Spacecrafts**	**14838**	**14463**	**16488**	**17702**	**22472**	**21640**
1.飞机制造及修理	Manufacture and Repairing of Airplanes	12102	14359	15686	16945	21418	20725
2.航天器制造	Manufacture of Spacecrafts	2736	104	802	757	1054	915
电子及通信设备制造业	**Manufacture of Electronic Equipment and Communication Equipment**	**20272**	**43682**	**46399**	**56755**	**63648**	**54955**
1.通信设备制造	Manufacture of Communication Equipment	9305	23434	28414	28536	34948	35296
#通信传输设备制造	Manufacture of Communication Transmitting Equipment	2696	2205	2915	4022	3987	3159
通信交换设备制造	Manufacture of Communication Exchanging Equipment	4256	15864	22906	21788	26426	27716
通信终端设备制造	Manufacture of Communication Terminal Equipment	700	2270	318	236	1722	1237
2.雷达及配套设备制造	Manufacture of Radar and Its Fittings	1187	1836	2595	4028	3985	3372
3.广播电视设备制造	Manufacture of Broadcasting and TV Equipment	371	365	462	404	458	396
4.电子器件制造	Manufacture of Electronic Appliances	2386	4423	5052	5838	6229	5393
#电子真空器件制造	Manufacture of Electronic Vacuum Appliances	1172	1797	1364	1656	1370	1229
半导体分立器件制造	Manufacture of Semiconductor Discreting Appliances	566	941	931	264	941	766
集成电路制造	Manufacture of Integrate Circuit	648	247	1135	200	430	508
5.电子元件制造	Manufacture of Electronic Components	4255	4398	5306	7321	6033	5840
6.家用视听设备制造	Manufacture of Domestic TV Set and Radio Receiver	2611	8202	3375	9817	11101	3348
7.其他电子设备制造	Manufacture of Other Electronic Equipment	157	1024	1195	811	894	1310
电子计算机及办公设备制造业	**Manufacture of Computers and Office Equipments**	**1776**	**5408**	**3600**	**4201**	**5432**	**10997**
1.电子计算机整机制造	Manufacture of Entired Computer	1616	2629	2246	2198	2392	4448
2.电子计算机外部设备制造	Manufacture of Computer Peripheral Equipment	109	2675	903	1996	3027	5834
3.办公设备制造	Manufacture of Office Equipment	51	104	451	7	13	715
医疗设备及仪器仪表制造业	**Manufacture of Medical Equipments and Measuring Instrument**	**4831**	**5621**	**8893**	**9506**	**11341**	**10107**
1.医疗设备及器械制造	Manufacture of Medical Equipment and Appliances	652	555	612	793	876	815
2.仪器仪表制造	Manufacture of Measuring Instrument	4179	5066	8281	8713	10465	9292

2-1-4 续表 13 continued

行 业	Industry	机构经费支出（万元） Expenditure in the R&D Institutions (10000 yuan)					
		2000	2005	2008	2009	2010	2011
合 计	**Total**	**325230**	**1241169**	**1316703**	**2000660**	**2499301**	**2635886**
医药制造业	**Manufacture of Medicines**	**41990**	**125836**	**171824**	**190162**	**253590**	**268308**
#化学药品制造	Manufacture of Chemical Medicine	29328	85074	118310	120227	168351	146399
中成药制造	Manufacture of Finished Traditional Chinese Herbal Medicine	7428	31355	35322	47236	55700	68232
生物、生化制品的制造	Manufacture of Biological and Biochemical Chemical Products	3627	4935	11689	17146	22796	34026
航空航天器制造业	**Manufacture of Aircrafts and Spacecrafts**	**83240**	**130150**	**243755**	**256154**	**372970**	**371120**
1.飞机制造及修理	Manufacture and Repairing of Airplanes	76663	129623	231245	248645	347368	338504
2.航天器制造	Manufacture of Spacecrafts	6577	527	12510	7509	25602	32616
电子及通信设备制造业	**Manufacture of Electronic Equipment and Communication Equipment**	**172235**	**822647**	**670074**	**1346118**	**1610960**	**1619374**
1.通信设备制造	Manufacture of Communication Equipment	79568	405311	245265	734613	978592	1121835
#通信传输设备制造	Manufacture of Communication Transmitting Equipment	17125	39905	37716	71580	68380	56038
通信交换设备制造	Manufacture of Communication Exchanging Equipment	48086	247096	162561	623949	839319	990778
通信终端设备制造	Manufacture of Communication Terminal Equipment	6567	37704	4627	5832	25873	19525
2.雷达及配套设备制造	Manufacture of Radar and Its Fittings	4671	16147	22568	63319	62535	69582
3.广播电视设备制造	Manufacture of Broadcasting and TV Equipment	1196	4193	3736	4356	4440	6659
4.电子器件制造	Manufacture of Electronic Appliances	12075	51263	105628	100456	183589	121460
#电子真空器件制造	Manufacture of Electronic Vacuum Appliances	3076	23579	28258	22262	41888	25892
半导体分立器件制造	Manufacture of Semiconductor Discreting Appliances	2955	6643	8449	3082	7029	3936
集成电路制造	Manufacture of Integrate Circuit	6043	6001	24258	5659	5235	9185
5.电子元件制造	Manufacture of Electronic Components	21368	38662	48306	54049	45207	71725
6.家用视听设备制造	Manufacture of Domestic TV Set and Radio Receiver	52182	299670	234065	379034	325330	201410
7.其他电子设备制造	Manufacture of Other Electronic Equipment	1176	7401	10506	10291	11268	26704
电子计算机及办公设备制造业	**Manufacture of Computers and Office Equipments**	**10528**	**124130**	**135102**	**101620**	**141175**	**237752**
1.电子计算机整机制造	Manufacture of Entired Computer	8891	103799	105407	74809	95058	139861
2.电子计算机外部设备制造	Manufacture of Computer Peripheral Equipment	1348	18807	23246	26692	45877	86536
3.办公设备制造	Manufacture of Office Equipment	289	1525	6449	119	240	11356
医疗设备及仪器仪表制造业	**Manufacture of Medical Equipments and Measuring Instrument**	**17238**	**38407**	**95948**	**106606**	**120605**	**139332**
1.医疗设备及器械制造	Manufacture of Medical Equipment and Appliances	2726	4250	9624	12004	13501	11293
2.仪器仪表制造	Manufacture of Measuring Instrument	14512	34157	86324	94602	107104	128039

2-1-5　大中型内资企业分行业R&D及相关活动情况

Statistics on R&D and Related Activities of Domestic Funded Enterprises in Large and Medium-sized Enterprises by Industrial Sector

行　业	Industry	R&D人员全时当量（人年） Full-time Equivalent of R&D Personnel (man-year)					
		2000	2005	2008	2009	2010	2011
合　计	**Total**	**78771**	**121421**	**190358**	**197695**	**228884**	**268918**
医药制造业	**Manufacture of Medicines**	**10677**	**16539**	**30446**	**38436**	**39477**	**48988**
#化学药品制造	Manufacture of Chemical Medicine	6855	10352	18418	23009	26682	30159
中成药制造	Manufacture of Finished Traditional Chinese Herbal Medicine	2376	4354	8486	10078	8669	11526
生物、生化制品的制造	Manufacture of Biological and Biochemical Chemical Products	1222	1413	2049	3220	2741	3655
航空航天器制造业	**Manufacture of Aircrafts and Spacecrafts**	**29951**	**29837**	**18927**	**22715**	**28047**	**28057**
1.飞机制造及修理	Manufacture and Repairing of Airplanes	26820	27688	16185	20268	25708	23984
2.航天器制造	Manufacture of Spacecrafts	3131	2150	2742	2448	2339	4073
电子及通信设备制造业	**Manufacture of Electronic Equipment and Communication Equipment**	**28317**	**60818**	**116927**	**107531**	**126318**	**148220**
1.通信设备制造	Manufacture of Communication Equipment	14889	37702	81010	69752	78096	93719
#通信传输设备制造	Manufacture of Communication Transmitting Equipment	2237	1789	3158	4108	4825	6699
通信交换设备制造	Manufacture of Communication Exchanging Equipment	11054	31457	73270	58554	65632	77354
通信终端设备制造	Manufacture of Communication Terminal Equipment	690	2922	1464	1385	1945	2308
2.雷达及配套设备制造	Manufacture of Radar and Its Fittings	1794	1810	2813	3768	4425	2809
3.广播电视设备制造	Manufacture of Broadcasting and TV Equipment	448	1463	1721	2234	1287	3004
4.电子器件制造	Manufacture of Electronic Appliances	4270	7331	7971	11857	13143	19769
#电子真空器件制造	Manufacture of Electronic Vacuum Appliances	1676	1388	1737	2407	1678	1738
半导体分立器件制造	Manufacture of Semiconductor Discreting Appliances	1778	1448	716	2313	1447	2858
集成电路制造	Manufacture of Integrate Circuit	816	1054	3311	2113	3769	5466
5.电子元件制造	Manufacture of Electronic Components	3576	4726	8516	11937	13718	17235
6.家用视听设备制造	Manufacture of Domestic TV Set and Radio Receiver	2540	6955	13183	6187	12586	6809
7.其他电子设备制造	Manufacture of Other Electronic Equipment	798	833	1714	1796	3063	4874
电子计算机及办公设备制造业	**Manufacture of Computers and Office Equipments**	**2509**	**5288**	**6649**	**9063**	**9233**	**13978**
1.电子计算机整机制造	Manufacture of Entired Computer	2111	2684	3550	4046	3928	5268
2.电子计算机外部设备制造	Manufacture of Computer Peripheral Equipment	392	2394	2149	4319	4545	6885
3.办公设备制造	Manufacture of Office Equipment	6	211	950	698	759	1825
医疗设备及仪器仪表制造业	**Manufacture of Medical Equipments and Measuring Instrument**	**7317**	**8939**	**17410**	**19948**	**25809**	**29676**
1.医疗设备及器械制造	Manufacture of Medical Equipment and Appliances	655	796	2511	3651	5375	4421
2.仪器仪表制造	Manufacture of Measuring Instrument	6662	8143	14899	16297	20434	25255

2-1-5 续表 1 continued

行业	Industry	R&D经费内部支出（万元） Intramural Expenditure on R&D (10000 yuan)					
		2000	2005	2008	2009	2010	2011
合 计	**Total**	**790317**	**2099137**	**3859441**	**4750743**	**6009981**	**7888445**
医药制造业	**Manufacture of Medicines**	**105252**	**306401**	**550565**	**705405**	**830477**	**1070889**
#化学药品制造	Manufacture of Chemical Medicine	64927	203950	360508	425568	519775	655266
中成药制造	Manufacture of Finished Traditional Chinese Herbal Medicine	24645	76775	124293	172857	176042	213977
生物、生化制品的制造	Manufacture of Biological and Biochemical Chemical Products	14090	19148	37019	66452	81048	103361
航空航天器制造业	**Manufacture of Aircrafts and Spacecrafts**	**132595**	**275677**	**517858**	**653632**	**923108**	**1422192**
1.飞机制造及修理	Manufacture and Repairing of Airplanes	113913	236864	439840	512839	848012	1242175
2.航天器制造	Manufacture of Spacecrafts	18682	38813	78019	140793	75096	180017
电子及通信设备制造业	**Manufacture of Electronic Equipment and Communication Equipment**	**470519**	**1274838**	**2257427**	**2769737**	**3494583**	**4474812**
1.通信设备制造	Manufacture of Communication Equipment	291761	793048	1501913	1894767	2423173	2993980
#通信传输设备制造	Manufacture of Communication Transmitting Equipment	53167	41957	56176	116444	106769	167917
通信交换设备制造	Manufacture of Communication Exchanging Equipment	223960	691452	1347374	1660932	2157803	2618246
通信终端设备制造	Manufacture of Communication Terminal Equipment	7175	34042	19787	24996	36042	47851
2.雷达及配套设备制造	Manufacture of Radar and Its Fittings	7003	24472	37973	73858	56977	78121
3.广播电视设备制造	Manufacture of Broadcasting and TV Equipment	2036	12572	32171	31498	25900	54991
4.电子器件制造	Manufacture of Electronic Appliances	57716	95675	164178	217490	348026	541463
#电子真空器件制造	Manufacture of Electronic Vacuum Appliances	42000	16478	37202	41190	50723	55434
半导体分立器件制造	Manufacture of Semiconductor Discreting Appliances	8669	11355	14461	20088	23137	37411
集成电路制造	Manufacture of Integrate Circuit	7047	17355	69845	33523	93780	136666
5.电子元件制造	Manufacture of Electronic Components	54914	69216	143742	176395	216975	340865
6.家用视听设备制造	Manufacture of Domestic TV Set and Radio Receiver	41554	272004	352621	326956	366141	345312
7.其他电子设备制造	Manufacture of Other Electronic Equipment	15536	7851	24830	48774	57392	120079
电子计算机及办公设备制造业	**Manufacture of Computers and Office Equipments**	**47653**	**124477**	**213647**	**241808**	**300743**	**349069**
1.电子计算机整机制造	Manufacture of Entired Computer	40350	94082	155048	148448	124943	189686
2.电子计算机外部设备制造	Manufacture of Computer Peripheral Equipment	7013	27048	47833	83220	159236	128730
3.办公设备制造	Manufacture of Office Equipment	289	3347	10766	10139	16565	30653
医疗设备及仪器仪表制造业	**Manufacture of Medical Equipments and Measuring Instrument**	**34299**	**117744**	**319943**	**380162**	**461070**	**571483**
1.医疗设备及器械制造	Manufacture of Medical Equipment and Appliances	3686	12954	72195	81446	99224	107134
2.仪器仪表制造	Manufacture of Measuring Instrument	30613	104791	247748	298717	361847	464349

2-1-5 续表 2 continued

行 业	Industry	新产品开发经费支出 (万元) Expenditure on New Products Development (10000 yuan)					
		2000	2005	2008	2009	2010	2011
合 计	**Total**	**808228**	**2237723**	**4215893**	**5541285**	**5365011**	**9042866**
医药制造业	**Manufacture of Medicines**	**118340**	**335802**	**603799**	**767211**	**880270**	**1157776**
#化学药品制造	Manufacture of Chemical Medicine	71081	217035	387880	456653	560165	698471
中成药制造	Manufacture of Finished Traditional Chinese Herbal Medicine	31824	77861	126070	172244	190271	239491
生物、生化制品的制造	Manufacture of Biological and Biochemical Chemical Products	12492	24091	50460	84869	80761	121189
航空航天器制造业	**Manufacture of Aircrafts and Spacecrafts**	**108942**	**296293**	**491207**	**752682**	**1016455**	**1317951**
1.飞机制造及修理	Manufacture and Repairing of Airplanes	90233	265524	422272	615066	948037	1134672
2.航天器制造	Manufacture of Spacecrafts	18709	30769	68936	137616	68418	183279
电子及通信设备制造业	**Manufacture of Electronic Equipment and Communication Equipment**	**504817**	**1347212**	**2510241**	**3251491**	**2486185**	**5477564**
1.通信设备制造	Manufacture of Communication Equipment	261902	781128	1533198	2050486	1119219	3593733
#通信传输设备制造	Manufacture of Communication Transmitting Equipment	50038	47535	72731	139561	125675	200706
通信交换设备制造	Manufacture of Communication Exchanging Equipment	191969	637414	1346818	1757010	797044	3093481
通信终端设备制造	Manufacture of Communication Terminal Equipment	9094	41760	23796	41316	54695	52439
2.雷达及配套设备制造	Manufacture of Radar and Its Fittings	11129	27487	42449	75597	80554	131179
3.广播电视设备制造	Manufacture of Broadcasting and TV Equipment	1117	20566	36571	51643	47646	75550
4.电子器件制造	Manufacture of Electronic Appliances	58356	111855	216421	321742	444140	699556
#电子真空器件制造	Manufacture of Electronic Vacuum Appliances	42174	19476	46243	61834	69880	70001
半导体分立器件制造	Manufacture of Semiconductor Discreting Appliances	7670	15058	18034	27799	30876	41041
集成电路制造	Manufacture of Integrate Circuit	8512	23109	97345	63677	90155	175299
5.电子元件制造	Manufacture of Electronic Components	67393	81050	198732	230964	308502	453499
6.家用视听设备制造	Manufacture of Domestic TV Set and Radio Receiver	87768	311046	435205	448338	421669	380003
7.其他电子设备制造	Manufacture of Other Electronic Equipment	17152	14081	47663	72719	64455	144044
电子计算机及办公设备制造业	**Manufacture of Computers and Office Equipments**	**40953**	**136348**	**236625**	**284010**	**381667**	**407760**
1.电子计算机整机制造	Manufacture of Entired Computer	30484	92085	161622	151043	149323	191403
2.电子计算机外部设备制造	Manufacture of Computer Peripheral Equipment	10176	38698	61913	122477	210365	180381
3.办公设备制造	Manufacture of Office Equipment	293	5565	13090	10490	21979	35976
医疗设备及仪器仪表制造业	**Manufacture of Medical Equipments and Measuring Instrument**	**35176**	**122068**	**374020**	**485891**	**600435**	**681815**
1.医疗设备及器械制造	Manufacture of Medical Equipment and Appliances	4205	13166	74829	96338	119019	137319
2.仪器仪表制造	Manufacture of Measuring Instrument	30971	108902	299191	389553	481416	544496

2-1-5 续表 3 continued

行　业	Industry	新产品产值（万元） Output Value of New Products (10000 yuan)					
		2000	2005	2008	2009	2010	2011
合　计	**Total**	**11428790**	**23575767**	**39774601**	**50269718**	**58157818**	**68412462**
医药制造业	**Manufacture of Medicines**	**1661296**	**4141567**	**7613025**	**10105720**	**12850163**	**13897414**
#化学药品制造	Manufacture of Chemical Medicine	1268881	2851786	5021191	6401399	8432429	7851773
中成药制造	Manufacture of Finished Traditional Chinese Herbal Medicine	281821	982753	1665794	2386444	2735330	3190788
生物、生化制品的制造	Manufacture of Biological and Biochemical Chemical Products	90389	151499	510304	725806	802811	1232496
航空航天器制造业	**Manufacture of Aircrafts and Spacecrafts**	**966141**	**3730581**	**4684432**	**3101400**	**5129205**	**4929907**
1.飞机制造及修理	Manufacture and Repairing of Airplanes	830098	3695697	4488658	2909253	4887832	4573413
2.航天器制造	Manufacture of Spacecrafts	136042	34884	195774	192147	241373	356494
电子及通信设备制造业	**Manufacture of Electronic Equipment and Communication Equipment**	**7192755**	**12117194**	**19093638**	**28900394**	**29758316**	**37969069**
1.通信设备制造	Manufacture of Communication Equipment	3156575	5043903	7118061	14018049	14576374	19953656
#通信传输设备制造	Manufacture of Communication Transmitting Equipment	1121296	544754	623993	703988	711004	1252297
通信交换设备制造	Manufacture of Communication Exchanging Equipment	1499287	3112104	5444794	12256938	12110592	16542803
通信终端设备制造	Manufacture of Communication Terminal Equipment	392912	357331	169322	252514	488513	790263
2.雷达及配套设备制造	Manufacture of Radar and Its Fittings	106142	243074	158570	533778	488398	836230
3.广播电视设备制造	Manufacture of Broadcasting and TV Equipment	7489	145146	419141	430593	485777	1073815
4.电子器件制造	Manufacture of Electronic Appliances	423791	964794	2332653	2587703	4384820	5251097
#电子真空器件制造	Manufacture of Electronic Vacuum Appliances	283426	371079	542739	470667	290098	293187
半导体分立器件制造	Manufacture of Semiconductor Discreting Appliances	43788	108074	227599	224539	254404	355212
集成电路制造	Manufacture of Integrate Circuit	96577	145780	942405	937484	823170	1080272
5.电子元件制造	Manufacture of Electronic Components	488186	840337	2025347	2514085	3939705	4265901
6.家用视听设备制造	Manufacture of Domestic TV Set and Radio Receiver	2846491	4730697	6523617	8145619	5219034	5528038
7.其他电子设备制造	Manufacture of Other Electronic Equipment	164082	149244	516249	670567	664208	1060333
电子计算机及办公设备制造业	**Manufacture of Computers and Office Equipments**	**1099876**	**2259143**	**4958116**	**4505778**	**5333218**	**5460972**
1.电子计算机整机制造	Manufacture of Entired Computer	933482	1760100	2449627	2690924	2839944	3428365
2.电子计算机外部设备制造	Manufacture of Computer Peripheral Equipment	153807	412160	2233583	1692014	2228877	1733931
3.办公设备制造	Manufacture of Office Equipment	12587	86883	274906	122841	264397	298676
医疗设备及仪器仪表制造业	**Manufacture of Medical Equipments and Measuring Instrument**	**508723**	**1327282**	**3425391**	**3656427**	**5086918**	**6155101**
1.医疗设备及器械制造	Manufacture of Medical Equipment and Appliances	76754	185074	523752	651792	614833	656772
2.仪器仪表制造	Manufacture of Measuring Instrument	431969	1142207	2901640	3004634	4472085	5498329

2-1-5 续表 4 continued

行 业	Industry	新产品销售收入（万元） Sales Revenue of New Products (10000 yuan)					
		2000	2005	2008	2009	2010	2011
合 计	**Total**	**9880026**	**22804873**	**39139491**	**49579521**	**59419070**	**68764411**
医药制造业	**Manufacture of Medicines**	**1382686**	**3827635**	**7152628**	**9456669**	**12152367**	**12872676**
#化学药品制造	Manufacture of Chemical Medicine	1082852	2592266	4800422	6057585	8170904	7239845
中成药制造	Manufacture of Finished Traditional Chinese Herbal Medicine	213073	926895	1534502	2128770	2453055	2924884
生物、生化制品的制造	Manufacture of Biological and Biochemical Chemical Products	70466	164505	428545	719728	742799	1133437
航空航天器制造业	**Manufacture of Aircrafts and Spacecrafts**	**813277**	**3366753**	**4707063**	**2721714**	**4712321**	**4966752**
1.飞机制造及修理	Manufacture and Repairing of Airplanes	696006	3328896	4501439	2562529	4476575	4606390
2.航天器制造	Manufacture of Spacecrafts	117272	37857	205624	159185	235747	360362
电子及通信设备制造业	**Manufacture of Electronic Equipment and Communication Equipment**	**6212548**	**12261940**	**19468236**	**29307443**	**32553104**	**39969328**
1.通信设备制造	Manufacture of Communication Equipment	2508581	4815723	6052474	14610338	16399305	21276510
#通信传输设备制造	Manufacture of Communication Transmitting Equipment	943196	589750	548084	739025	925265	1837299
通信交换设备制造	Manufacture of Communication Exchanging Equipment	1085005	2893289	4534144	12834109	13717662	17337368
通信终端设备制造	Manufacture of Communication Terminal Equipment	356827	322889	152304	265768	498701	789418
2.雷达及配套设备制造	Manufacture of Radar and Its Fittings	102849	258585	164617	514724	431244	752468
3.广播电视设备制造	Manufacture of Broadcasting and TV Equipment	6198	143250	374602	361973	444836	1032841
4.电子器件制造	Manufacture of Electronic Appliances	443258	917332	2185134	2544758	4272602	4891386
#电子真空器件制造	Manufacture of Electronic Vacuum Appliances	308024	303425	476700	461247	278186	274069
半导体分立器件制造	Manufacture of Semiconductor Discreting Appliances	37007	106341	218626	230085	328184	385318
集成电路制造	Manufacture of Integrate Circuit	98227	145452	961703	932554	807423	1038856
5.电子元件制造	Manufacture of Electronic Components	442934	796187	2019944	2335282	4010674	4238828
6.家用视听设备制造	Manufacture of Domestic TV Set and Radio Receiver	2519020	5213165	8198312	8274196	6365975	6772963
7.其他电子设备制造	Manufacture of Other Electronic Equipment	189708	117698	473153	666173	628468	1004333
电子计算机及办公设备制造业	**Manufacture of Computers and Office Equipments**	**1012211**	**2009549**	**4763124**	**4362200**	**5069468**	**5269429**
1.电子计算机整机制造	Manufacture of Entired Computer	838867	1571203	2332315	2622199	2803410	3310568
2.电子计算机外部设备制造	Manufacture of Computer Peripheral Equipment	160317	353399	2189550	1627372	2032198	1680448
3.办公设备制造	Manufacture of Office Equipment	13027	84947	241260	112629	233860	278413
医疗设备及仪器仪表制造业	**Manufacture of Medical Equipments and Measuring Instrument**	**459304**	**1338995**	**3048439**	**3731496**	**4931811**	**5686226**
1.医疗设备及器械制造	Manufacture of Medical Equipment and Appliances	80040	173972	526271	553525	581609	616209
2.仪器仪表制造	Manufacture of Measuring Instrument	379264	1165023	2522168	3177970	4350202	5070016

2-1-5 续表 5 continued

行业	Industry	专利申请数（件）Patent Applications (piece)					
		2000	2005	2008	2009	2010	2011
合 计	**Total**	**1663**	**10787**	**27897**	**33567**	**35149**	**48692**
医药制造业	**Manufacture of Medicines**	**492**	**2114**	**3054**	**3900**	**4324**	**4911**
#化学药品制造	Manufacture of Chemical Medicine	200	870	1157	1794	1882	2226
中成药制造	Manufacture of Finished Traditional Chinese Herbal Medicine	242	1033	1621	1694	1925	2016
生物、生化制品的制造	Manufacture of Biological and Biochemical Chemical Products	15	171	143	213	181	265
航空航天器制造业	**Manufacture of Aircrafts and Spacecrafts**	**79**	**305**	**1010**	**1497**	**2155**	**2359**
1.飞机制造及修理	Manufacture and Repairing of Airplanes	74	291	920	1355	1997	2070
2.航天器制造	Manufacture of Spacecrafts	5	14	90	142	158	289
电子及通信设备制造业	**Manufacture of Electronic Equipment and Communication Equipment**	**795**	**7387**	**18997**	**23148**	**22506**	**33230**
1.通信设备制造	Manufacture of Communication Equipment	504	5595	14245	16745	13235	19736
#通信传输设备制造	Manufacture of Communication Transmitting Equipment	41	122	473	490	446	1049
通信交换设备制造	Manufacture of Communication Exchanging Equipment	449	5318	13262	15311	11580	17286
通信终端设备制造	Manufacture of Communication Terminal Equipment	4	65	107	217	440	467
2.雷达及配套设备制造	Manufacture of Radar and Its Fittings	22	9	70	123	288	361
3.广播电视设备制造	Manufacture of Broadcasting and TV Equipment	4	61	429	457	711	2073
4.电子器件制造	Manufacture of Electronic Appliances	38	285	796	1601	2793	4610
#电子真空器件制造	Manufacture of Electronic Vacuum Appliances	22	55	218	199	421	1230
半导体分立器件制造	Manufacture of Semiconductor Discreting Appliances	6	10	88	127	150	148
集成电路制造	Manufacture of Integrate Circuit	10	50	179	273	780	776
5.电子元件制造	Manufacture of Electronic Components	60	354	1019	1552	2062	2907
6.家用视听设备制造	Manufacture of Domestic TV Set and Radio Receiver	145	1005	2121	2269	2921	2201
7.其他电子设备制造	Manufacture of Other Electronic Equipment	22	78	317	401	496	1342
电子计算机及办公设备制造业	**Manufacture of Computers and Office Equipments**	**85**	**378**	**1477**	**1759**	**2451**	**2463**
1.电子计算机整机制造	Manufacture of Entired Computer	22	177	444	861	741	985
2.电子计算机外部设备制造	Manufacture of Computer Peripheral Equipment	62	154	974	825	1580	1174
3.办公设备制造	Manufacture of Office Equipment	1	47	59	73	130	304
医疗设备及仪器仪表制造业	**Manufacture of Medical Equipments and Measuring Instrument**	**212**	**603**	**3359**	**3263**	**3713**	**5729**
1.医疗设备及器械制造	Manufacture of Medical Equipment and Appliances	66	247	1058	634	801	1104
2.仪器仪表制造	Manufacture of Measuring Instrument	146	356	2301	2629	2912	4625

2-1-5 续表 6 continued

行 业	Industry	有效发明专利数（件） Number of Patents In Force (piece)					
		2000	2005	2008	2009	2010	2011
合 计	**Total**	**1008**	**4745**	**15183**	**22121**	**34267**	**45852**
医药制造业	**Manufacture of Medicines**	**292**	**861**	**2317**	**3020**	**4074**	**4736**
#化学药品制造	Manufacture of Chemical Medicine	154	427	989	1266	1628	2140
中成药制造	Manufacture of Finished Traditional Chinese Herbal Medicine	77	366	1079	1465	2023	2028
生物、生化制品的制造	Manufacture of Biological and Biochemical Chemical Products	14	40	120	142	282	324
航空航天器制造业	**Manufacture of Aircrafts and Spacecrafts**	**139**	**188**	**339**	**565**	**692**	**1276**
1.飞机制造及修理	Manufacture and Repairing of Airplanes	102	181	296	480	577	1052
2.航天器制造	Manufacture of Spacecrafts	37	7	43	85	115	224
电子及通信设备制造业	**Manufacture of Electronic Equipment and Communication Equipment**	**401**	**3068**	**10959**	**16309**	**25980**	**35645**
1.通信设备制造	Manufacture of Communication Equipment	277	2604	9107	13578	21790	29509
#通信传输设备制造	Manufacture of Communication Transmitting Equipment	23	28	68	76	417	588
通信交换设备制造	Manufacture of Communication Exchanging Equipment	239	2495	8851	13271	20819	27660
通信终端设备制造	Manufacture of Communication Terminal Equipment	2	36	33	95	294	229
2.雷达及配套设备制造	Manufacture of Radar and Its Fittings	15	5	82	43	63	44
3.广播电视设备制造	Manufacture of Broadcasting and TV Equipment	2	10	59	118	202	506
4.电子器件制造	Manufacture of Electronic Appliances	13	157	559	1131	1790	2382
#电子真空器件制造	Manufacture of Electronic Vacuum Appliances	5	85	174	276	211	265
半导体分立器件制造	Manufacture of Semiconductor Discreting Appliances	6	9	37	32	113	155
集成电路制造	Manufacture of Integrate Circuit	2	16	209	233	297	573
5.电子元件制造	Manufacture of Electronic Components	41	197	359	688	1096	1535
6.家用视听设备制造	Manufacture of Domestic TV Set and Radio Receiver	44	87	650	533	658	710
7.其他电子设备制造	Manufacture of Other Electronic Equipment	9	8	143	218	381	959
电子计算机及办公设备制造业	**Manufacture of Computers and Office Equipments**	**66**	**197**	**248**	**985**	**1630**	**769**
1.电子计算机整机制造	Manufacture of Entired Computer	11	134	153	634	353	254
2.电子计算机外部设备制造	Manufacture of Computer Peripheral Equipment	55	59	85	341	1198	415
3.办公设备制造	Manufacture of Office Equipment		4	10	10	79	100
医疗设备及仪器仪表制造业	**Manufacture of Medical Equipments and Measuring Instrument**	**110**	**431**	**1320**	**1242**	**1891**	**3426**
1.医疗设备及器械制造	Manufacture of Medical Equipment and Appliances	46	60	463	279	480	1330
2.仪器仪表制造	Manufacture of Measuring Instrument	64	371	857	963	1411	2096

2-1-5 续表 7 continued

行　业	Industry	技术改造经费支出（万元） Expenditure for Technical Renovation (10000 yuan)					
		2000	2005	2008	2009	2010	2011
合　计	**Total**	**924581**	**1183084**	**1605497**	**1565201**	**1826384**	**1664720**
医药制造业	**Manufacture of Medicines**	**263464**	**363380**	**422311**	**510014**	**451146**	**463076**
#化学药品制造	Manufacture of Chemical Medicine	223744	257301	263629	332236	316705	340057
中成药制造	Manufacture of Finished Traditional Chinese Herbal Medicine	34240	81966	100124	113286	80354	66179
生物、生化制品的制造	Manufacture of Biological and Biochemical Chemical Products	3751	13554	27929	24724	15546	27451
航空航天器制造业	**Manufacture of Aircrafts and Spacecrafts**	**154666**	**364356**	**332520**	**413712**	**385746**	**373716**
1.飞机制造及修理	Manufacture and Repairing of Airplanes	128203	348878	303814	400522	351451	330906
2.航天器制造	Manufacture of Spacecrafts	26464	15478	28706	13190	34295	42810
电子及通信设备制造业	**Manufacture of Electronic Equipment and Communication Equipment**	**435972**	**337168**	**642030**	**412940**	**735038**	**403391**
1.通信设备制造	Manufacture of Communication Equipment	46178	56507	68682	44868	55882	94039
#通信传输设备制造	Manufacture of Communication Transmitting Equipment	12815	27090	13271	29138	13730	54575
通信交换设备制造	Manufacture of Communication Exchanging Equipment	27978	870	3685	1544	3721	3040
通信终端设备制造	Manufacture of Communication Terminal Equipment	2900	11727	17166	6027	17613	18286
2.雷达及配套设备制造	Manufacture of Radar and Its Fittings	8482	17859	19726	36326	10179	29563
3.广播电视设备制造	Manufacture of Broadcasting and TV Equipment	3394	7981	1695	5994	4124	3656
4.电子器件制造	Manufacture of Electronic Appliances	120232	89982	148267	138219	318149	121936
#电子真空器件制造	Manufacture of Electronic Vacuum Appliances	75414	24045	15882	12438	13785	9076
半导体分立器件制造	Manufacture of Semiconductor Discreting Appliances	10473	10359	6060	5363	12675	20135
集成电路制造	Manufacture of Integrate Circuit	34345	44123	57610	63126	37533	3149
5.电子元件制造	Manufacture of Electronic Components	186727	115214	136787	124957	115742	125118
6.家用视听设备制造	Manufacture of Domestic TV Set and Radio Receiver	48867	47562	260782	53814	211896	18858
7.其他电子设备制造	Manufacture of Other Electronic Equipment	22092	2063	6091	8762	19067	10221
电子计算机及办公设备制造业	**Manufacture of Computers and Office Equipments**	**19277**	**14873**	**50713**	**70286**	**35975**	**45707**
1.电子计算机整机制造	Manufacture of Entired Computer	10369	6904	34483	42842	24125	37798
2.电子计算机外部设备制造	Manufacture of Computer Peripheral Equipment	8856	6396	10887	23581	9704	7149
3.办公设备制造	Manufacture of Office Equipment	52	1573	5343	3863	2147	761
医疗设备及仪器仪表制造业	**Manufacture of Medical Equipments and Measuring Instrument**	**51202**	**103307**	**157923**	**158249**	**218479**	**378831**
1.医疗设备及器械制造	Manufacture of Medical Equipment and Appliances	6210	11972	17104	19478	42357	37796
2.仪器仪表制造	Manufacture of Measuring Instrument	44992	91335	140819	138771	176122	341034

2-1-5 续表 8 continued

行 业	Industry	技术引进经费支出（万元） Expenditure for Acquisition of Foreign Technology (10000 yuan)					
		2000	2005	2008	2009	2010	2011
合 计	**Total**	**235804**	**96198**	**110205**	**140772**	**155978**	**145378**
医药制造业	**Manufacture of Medicines**	**36257**	**22772**	**24095**	**16221**	**16013**	**44917**
#化学药品制造	Manufacture of Chemical Medicine	25613	15551	10535	12739	12481	36438
中成药制造	Manufacture of Finished Traditional Chinese Herbal Medicine	9202	4440	10306	636	422	1240
生物、生化制品的制造	Manufacture of Biological and Biochemical Chemical Products	1120	151	1764	1977	2367	1974
航空航天器制造业	**Manufacture of Aircrafts and Spacecrafts**	**29793**	**27419**	**3955**	**23893**	**60573**	**16210**
1.飞机制造及修理	Manufacture and Repairing of Airplanes	19970	25982	3605	23853	60573	16210
2.航天器制造	Manufacture of Spacecrafts	9823	1436	350	40		
电子及通信设备制造业	**Manufacture of Electronic Equipment and Communication Equipment**	**155175**	**33696**	**57176**	**76728**	**57919**	**71218**
1.通信设备制造	Manufacture of Communication Equipment	7653	8556	2019	476	8742	8487
#通信传输设备制造	Manufacture of Communication Transmitting Equipment	2628	2349	232	100	2464	5919
通信交换设备制造	Manufacture of Communication Exchanging Equipment	628	264			356	
通信终端设备制造	Manufacture of Communication Terminal Equipment	2292	2510	116	77	141	410
2.雷达及配套设备制造	Manufacture of Radar and Its Fittings	769	14	100	630	547	596
3.广播电视设备制造	Manufacture of Broadcasting and TV Equipment	152	300	150			1633
4.电子器件制造	Manufacture of Electronic Appliances	45516	6795	6622	16757	35198	43775
#电子真空器件制造	Manufacture of Electronic Vacuum Appliances	14892	4109	550	10962	7296	28776
半导体分立器件制造	Manufacture of Semiconductor Discreting Appliances	6978	126	1598	1219		10
集成电路制造	Manufacture of Integrate Circuit	23646		3092	749	691	1609
5.电子元件制造	Manufacture of Electronic Components	90808	10715	5869	7482	5807	4147
6.家用视听设备制造	Manufacture of Domestic TV Set and Radio Receiver	8501	5719	42417	51384	7388	12357
7.其他电子设备制造	Manufacture of Other Electronic Equipment	1778	1597			238	224
电子计算机及办公设备制造业	**Manufacture of Computers and Office Equipments**	**5492**	**10348**	**638**	**3966**	**9629**	**4116**
1.电子计算机整机制造	Manufacture of Entired Computer	2994	9297	638	3779	3753	3825
2.电子计算机外部设备制造	Manufacture of Computer Peripheral Equipment	2498	570		188	5876	291
3.办公设备制造	Manufacture of Office Equipment		481				
医疗设备及仪器仪表制造业	**Manufacture of Medical Equipments and Measuring Instrument**	**9087**	**1963**	**24341**	**19963**	**11844**	**8918**
1.医疗设备及器械制造	Manufacture of Medical Equipment and Appliances	1709	30	838	220	185	234
2.仪器仪表制造	Manufacture of Measuring Instrument	7377	1933	23503	19743	11659	8684

2-1-5 续表 9 continued

行 业	Industry	消化吸收经费支出（万元） Expenditure for Assimilation of Technology (10000 yuan)					
		2000	2005	2008	2009	2010	2011
合 计	**Total**	**21260**	**31699**	**68997**	**80557**	**94809**	**70417**
医药制造业	**Manufacture of Medicines**	**11140**	**21741**	**34435**	**30613**	**30925**	**35133**
#化学药品制造	Manufacture of Chemical Medicine	10054	18575	27624	20938	24680	26302
中成药制造	Manufacture of Finished Traditional Chinese Herbal Medicine	225	3061	3917	4780	3821	5401
生物、生化制品的制造	Manufacture of Biological and Biochemical Chemical Products	771	55	1094	2946	659	673
航空航天器制造业	**Manufacture of Aircrafts and Spacecrafts**	**1943**	**1438**	**420**	**27083**	**26269**	**4937**
1.飞机制造及修理	Manufacture and Repairing of Airplanes	1943	1438	220	27075	22612	4937
2.航天器制造	Manufacture of Spacecrafts			200	8	3657	
电子及通信设备制造业	**Manufacture of Electronic Equipment and Communication Equipment**	**4926**	**7337**	**18675**	**11420**	**21842**	**19643**
1.通信设备制造	Manufacture of Communication Equipment	666	561	2231	1537	3296	2219
#通信传输设备制造	Manufacture of Communication Transmitting Equipment	488	466	996	380	10	
通信交换设备制造	Manufacture of Communication Exchanging Equipment	35				500	
通信终端设备制造	Manufacture of Communication Terminal Equipment	1	85	307	180	507	791
2.雷达及配套设备制造	Manufacture of Radar and Its Fittings	1		50	102	108	168
3.广播电视设备制造	Manufacture of Broadcasting and TV Equipment		100	115			
4.电子器件制造	Manufacture of Electronic Appliances	2342	361	3163	3132	4888	3877
#电子真空器件制造	Manufacture of Electronic Vacuum Appliances	2215	10	116		14	212
半导体分立器件制造	Manufacture of Semiconductor Discreting Appliances	87	43	1461	50	8	29
集成电路制造	Manufacture of Integrate Circuit	40		865	443	11	
5.电子元件制造	Manufacture of Electronic Components	1826	5078	6179	1834	2805	7822
6.家用视听设备制造	Manufacture of Domestic TV Set and Radio Receiver	50	1226	6937	4716	10389	3988
7.其他电子设备制造	Manufacture of Other Electronic Equipment	41	11		100	357	1570
电子计算机及办公设备制造业	**Manufacture of Computers and Office Equipments**	**2825**	**577**	**27**	**3509**	**4579**	**5925**
1.电子计算机整机制造	Manufacture of Entired Computer	1413	405		3082	4560	5876
2.电子计算机外部设备制造	Manufacture of Computer Peripheral Equipment	1412	157		427	19	49
3.办公设备制造	Manufacture of Office Equipment		15	27			
医疗设备及仪器仪表制造业	**Manufacture of Medical Equipments and Measuring Instrument**	**426**	**606**	**15441**	**7931**	**11194**	**4779**
1.医疗设备及器械制造	Manufacture of Medical Equipment and Appliances	20	49	391	537	326	372
2.仪器仪表制造	Manufacture of Measuring Instrument	406	557	15050	7394	10868	4406

2-1-5 续表 10 continued

行业	Industry	购买国内技术经费支出（万元） Expenditure on Purchase of Domestic Technology (10000 yuan)					
		2000	2005	2008	2009	2010	2011
合　计	**Total**	**63674**	**69133**	**87585**	**83801**	**134285**	**102882**
医药制造业	**Manufacture of Medicines**	**56493**	**45482**	**57760**	**50105**	**43618**	**52308**
#化学药品制造	Manufacture of Chemical Medicine	15849	37349	30192	31899	28050	36686
中成药制造	Manufacture of Finished Traditional Chinese Herbal Medicine	36570	7138	20941	12167	12635	7879
生物、生化制品的制造	Manufacture of Biological and Biochemical Chemical Products	3556	605	1307	3784	1125	6430
航空航天器制造业	**Manufacture of Aircrafts and Spacecrafts**	**4437**	**10751**	**5717**	**12396**	**15691**	**8968**
1.飞机制造及修理	Manufacture and Repairing of Airplanes	2421	10751	5657	12315	15691	8968
2.航天器制造	Manufacture of Spacecrafts	2016		60	81		
电子及通信设备制造业	**Manufacture of Electronic Equipment and Communication Equipment**	**2030**	**9553**	**18382**	**12053**	**61266**	**22071**
1.通信设备制造	Manufacture of Communication Equipment	918	1535	5396	1800	5549	7857
#通信传输设备制造	Manufacture of Communication Transmitting Equipment	573	1011	85	550	3363	6192
通信交换设备制造	Manufacture of Communication Exchanging Equipment	172	86				
通信终端设备制造	Manufacture of Communication Terminal Equipment	53	102	305	25	580	448
2.雷达及配套设备制造	Manufacture of Radar and Its Fittings	2	488	1544	1542	2822	2268
3.广播电视设备制造	Manufacture of Broadcasting and TV Equipment	10	4300	1737	545	56	986
4.电子器件制造	Manufacture of Electronic Appliances	444	1136	3822	1608	47542	4251
#电子真空器件制造	Manufacture of Electronic Vacuum Appliances	84	150	376	11	382	
半导体分立器件制造	Manufacture of Semiconductor Discreting Appliances	357	337	358	883	3569	240
集成电路制造	Manufacture of Integrate Circuit	3		2787	184	33314	1551
5.电子元件制造	Manufacture of Electronic Components	475	1714	3202	5067	1293	2878
6.家用视听设备制造	Manufacture of Domestic TV Set and Radio Receiver	150	139	1334	901	2073	2685
7.其他电子设备制造	Manufacture of Other Electronic Equipment	31	241	1348	590	1931	1145
电子计算机及办公设备制造业	**Manufacture of Computers and Office Equipments**	**243**	**252**	**161**	**2003**	**789**	**6716**
1.电子计算机整机制造	Manufacture of Entired Computer	243		158	260	757	
2.电子计算机外部设备制造	Manufacture of Computer Peripheral Equipment		146		1743	32	6716
3.办公设备制造	Manufacture of Office Equipment		106	3			
医疗设备及仪器仪表制造业	**Manufacture of Medical Equipments and Measuring Instrument**	**471**	**3095**	**5564**	**7244**	**12922**	**12818**
1.医疗设备及器械制造	Manufacture of Medical Equipment and Appliances	99		857	202	505	4708
2.仪器仪表制造	Manufacture of Measuring Instrument	372	3095	4707	7042	12417	8111

2-1-5 续表 11 continued

行　业	Industry	研发机构数（个） Number of R&D Institutions in Enterprises (unit)					
		2000	2005	2008	2009	2010	2011
合　计	**Total**	**1190**	**1168**	**1601**	**1770**	**1970**	**1981**
医药制造业	**Manufacture of Medicines**	**452**	**483**	**586**	**675**	**711**	**721**
#化学药品制造	Manufacture of Chemical Medicine	278	268	344	371	394	410
中成药制造	Manufacture of Finished Traditional Chinese Herbal Medicine	124	153	166	204	210	195
生物、生化制品的制造	Manufacture of Biological and Biochemical Chemical Products	35	29	41	50	50	54
航空航天器制造业	**Manufacture of Aircrafts and Spacecrafts**	**161**	**100**	**127**	**110**	**120**	**84**
1.飞机制造及修理	Manufacture and Repairing of Airplanes	128	95	114	98	107	75
2.航天器制造	Manufacture of Spacecrafts	33	5	13	12	13	9
电子及通信设备制造业	**Manufacture of Electronic Equipment and Communication Equipment**	**380**	**385**	**559**	**602**	**689**	**736**
1.通信设备制造	Manufacture of Communication Equipment	131	85	130	127	164	151
#通信传输设备制造	Manufacture of Communication Transmitting Equipment	45	28	42	42	44	51
通信交换设备制造	Manufacture of Communication Exchanging Equipment	39	23	29	34	55	48
通信终端设备制造	Manufacture of Communication Terminal Equipment	15	16	15	16	19	17
2.雷达及配套设备制造	Manufacture of Radar and Its Fittings	30	25	23	29	25	23
3.广播电视设备制造	Manufacture of Broadcasting and TV Equipment	8	14	23	22	27	35
4.电子器件制造	Manufacture of Electronic Appliances	39	76	119	124	150	149
#电子真空器件制造	Manufacture of Electronic Vacuum Appliances	16	26	27	22	26	14
半导体分立器件制造	Manufacture of Semiconductor Discreting Appliances	15	14	17	13	21	20
集成电路制造	Manufacture of Integrate Circuit	8	16	33	24	25	28
5.电子元件制造	Manufacture of Electronic Components	109	135	171	197	211	241
6.家用视听设备制造	Manufacture of Domestic TV Set and Radio Receiver	55	38	55	55	57	68
7.其他电子设备制造	Manufacture of Other Electronic Equipment	8	12	38	48	55	69
电子计算机及办公设备制造业	**Manufacture of Computers and Office Equipments**	**50**	**46**	**59**	**86**	**106**	**94**
1.电子计算机整机制造	Manufacture of Entired Computer	40	20	18	22	24	20
2.电子计算机外部设备制造	Manufacture of Computer Peripheral Equipment	8	23	34	56	68	67
3.办公设备制造	Manufacture of Office Equipment	2	3	7	8	14	7
医疗设备及仪器仪表制造业	**Manufacture of Medical Equipments and Measuring Instrument**	**147**	**154**	**270**	**297**	**344**	**346**
1.医疗设备及器械制造	Manufacture of Medical Equipment and Appliances	18	21	36	47	55	61
2.仪器仪表制造	Manufacture of Measuring Instrument	129	133	234	250	289	285

2-1-5 续表 12 continued

行 业	Industry	机构人员（人） Personnel in the R&D Institutions (person)					
		2000	2005	2008	2009	2010	2011
合 计	**Total**	**76168**	**109651**	**196131**	**205834**	**251977**	**263327**
医药制造业	**Manufacture of Medicines**	**14513**	**18434**	**32713**	**37291**	**42951**	**45636**
#化学药品制造	Manufacture of Chemical Medicine	9796	10562	20187	20814	26074	25289
中成药制造	Manufacture of Finished Traditional Chinese Herbal Medicine	3005	5623	9556	11057	11853	12670
生物、生化制品的制造	Manufacture of Biological and Biochemical Chemical Products	1209	1358	1564	3298	2934	3910
航空航天器制造业	**Manufacture of Aircrafts and Spacecrafts**	**15017**	**14176**	**16076**	**17439**	**22955**	**22329**
1.飞机制造及修理	Manufacture and Repairing of Airplanes	12281	14072	15244	16659	21871	21325
2.航天器制造	Manufacture of Spacecrafts	2736	104	832	780	1084	1004
电子及通信设备制造业	**Manufacture of Electronic Equipment and Communication Equipment**	**36493**	**63054**	**122294**	**121106**	**147293**	**155798**
1.通信设备制造	Manufacture of Communication Equipment	19033	37640	80677	72742	92163	103808
#通信传输设备制造	Manufacture of Communication Transmitting Equipment	3472	2299	3633	4519	5484	5061
通信交换设备制造	Manufacture of Communication Exchanging Equipment	12840	31072	71411	62026	78793	91778
通信终端设备制造	Manufacture of Communication Terminal Equipment	842	2327	1003	1202	3017	1557
2.雷达及配套设备制造	Manufacture of Radar and Its Fittings	2811	1983	2988	4499	4494	3861
3.广播电视设备制造	Manufacture of Broadcasting and TV Equipment	455	1080	1942	2104	2345	5777
4.电子器件制造	Manufacture of Electronic Appliances	3172	5080	8153	11331	15245	14672
#电子真空器件制造	Manufacture of Electronic Vacuum Appliances	1601	1600	2082	2280	2194	2116
半导体分立器件制造	Manufacture of Semiconductor Discreting Appliances	722	1195	1195	1755	2277	2433
集成电路制造	Manufacture of Integrate Circuit	849	762	2264	1832	2901	2378
5.电子元件制造	Manufacture of Electronic Components	6366	7409	11256	14915	15251	16262
6.家用视听设备制造	Manufacture of Domestic TV Set and Radio Receiver	3113	8252	14403	11915	13841	6527
7.其他电子设备制造	Manufacture of Other Electronic Equipment	1543	1610	2875	3600	3954	4891
电子计算机及办公设备制造业	**Manufacture of Computers and Office Equipments**	**3343**	**5310**	**5440**	**7913**	**12215**	**12523**
1.电子计算机整机制造	Manufacture of Entired Computer	2463	2565	2726	3437	4098	5183
2.电子计算机外部设备制造	Manufacture of Computer Peripheral Equipment	829	2570	2051	4152	7306	6222
3.办公设备制造	Manufacture of Office Equipment	51	175	663	324	811	1118
医疗设备及仪器仪表制造业	**Manufacture of Medical Equipments and Measuring Instrument**	**6802**	**8677**	**19608**	**22085**	**26563**	**27041**
1.医疗设备及器械制造	Manufacture of Medical Equipment and Appliances	912	1358	3225	3805	4738	4650
2.仪器仪表制造	Manufacture of Measuring Instrument	5890	7319	16383	18280	21825	22391

2-1-5 续表 13 continued

行 业	Industry	机构经费支出（万元） Expenditure in the R&D Institutions (10000 yuan)					
		2000	2005	2008	2009	2010	2011
合 计	**Total**	**669580**	**1817148**	**3052555**	**4242932**	**5421344**	**5860691**
医药制造业	**Manufacture of Medicines**	**98836**	**275045**	**494351**	**571038**	**751434**	**808462**
#化学药品制造	Manufacture of Chemical Medicine	60200	171180	319366	310871	459600	467437
中成药制造	Manufacture of Finished Traditional Chinese Herbal Medicine	26239	81481	116205	166750	199843	199483
生物、生化制品的制造	Manufacture of Biological and Biochemical Chemical Products	8803	14143	38984	63852	58835	81457
航空航天器制造业	**Manufacture of Aircrafts and Spacecrafts**	**83791**	**125611**	**244671**	**253941**	**380594**	**390164**
1.飞机制造及修理	Manufacture and Repairing of Airplanes	77214	125084	231881	246064	354750	356095
2.航天器制造	Manufacture of Spacecrafts	6577	527	12790	7877	25844	34070
电子及通信设备制造业	**Manufacture of Electronic Equipment and Communication Equipment**	**426296**	**1217536**	**1906406**	**2923795**	**3668325**	**4028743**
1.通信设备制造	Manufacture of Communication Equipment	263185	769444	1142996	2058982	2710725	3119722
#通信传输设备制造	Manufacture of Communication Transmitting Equipment	34858	42591	47859	83281	98851	83310
通信交换设备制造	Manufacture of Communication Exchanging Equipment	209365	648073	1004037	1891201	2516504	2945127
通信终端设备制造	Manufacture of Communication Terminal Equipment	8205	37090	14959	14342	37544	23130
2.雷达及配套设备制造	Manufacture of Radar and Its Fittings	8941	16808	27283	67770	66002	74949
3.广播电视设备制造	Manufacture of Broadcasting and TV Equipment	1374	11304	30840	27175	23591	50662
4.电子器件制造	Manufacture of Electronic Appliances	45422	44889	139673	151931	269158	230454
#电子真空器件制造	Manufacture of Electronic Vacuum Appliances	30876	10506	32439	35301	68723	39690
半导体分立器件制造	Manufacture of Semiconductor Discreting Appliances	3478	8433	10738	16196	23714	20332
集成电路制造	Manufacture of Integrate Circuit	11068	10055	62363	23194	31272	46149
5.电子元件制造	Manufacture of Electronic Components	36142	60191	128937	159921	171888	201166
6.家用视听设备制造	Manufacture of Domestic TV Set and Radio Receiver	55069	304221	409958	414921	386767	277250
7.其他电子设备制造	Manufacture of Other Electronic Equipment	16163	10680	26720	43094	40195	74539
电子计算机及办公设备制造业	**Manufacture of Computers and Office Equipments**	**29880**	**124338**	**147754**	**168273**	**300935**	**248731**
1.电子计算机整机制造	Manufacture of Entired Computer	20735	102219	110917	121882	139594	151194
2.电子计算机外部设备制造	Manufacture of Computer Peripheral Equipment	8856	19515	28219	41749	147794	80983
3.办公设备制造	Manufacture of Office Equipment	289	2604	8618	4642	13547	16555
医疗设备及仪器仪表制造业	**Manufacture of Medical Equipments and Measuring Instrument**	**30777**	**74619**	**259373**	**325885**	**320056**	**384591**
1.医疗设备及器械制造	Manufacture of Medical Equipment and Appliances	4649	11433	58978	74289	48872	71046
2.仪器仪表制造	Manufacture of Measuring Instrument	26128	63186	200396	251595	271184	313545

2-1-6 大中型港澳台资企业分行业R&D及相关活动情况

Statistics on R&D and Related Activities of Hong Kong,Macau and Taiwan Funded Enterprises in Large and Medium-sized Enterprises by Industry Sector

行 业	Industry	R&D人员全时当量（人年） Full-time Equivalent of R&D Personnel (man-year)					
		2000	2005	2008	2009	2010	2011
合 计	**Total**	**3428**	**17880**	**32164**	**44104**	**57034**	**71830**
医药制造业	**Manufacture of Medicines**	**438**	**622**	**2656**	**5824**	**7580**	**9907**
#化学药品制造	Manufacture of Chemical Medicine	274	328	1694	2866	4498	6433
中成药制造	Manufacture of Finished Traditional Chinese Herbal Medicine	89	289	715	1145	775	1205
生物、生化制品的制造	Manufacture of Biological and Biochemical Chemical Products	75		149	1562	2088	1801
航空航天器制造业	**Manufacture of Aircrafts and Spacecrafts**			**1**			**1256**
1.飞机制造及修理	Manufacture and Repairing of Airplanes			1			1256
2.航天器制造	Manufacture of Spacecrafts						
电子及通信设备制造业	**Manufacture of Electronic Equipment and Communication Equipment**	**2050**	**11216**	**21318**	**29297**	**37163**	**45893**
1.通信设备制造	Manufacture of Communication Equipment	329	3012	4372	5497	5714	7828
#通信传输设备制造	Manufacture of Communication Transmitting Equipment		40	688	1003	1187	857
通信交换设备制造	Manufacture of Communication Exchanging Equipment	43	315	12	420	48	170
通信终端设备制造	Manufacture of Communication Terminal Equipment	251	503	52	596	1074	546
2.雷达及配套设备制造	Manufacture of Radar and Its Fittings						
3.广播电视设备制造	Manufacture of Broadcasting and TV Equipment		77	139	471	405	577
4.电子器件制造	Manufacture of Electronic Appliances	111	2421	4586	7202	6783	8470
#电子真空器件制造	Manufacture of Electronic Vacuum Appliances	18	1854	4	167	457	209
半导体分立器件制造	Manufacture of Semiconductor Discreting Appliances	14	108	838	534	303	683
集成电路制造	Manufacture of Integrate Circuit	80	197	1757	3839	2173	3218
5.电子元件制造	Manufacture of Electronic Components	515	2636	7186	11217	17788	20001
6.家用视听设备制造	Manufacture of Domestic TV Set and Radio Receiver	959	2892	4492	4441	5713	7893
7.其他电子设备制造	Manufacture of Other Electronic Equipment	135	179	544	469	759	1123
电子计算机及办公设备制造业	**Manufacture of Computers and Office Equipments**	**884**	**4942**	**7154**	**6591**	**9303**	**11242**
1.电子计算机整机制造	Manufacture of Entired Computer	702	1998	556	433	304	744
2.电子计算机外部设备制造	Manufacture of Computer Peripheral Equipment	82	2879	6096	5564	8725	10007
3.办公设备制造	Manufacture of Office Equipment	100	65	502	594	274	492
医疗设备及仪器仪表制造业	**Manufacture of Medical Equipments and Measuring Instrument**	**56**	**1100**	**1034**	**2392**	**2987**	**3532**
1.医疗设备及器械制造	Manufacture of Medical Equipment and Appliances			156	766	509	493
2.仪器仪表制造	Manufacture of Measuring Instrument	56	1100	878	1626	2478	3039

2-1-6 续表 1 continued

行　业	Industry	R&D经费内部支出（万元） Intramural Expenditure on R&D (10000 yuan)					
		2000	2005	2008	2009	2010	2011
合　计	**Total**	**117433**	**506685**	**918216**	**1146688**	**1215278**	**1700201**
医药制造业	**Manufacture of Medicines**	**6145**	**18666**	**64440**	**113046**	**155760**	**222322**
#化学药品制造	Manufacture of Chemical Medicine	4546	10180	39705	65516	97477	135961
中成药制造	Manufacture of Finished Traditional Chinese Herbal Medicine	1033	8394	13074	15428	10790	13949
生物、生化制品的制造	Manufacture of Biological and Biochemical Chemical Products	566		8051	23854	42278	55025
航空航天器制造业	**Manufacture of Aircrafts and Spacecrafts**			**166**			**6201**
1.飞机制造及修理	Manufacture and Repairing of Airplanes			166			6201
2.航天器制造	Manufacture of Spacecrafts						
电子及通信设备制造业	**Manufacture of Electronic Equipment and Communication Equipment**	**48793**	**299025**	**565214**	**630927**	**713751**	**961727**
1.通信设备制造	Manufacture of Communication Equipment	4884	63417	129855	148028	122570	152778
#通信传输设备制造	Manufacture of Communication Transmitting Equipment		314	10685	11771	8714	8999
通信交换设备制造	Manufacture of Communication Exchanging Equipment	759	9459	4931	11986	498	3026
通信终端设备制造	Manufacture of Communication Terminal Equipment	2245	14261	656	26248	37552	22085
2.雷达及配套设备制造	Manufacture of Radar and Its Fittings						
3.广播电视设备制造	Manufacture of Broadcasting and TV Equipment		1407	876	4839	5942	11267
4.电子器件制造	Manufacture of Electronic Appliances	9315	29280	139215	143452	141781	232316
#电子真空器件制造	Manufacture of Electronic Vacuum Appliances	7089	11657	419	6774	7403	4021
半导体分立器件制造	Manufacture of Semiconductor Discreting Appliances	240	2700	15390	8578	12996	14240
集成电路制造	Manufacture of Integrate Circuit	1987	9771	64801	47611	39657	77477
5.电子元件制造	Manufacture of Electronic Components	11629	46720	151674	194632	279912	355878
6.家用视听设备制造	Manufacture of Domestic TV Set and Radio Receiver	22108	151939	132257	131633	149510	185933
7.其他电子设备制造	Manufacture of Other Electronic Equipment	858	6262	11338	8342	14036	23555
电子计算机及办公设备制造业	**Manufacture of Computers and Office Equipments**	**61029**	**174549**	**269189**	**361711**	**297978**	**441062**
1.电子计算机整机制造	Manufacture of Entired Computer	59794	94137	70401	63034	70717	89120
2.电子计算机外部设备制造	Manufacture of Computer Peripheral Equipment	1055	80222	193869	286254	219950	341434
3.办公设备制造	Manufacture of Office Equipment	180	190	4919	12423	7310	10508
医疗设备及仪器仪表制造业	**Manufacture of Medical Equipments and Measuring Instrument**	**1466**	**14446**	**19206**	**41004**	**47790**	**68888**
1.医疗设备及器械制造	Manufacture of Medical Equipment and Appliances			1868	20234	12362	10684
2.仪器仪表制造	Manufacture of Measuring Instrument	1466	14446	17338	20770	35428	58204

2-1-6 续表 2 continued

行业	Industry	新产品开发经费支出（万元） Expenditure on New Products Development (10000 yuan)					
		2000	2005	2008	2009	2010	2011
合 计	**Total**	**147684**	**702806**	**1298264**	**1350371**	**1652721**	**2081090**
医药制造业	**Manufacture of Medicines**	**6992**	**21745**	**76030**	**135475**	**172666**	**244928**
#化学药品制造	Manufacture of Chemical Medicine	4842	13129	43955	93386	104392	146268
中成药制造	Manufacture of Finished Traditional Chinese Herbal Medicine	1031	8189	15051	18196	15077	16819
生物、生化制品的制造	Manufacture of Biological and Biochemical Chemical Products	1118		9515	12166	42217	56879
航空航天器制造业	**Manufacture of Aircrafts and Spacecrafts**		**540**	**166**	**8048**	**6977**	**11375**
1.飞机制造及修理	Manufacture and Repairing of Airplanes		540	166	8048	6977	11375
2.航天器制造	Manufacture of Spacecrafts						
电子及通信设备制造业	**Manufacture of Electronic Equipment and Communication Equipment**	**69510**	**386800**	**790128**	**744062**	**1050970**	**1261066**
1.通信设备制造	Manufacture of Communication Equipment	3488	80721	179651	192639	170121	191575
#通信传输设备制造	Manufacture of Communication Transmitting Equipment		3985	15221	10989	11800	13251
通信交换设备制造	Manufacture of Communication Exchanging Equipment	765	9459	7708	30943	1161	4684
通信终端设备制造	Manufacture of Communication Terminal Equipment	843	15084	5930	26910	44706	17228
2.雷达及配套设备制造	Manufacture of Radar and Its Fittings						
3.广播电视设备制造	Manufacture of Broadcasting and TV Equipment		1911	1320	2718	5351	16227
4.电子器件制造	Manufacture of Electronic Appliances	20146	49280	219028	183388	306233	345153
#电子真空器件制造	Manufacture of Electronic Vacuum Appliances	18214	9728	5449	8023	6727	4021
半导体分立器件制造	Manufacture of Semiconductor Discreting Appliances	1932	3520	13996	12432	26735	21606
集成电路制造	Manufacture of Integrate Circuit		18220	99486	50753	95916	71795
5.电子元件制造	Manufacture of Electronic Components	15923	71955	219202	217531	343801	443239
6.家用视听设备制造	Manufacture of Domestic TV Set and Radio Receiver	29094	176521	157622	140155	195760	241305
7.其他电子设备制造	Manufacture of Other Electronic Equipment	858	6414	13305	7631	29705	23567
电子计算机及办公设备制造业	**Manufacture of Computers and Office Equipments**	**70522**	**276098**	**397441**	**413631**	**356773**	**477030**
1.电子计算机整机制造	Manufacture of Entired Computer	69730	135150	94439	71454	75454	108874
2.电子计算机外部设备制造	Manufacture of Computer Peripheral Equipment	612	134239	295437	326203	267787	353745
3.办公设备制造	Manufacture of Office Equipment	180	6709	7565	15974	13532	14411
医疗设备及仪器仪表制造业	**Manufacture of Medical Equipments and Measuring Instrument**	**661**	**17623**	**34499**	**49156**	**65336**	**86691**
1.医疗设备及器械制造	Manufacture of Medical Equipment and Appliances			11288	24429	21445	18440
2.仪器仪表制造	Manufacture of Measuring Instrument	661	17623	23211	24728	43891	68251

2-1-6 续表 3 continued

行 业	Industry	新产品产值(万元) Output Value of New Products (10000 yuan)					
		2000	2005	2008	2009	2010	2011
合 计	**Total**	**4668537**	**19090213**	**30664612**	**24097345**	**26067055**	**35514687**
医药制造业	**Manufacture of Medicines**	**70853**	**179654**	**664983**	**1118374**	**1831485**	**2417281**
#化学药品制造	Manufacture of Chemical Medicine	56547	108475	431134	910615	907655	1144656
中成药制造	Manufacture of Finished Traditional Chinese Herbal Medicine	12138	69415	50511	84916	174005	266050
生物、生化制品的制造	Manufacture of Biological and Biochemical Chemical Products	2168		94873	39003	592723	785492
航空航天器制造业	**Manufacture of Aircrafts and Spacecrafts**			**520**			**1596**
1.飞机制造及修理	Manufacture and Repairing of Airplanes			520			1596
2.航天器制造	Manufacture of Spacecrafts						
电子及通信设备制造业	**Manufacture of Electronic Equipment and Communication Equipment**	**2701031**	**7968198**	**11751086**	**14090496**	**15220959**	**19488925**
1.通信设备制造	Manufacture of Communication Equipment	142289	1146538	1888883	2528951	2753136	1872929
#通信传输设备制造	Manufacture of Communication Transmitting Equipment		4113	422721	69686	105734	140812
通信交换设备制造	Manufacture of Communication Exchanging Equipment	2351	68919	36924	863869	24151	30250
通信终端设备制造	Manufacture of Communication Terminal Equipment	111974	158101	169872	508682	712864	627119
2.雷达及配套设备制造	Manufacture of Radar and Its Fittings						
3.广播电视设备制造	Manufacture of Broadcasting and TV Equipment		8552	3714	123003	5650	49321
4.电子器件制造	Manufacture of Electronic Appliances	632679	1327163	3806827	3304815	3101567	5283962
#电子真空器件制造	Manufacture of Electronic Vacuum Appliances	622021	430792	122985	61368	61173	90026
半导体分立器件制造	Manufacture of Semiconductor Discreting Appliances	10659	22290	314729	217226	339671	277069
集成电路制造	Manufacture of Integrate Circuit		240786	1401631	983749	514124	718617
5.电子元件制造	Manufacture of Electronic Components	233363	475062	1980361	3524259	4832997	5699369
6.家用视听设备制造	Manufacture of Domestic TV Set and Radio Receiver	1661591	4995642	3666022	4550339	4225684	6326597
7.其他电子设备制造	Manufacture of Other Electronic Equipment	31108	15242	405280	59129	301926	256748
电子计算机及办公设备制造业	**Manufacture of Computers and Office Equipments**	**1881976**	**10842117**	**18025085**	**8542695**	**8353993**	**12637198**
1.电子计算机整机制造	Manufacture of Entired Computer	1853994	6035926	12111708	2023120	2619190	4711838
2.电子计算机外部设备制造	Manufacture of Computer Peripheral Equipment	4583	4529492	5899270	6505426	5732259	7701521
3.办公设备制造	Manufacture of Office Equipment	23400	276699	14107	14149	2545	223839
医疗设备及仪器仪表制造业	**Manufacture of Medical Equipments and Measuring Instrument**	**14677**	**100244**	**222939**	**345780**	**660618**	**969687**
1.医疗设备及器械制造	Manufacture of Medical Equipment and Appliances			50881	147901	103517	74756
2.仪器仪表制造	Manufacture of Measuring Instrument	14677	100244	172058	197878	557102	894931

2-1-6 续表 4 continued

行 业	Industry	新产品销售收入（万元） Sales Revenue of New Products (10000 yuan)					
		2000	2005	2008	2009	2010	2011
合 计	**Total**	**4687313**	**18624925**	**29364113**	**23497324**	**24992899**	**35147172**
医药制造业	**Manufacture of Medicines**	**64247**	**124649**	**633929**	**1065473**	**1717173**	**2377701**
#化学药品制造	Manufacture of Chemical Medicine	51719	77245	397604	906763	861423	1187271
中成药制造	Manufacture of Finished Traditional Chinese Herbal Medicine	10373	45363	42099	52265	154516	231834
生物、生化制品的制造	Manufacture of Biological and Biochemical Chemical Products	2155		97298	35394	585427	785769
航空航天器制造业	**Manufacture of Aircrafts and Spacecrafts**		**1854**	**450**			**1596**
1.飞机制造及修理	Manufacture and Repairing of Airplanes		1854	450			1596
2.航天器制造	Manufacture of Spacecrafts						
电子及通信设备制造业	**Manufacture of Electronic Equipment and Communication Equipment**	**2807445**	**7652261**	**11019790**	**13376962**	**14374701**	**18983672**
1.通信设备制造	Manufacture of Communication Equipment	142288	1094951	1841737	2473178	2318983	1895596
#通信传输设备制造	Manufacture of Communication Transmitting Equipment		3747	375341	58887	101418	125833
通信交换设备制造	Manufacture of Communication Exchanging Equipment	2200	83754	36624	909423	23579	60365
通信终端设备制造	Manufacture of Communication Terminal Equipment	110607	150594	159617	506348	676845	659607
2.雷达及配套设备制造	Manufacture of Radar and Its Fittings						
3.广播电视设备制造	Manufacture of Broadcasting and TV Equipment		7566	3714	118123	136197	48687
4.电子器件制造	Manufacture of Electronic Appliances	600997	1320316	3835889	3157416	2941902	5255489
#电子真空器件制造	Manufacture of Electronic Vacuum Appliances	586654	421945	124923	60285	61136	90026
半导体分立器件制造	Manufacture of Semiconductor Discreting Appliances	14342	22183	324474	203218	318492	275526
集成电路制造	Manufacture of Integrate Circuit		248761	1399712	983580	481411	677872
5.电子元件制造	Manufacture of Electronic Components	222384	460137	2007383	3509829	4799048	5679245
6.家用视听设备制造	Manufacture of Domestic TV Set and Radio Receiver	1811294	4753213	3250526	4059684	3874773	5818552
7.其他电子设备制造	Manufacture of Other Electronic Equipment	30482	16077	80541	58733	303799	286103
电子计算机及办公设备制造业	**Manufacture of Computers and Office Equipments**	**1801450**	**10751823**	**17494803**	**8738483**	**8292545**	**12868832**
1.电子计算机整机制造	Manufacture of Entired Computer	1750498	5966348	11559035	2246681	2532071	4658846
2.电子计算机外部设备制造	Manufacture of Computer Peripheral Equipment	30158	4502705	5921662	6477760	5757950	8108146
3.办公设备制造	Manufacture of Office Equipment	20794	282770	14107	14042	2523	101840
医疗设备及仪器仪表制造业	**Manufacture of Medical Equipments and Measuring Instrument**	**14171**	**94338**	**215140**	**316405**	**608480**	**915371**
1.医疗设备及器械制造	Manufacture of Medical Equipment and Appliances			46962	133293	99211	67195
2.仪器仪表制造	Manufacture of Measuring Instrument	14171	94338	168178	183112	509269	848176

2-1-6 续表 5 continued

行　业	Industry	专利申请数（件） Patent Applications (piece)					
		2000	2005	2008	2009	2010	2011
合　计	**Total**	**451**	**3203**	**4867**	**6147**	**8285**	**10111**
医药制造业	**Manufacture of Medicines**	**39**	**135**	**274**	**325**	**602**	**604**
#化学药品制造	Manufacture of Chemical Medicine	2	75	163	183	401	457
中成药制造	Manufacture of Finished Traditional Chinese Herbal Medicine	15	60	46	69	65	42
生物、生化制品的制造	Manufacture of Biological and Biochemical Chemical Products	22		17	44	110	72
航空航天器制造业	**Manufacture of Aircrafts and Spacecrafts**		**23**	**26**			**27**
1.飞机制造及修理	Manufacture and Repairing of Airplanes		23	26			27
2.航天器制造	Manufacture of Spacecrafts						
电子及通信设备制造业	**Manufacture of Electronic Equipment and Communication Equipment**	**257**	**1637**	**2747**	**3449**	**4759**	**6029**
1.通信设备制造	Manufacture of Communication Equipment	26	488	814	853	1366	1158
#通信传输设备制造	Manufacture of Communication Transmitting Equipment		163	199	182	164	164
通信交换设备制造	Manufacture of Communication Exchanging Equipment	2	9	55	177	37	74
通信终端设备制造	Manufacture of Communication Terminal Equipment	24	59	104	159	427	162
2.雷达及配套设备制造	Manufacture of Radar and Its Fittings						
3.广播电视设备制造	Manufacture of Broadcasting and TV Equipment		1			8	25
4.电子器件制造	Manufacture of Electronic Appliances	25	221	429	851	888	1368
#电子真空器件制造	Manufacture of Electronic Vacuum Appliances	25	54			21	12
半导体分立器件制造	Manufacture of Semiconductor Discreting Appliances			43	93	117	131
集成电路制造	Manufacture of Integrate Circuit		158	177	367	429	642
5.电子元件制造	Manufacture of Electronic Components	25	312	594	870	1199	2567
6.家用视听设备制造	Manufacture of Domestic TV Set and Radio Receiver	181	579	734	746	1126	767
7.其他电子设备制造	Manufacture of Other Electronic Equipment		36	176	129	172	144
电子计算机及办公设备制造业	**Manufacture of Computers and Office Equipments**	**148**	**1339**	**1630**	**1868**	**2285**	**2222**
1.电子计算机整机制造	Manufacture of Entired Computer	144	837	594	327	462	750
2.电子计算机外部设备制造	Manufacture of Computer Peripheral Equipment	3	502	1034	1515	1818	1451
3.办公设备制造	Manufacture of Office Equipment	1		2	26	5	21
医疗设备及仪器仪表制造业	**Manufacture of Medical Equipments and Measuring Instrument**	**7**	**69**	**190**	**505**	**639**	**1229**
1.医疗设备及器械制造	Manufacture of Medical Equipment and Appliances			46	78	119	204
2.仪器仪表制造	Manufacture of Measuring Instrument	7	69	144	427	520	1025

2-1-6 续表 6 continued

行 业	Industry	有效发明专利数（件） Number of Patents In Force (piece)					
		2000	2005	2008	2009	2010	2011
合 计	**Total**	**265**	**719**	**3945**	**3934**	**5640**	**8359**
医药制造业	**Manufacture of Medicines**	**101**	**21**	**292**	**407**	**612**	**874**
#化学药品制造	Manufacture of Chemical Medicine	6	12	105	227	415	552
中成药制造	Manufacture of Finished Traditional Chinese Herbal Medicine	73	9	137	148	115	202
生物、生化制品的制造	Manufacture of Biological and Biochemical Chemical Products	22		14	27	58	103
航空航天器制造业	**Manufacture of Aircrafts and Spacecrafts**		**4**	**61**			**1**
1.飞机制造及修理	Manufacture and Repairing of Airplanes		4	61			1
2.航天器制造	Manufacture of Spacecrafts						
电子及通信设备制造业	**Manufacture of Electronic Equipment and Communication Equipment**	**99**	**467**	**1795**	**1816**	**2851**	**3681**
1.通信设备制造	Manufacture of Communication Equipment	8	182	770	411	859	669
#通信传输设备制造	Manufacture of Communication Transmitting Equipment		5	224	62	287	140
通信交换设备制造	Manufacture of Communication Exchanging Equipment	2	60		18		17
通信终端设备制造	Manufacture of Communication Terminal Equipment	6	63	24	42	171	74
2.雷达及配套设备制造	Manufacture of Radar and Its Fittings						
3.广播电视设备制造	Manufacture of Broadcasting and TV Equipment				21	10	15
4.电子器件制造	Manufacture of Electronic Appliances	14	16	161	888	747	941
#电子真空器件制造	Manufacture of Electronic Vacuum Appliances	14	10		25	41	12
半导体分立器件制造	Manufacture of Semiconductor Discreting Appliances		3	19	64	82	55
集成电路制造	Manufacture of Integrate Circuit		1	77	280	370	507
5.电子元件制造	Manufacture of Electronic Components	3	112	191	192	526	1085
6.家用视听设备制造	Manufacture of Domestic TV Set and Radio Receiver	74	155	567	294	584	886
7.其他电子设备制造	Manufacture of Other Electronic Equipment		2	106	10	125	85
电子计算机及办公设备制造业	**Manufacture of Computers and Office Equipments**	**61**	**113**	**1695**	**1451**	**1876**	**3202**
1.电子计算机整机制造	Manufacture of Entired Computer	58	11	1255	888	1206	1279
2.电子计算机外部设备制造	Manufacture of Computer Peripheral Equipment		102	438	562	650	1908
3.办公设备制造	Manufacture of Office Equipment	3		2	1	20	15
医疗设备及仪器仪表制造业	**Manufacture of Medical Equipments and Measuring Instrument**	**4**	**114**	**102**	**260**	**301**	**601**
1.医疗设备及器械制造	Manufacture of Medical Equipment and Appliances			33	32	43	115
2.仪器仪表制造	Manufacture of Measuring Instrument	4	114	69	228	258	486

2-1-6 续表 7 continued

行 业	Industry	技术改造经费支出（万元） Expenditure for Technical Renovation (10000 yuan)					
		2000	2005	2008	2009	2010	2011
合 计	**Total**	**42477**	**128312**	**222566**	**157591**	**334633**	**321057**
医药制造业	**Manufacture of Medicines**	**8708**	**25435**	**28927**	**35822**	**54442**	**69269**
#化学药品制造	Manufacture of Chemical Medicine	8202	12367	21203	25344	25851	51682
中成药制造	Manufacture of Finished Traditional Chinese Herbal Medicine	506	12899	4554	5791	2882	8057
生物、生化制品的制造	Manufacture of Biological and Biochemical Chemical Products			920	1637	25252	8978
航空航天器制造业	**Manufacture of Aircrafts and Spacecrafts**						
1.飞机制造及修理	Manufacture and Repairing of Airplanes						
2.航天器制造	Manufacture of Spacecrafts						
电子及通信设备制造业	**Manufacture of Electronic Equipment and Communication Equipment**	**31860**	**85330**	**160730**	**101580**	**210034**	**176395**
1.通信设备制造	Manufacture of Communication Equipment	793	3667	14914	7468	9527	8020
#通信传输设备制造	Manufacture of Communication Transmitting Equipment		10	351	3257	113	
通信交换设备制造	Manufacture of Communication Exchanging Equipment	198		330		234	
通信终端设备制造	Manufacture of Communication Terminal Equipment	137	500	9096	254	43	434
2.雷达及配套设备制造	Manufacture of Radar and Its Fittings						
3.广播电视设备制造	Manufacture of Broadcasting and TV Equipment		4344	490			10
4.电子器件制造	Manufacture of Electronic Appliances	7733	20758	43083	37632	114159	31062
#电子真空器件制造	Manufacture of Electronic Vacuum Appliances	4903	11415		77	55706	
半导体分立器件制造	Manufacture of Semiconductor Discreting Appliances	2830	60	16367	4642	5269	2060
集成电路制造	Manufacture of Integrate Circuit		619	1201	14110	1401	10509
5.电子元件制造	Manufacture of Electronic Components	4764	27844	84294	39153	44343	42767
6.家用视听设备制造	Manufacture of Domestic TV Set and Radio Receiver	18570	26584	17556	17207	39599	94167
7.其他电子设备制造	Manufacture of Other Electronic Equipment		2132	393	120	2406	369
电子计算机及办公设备制造业	**Manufacture of Computers and Office Equipments**	**157**	**12470**	**28511**	**14890**	**37260**	**44625**
1.电子计算机整机制造	Manufacture of Entired Computer		7834	6797		1	26981
2.电子计算机外部设备制造	Manufacture of Computer Peripheral Equipment	157	3702	21714	14890	37258	17644
3.办公设备制造	Manufacture of Office Equipment		935				
医疗设备及仪器仪表制造业	**Manufacture of Medical Equipments and Measuring Instrument**	**1752**	**5077**	**4398**	**5300**	**32898**	**30768**
1.医疗设备及器械制造	Manufacture of Medical Equipment and Appliances			168	811	18243	2265
2.仪器仪表制造	Manufacture of Measuring Instrument	1752	5077	4230	4489	14654	28503

2-1-6 续表 8 continued

行 业	Industry	技术引进经费支出（万元） Expenditure for Acquisition of Foreign Technology (10000 yuan)					
		2000	2005	2008	2009	2010	2011
合 计	**Total**	**20698**	**129886**	**64018**	**72216**	**66251**	**117533**
医药制造业	**Manufacture of Medicines**	**287**	**3660**	**3399**	**1051**	**5674**	**1280**
#化学药品制造	Manufacture of Chemical Medicine	287	3426	2558	751	5360	1067
中成药制造	Manufacture of Finished Traditional Chinese Herbal Medicine		234	15		74	
生物、生化制品的制造	Manufacture of Biological and Biochemical Chemical Products			826	300		213
航空航天器制造业	**Manufacture of Aircrafts and Spacecrafts**			**2190**	**2770**	**1512**	**4900**
1.飞机制造及修理	Manufacture and Repairing of Airplanes			2190	2770	1512	4900
2.航天器制造	Manufacture of Spacecrafts						
电子及通信设备制造业	**Manufacture of Electronic Equipment and Communication Equipment**	**20136**	**124567**	**49522**	**39748**	**49618**	**105884**
1.通信设备制造	Manufacture of Communication Equipment	538	8922	10330	4430	2846	1285
#通信传输设备制造	Manufacture of Communication Transmitting Equipment		7	7520			627
通信交换设备制造	Manufacture of Communication Exchanging Equipment						
通信终端设备制造	Manufacture of Communication Terminal Equipment	77	40	31			
2.雷达及配套设备制造	Manufacture of Radar and Its Fittings						
3.广播电视设备制造	Manufacture of Broadcasting and TV Equipment						
4.电子器件制造	Manufacture of Electronic Appliances	6979	70892	18794	22233	18967	69637
#电子真空器件制造	Manufacture of Electronic Vacuum Appliances	6119	57859	10479	254	8521	
半导体分立器件制造	Manufacture of Semiconductor Discreting Appliances	860	110	2500	2740	5811	184
集成电路制造	Manufacture of Integrate Circuit		11854	8	11468	131	6617
5.电子元件制造	Manufacture of Electronic Components	4459	2384	9595	8950	13171	24002
6.家用视听设备制造	Manufacture of Domestic TV Set and Radio Receiver	8160	42020	10802	4135	14373	10960
7.其他电子设备制造	Manufacture of Other Electronic Equipment		350			261	
电子计算机及办公设备制造业	**Manufacture of Computers and Office Equipments**	**91**	**1323**	**6169**	**26626**	**7537**	**2617**
1.电子计算机整机制造	Manufacture of Entired Computer			2700			100
2.电子计算机外部设备制造	Manufacture of Computer Peripheral Equipment	9	1273	3349	26626	7537	2517
3.办公设备制造	Manufacture of Office Equipment	82	50	120			
医疗设备及仪器仪表制造业	**Manufacture of Medical Equipments and Measuring Instrument**	**184**	**336**	**2738**	**2020**	**1910**	**2853**
1.医疗设备及器械制造	Manufacture of Medical Equipment and Appliances						
2.仪器仪表制造	Manufacture of Measuring Instrument	184	336	2738	2020	1910	2853

2-1-6 续表 9 continued

行业	Industry	消化吸收经费支出（万元） Expenditure for Assimilation of Technology (10000 yuan)					
		2000	2005	2008	2009	2010	2011
合计	**Total**	**689**	**51254**	**14977**	**11003**	**13420**	**12155**
医药制造业	**Manufacture of Medicines**	**20**	**9825**	**1054**	**4960**	**5413**	**2346**
#化学药品制造	Manufacture of Chemical Medicine	20	9825	550	3511	5213	2346
中成药制造	Manufacture of Finished Traditional Chinese Herbal Medicine			10	583		
生物、生化制品的制造	Manufacture of Biological and Biochemical Chemical Products			494	866	200	
航空航天器制造业	**Manufacture of Aircrafts and Spacecrafts**				**503**	**581**	**883**
1.飞机制造及修理	Manufacture and Repairing of Airplanes				503	581	883
2.航天器制造	Manufacture of Spacecrafts						
电子及通信设备制造业	**Manufacture of Electronic Equipment and Communication Equipment**	**554**	**36335**	**13579**	**5120**	**5567**	**8181**
1.通信设备制造	Manufacture of Communication Equipment	3	863	475	878	265	154
#通信传输设备制造	Manufacture of Communication Transmitting Equipment		6				
通信交换设备制造	Manufacture of Communication Exchanging Equipment						
通信终端设备制造	Manufacture of Communication Terminal Equipment	3		25			
2.雷达及配套设备制造	Manufacture of Radar and Its Fittings						
3.广播电视设备制造	Manufacture of Broadcasting and TV Equipment		226				21
4.电子器件制造	Manufacture of Electronic Appliances	326	3838	4353	480	71	1332
#电子真空器件制造	Manufacture of Electronic Vacuum Appliances	326	166			23	
半导体分立器件制造	Manufacture of Semiconductor Discreting Appliances			735	400	48	
集成电路制造	Manufacture of Integrate Circuit		3645	325			
5.电子元件制造	Manufacture of Electronic Components	52	3	4376	1285	4370	5921
6.家用视听设备制造	Manufacture of Domestic TV Set and Radio Receiver	173	31405	4215	2476	764	754
7.其他电子设备制造	Manufacture of Other Electronic Equipment			161		97	
电子计算机及办公设备制造业	**Manufacture of Computers and Office Equipments**	**115**	**5047**	**30**	**89**	**1586**	**52**
1.电子计算机整机制造	Manufacture of Entired Computer		5042			3	51
2.电子计算机外部设备制造	Manufacture of Computer Peripheral Equipment	100	5	30	89	1584	1
3.办公设备制造	Manufacture of Office Equipment	15					
医疗设备及仪器仪表制造业	**Manufacture of Medical Equipments and Measuring Instrument**		**47**	**314**	**331**	**273**	**693**
1.医疗设备及器械制造	Manufacture of Medical Equipment and Appliances					87	
2.仪器仪表制造	Manufacture of Measuring Instrument		47	314	331	186	693

2-1-6 续表 10 continued

行 业	Industry	购买国内技术经费支出（万元）Expenditure on Purchase of Domestic Technology (10000 yuan)					
		2000	2005	2008	2009	2010	2011
合 计	**Total**	**4047**	**13067**	**8405**	**28636**	**56585**	**35605**
医药制造业	**Manufacture of Medicines**	**3158**	**3751**	**1849**	**9072**	**15036**	**5218**
#化学药品制造	Manufacture of Chemical Medicine	2875	3258	1327	6698	9160	3340
中成药制造	Manufacture of Finished Traditional Chinese Herbal Medicine	163	343	172	1906	3355	400
生物、生化制品的制造	Manufacture of Biological and Biochemical Chemical Products	120		350	468	2520	20
航空航天器制造业	**Manufacture of Aircrafts and Spacecrafts**				**1754**	**839**	**5796**
1.飞机制造及修理	Manufacture and Repairing of Airplanes				1754	839	5796
2.航天器制造	Manufacture of Spacecrafts						
电子及通信设备制造业	**Manufacture of Electronic Equipment and Communication Equipment**	**880**	**9069**	**6354**	**14980**	**19696**	**16126**
1.通信设备制造	Manufacture of Communication Equipment		4426	1777	5639	5119	4665
#通信传输设备制造	Manufacture of Communication Transmitting Equipment		4				60
通信交换设备制造	Manufacture of Communication Exchanging Equipment						
通信终端设备制造	Manufacture of Communication Terminal Equipment		97	182	1092	13	11
2.雷达及配套设备制造	Manufacture of Radar and Its Fittings						
3.广播电视设备制造	Manufacture of Broadcasting and TV Equipment						
4.电子器件制造	Manufacture of Electronic Appliances	140	22	581	247	11	3146
#电子真空器件制造	Manufacture of Electronic Vacuum Appliances	140			180		
半导体分立器件制造	Manufacture of Semiconductor Discreting Appliances			500	67	11	
集成电路制造	Manufacture of Integrate Circuit			11			
5.电子元件制造	Manufacture of Electronic Components	420	3157	2535	6462	13434	6517
6.家用视听设备制造	Manufacture of Domestic TV Set and Radio Receiver	320	1464	1460	2632	1132	1561
7.其他电子设备制造	Manufacture of Other Electronic Equipment						236
电子计算机及办公设备制造业	**Manufacture of Computers and Office Equipments**	**9**	**95**	**19**	**2829**	**19293**	**7561**
1.电子计算机整机制造	Manufacture of Entired Computer		89			5	15
2.电子计算机外部设备制造	Manufacture of Computer Peripheral Equipment	9	6	19	2829	19288	7546
3.办公设备制造	Manufacture of Office Equipment						
医疗设备及仪器仪表制造业	**Manufacture of Medical Equipments and Measuring Instrument**		**152**	**184**		**1722**	**904**
1.医疗设备及器械制造	Manufacture of Medical Equipment and Appliances					500	
2.仪器仪表制造	Manufacture of Measuring Instrument		152	184		1222	904

2-1-6 续表 11 continued

行　业	Industry	研发机构数（个）Number of R&D Institutions in Enterprises (unit)					
		2000	2005	2008	2009	2010	2011
合　计	**Total**	**74**	**177**	**388**	**440**	**545**	**660**
医药制造业	**Manufacture of Medicines**	**24**	**36**	**56**	**70**	**93**	**88**
#化学药品制造	Manufacture of Chemical Medicine	14	25	29	37	51	46
中成药制造	Manufacture of Finished Traditional Chinese Herbal Medicine	7	11	15	16	20	21
生物、生化制品的制造	Manufacture of Biological and Biochemical Chemical Products	3		6	10	15	17
航空航天器制造业	**Manufacture of Aircrafts and Spacecrafts**		**1**	**2**			
1.飞机制造及修理	Manufacture and Repairing of Airplanes		1	2			
2.航天器制造	Manufacture of Spacecrafts						
电子及通信设备制造业	**Manufacture of Electronic Equipment and Communication Equipment**	**39**	**91**	**251**	**293**	**370**	**482**
1.通信设备制造	Manufacture of Communication Equipment	5	15	34	44	71	51
#通信传输设备制造	Manufacture of Communication Transmitting Equipment		1	7	13	18	13
通信交换设备制造	Manufacture of Communication Exchanging Equipment	1		2	1	3	3
通信终端设备制造	Manufacture of Communication Terminal Equipment	3	7	7	7	11	3
2.雷达及配套设备制造	Manufacture of Radar and Its Fittings						
3.广播电视设备制造	Manufacture of Broadcasting and TV Equipment		2	1	2	2	2
4.电子器件制造	Manufacture of Electronic Appliances	5	16	57	68	67	60
#电子真空器件制造	Manufacture of Electronic Vacuum Appliances	4	5	1	2	4	1
半导体分立器件制造	Manufacture of Semiconductor Discreting Appliances	1	2	7	12	14	7
集成电路制造	Manufacture of Integrate Circuit		1	17	20	21	11
5.电子元件制造	Manufacture of Electronic Components	12	28	108	138	155	309
6.家用视听设备制造	Manufacture of Domestic TV Set and Radio Receiver	17	26	43	33	48	45
7.其他电子设备制造	Manufacture of Other Electronic Equipment		4	8	8	27	15
电子计算机及办公设备制造业	**Manufacture of Computers and Office Equipments**	**6**	**32**	**49**	**41**	**38**	**47**
1.电子计算机整机制造	Manufacture of Entired Computer	2	2	10	4	5	7
2.电子计算机外部设备制造	Manufacture of Computer Peripheral Equipment	3	26	37	34	29	34
3.办公设备制造	Manufacture of Office Equipment	1	4	2	3	4	6
医疗设备及仪器仪表制造业	**Manufacture of Medical Equipments and Measuring Instrument**	**5**	**17**	**30**	**36**	**44**	**43**
1.医疗设备及器械制造	Manufacture of Medical Equipment and Appliances			6	15	6	4
2.仪器仪表制造	Manufacture of Measuring Instrument	5	17	24	21	38	39

2-1-6 续表 12 continued

行 业	Industry	机构人员（人） Personnel in the R&D Institutions (person)					
		2000	2005	2008	2009	2010	2011
合 计	**Total**	**6846**	**21584**	**49574**	**55644**	**59293**	**58242**
医药制造业	**Manufacture of Medicines**	**772**	**952**	**2946**	**6308**	**7831**	**7989**
#化学药品制造	Manufacture of Chemical Medicine	466	660	1691	3671	4367	4962
中成药制造	Manufacture of Finished Traditional Chinese Herbal Medicine	129	292	865	840	963	1164
生物、生化制品的制造	Manufacture of Biological and Biochemical Chemical Products	177		216	1612	1992	1600
航空航天器制造业	**Manufacture of Aircrafts and Spacecrafts**		**34**	**18**			
1.飞机制造及修理	Manufacture and Repairing of Airplanes		34	18			
2.航天器制造	Manufacture of Spacecrafts						
电子及通信设备制造业	**Manufacture of Electronic Equipment and Communication Equipment**	**2971**	**8952**	**31566**	**39383**	**40378**	**36499**
1.通信设备制造	Manufacture of Communication Equipment	383	2392	5711	4457	6768	6607
#通信传输设备制造	Manufacture of Communication Transmitting Equipment		59	868	987	895	779
通信交换设备制造	Manufacture of Communication Exchanging Equipment	3		228	170	57	57
通信终端设备制造	Manufacture of Communication Terminal Equipment	345	388	253	357	918	285
2.雷达及配套设备制造	Manufacture of Radar and Its Fittings						
3.广播电视设备制造	Manufacture of Broadcasting and TV Equipment		60	42	381	348	56
4.电子器件制造	Manufacture of Electronic Appliances	219	1230	7710	8097	9591	8146
#电子真空器件制造	Manufacture of Electronic Vacuum Appliances	185	184	30	52	531	89
半导体分立器件制造	Manufacture of Semiconductor Discreting Appliances	34	254	426	662	1102	299
集成电路制造	Manufacture of Integrate Circuit		12	2142	3801	2714	2273
5.电子元件制造	Manufacture of Electronic Components	1000	1328	12285	19983	15701	14448
6.家用视听设备制造	Manufacture of Domestic TV Set and Radio Receiver	1369	3759	5493	5894	6959	6163
7.其他电子设备制造	Manufacture of Other Electronic Equipment		183	325	571	1011	1079
电子计算机及办公设备制造业	**Manufacture of Computers and Office Equipments**	**2955**	**10044**	**13286**	**7656**	**7729**	**10030**
1.电子计算机整机制造	Manufacture of Entired Computer	2247	302	3431	215	1211	1367
2.电子计算机外部设备制造	Manufacture of Computer Peripheral Equipment	572	9525	9525	6812	6182	8145
3.办公设备制造	Manufacture of Office Equipment	136	217	330	629	336	518
医疗设备及仪器仪表制造业	**Manufacture of Medical Equipments and Measuring Instrument**	**148**	**1602**	**1758**	**2297**	**3355**	**3724**
1.医疗设备及器械制造	Manufacture of Medical Equipment and Appliances			542	839	741	359
2.仪器仪表制造	Manufacture of Measuring Instrument	148	1602	1216	1458	2614	3365

2-1-6 续表 13 continued

行 业	Industry	机构经费支出（万元） Expenditure in the R&D Institutions (10000 yuan)					
		2000	2005	2008	2009	2010	2011
合 计	**Total**	**142452**	**314620**	**1149173**	**951405**	**1225299**	**1374307**
医药制造业	**Manufacture of Medicines**	**5239**	**20590**	**59210**	**103829**	**155712**	**172424**
#化学药品制造	Manufacture of Chemical Medicine	3772	15708	34474	64608	92559	97340
中成药制造	Manufacture of Finished Traditional Chinese Herbal Medicine	650	4882	10573	12684	16167	14547
生物、生化制品的制造	Manufacture of Biological and Biochemical Chemical Products	817		6186	21701	40320	53489
航空航天器制造业	**Manufacture of Aircrafts and Spacecrafts**		**536**	**166**			
1.飞机制造及修理	Manufacture and Repairing of Airplanes		536	166			
2.航天器制造	Manufacture of Spacecrafts						
电子及通信设备制造业	**Manufacture of Electronic Equipment and Communication Equipment**	**56750**	**201132**	**697778**	**576166**	**738753**	**760323**
1.通信设备制造	Manufacture of Communication Equipment	2546	45460	156170	101874	105883	101513
#通信传输设备制造	Manufacture of Communication Transmitting Equipment		335	12271	11180	7142	4977
通信交换设备制造	Manufacture of Communication Exchanging Equipment	5		5731	2325	494	550
通信终端设备制造	Manufacture of Communication Terminal Equipment	690	4553	3022	8152	13411	5700
2.雷达及配套设备制造	Manufacture of Radar and Its Fittings						
3.广播电视设备制造	Manufacture of Broadcasting and TV Equipment		2055	444	5134	6222	112
4.电子器件制造	Manufacture of Electronic Appliances	12532	22249	199999	134202	195647	234876
#电子真空器件制造	Manufacture of Electronic Vacuum Appliances	11764	11107	419	1864	7680	500
半导体分立器件制造	Manufacture of Semiconductor Discreting Appliances	768	828	4665	9219	19535	5813
集成电路制造	Manufacture of Integrate Circuit		326	105769	61333	49226	66867
5.电子元件制造	Manufacture of Electronic Components	11192	18319	154178	199099	249820	234282
6.家用视听设备制造	Manufacture of Domestic TV Set and Radio Receiver	30480	112339	184857	132223	163293	176572
7.其他电子设备制造	Manufacture of Other Electronic Equipment		710	2130	3634	17887	12968
电子计算机及办公设备制造业	**Manufacture of Computers and Office Equipments**	**79157**	**74073**	**364276**	**232049**	**289896**	**389033**
1.电子计算机整机制造	Manufacture of Entired Computer	73937	6347	101256	10827	76357	105796
2.电子计算机外部设备制造	Manufacture of Computer Peripheral Equipment	4983	64976	256912	218253	202941	273645
3.办公设备制造	Manufacture of Office Equipment	237	2749	6107	2970	10599	9592
医疗设备及仪器仪表制造业	**Manufacture of Medical Equipments and Measuring Instrument**	**1307**	**18289**	**27743**	**39360**	**40938**	**52528**
1.医疗设备及器械制造	Manufacture of Medical Equipment and Appliances			9712	21748	13790	3707
2.仪器仪表制造	Manufacture of Measuring Instrument	1307	18289	18031	17612	27148	48821

2-1-7 大中型外资企业分行业R&D及相关活动情况

Statistics on R&D and Related Activities of Foreign Funded Enterprises in Large and Medium-sized Enterprises by Region

行　业	Industry	R&D人员全时当量（人年） Full-time Equivalent of R&D Personnel (man-year)					
		2000	2005	2008	2009	2010	2011
合　计	**Total**	**9375**	**33860**	**62557**	**78235**	**113156**	**85971**
医药制造业	**Manufacture of Medicines**	**1123**	**2424**	**7090**	**6848**	**8176**	**9787**
#化学药品制造	Manufacture of Chemical Medicine	665	1894	4685	5582	6111	7394
中成药制造	Manufacture of Finished Traditional Chinese Herbal Medicine	332	333	1324	543	1014	1125
生物、生化制品的制造	Manufacture of Biological and Biochemical Chemical Products	109	121	519	404	545	827
航空航天器制造业	**Manufacture of Aircrafts and Spacecrafts**	**884**	**33**	**418**	**319**	**202**	**185**
1.飞机制造及修理	Manufacture and Repairing of Airplanes	884	33	418	319	202	185
2.航天器制造	Manufacture of Spacecrafts						
电子及通信设备制造业	**Manufacture of Electronic Equipment and Communication Equipment**	**6258**	**23056**	**33985**	**46234**	**48031**	**47637**
1.通信设备制造	Manufacture of Communication Equipment	3287	8964	7590	10486	14700	10799
#通信传输设备制造	Manufacture of Communication Transmitting Equipment	426	1601	491	1627	2038	735
通信交换设备制造	Manufacture of Communication Exchanging Equipment	1968	2752	2839	3235	5301	2842
通信终端设备制造	Manufacture of Communication Terminal Equipment	83	557	553	550	523	630
2.雷达及配套设备制造	Manufacture of Radar and Its Fittings						
3.广播电视设备制造	Manufacture of Broadcasting and TV Equipment		200	505	367	437	472
4.电子器件制造	Manufacture of Electronic Appliances	702	5460	7952	13220	12002	14202
#电子真空器件制造	Manufacture of Electronic Vacuum Appliances	120	597	788	647	278	91
半导体分立器件制造	Manufacture of Semiconductor Discreting Appliances	157	277	990	1568	1449	539
集成电路制造	Manufacture of Integrate Circuit	425	2657	3195	7531	5207	6000
5.电子元件制造	Manufacture of Electronic Components	578	6311	9210	11746	15769	19464
6.家用视听设备制造	Manufacture of Domestic TV Set and Radio Receiver	617	1726	2582	4317	3123	2119
7.其他电子设备制造	Manufacture of Other Electronic Equipment	1075	395	6147	6098	2000	581
电子计算机及办公设备制造业	**Manufacture of Computers and Office Equipments**	**549**	**7254**	**17249**	**19773**	**49973**	**20478**
1.电子计算机整机制造	Manufacture of Entired Computer	138	2771	10126	12596	17992	10140
2.电子计算机外部设备制造	Manufacture of Computer Peripheral Equipment	332	3670	6749	6483	31576	9799
3.办公设备制造	Manufacture of Office Equipment	79	814	374	694	404	539
医疗设备及仪器仪表制造业	**Manufacture of Medical Equipments and Measuring Instrument**	**562**	**1093**	**3815**	**5060**	**6774**	**7884**
1.医疗设备及器械制造	Manufacture of Medical Equipment and Appliances	141	466	818	1106	1419	2184
2.仪器仪表制造	Manufacture of Measuring Instrument	420	627	2997	3955	5354	5701

2-1-7 续表 1 continued

行业	Industry	R&D经费内部支出（万元） Intramural Expenditure on R&D (10000 yuan)					
		2000	2005	2008	2009	2010	2011
合 计	**Total**	**202661**	**1019163**	**1774337**	**1843068**	**2453041**	**2789420**
医药制造业	**Manufacture of Medicines**	**24491**	**74443**	**175874**	**177770**	**240025**	**269509**
#化学药品制造	Manufacture of Chemical Medicine	18884	59703	120727	145058	197295	211483
中成药制造	Manufacture of Finished Traditional Chinese Herbal Medicine	3549	6344	25233	15328	20888	28403
生物、生化制品的制造	Manufacture of Biological and Biochemical Chemical Products	1915	3807	21353	6487	9502	15904
航空航天器制造业	**Manufacture of Aircrafts and Spacecrafts**	**5337**	**2292**	**1844**	**4191**	**5319**	**7177**
1.飞机制造及修理	Manufacture and Repairing of Airplanes	5337	2292	1844	4191	5319	7177
2.航天器制造	Manufacture of Spacecrafts						
电子及通信设备制造业	**Manufacture of Electronic Equipment and Communication Equipment**	**160130**	**773302**	**1206743**	**1147822**	**1515760**	**1569167**
1.通信设备制造	Manufacture of Communication Equipment	100956	340120	389566	345546	501326	385558
#通信传输设备制造	Manufacture of Communication Transmitting Equipment	10738	86698	13992	29138	23417	18900
通信交换设备制造	Manufacture of Communication Exchanging Equipment	56840	84222	130029	87380	208243	97580
通信终端设备制造	Manufacture of Communication Terminal Equipment	2273	6544	16133	14582	13689	19090
2.雷达及配套设备制造	Manufacture of Radar and Its Fittings						
3.广播电视设备制造	Manufacture of Broadcasting and TV Equipment		4126	13625	2395	8929	12709
4.电子器件制造	Manufacture of Electronic Appliances	18790	203766	309720	323153	443492	516847
#电子真空器件制造	Manufacture of Electronic Vacuum Appliances	9807	14497	46521	8463	7728	434
半导体分立器件制造	Manufacture of Semiconductor Discreting Appliances	193	9105	12859	23773	65963	24376
集成电路制造	Manufacture of Integrate Circuit	8789	117939	166204	198862	167892	155824
5.电子元件制造	Manufacture of Electronic Components	12639	142061	289884	304029	373912	383667
6.家用视听设备制造	Manufacture of Domestic TV Set and Radio Receiver	23021	76941	145297	132410	120111	226610
7.其他电子设备制造	Manufacture of Other Electronic Equipment	4725	6288	58650	40289	67991	43775
电子计算机及办公设备制造业	**Manufacture of Computers and Office Equipments**	**6859**	**135454**	**326124**	**385146**	**576940**	**723134**
1.电子计算机整机制造	Manufacture of Entired Computer	1091	23780	121723	210535	251923	419098
2.电子计算机外部设备制造	Manufacture of Computer Peripheral Equipment	4708	100290	190393	156082	311698	277377
3.办公设备制造	Manufacture of Office Equipment	1060	11384	14007	18529	13319	26659
医疗设备及仪器仪表制造业	**Manufacture of Medical Equipments and Measuring Instrument**	**5843**	**33672**	**63752**	**128139**	**114996**	**220434**
1.医疗设备及器械制造	Manufacture of Medical Equipment and Appliances	2588	21527	21844	41555	37026	87918
2.仪器仪表制造	Manufacture of Measuring Instrument	3255	12145	41909	86584	77970	132516

2-1-7 续表 2 continued

行业	Industry	新产品开发经费支出（万元） Expenditure on New Products Development (10000 yuan)					
		2000	2005	2008	2009	2010	2011
合 计	**Total**	**222028**	**1216386**	**2469850**	**2359088**	**3051653**	**4156346**
医药制造业	**Manufacture of Medicines**	**23945**	**90178**	**192084**	**170726**	**261087**	**288611**
#化学药品制造	Manufacture of Chemical Medicine	15784	70318	132054	130374	213583	225846
中成药制造	Manufacture of Finished Traditional Chinese Herbal Medicine	5701	10997	27707	19578	20520	24493
生物、生化制品的制造	Manufacture of Biological and Biochemical Chemical Products	2315	4282	25175	11024	17148	27760
航空航天器制造业	**Manufacture of Aircrafts and Spacecrafts**	**5337**	**4800**	**3049**	**3901**	**9976**	**10821**
1.飞机制造及修理	Manufacture and Repairing of Airplanes	5337	4800	3049	3901	9976	10821
2.航天器制造	Manufacture of Spacecrafts						
电子及通信设备制造业	**Manufacture of Electronic Equipment and Communication Equipment**	**162410**	**877314**	**1565282**	**1446960**	**1855555**	**2373579**
1.通信设备制造	Manufacture of Communication Equipment	98600	406031	568130	550095	705024	709492
#通信传输设备制造	Manufacture of Communication Transmitting Equipment	11339	87281	22003	43460	29707	28358
通信交换设备制造	Manufacture of Communication Exchanging Equipment	48897	73350	173330	144356	272912	281523
通信终端设备制造	Manufacture of Communication Terminal Equipment	8428	9159	81063	29483	20558	7959
2.雷达及配套设备制造	Manufacture of Radar and Its Fittings						
3.广播电视设备制造	Manufacture of Broadcasting and TV Equipment		4961	22047	6051	14353	27664
4.电子器件制造	Manufacture of Electronic Appliances	24041	194714	380250	373191	546581	739680
#电子真空器件制造	Manufacture of Electronic Vacuum Appliances	13241	18863	47310	7898	4512	2164
半导体分立器件制造	Manufacture of Semiconductor Discreting Appliances	193	11959	46099	45999	48904	23841
集成电路制造	Manufacture of Integrate Circuit	10608	88306	186518	176472	194955	266079
5.电子元件制造	Manufacture of Electronic Components	14352	162535	337889	332335	397132	484132
6.家用视听设备制造	Manufacture of Domestic TV Set and Radio Receiver	25416	102273	172539	137857	134515	296323
7.其他电子设备制造	Manufacture of Other Electronic Equipment		6800	84426	47431	57951	116288
电子计算机及办公设备制造业	**Manufacture of Computers and Office Equipments**	**21658**	**205341**	**618014**	**573838**	**741220**	**1206122**
1.电子计算机整机制造	Manufacture of Entired Computer	516	43798	281704	288159	338524	777535
2.电子计算机外部设备制造	Manufacture of Computer Peripheral Equipment	17626	134773	328570	263962	382849	394130
3.办公设备制造	Manufacture of Office Equipment	3516	26770	7739	21716	19847	34457
医疗设备及仪器仪表制造业	**Manufacture of Medical Equipments and Measuring Instrument**	**8679**	**38754**	**91421**	**163663**	**183815**	**277213**
1.医疗设备及器械制造	Manufacture of Medical Equipment and Appliances	2969	19976	28168	50945	65651	101718
2.仪器仪表制造	Manufacture of Measuring Instrument	5710	18778	63253	112719	118164	175495

2-1-7 续表 3 continued

行 业	Industry	新产品产值(万元) Output Value of New Products (10000 yuan)					
		2000	2005	2008	2009	2010	2011
合 计	**Total**	**10575444**	**27682185**	**59743629**	**50645125**	**80801241**	**88748791**
医药制造业	**Manufacture of Medicines**	**315971**	**797799**	**1918328**	**2216748**	**3040416**	**3281993**
#化学药品制造	Manufacture of Chemical Medicine	233027	714510	1375131	1706280	2611570	2676050
中成药制造	Manufacture of Finished Traditional Chinese Herbal Medicine	50185	73083	223562	188534	291604	292619
生物、生化制品的制造	Manufacture of Biological and Biochemical Chemical Products	25172	7406	220279	259858	66753	136664
航空航天器制造业	**Manufacture of Aircrafts and Spacecrafts**		**5016**	**22490**		**9387**	**11977**
1.飞机制造及修理	Manufacture and Repairing of Airplanes		5016	22490		9387	11977
2.航天器制造	Manufacture of Spacecrafts						
电子及通信设备制造业	**Manufacture of Electronic Equipment and Communication Equipment**	**7495887**	**18726971**	**36105743**	**38876291**	**43757753**	**45535885**
1.通信设备制造	Manufacture of Communication Equipment	3992758	10682684	21672240	23365928	23880673	23637047
#通信传输设备制造	Manufacture of Communication Transmitting Equipment	54418	15562	269971	352006	308731	528138
通信交换设备制造	Manufacture of Communication Exchanging Equipment	136194	2158467	1764017	1765802	1696068	3207566
通信终端设备制造	Manufacture of Communication Terminal Equipment	679377	524665	1026206	639780	456947	43496
2.雷达及配套设备制造	Manufacture of Radar and Its Fittings						
3.广播电视设备制造	Manufacture of Broadcasting and TV Equipment		11922	164026	112291	137216	216743
4.电子器件制造	Manufacture of Electronic Appliances	938370	2915883	5570455	6318662	7540032	7894704
#电子真空器件制造	Manufacture of Electronic Vacuum Appliances	684881	455967	954307	216215	676916	402498
半导体分立器件制造	Manufacture of Semiconductor Discreting Appliances	11301	33160	233178	309452	455695	167236
集成电路制造	Manufacture of Integrate Circuit	242189	1804352	476622	2520291	455112	1717165
5.电子元件制造	Manufacture of Electronic Components	316144	1711617	3515249	4965077	6142680	6811322
6.家用视听设备制造	Manufacture of Domestic TV Set and Radio Receiver	2248615	3335001	4411192	3307539	5113359	6169024
7.其他电子设备制造	Manufacture of Other Electronic Equipment		69865	772581	806794	943794	807043
电子计算机及办公设备制造业	**Manufacture of Computers and Office Equipments**	**2618459**	**7725487**	**20189881**	**7761008**	**32349783**	**37480098**
1.电子计算机整机制造	Manufacture of Entired Computer	122636	4535524	11105818	2932279	9105626	16625574
2.电子计算机外部设备制造	Manufacture of Computer Peripheral Equipment	2428543	2885697	8482339	4466818	22306379	20332561
3.办公设备制造	Manufacture of Office Equipment	67280	304266	601723	361911	937778	521963
医疗设备及仪器仪表制造业	**Manufacture of Medical Equipments and Measuring Instrument**	**145128**	**426913**	**1507186**	**1791077**	**1643903**	**2438839**
1.医疗设备及器械制造	Manufacture of Medical Equipment and Appliances	24112	147381	414152	442230	226695	187869
2.仪器仪表制造	Manufacture of Measuring Instrument	121016	279532	1093034	1348847	1417207	2250970

2-1-7 续表 4 continued

行业	Industry	新产品销售收入（万元） Sales Revenue of New Products (10000 yuan)					
		2000	2005	2008	2009	2010	2011
合 计	**Total**	**10270862**	**27716836**	**60291138**	**52873158**	**79235660**	**99933626**
医药制造业	**Manufacture of Medicines**	**273340**	**741324**	**1702549**	**1961018**	**2885723**	**3002683**
#化学药品制造	Manufacture of Chemical Medicine	214036	658184	1217591	1504502	2422704	2417345
中成药制造	Manufacture of Finished Traditional Chinese Herbal Medicine	28409	73537	196952	161185	336226	289703
生物、生化制品的制造	Manufacture of Biological and Biochemical Chemical Products	23358	6803	193897	236862	59446	128880
航空航天器制造业	**Manufacture of Aircrafts and Spacecrafts**		**4933**	**22293**		**9306**	**11977**
1.飞机制造及修理	Manufacture and Repairing of Airplanes		4933	22293		9306	11977
2.航天器制造	Manufacture of Spacecrafts						
电子及通信设备制造业	**Manufacture of Electronic Equipment and Communication Equipment**	**7288157**	**18606168**	**37102738**	**39643321**	**43787077**	**45165444**
1.通信设备制造	Manufacture of Communication Equipment	4066420	10521050	23095480	24347152	24030485	23020504
#通信传输设备制造	Manufacture of Communication Transmitting Equipment	49433	15759	264028	643835	322927	117254
通信交换设备制造	Manufacture of Communication Exchanging Equipment	91960	2141144	3165506	3122281	1699068	3177208
通信终端设备制造	Manufacture of Communication Terminal Equipment	821547	520710	1006887	644316	451878	42932
2.雷达及配套设备制造	Manufacture of Radar and Its Fittings						
3.广播电视设备制造	Manufacture of Broadcasting and TV Equipment		10942	158347	108285	130771	217459
4.电子器件制造	Manufacture of Electronic Appliances	866693	2890331	5425919	6308309	7443471	7711633
#电子真空器件制造	Manufacture of Electronic Vacuum Appliances	617579	480293	927318	222036	680742	405723
半导体分立器件制造	Manufacture of Semiconductor Discreting Appliances	11301	33110	227747	305914	448182	181346
集成电路制造	Manufacture of Integrate Circuit	237813	1756438	450503	2464032	463196	1698662
5.电子元件制造	Manufacture of Electronic Components	308469	1767376	3358072	5073274	6160875	7053702
6.家用视听设备制造	Manufacture of Domestic TV Set and Radio Receiver	2046575	3346729	4314294	3052284	5151545	6434693
7.其他电子设备制造	Manufacture of Other Electronic Equipment		69740	750626	754018	869930	727453
电子计算机及办公设备制造业	**Manufacture of Computers and Office Equipments**	**2556323**	**7939540**	**20019459**	**9430546**	**30852672**	**49250256**
1.电子计算机整机制造	Manufacture of Entired Computer	117812	4740700	11083478	4623396	9999907	25685712
2.电子计算机外部设备制造	Manufacture of Computer Peripheral Equipment	2370475	2894574	8343138	4437202	19849016	23042543
3.办公设备制造	Manufacture of Office Equipment	68037	304266	592843	369948	1003749	522000
医疗设备及仪器仪表制造业	**Manufacture of Medical Equipments and Measuring Instrument**	**153043**	**424870**	**1444099**	**1838274**	**1700883**	**2503267**
1.医疗设备及器械制造	Manufacture of Medical Equipment and Appliances	21594	145078	373679	440011	199743	178805
2.仪器仪表制造	Manufacture of Measuring Instrument	131449	279793	1070421	1398263	1501140	2324462

2-1-7 续表 5 continued

行 业	Industry	专利申请数（件） Patent Applications (piece)					
		2000	2005	2008	2009	2010	2011
合 计	**Total**	**131**	**2833**	**6892**	**11799**	**16249**	**18922**
医药制造业	**Manufacture of Medicines**	**48**	**459**	**589**	**560**	**841**	**898**
#化学药品制造	Manufacture of Chemical Medicine	13	188	267	363	509	546
中成药制造	Manufacture of Finished Traditional Chinese Herbal Medicine	29	195	84	64	108	95
生物、生化制品的制造	Manufacture of Biological and Biochemical Chemical Products	6	71	94	64	91	187
航空航天器制造业	**Manufacture of Aircrafts and Spacecrafts**				**7**	**17**	**28**
1.飞机制造及修理	Manufacture and Repairing of Airplanes				7	17	28
2.航天器制造	Manufacture of Spacecrafts						
电子及通信设备制造业	**Manufacture of Electronic Equipment and Communication Equipment**	**47**	**1998**	**4165**	**5888**	**8310**	**10101**
1.通信设备制造	Manufacture of Communication Equipment	40	519	1100	1315	2285	2857
#通信传输设备制造	Manufacture of Communication Transmitting Equipment	2	24	76	35	121	56
通信交换设备制造	Manufacture of Communication Exchanging Equipment	35	82	210	283	386	353
通信终端设备制造	Manufacture of Communication Terminal Equipment	1	53	47	2		20
2.雷达及配套设备制造	Manufacture of Radar and Its Fittings						
3.广播电视设备制造	Manufacture of Broadcasting and TV Equipment		39	171	83	740	783
4.电子器件制造	Manufacture of Electronic Appliances	2	306	2048	2713	3206	3924
#电子真空器件制造	Manufacture of Electronic Vacuum Appliances		1	25	88	77	2
半导体分立器件制造	Manufacture of Semiconductor Discreting Appliances			18	42	85	23
集成电路制造	Manufacture of Integrate Circuit	2	249	1252	1489	1505	2051
5.电子元件制造	Manufacture of Electronic Components		281	444	856	1618	2058
6.家用视听设备制造	Manufacture of Domestic TV Set and Radio Receiver	5	850	334	579	165	307
7.其他电子设备制造	Manufacture of Other Electronic Equipment		3	68	342	296	172
电子计算机及办公设备制造业	**Manufacture of Computers and Office Equipments**	**30**	**146**	**1433**	**4295**	**6074**	**6495**
1.电子计算机整机制造	Manufacture of Entired Computer		6	133	2312	4441	4549
2.电子计算机外部设备制造	Manufacture of Computer Peripheral Equipment	28	140	1298	1938	1592	1899
3.办公设备制造	Manufacture of Office Equipment	2		2	45	41	47
医疗设备及仪器仪表制造业	**Manufacture of Medical Equipments and Measuring Instrument**	**6**	**230**	**705**	**1049**	**1007**	**1400**
1.医疗设备及器械制造	Manufacture of Medical Equipment and Appliances	2	154	222	297	297	397
2.仪器仪表制造	Manufacture of Measuring Instrument	4	76	483	752	710	1003

2-1-7 续表 6 continued

行　业	Industry	有效发明专利数（件） Number of Patents In Force (piece)					
		2000	2005	2008	2009	2010	2011
合　计	**Total**	**170**	**1194**	**4787**	**5775**	**10259**	**13217**
医药制造业	**Manufacture of Medicines**	**67**	**252**	**561**	**484**	**986**	**917**
#化学药品制造	Manufacture of Chemical Medicine	5	56	206	269	555	614
中成药制造	Manufacture of Finished Traditional Chinese Herbal Medicine	61	122	172	64	132	116
生物、生化制品的制造	Manufacture of Biological and Biochemical Chemical Products	1	9	159	125	62	106
航空航天器制造业	**Manufacture of Aircrafts and Spacecrafts**					**8**	
1.飞机制造及修理	Manufacture and Repairing of Airplanes					8	
2.航天器制造	Manufacture of Spacecrafts						
电子及通信设备制造业	**Manufacture of Electronic Equipment and Communication Equipment**	**89**	**733**	**2664**	**3173**	**4846**	**5122**
1.通信设备制造	Manufacture of Communication Equipment	87	173	345	781	1330	1321
#通信传输设备制造	Manufacture of Communication Transmitting Equipment	2	17	11	17	23	26
通信交换设备制造	Manufacture of Communication Exchanging Equipment	80	55	208	248	272	394
通信终端设备制造	Manufacture of Communication Terminal Equipment	1	11	20	23		10
2.雷达及配套设备制造	Manufacture of Radar and Its Fittings						
3.广播电视设备制造	Manufacture of Broadcasting and TV Equipment		3	99	10	66	142
4.电子器件制造	Manufacture of Electronic Appliances	2	367	1191	1588	1914	1647
#电子真空器件制造	Manufacture of Electronic Vacuum Appliances		251	22	20	8	
半导体分立器件制造	Manufacture of Semiconductor Discreting Appliances		2	23	19	58	3
集成电路制造	Manufacture of Integrate Circuit	2	98	107	1295	1337	755
5.电子元件制造	Manufacture of Electronic Components		60	271	296	1218	1738
6.家用视听设备制造	Manufacture of Domestic TV Set and Radio Receiver		129	724	338	296	213
7.其他电子设备制造	Manufacture of Other Electronic Equipment		1	34	160	22	61
电子计算机及办公设备制造业	**Manufacture of Computers and Office Equipments**	**4**	**163**	**1401**	**1756**	**4046**	**6561**
1.电子计算机整机制造	Manufacture of Entired Computer		1	58	1216	3082	4414
2.电子计算机外部设备制造	Manufacture of Computer Peripheral Equipment	2	162	1343	509	964	2125
3.办公设备制造	Manufacture of Office Equipment	2			31		22
医疗设备及仪器仪表制造业	**Manufacture of Medical Equipments and Measuring Instrument**	**10**	**46**	**161**	**362**	**373**	**617**
1.医疗设备及器械制造	Manufacture of Medical Equipment and Appliances	6	30	31	123	135	181
2.仪器仪表制造	Manufacture of Measuring Instrument	4	16	130	239	238	436

2-1-7 续表 7 continued

行 业	Industry	技术改造经费支出（万元） Expenditure for Technical Renovation (10000 yuan)					
		2000	2005	2008	2009	2010	2011
合 计	**Total**	**80420**	**278819**	**357937**	**294618**	**526326**	**410614**
医药制造业	**Manufacture of Medicines**	**15978**	**52192**	**62482**	**81598**	**95215**	**70004**
#化学药品制造	Manufacture of Chemical Medicine	8480	29971	35059	62015	81330	58892
中成药制造	Manufacture of Finished Traditional Chinese Herbal Medicine	6498	20560	13647	6959	3880	1278
生物、生化制品的制造	Manufacture of Biological and Biochemical Chemical Products	1000	1200	5985	5404	580	4510
航空航天器制造业	**Manufacture of Aircrafts and Spacecrafts**		**4564**		**175**	**1529**	
1.飞机制造及修理	Manufacture and Repairing of Airplanes		4564		175	1529	
2.航天器制造	Manufacture of Spacecrafts						
电子及通信设备制造业	**Manufacture of Electronic Equipment and Communication Equipment**	**52920**	**189421**	**235263**	**147133**	**263643**	**266296**
1.通信设备制造	Manufacture of Communication Equipment	32151	20815	12870	9351	8986	16459
#通信传输设备制造	Manufacture of Communication Transmitting Equipment	18		2984	117	176	
通信交换设备制造	Manufacture of Communication Exchanging Equipment	3754	4737	321		2	3
通信终端设备制造	Manufacture of Communication Terminal Equipment	28286	501	233	751	7636	
2.雷达及配套设备制造	Manufacture of Radar and Its Fittings						
3.广播电视设备制造	Manufacture of Broadcasting and TV Equipment		30	12	839	18	
4.电子器件制造	Manufacture of Electronic Appliances	14908	49460	71832	89424	165160	140923
#电子真空器件制造	Manufacture of Electronic Vacuum Appliances	6185	6733	7522	1393	338	2499
半导体分立器件制造	Manufacture of Semiconductor Discreting Appliances	8000	1822	19597	22071	79877	17872
集成电路制造	Manufacture of Integrate Circuit	723	32097	18271	43974	23213	83163
5.电子元件制造	Manufacture of Electronic Components	967	90508	45645	31316	35375	67480
6.家用视听设备制造	Manufacture of Domestic TV Set and Radio Receiver	4894	28486	30353	15765	53882	41328
7.其他电子设备制造	Manufacture of Other Electronic Equipment		121	74551	439	222	107
电子计算机及办公设备制造业	**Manufacture of Computers and Office Equipments**	**9417**	**26410**	**24526**	**35191**	**127937**	**42477**
1.电子计算机整机制造	Manufacture of Entired Computer	516	575		1247	64280	1374
2.电子计算机外部设备制造	Manufacture of Computer Peripheral Equipment	8902	24903	20975	33008	59240	39572
3.办公设备制造	Manufacture of Office Equipment		932	3551	937	4417	1530
医疗设备及仪器仪表制造业	**Manufacture of Medical Equipments and Measuring Instrument**	**2105**	**6233**	**35666**	**30520**	**38002**	**31837**
1.医疗设备及器械制造	Manufacture of Medical Equipment and Appliances	1213	663	401	1352	43	4212
2.仪器仪表制造	Manufacture of Measuring Instrument	892	5570	35265	29169	37959	27625

2-1-7 续表 8 continued

行　业	Industry	技术引进经费支出（万元） Expenditure for Acquisition of Foreign Technology (10000 yuan)					
		2000	2005	2008	2009	2010	2011
合　计	**Total**	**213961**	**622099**	**668710**	**431253**	**465580**	**358907**
医药制造业	**Manufacture of Medicines**	**8898**	**9383**	**17920**	**25058**	**26725**	**8114**
#化学药品制造	Manufacture of Chemical Medicine	2140	9183	16422	25032	21350	7894
中成药制造	Manufacture of Finished Traditional Chinese Herbal Medicine	400	200	200	26	728	
生物、生化制品的制造	Manufacture of Biological and Biochemical Chemical Products	6233		799		2887	
航空航天器制造业	**Manufacture of Aircrafts and Spacecrafts**		**2950**	**882**		**2856**	
1.飞机制造及修理	Manufacture and Repairing of Airplanes		2950	882		2856	
2.航天器制造	Manufacture of Spacecrafts						
电子及通信设备制造业	**Manufacture of Electronic Equipment and Communication Equipment**	**130248**	**506772**	**611740**	**363839**	**367130**	**301419**
1.通信设备制造	Manufacture of Communication Equipment	67737	181256	301595	168230	160272	32411
#通信传输设备制造	Manufacture of Communication Transmitting Equipment	6554			3726	3201	126
通信交换设备制造	Manufacture of Communication Exchanging Equipment	14399	6852	3866	8457	2748	6266
通信终端设备制造	Manufacture of Communication Terminal Equipment	45569		66206	15676	13183	8038
2.雷达及配套设备制造	Manufacture of Radar and Its Fittings						
3.广播电视设备制造	Manufacture of Broadcasting and TV Equipment		533	1481	485	532	
4.电子器件制造	Manufacture of Electronic Appliances	28850	122975	164938	120969	93932	130299
#电子真空器件制造	Manufacture of Electronic Vacuum Appliances	19300	17723	51609	15420	11085	6816
半导体分立器件制造	Manufacture of Semiconductor Discreting Appliances			19890	4792	3600	4407
集成电路制造	Manufacture of Integrate Circuit	9549	44195	22555	3074	15614	11899
5.电子元件制造	Manufacture of Electronic Components	7233	93128	36273	30999	56171	56685
6.家用视听设备制造	Manufacture of Domestic TV Set and Radio Receiver	26179	107761	105384	40777	56224	81805
7.其他电子设备制造	Manufacture of Other Electronic Equipment	250	1120	2070	2379		219
电子计算机及办公设备制造业	**Manufacture of Computers and Office Equipments**	**72256**	**102994**	**20105**	**25829**	**19427**	**1840**
1.电子计算机整机制造	Manufacture of Entired Computer	31405	32607				447
2.电子计算机外部设备制造	Manufacture of Computer Peripheral Equipment	40540	50593	17175	14901	2771	243
3.办公设备制造	Manufacture of Office Equipment	310	19794	2930	10929	16657	1150
医疗设备及仪器仪表制造业	**Manufacture of Medical Equipments and Measuring Instrument**	**2559**		**18063**	**16527**	**49441**	**47535**
1.医疗设备及器械制造	Manufacture of Medical Equipment and Appliances	180		121	212	27451	31990
2.仪器仪表制造	Manufacture of Measuring Instrument	2379		17943	16315	21991	15545

2-1-7 续表 9 continued

行　业	Industry	消化吸收经费支出（万元） Expenditure for Assimilation of Technology (10000 yuan)					
		2000	2005	2008	2009	2010	2011
合　计	**Total**	**11736**	**192020**	**66189**	**14664**	**30039**	**69909**
医药制造业	**Manufacture of Medicines**	**961**	**3405**	**7644**	**6521**	**13536**	**6502**
#化学药品制造	Manufacture of Chemical Medicine	960	3049	5330	6492	10923	4846
中成药制造	Manufacture of Finished Traditional Chinese Herbal Medicine	1	356	1216	29	2389	1014
生物、生化制品的制造	Manufacture of Biological and Biochemical Chemical Products			180			
航空航天器制造业	**Manufacture of Aircrafts and Spacecrafts**					**370**	
1.飞机制造及修理	Manufacture and Repairing of Airplanes					370	
2.航天器制造	Manufacture of Spacecrafts						
电子及通信设备制造业	**Manufacture of Electronic Equipment and Communication Equipment**	**7236**	**182791**	**32968**	**5943**	**11639**	**43169**
1.通信设备制造	Manufacture of Communication Equipment	1839	165488	4309	837	1348	1092
#通信传输设备制造	Manufacture of Communication Transmitting Equipment	351			200	400	
通信交换设备制造	Manufacture of Communication Exchanging Equipment	737				2	5
通信终端设备制造	Manufacture of Communication Terminal Equipment	652		610		561	
2.雷达及配套设备制造	Manufacture of Radar and Its Fittings						
3.广播电视设备制造	Manufacture of Broadcasting and TV Equipment			2	91		
4.电子器件制造	Manufacture of Electronic Appliances	78	11716	2568	431	5916	1275
#电子真空器件制造	Manufacture of Electronic Vacuum Appliances			1625	190	72	
半导体分立器件制造	Manufacture of Semiconductor Discreting Appliances			186	216	2583	389
集成电路制造	Manufacture of Integrate Circuit	78	730	129	25	2753	862
5.电子元件制造	Manufacture of Electronic Components	100	3698	2476	3155	1202	37935
6.家用视听设备制造	Manufacture of Domestic TV Set and Radio Receiver	5219	1889	8247	1429	3172	2866
7.其他电子设备制造	Manufacture of Other Electronic Equipment			15366	1		
电子计算机及办公设备制造业	**Manufacture of Computers and Office Equipments**	**3197**	**3171**	**25396**	**237**	**3099**	**2305**
1.电子计算机整机制造	Manufacture of Entired Computer						
2.电子计算机外部设备制造	Manufacture of Computer Peripheral Equipment	3197	1371	25396	237	2436	
3.办公设备制造	Manufacture of Office Equipment		1800			662	2305
医疗设备及仪器仪表制造业	**Manufacture of Medical Equipments and Measuring Instrument**	**342**	**2653**	**181**	**1964**	**1396**	**17934**
1.医疗设备及器械制造	Manufacture of Medical Equipment and Appliances	160			172	10	21
2.仪器仪表制造	Manufacture of Measuring Instrument	182	2653	181	1792	1386	17913

2-1-7 续表 10 continued

行业	Industry	购买国内技术经费支出（万元） Expenditure on Purchase of Domestic Technology (10000 yuan)					
		2000	2005	2008	2009	2010	2011
合 计	**Total**	**4379**	**13159**	**33717**	**26590**	**22074**	**23943**
医药制造业	**Manufacture of Medicines**	**1557**	**6808**	**4489**	**6377**	**12546**	**11495**
#化学药品制造	Manufacture of Chemical Medicine	562	5598	3484	6259	11093	10624
中成药制造	Manufacture of Finished Traditional Chinese Herbal Medicine	980	918	267	35	1388	312
生物、生化制品的制造	Manufacture of Biological and Biochemical Chemical Products	15	292				23
航空航天器制造业	**Manufacture of Aircrafts and Spacecrafts**						
1.飞机制造及修理	Manufacture and Repairing of Airplanes						
2.航天器制造	Manufacture of Spacecrafts						
电子及通信设备制造业	**Manufacture of Electronic Equipment and Communication Equipment**	**102**	**4434**	**24097**	**17902**	**2399**	**10994**
1.通信设备制造	Manufacture of Communication Equipment	101	85	837	2121	1553	5961
#通信传输设备制造	Manufacture of Communication Transmitting Equipment				1672		
通信交换设备制造	Manufacture of Communication Exchanging Equipment			321		1	5
通信终端设备制造	Manufacture of Communication Terminal Equipment	101					
2.雷达及配套设备制造	Manufacture of Radar and Its Fittings						
3.广播电视设备制造	Manufacture of Broadcasting and TV Equipment						36
4.电子器件制造	Manufacture of Electronic Appliances		2906	13375	12800	470	430
#电子真空器件制造	Manufacture of Electronic Vacuum Appliances		1013		425		
半导体分立器件制造	Manufacture of Semiconductor Discreting Appliances		1822	25	48	230	
集成电路制造	Manufacture of Integrate Circuit		70		55	90	430
5.电子元件制造	Manufacture of Electronic Components	2	558	9615	1280	256	1538
6.家用视听设备制造	Manufacture of Domestic TV Set and Radio Receiver		684	8	1621		3026
7.其他电子设备制造	Manufacture of Other Electronic Equipment		200	263	81	119	4
电子计算机及办公设备制造业	**Manufacture of Computers and Office Equipments**		**1844**	**4009**	**272**	**5396**	**158**
1.电子计算机整机制造	Manufacture of Entired Computer		1844		30	42	
2.电子计算机外部设备制造	Manufacture of Computer Peripheral Equipment			4009	242	5319	138
3.办公设备制造	Manufacture of Office Equipment					35	20
医疗设备及仪器仪表制造业	**Manufacture of Medical Equipments and Measuring Instrument**	**2720**	**74**	**1121**	**2038**	**1734**	**1296**
1.医疗设备及器械制造	Manufacture of Medical Equipment and Appliances	2707	15		98	10	
2.仪器仪表制造	Manufacture of Measuring Instrument	12	59	1121	1940	1724	1296

2-1-7 续表 11 continued

行 业	Industry	研发机构数（个） Number of R&D Institutions in Enterprises (unit)					
		2000	2005	2008	2009	2010	2011
合 计	**Total**	**115**	**274**	**545**	**635**	**669**	**613**
医药制造业	**Manufacture of Medicines**	**36**	**62**	**104**	**104**	**125**	**118**
#化学药品制造	Manufacture of Chemical Medicine	16	46	66	69	81	69
中成药制造	Manufacture of Finished Traditional Chinese Herbal Medicine	14	12	19	14	18	23
生物、生化制品的制造	Manufacture of Biological and Biochemical Chemical Products	5	2	8	10	12	17
航空航天器制造业	**Manufacture of Aircrafts and Spacecrafts**		**2**	**1**	**1**	**2**	**4**
1.飞机制造及修理	Manufacture and Repairing of Airplanes		2	1	1	2	4
2.航天器制造	Manufacture of Spacecrafts						
电子及通信设备制造业	**Manufacture of Electronic Equipment and Communication Equipment**	**63**	**167**	**310**	**356**	**380**	**342**
1.通信设备制造	Manufacture of Communication Equipment	32	41	66	68	61	52
#通信传输设备制造	Manufacture of Communication Transmitting Equipment	4	8	13	12	11	5
通信交换设备制造	Manufacture of Communication Exchanging Equipment	14	5	5	6	3	2
通信终端设备制造	Manufacture of Communication Terminal Equipment	4	5	5	5	3	3
2.雷达及配套设备制造	Manufacture of Radar and Its Fittings						
3.广播电视设备制造	Manufacture of Broadcasting and TV Equipment		1	4	5	8	12
4.电子器件制造	Manufacture of Electronic Appliances	5	26	91	95	116	86
#电子真空器件制造	Manufacture of Electronic Vacuum Appliances	3	5	11	10	7	
半导体分立器件制造	Manufacture of Semiconductor Discreting Appliances	1	3	5	11	11	9
集成电路制造	Manufacture of Integrate Circuit	1	12	32	28	41	29
5.电子元件制造	Manufacture of Electronic Components	11	57	109	145	139	154
6.家用视听设备制造	Manufacture of Domestic TV Set and Radio Receiver	8	40	31	34	37	32
7.其他电子设备制造	Manufacture of Other Electronic Equipment	7	2	9	9	19	6
电子计算机及办公设备制造业	**Manufacture of Computers and Office Equipments**	**7**	**23**	**64**	**90**	**69**	**68**
1.电子计算机整机制造	Manufacture of Entired Computer	2	10	16	29	17	21
2.电子计算机外部设备制造	Manufacture of Computer Peripheral Equipment	5	12	46	54	46	40
3.办公设备制造	Manufacture of Office Equipment		1	2	7	6	7
医疗设备及仪器仪表制造业	**Manufacture of Medical Equipments and Measuring Instrument**	**9**	**20**	**66**	**84**	**93**	**81**
1.医疗设备及器械制造	Manufacture of Medical Equipment and Appliances	4	4	12	16	25	23
2.仪器仪表制造	Manufacture of Measuring Instrument	5	16	54	68	68	58

2-1-7 续表 12 continued

行　业	Industry	机构人员（人） Personnel in the R&D Institutions (person)					
		2000	2005	2008	2009	2010	2011
合　计	**Total**	**7173**	**25554**	**64061**	**79961**	**102370**	**73021**
医药制造业	**Manufacture of Medicines**	**1081**	**2695**	**7605**	**5875**	**8254**	**8398**
#化学药品制造	Manufacture of Chemical Medicine	487	1959	4372	4291	5521	5433
中成药制造	Manufacture of Finished Traditional Chinese Herbal Medicine	459	425	2092	676	1194	1419
生物、生化制品的制造	Manufacture of Biological and Biochemical Chemical Products	121	219	595	436	799	1102
航空航天器制造业	**Manufacture of Aircrafts and Spacecrafts**		**308**	**506**	**358**	**107**	**305**
1.飞机制造及修理	Manufacture and Repairing of Airplanes		308	506	358	107	305
2.航天器制造	Manufacture of Spacecrafts						
电子及通信设备制造业	**Manufacture of Electronic Equipment and Communication Equipment**	**5524**	**15025**	**34741**	**43293**	**46892**	**43624**
1.通信设备制造	Manufacture of Communication Equipment	3800	6143	13058	14636	14327	13099
#通信传输设备制造	Manufacture of Communication Transmitting Equipment	260	207	1057	1443	1645	484
通信交换设备制造	Manufacture of Communication Exchanging Equipment	2362	3389	6336	5124	5723	4252
通信终端设备制造	Manufacture of Communication Terminal Equipment	93	652	638	508	423	409
2.雷达及配套设备制造	Manufacture of Radar and Its Fittings						
3.广播电视设备制造	Manufacture of Broadcasting and TV Equipment		250	617	596	711	1259
4.电子器件制造	Manufacture of Electronic Appliances	140	1718	7022	10047	11621	12166
#电子真空器件制造	Manufacture of Electronic Vacuum Appliances	71	214	597	567	386	
半导体分立器件制造	Manufacture of Semiconductor Discreting Appliances	8	151	525	851	895	775
集成电路制造	Manufacture of Integrate Circuit	61	973	3295	4760	4286	5254
5.电子元件制造	Manufacture of Electronic Components	807	3952	9829	13583	16364	13820
6.家用视听设备制造	Manufacture of Domestic TV Set and Radio Receiver	320	2919	3114	3865	2834	2611
7.其他电子设备制造	Manufacture of Other Electronic Equipment	457	43	1101	566	1035	669
电子计算机及办公设备制造业	**Manufacture of Computers and Office Equipments**	**417**	**6274**	**17186**	**24462**	**39844**	**13882**
1.电子计算机整机制造	Manufacture of Entired Computer	140	2657	10139	16511	5964	7340
2.电子计算机外部设备制造	Manufacture of Computer Peripheral Equipment	277	2816	6882	7497	33478	6077
3.办公设备制造	Manufacture of Office Equipment		801	165	454	402	465
医疗设备及仪器仪表制造业	**Manufacture of Medical Equipments and Measuring Instrument**	**151**	**1252**	**4023**	**5973**	**7273**	**6812**
1.医疗设备及器械制造	Manufacture of Medical Equipment and Appliances	45	431	986	1454	1895	1909
2.仪器仪表制造	Manufacture of Measuring Instrument	106	821	3037	4519	5378	4903

2-1-7 续表 13 continued

行业	Industry	机构经费支出（万元） Expenditure in the R&D Institutions (10000 yuan)					
		2000	2005	2008	2009	2010	2011
合计	**Total**	**148968**	**476070**	**1593553**	**1754756**	**2137613**	**2061718**
医药制造业	**Manufacture of Medicines**	**17518**	**42017**	**155773**	**156510**	**197780**	**211688**
#化学药品制造	Manufacture of Chemical Medicine	12491	32989	99634	126594	152949	156427
中成药制造	Manufacture of Finished Traditional Chinese Herbal Medicine	3856	4162	27847	10151	17083	23231
生物、生化制品的制造	Manufacture of Biological and Biochemical Chemical Products	685	2216	23332	10041	14115	22249
航空航天器制造业	**Manufacture of Aircrafts and Spacecrafts**		**4713**	**1182**	**3974**	**1828**	**8586**
1.飞机制造及修理	Manufacture and Repairing of Airplanes		4713	1182	3974	1828	8586
2.航天器制造	Manufacture of Spacecrafts						
电子及通信设备制造业	**Manufacture of Electronic Equipment and Communication Equipment**	**113778**	**330448**	**1079652**	**1113294**	**1393836**	**1168755**
1.通信设备制造	Manufacture of Communication Equipment	94135	157033	501158	465908	484534	438859
#通信传输设备制造	Manufacture of Communication Transmitting Equipment	5046	3596	18909	23373	16851	11159
通信交换设备制造	Manufacture of Communication Exchanging Equipment	50626	69792	184881	198019	209135	177204
通信终端设备制造	Manufacture of Communication Terminal Equipment	4185	8799	76260	10764	14522	12647
2.雷达及配套设备制造	Manufacture of Radar and Its Fittings						
3.广播电视设备制造	Manufacture of Broadcasting and TV Equipment		1686	8295	5957	12097	14782
4.电子器件制造	Manufacture of Electronic Appliances	4946	33415	265609	285886	481125	369863
#电子真空器件制造	Manufacture of Electronic Vacuum Appliances	1013	6088	43107	8027	9124	
半导体分立器件制造	Manufacture of Semiconductor Discreting Appliances	13	3632	8576	10779	17415	15795
集成电路制造	Manufacture of Integrate Circuit	3920	14287	160532	184288	202558	181064
5.电子元件制造	Manufacture of Electronic Components	3843	92816	172027	201331	322874	247813
6.家用视听设备制造	Manufacture of Domestic TV Set and Radio Receiver	8339	45221	100759	140256	70359	86117
7.其他电子设备制造	Manufacture of Other Electronic Equipment	2516	278	31805	13956	22847	11322
电子计算机及办公设备制造业	**Manufacture of Computers and Office Equipments**	**16008**	**89763**	**284875**	**360104**	**414630**	**518319**
1.电子计算机整机制造	Manufacture of Entired Computer	791	13195	149361	210963	132786	360275
2.电子计算机外部设备制造	Manufacture of Computer Peripheral Equipment	15218	74768	131734	140266	269916	151697
3.办公设备制造	Manufacture of Office Equipment		1800	3780	8875	11928	6347
医疗设备及仪器仪表制造业	**Manufacture of Medical Equipments and Measuring Instrument**	**1664**	**9128**	**72072**	**120872**	**129540**	**154370**
1.医疗设备及器械制造	Manufacture of Medical Equipment and Appliances	870	1516	23443	38920	43352	83339
2.仪器仪表制造	Manufacture of Measuring Instrument	794	7612	48629	81953	86189	71031

2-1-8 各地区大中型企业R&D及相关活动情况

Statistics on R&D and Related Activities of Enterprises in Large and Medium-sized Enterprises by Region

地　区	Region	R&D人员全时当量（人年） Full-time Equivalent of R&D Personnel (man-year)					
		2000	2005	2008	2009	2010	2011
全　国	**Total**	**91573**	**173161**	**285079**	**320033**	**399074**	**426718**
东部地区	Eastern Region	49122	118634	223755	251091	321522	350839
中部地区	Middle Region	17313	29284	28195	37123	42692	49952
西部地区	Western Region	25138	25244	33129	31818	34860	25928
北　京	Beijing	4374	8591	8040	7546	8440	12955
天　津	Tianjin	1895	3464	5676	4891	6750	8205
河　北	Hebei	1768	3469	3008	5561	6632	5689
山　西	Shanxi	286	302	234	1522	1098	1385
内蒙古	Inner Mongolia	20	108	253	155	227	159
辽　宁	Liaoning	3725	6089	7172	4845	4047	5094
吉　林	Jilin	1136	630	945	2001	1644	2828
黑龙江	Heilongjiang	2245	5500	4354	5348	4924	5559
上　海	Shanghai	7128	7045	10814	17770	19278	15630
江　苏	Jiangsu	6272	18901	29373	48224	64496	63191
浙　江	Zhejiang	1724	11571	19736	20024	24485	28734
安　徽	Anhui	1136	1404	3873	3173	6693	6192
福　建	Fujian	1595	5277	10716	10457	14034	19058
江　西	Jiangxi	6493	5441	3361	5756	5418	6924
山　东	Shandong	3195	5836	13449	13963	15618	23865
河　南	Henan	1217	3826	4651	7342	7262	7886
湖　北	Hubei	2704	8461	7678	9126	10461	14596
湖　南	Hunan	2077	3611	2846	2702	4964	4422
广　东	Guangdong	16915	47488	114772	116894	156235	167069
广　西	Guangxi	491	870	832	599	1115	1132
海　南	Hainan	39	33	167	318	392	218
重　庆	Chongqing	1379	2094	3614	3048	4000	4055
四　川	Sichuan	2425	9401	14561	13187	11640	5111
贵　州	Guizhou	2393	2451	2297	2708	4932	688
云　南	Yunnan	118	246	631	668	1002	1418
西　藏	Tibet				337	10	
陕　西	Shaanxi	17561	9686	10046	10594	12006	13039
甘　肃	Gansu	1116	848	1010	757	727	730
青　海	Qinghai	61	12	14	31	22	13
宁　夏	Ningxia	85	480	950	463	408	394
新　疆	Xinjiang		25	5	26	114	480

2-1-8 续表 1 continued

地 区	Region	R&D经费内部支出（万元） Intramural Expenditure on R&D (10000 yuan)					
		2000	2005	2008	2009	2010	2011
全 国	**Total**	**1110410**	**3624985**	**6551994**	**7740499**	**9678300**	**12378065**
东部地区	Eastern Region	835714	3087564	5612449	6441013	8130009	10387702
中部地区	Middle Region	113068	248608	425779	694602	815755	1207574
西部地区	Western Region	161628	288813	513766	604883	732536	782789
北 京	Beijing	107059	207216	299445	341785	368388	626895
天 津	Tianjin	60429	90124	227134	164774	220547	251607
河 北	Hebei	15687	34702	46779	66843	90836	103594
山 西	Shanxi	1577	2949	4837	14728	13882	23271
内蒙古	Inner Mongolia	73	1174	4107	2447	3672	4564
辽 宁	Liaoning	19875	78649	175667	195817	258646	482418
吉 林	Jilin	7870	13897	15378	24569	19327	50970
黑龙江	Heilongjiang	18342	55664	70422	123734	158880	161890
上 海	Shanghai	119707	341939	485621	555271	673565	619208
江 苏	Jiangsu	68974	381402	954698	1083429	1351327	1737028
浙 江	Zhejiang	43078	328463	434206	442093	524402	637981
安 徽	Anhui	8765	18711	49142	43522	122141	162140
福 建	Fujian	28198	139019	172608	255335	373649	462941
江 西	Jiangxi	17724	43024	54285	95260	104371	138099
山 东	Shandong	49329	267923	526931	527368	612385	868851
河 南	Henan	11431	29571	67109	100172	98992	101271
湖 北	Hubei	40537	63366	109777	203312	198633	420870
湖 南	Hunan	6749	20253	50723	86858	95857	144501
广 东	Guangdong	319979	1206178	2275140	2789522	3630850	4551770
广 西	Guangxi	2827	11391	11937	10660	15746	36396
海 南	Hainan	573	560	2282	8118	9668	9014
重 庆	Chongqing	7960	24712	37873	42269	64451	61831
四 川	Sichuan	24759	109765	253730	259515	247534	176643
贵 州	Guizhou	7274	22100	23925	58213	98334	16311
云 南	Yunnan	1701	2846	10273	9776	17283	31243
西 藏	Tibet				1937	648	
陕 西	Shaanxi	116030	119312	169291	214485	261870	450657
甘 肃	Gansu	3464	4496	10021	11108	30314	21641
青 海	Qinghai	284	38	167	1194	722	183
宁 夏	Ningxia	157	5165	8399	4924	7680	7896
新 疆	Xinjiang		380	88	1461	3701	16385

2-1-8 续表 2 continued

地 区	Region	新产品开发经费支出（万元） Expenditure on New Products Development (10000 yuan)					
		2000	2005	2008	2009	2010	2011
全 国	**Total**	**1177940**	**4156916**	**7984007**	**9250743**	**10069385**	**15280302**
东部地区	Eastern Region	896242	3561070	6865814	7631456	8165710	12930372
中部地区	Middle Region	111214	289953	542190	852396	967593	1394326
西部地区	Western Region	170484	305893	576003	766892	936082	955604
北 京	Beijing	96740	222839	332138	421029	503264	791684
天 津	Tianjin	65426	73238	272934	161678	286850	239216
河 北	Hebei	17761	29647	41548	62112	84196	103164
山 西	Shanxi	1983	4845	13481	15421	14488	29213
内 蒙 古	Inner Mongolia	181	1314	3102	2873	3962	4610
辽 宁	Liaoning	20382	88205	95459	282935	187839	432049
吉 林	Jilin	10559	25342	26249	34362	20702	61632
黑 龙 江	Heilongjiang	12936	67898	92747	119242	158131	160498
上 海	Shanghai	142679	340142	547268	709547	851462	1005813
江 苏	Jiangsu	97846	534778	1465979	1369519	1839490	2617921
浙 江	Zhejiang	38881	384648	505113	480187	580192	718215
安 徽	Anhui	6208	25874	61293	75940	151688	211458
福 建	Fujian	28892	190738	338565	307203	401274	511819
江 西	Jiangxi	13422	45405	72068	82102	123956	156085
山 东	Shandong	104224	323607	561767	626160	685158	944538
河 南	Henan	16914	29634	89665	125029	129567	129766
湖 北	Hubei	41304	56204	120714	290250	285418	482625
湖 南	Hunan	7708	33438	62873	107176	79681	158439
广 东	Guangdong	278654	1360287	2683224	3188554	2710412	5503043
广 西	Guangxi	3683	12147	18907	16816	20935	46803
海 南	Hainan	1073	794	2914	5718	14639	16108
重 庆	Chongqing	8571	28943	46954	48183	57767	74253
四 川	Sichuan	41501	112205	275882	335115	372848	336348
贵 州	Guizhou	10049	30087	52285	96969	134270	20846
云 南	Yunnan	4217	4330	16086	10969	13069	30473
西 藏	Tibet				516		
陕 西	Shaanxi	99505	117805	159995	244160	326309	446259
甘 肃	Gansu	5582	6771	16468	18071	16562	20110
青 海	Qinghai	3	58	167	335	710	1132
宁 夏	Ningxia	951	4288	6880	6601	6555	8868
新 疆	Xinjiang	105	1407	1287	5973	7992	17314

2-1-8 续表 3 continued

地 区	Region	新产品产值(万元) Output Value of New Products (10000 yuan)					
		2000	2005	2008	2009	2010	2011
全 国	**Total**	**26672771**	**70348165**	**130182842**	**125012187**	**165026115**	**192675940**
东部地区	Eastern Region	23019779	63186958	118375246	109106148	149973812	173028421
中部地区	Middle Region	1307048	2736177	4516387	7018388	8797680	11417838
西部地区	Western Region	2345944	4425030	7291210	8887652	6254623	8229681
北 京	Beijing	4083235	3973320	13574598	12896113	13659447	13762393
天 津	Tianjin	2719258	8835714	8528817	8019614	8539382	6938042
河 北	Hebei	228690	265957	514515	508367	694240	716229
山 西	Shanxi	22933	128727	242721	808982	491332	296690
内 蒙 古	Inner Mongolia	924	19353	3000	15580	68013	56404
辽 宁	Liaoning	493797	1390984	2242131	1424628	2326777	2459235
吉 林	Jilin	47256	145114	339630	395893	335604	588921
黑 龙 江	Heilongjiang	463627	1000190	384734	266023	347638	485421
上 海	Shanghai	3132712	12260003	16597523	10091755	10779647	9321033
江 苏	Jiangsu	2971235	5438730	23165262	21304292	25657113	33491430
浙 江	Zhejiang	1223747	3008169	5947937	5407481	7409716	9448780
安 徽	Anhui	44146	176980	395408	872517	688313	2533131
福 建	Fujian	1702340	6309434	7929680	6097581	9075524	10798216
江 西	Jiangxi	142729	415763	621304	813932	1275836	1442909
山 东	Shandong	1394576	3850258	7729983	8457357	10021091	13685907
河 南	Henan	325719	482526	798255	1205776	1087199	1205172
湖 北	Hubei	152044	133750	1155516	1865053	2962179	2828748
湖 南	Hunan	107671	233774	575818	774633	1541567	1980443
广 东	Guangdong	5001517	17784008	32010850	34738828	61567664	72184339
广 西	Guangxi	55686	70230	130006	137185	225311	184847
海 南	Hainan	12986	150	3946	22947	17900	37970
重 庆	Chongqing	89621	519527	1073391	1248363	1632013	3786619
四 川	Sichuan	1489546	2263616	3969080	5425652	1643519	1380604
贵 州	Guizhou	125424	248070	360658	439810	684536	230798
云 南	Yunnan	46008	71141	184499	249576	276181	400867
西 藏	Tibet				46469		
陕 西	Shaanxi	471720	1172459	1449970	1244214	1609766	1968212
甘 肃	Gansu	99773	53012	84581	86642	177660	198946
青 海	Qinghai	10	1325	74	166	257	299
宁 夏	Ningxia	23814	54105	151552	126628	198738	161753
新 疆	Xinjiang	30	41776	17405	20132	31952	101583

2-1-8 续表 4 continued

地　区	Region	新产品销售收入（万元） Sales Revenue of New Products (10000 yuan)					
		2000	2005	2008	2009	2010	2011
全　国	**Total**	**24838202**	**69146633**	**128794741**	**125950003**	**163647630**	**203845209**
东部地区	Eastern Region	21626116	62304312	117297312	111586435	149201329	185231444
中部地区	Middle Region	1220690	2642711	4185156	6200754	8783155	10664168
西部地区	Western Region	1991396	4199611	7312273	8162814	5663147	7949597
北　京	Beijing	3830492	3777312	13643433	12928253	13607777	13299197
天　津	Tianjin	2561451	8959529	8394125	7544355	8481937	7444982
河　北	Hebei	223976	233586	506422	503020	701062	697650
山　西	Shanxi	22065	74075	226637	188242	478459	266004
内蒙古	Inner Mongolia	777	17420	1250	6500	85620	44163
辽　宁	Liaoning	476716	1344617	2815817	1367928	2185478	2594695
吉　林	Jilin	55312	97961	230952	337570	317110	615757
黑龙江	Heilongjiang	438796	940483	356216	242553	292694	395960
上　海	Shanghai	3174322	12571834	16063236	11799623	11761955	9146581
江　苏	Jiangsu	2824340	5294970	24417654	22468752	25619005	46004626
浙　江	Zhejiang	1003813	2779731	5041521	5101601	6956994	8927026
安　徽	Anhui	43246	348387	370113	651668	841827	2112693
福　建	Fujian	1529296	6120112	7986028	6027027	8074863	10443966
江　西	Jiangxi	130176	356989	550708	790975	1175791	1339551
山　东	Shandong	1229598	3971258	8389480	9244470	11133363	14780965
河　南	Henan	313657	460775	761915	1139907	1323861	1155186
湖　北	Hubei	125908	142090	1160280	2132075	2781652	2673095
湖　南	Hunan	90753	204531	527086	711265	1486141	2061761
广　东	Guangdong	4726973	17159425	29913827	34449811	60464340	71682228
广　西	Guangxi	43301	91789	121836	134112	199155	174451
海　南	Hainan	1838	150	3934	17484	15401	35077
重　庆	Chongqing	84774	513508	1033967	1334709	1469500	3665576
四　川	Sichuan	1289807	2235391	3914630	4945762	1385860	1319503
贵　州	Guizhou	82183	229843	297622	329614	581453	184131
云　南	Yunnan	43546	60538	175427	213575	261031	340912
西　藏	Tibet				40769		
陕　西	Shaanxi	377599	1038495	1654468	1072488	1586068	1997131
甘　肃	Gansu	91462	38676	76647	84039	170318	198930
青　海	Qinghai	5	1300		160	215	237
宁　夏	Ningxia	22019	44660	142624	126209	178064	148734
新　疆	Xinjiang		37200	16889	15490	30638	94443

2-1-8 续表 5 continued

地 区	Region	专利申请数（件） Patent Applications (piece)					
		2000	2005	2008	2009	2010	2011
全 国	**Total**	**2245**	**16823**	**39656**	**51513**	**59683**	**77725**
东部地区	Eastern Region	1580	14595	35615	45645	51869	68539
中部地区	Middle Region	255	1143	2033	3245	4432	6255
西部地区	Western Region	410	1085	2008	2623	3382	2931
北 京	Beijing	7	777	2856	1785	2804	5184
天 津	Tianjin	73	393	1217	1801	1889	1990
河 北	Hebei	27	118	265	279	349	367
山 西	Shanxi	4	18	70	92	100	152
内蒙古	Inner Mongolia	1	13		14	12	14
辽 宁	Liaoning	30	445	452	681	650	746
吉 林	Jilin	27	126	147	84	113	221
黑龙江	Heilongjiang	47	114	185	225	270	490
上 海	Shanghai	118	1445	1639	3042	3453	3572
江 苏	Jiangsu	129	1000	2776	3815	7528	9659
浙 江	Zhejiang	54	838	2467	2977	3358	3787
安 徽	Anhui	3	43	185	412	938	1203
福 建	Fujian	50	233	604	1453	1865	1752
江 西	Jiangxi	17	202	151	361	349	390
山 东	Shandong	155	991	2058	2433	3087	4555
河 南	Henan	26	141	581	732	997	1128
湖 北	Hubei	81	409	444	687	886	1316
湖 南	Hunan	49	77	270	638	767	1341
广 东	Guangdong	922	8268	21185	27255	26740	36742
广 西	Guangxi	11	87	88	77	92	111
海 南	Hainan	4		8	47	54	74
重 庆	Chongqing	54	80	222	412	420	803
四 川	Sichuan	146	261	854	911	1452	663
贵 州	Guizhou	38	98	298	437	520	136
云 南	Yunnan	40	167	79	175	110	164
西 藏	Tibet				14	1	2
陕 西	Shaanxi	53	395	473	569	732	964
甘 肃	Gansu	4	48	38	66	114	129
青 海	Qinghai	13	1	1			
宁 夏	Ningxia	62	20	29	24	18	54
新 疆	Xinjiang		15	14	15	15	16

2-1-8 续表 6 continued

地区	Region	有效发明专利数（件） Number of Patents In Force (piece)					
		2000	2005	2008	2009	2010	2011
全国	**Total**	**1443**	**6658**	**23915**	**31830**	**50166**	**67428**
东部地区	Eastern Region	1003	5740	21048	27914	45350	61509
中部地区	Middle Region	208	456	1346	2348	2944	3888
西部地区	Western Region	232	462	1521	1568	1872	2031
北京	Beijing	18	500	2872	1585	2136	3464
天津	Tianjin	6	113	921	509	872	922
河北	Hebei	12	42	145	346	285	399
山西	Shanxi	1	8	51	61	79	109
内蒙古	Inner Mongolia		13		8	8	18
辽宁	Liaoning	62	92	154	410	271	598
吉林	Jilin	15	30	148	158	105	186
黑龙江	Heilongjiang	68	51	109	136	183	341
上海	Shanghai	110	264	658	2338	2509	2495
江苏	Jiangsu	84	489	1695	1849	3604	4924
浙江	Zhejiang	50	333	982	1555	2199	3111
安徽	Anhui	1	34	165	203	347	337
福建	Fujian	1	434	208	271	624	874
江西	Jiangxi	12	42	131	154	203	302
山东	Shandong	97	247	777	1373	1268	1842
河南	Henan	32	47	204	211	328	383
湖北	Hubei	28	160	349	1037	1201	1717
湖南	Hunan	51	71	189	380	490	495
广东	Guangdong	552	3197	12579	17525	31356	42741
广西	Guangxi	9	29	57	147	195	101
海南	Hainan	2			6	31	38
重庆	Chongqing	15	38	122	255	320	308
四川	Sichuan	81	91	598	240	417	391
贵州	Guizhou	33	84	274	346	399	212
云南	Yunnan	17	73	157	105	221	215
西藏	Tibet				9		1
陕西	Shaanxi	68	154	337	536	466	828
甘肃	Gansu	5	3	17	19	29	48
青海	Qinghai	4	1	1			
宁夏	Ningxia	9	15	12	30	11	14
新疆	Xinjiang		3	3	28	9	14

2-1-8 续表 7 continued

地 区	Region	技术改造经费支出（万元） Expenditure for Technical Renovation (10000 yuan)					
		2000	2005	2008	2009	2010	2011
全 国	**Total**	**1047478**	**1590214**	**2186000**	**2017410**	**2687343**	**2396391**
东部地区	Eastern Region	645573	971098	1320244	1222529	1832393	1812687
中部地区	Middle Region	170438	323797	353150	393157	284674	377440
西部地区	Western Region	231467	295319	512606	401724	570275	206264
北 京	Beijing	7625	18144	16274	4721	8930	22309
天 津	Tianjin	51416	47343	27963	6952	90271	61997
河 北	Hebei	33335	17614	30366	23231	27409	25443
山 西	Shanxi	4632	3975	4051	1864	812	2560
内蒙古	Inner Mongolia	3961	210	651	259	6091	7301
辽 宁	Liaoning	76013	51994	25627	58466	39851	99690
吉 林	Jilin	14919	21988	19448	24205	531	17607
黑龙江	Heilongjiang	60035	143272	94641	61096	61820	83890
上 海	Shanghai	58546	53656	92827	73843	102880	83524
江 苏	Jiangsu	107929	216469	524858	471886	693797	785871
浙 江	Zhejiang	86613	212220	161790	193827	261491	228686
安 徽	Anhui	10450	32871	39704	26363	34269	34566
福 建	Fujian	16177	33522	44699	39418	98744	135505
江 西	Jiangxi	15333	34012	61453	44973	28630	28119
山 东	Shandong	92982	132152	144367	197918	170118	172283
河 南	Henan	21323	44723	79536	151200	43790	40623
湖 北	Hubei	32884	15126	40802	28186	35837	51283
湖 南	Hunan	6903	27620	12864	55011	72896	111492
广 东	Guangdong	110504	173141	231015	134247	322451	171626
广 西	Guangxi	3867	14845	20411	17645	16268	20826
海 南	Hainan	566		48	376	184	4929
重 庆	Chongqing	5901	32133	53730	43666	43668	15469
四 川	Sichuan	38775	63437	324364	155014	306163	65886
贵 州	Guizhou	27235	35210	14144	40521	35281	1380
云 南	Yunnan	3973	9228	9456	2792	2224	3342
西 藏	Tibet			13			
陕 西	Shaanxi	133595	129342	88442	143023	156236	108964
甘 肃	Gansu	5495	18726	9157	6957	19130	3344
青 海	Qinghai	1002					
宁 夏	Ningxia	15407	963	4215	1623	7146	4378
新 疆	Xinjiang	85	6281	9086	8127	427	3500

2-1-8 续表 8 continued

地区	Region	技术引进经费支出（万元） Expenditure for Acquisition of Foreign Technology (10000 yuan)					
		2000	2005	2008	2009	2010	2011
全国	**Total**	**470463**	**848184**	**842933**	**644240**	**687810**	**621819**
东部地区	Eastern Region	333328	803456	812709	602027	613719	571306
中部地区	Middle Region	35098	19925	8322	15564	42992	33781
西部地区	Western Region	102037	24803	21902	26649	31098	16732
北京	Beijing	2904	31155	22184	24954	58452	56689
天津	Tianjin	6088	248797	255851	148724	153264	18317
河北	Hebei	8208	1882	572	1335	2122	886
山西	Shanxi	315		50	650		
内蒙古	Inner Mongolia	2263					
辽宁	Liaoning	12396	5813	38610	46659	5090	105
吉林	Jilin	3071	706		500	706	663
黑龙江	Heilongjiang	4567	7880	268	3087	26946	
上海	Shanghai	153586	141906	78890	45166	49054	62829
江苏	Jiangsu	54830	168260	150536	95032	130605	192444
浙江	Zhejiang	8306	9197	13063	12150	22273	19515
安徽	Anhui	1906	3374	1645	12	312	8138
福建	Fujian	11572	27311	67124	83394	102565	156441
江西	Jiangxi	3365	4442			5020	3020
山东	Shandong	5957	7565	4195	10560	11068	19662
河南	Henan	3786	498	4196	1900	1131	20786
湖北	Hubei	13060	1672	1791	992	620	919
湖南	Hunan	2765	1354	372	8423	8257	255
广东	Guangdong	68671	161527	181660	132347	78986	42298
广西	Guangxi	239	42	25		240	1806
海南	Hainan	573			1708		315
重庆	Chongqing	609	2490	800	4614	33	108
四川	Sichuan	21569	4069	12305	20537	30166	15811
贵州	Guizhou	11654	7223	440	221	251	35
云南	Yunnan	427	217	482		20	5
西藏	Tibet						
陕西	Shaanxi	64595	10804	4018	20	628	419
甘肃	Gansu	3058		1731	327		355
青海	Qinghai	2					
宁夏	Ningxia	64		2126	930		
新疆	Xinjiang	60					

2-1-8 续表 9 continued

地　区	Region	消化吸收经费支出（万元） Expenditure for Assimilation of Technology (10000 yuan)					
		2000	2005	2008	2009	2010	2011
全　国	**Total**	**33685**	**274972**	**150163**	**106224**	**138268**	**152481**
东部地区	Eastern Region	22801	266024	135903	65209	90497	136088
中部地区	Middle Region	8539	6477	10852	35859	42357	10308
西部地区	Western Region	2345	2471	3408	5156	5413	6086
北　京	Beijing	4538	196	1927	833	260	1504
天　津	Tianjin	816	158030	889	290	1443	1113
河　北	Hebei	1806	785	1529	1493	1265	1651
山　西	Shanxi	13	30	434	610	124	121
内蒙古	Inner Mongolia					12	
辽　宁	Liaoning	2240	43	190	1140	142	257
吉　林	Jilin		252	349	759		15
黑龙江	Heilongjiang	6579	2622	268	25840	21627	
上　海	Shanghai	1637	9373	9644	5439	5991	11773
江　苏	Jiangsu	2373	11721	73988	22831	21596	71459
浙　江	Zhejiang	1129	7904	9728	5979	17394	12348
安　徽	Anhui	749	280	868	1503	7413	3416
福　建	Fujian	858	3328	4088	2393	4261	3641
江　西	Jiangxi	22	1309	657	123	1856	1784
山　东	Shandong	1315	2581	10304	11696	22651	18065
河　南	Henan	53	820	1154	3731	677	1669
湖　北	Hubei	794	280	5808	1070	341	1161
湖　南	Hunan	330	884	1315	2223	10308	2142
广　东	Guangdong	5972	71581	23131	8359	12319	10597
广　西	Guangxi	15	423	486	1014	1430	3583
海　南	Hainan	102	60		3743	1745	99
重　庆	Chongqing	400	1025	633	636	733	955
四　川	Sichuan	532	899	396	1996	280	1594
贵　州	Guizhou	35	44	354	110	596	35
云　南	Yunnan	654		40	75	80	384
西　藏	Tibet						
陕　西	Shaanxi	702	504	529	868	3711	2632
甘　肃	Gansu			865	433		35
青　海	Qinghai						
宁　夏	Ningxia	12		590	1039	13	450
新　疆	Xinjiang	10					

2-1-8 续表 10 continued

地区	Region	购买国内技术经费支出（万元） Expenditure on Purchase of Domestic Technology (10000 yuan)					
		2000	2005	2008	2009	2010	2011
全　国	**Total**	**72099**	**95359**	**129707**	**139026**	**212944**	**162429**
东部地区	Eastern Region	28005	70994	95732	103775	177778	129766
中部地区	Middle Region	40951	12119	22544	24823	20106	15743
西部地区	Western Region	3143	12246	11431	10429	15059	16920
北　京	Beijing	86	3274	1142	5215	4375	5593
天　津	Tianjin	2231	1254	2008	3719	6310	800
河　北	Hebei	2066	1637	1880	1891	1812	4006
山　西	Shanxi	145	181	1182	1502	908	925
内蒙古	Inner Mongolia	2018		50			
辽　宁	Liaoning	327	592	4625	827	2123	284
吉　林	Jilin	32722	323	13148	2036	90	2529
黑龙江	Heilongjiang	856	600	1150	11602	4844	707
上　海	Shanghai	4683	5669	6284	8115	11728	13935
江　苏	Jiangsu	8472	16724	16412	27888	52315	24539
浙　江	Zhejiang	3303	11229	21470	12854	12226	17806
安　徽	Anhui	1511	348	1120	942	2935	3657
福　建	Fujian	540	9702	15376	21743	30784	21904
江　西	Jiangxi	173	5129	286	1776	790	109
山　东	Shandong	4205	3812	4792	11057	11295	18101
河　南	Henan	82	4653	1869	3135	2838	1959
湖　北	Hubei	2952	774	1962	650	2765	1613
湖　南	Hunan	493	110	1777	3180	4937	4244
广　东	Guangdong	1329	16220	20711	8933	36610	19239
广　西	Guangxi	388	602	612	327	1257	1248
海　南	Hainan	375	280	420	1207	6943	2313
重　庆	Chongqing	1024	2488	1826	2418	2722	3502
四　川	Sichuan	887	1705	2627	5223	10312	12164
贵　州	Guizhou	100	6102	171	50	8	255
云　南	Yunnan	40	297	20	296	482	135
西　藏	Tibet						
陕　西	Shaanxi	1001	1484	6376	2184	1534	804
甘　肃	Gansu	41	100		185		60
青　海	Qinghai						
宁　夏	Ningxia	10	56	410	73		
新　疆	Xinjiang	40	15				

2-1-8 续表 11 continued

地　区	Region	研发机构数（个） Number of R&D Institutions in Enterprises (unit)					
		2000	2005	2008	2009	2010	2011
全　国	**Total**	**1379**	**1619**	**2534**	**2845**	**3184**	**3254**
东部地区	Eastern Region	818	1076	1856	2096	2411	2580
中部地区	Middle Region	284	275	381	431	468	428
西部地区	Western Region	277	268	297	318	305	246
北　京	Beijing	49	32	98	94	104	125
天　津	Tianjin	38	41	61	63	61	70
河　北	Hebei	35	27	43	36	40	41
山　西	Shanxi	18	23	31	22	21	12
内蒙古	Inner Mongolia	3	3	4	10	9	10
辽　宁	Liaoning	56	34	35	55	54	34
吉　林	Jilin	41	29	28	24	16	25
黑龙江	Heilongjiang	31	32	37	28	27	28
上　海	Shanghai	82	74	123	167	170	108
江　苏	Jiangsu	193	225	421	497	620	663
浙　江	Zhejiang	68	193	292	302	388	365
安　徽	Anhui	27	33	38	64	81	78
福　建	Fujian	25	43	77	90	101	106
江　西	Jiangxi	27	39	47	42	48	45
山　东	Shandong	81	123	164	142	175	217
河　南	Henan	43	49	87	119	131	110
湖　北	Hubei	62	37	60	75	84	74
湖　南	Hunan	32	30	49	47	51	46
广　东	Guangdong	168	264	516	616	656	814
广　西	Guangxi	17	17	23	28	26	23
海　南	Hainan	6	3	3	6	16	14
重　庆	Chongqing	25	43	50	50	57	48
四　川	Sichuan	75	54	62	69	63	54
贵　州	Guizhou	45	41	42	36	41	15
云　南	Yunnan	6	9	11	16	16	18
西　藏	Tibet				3	1	
陕　西	Shaanxi	106	89	109	115	96	90
甘　肃	Gansu	11	23	16	15	18	11
青　海	Qinghai	3	2	1	1	1	1
宁　夏	Ningxia	5	6	5	11	10	8
新　疆	Xinjiang	1	1	1	2	2	1

2-1-8 续表 12 continued

地 区	Region	机构人员（人） Personnel in the R&D Institutions (person)					
		2000	2005	2008	2009	2010	2011
全 国	**Total**	**90187**	**156789**	**309766**	**341439**	**413640**	**394590**
东部地区	Eastern Region	58180	116259	250080	274730	334972	328264
中部地区	Middle Region	15862	18716	26527	32186	43148	41457
西部地区	Western Region	16145	21814	33159	34523	35520	24869
北 京	Beijing	4556	1983	7345	8457	11629	13685
天 津	Tianjin	1865	2401	6114	4443	6016	6443
河 北	Hebei	1805	3058	4650	4639	5089	4882
山 西	Shanxi	643	756	1154	1446	1250	1510
内蒙古	Inner Mongolia	59	124	318	150	236	274
辽 宁	Liaoning	3803	4252	4258	4551	6305	5314
吉 林	Jilin	1956	2087	2714	2188	2119	2600
黑龙江	Heilongjiang	2653	2640	2271	2218	2650	3294
上 海	Shanghai	4789	8518	16142	23723	24723	16498
江 苏	Jiangsu	9033	14095	34706	40905	50152	50126
浙 江	Zhejiang	2790	11397	24485	23784	29852	32954
安 徽	Anhui	1191	1417	3155	3615	5347	5794
福 建	Fujian	1414	4896	12171	11020	12119	14112
江 西	Jiangxi	2614	3257	3686	5452	6518	5363
山 东	Shandong	6824	8134	12981	16344	19346	28696
河 南	Henan	2851	2241	5990	7651	9130	9066
湖 北	Hubei	2352	4651	4155	6159	11282	9159
湖 南	Hunan	1543	1543	3084	3307	4616	4397
广 东	Guangdong	20702	56472	126575	135735	167866	153681
广 西	Guangxi	503	989	590	962	1218	1351
海 南	Hainan	96	64	63	167	657	522
重 庆	Chongqing	1427	2041	3327	2869	2940	2845
四 川	Sichuan	4800	8446	14651	15595	16400	7301
贵 州	Guizhou	2568	2447	4804	3743	4088	1010
云 南	Yunnan	277	365	562	631	1259	1488
西 藏	Tibet				404	8	
陕 西	Shaanxi	6060	7305	7587	9340	8957	10258
甘 肃	Gansu	764	770	1081	1067	1223	1310
青 海	Qinghai	68	26	14	15	8	14
宁 夏	Ningxia	181	391	1041	761	577	640
新 疆	Xinjiang		23	92	98	60	3

2-1-8 续表 13 continued

地　区	Region	机构经费支出（万元） Expenditure in the R&D Institutions (10000 yuan)					
		2000	2005	2008	2009	2010	2011
全　国	**Total**	**961000**	**2607837**	**5795281**	**6949093**	**8784256**	**9296716**
东部地区	Eastern Region	776496	2168916	5122012	6075344	7739090	8314542
中部地区	Middle Region	90001	195932	269509	368286	537018	566900
西部地区	Western Region	94504	242990	403759	505463	508148	415274
北　京	Beijing	93430	34981	203512	189317	388112	448528
天　津	Tianjin	51922	51146	152610	122895	135963	109292
河　北	Hebei	10559	21291	37679	39362	63988	64094
山　西	Shanxi	2250	3822	9277	8609	10159	13829
内蒙古	Inner Mongolia	331	1251	2374	9612	4360	4614
辽　宁	Liaoning	12920	21392	111142	94039	139792	119205
吉　林	Jilin	5227	23316	23093	22562	18265	26076
黑龙江	Heilongjiang	16600	24856	25528	24754	32456	36220
上　海	Shanghai	87868	170503	545970	699157	713007	663981
江　苏	Jiangsu	79704	245943	745893	845765	1183946	1194825
浙　江	Zhejiang	35530	180522	426215	423624	545013	612042
安　徽	Anhui	4467	22432	29824	50422	80471	84045
福　建	Fujian	22457	115969	273511	253980	337694	347176
江　西	Jiangxi	20987	50582	39343	51859	58138	62154
山　东	Shandong	69872	242094	510826	560540	651911	793069
河　南	Henan	14745	23778	58420	82456	101200	88732
湖　北	Hubei	17648	34510	58356	78784	165486	182928
湖　南	Hunan	7746	11387	23295	39227	66483	68302
广　东	Guangdong	307542	1073765	2104324	2826583	3548905	3927497
广　西	Guangxi	3076	10784	9595	15067	18749	23524
海　南	Hainan	1615	526	736	5015	12010	11309
重　庆	Chongqing	8234	14299	32158	37439	40917	45068
四　川	Sichuan	25813	134953	216123	251899	246285	136116
贵　州	Guizhou	7037	22470	33550	46649	36604	13693
云　南	Yunnan	3681	2697	7167	13302	22926	31032
西　藏	Tibet				1296	335	
陕　西	Shaanxi	45287	58724	84337	129419	132758	158637
甘　肃	Gansu	3150	5742	15535	13014	12734	20665
青　海	Qinghai	284	54	167	50	80	100
宁　夏	Ningxia	1019	3672	10425	5345	7653	9953
新　疆	Xinjiang		380	4298	7051	7857	11

2-1-9 各地区大中型国有及国有控股企业R&D及相关活动情况

Statistics on R&D and Related Activities of State-owned and State-controlled Enterprises in Large and Medium-sized Enterprises by Region

地区	Region	R&D人员全时当量（人年） Full-time Equivalent of R&D Personnel (man-year)					
		2000	2005	2008	2009	2010	2011
全　国	**Total**	**58427**	**91740**	**95521**	**105444**	**120200**	**128400**
东部地区	Eastern Region	21642	44386	58889	60634	64327	80716
中部地区	Middle Region	15052	25359	19351	21216	25838	29113
西部地区	Western Region	21734	21995	17281	23595	30034	18570
北　京	Beijing	2750	4139	4102	3989	4209	7131
天　津	Tianjin	616	1598	2151	1949	2483	3956
河　北	Hebei	1501	3105	1408	3485	3656	2431
山　西	Shanxi	96	213	116	623	388	376
内蒙古	Inner Mongolia	14	48	90	21	39	32
辽　宁	Liaoning	2337	3526	6564	3768	2911	3839
吉　林	Jilin	624	320	168	98	221	606
黑龙江	Heilongjiang	2024	5126	3890	2900	4445	4767
上　海	Shanghai	3218	1902	5506	5732	7225	5504
江　苏	Jiangsu	3885	3421	3625	4618	6073	4534
浙　江	Zhejiang	246	2761	3950	4663	4860	4950
安　徽	Anhui	993	806	2917	2179	4447	3541
福　建	Fujian	213	3301	1686	1547	1661	3016
江　西	Jiangxi	6443	4941	2417	4297	4277	5047
山　东	Shandong	1939	3523	5348	5596	6680	10900
河　南	Henan	923	3125	3073	3257	3001	2845
湖　北	Hubei	2149	7333	4815	6749	6458	9859
湖　南	Hunan	1785	3448	1864	1092	2562	2039
广　东	Guangdong	4581	16641	23901	24903	23844	34127
广　西	Guangxi	351	461	491	84	449	262
海　南	Hainan	6	7	157	301	277	65
重　庆	Chongqing	731	1674	2821	2289	2836	2397
四　川	Sichuan	1617	8206	3067	8588	10969	3251
贵　州	Guizhou	2301	2252	1859	2672	4483	117
云　南	Yunnan	37	180	232	124	230	435
西　藏	Tibet				1	10	
陕　西	Shaanxi	16053	8574	8930	9178	11174	11969
甘　肃	Gansu	971	644	48	545	328	396
青　海	Qinghai	24	12				
宁　夏	Ningxia		453	325	192		
新　疆	Xinjiang				6	6	6

2-1-9 续表 1 continued

地 区	Region	R&D经费内部支出（万元） Intramural Expenditure on R&D (10000 yuan)					
		2000	2005	2008	2009	2010	2011
全 国	**Total**	**384700**	**1475400**	**2002114**	**2418554**	**3160532**	**4352362**
东部地区	Eastern Region	202130	1021876	1438077	1516508	1990552	2919840
中部地区	Middle Region	86414	205221	285735	404399	541385	787906
西部地区	Western Region	96156	248303	278301	497648	628596	644616
北 京	Beijing	18721	77902	122677	187594	160958	394179
天 津	Tianjin	3402	19501	32466	25898	46409	75915
河 北	Hebei	13477	30614	27169	35092	42066	35618
山 西	Shanxi	466	2234	2542	6987	8418	8812
内 蒙 古	Inner Mongolia	70	340	1122	33	206	267
辽 宁	Liaoning	13236	43072	165739	178392	237173	458998
吉 林	Jilin	2903	10435	991	1643	3768	15030
黑 龙 江	Heilongjiang	16468	52542	64373	87988	143783	146193
上 海	Shanghai	13517	43938	190486	132896	257831	238682
江 苏	Jiangsu	33122	59117	85590	77199	122742	101105
浙 江	Zhejiang	3100	59118	51566	76663	79623	98550
安 徽	Anhui	7844	13335	36437	27090	89989	84998
福 建	Fujian	1613	61989	26006	14916	15421	51509
江 西	Jiangxi	17363	37738	42042	53561	76697	109041
山 东	Shandong	27191	190681	266194	251517	259748	406293
河 南	Henan	5898	22667	31122	40403	40670	30734
湖 北	Hubei	31081	50205	81071	127924	123110	305888
湖 南	Hunan	4321	15725	26036	58770	54745	86943
广 东	Guangdong	73325	429998	461415	528010	757688	1047982
广 西	Guangxi	1332	5553	6548	514	4274	7169
海 南	Hainan	94	392	2222	7817	6619	3840
重 庆	Chongqing	3697	15656	24668	25105	41072	32148
四 川	Sichuan	16294	101893	71064	213057	231225	148514
贵 州	Guizhou	6386	20428	19359	56458	89994	1587
云 南	Yunnan	379	2039	6021	3311	9684	12680
西 藏	Tibet				584	648	
陕 西	Shaanxi	66870	101395	150441	190499	238439	435255
甘 肃	Gansu	2487	2005	4464	7107	17452	14334
青 海	Qinghai	43	38				
宁 夏	Ningxia		4850	2284	1463		
新 疆	Xinjiang				63	81	98

2-1-9 续表 2 continued

地区	Region	新产品开发经费支出（万元） Expenditure on New Products Development (10000 yuan)					
		2000	2005	2008	2009	2010	2011
全 国	**Total**	**436906**	**1583476**	**2126953**	**2986596**	**3674866**	**4784601**
东部地区	Eastern Region	273912	1102781	1477004	1872955	2202946	3169502
中部地区	Middle Region	69607	215651	346001	491230	634957	866163
西部地区	Western Region	93387	265044	303948	622411	836963	748935
北 京	Beijing	15608	85880	122433	212651	194212	441274
天 津	Tianjin	3348	23235	32432	32575	52685	71194
河 北	Hebei	15190	22403	20691	26783	35191	35888
山 西	Shanxi	1209	3922	5705	7970	6848	8671
内蒙古	Inner Mongolia	149	80	1100		148	375
辽 宁	Liaoning	19065	50126	78946	254068	163252	348534
吉 林	Jilin	3479	14896	6130	2661	1626	14653
黑龙江	Heilongjiang	11717	62272	85075	98551	142104	141145
上 海	Shanghai	10156	56606	195986	222012	299231	317578
江 苏	Jiangsu	49369	72772	113844	110239	148118	156226
浙 江	Zhejiang	3510	88534	56658	73765	83370	94973
安 徽	Anhui	5642	9604	28086	32922	103733	103689
福 建	Fujian	2270	73515	33674	11164	17408	54034
江 西	Jiangxi	12925	37148	63085	54844	95178	115243
山 东	Shandong	76047	224405	297116	293751	282946	398848
河 南	Henan	6670	22120	39175	47363	60195	42924
湖 北	Hubei	23727	43682	81403	170883	185010	344652
湖 南	Hunan	4089	21927	36241	76036	40115	94812
广 东	Guangdong	77120	398347	516211	627335	915080	1239985
广 西	Guangxi	1915	6959	6793	3218	4834	7169
海 南	Hainan	313		2220	5394	6619	3798
重 庆	Chongqing	3623	19859	24910	29296	39336	42127
四 川	Sichuan	24699	102835	72153	266440	356645	266697
贵 州	Guizhou	7461	27610	47000	92940	124404	3249
云 南	Yunnan	619	2909	10557	4216	4134	10225
西 藏	Tibet				516		
陕 西	Shaanxi	53380	103884	138302	216233	303421	415136
甘 肃	Gansu	3585	4153	8811	10322	8879	10475
青 海	Qinghai	3	53				
宁 夏	Ningxia	18	3743	2190	2226		
新 疆	Xinjiang			25	222	144	1027

2-1-9 续表 3 continued

地区	Region	新产品产值(万元) Output Value of New Products (10000 yuan)					
		2000	2005	2008	2009	2010	2011
全　国	**Total**	**6772868**	**21816973**	**24120392**	**28168651**	**30715641**	**39176897**
东部地区	Eastern Region	4170769	15981036	18413207	19119500	23226926	30394244
中部地区	Middle Region	821325	2104276	2383320	2317432	3842658	5463862
西部地区	Western Region	1780775	3731661	3323865	6731718	3646057	3318792
北　京	Beijing	223894	1143890	1681519	1465053	1479320	2606938
天　津	Tianjin	52926	176215	403248	443194	648941	724240
河　北	Hebei	203782	199856	219235	256196	266725	261495
山　西	Shanxi	16604	66500	38520	31650	42284	144724
内蒙古	Inner Mongolia	866	3225				17190
辽　宁	Liaoning	436287	1281233	1627204	971232	2130336	2080664
吉　林	Jilin	14267	49503	64739	16625	12253	29986
黑龙江	Heilongjiang	463124	957507	341909	158768	240163	335155
上　海	Shanghai	148283	551516	2536031	2274895	2503133	2686601
江　苏	Jiangsu	919665	1826775	924752	1154306	1565771	1161934
浙　江	Zhejiang	54388	1163190	730070	781467	654154	1354888
安　徽	Anhui	24072	109601	177895	229600	313658	1270086
福　建	Fujian	11864	1728710	229266	128287	140084	408245
江　西	Jiangxi	142105	325210	513930	565829	955844	936588
山　东	Shandong	1037675	3009469	3599582	4073039	4519852	5865000
河　南	Henan	52841	358248	487347	331761	490201	381309
湖　北	Hubei	67125	98330	565624	684936	1013901	1206741
湖　南	Hunan	40322	136152	193357	298264	774353	1142084
广　东	Guangdong	1058527	4882580	6448068	7542241	9307782	13233976
广　西	Guangxi	20915	17602	14232	6645	7628	10262
海　南	Hainan	2562			22947	3200	
重　庆	Chongqing	30814	221968	647775	630259	702067	770047
四　川	Sichuan	1320216	2080307	968759	4713380	1026042	654685
贵　州	Guizhou	89536	229351	272663	340843	482100	36800
云　南	Yunnan	2559	49918	82858	70184	84957	140884
西　藏	Tibet						
陕　西	Shaanxi	312181	1054263	1312242	925216	1304380	1653148
甘　肃	Gansu	12284	41709	32219	38457	41953	63141
青　海	Qinghai	10	25				
宁　夏	Ningxia	13175	54049	7350	13380		
新　疆	Xinjiang		72			4558	87

2-1-9 续表 4 continued

地区	Region	新产品销售收入（万元） Sales Revenue of New Products (10000 yuan)					
		2000	2005	2008	2009	2010	2011
全 国	**Total**	**5884034**	**20608590**	**24498408**	**27632537**	**31769634**	**39123877**
东部地区	Eastern Region	3545006	15173388	18750206	19655136	24718396	30918495
中部地区	Middle Region	733259	1926378	2224858	2337295	3675112	4926722
西部地区	Western Region	1605769	3508823	3523345	5640106	3376127	3278661
北 京	Beijing	201276	1107350	1626715	1427840	1401003	2326430
天 津	Tianjin	56644	171574	366749	383040	609712	733465
河 北	Hebei	202721	170976	204637	260794	257811	281218
山 西	Shanxi	16053	55780	25336	9953	32340	133567
内蒙古	Inner Mongolia	732	3001				5730
辽 宁	Liaoning	425003	1229677	2257762	937900	1991695	2233323
吉 林	Jilin	10145	31468	62721	3710	19425	27867
黑龙江	Heilongjiang	438392	896425	313151	144818	211005	259650
上 海	Shanghai	128874	554157	2582579	2252169	2500109	2724421
江 苏	Jiangsu	855881	1788730	888431	1205088	1734392	1483358
浙 江	Zhejiang	53273	1054020	657799	754790	672844	1360294
安 徽	Anhui	21125	105266	170784	152604	309511	909495
福 建	Fujian	9397	1536275	232576	126667	137671	406882
江 西	Jiangxi	129799	273934	453356	556742	878320	871670
山 东	Shandong	859098	3338496	4545025	5161214	5691126	7111830
河 南	Henan	46509	346317	431790	281687	500618	339234
湖 北	Hubei	47327	97695	602776	912424	949859	1160558
湖 南	Hunan	23177	116493	164944	275358	774035	1218950
广 东	Guangdong	734653	4208028	5373997	7118517	9713444	12248721
广 西	Guangxi	16346	14108	13937	9633	6607	8553
海 南	Hainan	1838			17484	1984	
重 庆	Chongqing	28148	199673	611957	576719	666151	744919
四 川	Sichuan	1212226	2049251	1023704	3908703	814518	625275
贵 州	Guizhou	63662	214228	232935	273152	435377	34942
云 南	Yunnan	1859	41476	83061	67902	81221	115601
西 藏	Tibet						
陕 西	Shaanxi	278677	925690	1534005	764234	1340190	1690613
甘 肃	Gansu	9730	33834	30452	36096	35427	65137
青 海	Qinghai	5					
宁 夏	Ningxia	11462	44617	7230	13300		
新 疆	Xinjiang		54			3243	2174

2-1-9 续表 5 continued

地　区	Region	专利申请数（件） Patent Applications (piece)					
		2000	2005	2008	2009	2010	2011
全　国	**Total**	**734**	**5474**	**11819**	**17328**	**18596**	**22683**
东部地区	Eastern Region	422	4294	9838	14088	13785	17986
中部地区	Middle Region	135	598	994	1595	2401	3118
西部地区	Western Region	177	582	987	1645	2410	1579
北　京	Beijing	7	509	827	804	891	2508
天　津	Tianjin	10	60	239	426	672	685
河　北	Hebei	15	72	39	87	74	71
山　西	Shanxi	4	15	10	13	14	26
内蒙古	Inner Mongolia	1					2
辽　宁	Liaoning	15	328	272	497	412	450
吉　林	Jilin	8	41	45	14	16	52
黑龙江	Heilongjiang	29	76	115	102	217	358
上　海	Shanghai	14	299	447	600	806	769
江　苏	Jiangsu	46	152	496	563	667	862
浙　江	Zhejiang	1	118	111	221	215	252
安　徽	Anhui	3	30	88	236	526	616
福　建	Fujian	4	113	62	113	109	370
江　西	Jiangxi	17	107	89	131	209	201
山　东	Shandong	65	548	1318	1624	1695	2362
河　南	Henan	21	114	233	442	495	480
湖　北	Hubei	42	160	225	413	566	870
湖　南	Hunan	10	55	189	244	358	513
广　东	Guangdong	241	2076	6026	9103	8238	9647
广　西	Guangxi	4	19	1	3	6	9
海　南	Hainan				47		1
重　庆	Chongqing	6	44	97	187	207	362
四　川	Sichuan	114	206	189	622	1141	333
贵　州	Guizhou	10	72	237	357	398	26
云　南	Yunnan		63	36	84	27	54
西　藏	Tibet				1	1	2
陕　西	Shaanxi	44	181	412	379	614	771
甘　肃	Gansu	3	9	5	15	18	29
青　海	Qinghai		1				
宁　夏	Ningxia		6	11			
新　疆	Xinjiang					4	2

2-1-9 续表 6 continued

地区	Region	有效发明专利数（件）Number of Patents In Force (piece)					
		2000	2005	2008	2009	2010	2011
全　国	**Total**	**616**	**1650**	**6314**	**6633**	**10969**	**16421**
东部地区	Eastern Region	407	1110	5150	4734	8665	13095
中部地区	Middle Region	71	308	709	1126	1337	2241
西部地区	Western Region	138	232	455	773	967	1085
北　京	Beijing	13	293	909	414	670	1678
天　津	Tianjin	1	21	69	107	152	250
河　北	Hebei	11	21	37	38	57	91
山　西	Shanxi	1	6	8	10	31	23
内蒙古	Inner Mongolia						5
辽　宁	Liaoning	49	77	86	325	130	376
吉　林	Jilin	11	10	27	18	21	29
黑龙江	Heilongjiang	19	42	60	102	132	216
上　海	Shanghai	3	85	312	445	509	798
江　苏	Jiangsu	32	82	169	190	333	564
浙　江	Zhejiang	5	36	116	133	175	343
安　徽	Anhui	1	24	68	79	111	121
福　建	Fujian		23	49	65	58	269
江　西	Jiangxi	12	30	56	45	63	82
山　东	Shandong	55	103	246	736	417	580
河　南	Henan	12	25	117	114	115	156
湖　北	Hubei	10	129	237	612	728	1369
湖　南	Hunan	5	42	136	146	136	240
广　东	Guangdong	235	360	3157	2280	6164	8137
广　西	Guangxi	3	9				7
海　南	Hainan				1		2
重　庆	Chongqing	6	21	45	134	179	129
四　川	Sichuan	60	42	44	113	217	113
贵　州	Guizhou	10	30	80	108	119	1
云　南	Yunnan		53	98	52	55	86
西　藏	Tibet						1
陕　西	Shaanxi	56	77	175	356	391	725
甘　肃	Gansu	5	1	7	4	5	23
青　海	Qinghai	1	1				
宁　夏	Ningxia		7	6	6		
新　疆	Xinjiang					1	7

2-1-9 续表 7 continued

地　区	Region	技术改造经费支出（万元） Expenditure for Technical Renovation (10000 yuan)					
		2000	2005	2008	2009	2010	2011
全　国	**Total**	**511340**	**892924**	**777595**	**842784**	**1077632**	**785873**
东部地区	Eastern Region	295284	378197	310611	299567	421117	403260
中部地区	Middle Region	120979	263008	246101	232122	163668	215340
西部地区	Western Region	95077	251719	220883	311094	492847	167273
北　京	Beijing	6935	17515	13432	4428	6793	17311
天　津	Tianjin	2269	9983	21091	2718	33314	59158
河　北	Hebei	31532	13209	19261	16764	11287	10578
山　西	Shanxi	3321	3734	1695	1603	631	1397
内蒙古	Inner Mongolia	3569	210	450			
辽　宁	Liaoning	71355	48217	20666	55877	37137	93825
吉　林	Jilin	7683	7851	658	7509	32	74
黑龙江	Heilongjiang	56388	139652	92527	42311	60085	71065
上　海	Shanghai	4835	24259	67547	42002	50166	21793
江　苏	Jiangsu	45602	87015	30291	39238	34958	25245
浙　江	Zhejiang	10970	44219	17091	38694	44531	42051
安　徽	Anhui	9601	26550	17639	15771	13537	4279
福　建	Fujian	1646	22251	12723	4033	7816	11411
江　西	Jiangxi	15321	27979	54815	34061	20552	18740
山　东	Shandong	49770	40325	47896	65896	47728	93425
河　南	Henan	14540	22809	60598	82542	29540	23865
湖　北	Hubei	6766	11594	13230	16108	8128	35752
湖　南	Hunan	3792	22629	4489	32218	31163	60169
广　东	Guangdong	69533	67420	59445	28567	145437	26866
广　西	Guangxi	588	3783	1169	974	1891	1148
海　南	Hainan	250			376	60	450
重　庆	Chongqing	2085	27037	48667	27479	31921	7789
四　川	Sichuan	17290	56224	70827	105158	274293	49535
贵　州	Guizhou	14838	31569	11272	39426	34211	50
云　南	Yunnan	49	9228	8565	1596		769
西　藏	Tibet			13			
陕　西	Shaanxi	58062	122538	78463	134303	149975	103614
甘　肃	Gansu	2710	4371	2515	3108	2021	2017
青　海	Qinghai	2					
宁　夏	Ningxia	18	753	356			
新　疆	Xinjiang	24		206	25	427	3500

2-1-9 续表 8 continued

地　区	Region	技术引进经费支出（万元） Expenditure for Acquisition of Foreign Technology (10000 yuan)					
		2000	2005	2008	2009	2010	2011
全　国	**Total**	**125120**	**150492**	**86359**	**125430**	**109735**	**93845**
东部地区	Eastern Region	63034	113760	76408	92574	41149	54690
中部地区	Middle Region	17201	18244	3497	12400	37604	25649
西部地区	Western Region	44885	18488	6454	20456	30981	13506
北　京	Beijing	654	19754	2802	13950	7271	8578
天　津	Tianjin	1903	3309	1100	1687	3322	388
河　北	Hebei	7727	1822	150	809	1083	434
山　西	Shanxi	260					
内蒙古	Inner Mongolia	2151					
辽　宁	Liaoning	12284	5780	37034	46050	4590	
吉　林	Jilin	803	151			401	
黑龙江	Heilongjiang	4367	7780	227	3061	26946	
上　海	Shanghai	282	1962	23290	14593	10131	17816
江　苏	Jiangsu	21110	29905	1025	1155	336	861
浙　江	Zhejiang	12	5006	1254	1425	3780	6886
安　徽	Anhui	1906	3360	83		182	4928
福　建	Fujian	180	21727	2737	4034	2520	900
江　西	Jiangxi	3355	4229			2520	350
山　东	Shandong	3108	3100	3310	6522	7768	16078
河　南	Henan	1196	448	2934	1099	187	20232
湖　北	Hubei	2073	1672	6		120	69
湖　南	Hunan	1090	604	248	8240	7249	70
广　东	Guangdong	15704	21355	3706	641	348	2748
广　西	Guangxi	39	42				
海　南	Hainan	33			1708		
重　庆	Chongqing	434	73	640	613		63
四　川	Sichuan	19416	2492	3003	19623	30102	12989
贵　州	Guizhou	11025	4902	440	221	251	35
云　南	Yunnan	369	217				
西　藏	Tibet						
陕　西	Shaanxi	10987	10804	2371		628	419
甘　肃	Gansu	2653					
青　海	Qinghai	2					
宁　夏	Ningxia						
新　疆	Xinjiang						

2-1-9 续表 9 continued

地区	Region	消化吸收经费支出（万元） Expenditure for Assimilation of Technology (10000 yuan)					
		2000	2005	2008	2009	2010	2011
全　国	**Total**	**15787**	**31659**	**17799**	**48200**	**59689**	**29041**
东部地区	Eastern Region	7786	25737	15602	19076	23266	24990
中部地区	Middle Region	7199	4607	1382	26870	31390	915
西部地区	Western Region	803	1314	815	2255	5033	3136
北　京	Beijing	37	110	524	532		1256
天　津	Tianjin	13	90	748	198	760	1091
河　北	Hebei	1745	642	400	944	488	1080
山　西	Shanxi	13		52		100	
内蒙古	Inner Mongolia						
辽　宁	Liaoning	2225		30	545	121	230
吉　林	Jilin		52				
黑龙江	Heilongjiang	5993	2465	237	25811	21627	
上　海	Shanghai		686	1426	2307	554	2229
江　苏	Jiangsu	1221	1380	80	5	1025	134
浙　江	Zhejiang		5619	2819	1007	8807	7413
安　徽	Anhui	749	215	218	466	231	150
福　建	Fujian	463	2327	521	50	1820	40
江　西	Jiangxi	20	1306	547	89	1856	
山　东	Shandong	667	1220	4597	9281	8951	9962
河　南	Henan	53	370	6	144	123	210
湖　北	Hubei	365	65	108		106	127
湖　南	Hunan	6	134	215	360	7347	428
广　东	Guangdong	1357	13485	4457	846	742	1556
广　西	Guangxi	15	179				
海　南	Hainan	42			3361		
重　庆	Chongqing	380	875	519	464	725	469
四　川	Sichuan	11	249	151	790		
贵　州	Guizhou		3	87	110	596	35
云　南	Yunnan	10					
西　藏	Tibet						
陕　西	Shaanxi	402	188	58	543	3711	2632
甘　肃	Gansu						
青　海	Qinghai						
宁　夏	Ningxia				348		
新　疆	Xinjiang						

2-1-9 续表 10 continued

地区	Region	购买国内技术经费支出（万元） Expenditure on Purchase of Domestic Technology (10000 yuan)					
		2000	2005	2008	2009	2010	2011
全国	**Total**	**14799**	**41679**	**37279**	**41130**	**42381**	**43663**
东部地区	Eastern Region	8963	25782	27066	19706	20153	29448
中部地区	Middle Region	4736	6816	2829	16036	10598	5542
西部地区	Western Region	1100	9080	7384	5388	11630	8674
北京	Beijing	25	2867	1077	870	410	1589
天津	Tianjin	1375	434	1006	314	779	696
河北	Hebei	2016	829	609	713	755	1182
山西	Shanxi	10			260	22	100
内蒙古	Inner Mongolia	2018		50			
辽宁	Liaoning	285	592	4263	791	2083	270
吉林	Jilin		123				
黑龙江	Heilongjiang	301	500	1012	11485	4844	707
上海	Shanghai	81	5492	6155	6889	8436	9494
江苏	Jiangsu	2263	819	1889	1851	839	1898
浙江	Zhejiang	1687	3941	8392	4249	2737	4955
安徽	Anhui	1511	206	520	525	1970	1915
福建	Fujian	75	4952	1591	774	50	1192
江西	Jiangxi	168	4597	220	1654	290	
山东	Shandong	538	78	902	1921	1999	7259
河南	Henan	81	1044	3	887	949	915
湖北	Hubei	563	236	277		307	136
湖南	Hunan	85	110	747	1225	2216	1769
广东	Guangdong	336	5426	1173	751	415	414
广西	Guangxi	8	352	10			
海南	Hainan	275			585	1650	500
重庆	Chongqing	104	908	1292	1675	809	315
四川	Sichuan	257	503	128	2560	9558	7620
贵州	Guizhou	17	6029	171	50	8	35
云南	Yunnan	40	43				
西藏	Tibet						
陕西	Shaanxi	642	1484	5793	1093	1256	704
甘肃	Gansu	41	100		11		
青海	Qinghai						
宁夏	Ningxia						
新疆	Xinjiang		15				

2-1-9 续表 11 continued

地 区	Region	研发机构数（个） Number of R&D Institutions in Enterprises (unit)					
		2000	2005	2008	2009	2010	2011
全 国	**Total**	**744**	**712**	**733**	**680**	**722**	**633**
东部地区	Eastern Region	362	360	387	366	389	374
中部地区	Middle Region	193	152	162	131	150	136
西部地区	Western Region	189	200	184	183	183	123
北 京	Beijing	38	21	49	45	38	54
天 津	Tianjin	17	27	33	31	32	29
河 北	Hebei	17	17	13	11	14	14
山 西	Shanxi	13	15	11	9	9	4
内 蒙 古	Inner Mongolia	3	1	2	1	1	1
辽 宁	Liaoning	34	20	17	22	26	15
吉 林	Jilin	20	10	4	1	2	2
黑 龙 江	Heilongjiang	24	21	25	10	15	15
上 海	Shanghai	25	35	46	43	37	27
江 苏	Jiangsu	114	96	74	71	81	57
浙 江	Zhejiang	9	31	23	20	22	24
安 徽	Anhui	20	17	12	18	18	19
福 建	Fujian	8	10	8	8	8	12
江 西	Jiangxi	24	29	30	17	26	18
山 东	Shandong	35	25	46	25	41	51
河 南	Henan	26	19	32	32	32	26
湖 北	Hubei	38	23	22	24	31	30
湖 南	Hunan	25	17	24	19	16	21
广 东	Guangdong	56	72	76	83	80	83
广 西	Guangxi	8	6	1	2	1	2
海 南	Hainan	1		1	5	9	6
重 庆	Chongqing	17	33	31	30	36	21
四 川	Sichuan	37	35	22	29	34	18
贵 州	Guizhou	36	31	30	28	30	4
云 南	Yunnan	1	5	3	3	2	4
西 藏	Tibet				2	1	
陕 西	Shaanxi	87	74	88	85	75	71
甘 肃	Gansu	7	16	9	4	4	4
青 海	Qinghai	2	1				
宁 夏	Ningxia	1	5	1	1		
新 疆	Xinjiang	1			1	1	1

2-1-9 续表 12 continued

地 区	Region	机构人员(人) Personnel in the R&D Institutions (person)					
		2000	2005	2008	2009	2010	2011
全 国	**Total**	**48076**	**77435**	**87952**	**100425**	**115667**	**111552**
东部地区	Eastern Region	25111	44624	57690	58865	65939	73150
中部地区	Middle Region	11289	13776	13900	14911	21377	21299
西部地区	Western Region	11676	19035	16362	26649	28351	17103
北 京	Beijing	1935	1477	2675	3163	3904	5209
天 津	Tianjin	797	1239	1793	1906	2605	2573
河 北	Hebei	1177	2215	1850	1976	2174	1593
山 西	Shanxi	271	659	505	670	624	401
内蒙古	Inner Mongolia	59	33	152	15	35	31
辽 宁	Liaoning	2778	3810	3252	3159	4774	4468
吉 林	Jilin	829	1068	531	52	54	165
黑龙江	Heilongjiang	2466	2424	1744	1482	2023	2268
上 海	Shanghai	963	1467	6804	7560	7881	5882
江 苏	Jiangsu	5826	4256	4438	6094	7445	6578
浙 江	Zhejiang	304	3500	4210	2846	3199	3619
安 徽	Anhui	1077	781	1388	1268	2138	2483
福 建	Fujian	318	2810	1555	994	675	3188
江 西	Jiangxi	2411	2956	2714	3388	4593	3378
山 东	Shandong	3729	5314	5715	6897	8190	11516
河 南	Henan	1448	1150	2796	2632	2882	3237
湖 北	Hubei	1530	3725	2026	3204	6866	6615
湖 南	Hunan	1198	980	2044	2200	2162	2721
广 东	Guangdong	7015	18257	25288	23989	24660	28176
广 西	Guangxi	251	279	97	121	184	186
海 南	Hainan	18		13	160	248	162
重 庆	Chongqing	658	1813	2405	2071	1964	1550
四 川	Sichuan	2828	7544	3366	12327	14502	4922
贵 州	Guizhou	2274	2232	3110	3279	3360	307
云 南	Yunnan	21	292	170	102	194	378
西 藏	Tibet				8	8	
陕 西	Shaanxi	5171	6339	6786	8109	7886	9303
甘 肃	Gansu	678	459	300	515	434	640
青 海	Qinghai	31	15				
宁 夏	Ningxia	15	341	225	235		
新 疆	Xinjiang				3	3	3

2-1-9 续表 13 continued

地　区	Region	机构经费支出（万元） Expenditure in the R&D Institutions (10000 yuan)					
		2000	2005	2008	2009	2010	2011
全　国	**Total**	**325230**	**1241169**	**1316703**	**2000660**	**2499301**	**2635886**
东部地区	Eastern Region	205505	881192	997871	1438892	1768473	1996791
中部地区	Middle Region	59564	139308	142266	155720	311642	344386
西部地区	Western Region	60162	220669	176566	406047	419186	294709
北　京	Beijing	12922	25829	41666	54245	128429	182861
天　津	Tianjin	3864	18241	29194	25481	38348	36337
河　北	Hebei	8435	16350	12434	15084	16166	15835
山　西	Shanxi	821	3442	4537	4597	5854	4415
内蒙古	Inner Mongolia	331	403	870	50	206	380
辽　宁	Liaoning	8322	17114	99573	73365	124875	105782
吉　林	Jilin	1715	13266	5272	500	513	1510
黑龙江	Heilongjiang	15190	22099	23265	12132	23827	28562
上　海	Shanghai	7971	41605	207247	198350	236909	213902
江　苏	Jiangsu	47321	54701	63138	81617	89891	89669
浙　江	Zhejiang	2181	82767	55465	53746	77777	86941
安　徽	Anhui	4070	6197	10941	23183	44052	33115
福　建	Fujian	2306	62757	24723	11463	9633	44746
江　西	Jiangxi	20387	46217	27994	23306	34207	40787
山　东	Shandong	43008	208074	287694	285974	323906	376464
河　南	Henan	4981	15823	26410	26830	39621	32596
湖　北	Hubei	8372	27731	32481	45052	120647	158385
湖　南	Hunan	3699	4132	10496	20070	42716	44636
广　东	Guangdong	67699	350209	175581	633359	715553	839350
广　西	Guangxi	1163	3546	1000	1230	1437	1676
海　南	Hainan	313		157	4980	5547	3230
重　庆	Chongqing	4088	11347	21202	23919	26986	25839
四　川	Sichuan	12564	128729	36529	211381	226521	95602
贵　州	Guizhou	5528	21050	29191	41730	25105	1107
云　南	Yunnan	38	1862	2494	2040	8579	11280
西　藏	Tibet				385	335	
陕　西	Shaanxi	35884	49571	76146	118019	122970	149477
甘　肃	Gansu	1981	4930	8813	6503	8681	11394
青　海	Qinghai	43	53				
宁　夏	Ningxia	36	3127	2191	2062		
新　疆	Xinjiang				9	9	11

2-1-10 各地区大中型内资企业R&D及相关活动情况

Statistics on R&D and Related Activities of Domestic Funded Enterprises in Large and Medium-sized Enterprises by Region

地 区	Region	R&D人员全时当量（人年） Full-time Equivalent of R&D Personnel (man-year)					
		2000	2005	2008	2009	2010	2011
全 国	**Total**	**78771**	**121421**	**190358**	**197695**	**228884**	**268918**
东部地区	Eastern Region	37693	69974	133931	135524	159685	201072
中部地区	Middle Region	17073	26783	25339	32056	36588	43925
西部地区	Western Region	24005	24665	31088	30115	32610	23920
北 京	Beijing	3787	4678	5506	5701	5791	9416
天 津	Tianjin	1010	1875	2644	2309	3328	5117
河 北	Hebei	1666	3388	2712	4621	4991	3921
山 西	Shanxi	286	283	156	1302	883	1078
内 蒙 古	Inner Mongolia	20	108	181	155	201	137
辽 宁	Liaoning	2533	4964	2769	3415	3433	4589
吉 林	Jilin	1110	621	925	2001	1644	2758
黑 龙 江	Heilongjiang	2231	4968	3267	3486	3257	3957
上 海	Shanghai	3911	1337	2850	3684	4088	3991
江 苏	Jiangsu	5501	5627	9124	13904	18582	21044
浙 江	Zhejiang	1658	6962	12020	12713	16725	18370
安 徽	Anhui	1088	1342	3692	3126	5993	5463
福 建	Fujian	977	729	2191	2125	3299	4786
江 西	Jiangxi	6489	5435	3165	5289	5298	6789
山 东	Shandong	2950	5129	10777	11078	12394	18149
河 南	Henan	1210	2012	4094	6016	5750	6912
湖 北	Hubei	2562	8434	7182	8754	9707	13057
湖 南	Hunan	2077	3579	2677	1927	3855	3773
广 东	Guangdong	13180	34408	82419	75195	85734	110562
广 西	Guangxi	488	870	751	484	958	965
海 南	Hainan	33	7	167	295	362	163
重 庆	Chongqing	964	2070	2678	2447	2609	3050
四 川	Sichuan	2255	9212	14451	12872	11639	4906
贵 州	Guizhou	2380	2437	2074	2705	4675	457
云 南	Yunnan	101	205	430	391	803	1268
西 藏	Tibet				337	10	
陕 西	Shaanxi	17068	9375	9557	10086	11683	12733
甘 肃	Gansu	1091	848	1010	757	727	730
青 海	Qinghai	61	12	14	31	22	13
宁 夏	Ningxia	85	480	868	463	328	283
新 疆	Xinjiang		25	5	26	114	480

2-1-10 续表 1 continued

地 区	Region	R&D经费内部支出（万元） Intramural Expenditure on R&D (10000 yuan)					
		2000	2005	2008	2009	2010	2011
全 国	**Total**	**790317**	**2099137**	**3859441**	**4750743**	**6009981**	**7888445**
东部地区	Eastern Region	538674	1592632	2980773	3577550	4602188	6061959
中部地区	Middle Region	103541	227133	384422	596441	708262	1079238
西部地区	Western Region	148102	279373	494246	576753	699531	747248
北 京	Beijing	47504	87864	163250	221690	174759	358952
天 津	Tianjin	24203	40977	40168	44759	78061	94534
河 北	Hebei	14469	33103	44111	52794	58215	57717
山 西	Shanxi	1577	2888	3481	12513	11492	18480
内蒙古	Inner Mongolia	73	1174	2337	2447	2030	4299
辽 宁	Liaoning	14810	53654	161992	180310	250660	472261
吉 林	Jilin	7838	13399	15104	24569	19327	50514
黑龙江	Heilongjiang	18314	49186	56523	96016	132909	135522
上 海	Shanghai	21368	31845	75749	92494	125677	203167
江 苏	Jiangsu	52975	122828	295753	346880	429281	502923
浙 江	Zhejiang	42272	146358	217455	239102	378339	339522
安 徽	Anhui	8134	18472	46871	43095	113358	150279
福 建	Fujian	14634	19391	35955	29234	67059	80342
江 西	Jiangxi	17702	42928	52963	77507	101994	133261
山 东	Shandong	43570	215452	366387	376898	414795	629992
河 南	Henan	7315	17520	57721	80227	76500	86755
湖 北	Hubei	35839	62963	103056	183112	166053	372111
湖 南	Hunan	6749	18603	46367	76954	84600	128016
广 东	Guangdong	259559	829378	1566775	1979098	2603017	3282305
广 西	Guangxi	2810	11391	10895	9740	14045	34269
海 南	Hainan	501	392	2282	4550	8282	5976
重 庆	Chongqing	6491	23842	31895	37198	46949	46365
四 川	Sichuan	24048	108754	252886	253105	247480	173236
贵 州	Guizhou	7250	21950	23369	57971	97505	14341
云 南	Yunnan	1628	2314	9236	7204	13675	23215
西 藏	Tibet				1937	648	
陕 西	Shaanxi	104894	112435	158736	200650	252881	447086
甘 肃	Gansu	3352	4496	10021	11108	30314	21641
青 海	Qinghai	284	38	167	1194	722	183
宁 夏	Ningxia	157	5165	7848	4924	5655	4796
新 疆	Xinjiang		380	88	1461	3701	16385

2-1-10 续表 2 continued

地区	Region	新产品开发经费支出（万元） Expenditure on New Products Development (10000 yuan)					
		2000	2005	2008	2009	2010	2011
全　国	**Total**	**808228**	**2237723**	**4215893**	**5541285**	**5365011**	**9042866**
东部地区	Eastern Region	552487	1677585	3183651	4074561	3605022	6878641
中部地区	Middle Region	96596	261944	493700	745384	852208	1263255
西部地区	Western Region	159145	298194	538542	721340	907781	900969
北　京	Beijing	23308	64983	178588	255841	225476	437726
天　津	Tianjin	24517	25532	36477	46870	90365	90081
河　北	Hebei	16571	25923	37042	38814	54866	62833
山　西	Shanxi	1909	4635	11796	13912	12026	21030
内蒙古	Inner Mongolia	181	1314	1532	2543	1896	4610
辽　宁	Liaoning	20156	60689	77997	247363	179215	379882
吉　林	Jilin	10407	24800	25975	34362	20702	61403
黑龙江	Heilongjiang	12919	61869	75845	105993	144258	146431
上　海	Shanghai	19477	41794	76749	127305	140726	162323
江　苏	Jiangsu	71677	152407	382270	418204	564810	668003
浙　江	Zhejiang	35780	195521	261347	257487	397257	365408
安　徽	Anhui	5834	25320	55115	65818	139975	192723
福　建	Fujian	15135	24643	38428	40768	74045	99332
江　西	Jiangxi	13400	45150	70642	76760	118172	151335
山　东	Shandong	97741	262757	400702	456693	477532	638245
河　南	Henan	8414	20142	84007	101922	107089	107450
湖　北	Hubei	35825	54359	110202	250358	239268	437548
湖　南	Hunan	7708	24355	58585	93716	68824	140726
广　东	Guangdong	223644	810564	1674159	2167670	1369738	3917967
广　西	Guangxi	3628	12147	17395	15502	19463	44588
海　南	Hainan	854	626	2499	2042	11529	12254
重　庆	Chongqing	7522	28084	40755	39416	47916	60231
四　川	Sichuan	39881	110981	259723	318037	371962	324180
贵　州	Guizhou	10021	29937	51839	95680	133849	20249
云　南	Yunnan	4144	3184	13506	8650	7702	22788
西　藏	Tibet				516		
陕　西	Shaanxi	90947	113490	148424	228061	316431	429197
甘　肃	Gansu	5571	6771	16468	18071	16562	20110
青　海	Qinghai	3	53	167	335	710	1132
宁　夏	Ningxia	951	4288	6373	6601	4658	5769
新　疆	Xinjiang	105	1407	1287	5973	7992	17314

2-1-10 续表 3 continued

地　区	Region	新产品产值(万元) Output Value of New Products (10000 yuan)					
		2000	2005	2008	2009	2010	2011
全　国	**Total**	**11428790**	**23575767**	**39774601**	**50269718**	**58157818**	**68412462**
东部地区	Eastern Region	8239202	17012537	29254171	36885944	46882081	54903574
中部地区	Middle Region	1000633	2235994	3881397	5347217	6178655	8843591
西部地区	Western Region	2188955	4327236	6639033	8036557	5097083	4665297
北　京	Beijing	609093	1130814	1781914	1868459	1898350	2676150
天　津	Tianjin	70746	228303	423809	613592	1010760	956696
河　北	Hebei	227489	226565	324278	382481	477945	463565
山　西	Shanxi	22933	77942	104911	332240	80145	130137
内蒙古	Inner Mongolia	924	19353	3000	15580	238	56404
辽　宁	Liaoning	477001	1364321	1915209	1312018	2304331	2219904
吉　林	Jilin	45977	125579	331587	395893	335604	536855
黑龙江	Heilongjiang	463624	858052	331422	220940	248520	402419
上　海	Shanghai	363259	359934	378913	510475	967917	1235733
江　苏	Jiangsu	1552514	1998194	3984310	5094405	7812727	6997803
浙　江	Zhejiang	1197736	2345462	3474020	3283698	5070973	5102901
安　徽	Anhui	24855	176961	365503	787762	632325	1832748
福　建	Fujian	343376	289783	513532	544051	1044412	823557
江　西	Jiangxi	142685	414624	605364	785911	1235431	1383934
山　东	Shandong	1285397	3584880	4964819	5714231	6966301	8923817
河　南	Henan	85719	243880	698788	1066542	823451	1120790
湖　北	Hubei	106245	129046	929618	1118419	1702654	1760952
湖　南	Hunan	107671	190558	511205	623931	1120286	1619353
广　东	Guangdong	2047068	5413901	11389887	17413741	19126696	25295738
广　西	Guangxi	52686	70230	99735	125966	183915	170634
海　南	Hainan	12838	150	3746	22826	17754	37076
重　庆	Chongqing	73071	506125	628654	823196	871576	781566
四　川	Sichuan	1488087	2231308	3920659	5362932	1534166	1305669
贵　州	Guizhou	105685	248070	317758	390333	632449	154307
云　南	Yunnan	46008	62430	151774	209202	240406	323590
西　藏	Tibet				46469		
陕　西	Shaanxi	352760	1130427	1375927	970857	1412432	1684928
甘　肃	Gansu	99491	52971	84581	86642	177660	198946
青　海	Qinghai	10	25	74	166	257	299
宁　夏	Ningxia	23814	54105	142202	126628	196186	114409
新　疆	Xinjiang	30	41776	17405	20132	31952	101583

2-1-10 续表 4 continued

地区	Region	新产品销售收入（万元） Sales Revenue of New Products (10000 yuan)					
		2000	2005	2008	2009	2010	2011
全国	**Total**	**9880026**	**22804873**	**39139491**	**49579521**	**59419070**	**68764411**
东部地区	Eastern Region	7062916	16450168	28898430	37629006	48607017	56008636
中部地区	Middle Region	918926	2236640	3582263	4870875	6192422	8331143
西部地区	Western Region	1898184	4118064	6658797	7079641	4619631	4424633
北京	Beijing	507966	1161045	1737555	1744970	1871951	2468560
天津	Tianjin	67238	215575	395759	553584	978192	975207
河北	Hebei	223424	196163	310238	386292	480104	445906
山西	Shanxi	22065	68953	89515	40317	69010	108279
内蒙古	Inner Mongolia	777	17420	1250	6500	195	44163
辽宁	Liaoning	461266	1312466	2508347	1254118	2153653	2358256
吉林	Jilin	53986	94760	225671	337570	317110	585885
黑龙江	Heilongjiang	438793	810088	306398	204869	207496	313269
上海	Shanghai	336024	361061	449993	468487	885918	1216926
江苏	Jiangsu	1426725	1915941	3868515	5058338	7746569	6944573
浙江	Zhejiang	979752	2183048	3003333	3092515	4731325	4658681
安徽	Anhui	21851	348366	341541	616889	787086	1639294
福建	Fujian	309753	267586	490342	503654	1000672	775832
江西	Jiangxi	130139	356647	534814	763279	1144136	1289739
山东	Shandong	1126820	3722466	5719836	6642858	7977311	10049782
河南	Henan	75657	236226	663708	980000	1017057	1012286
湖北	Hubei	84905	138356	950397	1361281	1565085	1645004
湖南	Hunan	90753	165825	468970	560171	1085247	1693224
广东	Guangdong	1580373	5022878	10322892	17783400	20593758	25919702
广西	Guangxi	41739	91789	87888	123428	172307	160773
海南	Hainan	1838	150	3734	17363	15255	34438
重庆	Chongqing	68225	512141	579805	961231	789028	630086
四川	Sichuan	1288848	2203986	3857671	4564938	1278418	1268178
贵州	Guizhou	81254	229843	258870	294127	540798	127450
云南	Yunnan	43546	58564	144334	181211	225676	277538
西藏	Tibet				40769		
陕西	Shaanxi	302977	993022	1590373	811468	1408516	1722323
甘肃	Gansu	91310	38648	76647	84039	170318	198930
青海	Qinghai	5			160	215	237
宁夏	Ningxia	22019	44660	134209	126209	176026	105449
新疆	Xinjiang		37200	16889	15490	30638	94443

2-1-10 续表 5 continued

地　区	Region	专利申请数（件） Patent Applications (piece)					
		2000	2005	2008	2009	2010	2011
全　国	**Total**	**1663**	**10787**	**27897**	**33567**	**35149**	**48692**
东部地区	Eastern Region	1031	8692	24186	28337	28197	40515
中部地区	Middle Region	251	1070	1843	2859	3791	5582
西部地区	Western Region	381	1025	1868	2371	3161	2595
北　京	Beijing	7	279	1288	777	1064	2464
天　津	Tianjin	67	305	949	1112	1332	1537
河　北	Hebei	27	99	219	209	235	272
山　西	Shanxi	4	18	51	77	61	125
内蒙古	Inner Mongolia	1	13		14	12	12
辽　宁	Liaoning	26	182	402	597	571	635
吉　林	Jilin	27	126	147	84	113	219
黑龙江	Heilongjiang	47	96	153	144	239	380
上　海	Shanghai	49	217	297	515	697	668
江　苏	Jiangsu	125	472	1179	1667	3050	4228
浙　江	Zhejiang	49	393	1459	1419	1922	1801
安　徽	Anhui	3	43	179	399	908	1160
福　建	Fujian	8	21	185	290	457	420
江　西	Jiangxi	17	202	114	318	306	361
山　东	Shandong	149	711	1743	2202	2658	3467
河　南	Henan	24	97	527	678	896	1075
湖　北	Hubei	79	406	412	664	789	1236
湖　南	Hunan	49	69	260	481	467	1014
广　东	Guangdong	510	5926	16379	19452	16097	24851
广　西	Guangxi	10	87	84	76	90	102
海　南	Hainan	4		2	21	24	70
重　庆	Chongqing	54	80	137	308	284	624
四　川	Sichuan	144	257	837	858	1448	641
贵　州	Guizhou	13	93	290	421	520	130
云　南	Yunnan	39	160	57	160	81	122
西　藏	Tibet				14	1	2
陕　西	Shaanxi	52	351	466	505	691	907
甘　肃	Gansu	4	48	38	66	114	129
青　海	Qinghai	13	1	1			
宁　夏	Ningxia	62	20	28	24	7	24
新　疆	Xinjiang		15	14	15	15	16

2-1-10 续表 6 continued

地 区	Region	有效发明专利数（件） Number of Patents In Force (piece)					
		2000	2005	2008	2009	2010	2011
全 国	**Total**	**1008**	**4745**	**15183**	**22121**	**34267**	**45852**
东部地区	Eastern Region	608	3902	12500	18523	30049	40350
中部地区	Middle Region	203	443	1262	2145	2551	3641
西部地区	Western Region	197	400	1421	1453	1667	1861
北 京	Beijing	14	317	608	478	738	1252
天 津	Tianjin	6	76	143	246	615	758
河 北	Hebei	12	40	121	220	115	220
山 西	Shanxi	1	8	45	60	74	105
内 蒙 古	Inner Mongolia		13		8	8	15
辽 宁	Liaoning	59	88	131	313	196	472
吉 林	Jilin	14	30	146	158	105	183
黑 龙 江	Heilongjiang	68	47	95	126	153	304
上 海	Shanghai	10	74	151	256	412	778
江 苏	Jiangsu	84	232	617	729	1093	2033
浙 江	Zhejiang	14	304	609	776	1789	891
安 徽	Anhui	1	34	160	193	347	305
福 建	Fujian		28	72	99	164	357
江 西	Jiangxi	12	42	116	130	171	262
山 东	Shandong	93	177	495	1029	761	1358
河 南	Henan	30	42	192	171	255	348
湖 北	Hubei	26	160	332	1021	1180	1669
湖 南	Hunan	51	67	176	278	258	450
广 东	Guangdong	306	2537	9507	14244	23959	32125
广 西	Guangxi	8	29	46	132	184	70
海 南	Hainan	2			1	23	36
重 庆	Chongqing	15	38	115	233	252	233
四 川	Sichuan	72	87	563	186	379	351
贵 州	Guizhou	13	53	250	346	377	210
云 南	Yunnan	15	68	145	88	162	175
西 藏	Tibet				9		1
陕 西	Shaanxi	64	132	315	514	448	815
甘 肃	Gansu	5	3	17	19	29	48
青 海	Qinghai	4	1	1			
宁 夏	Ningxia	9	15	12	30	11	14
新 疆	Xinjiang		3	3	28	9	14

2-1-10 续表 7 continued

地区	Region	技术改造经费支出（万元） Expenditure for Technical Renovation (10000 yuan)					
		2000	2005	2008	2009	2010	2011
全国	**Total**	**924581**	**1183084**	**1605497**	**1565201**	**1826384**	**1664720**
东部地区	Eastern Region	540200	610512	789026	811145	1077518	1149256
中部地区	Middle Region	167235	281346	324065	364912	208863	313802
西部地区	Western Region	217146	291226	492406	389144	540003	201663
北京	Beijing	7295	17769	12842	4408	8327	20071
天津	Tianjin	50463	21211	23657	2907	34761	53726
河北	Hebei	33285	17433	26762	20385	17693	14636
山西	Shanxi	4632	3050	3607	1864	391	1763
内蒙古	Inner Mongolia	3961	210	651	95	629	3501
辽宁	Liaoning	75062	50193	25333	58250	39802	96813
吉林	Jilin	14917	11896	19305	24205	531	17404
黑龙江	Heilongjiang	59838	123877	85796	44968	44320	62822
上海	Shanghai	17439	7729	49945	35997	51320	26178
江苏	Jiangsu	98094	116979	250387	284143	300334	455151
浙江	Zhejiang	82185	180377	128132	159763	204555	173403
安徽	Anhui	10045	32612	38334	25893	33591	33066
福建	Fujian	3372	9319	16101	11923	27179	47700
江西	Jiangxi	15333	33832	58840	41974	28417	24204
山东	Shandong	85169	100021	127676	168191	156384	160684
河南	Henan	18823	35659	69392	143852	40814	38053
湖北	Hubei	32784	14023	36262	27681	17310	50221
湖南	Hunan	6903	26188	11879	54379	42860	82768
广东	Guangdong	83703	74637	121943	57225	227812	75912
广西	Guangxi	3867	14845	6240	7869	9201	20286
海南	Hainan	266		8	85	148	4697
重庆	Chongqing	5901	29370	41960	42943	19640	13971
四川	Sichuan	28270	63298	324158	149569	303659	65577
贵州	Guizhou	27235	35210	13776	40521	35281	1380
云南	Yunnan	3973	9226	8715	1766	498	3108
西藏	Tibet			13			
陕西	Shaanxi	129836	128152	81375	137637	155421	106423
甘肃	Gansu	5484	18726	9157	6957	19130	3344
青海	Qinghai	1002					
宁夏	Ningxia	15407	963	4166	1623	5946	4359
新疆	Xinjiang	39	6281	9086	8127	427	3500

2-1-10 续表 8 continued

地 区	Region	技术引进经费支出 (万元) Expenditure for Acquisition of Foreign Technology (10000 yuan)					
		2000	2005	2008	2009	2010	2011
全 国	**Total**	**235804**	**96198**	**110205**	**140772**	**155978**	**145378**
东部地区	Eastern Region	108293	51836	83601	100655	84418	97143
中部地区	Middle Region	25925	19560	5983	14483	40495	33568
西部地区	Western Region	101587	24803	20621	25634	31065	14667
北 京	Beijing	2202	6139	1361	10948	7346	8578
天 津	Tianjin	4690	3309	478	1726	3322	389
河 北	Hebei	7858	1882	572	924	1140	434
山 西	Shanxi	315		50	500		
内蒙古	Inner Mongolia	2263					
辽 宁	Liaoning	12314	5813	38598	46659	5090	25
吉 林	Jilin	3071	706		500	706	663
黑龙江	Heilongjiang	4567	7514	100	3061	25910	
上 海	Shanghai	1766	485	2781	2829	4290	8693
江 苏	Jiangsu	39073	5076	19344	13370	4737	22221
浙 江	Zhejiang	7903	6123	9346	8439	19257	15464
安 徽	Anhui	1906	3374	170	12	312	8138
福 建	Fujian	1901	9472	500	4034	12302	6289
江 西	Jiangxi	3365	4442			5020	3020
山 东	Shandong	4757	6359	3961	8906	9097	17089
河 南	Henan	1336	498	3896	1390	993	20573
湖 北	Hubei	6337	1672	1395	600	120	919
湖 南	Hunan	2765	1354	372	8420	7434	255
广 东	Guangdong	25018	7136	6635	2820	17836	16156
广 西	Guangxi	239	42	25			1806
海 南	Hainan	573					
重 庆	Chongqing	559	2490	800	4398		55
四 川	Sichuan	21169	4069	12305	19738	30166	13799
贵 州	Guizhou	11654	7223	440	221	251	35
云 南	Yunnan	427	217			20	5
西 藏	Tibet						
陕 西	Shaanxi	64595	10804	3219	20	628	419
甘 肃	Gansu	3058		1731	327		355
青 海	Qinghai	2					
宁 夏	Ningxia	64		2126	930		
新 疆	Xinjiang	60					

2-1-10 续表 9 continued

地 区	Region	消化吸收经费支出（万元） Expenditure for Assimilation of Technology (10000 yuan)					
		2000	2005	2008	2009	2010	2011
全 国	**Total**	**21260**	**31699**	**68997**	**80557**	**94809**	**70417**
东部地区	Eastern Region	10713	25757	56036	41986	47993	54417
中部地区	Middle Region	8203	3811	10308	34679	41410	10308
西部地区	Western Region	2344	2131	2653	3892	5405	5692
北 京	Beijing	37	109	524	652		1256
天 津	Tianjin	67	390	889	208	1343	1092
河 北	Hebei	1759	785	1058	1117	673	1080
山 西	Shanxi	13	30	252	110	124	121
内 蒙 古	Inner Mongolia					12	
辽 宁	Liaoning	2225	43	30	1060	106	250
吉 林	Jilin		252	349	759		15
黑 龙 江	Heilongjiang	6579	122	147	25811	21581	
上 海	Shanghai	53	71	1989	2372	1308	2799
江 苏	Jiangsu	1514	9159	24925	17717	10715	10335
浙 江	Zhejiang	1109	7152	7131	4743	14638	11014
安 徽	Anhui	749	280	853	1488	7413	3416
福 建	Fujian	508	1466	169	724	2873	1173
江 西	Jiangxi	22	1309	637	123	1856	1784
山 东	Shandong	715	2106	9658	11421	11675	13619
河 南	Henan	53	654	1148	3151	630	1669
湖 北	Hubei	457	280	5688	1070	331	1161
湖 南	Hunan	330	884	1235	2167	9465	2142
广 东	Guangdong	2610	3992	9177	959	3232	8216
广 西	Guangxi	15	423	486	1014	1430	3583
海 南	Hainan	102	60				
重 庆	Chongqing	400	1010	186	125	725	562
四 川	Sichuan	531	890	396	1434	280	1594
贵 州	Guizhou	35	44	226	110	596	35
云 南	Yunnan	654		40	75	80	384
西 藏	Tibet						
陕 西	Shaanxi	702	188	349	677	3711	2632
甘 肃	Gansu			865	433		35
青 海	Qinghai						
宁 夏	Ningxia	12		590	1039	13	450
新 疆	Xinjiang	10					

2-1-10 续表 10 continued

地 区	Region	购买国内技术经费支出（万元） Expenditure on Purchase of Domestic Technology (10000 yuan)					
		2000	2005	2008	2009	2010	2011
全 国	**Total**	**63674**	**69133**	**87585**	**83801**	**134285**	**102882**
东部地区	Eastern Region	20314	45546	54876	52735	101681	73035
中部地区	Middle Region	40596	11341	21278	23710	17625	12928
西部地区	Western Region	2763	12246	11431	7356	14980	16920
北 京	Beijing	86	3167	1085	870	427	2179
天 津	Tianjin	2204	434	2008	3719	6310	765
河 北	Hebei	2066	1117	1748	843	755	1560
山 西	Shanxi	10	181	882	1152	908	825
内 蒙 古	Inner Mongolia	2018		50			
辽 宁	Liaoning	327	592	4263	707	2053	284
吉 林	Jilin	32602	323	13148	2036	90	1529
黑 龙 江	Heilongjiang	856		367	11485	4171	
上 海	Shanghai	1846	5568	5095	5011	9025	9680
江 苏	Jiangsu	7821	12581	11769	14669	46567	15198
浙 江	Zhejiang	2848	7176	19936	11895	8701	9816
安 徽	Anhui	1511	348	1120	875	2935	3441
福 建	Fujian	200	4783	124	1199	4199	5798
江 西	Jiangxi	173	5129	286	1776	790	109
山 东	Shandong	1275	2470	4112	9693	6911	15972
河 南	Henan	82	4653	1866	2685	2186	1959
湖 北	Hubei	2852	596	1962	650	1864	1613
湖 南	Hunan	493	110	1597	3051	4681	3452
广 东	Guangdong	879	6776	4125	3745	13661	9273
广 西	Guangxi	388	602	612	299	1257	1248
海 南	Hainan	375	280		85	1814	1263
重 庆	Chongqing	1024	2488	1826	2320	2717	3502
四 川	Sichuan	507	1705	2627	3460	10312	12164
贵 州	Guizhou	100	6102	171	50	8	255
云 南	Yunnan	40	297	20	175	432	135
西 藏	Tibet						
陕 西	Shaanxi	1001	1484	6376	1094	1510	804
甘 肃	Gansu	41	100		185		60
青 海	Qinghai						
宁 夏	Ningxia	10	56	410	73		
新 疆	Xinjiang	40	15				

2-1-10 续表 11 continued

地区	Region	研发机构数（个） Number of R&D Institutions in Enterprises (unit)					
		2000	2005	2008	2009	2010	2011
全 国	**Total**	**1190**	**1168**	**1601**	**1770**	**1970**	**1981**
东部地区	Eastern Region	652	673	993	1110	1313	1380
中部地区	Middle Region	272	240	334	366	386	380
西部地区	Western Region	266	255	274	294	271	221
北 京	Beijing	44	24	65	56	55	72
天 津	Tianjin	29	32	35	38	38	44
河 北	Hebei	33	24	36	28	31	34
山 西	Shanxi	16	19	24	17	15	10
内蒙古	Inner Mongolia	3	3	3	8	6	9
辽 宁	Liaoning	44	28	25	39	38	26
吉 林	Jilin	39	27	27	24	16	23
黑龙江	Heilongjiang	30	21	26	19	19	20
上 海	Shanghai	43	30	48	60	64	33
江 苏	Jiangsu	174	158	198	240	313	348
浙 江	Zhejiang	61	147	202	208	255	246
安 徽	Anhui	24	30	32	54	64	70
福 建	Fujian	17	17	23	30	36	44
江 西	Jiangxi	27	38	44	37	45	44
山 东	Shandong	72	92	125	106	131	166
河 南	Henan	41	43	81	101	109	101
湖 北	Hubei	60	34	53	67	72	64
湖 南	Hunan	32	25	44	39	40	39
广 东	Guangdong	114	102	214	275	316	336
广 西	Guangxi	17	17	20	26	23	19
海 南	Hainan	4	2	2	4	13	12
重 庆	Chongqing	24	41	38	37	39	37
四 川	Sichuan	71	50	59	66	60	52
贵 州	Guizhou	44	40	41	36	40	13
云 南	Yunnan	6	6	8	13	11	12
西 藏	Tibet				3	1	
陕 西	Shaanxi	102	87	106	110	90	87
甘 肃	Gansu	10	23	16	15	18	11
青 海	Qinghai	3	1	1	1	1	1
宁 夏	Ningxia	5	6	4	11	9	7
新 疆	Xinjiang	1	1	1	2	2	1

2-1-10 续表 12 continued

地 区	Region	机构人员（人） Personnel in the R&D Institutions (person)					
		2000	2005	2008	2009	2010	2011
全 国	**Total**	**76168**	**109651**	**196131**	**205834**	**251977**	**263327**
东部地区	Eastern Region	45375	70919	141451	144487	180312	202469
中部地区	Middle Region	15550	17592	24308	28655	37819	37965
西部地区	Western Region	15243	21140	30372	32692	33846	22893
北 京	Beijing	2772	1441	4568	4765	6467	8124
天 津	Tianjin	1078	1513	2063	2624	3440	4388
河 北	Hebei	1469	2865	4172	3127	3349	3169
山 西	Shanxi	620	718	948	1211	1073	1103
内蒙古	Inner Mongolia	59	124	166	111	186	250
辽 宁	Liaoning	3194	4095	3696	3740	5287	4857
吉 林	Jilin	1914	2029	2683	2188	2119	2520
黑龙江	Heilongjiang	2641	2282	1814	1860	2270	2869
上 海	Shanghai	2307	1159	2728	4144	3748	2245
江 苏	Jiangsu	8060	7335	10422	15034	18483	20728
浙 江	Zhejiang	2609	8924	14173	13675	18463	18275
安 徽	Anhui	1140	1310	2896	3295	4772	5628
福 建	Fujian	791	731	2196	2024	3171	3424
江 西	Jiangxi	2614	3251	3538	4908	6414	5273
山 东	Shandong	6279	7261	10748	13260	15274	21043
河 南	Henan	2752	2102	5536	6439	6972	8208
湖 北	Hubei	2267	4566	3714	5721	10757	8494
湖 南	Hunan	1543	1210	3013	2922	3256	3620
广 东	Guangdong	16239	34568	86086	81022	101069	114612
广 西	Guangxi	503	989	546	922	1104	1138
海 南	Hainan	74	38	53	150	457	466
重 庆	Chongqing	835	2018	2355	2338	2172	2041
四 川	Sichuan	4661	8185	14590	14810	16362	7000
贵 州	Guizhou	2555	2419	3658	3743	3914	827
云 南	Yunnan	277	306	364	510	1034	1197
西 藏	Tibet				404	8	
陕 西	Shaanxi	5918	7013	7267	8946	8572	9974
甘 肃	Gansu	748	770	1081	1067	1223	1310
青 海	Qinghai	68	15	14	15	8	14
宁 夏	Ningxia	181	391	951	761	493	527
新 疆	Xinjiang		23	92	98	60	3

2-1-10 续表 13 continued

地 区	Region	机构经费支出（万元） Expenditure in the R&D Institutions (10000 yuan)					
		2000	2005	2008	2009	2010	2011
全 国	**Total**	**669580**	**1817148**	**3052555**	**4242932**	**5421344**	**5860691**
东部地区	Eastern Region	497739	1404779	2424250	3456002	4483333	4961021
中部地区	Middle Region	81585	173910	235139	309984	454219	514466
西部地区	Western Region	90256	238459	393166	476946	483792	385204
北 京	Beijing	21511	25519	68368	84129	146459	200332
天 津	Tianjin	22919	33237	31733	52756	73859	52234
河 北	Hebei	9423	19876	34116	26359	32352	34766
山 西	Shanxi	2162	3682	6373	6342	8074	10118
内蒙古	Inner Mongolia	331	1251	874	9555	2164	4254
辽 宁	Liaoning	10146	19685	104780	83100	132111	111448
吉 林	Jilin	5075	22810	22819	22562	18265	25602
黑龙江	Heilongjiang	16582	18717	13262	14185	23747	25057
上 海	Shanghai	14194	35527	72932	85392	90953	49957
江 苏	Jiangsu	66936	107408	244624	263858	310505	383774
浙 江	Zhejiang	33749	155967	198958	199229	366493	288774
安 徽	Anhui	4262	21656	24737	43277	65075	74893
福 建	Fujian	8103	17920	28767	27898	45639	42707
江 西	Jiangxi	20987	50414	38209	42531	56333	62051
山 东	Shandong	60396	231089	361044	405033	475909	540058
河 南	Henan	7025	14611	54079	62698	70097	77974
湖 北	Hubei	17417	32497	53192	72528	155156	176179
湖 南	Hunan	7746	8272	21593	36306	55307	58339
广 东	Guangdong	245812	747409	1269614	2212629	2780813	3227202
广 西	Guangxi	3076	10784	8880	14125	18426	20777
海 南	Hainan	1473	358	436	1494	9815	8992
重 庆	Chongqing	6400	14142	26203	31292	27337	34278
四 川	Sichuan	24972	132132	215537	238560	246131	130434
贵 州	Guizhou	6968	22415	33312	46649	36203	12741
云 南	Yunnan	3681	2162	5212	9717	17191	22882
西 藏	Tibet				1296	335	
陕 西	Shaanxi	43965	57762	83064	123973	129539	156433
甘 肃	Gansu	2968	5742	15535	13014	12734	20665
青 海	Qinghai	284	53	167	50	80	100
宁 夏	Ningxia	1019	3672	9840	5345	6385	7660
新 疆	Xinjiang		380	4298	7051	7857	11

2-1-11 各地区大中型港澳台资企业R&D及相关活动情况

Statistics on R&D and Related Activities of Hong Kong,Macau and Taiwan Funded Enterprises in Large and Medium-sized Enterprises by Region

地 区	Region	R&D人员全时当量（人年） Full-time Equivalent of R&D Personnel (man-year)					
		2000	2005	2008	2009	2010	2011
全 国	**Total**	**3428**	**17880**	**32164**	**44104**	**57034**	**71830**
东部地区	Eastern Region	3401	15928	30961	42431	54013	68862
中部地区	Middle Region	17	1880	886	1463	2707	2389
西部地区	Western Region	10	72	317	209	314	579
北 京	Beijing	532	1867	829	626	740	712
天 津	Tianjin	13	43	262	425	514	1368
河 北	Hebei	96			790	1230	1365
山 西	Shanxi		19	38		45	
内蒙古	Inner Mongolia			27		6	22
辽 宁	Liaoning	101	49	119	237	353	275
吉 林	Jilin		9	20			44
黑龙江	Heilongjiang		29		30	56	17
上 海	Shanghai	212	717	939	3819	4205	2925
江 苏	Jiangsu	126	3300	7053	11110	13958	16507
浙 江	Zhejiang	66	1707	4690	4489	3885	6299
安 徽	Anhui				22	118	9
福 建	Fujian	447	2734	4135	3401	4187	6724
江 西	Jiangxi	4	6	32	49	19	62
山 东	Shandong	95	69	628	893	308	660
河 南	Henan	6	1758	197	571	901	328
湖 北	Hubei	7	27	474	313	529	1300
湖 南	Hunan		32	97	478	1032	608
广 东	Guangdong	1708	5416	12263	16535	24476	31882
广 西	Guangxi			43	107	155	145
海 南	Hainan	6	26				
重 庆	Chongqing		19	5	22	124	304
四 川	Sichuan	10	45	83		1	110
贵 州	Guizhou						
云 南	Yunnan		8	147	187	109	54
西 藏	Tibet						
陕 西	Shaanxi						
甘 肃	Gansu						
青 海	Qinghai						
宁 夏	Ningxia			82		80	111
新 疆	Xinjiang						

2-1-11 续表 1 continued

地区	Region	R&D经费内部支出（万元） Intramural Expenditure on R&D (10000 yuan)					
		2000	2005	2008	2009	2010	2011
全国	**Total**	**117433**	**506685**	**918216**	**1146688**	**1215278**	**1700201**
东部地区	Eastern Region	113138	491423	900456	1110420	1146841	1620397
中部地区	Middle Region	4242	13778	15503	33931	61041	64563
西部地区	Western Region	53	1485	2258	2336	7395	15240
北京	Beijing	55730	68996	75262	58315	84366	90340
天津	Tianjin	322	970	9511	8736	9033	40486
河北	Hebei	1190			12511	21170	28560
山西	Shanxi		61	404		781	
内蒙古	Inner Mongolia			270		636	264
辽宁	Liaoning	199	753	4405	3462	5636	5918
吉林	Jilin		498	274			363
黑龙江	Heilongjiang		300		154	1111	148
上海	Shanghai	3805	54103	43478	85011	74063	117555
江苏	Jiangsu	5125	63352	185861	242822	223986	353327
浙江	Zhejiang	807	61150	172660	154601	87621	211429
安徽	Anhui				306	2479	852
福建	Fujian	9839	73592	81054	136545	157124	154348
江西	Jiangxi	22	96	309	911	178	1490
山东	Shandong	1750	2349	10056	21247	11684	30756
河南	Henan	4116	10770	4319	8148	16741	5941
湖北	Hubei	104	402	6475	19408	28914	41687
湖南	Hunan		1651	3452	5003	10203	13818
广东	Guangdong	34300	165991	318047	386280	470657	585659
广西	Guangxi			124	891	1501	2017
海南	Hainan	72	168				
重庆	Chongqing		805	280	472	3468	5354
四川	Sichuan	53	502	627		54	1007
贵州	Guizhou						
云南	Yunnan		178	800	1865	1849	5780
西藏	Tibet						
陕西	Shaanxi						
甘肃	Gansu						
青海	Qinghai						
宁夏	Ningxia			551		2025	3100
新疆	Xinjiang						

2-1-11 续表 2 continued

地 区	Region	新产品开发经费支出（万元） Expenditure on New Products Development (10000 yuan)					
		2000	2005	2008	2009	2010	2011
全 国	**Total**	**147684**	**702806**	**1298264**	**1350371**	**1652721**	**2081090**
东部地区	Eastern Region	138514	689502	1275020	1287353	1567974	2006783
中部地区	Middle Region	9045	11220	20254	60256	75653	63334
西部地区	Western Region	125	2084	2991	2762	9094	10973
北 京	Beijing	69369	104785	95170	66083	93742	131563
天 津	Tianjin	371	1050	34234	11038	11286	41509
河 北	Hebei	1190		250	14580	20735	27150
山 西	Shanxi	74	100	454		781	
内蒙古	Inner Mongolia			70		2066	
辽 宁	Liaoning	199	1558	5123	7445	6293	6177
吉 林	Jilin	120	503	274			117
黑龙江	Heilongjiang		150		154	1411	233
上 海	Shanghai	11653	58931	68524	107279	107421	134305
江 苏	Jiangsu	7263	86795	263203	295111	375340	489755
浙 江	Zhejiang	1799	64905	184381	163655	98125	236920
安 徽	Anhui	79	90	1729	306	2479	4500
福 建	Fujian	10031	102513	182800	164309	177303	175721
江 西	Jiangxi	22	255	378	1978	3585	1224
山 东	Shandong	1754	5950	10703	21908	16182	38568
河 南	Henan	8500	8200	4285	9520	13567	3706
湖 北	Hubei	250	1751	9651	38500	41963	38005
湖 南	Hunan		172	3412	9798	9803	15548
广 东	Guangdong	34665	262848	430377	434660	660077	723012
广 西	Guangxi			255	1285	1472	2105
海 南	Hainan	220	168				
重 庆	Chongqing		794	430	472	2281	2295
四 川	Sichuan	125	498	627	258	730	1327
贵 州	Guizhou						
云 南	Yunnan		792	1367	1865	3407	3976
西 藏	Tibet						
陕 西	Shaanxi			60	168	779	275
甘 肃	Gansu						
青 海	Qinghai						
宁 夏	Ningxia			507		1897	3100
新 疆	Xinjiang						

2-1-11 续表 3 continued

地区	Region	新产品产值(万元) Output Value of New Products (10000 yuan)					
		2000	2005	2008	2009	2010	2011
全国	**Total**	**4668537**	**19090213**	**30664612**	**24097345**	**26067055**	**35514687**
东部地区	Eastern Region	4427150	18741140	30198340	23132260	23845821	31528316
中部地区	Middle Region	240043	327731	437999	941342	1823672	1747084
西部地区	Western Region	1345	21342	28274	23743	397562	2239287
北京	Beijing	1487321	2010076	2581956	2354452	2999359	3539572
天津	Tianjin	4800	173107	567720	101406	139431	255126
河北	Hebei	1201		153064	71453	63754	105934
山西	Shanxi		45255	104417		12432	
内蒙古	Inner Mongolia					67774	
辽宁	Liaoning	13547	13886	73982	14309	15701	61912
吉林	Jilin		19535	8044			3575
黑龙江	Heilongjiang						
上海	Shanghai	411005	4502383	10814103	2026007	1758877	1316054
江苏	Jiangsu	56352	859374	2887317	5222157	4849223	7553198
浙江	Zhejiang	14296	115874	1276932	1258728	927476	2278360
安徽	Anhui		19	2427	3027	13760	307553
福建	Fujian	589054	4822822	4451786	3509957	4020289	4293306
江西	Jiangxi	43	1139		1916	988	2549
山东	Shandong	48156	62778	143701	226721	190676	379137
河南	Henan	240000	220251	60420	88180	196327	26821
湖北	Hubei			210226	737950	1203845	1055913
湖南	Hunan		41533	52466	110270	328546	350673
广东	Guangdong	1801269	6180839	7224880	8335850	8839639	11731505
广西	Guangxi			22898	11219	41396	14213
海南	Hainan	148					
重庆	Chongqing		12590	8425	5960	226514	2127939
四川	Sichuan	1345			3785	109354	35140
贵州	Guizhou						
云南	Yunnan		8711	10499	13998	13714	28864
西藏	Tibet						
陕西	Shaanxi					45429	
甘肃	Gansu		41				
青海	Qinghai						
宁夏	Ningxia			9350		2552	47344
新疆	Xinjiang						

2-1-11 续表 4 continued

地区	Region	新产品销售收入（万元） Sales Revenue of New Products (10000 yuan)					
		2000	2005	2008	2009	2010	2011
全国	**Total**	**4687313**	**18624925**	**29364113**	**23497324**	**24992899**	**35147172**
东部地区	Eastern Region	4448347	18372992	28920605	22487923	22786381	31332085
中部地区	Middle Region	238037	248878	410423	988433	1839416	1565108
西部地区	Western Region	929	3056	33084	20968	367103	2249979
北京	Beijing	1410749	1841038	2600558	2443348	2860558	3294285
天津	Tianjin	4672	167283	561971	97583	140100	278927
河北	Hebei	552		158646	67381	68878	102296
山西	Shanxi		20	104417		12135	
内蒙古	Inner Mongolia					85425	
辽宁	Liaoning	12415	19610	73186	14361	25080	66351
吉林	Jilin		3201	5281			3250
黑龙江	Heilongjiang						
上海	Shanghai	378021	4613506	10308740	2135981	1723242	1300378
江苏	Jiangsu	50799	860875	2858028	4916649	4759572	7893767
浙江	Zhejiang	14058	106152	1267629	1219003	868039	2284882
安徽	Anhui		21	2372	2581	12990	97519
福建	Fujian	543311	4668466	4457198	3522751	3988059	4251238
江西	Jiangxi	37	342		2017	988	2146
山东	Shandong	44682	64898	147220	217508	187391	525722
河南	Henan	238000	207809	60420	111313	245213	86533
湖北	Hubei			192663	762844	1174261	1017301
湖南	Hunan		37485	45271	109677	308405	358359
广东	Guangdong	1989087	6031162	6459563	7842674	8138615	11320562
广西	Guangxi			27865	10684	26848	13678
海南	Hainan						
重庆	Chongqing		1053	8569	5894	204237	2157375
四川	Sichuan	929			3709	107442	23171
贵州	Guizhou						
云南	Yunnan		1974	16100	11365	13492	26148
西藏	Tibet						
陕西	Shaanxi					39895	
甘肃	Gansu		28				
青海	Qinghai						
宁夏	Ningxia			8415		2038	43286
新疆	Xinjiang						

2-1-11 续表 5 continued

地　区	Region	专利申请数（件） Patent Applications (piece)					
		2000	2005	2008	2009	2010	2011
全　国	**Total**	**451**	**3203**	**4867**	**6147**	**8285**	**10111**
东部地区	Eastern Region	449	3152	4784	5988	7795	9628
中部地区	Middle Region	2	47	74	145	420	410
西部地区	Western Region		4	9	14	70	73
北　京	Beijing		195	784	356	430	767
天　津	Tianjin			22	73	129	111
河　北	Hebei			16	45	94	73
山　西	Shanxi			18		22	
内蒙古	Inner Mongolia						2
辽　宁	Liaoning	1	7	40	51	61	40
吉　林	Jilin						
黑龙江	Heilongjiang				6	10	2
上　海	Shanghai	27	318	181	477	595	709
江　苏	Jiangsu	1	404	645	951	2360	2834
浙　江	Zhejiang	2	274	693	1147	707	1412
安　徽	Anhui			1	6	4	16
福　建	Fujian	42	116	164	405	567	522
江　西	Jiangxi			1	10	3	1
山　东	Shandong	2	2	75	56	59	161
河　南	Henan	2	38	12	16	41	20
湖　北	Hubei		3	32	16	46	52
湖　南	Hunan		6	10	91	294	317
广　东	Guangdong	374	1836	2162	2426	2791	2992
广　西	Guangxi			2	1	2	7
海　南	Hainan						
重　庆	Chongqing				6	21	28
四　川	Sichuan		3		2	2	3
贵　州	Guizhou						
云　南	Yunnan		1	8	6	11	12
西　藏	Tibet						
陕　西	Shaanxi					25	
甘　肃	Gansu						
青　海	Qinghai						
宁　夏	Ningxia			1		11	30
新　疆	Xinjiang						

2-1-11 续表 6 continued

地 区	Region	有效发明专利数（件） Number of Patents In Force (piece)					
		2000	2005	2008	2009	2010	2011
全 国	**Total**	**265**	**719**	**3945**	**3934**	**5640**	**8359**
东部地区	Eastern Region	261	709	3858	3770	5275	8206
中部地区	Middle Region	2	5	48	131	309	80
西部地区	Western Region	2	5	39	33	56	73
北 京	Beijing	4	61	1325	892	1036	1265
天 津	Tianjin			9	7	6	108
河 北	Hebei			12	105	144	154
山 西	Shanxi			4		4	
内蒙古	Inner Mongolia						3
辽 宁	Liaoning	3	4	15	28	65	68
吉 林	Jilin			2			
黑龙江	Heilongjiang				1	10	2
上 海	Shanghai	13	11	80	297	421	587
江 苏	Jiangsu		113	456	505	790	1189
浙 江	Zhejiang	8	17	278	673	211	1900
安 徽	Anhui				6		13
福 建	Fujian	1	104	80	58	244	155
江 西	Jiangxi			5	1		1
山 东	Shandong	2	2	10	9	16	64
河 南	Henan	2	4	8	30	58	16
湖 北	Hubei			16	15	11	11
湖 南	Hunan		1	13	78	226	34
广 东	Guangdong	230	397	1593	1181	2331	2700
广 西	Guangxi				15	11	16
海 南	Hainan						
重 庆	Chongqing					7	31
四 川	Sichuan	2	4	35	30	34	31
贵 州	Guizhou						
云 南	Yunnan		1	4	3	8	11
西 藏	Tibet						
陕 西	Shaanxi					7	
甘 肃	Gansu						
青 海	Qinghai						
宁 夏	Ningxia						
新 疆	Xinjiang						

2-1-11 续表 7 continued

地 区	Region	技术改造经费支出（万元） Expenditure for Technical Renovation (10000 yuan)					
		2000	2005	2008	2009	2010	2011
全 国	**Total**	**42477**	**128312**	**222566**	**157591**	**334633**	**321057**
东部地区	Eastern Region	39205	108089	213960	146358	305792	282499
中部地区	Middle Region	2797	19760	8262	6864	26045	37735
西部地区	Western Region	475	463	344	4370	2797	823
北 京	Beijing	328	44	1048	21	195	216
天 津	Tianjin	105		139	97	55310	
河 北	Hebei	50		200	1347	1448	1921
山 西	Shanxi		125	30			
内蒙古	Inner Mongolia					5440	3800
辽 宁	Liaoning	21	1162	220	31	49	59
吉 林	Jilin		10093	143			203
黑龙江	Heilongjiang	197	235	5		35	
上 海	Shanghai	3722	9213	3953	7888	10892	13069
江 苏	Jiangsu	3333	13393	99281	50573	143353	140779
浙 江	Zhejiang	4338	13751	11587	11651	23836	28269
安 徽	Anhui		259	464	450	678	1500
福 建	Fujian	11447	21203	23926	21072	27043	20751
江 西	Jiangxi		160	60	158		3915
山 东	Shandong	2000	9730	3695	9803	1635	2782
河 南	Henan	2500	6353	2700	5801	436	
湖 北	Hubei	100	1103	4500	455	18400	420
湖 南	Hunan		1432	360		1056	27897
广 东	Guangdong	13562	39593	57889	34100	34965	74114
广 西	Guangxi			12022	9776	7067	540
海 南	Hainan	300					
重 庆	Chongqing		263	120	103		804
四 川	Sichuan	475		56	3241	44	
贵 州	Guizhou						
云 南	Yunnan			120	1026	1553	
西 藏	Tibet						
陕 西	Shaanxi		200				
甘 肃	Gansu						
青 海	Qinghai						
宁 夏	Ningxia			49		1200	19
新 疆	Xinjiang						

2-1-11 续表 8 continued

地区	Region	技术引进经费支出（万元） Expenditure for Acquisition of Foreign Technology (10000 yuan)					
		2000	2005	2008	2009	2010	2011
全国	**Total**	**20698**	**129886**	**64018**	**72216**	**66251**	**117533**
东部地区	Eastern Region	18048	129886	63236	71916	65290	117320
中部地区	Middle Region	2650		300	300	961	213
西部地区	Western Region			482			
北京	Beijing		239	7531			
天津	Tianjin		28534	10479	254	8384	
河北	Hebei	350			411	453	452
山西	Shanxi						
内蒙古	Inner Mongolia						
辽宁	Liaoning	82		12			80
吉林	Jilin						
黑龙江	Heilongjiang						
上海	Shanghai	4343	15737	5290	9648	10487	22271
江苏	Jiangsu	1892	2845	18901	17008	14292	59802
浙江	Zhejiang	381	51	1717	754	1214	3424
安徽	Anhui						
福建	Fujian	7761	9479	4807	12114	15932	27310
江西	Jiangxi						
山东	Shandong		300		304	402	1305
河南	Henan	2450		300	300	138	213
湖北	Hubei	200					
湖南	Hunan					823	
广东	Guangdong	3239	72702	14499	31423	13888	2678
广西	Guangxi					240	
海南	Hainan						
重庆	Chongqing						
四川	Sichuan						
贵州	Guizhou						
云南	Yunnan			482			
西藏	Tibet						
陕西	Shaanxi						
甘肃	Gansu						
青海	Qinghai						
宁夏	Ningxia						
新疆	Xinjiang						

2-1-11 续表 9 continued

地 区	Region	消化吸收经费支出（万元） Expenditure for Assimilation of Technology (10000 yuan)					
		2000	2005	2008	2009	2010	2011
全 国	**Total**	**689**	**51254**	**14977**	**11003**	**13420**	**12155**
东部地区	Eastern Region	679	50988	14753	9846	12529	12155
中部地区	Middle Region	10	266	224	595	890	
西部地区	Western Region				562		
北 京	Beijing						
天 津	Tianjin				83		
河 北	Hebei	18		95	376	393	395
山 西	Shanxi						
内蒙古	Inner Mongolia						
辽 宁	Liaoning	15		160		37	7
吉 林	Jilin						
黑龙江	Heilongjiang		100				
上 海	Shanghai	124	3645		33	200	2270
江 苏	Jiangsu	326	82	2179	1907	5602	5274
浙 江	Zhejiang	20		825	435	916	659
安 徽	Anhui			15	15		
福 建	Fujian	173	1857	3919	863	1083	1447
江 西	Jiangxi			9			
山 东	Shandong		300	328	265	312	859
河 南	Henan		166		580	47	
湖 北	Hubei	10		120			
湖 南	Hunan			80		843	
广 东	Guangdong	3	45104	7248	5884	3987	1245
广 西	Guangxi						
海 南	Hainan						
重 庆	Chongqing						
四 川	Sichuan				562		
贵 州	Guizhou						
云 南	Yunnan						
西 藏	Tibet						
陕 西	Shaanxi						
甘 肃	Gansu						
青 海	Qinghai						
宁 夏	Ningxia						
新 疆	Xinjiang						

2-1-11 续表 10 continued

地 区	Region	购买国内技术经费支出 (万元) Expenditure on Purchase of Domestic Technology (10000 yuan)					
		2000	2005	2008	2009	2010	2011
全 国	**Total**	**4047**	**13067**	**8405**	**28636**	**56585**	**35605**
东部地区	Eastern Region	3692	12789	8225	27907	55410	34812
中部地区	Middle Region	355	278	180	517	1115	793
西部地区	Western Region				212	60	
北 京	Beijing			40	4345	3948	3414
天 津	Tianjin						
河 北	Hebei			105	1048	1057	2446
山 西	Shanxi	135					
内 蒙 古	Inner Mongolia						
辽 宁	Liaoning			362		71	
吉 林	Jilin	120					
黑 龙 江	Heilongjiang		100				
上 海	Shanghai	39			79	2640	125
江 苏	Jiangsu	180	84	1285	10439	182	1033
浙 江	Zhejiang	453	100	823	481	2117	7245
安 徽	Anhui				67		
福 建	Fujian	340	4917	1919	6383	25609	11742
江 西	Jiangxi						
山 东	Shandong	2330	200	10	501	21	531
河 南	Henan				450		
湖 北	Hubei	100	178			901	
湖 南	Hunan			180		215	793
广 东	Guangdong	350	7487	3681	4603	19766	8276
广 西	Guangxi				28		
海 南	Hainan						
重 庆	Chongqing						
四 川	Sichuan				91		
贵 州	Guizhou						
云 南	Yunnan				121	50	
西 藏	Tibet						
陕 西	Shaanxi					10	
甘 肃	Gansu						
青 海	Qinghai						
宁 夏	Ningxia						
新 疆	Xinjiang						

2-1-11 续表 11 continued

地　区	Region	研发机构数（个） Number of R&D Institutions in Enterprises (unit)					
		2000	2005	2008	2009	2010	2011
全　国	**Total**	**74**	**177**	**388**	**440**	**545**	**660**
东部地区	Eastern Region	65	158	364	417	500	631
中部地区	Middle Region	7	15	19	20	36	20
西部地区	Western Region	2	4	5	3	9	9
北　京	Beijing	4	2	12	9	14	15
天　津	Tianjin	2	1	6	10	6	10
河　北	Hebei	1		1	2	3	2
山　西	Shanxi	2	2	2		1	
内蒙古	Inner Mongolia					2	1
辽　宁	Liaoning	1	2	7	9	11	3
吉　林	Jilin	1	2	1			1
黑龙江	Heilongjiang				1	2	1
上　海	Shanghai	6	9	23	36	34	22
江　苏	Jiangsu	4	19	77	89	111	121
浙　江	Zhejiang	5	12	41	43	60	63
安　徽	Anhui	1	1	2	2	2	3
福　建	Fujian	6	16	27	23	25	24
江　西	Jiangxi		1	1	4	2	
山　东	Shandong	4	4	6	7	9	5
河　南	Henan	2	4	3	8	11	3
湖　北	Hubei	1	2	5	4	6	6
湖　南	Hunan		3	5	1	10	5
广　东	Guangdong	30	92	163	187	224	363
广　西	Guangxi			1	2	3	3
海　南	Hainan	2	1				
重　庆	Chongqing		1	1	1	3	5
四　川	Sichuan	2	1	1		1	
贵　州	Guizhou						
云　南	Yunnan		2	2	2	2	3
西　藏	Tibet						
陕　西	Shaanxi					2	
甘　肃	Gansu						
青　海	Qinghai						
宁　夏	Ningxia			1		1	1
新　疆	Xinjiang						

2-1-11 续表 12 continued

地　区	Region	机构人员（人）Personnel in the R&D Institutions (person)					
		2000	2005	2008	2009	2010	2011
全　国	**Total**	**6846**	**21584**	**49574**	**55644**	**59293**	**58242**
东部地区	Eastern Region	6615	20982	48636	54405	55615	56176
中部地区	Middle Region	215	516	772	1157	3396	1606
西部地区	Western Region	16	86	166	82	282	460
北　京	Beijing	1628	16	1195	1098	1464	1747
天　津	Tianjin	23	25	839	357	447	756
河　北	Hebei	326		24	1109	1214	1187
山　西	Shanxi	23	18	62		52	
内蒙古	Inner Mongolia					35	24
辽　宁	Liaoning	136	75	191	533	518	137
吉　林	Jilin	10	58	31			50
黑龙江	Heilongjiang				23	96	20
上　海	Shanghai	266	523	2861	4223	5576	2876
江　苏	Jiangsu	190	2051	13705	11628	10502	11160
浙　江	Zhejiang	141	400	5808	6023	4999	8643
安　徽	Anhui	28	5	42	48	42	50
福　建	Fujian	544	2646	6317	4198	3606	3899
江　西	Jiangxi		6	14	155	86	
山　东	Shandong	306	303	415	615	414	223
河　南	Henan	99	78	185	576	1382	291
湖　北	Hubei	55	76	367	319	383	525
湖　南	Hunan		275	71	36	1320	646
广　东	Guangdong	3033	14917	17265	24581	26761	25437
广　西	Guangxi			16	40	114	111
海　南	Hainan	22	26				
重　庆	Chongqing		13	16	16	39	204
四　川	Sichuan	16	41	16		17	
贵　州	Guizhou						
云　南	Yunnan		32	44	66	74	143
西　藏	Tibet						
陕　西	Shaanxi					68	
甘　肃	Gansu						
青　海	Qinghai						
宁　夏	Ningxia			90		84	113
新　疆	Xinjiang						

2-1-11 续表 13 continued

地 区	Region	机构经费支出（万元）Expenditure in the R&D Institutions (10000 yuan)					
		2000	2005	2008	2009	2010	2011
全 国	**Total**	**142452**	**314620**	**1149173**	**951405**	**1225299**	**1374307**
东部地区	Eastern Region	134225	299663	1135542	932150	1176352	1338984
中部地区	Middle Region	8167	13660	11502	16558	41528	23499
西部地区	Western Region	60	1298	2129	2698	7420	11824
北 京	Beijing	71514	52	80250	19334	85091	120091
天 津	Tianjin	70	311	44270	4191	10120	24295
河 北	Hebei	1109		25	9439	21245	20970
山 西	Shanxi	88	55	246		12	
内 蒙 古	Inner Mongolia					1213	360
辽 宁	Liaoning	237	1362	5695	7562	6144	1978
吉 林	Jilin	120	506	274			363
黑 龙 江	Heilongjiang				120	1311	200
上 海	Shanghai	5353	9404	63587	93203	102742	125464
江 苏	Jiangsu	4416	30307	190377	172478	261063	280356
浙 江	Zhejiang	1531	6047	173848	167697	90336	218363
安 徽	Anhui	79	72	1636	1029	2417	2375
福 建	Fujian	12226	70337	162676	139307	163234	133521
江 西	Jiangxi		168	220	1590	1358	
山 东	Shandong	6182	6042	8168	13988	12550	10444
河 南	Henan	7720	8175	2916	8244	16104	6822
湖 北	Hubei	160	1828	4508	5204	8122	4930
湖 南	Hunan		2857	1702	370	10991	8449
广 东	Guangdong	31446	175632	406391	304009	423506	401627
广 西	Guangxi			255	942	323	1876
海 南	Hainan	142	168				
重 庆	Chongqing		92	430	124	2101	4169
四 川	Sichuan	60	1000	344		28	
贵 州	Guizhou						
云 南	Yunnan		206	770	2573	3012	5363
西 藏	Tibet						
陕 西	Shaanxi					1011	
甘 肃	Gansu						
青 海	Qinghai						
宁 夏	Ningxia			585		1268	2293
新 疆	Xinjiang						

2-1-12 各地区大中型外资企业R&D及相关活动情况

Statistics on R&D and Related Activities of Foreign Funded Enterprises in Large and Medium-sized Enterprises by Region

地区	Region	R&D人员全时当量（人年） Full-time Equivalent of R&D Personnel (man-year)					
		2000	2005	2008	2009	2010	2011
全国	**Total**	**9375**	**33860**	**62557**	**78235**	**113156**	**85971**
东部地区	Eastern Region	8029	32732	58863	73136	107824	80905
中部地区	Middle Region	223	621	1970	3605	3397	3637
西部地区	Western Region	1123	506	1724	1494	1936	1429
北京	Beijing	55	2046	1705	1219	1909	2828
天津	Tianjin	873	1546	2769	2156	2907	1720
河北	Hebei	6	81	296	150	411	403
山西	Shanxi			40	220	170	307
内蒙古	Inner Mongolia			45		20	
辽宁	Liaoning	1091	1076	4284	1193	261	229
吉林	Jilin	27					26
黑龙江	Heilongjiang	13	503	1087	1832	1612	1585
上海	Shanghai	3006	4991	7025	10267	10984	8714
江苏	Jiangsu	645	9975	13196	23210	31955	25640
浙江	Zhejiang		2902	3026	2822	3875	4065
安徽	Anhui	48	62	181	25	582	720
福建	Fujian	171	1814	4391	4931	6548	7549
江西	Jiangxi			164	418	101	73
山东	Shandong	151	638	2044	1992	2916	5055
河南	Henan		56	359	755	611	646
湖北	Hubei	135		22	59	225	238
湖南	Hunan			72	296	76	42
广东	Guangdong	2028	7664	20091	25164	46025	24625
广西	Guangxi	4		38	9	1	22
海南	Hainan				24	30	55
重庆	Chongqing	414	5	931	578	1267	702
四川	Sichuan	160	144	27	315		94
贵州	Guizhou	13	14	223	4	257	231
云南	Yunnan	17	32	54	90	90	95
西藏	Tibet						
陕西	Shaanxi	493	311	489	508	322	306
甘肃	Gansu	25					
青海	Qinghai						
宁夏	Ningxia						
新疆	Xinjiang						

2-1-12 续表 1 continued

地　区	Region	R&D经费内部支出（万元） Intramural Expenditure on R&D (10000 yuan)					
		2000	2005	2008	2009	2010	2011
全　国	**Total**	**202661**	**1019163**	**1774337**	**1843068**	**2453041**	**2789420**
东部地区	Eastern Region	183903	1003510	1731220	1753043	2380980	2705347
中部地区	Middle Region	5285	7698	25854	64230	46451	63773
西部地区	Western Region	13473	7955	17263	25794	25610	20300
北　京	Beijing	3826	50356	60933	61780	109263	177602
天　津	Tianjin	35904	48177	177455	111278	133452	116587
河　北	Hebei	27	1599	2668	1538	11450	17317
山　西	Shanxi			952	2214	1609	4791
内蒙古	Inner Mongolia			1500		1007	
辽　宁	Liaoning	4866	24242	9270	12045	2350	4239
吉　林	Jilin	32					94
黑龙江	Heilongjiang	28	6178	13898	27565	24860	26219
上　海	Shanghai	94533	255992	366395	377766	473826	298485
江　苏	Jiangsu	10874	195222	473085	493727	698061	880778
浙　江	Zhejiang		120955	44091	48390	58442	87030
安　徽	Anhui	631	239	2270	121	6304	11009
福　建	Fujian	3726	46036	55599	89556	149466	228251
江　西	Jiangxi			1013	16842	2199	3347
山　东	Shandong	4009	50122	150489	129223	185907	208103
河　南	Henan		1281	5070	11796	5751	8575
湖　北	Hubei	4594		246	791	3667	7072
湖　南	Hunan			905	4901	1055	2667
广　东	Guangdong	26121	210810	390319	424144	557176	683807
广　西	Guangxi	17		918	28	201	110
海　南	Hainan				3568	1386	3038
重　庆	Chongqing	1469	65	5698	4600	14034	10112
四　川	Sichuan	658	509	217	6410		2400
贵　州	Guizhou	24	150	556	243	829	1969
云　南	Yunnan	74	354	236	707	1759	2248
西　藏	Tibet						
陕　西	Shaanxi	11136	6878	10556	13835	8988	3571
甘　肃	Gansu	112					
青　海	Qinghai						
宁　夏	Ningxia						
新　疆	Xinjiang						

2-1-12 续表 2 continued

地 区	Region	新产品开发经费支出（万元） Expenditure on New Products Development (10000 yuan)					
		2000	2005	2008	2009	2010	2011
全 国	**Total**	**222028**	**1216386**	**2469850**	**2359088**	**3051653**	**4156346**
东部地区	Eastern Region	205241	1193982	2407143	2269542	2992715	4044948
中部地区	Middle Region	5573	16789	28236	46756	39732	67736
西部地区	Western Region	11214	5615	34471	42790	19207	43662
北 京	Beijing	4064	53072	58380	99105	184045	222395
天 津	Tianjin	40538	46656	202223	103769	185199	107626
河 北	Hebei		3724	4256	8718	8596	13182
山 西	Shanxi		110	1231	1510	1681	8183
内蒙古	Inner Mongolia			1500	330		
辽 宁	Liaoning	27	25958	12339	28126	2331	45990
吉 林	Jilin	32	40				112
黑龙江	Heilongjiang	17	5879	16902	13095	12463	13834
上 海	Shanghai	111550	239418	401994	474963	603316	709186
江 苏	Jiangsu	18905	295576	820506	656204	899341	1460163
浙 江	Zhejiang	1303	124222	59386	59044	84810	115888
安 徽	Anhui	296	464	4448	9815	9234	14235
福 建	Fujian	3726	63583	117337	102126	149927	236766
江 西	Jiangxi			1047	3365	2199	3526
山 东	Shandong	4730	54899	150362	147559	191444	267725
河 南	Henan		1292	1372	13587	8912	18611
湖 北	Hubei	5228	93	860	1392	4188	7072
湖 南	Hunan		8911	876	3663	1055	2165
广 东	Guangdong	20345	286875	578689	586224	680597	862065
广 西	Guangxi	55		1257	28		110
海 南	Hainan			415	3675	3110	3854
重 庆	Chongqing	1049	65	5769	8295	7571	11728
四 川	Sichuan	1496	726	15533	16820	155	10842
贵 州	Guizhou	28	150	446	1289	422	597
云 南	Yunnan	74	354	1213	455	1960	3709
西 藏	Tibet						
陕 西	Shaanxi	8558	4316	11510	15931	9100	16787
甘 肃	Gansu	11					
青 海	Qinghai		5				
宁 夏	Ningxia						
新 疆	Xinjiang						

2-1-12 续表 3 continued

地 区	Region	新产品产值(万元) Output Value of New Products (10000 yuan)					
		2000	2005	2008	2009	2010	2011
全 国	**Total**	**10575444**	**27682185**	**59743629**	**50645125**	**80801241**	**88748791**
东部地区	Eastern Region	10353427	27433281	58922735	49087944	79245910	86596532
中部地区	Middle Region	66372	172452	196991	729829	795354	827163
西部地区	Western Region	155644	76453	623903	827352	759978	1325097
北 京	Beijing	1986821	832430	9210728	8673201	8761738	7546672
天 津	Tianjin	2643712	8434303	7537288	7304616	7389191	5726220
河 北	Hebei		39392	37174	54433	152540	146730
山 西	Shanxi		5530	33394	476742	398755	166553
内 蒙 古	Inner Mongolia						
辽 宁	Liaoning	3248	12777	252939	98300	6745	177419
吉 林	Jilin	1279					48491
黑 龙 江	Heilongjiang	3	142138	53312	45083	99117	83002
上 海	Shanghai	2358448	7397686	5404506	7555273	8052853	6769247
江 苏	Jiangsu	1362369	2581162	16293635	10987730	12995163	18940429
浙 江	Zhejiang	11715	546833	1196985	865055	1411267	2067519
安 徽	Anhui	19291		27479	81728	42228	392830
福 建	Fujian	769910	1196830	2964362	2043573	4010823	5681353
江 西	Jiangxi			15940	26106	39417	56426
山 东	Shandong	61023	202599	2621463	2516405	2864114	4382953
河 南	Henan		18396	39047	51054	67421	57561
湖 北	Hubei	45799	4705	15673	8685	55680	11884
湖 南	Hunan		1683	12147	40432	92735	10417
广 东	Guangdong	1153181	6189268	13396083	8989237	33601330	35157096
广 西	Guangxi	3000		7373			
海 南	Hainan			200	121	146	895
重 庆	Chongqing	16549	812	436313	419206	533924	877114
四 川	Sichuan	114	32309	48421	58935		39796
贵 州	Guizhou	19739		42900	49477	52088	76491
云 南	Yunnan			22226	26377	22060	48413
西 藏	Tibet						
陕 西	Shaanxi	118960	42032	74043	273356	151906	283284
甘 肃	Gansu	282					
青 海	Qinghai		1300				
宁 夏	Ningxia						
新 疆	Xinjiang						

2-1-12 续表 4 continued

地 区	Region	新产品销售收入（万元） Sales Revenue of New Products (10000 yuan)					
		2000	2005	2008	2009	2010	2011
全 国	**Total**	**10270862**	**27716836**	**60291138**	**52873158**	**79235660**	**99933626**
东部地区	Eastern Region	10114852	27481152	59478277	51469506	77807931	97890724
中部地区	Middle Region	63728	157192	192469	341447	751317	767918
西部地区	Western Region	92282	78491	620392	1062206	676413	1274985
北 京	Beijing	1911777	775229	9305321	8739935	8875267	7536353
天 津	Tianjin	2489541	8576670	7436395	6893189	7363645	6190848
河 北	Hebei		37423	37538	49346	152080	149448
山 西	Shanxi		5102	32705	147925	397315	157725
内蒙古	Inner Mongolia						
辽 宁	Liaoning	3035	12541	234283	99449	6745	170088
吉 林	Jilin	1327					26622
黑龙江	Heilongjiang	3	130396	49818	37684	85198	82691
上 海	Shanghai	2460277	7597266	5304503	9195155	9152795	6629278
江 苏	Jiangsu	1346817	2518154	17691111	12493765	13112864	31166286
浙 江	Zhejiang	10003	490531	770559	790083	1357630	1983463
安 徽	Anhui	21396		26199	32198	41752	375880
福 建	Fujian	676232	1184060	3038488	2000623	3086132	5416897
江 西	Jiangxi			15894	25679	30667	47666
山 东	Shandong	58096	183894	2522424	2384104	2968660	4205462
河 南	Henan		16740	37787	48594	61591	56367
湖 北	Hubei	41003	3734	17220	7950	42306	10790
湖 南	Hunan		1221	12846	41417	92489	10177
广 东	Guangdong	1157513	6105385	13131372	8823737	31731966	34441964
广 西	Guangxi	1562		6083			
海 南	Hainan			200	121	146	638
重 庆	Chongqing	16549	313	445593	367585	476235	878115
四 川	Sichuan	30	31406	56958	377115		28154
贵 州	Guizhou	929		38752	35487	40655	56682
云 南	Yunnan			14994	21000	21864	37226
西 藏	Tibet						
陕 西	Shaanxi	74622	45473	64095	261020	137658	274808
甘 肃	Gansu	152					
青 海	Qinghai		1300				
宁 夏	Ningxia						
新 疆	Xinjiang						

2-1-12 续表 5 continued

地 区	Region	专利申请数（件） Patent Applications (piece)					
		2000	2005	2008	2009	2010	2011
全 国	**Total**	**131**	**2833**	**6892**	**11799**	**16249**	**18922**
东部地区	Eastern Region	100	2751	6645	11320	15877	18396
中部地区	Middle Region	2	26	116	241	221	263
西部地区	Western Region	29	56	131	238	151	263
北 京	Beijing		303	784	652	1310	1953
天 津	Tianjin	6	88	246	616	428	342
河 北	Hebei		19	30	25	20	22
山 西	Shanxi			1	15	17	27
内蒙古	Inner Mongolia						
辽 宁	Liaoning	3	256	10	33	18	71
吉 林	Jilin						2
黑龙江	Heilongjiang		18	32	75	21	108
上 海	Shanghai	42	910	1161	2050	2161	2195
江 苏	Jiangsu	3	124	952	1197	2118	2597
浙 江	Zhejiang	3	171	315	411	729	574
安 徽	Anhui			5	7	26	27
福 建	Fujian		96	255	758	841	810
江 西	Jiangxi			36	33	40	28
山 东	Shandong	4	278	240	175	370	927
河 南	Henan		6	42	38	60	33
湖 北	Hubei	2			7	51	28
湖 南	Hunan		2		66	6	10
广 东	Guangdong	38	506	2644	5377	7852	8899
广 西	Guangxi	1		2			2
海 南	Hainan			6	26	30	4
重 庆	Chongqing			85	98	115	151
四 川	Sichuan	2	1	17	51	2	19
贵 州	Guizhou	25	5	8	16		6
云 南	Yunnan	1	6	14	9	18	30
西 藏	Tibet						
陕 西	Shaanxi	1	44	7	64	16	57
甘 肃	Gansu						
青 海	Qinghai						
宁 夏	Ningxia						
新 疆	Xinjiang						

2-1-12 续表 6 continued

地　区	Region	有效发明专利数（件）Number of Patents In Force (piece)					
		2000	2005	2008	2009	2010	2011
全　国	**Total**	**170**	**1194**	**4787**	**5775**	**10259**	**13217**
东部地区	Eastern Region	134	1129	4690	5621	10026	12953
中部地区	Middle Region	3	8	36	72	84	167
西部地区	Western Region	33	57	61	82	149	97
北　京	Beijing		122	939	215	362	947
天　津	Tianjin		37	769	256	251	56
河　北	Hebei		2	12	21	26	25
山　西	Shanxi			2	1	1	4
内蒙古	Inner Mongolia						
辽　宁	Liaoning			8	69	10	58
吉　林	Jilin	1					3
黑龙江	Heilongjiang		4	14	9	20	35
上　海	Shanghai	87	179	427	1785	1676	1130
江　苏	Jiangsu		144	622	615	1721	1702
浙　江	Zhejiang	28	12	95	106	199	320
安　徽	Anhui			5	4		19
福　建	Fujian		302	56	114	216	362
江　西	Jiangxi			10	23	32	39
山　东	Shandong	2	68	272	335	491	420
河　南	Henan		1	4	10	15	19
湖　北	Hubei	2		1	1	10	37
湖　南	Hunan		3		24	6	11
广　东	Guangdong	16	263	1479	2100	5066	7916
广　西	Guangxi	1		11			15
海　南	Hainan				5	8	2
重　庆	Chongqing			7	22	61	44
四　川	Sichuan	7			24	4	9
贵　州	Guizhou	20	31	24		22	2
云　南	Yunnan	2	4	8	14	51	29
西　藏	Tibet						
陕　西	Shaanxi	4	22	22	22	11	13
甘　肃	Gansu						
青　海	Qinghai						
宁　夏	Ningxia						
新　疆	Xinjiang						

2-1-12 续表 7 continued

地区	Region	技术改造经费支出（万元） Expenditure for Technical Renovation (10000 yuan)					
		2000	2005	2008	2009	2010	2011
全 国	**Total**	**80420**	**278819**	**357937**	**294618**	**526326**	**410614**
东部地区	Eastern Region	66167	252498	317258	265027	449084	380932
中部地区	Middle Region	407	22691	20823	21381	49766	25903
西部地区	Western Region	13846	3631	19856	8210	27476	3778
北 京	Beijing	2	331	2384	292	408	2022
天 津	Tianjin	848	26132	4167	3947	200	8270
河 北	Hebei		181	3404	1500	8268	8887
山 西	Shanxi		800	414		421	797
内蒙古	Inner Mongolia				164	22	
辽 宁	Liaoning	930	640	74	185		2819
吉 林	Jilin	2					
黑龙江	Heilongjiang		19161	8840	16129	17466	21068
上 海	Shanghai	37385	36715	38929	29957	40668	44277
江 苏	Jiangsu	6502	86097	175190	137170	250109	189941
浙 江	Zhejiang	90	18092	22070	22413	33100	27014
安 徽	Anhui	405		907	20		
福 建	Fujian	1358	2999	4672	6423	44522	67054
江 西	Jiangxi		20	2553	2840	212	
山 东	Shandong	5813	22400	12997	19924	12099	8817
河 南	Henan		2710	7444	1547	2539	2570
湖 北	Hubei			40	50	127	642
湖 南	Hunan			625	631	28980	827
广 东	Guangdong	13240	58911	51183	42922	59674	21600
广 西	Guangxi			2150			
海 南	Hainan			40	291	36	232
重 庆	Chongqing		2500	11650	620	24028	694
四 川	Sichuan	10030	139	150	2204	2460	309
贵 州	Guizhou			368			
云 南	Yunnan		2	622		173	235
西 藏	Tibet						
陕 西	Shaanxi	3759	990	7067	5386	815	2541
甘 肃	Gansu	11					
青 海	Qinghai						
宁 夏	Ningxia						
新 疆	Xinjiang	47					

2-1-12 续表 8 continued

地区	Region	技术引进经费支出（万元） Expenditure for Acquisition of Foreign Technology (10000 yuan)					
		2000	2005	2008	2009	2010	2011
全国	**Total**	**213961**	**622099**	**668710**	**431253**	**465580**	**358907**
东部地区	Eastern Region	206988	621734	665872	429457	464011	356843
中部地区	Middle Region	6523	366	2039	781	1536	
西部地区	Western Region	450		799	1015	33	2065
北京	Beijing	702	24778	13292	14005	51106	48111
天津	Tianjin	1398	216953	244894	146744	141559	17927
河北	Hebei					528	
山西	Shanxi				150		
内蒙古	Inner Mongolia						
辽宁	Liaoning						
吉林	Jilin						
黑龙江	Heilongjiang		366	168	26	1035	
上海	Shanghai	147477	125685	70818	32689	34278	31865
江苏	Jiangsu	13865	160340	112291	64655	111576	110422
浙江	Zhejiang	22	3022	2000	2957	1802	627
安徽	Anhui			1475			
福建	Fujian	1910	8360	61817	67246	74331	122843
江西	Jiangxi						
山东	Shandong	1200	906	234	1350	1569	1268
河南	Henan				210		
湖北	Hubei	6523		397	392	501	
湖南	Hunan				4		
广东	Guangdong	40414	81690	160526	98104	47263	23465
广西	Guangxi						
海南	Hainan				1708		315
重庆	Chongqing	50			216	33	53
四川	Sichuan	400			799		2012
贵州	Guizhou						
云南	Yunnan						
西藏	Tibet						
陕西	Shaanxi			799			
甘肃	Gansu						
青海	Qinghai						
宁夏	Ningxia						
新疆	Xinjiang						

2-1-12 续表 9 continued

地 区	Region	消化吸收经费支出（万元） Expenditure for Assimilation of Technology (10000 yuan)					
		2000	2005	2008	2009	2010	2011
全 国	**Total**	**11736**	**192020**	**66189**	**14664**	**30039**	**69909**
东部地区	Eastern Region	11408	189280	65113	13377	29975	69516
中部地区	Middle Region	327	2400	321	585	57	
西部地区	Western Region	1	340	755	702	8	394
北 京	Beijing	4501	86	1402	180	260	248
天 津	Tianjin	749	157640			100	21
河 北	Hebei	29		376		199	176
山 西	Shanxi			182	500		
内 蒙 古	Inner Mongolia						
辽 宁	Liaoning				80		
吉 林	Jilin						
黑 龙 江	Heilongjiang		2400	121	29	47	
上 海	Shanghai	1460	5657	7654	3034	4483	6704
江 苏	Jiangsu	534	2479	46884	3207	5280	55850
浙 江	Zhejiang		752	1773	801	1840	675
安 徽	Anhui						
福 建	Fujian	177	5		806	305	1021
江 西	Jiangxi			12			
山 东	Shandong	600	175	318	10	10663	3586
河 南	Henan			6			
湖 北	Hubei	327				10	
湖 南	Hunan				57		
广 东	Guangdong	3360	22485	6705	1515	5100	1136
广 西	Guangxi						
海 南	Hainan				3743	1745	99
重 庆	Chongqing		15	447	511	8	394
四 川	Sichuan	1	9				
贵 州	Guizhou			128			
云 南	Yunnan						
西 藏	Tibet						
陕 西	Shaanxi		316	180	191		
甘 肃	Gansu						
青 海	Qinghai						
宁 夏	Ningxia						
新 疆	Xinjiang						

2-1-12 续表 10 continued

地区	Region	购买国内技术经费支出（万元） Expenditure on Purchase of Domestic Technology (10000 yuan)					
		2000	2005	2008	2009	2010	2011
全国	**Total**	**4379**	**13159**	**33717**	**26590**	**22074**	**23943**
东部地区	Eastern Region	3999	12659	32631	23134	20688	21920
中部地区	Middle Region		500	1086	596	1366	2023
西部地区	Western Region	380			2860	19	
北京	Beijing		107	17			
天津	Tianjin	27	820				36
河北	Hebei		520	27			
山西	Shanxi			300	350		100
内蒙古	Inner Mongolia						
辽宁	Liaoning				120		
吉林	Jilin						1000
黑龙江	Heilongjiang		500	783	118	673	707
上海	Shanghai	2798	101	1189	3025	63	4130
江苏	Jiangsu	472	4059	3358	2780	5566	8308
浙江	Zhejiang	2	3953	711	479	1408	745
安徽	Anhui						216
福建	Fujian		2	13333	14160	977	4364
江西	Jiangxi						
山东	Shandong	600	1142	670	863	4363	1598
河南	Henan			3		652	
湖北	Hubei						
湖南	Hunan				128	42	
广东	Guangdong	100	1956	12905	585	3183	1690
广西	Guangxi						
海南	Hainan			420	1122	5129	1050
重庆	Chongqing				98	5	
四川	Sichuan	380			1672		
贵州	Guizhou						
云南	Yunnan						
西藏	Tibet						
陕西	Shaanxi				1090	14	
甘肃	Gansu						
青海	Qinghai						
宁夏	Ningxia						
新疆	Xinjiang						

2-1-12 续表 11 continued

地 区	Region	研发机构数（个） Number of R&D Institutions in Enterprises (unit)					
		2000	2005	2008	2009	2010	2011
全 国	**Total**	**115**	**274**	**545**	**635**	**669**	**613**
东部地区	Eastern Region	101	245	499	569	598	569
中部地区	Middle Region	5	20	28	45	46	28
西部地区	Western Region	9	9	18	21	25	16
北 京	Beijing	1	6	21	29	35	38
天 津	Tianjin	7	8	20	15	17	16
河 北	Hebei	1	3	6	6	6	5
山 西	Shanxi		2	5	5	5	2
内 蒙 古	Inner Mongolia			1	2	1	
辽 宁	Liaoning	11	4	3	7	5	5
吉 林	Jilin	1					1
黑 龙 江	Heilongjiang	1	11	11	8	6	7
上 海	Shanghai	33	35	52	71	72	53
江 苏	Jiangsu	15	48	146	168	196	194
浙 江	Zhejiang	2	34	49	51	73	56
安 徽	Anhui	2	2	4	8	15	5
福 建	Fujian	2	10	27	37	40	38
江 西	Jiangxi			2	1	1	1
山 东	Shandong	5	27	33	29	35	46
河 南	Henan		2	3	10	11	6
湖 北	Hubei	1	1	2	4	6	4
湖 南	Hunan		2		7	1	2
广 东	Guangdong	24	70	139	154	116	115
广 西	Guangxi			2			1
海 南	Hainan			1	2	3	2
重 庆	Chongqing	1	1	11	12	15	6
四 川	Sichuan	2	3	2	3	2	2
贵 州	Guizhou	1	1	1		1	2
云 南	Yunnan		1	1	1	3	3
西 藏	Tibet						
陕 西	Shaanxi	4	2	3	5	4	3
甘 肃	Gansu	1					
青 海	Qinghai		1				
宁 夏	Ningxia						
新 疆	Xinjiang						

2-1-12 续表 12 continued

地 区	Region	机构人员（人） Personnel in the R&D Institutions (person)					
		2000	2005	2008	2009	2010	2011
全 国	**Total**	**7173**	**25554**	**64061**	**79961**	**102370**	**73021**
东部地区	Eastern Region	6190	24358	59993	75838	99045	69619
中部地区	Middle Region	97	608	1447	2374	1933	1886
西部地区	Western Region	886	588	2621	1749	1392	1516
北 京	Beijing	156	526	1582	2594	3698	3814
天 津	Tianjin	764	863	3212	1462	2129	1299
河 北	Hebei	10	193	454	403	526	526
山 西	Shanxi		20	144	235	125	407
内 蒙 古	Inner Mongolia			152	39	15	
辽 宁	Liaoning	473	82	371	278	500	320
吉 林	Jilin	32					30
黑 龙 江	Heilongjiang	12	358	457	335	284	405
上 海	Shanghai	2216	6836	10553	15356	15399	11377
江 苏	Jiangsu	783	4709	10579	14243	21167	18238
浙 江	Zhejiang	40	2073	4504	4086	6390	6036
安 徽	Anhui	23	102	217	272	533	116
福 建	Fujian	79	1519	3658	4798	5342	6789
江 西	Jiangxi			134	389	18	90
山 东	Shandong	239	570	1818	2469	3658	7430
河 南	Henan		61	269	636	776	567
湖 北	Hubei	30	9	74	119	142	140
湖 南	Hunan		58		349	40	131
广 东	Guangdong	1430	6987	23224	30132	40036	13632
广 西	Guangxi			28			102
海 南	Hainan			10	17	200	56
重 庆	Chongqing	592	10	956	515	729	600
四 川	Sichuan	123	220	45	785	21	301
贵 州	Guizhou	13	28	1146		174	183
云 南	Yunnan		27	154	55	151	148
西 藏	Tibet						
陕 西	Shaanxi	142	292	320	394	317	284
甘 肃	Gansu	16					
青 海	Qinghai		11				
宁 夏	Ningxia						
新 疆	Xinjiang						

2-1-12 续表 13 continued

地 区	Region	机构经费支出（万元） Expenditure in the R&D Institutions (10000 yuan)					
		2000	2005	2008	2009	2010	2011
全 国	**Total**	**148968**	**476070**	**1593553**	**1754756**	**2137613**	**2061718**
东部地区	Eastern Region	144532	464474	1562220	1687192	2079405	2014538
中部地区	Middle Region	249	8363	22869	41745	41271	28934
西部地区	Western Region	4188	3233	8464	25819	16937	18246
北 京	Beijing	406	9410	54895	85854	156562	128105
天 津	Tianjin	28933	17597	76606	65948	51985	32763
河 北	Hebei	27	1415	3538	3564	10391	8359
山 西	Shanxi		85	2657	2267	2073	3711
内蒙古	Inner Mongolia			1500	57	983	
辽 宁	Liaoning	2537	345	668	3377	1538	5779
吉 林	Jilin	32					111
黑龙江	Heilongjiang	19	6138	12266	10449	7399	10964
上 海	Shanghai	68321	125571	409450	520563	519312	488561
江 苏	Jiangsu	8352	108229	310892	409430	612378	530695
浙 江	Zhejiang	250	18508	53410	56698	88184	104905
安 徽	Anhui	126	704	3451	6115	12978	6777
福 建	Fujian	2128	27711	82068	86774	128822	170948
江 西	Jiangxi			914	7738	446	103
山 东	Shandong	3295	4962	141614	141519	163452	242567
河 南	Henan		992	1425	11514	14999	3935
湖 北	Hubei	72	185	656	1053	2208	1819
湖 南	Hunan		259		2551	185	1514
广 东	Guangdong	30284	150725	428320	309945	344587	298668
广 西	Guangxi			460			871
海 南	Hainan			300	3521	2195	2318
重 庆	Chongqing	1834	65	5525	6022	11480	6621
四 川	Sichuan	781	1822	242	13339	126	5682
贵 州	Guizhou	69	55	239		401	952
云 南	Yunnan		329	1185	1012	2723	2787
西 藏	Tibet						
陕 西	Shaanxi	1322	962	1273	5446	2208	2204
甘 肃	Gansu	182					
青 海	Qinghai		1				
宁 夏	Ningxia						
新 疆	Xinjiang						

2-2-1 按行业分高技术产业R&D活动人员情况(2011年)
R&D Personnel in High-tech Industry by Industrial Sector(2011)

行业	Industry	有R&D活动的企业数(个) Number of Enterprises Having R&D Activities (unit)	R&D人员(人) R&D Personnel (10000 persons)	#全时人员 Full-time Personnel	#研究人员 Researchers	R&D人员全时当量(人年) Full-time Equivalent (10000 man-year)
合　计	**Total**	**6787**	**618354**	**493841**	**550729**	**511175**
医药制造业	**Manufacture of Medicines**	**1937**	**118558**	**84340**	**104459**	**93467**
#化学药品制造	Manufacture of Chemical Medicine	874	67735	50779	60307	54305
中成药制造	Manufacture of Finished Traditional Chinese Herbal Medicine	464	25723	16836	22076	19995
生物、生化制品的制造	Manufacture of Biological and Biochemical Chemical Products	310	14215	9547	12653	11157
航空航天器制造业	**Manufacture of Aircrafts and Spacecrafts**	**111**	**40818**	**31144**	**34550**	**32329**
1.飞机制造及修理	Manufacture and Repairing of Airplanes	91	36476	27217	30792	28149
2.航天器制造	Manufacture of Spacecrafts	20	4342	3927	3758	4180
电子及通信设备制造业	**Manufacture of Electronic Equipment and Communication Equipment**	**2827**	**323272**	**271168**	**290249**	**272062**
1.通信设备制造	Manufacture of Communication Equipment	432	125015	117157	114200	118435
#通信传输设备制造	Manufacture of Communication Transmitting Equipment	120	12266	10877	11002	10393
通信交换设备制造	Manufacture of Communication Exchanging Equipment	42	82204	80668	75951	81293
通信终端设备制造	Manufacture of Communication Terminal Equipment	63	5815	4816	5110	4398
2.雷达及配套设备制造	Manufacture of Radar and Its Fittings	30	5687	5180	5015	3703
3.广播电视设备制造	Manufacture of Broadcasting and TV Equipment	133	9049	7646	8190	5534
4.电子器件制造	Manufacture of Electronic Appliances	702	59801	47054	53157	50229
#电子真空器件制造	Manufacture of Electronic Vacuum Appliances	37	3063	1774	2599	2656
半导体分立器件制造	Manufacture of Semiconductor Discreting Appliances	96	5961	4479	5337	5243
集成电路制造	Manufacture of Integrate Circuit	160	19213	14990	16903	16894
5.电子元件制造	Manufacture of Electronic Components	1103	80097	56510	71703	65171
6.家用视听设备制造	Manufacture of Domestic TV Set and Radio Receiver	198	30484	26600	26486	19306
7.其他电子设备制造	Manufacture of Other Electronic Equipment	229	13139	11021	11498	9684
电子计算机及办公设备制造业	**Manufacture of Computers and Office Equipments**	**374**	**56921**	**47990**	**51851**	**49248**
1.电子计算机整机制造	Manufacture of Entired Computer	52	18785	16387	17921	16511
2.电子计算机外部设备制造	Manufacture of Computer Peripheral Equipment	267	34115	28384	30471	29444
3.办公设备制造	Manufacture of Office Equipment	55	4021	3219	3459	3293
医疗设备及仪器仪表制造业	**Manufacture of Medical Equipments and Measuring Instrument**	**1538**	**78785**	**59199**	**69620**	**64068**
1.医疗设备及器械制造	Manufacture of Medical Equipment and Appliances	319	14054	10928	12220	11115
2.仪器仪表制造	Manufacture of Measuring Instrument	1219	64731	48271	57400	52953

注：本表数据口径范围为年主营业务收入2000万元及以上的法人工业企业。以下至2-7-9表相同。

2-2-2 各地区高技术产业R&D活动人员情况(2011年)

R&D Personnel in High-tech Industry by Region(2011)

地 区	Region	有R&D活动的企业数(个) Number of Enterprises Having R&D Activities (unit)	R&D人员(人) R&D Personnel (10000 persons)	#全时人员 Full-time Personnel	#研究人员 Researchers	R&D人员全时当量(人年) Full-time Equivalent (10000 man-year)
全 国	**Total**	**6787**	**618354**	**493841**	**550729**	**511175**
东部地区	Eastern Region	5346	485754	395031	435463	416739
中部地区	Middle Region	1042	81815	61643	71702	61912
西部地区	Western Region	399	50785	37167	43564	32524
北 京	Beijing	357	22814	19551	20241	18049
天 津	Tianjin	165	13228	10120	11110	10521
河 北	Hebei	86	8532	6481	7417	6633
山 西	Shanxi	29	2143	1747	1831	1648
内蒙古	Inner Mongolia	15	389	190	351	274
辽 宁	Liaoning	112	10351	8805	8310	7066
吉 林	Jilin	75	4828	3594	4229	3525
黑龙江	Heilongjiang	64	7495	4492	6230	6341
上 海	Shanghai	312	23567	19583	20959	19051
江 苏	Jiangsu	1419	94015	68762	83786	79683
浙 江	Zhejiang	994	48486	33336	45128	41738
安 徽	Anhui	187	14251	11195	12690	8394
福 建	Fujian	256	25103	20700	22404	22707
江 西	Jiangxi	83	9026	7264	7773	7725
山 东	Shandong	320	36988	30902	32578	29244
河 南	Henan	168	12327	8513	10929	9827
湖 北	Hubei	197	22019	18218	19434	18127
湖 南	Hunan	224	9337	6430	8235	6050
广 东	Guangdong	1196	198187	173612	179445	179117
广 西	Guangxi	102	3487	2422	3196	2298
海 南	Hainan	27	996	757	889	632
重 庆	Chongqing	86	5809	4537	5016	4469
四 川	Sichuan	69	17690	15411	15436	6508
贵 州	Guizhou	54	4894	3017	3978	4130
云 南	Yunnan	54	2657	1424	2369	1933
西 藏	Tibet	2	31	2	28	14
陕 西	Shaanxi	100	17245	11099	14547	13628
甘 肃	Gansu	18	1334	1130	1192	870
青 海	Qinghai	3	45	39	34	36
宁 夏	Ningxia	9	584	445	524	446
新 疆	Xinjiang	4	496	63	440	490

2-2-3 按行业和企业规模分高技术产业R&D活动人员情况(2011年)

R&D Personnel in High-tech Industry by Industrial Sector and Scale of Enterprises (2011)

行 业	Industry	大型企业 Large-size Enterprises				
		有R&D活动的企业数(个) Number of Enterprises Having R&D Activities (unit)	R&D人员(人) R&D Personnel (10000 persons)	#全时人员 Full-time Personnel	#研究人员 Researchers	R&D人员全时当量(人年) Full-time Equivalent (10000 man-year)
合 计	**Total**	**824**	**342699**	**293643**	**308093**	**303331**
医药制造业	**Manufacture of Medicines**	**161**	**43025**	**33619**	**38338**	**37078**
#化学药品制造	Manufacture of Chemical Medicine	96	30702	24256	27600	26820
中成药制造	Manufacture of Finished Traditional Chinese Herbal Medicine	41	7276	5621	6263	6131
生物、生化制品的制造	Manufacture of Biological and Biochemical Chemical Products	13	2771	2086	2467	2253
航空航天器制造业	**Manufacture of Aircrafts and Spacecrafts**	**36**	**32104**	**24620**	**27386**	**25410**
1.飞机制造及修理	Manufacture and Repairing of Airplanes	31	29327	22158	24999	22731
2.航天器制造	Manufacture of Spacecrafts	5	2777	2462	2387	2679
电子及通信设备制造业	**Manufacture of Electronic Equipment and Communication Equipment**	**443**	**204100**	**181878**	**185056**	**184558**
1.通信设备制造	Manufacture of Communication Equipment	80	102571	98479	94440	100037
#通信传输设备制造	Manufacture of Communication Transmitting Equipment	14	5481	5002	4981	4873
通信交换设备制造	Manufacture of Communication Exchanging Equipment	8	79166	78035	73307	79072
通信终端设备制造	Manufacture of Communication Terminal Equipment	12	2835	2425	2518	2071
2.雷达及配套设备制造	Manufacture of Radar and Its Fittings	6	3714	3417	3288	1913
3.广播电视设备制造	Manufacture of Broadcasting and TV Equipment	12	4503	4352	4246	1902
4.电子器件制造	Manufacture of Electronic Appliances	124	33311	28941	29792	29064
#电子真空器件制造	Manufacture of Electronic Vacuum Appliances	5	910	621	794	755
半导体分立器件制造	Manufacture of Semiconductor Discreting Appliances	12	2820	2505	2568	2522
集成电路制造	Manufacture of Integrate Circuit	32	10838	8963	9407	9842
5.电子元件制造	Manufacture of Electronic Components	161	42438	31416	38264	36494
6.家用视听设备制造	Manufacture of Domestic TV Set and Radio Receiver	44	13987	11970	11971	12510
7.其他电子设备制造	Manufacture of Other Electronic Equipment	16	3576	3303	3055	2639
电子计算机及办公设备制造业	**Manufacture of Computers and Office Equipments**	**110**	**44765**	**38245**	**40971**	**39235**
1.电子计算机整机制造	Manufacture of Entired Computer	25	17628	15391	16848	15571
2.电子计算机外部设备制造	Manufacture of Computer Peripheral Equipment	75	25010	20863	22239	21971
3.办公设备制造	Manufacture of Office Equipment	10	2127	1991	1884	1692
医疗设备及仪器仪表制造业	**Manufacture of Medical Equipments and Measuring Instrument**	**74**	**18705**	**15281**	**16342**	**17050**
1.医疗设备及器械制造	Manufacture of Medical Equipment and Appliances	16	3308	3116	2728	3044
2.仪器仪表制造	Manufacture of Measuring Instrument	58	15397	12165	13614	14006

2-2-3 续表 continued

行 业	Industry	中型企业 Medium-sized Enterprises 有R&D活动的企业数(个) Number of Enterprises Having R&D Activities (unit)	R&D人员(人) R&D Personnel (10000 persons)	#全时人员 Full-time Personnel	#研究人员 Researchers	R&D人员全时当量(人年) Full-time Equivalent (10000 man-year)
合 计	**Total**	**2180**	**158327**	**116476**	**138935**	**123388**
医药制造业	**Manufacture of Medicines**	**632**	**42613**	**28888**	**36969**	**31604**
#化学药品制造	Manufacture of Chemical Medicine	323	23245	16977	20266	17165
中成药制造	Manufacture of Finished Traditional Chinese Herbal Medicine	166	10423	6161	8869	7725
生物、生化制品的制造	Manufacture of Biological and Biochemical Chemical Products	75	5229	3288	4658	4031
航空航天器制造业	**Manufacture of Aircrafts and Spacecrafts**	**36**	**5537**	**4605**	**4679**	**4087**
1.飞机制造及修理	Manufacture and Repairing of Airplanes	28	4104	3249	3433	2693
2.航天器制造	Manufacture of Spacecrafts	8	1433	1356	1246	1395
电子及通信设备制造业	**Manufacture of Electronic Equipment and Communication Equipment**	**984**	**71376**	**53012**	**62702**	**57192**
1.通信设备制造	Manufacture of Communication Equipment	129	14472	12322	12600	12309
#通信传输设备制造	Manufacture of Communication Transmitting Equipment	32	4116	3705	3596	3419
通信交换设备制造	Manufacture of Communication Exchanging Equipment	9	1613	1501	1370	1293
通信终端设备制造	Manufacture of Communication Terminal Equipment	18	1715	1443	1433	1413
2.雷达及配套设备制造	Manufacture of Radar and Its Fittings	9	1040	893	922	896
3.广播电视设备制造	Manufacture of Broadcasting and TV Equipment	37	2577	2049	2208	2150
4.电子器件制造	Manufacture of Electronic Appliances	215	16361	11196	14356	13378
#电子真空器件制造	Manufacture of Electronic Vacuum Appliances	12	1484	828	1272	1283
半导体分立器件制造	Manufacture of Semiconductor Discreting Appliances	26	1699	1172	1485	1557
集成电路制造	Manufacture of Integrate Circuit	49	5617	3842	4975	4842
5.电子元件制造	Manufacture of Electronic Components	446	26219	17902	23280	20206
6.家用视听设备制造	Manufacture of Domestic TV Set and Radio Receiver	84	5415	4103	4694	4312
7.其他电子设备制造	Manufacture of Other Electronic Equipment	64	5292	4547	4642	3940
电子计算机及办公设备制造业	**Manufacture of Computers and Office Equipments**	**116**	**7676**	**6202**	**6877**	**6463**
1.电子计算机整机制造	Manufacture of Entired Computer	12	732	591	676	581
2.电子计算机外部设备制造	Manufacture of Computer Peripheral Equipment	84	5545	4654	5036	4719
3.办公设备制造	Manufacture of Office Equipment	20	1399	957	1165	1163
医疗设备及仪器仪表制造业	**Manufacture of Medical Equipments and Measuring Instrument**	**412**	**31125**	**23769**	**27708**	**24042**
1.医疗设备及器械制造	Manufacture of Medical Equipment and Appliances	88	5530	4296	4836	4053
2.仪器仪表制造	Manufacture of Measuring Instrument	324	25595	19473	22872	19989

2-2-4 按行业分国有及国有控股企业高技术产业R&D活动人员情况(2011年)

R&D Personnel in High-tech Industry of State-owned and State-controlled Enterprises by Industrial Sector (2011)

行 业	Industry	有R&D活动的企业数(个) Number of Enterprises Having R&D Activities (unit)	R&D人员(人) R&D Personnel (10000 persons)	#全时人员 Full-time Personnel	#研究人员 Researchers	R&D人员全时当量(人年) Full-time Equivalent (10000 man-year)
合 计	**Total**	**856**	**175742**	**144298**	**150840**	**142730**
医药制造业	**Manufacture of Medicines**	**240**	**26722**	**19159**	**22862**	**21970**
#化学药品制造	Manufacture of Chemical Medicine	116	17524	13067	15196	14812
中成药制造	Manufacture of Finished Traditional Chinese Herbal Medicine	74	4970	3210	3981	3957
生物、生化制品的制造	Manufacture of Biological and Biochemical Chemical Products	30	2770	1932	2429	2087
航空航天器制造业	**Manufacture of Aircrafts and Spacecrafts**	**83**	**39706**	**30325**	**33610**	**31512**
1.飞机制造及修理	Manufacture and Repairing of Airplanes	69	35533	26543	30013	27454
2.航天器制造	Manufacture of Spacecrafts	14	4173	3782	3597	4057
电子及通信设备制造业	**Manufacture of Electronic Equipment and Communication Equipment**	**330**	**79463**	**70601**	**68861**	**63308**
1.通信设备制造	Manufacture of Communication Equipment	86	38778	36198	34151	37060
#通信传输设备制造	Manufacture of Communication Transmitting Equipment	27	5127	4624	4514	4057
通信交换设备制造	Manufacture of Communication Exchanging Equipment	9	27490	26337	24219	27294
通信终端设备制造	Manufacture of Communication Terminal Equipment	16	1803	1581	1475	1678
2.雷达及配套设备制造	Manufacture of Radar and Its Fittings	22	5205	4772	4580	3338
3.广播电视设备制造	Manufacture of Broadcasting and TV Equipment	14	596	486	474	473
4.电子器件制造	Manufacture of Electronic Appliances	99	11972	9752	10309	9361
#电子真空器件制造	Manufacture of Electronic Vacuum Appliances	11	1262	752	1091	1023
半导体分立器件制造	Manufacture of Semiconductor Discreting Appliances	12	1102	917	1008	863
集成电路制造	Manufacture of Integrate Circuit	27	2527	1835	2106	2036
5.电子元件制造	Manufacture of Electronic Components	77	7786	5321	6425	6526
6.家用视听设备制造	Manufacture of Domestic TV Set and Radio Receiver	15	13486	12524	11501	5094
7.其他电子设备制造	Manufacture of Other Electronic Equipment	17	1640	1548	1421	1455
电子计算机及办公设备制造业	**Manufacture of Computers and Office Equipments**	**33**	**11439**	**10210**	**10263**	**10838**
1.电子计算机整机制造	Manufacture of Entired Computer	10	4845	4512	4635	4431
2.电子计算机外部设备制造	Manufacture of Computer Peripheral Equipment	21	5735	4846	4861	5548
3.办公设备制造	Manufacture of Office Equipment	2	859	852	767	859
医疗设备及仪器仪表制造业	**Manufacture of Medical Equipments and Measuring Instrument**	**170**	**18412**	**14003**	**15244**	**15103**
1.医疗设备及器械制造	Manufacture of Medical Equipment and Appliances	14	953	786	810	748
2.仪器仪表制造	Manufacture of Measuring Instrument	156	17459	13217	14434	14354

2-2-5 按行业和登记注册类型分高技术产业R&D活动人员情况(2011年)

R&D Personnel in High-tech Industry by Industrial Sector and Registration Status(2011)

行 业	Industry	内资企业 Domestic Funded				
		有R&D活动的企业数(个) Number of Enterprises Having R&D Activities (unit)	R&D人员(人) R&D Personnel (10000 persons)	#全时人员 Full-time Personnel	#研究人员 Researchers	R&D人员全时当量(人年) Full-time Equivalent (10000 man-year)
合 计	**Total**	**4720**	**412669**	**332132**	**365273**	**335499**
医药制造业	**Manufacture of Medicines**	**1512**	**88317**	**62038**	**77453**	**68332**
#化学药品制造	Manufacture of Chemical Medicine	663	48006	35723	42663	38114
中成药制造	Manufacture of Finished Traditional Chinese Herbal Medicine	390	21495	14022	18379	16408
生物、生化制品的制造	Manufacture of Biological and Biochemical Chemical Products	222	9875	6440	8728	7326
航空航天器制造业	**Manufacture of Aircrafts and Spacecrafts**	**100**	**39068**	**29583**	**32871**	**30852**
1.飞机制造及修理	Manufacture and Repairing of Airplanes	81	34741	25668	29126	26687
2.航天器制造	Manufacture of Spacecrafts	19	4327	3915	3745	4165
电子及通信设备制造业	**Manufacture of Electronic Equipment and Communication Equipment**	**1699**	**205162**	**178621**	**183885**	**171016**
1.通信设备制造	Manufacture of Communication Equipment	295	103168	98674	94514	98772
#通信传输设备制造	Manufacture of Communication Transmitting Equipment	94	10115	8982	9101	8452
通信交换设备制造	Manufacture of Communication Exchanging Equipment	33	78985	78289	72920	78220
通信终端设备制造	Manufacture of Communication Terminal Equipment	49	4078	3285	3488	3179
2.雷达及配套设备制造	Manufacture of Radar and Its Fittings	29	5656	5149	4985	3672
3.广播电视设备制造	Manufacture of Broadcasting and TV Equipment	104	7383	6211	6650	4110
4.电子器件制造	Manufacture of Electronic Appliances	416	31080	24242	27517	25409
#电子真空器件制造	Manufacture of Electronic Vacuum Appliances	33	2741	1537	2304	2346
半导体分立器件制造	Manufacture of Semiconductor Discreting Appliances	56	4047	3141	3645	3587
集成电路制造	Manufacture of Integrate Circuit	81	8008	6044	7304	6905
5.电子元件制造	Manufacture of Electronic Components	594	30466	20454	26487	23094
6.家用视听设备制造	Manufacture of Domestic TV Set and Radio Receiver	96	18008	15708	15579	8593
7.其他电子设备制造	Manufacture of Other Electronic Equipment	165	9401	8183	8153	7366
电子计算机及办公设备制造业	**Manufacture of Computers and Office Equipments**	**203**	**20157**	**17372**	**18368**	**16650**
1.电子计算机整机制造	Manufacture of Entired Computer	28	6174	5524	5894	5526
2.电子计算机外部设备制造	Manufacture of Computer Peripheral Equipment	136	11311	9768	10199	8944
3.办公设备制造	Manufacture of Office Equipment	39	2672	2080	2275	2181
医疗设备及仪器仪表制造业	**Manufacture of Medical Equipments and Measuring Instrument**	**1206**	**59965**	**44518**	**52696**	**48649**
1.医疗设备及器械制造	Manufacture of Medical Equipment and Appliances	226	9146	6978	7960	7045
2.仪器仪表制造	Manufacture of Measuring Instrument	980	50819	37540	44736	41604

2-2-5 续表 1 continued

行　业	Industry	#国有企业 State-owned Enterprises 有R&D活动的企业数（个）Number of Enterprises Having R&D Activities (unit)	R&D人员（人）R&D Personnel (10000 persons)	#全时人员 Full-time Personnel	#研究人员 Researchers	R&D人员全时当量（人年）Full-time Equivalent (10000 man-year)
合　计	**Total**	**176**	**30846**	**24791**	**25963**	**26253**
医药制造业	**Manufacture of Medicines**	**45**	**4947**	**3531**	**4351**	**4540**
#化学药品制造	Manufacture of Chemical Medicine	19	3136	2032	2825	2827
中成药制造	Manufacture of Finished Traditional Chinese Herbal Medicine	15	862	686	621	794
生物、生化制品的制造	Manufacture of Biological and Biochemical Chemical Products	5	890	772	854	865
航空航天器制造业	**Manufacture of Aircrafts and Spacecrafts**	**24**	**5349**	**4340**	**4609**	**5122**
1.飞机制造及修理	Manufacture and Repairing of Airplanes	18	3108	2412	2696	2980
2.航天器制造	Manufacture of Spacecrafts	6	2241	1928	1913	2143
电子及通信设备制造业	**Manufacture of Electronic Equipment and Communication Equipment**	**54**	**13324**	**11528**	**10927**	**10971**
1.通信设备制造	Manufacture of Communication Equipment	16	5121	4699	4257	4205
#通信传输设备制造	Manufacture of Communication Transmitting Equipment	7	1160	1143	1094	383
通信交换设备制造	Manufacture of Communication Exchanging Equipment	2	3273	2955	2674	3273
通信终端设备制造	Manufacture of Communication Terminal Equipment	2	125	124	74	125
2.雷达及配套设备制造	Manufacture of Radar and Its Fittings	7	2385	2347	2174	1646
3.广播电视设备制造	Manufacture of Broadcasting and TV Equipment	2	57	57	46	32
4.电子器件制造	Manufacture of Electronic Appliances	13	1047	793	875	738
#电子真空器件制造	Manufacture of Electronic Vacuum Appliances	1	63	6	59	24
半导体分立器件制造	Manufacture of Semiconductor Discreting Appliances	4	95	82	80	81
集成电路制造	Manufacture of Integrate Circuit	3	442	437	375	296
5.电子元件制造	Manufacture of Electronic Components	11	1496	1261	1181	1312
6.家用视听设备制造	Manufacture of Domestic TV Set and Radio Receiver	3	2652	1805	1845	2473
7.其他电子设备制造	Manufacture of Other Electronic Equipment	2	566	566	549	566
电子计算机及办公设备制造业	**Manufacture of Computers and Office Equipments**	**3**	**310**	**184**	**220**	**308**
1.电子计算机整机制造	Manufacture of Entired Computer					
2.电子计算机外部设备制造	Manufacture of Computer Peripheral Equipment	3	310	184	220	308
3.办公设备制造	Manufacture of Office Equipment					
医疗设备及仪器仪表制造业	**Manufacture of Medical Equipments and Measuring Instrument**	**50**	**6916**	**5208**	**5856**	**5312**
1.医疗设备及器械制造	Manufacture of Medical Equipment and Appliances	6	475	360	400	395
2.仪器仪表制造	Manufacture of Measuring Instrument	44	6441	4848	5456	4917

2-2-5 续表 2 continued

行 业	Industry	港澳台投资企业 Enterprises with Funds from Hong Kong, Macau and Taiwan				
		有R&D活动的企业数（个）Number of Enterprises Having R&D Activities (unit)	R&D人员（人）R&D Personnel (10000 persons)	#全时人员 Full-time Personnel	#研究人员 Researchers	R&D人员全时当量（人年）Full-time Equivalent (10000 man-year)
合 计	**Total**	**941**	**93269**	**73191**	**84196**	**79941**
医药制造业	**Manufacture of Medicines**	**191**	**14369**	**10475**	**12852**	**12320**
#化学药品制造	Manufacture of Chemical Medicine	89	8569	6467	7764	7333
中成药制造	Manufacture of Finished Traditional Chinese Herbal Medicine	43	2484	1432	2118	2082
生物、生化制品的制造	Manufacture of Biological and Biochemical Chemical Products	35	2428	1940	2188	2162
航空航天器制造业	**Manufacture of Aircrafts and Spacecrafts**	**3**	**1440**	**1401**	**1422**	**1260**
1.飞机制造及修理	Manufacture and Repairing of Airplanes	**3**	**1440**	**1401**	**1422**	**1259.939**
2.航天器制造	Manufacture of Spacecrafts					
电子及通信设备制造业	**Manufacture of Electronic Equipment and Communication Equipment**	**559**	**58127**	**46658**	**52676**	**49783**
1.通信设备制造	Manufacture of Communication Equipment	54	9114	8479	8082	8287
#通信传输设备制造	Manufacture of Communication Transmitting Equipment	10	1048	1022	1013	961
通信交换设备制造	Manufacture of Communication Exchanging Equipment	4	283	256	260	231
通信终端设备制造	Manufacture of Communication Terminal Equipment	6	882	794	844	546
2.雷达及配套设备制造	Manufacture of Radar and Its Fittings					
3.广播电视设备制造	Manufacture of Broadcasting and TV Equipment	14	988	802	960	891
4.电子器件制造	Manufacture of Electronic Appliances	126	10873	8957	9969	9473
#电子真空器件制造	Manufacture of Electronic Vacuum Appliances	1	209	209	201	209
半导体分立器件制造	Manufacture of Semiconductor Discreting Appliances	17	874	551	804	787
集成电路制造	Manufacture of Integrate Circuit	29	4077	3323	3745	3691
5.电子元件制造	Manufacture of Electronic Components	273	26177	18950	24169	21604
6.家用视听设备制造	Manufacture of Domestic TV Set and Radio Receiver	63	9096	8055	7878	8222
7.其他电子设备制造	Manufacture of Other Electronic Equipment	29	1879	1415	1618	1306
电子计算机及办公设备制造业	**Manufacture of Computers and Office Equipments**	**77**	**13311**	**9980**	**11736**	**11620**
1.电子计算机整机制造	Manufacture of Entired Computer	6	1326	1048	1253	744
2.电子计算机外部设备制造	Manufacture of Computer Peripheral Equipment	64	11392	8424	9985	10328
3.办公设备制造	Manufacture of Office Equipment	7	593	508	498	549
医疗设备及仪器仪表制造业	**Manufacture of Medical Equipments and Measuring Instrument**	**111**	**6022**	**4677**	**5510**	**4957**
1.医疗设备及器械制造	Manufacture of Medical Equipment and Appliances	24	974	774	904	857
2.仪器仪表制造	Manufacture of Measuring Instrument	87	5048	3903	4606	4100

2-2-5 续表 3 continued

行 业	Industry	外商投资企业 Foreign Funded Enterprises				
		有R&D活动的企业数(个) Number of Enterprises Having R&D Activities (unit)	R&D人员(人) R&D Personnel (10000 persons)	#全时人员 Full-time Personnel	#研究人员 Researchers	R&D人员全时当量(人年) Full-time Equivalent (10000 man-year)
合 计	**Total**	**1126**	**112416**	**88518**	**101260**	**95735**
医药制造业	**Manufacture of Medicines**	**234**	**15872**	**11827**	**14154**	**12815**
#化学药品制造	Manufacture of Chemical Medicine	122	11160	8589	9880	8857
中成药制造	Manufacture of Finished Traditional Chinese Herbal Medicine	31	1744	1382	1579	1505
生物、生化制品的制造	Manufacture of Biological and Biochemical Chemical Products	53	1912	1167	1737	1669
航空航天器制造业	**Manufacture of Aircrafts and Spacecrafts**	**8**	**310**	**160**	**257**	**218**
1.飞机制造及修理	Manufacture and Repairing of Airplanes	7	295	148	244	203
2.航天器制造	Manufacture of Spacecrafts	1	15	12	13	15
电子及通信设备制造业	**Manufacture of Electronic Equipment and Communication Equipment**	**569**	**59983**	**45889**	**53688**	**51263**
1.通信设备制造	Manufacture of Communication Equipment	83	12733	10004	11604	11376
#通信传输设备制造	Manufacture of Communication Transmitting Equipment	16	1103	873	888	980
通信交换设备制造	Manufacture of Communication Exchanging Equipment	5	2936	2123	2771	2842
通信终端设备制造	Manufacture of Communication Terminal Equipment	8	855	737	778	673
2.雷达及配套设备制造	Manufacture of Radar and Its Fittings	1	31	31	30	31
3.广播电视设备制造	Manufacture of Broadcasting and TV Equipment	15	678	633	580	533
4.电子器件制造	Manufacture of Electronic Appliances	160	17848	13855	15671	15347
#电子真空器件制造	Manufacture of Electronic Vacuum Appliances	3	113	28	94	101
半导体分立器件制造	Manufacture of Semiconductor Discreting Appliances	23	1040	787	888	869
集成电路制造	Manufacture of Integrate Circuit	50	7128	5623	5854	6298
5.电子元件制造	Manufacture of Electronic Components	236	23454	17106	21047	20473
6.家用视听设备制造	Manufacture of Domestic TV Set and Radio Receiver	39	3380	2837	3029	2491
7.其他电子设备制造	Manufacture of Other Electronic Equipment	35	1859	1423	1727	1013
电子计算机及办公设备制造业	**Manufacture of Computers and Office Equipments**	**94**	**23453**	**20638**	**21747**	**20978**
1.电子计算机整机制造	Manufacture of Entired Computer	18	11285	9815	10774	10241
2.电子计算机外部设备制造	Manufacture of Computer Peripheral Equipment	67	11412	10192	10287	10173
3.办公设备制造	Manufacture of Office Equipment	9	756	631	686	564
医疗设备及仪器仪表制造业	**Manufacture of Medical Equipments and Measuring Instrument**	**221**	**12798**	**10004**	**11414**	**10462**
1.医疗设备及器械制造	Manufacture of Medical Equipment and Appliances	69	3934	3176	3356	3213
2.仪器仪表制造	Manufacture of Measuring Instrument	152	8864	6828	8058	7248

2-2-6 按地区和企业规模分高技术产业R&D活动人员情况(2011年)

R&D Personnel in High-tech Industry by Region and Industrial Sector(2011)

地 区	Region	大型企业 Large-sized Enterprises				
		有R&D活动的企业数(个) Number of Enterprises Having R&D Activities (unit)	R&D人员(人) R&D Personnel (10000 persons)	#全时人员 Full-time Personnel	#研究人员 Researchers	R&D人员全时当量(人年) Full-time Equivalent (10000 man-year)
全 国	**Total**	**824**	**342699**	**293643**	**308093**	**303331**
东部地区	Eastern Region	665	281582	246719	255230	254726
中部地区	Middle Region	101	38649	31846	33733	31261
西部地区	Western Region	58	22468	15078	19130	17344
北 京	Beijing	29	8004	7117	7235	6589
天 津	Tianjin	13	4783	3738	4010	4199
河 北	Hebei	8	4551	3517	4203	3932
山 西	Shanxi	5	773	656	628	620
内 蒙 古	Inner Mongolia	2	64	44	55	64
辽 宁	Liaoning	6	4876	4835	3781	3222
吉 林	Jilin	7	1516	1330	1428	1383
黑 龙 江	Heilongjiang	8	5087	3194	4181	4701
上 海	Shanghai	48	12859	11114	11789	11035
江 苏	Jiangsu	194	46981	37593	42586	42184
浙 江	Zhejiang	55	16797	13050	15719	14974
安 徽	Anhui	15	6357	5876	5715	3385
福 建	Fujian	34	13562	11698	12213	12844
江 西	Jiangxi	16	5726	4795	4991	4955
山 东	Shandong	47	23772	20502	20837	18643
河 南	Henan	17	4392	3576	3904	4039
湖 北	Hubei	20	11292	9766	9822	9961
湖 南	Hunan	11	3442	2609	3009	2152
广 东	Guangdong	226	144874	133320	132369	136791
广 西	Guangxi	5	523	235	488	315
海 南	Hainan					
重 庆	Chongqing	9	1452	1172	1236	1331
四 川	Sichuan	16	5717	4533	4833	3864
贵 州	Guizhou	4	572	417	543	359
云 南	Yunnan	3	511	333	475	511
西 藏	Tibet					
陕 西	Shaanxi	21	12682	7677	10631	9927
甘 肃	Gansu	2	701	634	678	623
青 海	Qinghai					
宁 夏	Ningxia	2	359	263	314	254
新 疆	Xinjiang	1	474	49	420	474

2-2-6 续表 continued

地区	Region	中型企业 Medium-sized Enterprises				
		有R&D活动的企业数(个) Number of Enterprises Having R&D Activities (unit)	R&D人员(人) R&D Personnel (10000 persons)	#全时人员 Full-time Personnel	#研究人员 Researchers	R&D人员全时当量(人年) Full-time Equivalent (10000 man-year)
全国	**Total**	**2180**	**158327**	**116476**	**138935**	**123388**
东部地区	Eastern Region	1711	121207	90000	106807	96112
中部地区	Middle Region	330	25789	18378	22449	18691
西部地区	Western Region	139	11331	8098	9679	8585
北京	Beijing	95	8130	6756	7162	6367
天津	Tianjin	56	5135	3816	4212	4006
河北	Hebei	30	2817	2045	2244	1756
山西	Shanxi	13	1076	845	961	765
内蒙古	Inner Mongolia	4	125	85	111	95
辽宁	Liaoning	35	2831	1892	2411	1872
吉林	Jilin	29	2226	1541	1840	1444
黑龙江	Heilongjiang	17	1272	711	1085	858
上海	Shanghai	101	6221	5257	5196	4596
江苏	Jiangsu	456	26493	17817	23425	21007
浙江	Zhejiang	249	16372	11369	15227	13760
安徽	Anhui	38	4223	2794	3667	2807
福建	Fujian	81	7010	5546	6034	6214
江西	Jiangxi	29	2256	1710	1914	1969
山东	Shandong	90	6556	5183	5886	5222
河南	Henan	67	5121	3355	4493	3847
湖北	Hubei	70	6337	4917	5596	4634
湖南	Hunan	63	3153	2420	2782	2270
广东	Guangdong	483	37807	28789	33324	30278
广西	Guangxi	26	1455	1195	1347	817
海南	Hainan	9	380	335	339	218
重庆	Chongqing	42	3619	2799	3156	2725
四川	Sichuan	24	1898	1123	1483	1247
贵州	Guizhou	6	332	236	315	329
云南	Yunnan	18	1331	766	1192	907
西藏	Tibet					
陕西	Shaanxi	39	3573	2671	3040	3112
甘肃	Gansu	5	410	368	331	106
青海	Qinghai	1	14	10	14	13
宁夏	Ningxia	3	147	124	141	140
新疆	Xinjiang	1	7	1	7	6

2-2-7 各地区国有及国有控股企业高技术产业R&D活动人员情况(2011年)

R&D Personnel in High-tech Industry of State-owned and State-controlled Enterprises by Region (2011)

地　区	Region	有R&D活动的企业数(个) Number of Enterprises Having R&D Activities (unit)	R&D人员(人) R&D Personnel (10000 persons)	#全时人员 Full-time Personnel	#研究人员 Researchers	R&D人员全时当量(人年) Full-time Equivalent (10000 man-year)
全　国	**Total**	**856**	**175742**	**144298**	**150840**	**142730**
东部地区	Eastern Region	531	100040	85394	85939	88957
中部地区	Middle Region	169	38254	30644	32999	30402
西部地区	Western Region	156	37448	28260	31902	23371
北　京	Beijing	117	10752	8852	9485	8660
天　津	Tianjin	58	5141	3772	4296	4631
河　北	Hebei	18	3457	2169	3016	2592
山　西	Shanxi	8	642	375	582	399
内蒙古	Inner Mongolia	3	40	26	26	36
辽　宁	Liaoning	20	6934	6499	5410	4644
吉　林	Jilin	13	1244	1033	981	870
黑龙江	Heilongjiang	11	5146	3302	4185	4793
上　海	Shanghai	79	7560	6092	6479	6485
江　苏	Jiangsu	54	7878	5935	6231	6673
浙　江	Zhejiang	30	5421	4318	5019	5290
安　徽	Anhui	27	7262	6186	6482	3873
福　建	Fujian	20	3420	3161	2927	3305
江　西	Jiangxi	22	5636	5080	4790	5211
山　东	Shandong	34	12599	10524	10745	11358
河　南	Henan	21	3283	2156	2953	2922
湖　北	Hubei	44	11498	9869	9977	10186
湖　南	Hunan	20	3503	2617	3023	2112
广　东	Guangdong	90	35921	33190	31461	34904
广　西	Guangxi	8	764	712	703	350
海　南	Hainan	3	193	170	167	65
重　庆	Chongqing	31	2934	2456	2461	2586
四　川	Sichuan	23	14194	12772	12615	4240
贵　州	Guizhou	31	3732	2227	2880	3330
云　南	Yunnan	13	699	465	617	595
西　藏	Tibet					
陕　西	Shaanxi	50	15202	9697	12713	12201
甘　肃	Gansu	5	665	629	596	402
青　海	Qinghai					
宁　夏	Ningxia					
新　疆	Xinjiang	3	22	14	20	16

2-2-8 按地区和登记注册类型分高技术产业R&D活动人员情况(2011年)

R&D Personnel in High-tech Industry by Region and Registration Status(2011)

地 区	Region	内资企业 Domestic Funded				
		有R&D活动的企业数(个) Number of Enterprises Having R&D Activities (unit)	R&D人员(人) R&D Personnel (10000 persons)	#全时人员 Full-time Personnel	#研究人员 Researchers	R&D人员全时当量(人年) Full-time Equivalent (10000 man-year)
全 国	**Total**	**4720**	**412669**	**332132**	**365273**	**335499**
东部地区	Eastern Region	3445	292141	241916	260626	250733
中部地区	Middle Region	922	72556	55053	63576	54561
西部地区	Western Region	353	47972	35163	41071	30205
北 京	Beijing	270	16637	14091	14669	13575
天 津	Tianjin	121	8475	6946	6865	7085
河 北	Hebei	72	6237	4430	5328	4765
山 西	Shanxi	23	1648	1371	1373	1243
内 蒙 古	Inner Mongolia	13	279	176	257	232
辽 宁	Liaoning	92	9498	8356	7579	6438
吉 林	Jilin	69	4701	3491	4110	3413
黑 龙 江	Heilongjiang	53	5290	3096	4452	4592
上 海	Shanghai	166	7947	6675	6806	6143
江 苏	Jiangsu	806	39869	27753	34744	32865
浙 江	Zhejiang	734	32767	22693	30424	28008
安 徽	Anhui	166	13014	10348	11520	7415
福 建	Fujian	155	8621	6615	7840	7482
江 西	Jiangxi	73	8688	7033	7467	7536
山 东	Shandong	256	29142	24395	25461	22742
河 南	Henan	153	10981	7636	9763	8681
湖 北	Hubei	173	19600	16276	17261	16164
湖 南	Hunan	199	8355	5626	7373	5283
广 东	Guangdong	665	129106	117238	117419	119154
广 西	Guangxi	92	3218	2238	2942	2046
海 南	Hainan	16	624	486	549	430
重 庆	Chongqing	72	4590	3644	3983	3388
四 川	Sichuan	62	17320	15114	15110	6245
贵 州	Guizhou	50	4532	2792	3620	3840
云 南	Yunnan	44	2320	1194	2062	1702
西 藏	Tibet	2	31	2	28	14
陕 西	Shaanxi	91	16848	10842	14199	13300
甘 肃	Gansu	17	1317	1121	1179	855
青 海	Qinghai	3	45	39	34	36
宁 夏	Ningxia	8	473	352	416	335
新 疆	Xinjiang	4	496	63	440	490

2-2-8 续表 1 continued

地区 Region	#国有企业 State-owned Enterprises 有R&D活动的企业数(个) Number of Enterprises Having R&D Activities (unit)	R&D人员(人) R&D Personnel (10000 persons)	#全时人员 Full-time Personnel	#研究人员 Researchers	R&D人员全时当量(人年) Full-time Equivalent (10000 man-year)
全国 Total	**176**	**30846**	**24791**	**25963**	**26253**
东部地区 Eastern Region	92	13363	10009	11038	11501
中部地区 Middle Region	43	10610	9221	9143	8254
西部地区 Western Region	41	6873	5561	5782	6499
北京 Beijing	16	830	578	737	654
天津 Tianjin	5	289	152	259	168
河北 Hebei	4	2209	1453	2023	1983
山西 Shanxi	2	94	89	89	75
内蒙古 Inner Mongolia	1	32	18	19	32
辽宁 Liaoning	3	199	131	152	106
吉林 Jilin	2	96	41	77	96
黑龙江 Heilongjiang	1	12		11	12
上海 Shanghai	12	919	805	757	899
江苏 Jiangsu	14	2837	2048	2294	2314
浙江 Zhejiang	6	212	170	203	202
安徽 Anhui	9	3582	2982	3359	2050
福建 Fujian	3	108	66	104	99
江西 Jiangxi	10	1271	1179	1003	1155
山东 Shandong	10	3958	2993	3061	3815
河南 Henan	3	731	680	616	669
湖北 Hubei	12	4136	3655	3352	3935
湖南 Hunan	3	656	577	617	230
广东 Guangdong	11	940	772	663	928
广西 Guangxi	6	703	682	648	302
海南 Hainan	2	159	159	137	31
重庆 Chongqing	4	189	122	149	124
四川 Sichuan	7	791	572	676	743
贵州 Guizhou	5	668	600	636	623
云南 Yunnan	3	118	37	95	118
西藏 Tibet					
陕西 Shaanxi	20	4776	3901	3896	4562
甘肃 Gansu	1	325	325	325	325
青海 Qinghai					
宁夏 Ningxia					
新疆 Xinjiang	1	6	4	5	5

2-2-8 续表 2 continued

地区	Region	港澳台投资企业 Enterprises with Funds from Hong Kong, Macau and Taiwan				
		有R&D活动的企业数（个） Number of Enterprises Having R&D Activities (unit)	R&D人员（人） R&D Personnel (10000 persons)	#全时人员 Full-time Personnel	#研究人员 Researchers	R&D人员全时当量（人年） Full-time Equivalent (10000 man-year)
全国	**Total**	**941**	**93269**	**73191**	**84196**	**79941**
东部地区	Eastern Region	862	88319	69324	79810	76183
中部地区	Middle Region	58	3933	3134	3482	2977
西部地区	Western Region	21	1017	733	904	781
北京	Beijing	30	1826	1704	1659	1008
天津	Tianjin	10	1572	1347	1398	1502
河北	Hebei	6	1598	1375	1437	1373
山西	Shanxi	2	64	56	47	56
内蒙古	Inner Mongolia	1	22	10	14	22
辽宁	Liaoning	11	457	298	391	339
吉林	Jilin	4	84	62	78	74
黑龙江	Heilongjiang	2	60	26	57	42
上海	Shanghai	42	4129	3461	3839	3252
江苏	Jiangsu	239	21359	15140	19297	18555
浙江	Zhejiang	132	8809	5791	8201	7836
安徽	Anhui	7	331	203	292	174
福建	Fujian	53	8125	6244	6936	7357
江西	Jiangxi	6	203	132	190	89
山东	Shandong	14	1146	941	1035	733
河南	Henan	7	461	403	402	381
湖北	Hubei	12	1872	1493	1675	1459
湖南	Hunan	17	836	749	727	681
广东	Guangdong	315	38946	32798	35291	33972
广西	Guangxi	7	224	146	212	206
海南	Hainan	3	128	79	114	50
重庆	Chongqing	8	457	341	395	358
四川	Sichuan	3	136	64	113	135
贵州	Guizhou	3	79	79	75	58
云南	Yunnan	5	212	156	191	116
西藏	Tibet					
陕西	Shaanxi	1	22		22	2
甘肃	Gansu					
青海	Qinghai					
宁夏	Ningxia	1	111	93	108	111
新疆	Xinjiang					

2-2-8 续表 3 continued

地 区	Region	外商投资企业 Foreign Funded Enterprises 有R&D活动的企业数（个）Number of Enterprises Having R&D Activities (unit)	R&D人员（人）R&D Personnel (10000 persons)	#全时人员 Full-time Personnel	#研究人员 Researchers	R&D人员全时当量（人年）Full-time Equivalent (10000 man-year)
全 国	**Total**	**1126**	**112416**	**88518**	**101260**	**95735**
东部地区	Eastern Region	1039	105294	83791	95027	89822
中部地区	Middle Region	62	5326	3456	4644	4375
西部地区	Western Region	25	1796	1271	1589	1538
北 京	Beijing	57	4351	3756	3913	3466
天 津	Tianjin	34	3181	1827	2847	1935
河 北	Hebei	8	697	676	652	496
山 西	Shanxi	4	431	320	411	350
内蒙古	Inner Mongolia	1	88	4	80	20
辽 宁	Liaoning	9	396	151	340	288
吉 林	Jilin	2	43	41	41	38
黑龙江	Heilongjiang	9	2145	1370	1721	1707
上 海	Shanghai	104	11491	9447	10314	9656
江 苏	Jiangsu	374	32787	25869	29745	28263
浙 江	Zhejiang	128	6910	4852	6503	5893
安 徽	Anhui	14	906	644	878	805
福 建	Fujian	48	8357	7841	7628	7868
江 西	Jiangxi	4	135	99	116	100
山 东	Shandong	50	6700	5566	6082	5769
河 南	Henan	8	885	474	764	765
湖 北	Hubei	12	547	449	498	505
湖 南	Hunan	8	146	55	135	86
广 东	Guangdong	216	30135	23576	26735	25992
广 西	Guangxi	3	45	38	42	45
海 南	Hainan	8	244	192	226	152
重 庆	Chongqing	6	762	552	638	723
四 川	Sichuan	4	234	233	213	128
贵 州	Guizhou	1	283	146	283	231
云 南	Yunnan	5	125	74	116	115
西 藏	Tibet					
陕 西	Shaanxi	8	375	257	326	325
甘 肃	Gansu	1	17	9	13	16
青 海	Qinghai					
宁 夏	Ningxia					
新 疆	Xinjiang					

2-2-9 按地区和行业分高技术产业R&D活动人员情况(2011年)

R&D Personnel in High-tech Industry by Region and Industrial Sector(2011)

地区	Region	医药制造业 Medical and Pharmaceutical Products Manufacturing				
		有R&D活动的企业数(个) Number of Enterprises Having R&D Activities (unit)	R&D人员(人) R&D Personnel (10000 persons)	#全时人员 Full-time Personnel	#研究人员 Researchers	R&D人员全时当量(人年) Full-time Equivalent (10000 man-year)
全国	**Total**	**1937**	**118558**	**84340**	**104459**	**93467**
东部地区	Eastern Region	1229	79031	58631	69685	64766
中部地区	Middle Region	517	29370	19436	25671	21582
西部地区	Western Region	191	10157	6273	9103	7119
北京	Beijing	82	4412	3258	3814	3309
天津	Tianjin	58	4830	3934	3666	3877
河北	Hebei	40	5491	4422	4930	4587
山西	Shanxi	18	1659	1317	1382	1304
内蒙古	Inner Mongolia	13	330	165	295	222
辽宁	Liaoning	40	1682	996	1421	1263
吉林	Jilin	61	3260	2167	2864	2269
黑龙江	Heilongjiang	43	3936	2257	3306	2952
上海	Shanghai	87	4503	3633	4067	3409
江苏	Jiangsu	247	14567	10597	13069	12577
浙江	Zhejiang	229	13010	9518	11999	11071
安徽	Anhui	70	3442	2236	3082	2019
福建	Fujian	53	2975	1719	2574	2452
江西	Jiangxi	43	2463	1553	2157	2070
山东	Shandong	145	14729	12256	12974	12125
河南	Henan	84	5068	3324	4459	3755
湖北	Hubei	86	5923	4401	5259	4604
湖南	Hunan	99	3289	2016	2867	2386
广东	Guangdong	162	10217	6539	8801	8168
广西	Guangxi	60	1776	1159	1616	1327
海南	Hainan	26	839	600	754	603
重庆	Chongqing	44	2868	2093	2566	2131
四川	Sichuan	32	1652	690	1442	969
贵州	Guizhou	20	1126	751	1047	768
云南	Yunnan	42	2114	988	1879	1483
西藏	Tibet	2	31	2	28	14
陕西	Shaanxi	27	1230	871	1114	890
甘肃	Gansu	13	632	508	586	510
青海	Qinghai	2	37	32	28	28
宁夏	Ningxia	7	454	333	401	316
新疆	Xinjiang	2	13	5	12	10

2-2-9 续表 1 continued

地 区	Region	航空航天器制造业 Manufacture of Aircrafts and Spacecrafts				
		有R&D活动的企业数（个） Number of Enterprises Having R&D Activities (unit)	R&D人员（人） R&D Personnel (10000 persons)	#全时人员 Full-time Personnel	#研究人员 Researchers	R&D人员全时当量（人年） Full-time Equivalent (10000 man-year)
全 国	**Total**	**111**	**40818**	**31144**	**34550**	**32329**
东部地区	Eastern Region	45	12198	11193	10349	9367
中部地区	Middle Region	18	11126	9313	9795	9393
西部地区	Western Region	48	17494	10638	14406	13570
北 京	Beijing	11	2297	1997	2103	2131
天 津	Tianjin	3	232	173	183	221
河 北	Hebei	2	495	210	459	151
山 西	Shanxi					
内 蒙 古	Inner Mongolia					
辽 宁	Liaoning	4	5158	5030	4059	3168
吉 林	Jilin	1	126	126	50	13
黑 龙 江	Heilongjiang	5	2358	1708	2164	2303
上 海	Shanghai	6	1179	1175	941	1167
江 苏	Jiangsu	12	958	816	765	839
浙 江	Zhejiang	1	16	16	16	16
安 徽	Anhui	2	1298	1145	1172	870
福 建	Fujian					
江 西	Jiangxi	2	3306	2957	2913	3110
山 东	Shandong	3	173	129	160	93
河 南	Henan	2	1017	964	868	1017
湖 北	Hubei	3	1878	1621	1627	1841
湖 南	Hunan	3	1143	792	1001	238
广 东	Guangdong	3	1690	1647	1663	1581
广 西	Guangxi					
海 南	Hainan					
重 庆	Chongqing					
四 川	Sichuan	6	2411	1667	1956	1736
贵 州	Guizhou	15	2705	1612	2069	2508
云 南	Yunnan					
西 藏	Tibet					
陕 西	Shaanxi	26	12146	7127	10211	9302
甘 肃	Gansu	1	232	232	170	23
青 海	Qinghai					
宁 夏	Ningxia					
新 疆	Xinjiang					

2-2-9 续表 2 continued

地区 Region	电子及通信设备制造业 Manufacture of Electronic Equipment and Communication Equipment				
	有R&D活动的企业数(个) Number of Enterprises Having R&D Activities (unit)	R&D人员(人) R&D Personnel (10000 persons)	#全时人员 Full-time Personnel	#研究人员 Researchers	R&D人员全时当量(人年) Full-time Equivalent (10000 man-year)
全 国 Total	**2827**	**323272**	**271168**	**290249**	**272062**
东部地区 Eastern Region	2448	278886	232651	251374	244529
中部地区 Middle Region	290	25548	21653	22524	19256
西部地区 Western Region	89	18838	16864	16351	8277
北 京 Beijing	124	9154	8050	8161	7401
天 津 Tianjin	61	6437	4866	5703	5240
河 北 Hebei	21	1389	807	1060	951
山 西 Shanxi	6	300	263	283	181
内蒙古 Inner Mongolia	1	48	14	45	48
辽 宁 Liaoning	31	2135	1826	1699	1563
吉 林 Jilin	4	782	779	765	756
黑龙江 Heilongjiang	4	127	102	96	94
上 海 Shanghai	129	12808	10249	11514	10700
江 苏 Jiangsu	647	46835	34569	41878	39922
浙 江 Zhejiang	426	19465	12971	18151	16404
安 徽 Anhui	78	6060	5184	5158	3542
福 建 Fujian	142	13569	10750	12470	12081
江 西 Jiangxi	20	1428	1127	1220	1057
山 东 Shandong	87	10610	8655	8946	6823
河 南 Henan	35	2602	1953	2354	2087
湖 北 Hubei	71	12134	10722	10705	10317
湖 南 Hunan	71	2067	1509	1898	1174
广 东 Guangdong	754	155018	138710	140443	142736
广 西 Guangxi	25	1309	1041	1214	680
海 南 Hainan	1	157	157	135	29
重 庆 Chongqing	13	776	734	661	499
四 川 Sichuan	26	13429	12859	11856	3698
贵 州 Guizhou	15	911	573	721	733
云 南 Yunnan	4	133	128	119	80
西 藏 Tibet					
陕 西 Shaanxi	26	2678	2158	2169	2433
甘 肃 Gansu	2	410	337	384	332
青 海 Qinghai	1	8	7	6	8
宁 夏 Ningxia	1	19	19	15	19
新 疆 Xinjiang	1	474	49	420	474

2-2-9 续表 3 continued

地 区	Region	电子计算机及办公设备制造业 Manufacture of Computer and Office Equipments				
		有R&D活动的企业数（个） Number of Enterprises Having R&D Activities (unit)	R&D人员（人） R&D Personnel (10000 persons)	#全时人员 Full-time Personnel	#研究人员 Researchers	R&D人员全时当量（人年） Full-time Equivalent (10000 man-year)
全 国	**Total**	**374**	**56921**	**47990**	**51851**	**49248**
东部地区	Eastern Region	338	53825	45725	48937	47275
中部地区	Middle Region	29	2740	1939	2586	1727
西部地区	Western Region	7	356	326	328	246
北 京	Beijing	17	1763	1711	1603	1115
天 津	Tianjin	2	181	181	172	174
河 北	Hebei	1	43	43	40	37
山 西	Shanxi					
内蒙古	Inner Mongolia	1	11	11	11	4
辽 宁	Liaoning	2	288	119	170	195
吉 林	Jilin	3	156	85	121	139
黑龙江	Heilongjiang	3	135	88	132	96
上 海	Shanghai	12	1236	1087	1125	1025
江 苏	Jiangsu	84	10030	7676	9172	8619
浙 江	Zhejiang	42	3818	2776	3448	3748
安 徽	Anhui	6	1386	1156	1318	704
福 建	Fujian	26	6955	6811	5906	6754
江 西	Jiangxi	1	68	45	60	57
山 东	Shandong	12	7784	6921	7223	7332
河 南	Henan	2	100	47	95	82
湖 北	Hubei	3	666	385	657	439
湖 南	Hunan	10	218	122	192	206
广 东	Guangdong	138	21669	18384	20027	18240
广 西	Guangxi	2	58	16	51	36
海 南	Hainan					
重 庆	Chongqing	1	117	99	105	117
四 川	Sichuan	4	182	179	169	93
贵 州	Guizhou					
云 南	Yunnan	1	20	16	19	20
西 藏	Tibet					
陕 西	Shaanxi	1	37	32	35	16
甘 肃	Gansu					
青 海	Qinghai					
宁 夏	Ningxia					
新 疆	Xinjiang					

2-2-9 续表 4 continued

地区 Region		医疗设备及仪器仪表制造业 Manufacture of Medical Equipments and Measuring Instrument				
		有R&D活动的企业数（个） Number of Enterprises Having R&D Activities (unit)	R&D人员（人） R&D Personnel (10000 persons)	#全时人员 Full-time Personnel	#研究人员 Researchers	R&D人员全时当量（人年） Full-time Equivalent (10000 man-year)
全国	**Total**	**1538**	**78785**	**59199**	**69620**	**64068**
东部地区	Eastern Region	1286	61814	46831	55118	50802
中部地区	Middle Region	188	13031	9302	11126	9954
西部地区	Western Region	64	3940	3066	3376	3312
北京	Beijing	123	5188	4535	4560	4094
天津	Tianjin	41	1548	966	1386	1010
河北	Hebei	22	1114	999	928	908
山西	Shanxi	5	184	167	166	163
内蒙古	Inner Mongolia					
辽宁	Liaoning	35	1088	834	961	877
吉林	Jilin	6	504	437	429	349
黑龙江	Heilongjiang	9	939	337	532	896
上海	Shanghai	78	3841	3439	3312	2751
江苏	Jiangsu	429	21625	15104	18902	17725
浙江	Zhejiang	296	12177	8055	11514	10499
安徽	Anhui	31	2065	1474	1960	1259
福建	Fujian	35	1604	1420	1454	1419
江西	Jiangxi	17	1761	1582	1423	1431
山东	Shandong	73	3692	2941	3275	2872
河南	Henan	45	3540	2225	3153	2886
湖北	Hubei	34	1418	1089	1186	926
湖南	Hunan	41	2620	1991	2277	2046
广东	Guangdong	139	9593	8332	8511	8392
广西	Guangxi	15	344	206	315	254
海南	Hainan					
重庆	Chongqing	28	2048	1611	1684	1722
四川	Sichuan	1	16	16	13	12
贵州	Guizhou	4	152	81	141	120
云南	Yunnan	7	390	292	352	350
西藏	Tibet					
陕西	Shaanxi	20	1154	911	1018	987
甘肃	Gansu	2	60	53	52	4
青海	Qinghai					
宁夏	Ningxia	1	111	93	108	111
新疆	Xinjiang	1	9	9	8	6

2-3-1 按行业分高技术产业R&D活动经费情况(2011年)

R&D Expenditure in High-tech Industry by Industrial Sector(2011)

单位：万元 (10000 yuan)

行业	Industry	R&D经费内部支出 Intramural Expenditure on R&D	#人员劳务费 Labor Cost	#仪器和设备 Equip-ment	#政府资金 Govern-ment Funds	#企业资金 Self-raised Funds by Enterprises	R&D经费外部支出 External Expenditure on R&D
合 计	**Total**	**14409133**	**4732093**	**1608041**	**1172941**	**12805609**	**1070070**
医药制造业	**Manufacture of Medicines**	**2112462**	**536306**	**302171**	**127310**	**1958925**	**452929**
#化学药品制造	Manufacture of Chemical Medicine	1225048	312473	193021	68693	1140824	163059
中成药制造	Manufacture of Finished Traditional Chinese Herbal Medicine	387026	102215	49498	27218	355023	252838
生物、生化制品的制造	Manufacture of Biological and Biochemical Chemical Products	293438	77258	25477	17322	271967	16078
航空航天器制造业	**Manufacture of Aircrafts and Spacecrafts**	**1495895**	**232370**	**74454**	**533189**	**915826**	**195343**
1.飞机制造及修理	Manufacture and Repairing of Airplanes	1313678	190398	63156	496698	813701	73993
2.航天器制造	Manufacture of Spacecrafts	182217	41972	11298	36491	102125	121350
电子及通信设备制造业	**Manufacture of Electronic Equipment and Communication Equipment**	**7904869**	**3019159**	**908082**	**417115**	**7313801**	**318988**
1.通信设备制造	Manufacture of Communication Equipment	3654356	1810940	361448	124457	3506690	193803
#通信传输设备制造	Manufacture of Communication Transmitting Equipment	235589	100674	23496	16067	216534	5122
通信交换设备制造	Manufacture of Communication Exchanging Equipment	2738285	1451015	273496	76366	2660740	152363
通信终端设备制造	Manufacture of Communication Terminal Equipment	104179	44137	9146	2154	100009	6832
2.雷达及配套设备制造	Manufacture of Radar and Its Fittings	89275	31316	6840	12489	76786	29278
3.广播电视设备制造	Manufacture of Broadcasting and TV Equipment	110428	43594	14989	3890	103886	1842
4.电子器件制造	Manufacture of Electronic Appliances	1475520	377113	264695	127254	1310540	22212
#电子真空器件制造	Manufacture of Electronic Vacuum Appliances	70710	13947	8056	7574	62144	3136
半导体分立器件制造	Manufacture of Semiconductor Discreting Appliances	99423	20678	19681	6497	88586	1286
集成电路制造	Manufacture of Integrate Circuit	427194	134417	50459	70429	331470	10345
5.电子元件制造	Manufacture of Electronic Components	1289816	406567	187875	33579	1213282	18814
6.家用视听设备制造	Manufacture of Domestic TV Set and Radio Receiver	1022726	268570	48370	70470	903179	49278
7.其他电子设备制造	Manufacture of Other Electronic Equipment	262749	81060	23865	44976	199437	3761
电子计算机及办公设备制造业	**Manufacture of Computers and Office Equipments**	**1580581**	**495922**	**154255**	**25049**	**1404564**	**33744**
1.电子计算机整机制造	Manufacture of Entired Computer	703928	201575	83424	8678	649447	13652
2.电子计算机外部设备制造	Manufacture of Computer Peripheral Equipment	801723	263531	63417	14951	681642	18786
3.办公设备制造	Manufacture of Office Equipment	74930	30816	7414	1420	73476	1306
医疗设备及仪器仪表制造业	**Manufacture of Medical Equipments and Measuring Instrument**	**1315326**	**448336**	**169079**	**70277**	**1212493**	**69067**
1.医疗设备及器械制造	Manufacture of Medical Equipment and Appliances	298445	120855	29550	13096	284515	13211
2.仪器仪表制造	Manufacture of Measuring Instrument	1016881	327481	139529	57181	927978	55856

2-3-2 各地区高技术产业R&D活动经费情况(2011年)

R&D Expenditure in High-tech Industry by Region(2011)

单位：万元 (10000 yuan)

地 区	Region	R&D经费内部支出 Intramural Expenditure on R&D	#人员劳务费 Labor Cost	#仪器和设备 Equipment	#政府资金 Government Funds	#企业资金 Self-raised Funds by Enterprises	R&D经费外部支出 External Expenditure on R&D
全 国	**Total**	**14409133**	**4732093**	**1608041**	**1172941**	**12805609**	**1070070**
东部地区	Eastern Region	11861839	4131994	1300451	715131	10747106	881237
中部地区	Middle Region	1459870	366301	191123	222144	1224366	129707
西部地区	Western Region	1087424	233799	116467	235666	834137	59126
北 京	Beijing	741991	250054	69534	78853	621038	139885
天 津	Tianjin	321478	91996	45528	27480	265780	10011
河 北	Hebei	118244	35079	19678	7720	109150	20432
山 西	Shanxi	27341	4513	2917	1508	25833	3697
内蒙古	Inner Mongolia	7415	1470	2035	312	7104	30
辽 宁	Liaoning	576975	79986	16020	186924	388625	19744
吉 林	Jilin	63664	12099	11524	5312	56202	8666
黑龙江	Heilongjiang	172954	24603	9499	61781	111081	12762
上 海	Shanghai	717383	251537	67004	116275	580654	46632
江 苏	Jiangsu	2107404	526501	299922	48427	1957938	97881
浙 江	Zhejiang	869939	310078	80144	32946	825605	55655
安 徽	Anhui	208645	55446	30936	32761	173525	52066
福 建	Fujian	527962	157722	82932	14908	504290	29356
江 西	Jiangxi	164477	36534	17494	37214	123061	20156
山 东	Shandong	989971	233557	94539	39863	935246	53159
河 南	Henan	136405	36399	21823	8201	127346	8365
湖 北	Hubei	475139	154862	79526	49427	423492	15144
湖 南	Hunan	203829	40375	15369	25629	176723	8821
广 东	Guangdong	4809951	2175229	507672	156295	4484012	398960
广 西	Guangxi	65191	16779	14457	3890	60970	2009
海 南	Hainan	15351	3476	3021	1551	13801	7515
重 庆	Chongqing	71776	23781	8665	6664	61184	7541
四 川	Sichuan	370287	102696	21327	71453	297712	18546
贵 州	Guizhou	83002	15997	2949	16298	66022	3165
云 南	Yunnan	42298	7447	6617	3842	38299	6173
西 藏	Tibet	624	44	338	71	553	55
陕 西	Shaanxi	469512	75459	72293	130279	328650	21651
甘 肃	Gansu	23901	4318	3687	5774	18127	1298
青 海	Qinghai	361	146	41		361	7
宁 夏	Ningxia	9056	1381	509	1255	6651	115
新 疆	Xinjiang	16607	2530	42	30	16577	576

2-3-3 按行业和企业规模分高技术产业R&D活动经费情况(2011年)

R&D Expenditure in High-tech Industry by Industrial Sector and Scale of Enterprises(2011)

单位：万元 (10000 yuan)

行业	Industry	大型企业 Large-sized Enterprises					
		R&D经费内部支出 Intramural Expenditure on R&D	#人员劳务费 Labor Cost	#仪器和设备 Equip-ment	#政府资金 Govern-ment Funds	#企业资金 Self-raised Funds by Enterprises	R&D经费外部支出 External Expenditure on R&D
合　计	**Total**	**9564166**	**3292814**	**965040**	**809680**	**8432497**	**497094**
医药制造业	**Manufacture of Medicines**	**876486**	**237922**	**106511**	**51787**	**819464**	**101177**
#化学药品制造	Manufacture of Chemical Medicine	638479	164937	89039	38518	596087	73536
中成药制造	Manufacture of Finished Traditional Chinese Herbal Medicine	126876	34444	10028	8425	117781	17481
生物、生化制品的制造	Manufacture of Biological and Biochemical Chemical Products	72061	26767	2808	4131	67338	4174
航空航天器制造业	**Manufacture of Aircrafts and Spacecrafts**	**1305554**	**190763**	**58665**	**496423**	**764328**	**72041**
1.飞机制造及修理	Manufacture and Repairing of Airplanes	1187522	160661	51318	474236	711449	72041
2.航天器制造	Manufacture of Spacecrafts	118032	30102	7347	22186	52879	
电子及通信设备制造业	**Manufacture of Electronic Equipment and Communication Equipment**	**5657104**	**2317336**	**618246**	**224644**	**5312022**	**263061**
1.通信设备制造	Manufacture of Communication Equipment	3263118	1643812	320364	96141	3159633	183880
#通信传输设备制造	Manufacture of Communication Transmitting Equipment	131797	47893	14389	11079	120719	2056
通信交换设备制造	Manufacture of Communication Exchanging Equipment	2701697	1429809	272074	74808	2626888	151026
通信终端设备制造	Manufacture of Communication Terminal Equipment	62942	25015	5288	20	61488	5275
2.雷达及配套设备制造	Manufacture of Radar and Its Fittings	44928	13718	2326	10361	34567	27661
3.广播电视设备制造	Manufacture of Broadcasting and TV Equipment	47105	21480	8656	195	46877	390
4.电子器件制造	Manufacture of Electronic Appliances	903419	220103	176691	67147	808380	9567
#电子真空器件制造	Manufacture of Electronic Vacuum Appliances	24791	4014	2870	3565	20327	370
半导体分立器件制造	Manufacture of Semiconductor Discreting Appliances	33571	7075	7751	743	31402	93
集成电路制造	Manufacture of Integrate Circuit	226142	71810	16747	38158	165309	4810
5.电子元件制造	Manufacture of Electronic Components	669843	238361	79839	9652	637915	10083
6.家用视听设备制造	Manufacture of Domestic TV Set and Radio Receiver	640786	147207	22376	33058	561402	30531
7.其他电子设备制造	Manufacture of Other Electronic Equipment	87904	32655	7993	8090	63247	948
电子计算机及办公设备制造业	**Manufacture of Computers and Office Equipments**	**1375993**	**417195**	**136134**	**16750**	**1212150**	**24226**
1.电子计算机整机制造	Manufacture of Entired Computer	679166	192478	80818	7901	626343	9603
2.电子计算机外部设备制造	Manufacture of Computer Peripheral Equipment	658334	209088	51278	8318	547844	13771
3.办公设备制造	Manufacture of Office Equipment	38493	15629	4038	531	37962	852
医疗设备及仪器仪表制造业	**Manufacture of Medical Equipments and Measuring Instrument**	**349029**	**129599**	**45485**	**20076**	**324532**	**36590**
1.医疗设备及器械制造	Manufacture of Medical Equipment and Appliances	88468	46169	9570	4829	83639	9699
2.仪器仪表制造	Manufacture of Measuring Instrument	260561	83430	35915	15248	240893	26892

2-3-3 续表 continued

单位：万元 (10000 yuan)

行业	Industry	中型企业 Medium-sized Enterprises R&D经费内部支出 Intramural Expenditure on R&D	#人员劳务费 Labor Cost	#仪器和设备 Equip-ment	#政府资金 Govern-ment Funds	#企业资金 Self-raised Funds by Enterprises	R&D经费外部支出 External Expenditure on R&D
合　计	**Total**	**2813899**	**838813**	**401178**	**205515**	**2532924**	**475637**
医药制造业	**Manufacture of Medicines**	**686234**	**167671**	**112866**	**38774**	**635000**	**294618**
#化学药品制造	Manufacture of Chemical Medicine	364232	93414	68157	15510	340904	59530
中成药制造	Manufacture of Finished Traditional Chinese Herbal Medicine	129453	36347	18854	8206	118699	218693
生物、生化制品的制造	Manufacture of Biological and Biochemical Chemical Products	102229	23676	9286	7697	92837	5729
航空航天器制造业	**Manufacture of Aircrafts and Spacecrafts**	**130016**	**29870**	**15131**	**25121**	**103382**	**122648**
1.飞机制造及修理	Manufacture and Repairing of Airplanes	68030	18868	11307	10828	56324	1368
2.航天器制造	Manufacture of Spacecrafts	61985	11003	3824	14294	47058	121280
电子及通信设备制造业	**Manufacture of Electronic Equipment and Communication Equipment**	**1348603**	**415443**	**188567**	**110136**	**1202513**	**35580**
1.通信设备制造	Manufacture of Communication Equipment	269199	114586	30401	21312	238323	6529
#通信传输设备制造	Manufacture of Communication Transmitting Equipment	64019	36078	4732	2733	59713	2635
通信交换设备制造	Manufacture of Communication Exchanging Equipment	17156	10617	442	809	16347	584
通信终端设备制造	Manufacture of Communication Terminal Equipment	26084	11686	1988	1602	24090	680
2.雷达及配套设备制造	Manufacture of Radar and Its Fittings	33193	12911	3485	1087	32106	852
3.广播电视设备制造	Manufacture of Broadcasting and TV Equipment	31861	12431	2731	1720	28029	365
4.电子器件制造	Manufacture of Electronic Appliances	387207	98127	67066	41917	339279	9439
#电子真空器件制造	Manufacture of Electronic Vacuum Appliances	35099	6470	3827	3346	31660	2601
半导体分立器件制造	Manufacture of Semiconductor Discreting Appliances	42456	7416	9213	3522	36197	583
集成电路制造	Manufacture of Integrate Circuit	143825	39675	27747	24045	117915	5000
5.电子元件制造	Manufacture of Electronic Components	410568	115458	68930	13524	381842	6895
6.家用视听设备制造	Manufacture of Domestic TV Set and Radio Receiver	117069	34698	9272	4983	109693	10456
7.其他电子设备制造	Manufacture of Other Electronic Equipment	99505	27234	6682	25593	73241	1043
电子计算机及办公设备制造业	**Manufacture of Computers and Office Equipments**	**137271**	**51178**	**12528**	**4937**	**129844**	**3440**
1.电子计算机整机制造	Manufacture of Entired Computer	18738	5543	2212	644	18094	487
2.电子计算机外部设备制造	Manufacture of Computer Peripheral Equipment	89207	32873	7838	3827	82924	2953
3.办公设备制造	Manufacture of Office Equipment	29327	12762	2478	466	28826	
医疗设备及仪器仪表制造业	**Manufacture of Medical Equipments and Measuring Instrument**	**511776**	**174650**	**72087**	**26547**	**462185**	**19351**
1.医疗设备及器械制造	Manufacture of Medical Equipment and Appliances	117268	47165	9715	2209	115059	1316
2.仪器仪表制造	Manufacture of Measuring Instrument	394508	127485	62372	24338	347126	18035

2-3-4 按行业分国有及国有控股企业高技术产业R&D活动经费情况(2011年)

R&D Expenditure in High-tech Industry of State-owned and State-controlled Enterprises by Industrial Sector (2011)

单位：万元 (10000 yuan)

行业	Industry	R&D经费内部支出 Intramural Expenditure on R&D	#人员劳务费 Labor Cost	#仪器和设备 Equipment	#政府资金 Government Funds	#企业资金 Self-raised Funds by Enterprises	R&D经费外部支出 External Expenditure on R&D
合 计	**Total**	**4861004**	**1361941**	**435148**	**828171**	**3960742**	**518524**
医药制造业	**Manufacture of Medicines**	**416768**	**121624**	**51693**	**35832**	**378879**	**232710**
#化学药品制造	Manufacture of Chemical Medicine	257335	77801	36899	20248	235968	28857
中成药制造	Manufacture of Finished Traditional Chinese Herbal Medicine	76738	24772	10045	6359	70068	199932
生物、生化制品的制造	Manufacture of Biological and Biochemical Chemical Products	58576	13706	3469	6457	51528	2994
航空航天器制造业	**Manufacture of Aircrafts and Spacecrafts**	**1472534**	**224973**	**72010**	**532710**	**893105**	**194928**
1.飞机制造及修理	Manufacture and Repairing of Airplanes	1292596	183504	61068	496230	793248	73609
2.航天器制造	Manufacture of Spacecrafts	179938	41469	10942	36480	99857	121319
电子及通信设备制造业	**Manufacture of Electronic Equipment and Communication Equipment**	**2389554**	**812810**	**245295**	**215876**	**2166981**	**57845**
1.通信设备制造	Manufacture of Communication Equipment	1211918	495057	124189	71624	1137477	12055
#通信传输设备制造	Manufacture of Communication Transmitting Equipment	127891	46778	11041	12214	114102	3133
通信交换设备制造	Manufacture of Communication Exchanging Equipment	956247	388641	98353	50616	905631	1758
通信终端设备制造	Manufacture of Communication Terminal Equipment	27953	11589	841	1583	25852	5886
2.雷达及配套设备制造	Manufacture of Radar and Its Fittings	82557	29123	5685	12255	70302	28309
3.广播电视设备制造	Manufacture of Broadcasting and TV Equipment	8027	3088	281	527	7500	632
4.电子器件制造	Manufacture of Electronic Appliances	382509	102704	69705	47808	333820	3770
#电子真空器件制造	Manufacture of Electronic Vacuum Appliances	34972	6379	3888	3818	31154	2895
半导体分立器件制造	Manufacture of Semiconductor Discreting Appliances	5984	1559	219	721	5236	197
集成电路制造	Manufacture of Integrate Circuit	99803	20670	22152	22773	76510	289
5.电子元件制造	Manufacture of Electronic Components	128359	34711	16796	6829	119162	2425
6.家用视听设备制造	Manufacture of Domestic TV Set and Radio Receiver	509214	133517	22169	42415	466781	9909
7.其他电子设备制造	Manufacture of Other Electronic Equipment	66970	14610	6470	34418	31940	745
电子计算机及办公设备制造业	**Manufacture of Computers and Office Equipments**	**286198**	**119553**	**15423**	**12747**	**266014**	**10517**
1.电子计算机整机制造	Manufacture of Entired Computer	166146	57562	6017	8227	155672	8114
2.电子计算机外部设备制造	Manufacture of Computer Peripheral Equipment	105982	54602	8364	4085	96707	2381
3.办公设备制造	Manufacture of Office Equipment	14071	7389	1043	435	13635	22
医疗设备及仪器仪表制造业	**Manufacture of Medical Equipments and Measuring Instrument**	**295950**	**82981**	**50728**	**31006**	**255763**	**22524**
1.医疗设备及器械制造	Manufacture of Medical Equipment and Appliances	17057	5542	2088	1914	15143	1263
2.仪器仪表制造	Manufacture of Measuring Instrument	278893	77439	48640	29092	240620	21261

2-3-5 按行业和登记注册类型分高技术产业R&D活动经费情况(2011年)

R&D Expenditure in High-tech Industry by Industrial Sector and Registration Status(2011)

单位：万元 (10000 yuan)

行业	Industry	内资企业 Domestic Funded					
		R&D经费内部支出 Intramural Expenditure on R&D	#人员劳务费 Labor Cost	#仪器和设备 Equip-ment	#政府资金 Govern-ment Funds	#企业资金 Self-raised Funds by Enterprises	R&D经费外部支出 External Expenditure on R&D
合计	**Total**	**9512132**	**3222016**	**1002046**	**1026500**	**8378242**	**841260**
医药制造业	**Manufacture of Medicines**	**1505888**	**361125**	**213464**	**96303**	**1393598**	**367943**
#化学药品制造	Manufacture of Chemical Medicine	820645	202455	129153	48122	763526	93309
中成药制造	Manufacture of Finished Traditional Chinese Herbal Medicine	327689	85701	43198	22365	301355	242191
生物、生化制品的制造	Manufacture of Biological and Biochemical Chemical Products	194996	39372	18777	13781	179915	13030
航空航天器制造业	**Manufacture of Aircrafts and Spacecrafts**	**1480962**	**221967**	**73706**	**533130**	**901078**	**194854**
1.飞机制造及修理	Manufacture and Repairing of Airplanes	1299061	180107	62408	496639	799269	73504
2.航天器制造	Manufacture of Spacecrafts	181901	41861	11298	36491	101809	121350
电子及通信设备制造业	**Manufacture of Electronic Equipment and Communication Equipment**	**5189955**	**2187478**	**558199**	**319096**	**4850744**	**221273**
1.通信设备制造	Manufacture of Communication Equipment	3093158	1594205	303041	114674	2971957	158158
#通信传输设备制造	Manufacture of Communication Transmitting Equipment	199290	81321	18542	15847	181115	3910
通信交换设备制造	Manufacture of Communication Exchanging Equipment	2636175	1414321	265974	72755	2562242	141089
通信终端设备制造	Manufacture of Communication Terminal Equipment	62383	24995	6322	1617	60185	6652
2.雷达及配套设备制造	Manufacture of Radar and Its Fittings	88196	31006	6840	12489	75707	29235
3.广播电视设备制造	Manufacture of Broadcasting and TV Equipment	79123	32453	9023	3788	75164	1446
4.电子器件制造	Manufacture of Electronic Appliances	681332	183373	119647	80104	597519	12385
#电子真空器件制造	Manufacture of Electronic Vacuum Appliances	66163	13540	6963	7565	57606	3136
半导体分立器件制造	Manufacture of Semiconductor Discreting Appliances	52542	11157	10603	5780	46714	899
集成电路制造	Manufacture of Integrate Circuit	179347	49097	29632	31878	146378	5164
5.电子元件制造	Manufacture of Electronic Components	479915	128408	72712	24262	447054	6435
6.家用视听设备制造	Manufacture of Domestic TV Set and Radio Receiver	592063	163551	31381	44550	547449	10934
7.其他电子设备制造	Manufacture of Other Electronic Equipment	176169	54482	15556	39231	135894	2682
电子计算机及办公设备制造业	**Manufacture of Computers and Office Equipments**	**396673**	**156531**	**23794**	**17996**	**369748**	**13014**
1.电子计算机整机制造	Manufacture of Entired Computer	192070	65169	7436	8628	181195	8120
2.电子计算机外部设备制造	Manufacture of Computer Peripheral Equipment	167644	75711	14152	8238	152724	4667
3.办公设备制造	Manufacture of Office Equipment	36958	15652	2206	1130	35829	227
医疗设备及仪器仪表制造业	**Manufacture of Medical Equipments and Measuring Instrument**	**938654**	**294915**	**132883**	**59975**	**863075**	**44177**
1.医疗设备及器械制造	Manufacture of Medical Equipment and Appliances	169276	70307	15730	9184	159441	11037
2.仪器仪表制造	Manufacture of Measuring Instrument	769378	224609	117153	50791	703634	33140

2-3-5 续表 1 continued

单位：万元 (10000 yuan)

行 业	Industry	#国有企业 State-owned Enterprises					
		R&D经费内部支出 Intramural Expenditure on R&D	#人员劳务费 Labor Cost	#仪器和设备 Equip-ment	#政府资金 Govern-ment Funds	#企业资金 Self-raised Funds by Enterprises	R&D经费外部支出 External Expenditure on R&D
合 计	**Total**	**831958**	**191531**	**90381**	**103982**	**710852**	**47565**
医药制造业	**Manufacture of Medicines**	**88446**	**20644**	**17664**	**9523**	**78041**	**4303**
#化学药品制造	Manufacture of Chemical Medicine	50449	12185	12650	6449	43833	3012
中成药制造	Manufacture of Finished Traditional Chinese Herbal Medicine	13874	3620	4050	699	13052	980
生物、生化制品的制造	Manufacture of Biological and Biochemical Chemical Products	21705	4449	700	2161	18953	211
航空航天器制造业	**Manufacture of Aircrafts and Spacecrafts**	**149707**	**31739**	**14394**	**40158**	**99885**	**1478**
1.飞机制造及修理	Manufacture and Repairing of Airplanes	65642	16572	5278	13474	52168	1439
2.航天器制造	Manufacture of Spacecrafts	84064	15166	9116	26684	47716	39
电子及通信设备制造业	**Manufacture of Electronic Equipment and Communication Equipment**	**449784**	**110930**	**31507**	**33369**	**415008**	**30427**
1.通信设备制造	Manufacture of Communication Equipment	179361	63562	22534	17231	161637	972
#通信传输设备制造	Manufacture of Communication Transmitting Equipment	47419	6228	400	6664	40609	737
通信交换设备制造	Manufacture of Communication Exchanging Equipment	120792	53822	19884	10262	110530	
通信终端设备制造	Manufacture of Communication Terminal Equipment	1221	570			1221	128
2.雷达及配套设备制造	Manufacture of Radar and Its Fittings	14049	5174	1553	2958	11091	25780
3.广播电视设备制造	Manufacture of Broadcasting and TV Equipment	779	196	23	197	582	5
4.电子器件制造	Manufacture of Electronic Appliances	16461	7001	472	3803	12330	109
#电子真空器件制造	Manufacture of Electronic Vacuum Appliances	154	82	19		154	1
半导体分立器件制造	Manufacture of Semiconductor Discreting Appliances	1724	453	23	210	1514	92
集成电路制造	Manufacture of Integrate Circuit	4880	1740		1443	3437	
5.电子元件制造	Manufacture of Electronic Components	19261	5392	1149	2438	16811	59
6.家用视听设备制造	Manufacture of Domestic TV Set and Radio Receiver	208489	22306	5207	6215	202274	3280
7.其他电子设备制造	Manufacture of Other Electronic Equipment	11385	7298	570	529	10283	223
电子计算机及办公设备制造业	**Manufacture of Computers and Office Equipments**	**8378**	**1755**	**1529**	**500**	**7878**	**1**
1.电子计算机整机制造	Manufacture of Entired Computer						
2.电子计算机外部设备制造	Manufacture of Computer Peripheral Equipment	8378	1755	1529	500	7878	1
3.办公设备制造	Manufacture of Office Equipment						
医疗设备及仪器仪表制造业	**Manufacture of Medical Equipments and Measuring Instrument**	**135644**	**26463**	**25287**	**20432**	**110041**	**11356**
1.医疗设备及器械制造	Manufacture of Medical Equipment and Appliances	8728	2744	1609	1318	7410	1037
2.仪器仪表制造	Manufacture of Measuring Instrument	126916	23719	23678	19114	102631	10318

2-3-5 续表 2 continued

单位：万元 (10000 yuan)

行 业	Industry	港澳台投资企业 Enterprises with Funds from Hong Kong, Macau and Taiwan					
		R&D经费内部支出 Intramural Expenditure on R&D	#人员劳务费 Labor Cost	#仪器和设备 Equip-ment	#政府资金 Govern-ment Funds	#企业资金 Self-raised Funds by Enterprises	R&D经费外部支出 External Expenditure on R&D
合 计	**Total**	**1861299**	**601813**	**179275**	**67037**	**1735625**	**81207**
医药制造业	**Manufacture of Medicines**	**271812**	**83764**	**36890**	**15073**	**253706**	**41194**
#化学药品制造	Manufacture of Chemical Medicine	157684	42694	22663	10105	145933	33486
中成药制造	Manufacture of Finished Traditional Chinese Herbal Medicine	25916	9084	2835	1404	24389	5432
生物、生化制品的制造	Manufacture of Biological and Biochemical Chemical Products	65261	27489	3562	2628	61404	1420
航空航天器制造业	**Manufacture of Aircrafts and Spacecrafts**	**6443**	**4991**	**498**		**6443**	**487**
1.飞机制造及修理	Manufacture and Repairing of Airplanes	**6443.4**	**4990.8**	**498**		**6443.4**	**487.2**
2.航天器制造	Manufacture of Spacecrafts						
电子及通信设备制造业	**Manufacture of Electronic Equipment and Communication Equipment**	**1043268**	**360336**	**114071**	**43796**	**958156**	**26290**
1.通信设备制造	Manufacture of Communication Equipment	163269	72007	19816	1633	156408	491
#通信传输设备制造	Manufacture of Communication Transmitting Equipment	12456	4912	2401	164	11631	40
通信交换设备制造	Manufacture of Communication Exchanging Equipment	4530	1969	169	8	4522	
通信终端设备制造	Manufacture of Communication Terminal Equipment	22085	6807	416	538	20113	180
2.雷达及配套设备制造	Manufacture of Radar and Its Fittings						
3.广播电视设备制造	Manufacture of Broadcasting and TV Equipment	17745	6224	5505	20	17260	9
4.电子器件制造	Manufacture of Electronic Appliances	250335	74006	21614	25343	202726	3359
#电子真空器件制造	Manufacture of Electronic Vacuum Appliances	4021	242	1056		4021	
半导体分立器件制造	Manufacture of Semiconductor Discreting Appliances	16199	3996	522	685	15385	20
集成电路制造	Manufacture of Integrate Circuit	84149	37159	4652	21190	41259	1605
5.电子元件制造	Manufacture of Electronic Components	393517	140771	55215	7261	376565	4065
6.家用视听设备制造	Manufacture of Domestic TV Set and Radio Receiver	191616	58341	8262	9153	181495	17412
7.其他电子设备制造	Manufacture of Other Electronic Equipment	26786	8987	3660	387	23702	955
电子计算机及办公设备制造业	**Manufacture of Computers and Office Equipments**	**446210**	**118227**	**20057**	**3710**	**431891**	**12339**
1.电子计算机整机制造	Manufacture of Entired Computer	89120	23136	3510	50	88932	466
2.电子计算机外部设备制造	Manufacture of Computer Peripheral Equipment	346199	89931	14452	3527	332236	11873
3.办公设备制造	Manufacture of Office Equipment	10890	5160	2095	133	10723	
医疗设备及仪器仪表制造业	**Manufacture of Medical Equipments and Measuring Instrument**	**93566**	**34496**	**7759**	**4458**	**85428**	**897**
1.医疗设备及器械制造	Manufacture of Medical Equipment and Appliances	14834	4471	1590	1084	13749	219
2.仪器仪表制造	Manufacture of Measuring Instrument	78733	30025	6169	3374	71679	677

2-3-5 续表 3 continued

单位：万元 (10000 yuan)

行 业	Industry	外商投资企业 Foreign Funded Enterprises					
		R&D经费内部支出 Intramural Expenditure on R&D	#人员劳务费 Labor Cost	#仪器和设备 Equip-ment	#政府资金 Govern-ment Funds	#企业资金 Self-raised Funds by Enterprises	R&D经费外部支出 External Expenditure on R&D
合 计	**Total**	**3035702**	**908263**	**426720**	**79403**	**2691742**	**147603**
医药制造业	**Manufacture of Medicines**	**334761**	**91417**	**51817**	**15934**	**311621**	**43793**
#化学药品制造	Manufacture of Chemical Medicine	246719	67325	41205	10466	231364	36264
中成药制造	Manufacture of Finished Traditional Chinese Herbal Medicine	33422	7430	3465	3450	29279	5215
生物、生化制品的制造	Manufacture of Biological and Biochemical Chemical Products	33181	10398	3138	912	30649	1627
航空航天器制造业	**Manufacture of Aircrafts and Spacecrafts**	**8490**	**5412**	**250**	**59**	**8305**	**2**
1.飞机制造及修理	Manufacture and Repairing of Airplanes	8173	5300	250	59	7989	2
2.航天器制造	Manufacture of Spacecrafts	316.2	111.5			316.2	
电子及通信设备制造业	**Manufacture of Electronic Equipment and Communication Equipment**	**1671647**	**471345**	**235812**	**54222**	**1504900**	**71425**
1.通信设备制造	Manufacture of Communication Equipment	397930	144728	38592	8150	378325	35154
#通信传输设备制造	Manufacture of Communication Transmitting Equipment	23844	14441	2553	56	23788	1172
通信交换设备制造	Manufacture of Communication Exchanging Equipment	97580	34725	7352	3603	93977	11274
通信终端设备制造	Manufacture of Communication Terminal Equipment	19711	12334	2409		19711	
2.雷达及配套设备制造	Manufacture of Radar and Its Fittings	1080	310			1080	44
3.广播电视设备制造	Manufacture of Broadcasting and TV Equipment	13560	4916	462	83	11462	388
4.电子器件制造	Manufacture of Electronic Appliances	543853	119734	123434	21807	510295	6469
#电子真空器件制造	Manufacture of Electronic Vacuum Appliances	526	165	37	9	517	
半导体分立器件制造	Manufacture of Semiconductor Discreting Appliances	30682	5526	8556	31	26488	367
集成电路制造	Manufacture of Integrate Circuit	163698	48162	16175	17361	143833	3577
5.电子元件制造	Manufacture of Electronic Components	416384	137388	59948	2056	389663	8314
6.家用视听设备制造	Manufacture of Domestic TV Set and Radio Receiver	239047	46678	8727	16768	174235	20932
7.其他电子设备制造	Manufacture of Other Electronic Equipment	59794	17591	4650	5358	39842	124
电子计算机及办公设备制造业	**Manufacture of Computers and Office Equipments**	**737699**	**221165**	**110405**	**3344**	**602926**	**8391**
1.电子计算机整机制造	Manufacture of Entired Computer	422738	113271	72478		379320	5066
2.电子计算机外部设备制造	Manufacture of Computer Peripheral Equipment	287880	97890	34813	3186	196682	2245
3.办公设备制造	Manufacture of Office Equipment	27081	10005	3114	157	26924	1080
医疗设备及仪器仪表制造业	**Manufacture of Medical Equipments and Measuring Instrument**	**283105**	**118925**	**28437**	**5845**	**263990**	**23993**
1.医疗设备及器械制造	Manufacture of Medical Equipment and Appliances	114335	46077	12230	2828	111325	1954
2.仪器仪表制造	Manufacture of Measuring Instrument	168770	72847	16207	3017	152665	22039

2-3-6 按地区和企业规模分高技术产业R&D活动经费情况(2011年)

R&D Expenditure in High-tech Industry by Region and Industrial Sector(2011)

单位：万元 (10000 yuan)

地区	Region	大型企业 Large-sized Enterprises					
		R&D经费内部支出 Intramural Expenditure on R&D	#人员劳务费 Labor Cost	#仪器和设备 Equipment	#政府资金 Government Funds	#企业资金 Self-raised Funds by Enterprises	R&D经费外部支出 External Expenditure on R&D
全国	**Total**	**9564166**	**3292814**	**965040**	**809680**	**8432497**	**497094**
东部地区	Eastern Region	8132995	2979956	813060	476479	7343335	388427
中部地区	Middle Region	818336	218589	86348	162538	654824	76115
西部地区	Western Region	612835	94269	65633	170662	434338	32553
北京	Beijing	392053	132057	41652	17133	338980	5022
天津	Tianjin	170268	46925	29133	15824	132744	6356
河北	Hebei	78656	23341	14334	6822	71731	16209
山西	Shanxi	11798	2321	1569	488	11310	1390
内蒙古	Inner Mongolia	634	136	9	44	590	
辽宁	Liaoning	420936	44703	3866	177551	243123	17828
吉林	Jilin	15275	2302	2092	753	14522	3566
黑龙江	Heilongjiang	145658	18276	5277	60243	85415	10662
上海	Shanghai	479168	164598	31503	97696	368112	39306
江苏	Jiangsu	1218520	287022	151070	20513	1124359	47304
浙江	Zhejiang	379415	139806	30658	13682	359012	33380
安徽	Anhui	101590	31361	18594	12136	89454	40125
福建	Fujian	344778	99746	55210	4151	334269	16696
江西	Jiangxi	104880	22938	5018	32836	71411	11190
山东	Shandong	724048	167506	52890	26289	690631	30149
河南	Henan	45405	13573	6003	2540	42599	4067
湖北	Hubei	302857	111912	46913	31959	270833	3335
湖南	Hunan	90239	15771	873	21541	68688	1780
广东	Guangdong	3916265	1872215	402335	96634	3671876	175375
广西	Guangxi	8889	2039	411	187	8499	801
海南	Hainan						
重庆	Chongqing	22627	8203	2817	2158	20469	1927
四川	Sichuan	151377	19589	3417	39454	111603	8996
贵州	Guizhou	11436	2091	903	2766	8670	1758
云南	Yunnan	14053	989	736	915	13138	1155
西藏	Tibet						
陕西	Shaanxi	378930	58048	56018	121963	249551	17936
甘肃	Gansu	13706	2173	1499	3147	10559	158
青海	Qinghai						
宁夏	Ningxia	4420	712	242	260	4060	47
新疆	Xinjiang	16287	2464			16287	576

2-3-6 续表 continued

单位: 万元 (10000 yuan)

地 区	Region	中型企业 Medium-sized Enterprises R&D经费内部支出 Intramural Expenditure on R&D	#人员劳务费 Labor Cost	#仪器和设备 Equipment	#政府资金 Government Funds	#企业资金 Self-raised Funds by Enterprises	R&D经费外部支出 External Expenditure on R&D
全 国	**Total**	**2813899**	**838813**	**401178**	**205515**	**2532924**	**475637**
东部地区	Eastern Region	2254707	714224	310923	141049	2052644	429490
中部地区	Middle Region	389239	86371	65094	43694	336679	33661
西部地区	Western Region	169953	38218	25161	20773	143601	12485
北 京	Beijing	234841	71449	19817	48384	182943	128547
天 津	Tianjin	81340	25618	7777	4482	71472	2154
河 北	Hebei	24938	7709	3339	544	23595	2284
山 西	Shanxi	11473	1230	1134	699	10774	970
内蒙古	Inner Mongolia	3929	537	1778	85	3844	15
辽 宁	Liaoning	61482	20366	7176	2083	58416	855
吉 林	Jilin	35695	6654	8387	3352	30268	4616
黑龙江	Heilongjiang	16232	3749	2732	324	15907	308
上 海	Shanghai	140041	47353	26557	7083	128057	6164
江 苏	Jiangsu	518508	145828	92580	13666	482105	35658
浙 江	Zhejiang	258565	90150	23547	9980	246729	8776
安 徽	Anhui	60550	12649	5804	16371	42491	6954
福 建	Fujian	118163	37543	19223	6825	110035	10536
江 西	Jiangxi	33219	8774	3061	1663	28044	8597
山 东	Shandong	144803	38596	25984	6799	131324	17315
河 南	Henan	55866	14809	8870	3987	51670	2770
湖 北	Hubei	118013	26380	26784	14945	101723	5334
湖 南	Hunan	54262	11590	6544	2268	51958	4098
广 东	Guangdong	635506	218446	73625	38776	583873	211460
广 西	Guangxi	27507	9327	9476	1725	25783	583
海 南	Hainan	9014	1839	1820	703	8311	5158
重 庆	Chongqing	39204	12271	4590	4026	32557	5276
四 川	Sichuan	25266	6187	3995	4172	20356	2550
贵 州	Guizhou	4875	1046	217	109	4692	435
云 南	Yunnan	17190	4550	3642	1822	15221	1795
西 藏	Tibet						
陕 西	Shaanxi	71727	12522	10516	7423	63354	2114
甘 肃	Gansu	7935	1175	2058	2342	5593	262
青 海	Qinghai	183	101	41		183	
宁 夏	Ningxia	3476	359	88	873	1553	53
新 疆	Xinjiang	98	7	15	6	93	

2-3-7 各地区国有及国有控股企业高技术产业R&D活动经费情况(2011年)

R&D Expenditure in High-tech Industry of State-owned and State-controlled Enterprises by Region (2011)

单位：万元 (10000 yuan)

地区	Region	R&D经费内部支出 Intramural Expenditure on R&D	#人员劳务费 Labor Cost	#仪器和设备 Equipment	#政府资金 Government Funds	#企业资金 Self-raised Funds by Enterprises	R&D经费外部支出 External Expenditure on R&D
全　国	Total	4861004	1361941	435148	828171	3960742	518524
东部地区	Eastern Region	3154515	958707	251863	431069	2667361	420269
中部地区	Middle Region	811209	217567	93104	178396	626977	60036
西部地区	Western Region	895280	185667	90182	218706	666404	38220
北　京	Beijing	440635	128663	32893	70489	334804	132186
天　津	Tianjin	94919	27527	5203	5683	85952	7633
河　北	Hebei	38537	9663	10363	2507	35051	1221
山　西	Shanxi	9531	1187	987	377	9155	874
内蒙古	Inner Mongolia	392	140	41	49	343	15
辽　宁	Liaoning	526244	66248	9747	183926	341969	17975
吉　林	Jilin	17622	3588	3635	2276	14707	305
黑龙江	Heilongjiang	146678	18419	5524	60471	86207	11011
上　海	Shanghai	263048	85522	14905	72618	185732	26759
江　苏	Jiangsu	143741	32650	38472	9009	134251	4984
浙　江	Zhejiang	103548	37741	9810	6960	96582	12706
安　徽	Anhui	93405	28188	12953	18629	74749	31030
福　建	Fujian	55883	26481	9865	1392	54491	763
江　西	Jiangxi	112205	26054	5296	33639	74517	11141
山　东	Shandong	414219	102773	12327	19894	389588	14965
河　南	Henan	31518	11440	2968	1575	29576	2249
湖　北	Hubei	311163	115426	60478	40117	270293	2566
湖　南	Hunan	88696	13125	1223	21264	67431	844
广　东	Guangdong	1061129	434282	107786	57359	997562	200483
广　西	Guangxi	8772	6024	482	995	7777	160
海　南	Hainan	3840	1133	10	239	3602	434
重　庆	Chongqing	35754	12453	4381	3995	30672	3803
四　川	Sichuan	322807	88637	16296	66417	256031	13450
贵　州	Guizhou	64291	12526	1296	13125	50639	719
云　南	Yunnan	15712	2260	1670	1193	14372	1187
西　藏	Tibet						
陕　西	Shaanxi	441632	67639	65773	129791	303790	18889
甘　肃	Gansu	14765	2088	724	4154	10610	171
青　海	Qinghai						
宁　夏	Ningxia						
新　疆	Xinjiang	320	66	42	30	290	

2-3-8 按地区和登记注册类型分高技术产业R&D活动经费情况(2011年)

R&D Expenditure in High-tech Industry by Region and Registration Status(2011)

单位：万元 (10000 yuan)

地区	Region	内资企业 Domestic Funded					
		R&D经费内部支出 Intramural Expenditure on R&D	#人员劳务费 Labor Cost	#仪器和设备 Equipment	#政府资金 Government Funds	#企业资金 Self-raised Funds by Enterprises	R&D经费外部支出 External Expenditure on R&D
全国	**Total**	**9512132**	**3222016**	**1002046**	**1026500**	**8378242**	**841260**
东部地区	Eastern Region	7168748	2671650	727926	581985	6504459	673879
中部地区	Middle Region	1299209	331461	164700	212863	1076949	111657
西部地区	Western Region	1044176	218905	109419	231652	796834	55724
北京	Beijing	456505	141414	32480	74298	344722	136551
天津	Tianjin	157969	46408	14283	11263	143199	8700
河北	Hebei	71094	18852	14382	3508	66213	2574
山西	Shanxi	21066	3567	2436	1260	19806	3215
内蒙古	Inner Mongolia	6327	1092	1920	268	6060	30
辽宁	Liaoning	564705	77156	14637	186414	376865	19173
吉林	Jilin	62599	11631	11500	5145	55304	7776
黑龙江	Heilongjiang	144911	16653	5705	59751	85160	11818
上海	Shanghai	255816	70460	16300	71896	181407	22258
江苏	Jiangsu	767841	173708	135959	31167	727513	27725
浙江	Zhejiang	510834	179955	55419	25871	478885	32225
安徽	Anhui	190996	50949	28708	31791	159016	39891
福建	Fujian	126877	41565	27333	10263	114630	4605
江西	Jiangxi	151524	35080	10936	36790	110685	20073
山东	Shandong	737127	182257	58524	34308	697207	43537
河南	Henan	120362	32389	19542	7728	111809	8120
湖北	Hubei	421005	147816	72475	46041	373318	13776
湖南	Hunan	180420	32285	11481	24090	155793	6959
广东	Guangdong	3448137	1721318	343544	128258	3307011	372363
广西	Guangxi	62284	15968	14310	3689	58297	2009
海南	Hainan	9560	2590	755	1049	8511	2161
重庆	Chongqing	54293	16139	6579	5835	45389	7482
四川	Sichuan	364129	100390	20333	70618	292389	18099
贵州	Guizhou	80317	15362	2887	15388	64247	2688
云南	Yunnan	32742	5347	3212	3297	29289	4102
西藏	Tibet	624	44	338	71	553	55
陕西	Shaanxi	465408	73653	71812	130217	324631	21361
甘肃	Gansu	23738	4184	3687	5767	17971	1291
青海	Qinghai	361	146	41		361	7
宁夏	Ningxia	5957	1111	490	430	5427	65
新疆	Xinjiang	16607	2530	42	30	16577	576

2-3-8 续表 1 continued

单位：万元 (10000 yuan)

地 区	Region	#国有企业 State-owned Enterprises					
		R&D经费内部支出 Intramural Expenditure on R&D	#人员劳务费 Labor Cost	#仪器和设备 Equipment	#政府资金 Government Funds	#企业资金 Self-raised Funds by Enterprises	R&D经费外部支出 External Expenditure on R&D
全 国	**Total**	**831958**	**191531**	**90381**	**103982**	**710852**	**47565**
东部地区	Eastern Region	410772	82406	35647	28099	376969	9319
中部地区	Middle Region	249328	77149	29122	33722	211910	28323
西部地区	Western Region	171858	31976	25612	42161	121973	9923
北 京	Beijing	34667	6773	4742	5834	28504	742
天 津	Tianjin	10041	1415	523	731	7951	134
河 北	Hebei	27985	5042	9910	2453	25429	1115
山 西	Shanxi	226	112			226	525
内 蒙 古	Inner Mongolia	267	126	29		267	
辽 宁	Liaoning	4755	721	2383	214	4455	14
吉 林	Jilin	6522	556	2057	500	6022	
黑 龙 江	Heilongjiang	290	94	85	66	225	
上 海	Shanghai	26667	8300	2878	7537	17032	334
江 苏	Jiangsu	40721	9824	6768	723	39840	743
浙 江	Zhejiang	2344	755	224		2344	
安 徽	Anhui	42155	11297	2882	12083	30072	27085
福 建	Fujian	1104	752	1		1104	5
江 西	Jiangxi	14790	5553	1492	227	10996	237
山 东	Shandong	234016	33583	5530	8990	223862	5236
河 南	Henan	10233	2670	210	152	10018	300
湖 北	Hubei	133319	55557	22122	13959	119296	154
湖 南	Hunan	41526	1185	245	6737	34790	23
广 东	Guangdong	17034	8478	2338	427	16200	763
广 西	Guangxi	7720	5736	341	956	6764	148
海 南	Hainan	3720	1027	10	235	3485	85
重 庆	Chongqing	2339	906	626	303	2035	50
四 川	Sichuan	10337	2419	833	1486	8852	55
贵 州	Guizhou	16581	3642	105	1890	14680	358
云 南	Yunnan	2390	262	1357	221	2022	420
西 藏	Tibet						
陕 西	Shaanxi	131759	23624	22665	36445	87748	9040
甘 肃	Gansu	8399	1120		1800	6599	
青 海	Qinghai						
宁 夏	Ningxia						
新 疆	Xinjiang	54	4	27	17	37	

2-3-8 续表 2 continued

单位：万元 (10000 yuan)

地区	Region	港澳台投资企业 Enterprises with Funds from Hong Kong, Macau and Taiwan					
		R&D经费内部支出 Intramural Expenditure on R&D	#人员劳务费 Labor Cost	#仪器和设备 Equipment	#政府资金 Government Funds	#企业资金 Self-raised Funds by Enterprises	R&D经费外部支出 External Expenditure on R&D
全国	**Total**	**1861299**	**601813**	**179275**	**67037**	**1735625**	**81207**
东部地区	Eastern Region	1765742	582545	163437	61529	1648451	76463
中部地区	Middle Region	75764	14323	11560	3676	71144	3046
西部地区	Western Region	19794	4945	4277	1832	16029	1698
北京	Beijing	96449	27984	3572	877	95280	1919
天津	Tianjin	43310	26308	3192	706	20904	46
河北	Hebei	28596	13036	2025	3585	25011	14536
山西	Shanxi	954	161	95		954	146
内蒙古	Inner Mongolia	264	36	9	44	220	
辽宁	Liaoning	7444	1792	1122	510	6934	571
吉林	Jilin	904	376	21	128	777	27
黑龙江	Heilongjiang	397	152			397	21
上海	Shanghai	129212	46957	5946	24394	102146	2445
江苏	Jiangsu	391947	121005	33714	5626	373344	13086
浙江	Zhejiang	235230	80223	15299	4517	229855	14002
安徽	Anhui	4266	634	1092	193	3480	523
福建	Fujian	164235	42124	13012	2696	156035	8500
江西	Jiangxi	1767	709	42	392	1223	33
山东	Shandong	32124	4496	10368	237	29620	5111
河南	Henan	6684	1261	1458	61	6589	151
湖北	Hubei	43173	4240	6512	1750	41423	1054
湖南	Hunan	17355	6756	2331	1109	16081	1091
广东	Guangdong	633166	217648	74780	18009	605700	16211
广西	Guangxi	2620	771	147	201	2386	
海南	Hainan	1408	202	262	171	1238	35
重庆	Chongqing	7287	2887	484	486	5942	32
四川	Sichuan	1553	236	870	157	1396	19
贵州	Guizhou	715	244	16	146	569	13
云南	Yunnan	7094	1289	2889	219	6876	1585
西藏	Tibet						
陕西	Shaanxi	45	18			22	
甘肃	Gansu						
青海	Qinghai						
宁夏	Ningxia	3100	270	19	825	1224	50
新疆	Xinjiang						

2-3-8 续表 3 continued

单位：万元 (10000 yuan)

地区	Region	外商投资企业 Foreign Funded Enterprises R&D经费内部支出 Intramural Expenditure on R&D	#人员劳务费 Labor Cost	#仪器和设备 Equipment	#政府资金 Government Funds	#企业资金 Self-raised Funds by Enterprises	R&D经费外部支出 External Expenditure on R&D
全国	**Total**	**3035702**	**908263**	**426720**	**79403**	**2691742**	**147603**
东部地区	Eastern Region	2927350	877798	409088	71617	2594196	130896
中部地区	Middle Region	84898	20517	14863	5606	76273	15004
西部地区	Western Region	23454	9949	2770	2181	21273	1703
北京	Beijing	189036	80656	33483	3678	181036	1415
天津	Tianjin	120199	19279	28053	15511	101676	1266
河北	Hebei	18554	3192	3271	626	17927	3322
山西	Shanxi	5321	785	387	248	5073	337
内蒙古	Inner Mongolia	824	342	107		824	
辽宁	Liaoning	4826	1039	261		4826	1
吉林	Jilin	161	92	3	40	121	863
黑龙江	Heilongjiang	27646	7798	3794	2030	25525	923
上海	Shanghai	332354	134120	44759	19984	297101	21928
江苏	Jiangsu	947616	231788	130249	11634	857082	57070
浙江	Zhejiang	123876	49899	9426	2558	116865	9427
安徽	Anhui	13383	3864	1136	777	11029	11652
福建	Fujian	236850	74033	42587	1949	233625	16251
江西	Jiangxi	11186	745	6517	33	11154	50
山东	Shandong	220720	46804	25647	5318	208419	4511
河南	Henan	9359	2750	823	412	8947	94
湖北	Hubei	10962	2807	539	1636	8752	314
湖南	Hunan	6054	1334	1557	430	4849	771
广东	Guangdong	728649	236263	89348	10028	571301	10386
广西	Guangxi	287	40			287	
海南	Hainan	4383	684	2004	331	4052	5319
重庆	Chongqing	10196	4755	1603	343	9853	27
四川	Sichuan	4605	2070	124	677	3928	428
贵州	Guizhou	1969	391	45	764	1205	464
云南	Yunnan	2461	810	516	327	2135	487
西藏	Tibet						
陕西	Shaanxi	4060	1788	481	63	3997	290
甘肃	Gansu	163	134		7	156	7
青海	Qinghai						
宁夏	Ningxia						
新疆	Xinjiang						

2-3-9 按地区和行业分高技术产业R&D活动经费情况(2011年)

R&D Expenditure in High-tech Industry by Region and Industrial Sector(2011)

单位：万元 (10000 yuan)

地区	Region	医药制造业 Medical and Pharmaceutical Products Manufacturing					
		R&D经费内部支出 Intramural Expenditure on R&D	#人员劳务费 Labor Cost	#仪器和设备 Equipment	#政府资金 Government Funds	#企业资金 Self-raised Funds by Enterprises	R&D经费外部支出 External Expenditure on R&D
全国	**Total**	**2112462**	**536306**	**302171**	**127310**	**1958925**	**452929**
东部地区	Eastern Region	1575718	419732	221132	86079	1470488	371866
中部地区	Middle Region	385822	83308	64529	26211	355225	59228
西部地区	Western Region	150922	33266	16510	15020	133212	21835
北京	Beijing	67775	20266	7778	6346	60127	10530
天津	Tianjin	98636	28085	10144	6552	91318	3847
河北	Hebei	84877	21178	16138	7227	77503	20188
山西	Shanxi	21684	3310	2658	1057	20627	3158
内蒙古	Inner Mongolia	6716	1192	2000	198	6518	30
辽宁	Liaoning	22256	4714	3517	1608	20643	1722
吉林	Jilin	44702	8756	8380	3068	40123	8647
黑龙江	Heilongjiang	48699	12148	7408	2431	46268	2943
上海	Shanghai	133045	50436	10468	6036	125089	3634
江苏	Jiangsu	320944	77295	39625	9659	307327	43012
浙江	Zhejiang	203677	64669	24291	9662	188684	30990
安徽	Anhui	45558	10954	8513	3493	41311	11785
福建	Fujian	44290	8892	12217	2618	41672	3340
江西	Jiangxi	34237	6720	10680	1864	32373	9530
山东	Shandong	368492	84744	57797	15464	350654	36296
河南	Henan	58920	13489	9663	3091	55274	6377
湖北	Hubei	71411	14770	9716	8479	62177	11036
湖南	Hunan	53894	11971	5512	2528	50554	5723
广东	Guangdong	182844	51204	24670	17556	162236	209295
广西	Guangxi	37094	5787	11477	1914	34882	1543
海南	Hainan	11789	2464	3011	1436	10354	7470
重庆	Chongqing	39864	11037	4718	3896	34295	5244
四川	Sichuan	28802	5513	2683	2060	26340	4167
贵州	Guizhou	17860	3403	1227	3084	14621	2481
云南	Yunnan	31408	5286	3684	3038	28360	5953
西藏	Tibet	624	44	338	71	553	55
陕西	Shaanxi	13346	4383	1804	250	12745	2736
甘肃	Gansu	13321	2527	1483	2271	11049	1128
青海	Qinghai	211	119	41		211	7
宁夏	Ningxia	5335	944	490	328	4908	65
新疆	Xinjiang	152	10	42	22	130	

2-3-9 续表 1 continued

单位：万元 (10000 yuan)

地 区	Region	航空航天器制造业 Manufacture of Aircrafts and Spacecrafts					
		R&D经费内部支出 Intramural Expenditure on R&D	#人员劳务费 Labor Cost	#仪器和设备 Equipment	#政府资金 Government Funds	#企业资金 Self-raised Funds by Enterprises	R&D经费外部支出 External Expenditure on R&D
全 国	**Total**	**1495895**	**232370**	**74454**	**533189**	**915826**	**195343**
东部地区	Eastern Region	686266	111308	12361	248786	399936	156746
中部地区	Middle Region	297705	53788	11414	119305	177919	22611
西部地区	Western Region	511924	67274	50679	165099	337971	15985
北 京	Beijing	125035	32062	5618	15007	75976	121351
天 津	Tianjin	2658	572	6	508	2151	
河 北	Hebei	1486	1328			768	
山 西	Shanxi						
内蒙古	Inner Mongolia						
辽 宁	Liaoning	418594	46304	2346	176237	242094	17820
吉 林	Jilin	1670	560		592	1078	
黑龙江	Heilongjiang	114759	9895	46	58527	56232	9703
上 海	Shanghai	110771	16993	2266	56553	52120	17035
江 苏	Jiangsu	14455	5372	1527	229	13813	53
浙 江	Zhejiang	286	104	24		286	
安 徽	Anhui	19745	7446	954	4390	15356	934
福 建	Fujian						
江 西	Jiangxi	83314	15992	1330	31948	50885	10086
山 东	Shandong	1615	923	174	10	1605	487
河 南	Henan	12628	4593	228	164	12464	300
湖 北	Hubei	35679	9528	8717	9644	26035	1589
湖 南	Hunan	29911	5774	140	14041	15870	
广 东	Guangdong	11366	7650	400	243	11123	
广 西	Guangxi						
海 南	Hainan						
重 庆	Chongqing						
四 川	Sichuan	113797	6976	2188	32361	81116	6227
贵 州	Guizhou	52945	8889	424	11525	40971	554
云 南	Yunnan						
西 藏	Tibet						
陕 西	Shaanxi	340084	50749	47374	119077	212922	9205
甘 肃	Gansu	5098	660	694	2136	2962	
青 海	Qinghai						
宁 夏	Ningxia						
新 疆	Xinjiang						

2-3-9 续表 2 continued

单位：万元 (10000 yuan)

地区	Region	电子及通信设备制造业 Manufacture of Electronic Equipment and Communication Equipment					
		R&D经费内部支出 Intramural Expenditure on R&D	#人员劳务费 Labor Cost	#仪器和设备 Equipment	#政府资金 Government Funds	#企业资金 Self-raised Funds by Enterprises	R&D经费外部支出 External Expenditure on R&D
全　国	**Total**	**7904869**	**3019159**	**908082**	**417115**	**7313801**	**318988**
东部地区	Eastern Region	7007484	2735470	784812	316563	6525313	277658
中部地区	Middle Region	560234	168259	93275	57731	498521	31625
西部地区	Western Region	337151	115430	29995	42821	289966	9704
北　京	Beijing	329066	117235	46355	53803	268884	5217
天　津	Tianjin	184922	52752	32557	17891	143093	5820
河　北	Hebei	20755	9213	2922	82	20246	63
山　西	Shanxi	1911	528	32	47	1864	531
内蒙古	Inner Mongolia	520	196	35	84	436	
辽　宁	Liaoning	110825	23327	7194	5279	105488	49
吉　林	Jilin	5772	1449	98	662	5111	
黑龙江	Heilongjiang	2169	658	190	169	1908	60
上　海	Shanghai	356595	127092	43282	49232	295579	16492
江　苏	Jiangsu	1044987	273673	134383	24836	942150	39781
浙　江	Zhejiang	351115	129075	33643	16397	330990	6818
安　徽	Anhui	94007	22791	17325	14518	77882	27144
福　建	Fujian	302295	75558	55198	9603	289399	25088
江　西	Jiangxi	21137	6357	2876	1033	19952	319
山　东	Shandong	366276	63182	21460	14347	341688	5531
河　南	Henan	33014	7133	8151	3502	29512	1066
湖　北	Hubei	324545	120769	59623	30101	292979	1601
湖　南	Hunan	77159	8379	4944	7615	68878	904
广　东	Guangdong	3918154	1855290	406408	123207	3767225	172350
广　西	Guangxi	18932	8061	1403	1772	17126	405
海　南	Hainan	3562	1012	10	115	3447	45
重　庆	Chongqing	8445	3985	713	394	6440	14
四　川	Sichuan	224072	89106	16455	36257	187414	7816
贵　州	Guizhou	10827	3317	995	1658	9091	85
云　南	Yunnan	4735	660	2856	59	4530	217
西　藏	Tibet						
陕　西	Shaanxi	66678	14622	7478	3005	61546	838
甘　肃	Gansu	5337	1083	1499	1347	3990	158
青　海	Qinghai	150	27			150	
宁　夏	Ningxia	621	167		102	519	
新　疆	Xinjiang	16287	2464			16287	576

2-3-9 续表 3 continued

单位：万元 (10000 yuan)

地区	Region	电子计算机及办公设备制造业 Manufacture of Computer and Office Equipments					
		R&D经费内部支出 Intramural Expenditure on R&D	#人员劳务费 Labor Cost	#仪器和设备 Equipment	#政府资金 Government Funds	#企业资金 Self-raised Funds by Enterprises	R&D经费外部支出 External Expenditure on R&D
全国	**Total**	**1580581**	**495922**	**154255**	**25049**	**1404564**	**33744**
东部地区	Eastern Region	1523763	482550	148721	21322	1351473	32742
中部地区	Middle Region	51644	11670	5505	2420	49225	554
西部地区	Western Region	5174	1703	30	1307	3867	448
北京	Beijing	129157	36628	4947	1155	128002	1540
天津	Tianjin	4544	1132	120	247	4297	37
河北	Hebei	728	216			728	
山西	Shanxi						
内蒙古	Inner Mongolia	179	82		29	150	
辽宁	Liaoning	1541	928			1541	
吉林	Jilin	7196	588	1750	574	6622	
黑龙江	Heilongjiang	952	332	40	30	922	
上海	Shanghai	39814	16891	7340	115	39699	40
江苏	Jiangsu	339304	66852	51631	1844	330882	3308
浙江	Zhejiang	148109	52010	9680	2448	145599	11406
安徽	Anhui	11302	6068	1508	1113	10189	87
福建	Fujian	153523	63569	7411	1630	146470	631
江西	Jiangxi	341	160	9	168	173	
山东	Shandong	194387	69527	6927	6814	185326	7087
河南	Henan	1532	375	109	65	1468	
湖北	Hubei	22469	2501	196	321	22148	
湖南	Hunan	7673	1564	1893	119	7554	467
广东	Guangdong	511376	174420	60421	7069	367648	8693
广西	Guangxi	1280	378	244		1280	
海南	Hainan						
重庆	Chongqing	713	186	30	202	511	114
四川	Sichuan	3351	1004		775	2576	334
贵州	Guizhou						
云南	Yunnan	868	404		297	571	
西藏	Tibet						
陕西	Shaanxi	242	109		34	208	
甘肃	Gansu						
青海	Qinghai						
宁夏	Ningxia						
新疆	Xinjiang						

2-3-9 续表 4 continued

单位：万元 (10000 yuan)

地区	Region	医疗设备及仪器仪表制造业 Manufacture of Medical Equipments and Measuring Instrument					
		R&D经费内部支出 Intramural Expenditure on R&D	#人员劳务费 Labor Cost	#仪器和设备 Equipment	#政府资金 Government Funds	#企业资金 Self-raised Funds by Enterprises	R&D经费外部支出 External Expenditure on R&D
全国	**Total**	**1315326**	**448336**	**169079**	**70277**	**1212493**	**69067**
东部地区	Eastern Region	1068608	382934	133426	42381	999896	42226
中部地区	Middle Region	164465	49276	16401	16478	143476	15688
西部地区	Western Region	82253	16126	19253	11418	69121	11153
北京	Beijing	90958	43864	4837	2543	88049	1247
天津	Tianjin	30717	9455	2700	2282	24922	307
河北	Hebei	10397	3145	618	411	9905	181
山西	Shanxi	3747	675	227	404	3343	8
内蒙古	Inner Mongolia						
辽宁	Liaoning	23760	4714	2964	3799	18859	153
吉林	Jilin	4324	747	1295	416	3268	20
黑龙江	Heilongjiang	6376	1571	1815	624	5752	56
上海	Shanghai	77158	40125	3647	4338	68167	9431
江苏	Jiangsu	387713	103309	72757	11860	363766	11728
浙江	Zhejiang	166752	64220	12508	4439	160045	6441
安徽	Anhui	38034	8187	2637	9247	28787	12116
福建	Fujian	27855	9704	8107	1056	26749	297
江西	Jiangxi	25448	7305	2601	2201	19679	221
山东	Shandong	59202	15182	8181	3229	55973	3758
河南	Henan	30310	10809	3672	1379	28628	623
湖北	Hubei	21035	7294	1274	882	20153	918
湖南	Hunan	35192	12688	2880	1325	33867	1727
广东	Guangdong	186212	86665	15773	8220	175780	8623
广西	Guangxi	7885	2553	1334	204	7681	61
海南	Hainan						
重庆	Chongqing	22754	8573	3205	2172	19938	2169
四川	Sichuan	266	97	1		266	2
贵州	Guizhou	1370	388	303	31	1339	45
云南	Yunnan	5287	1096	77	449	4839	2
西藏	Tibet						
陕西	Shaanxi	49163	5597	15637	7914	41230	8872
甘肃	Gansu	145	49	11	20	125	12
青海	Qinghai						
宁夏	Ningxia	3100	270	19	825	1224	50
新疆	Xinjiang	169	55		8	161	

2-4-1 按行业分高技术产业新产品开发和生产情况(2011年)
New Products Development and Production in High-tech Industry by Industrial Sector (2011)

单位：万元 (10000 yuan)

行业	Industry	新产品开发项目数(项) New Products (item)	新产品开发经费 Expenditure on New Products Development	新产品产值 Output Value of New Products	新产品销售收入 Sales Revenue of New Products	#出口 Exports
合 计	**Total**	**66606**	**17909398**	**214584141**	**224733493**	**101666994**
医药制造业	**Manufacture of Medicines**	**16440**	**2330718**	**24918306**	**23170435**	**2424277**
#化学药品制造	Manufacture of Chemical Medicine	9060	1339149	14023521	13010276	1875045
中成药制造	Manufacture of Finished Traditional Chinese Herbal Medicine	3747	419198	5218861	4783835	62618
生物、生化制品的制造	Manufacture of Biological and Biochemical Chemical Products	2051	337601	2915400	2737219	211294
航空航天器制造业	**Manufacture of Aircrafts and Spacecrafts**	**4019**	**1481883**	**5277874**	**5270131**	**589471**
1.飞机制造及修理	Manufacture and Repairing of Airplanes	2897	1296445	4910804	4898586	584333
2.航天器制造	Manufacture of Spacecrafts	1122	185438	367070	371545	5138
电子及通信设备制造业	**Manufacture of Electronic Equipment and Communication Equipment**	**31048**	**10253240**	**114557251**	**115181309**	**47002811**
1.通信设备制造	Manufacture of Communication Equipment	7332	4687066	46811996	47494562	20902699
#通信传输设备制造	Manufacture of Communication Transmitting Equipment	1549	305464	2244686	2400364	179141
通信交换设备制造	Manufacture of Communication Exchanging Equipment	2896	3401848	19937760	20699993	8296971
通信终端设备制造	Manufacture of Communication Terminal Equipment	584	103331	1705525	1725777	725012
2.雷达及配套设备制造	Manufacture of Radar and Its Fittings	859	143818	969259	863992	15250
3.广播电视设备制造	Manufacture of Broadcasting and TV Equipment	707	161216	1739764	1671949	538463
4.电子器件制造	Manufacture of Electronic Appliances	7072	2035658	20233886	19621439	9506940
#电子真空器件制造	Manufacture of Electronic Vacuum Appliances	499	88425	946648	917405	267583
半导体分立器件制造	Manufacture of Semiconductor Discreting Appliances	672	118199	1060674	1091782	286616
集成电路制造	Manufacture of Integrate Circuit	2747	594818	3877710	3781550	2174296
5.电子元件制造	Manufacture of Electronic Components	8267	1638113	18707254	18942031	8731248
6.家用视听设备制造	Manufacture of Domestic TV Set and Radio Receiver	4981	1198264	23403093	24018470	6849884
7.其他电子设备制造	Manufacture of Other Electronic Equipment	1830	389105	2692000	2568866	458328
电子计算机及办公设备制造业	**Manufacture of Computers and Office Equipments**	**4020**	**2203755**	**56280497**	**68085415**	**49663776**
1.电子计算机整机制造	Manufacture of Entired Computer	1173	1088180	24884664	33767759	24908085
2.电子计算机外部设备制造	Manufacture of Computer Peripheral Equipment	2451	1016576	30249200	33318733	24474820
3.办公设备制造	Manufacture of Office Equipment	396	98999	1146633	998923	280871
医疗设备及仪器仪表制造业	**Manufacture of Medical Equipments and Measuring Instrument**	**11079**	**1639803**	**13550214**	**13026204**	**1986659**
1.医疗设备及器械制造	Manufacture of Medical Equipment and Appliances	2262	379859	1598839	1499572	365120
2.仪器仪表制造	Manufacture of Measuring Instrument	8817	1259944	11951374	11526632	1621539

2-4-2 各地区高技术产业新产品开发和生产情况(2011年)

New Products Development and Production in High-tech Industry by Region(2011)

单位：万元 (10000 yuan)

地区	Region	新产品开发项目数(项) New Products (item)	新产品开发经费 Expenditure on New Products Development	新产品产值 Output Value of New Products	新产品销售收入 Sales Revenue of New Products	#出口 Exports
全国	**Total**	**66606**	**17909398**	**214584141**	**224733493**	**101666994**
东部地区	Eastern Region	48954	14768690	186008447	198077016	97991711
中部地区	Middle Region	8655	1711379	14275137	13306032	1161364
西部地区	Western Region	8997	1429329	14300558	13350445	2513920
北京	Beijing	4225	1000254	15379649	14895753	5341788
天津	Tianjin	2159	298335	7398599	7950951	3969225
河北	Hebei	1116	117252	838954	813807	103888
山西	Shanxi	244	44119	330087	294792	33179
内蒙古	Inner Mongolia	36	7060	103401	65230	14109
辽宁	Liaoning	1076	545301	3463252	3583401	840164
吉林	Jilin	614	82807	757115	732061	15731
黑龙江	Heilongjiang	979	176281	550505	462673	3226
上海	Shanghai	4057	1147739	10081062	9957527	3957500
江苏	Jiangsu	9149	3095656	36421659	48961827	28292023
浙江	Zhejiang	5435	975403	12108580	11409257	3271083
安徽	Anhui	1817	284753	3069966	2586786	248575
福建	Fujian	1702	582328	11379661	11015207	4573688
江西	Jiangxi	912	178441	1543275	1434234	266664
山东	Shandong	3744	1095588	14289827	15364345	4778544
河南	Henan	1061	168100	1431846	1363879	130998
湖北	Hubei	1945	551062	3399914	3220194	292580
湖南	Hunan	1047	218756	3089029	3146183	156302
广东	Guangdong	15310	5812831	74080657	73603509	42830898
广西	Guangxi	629	74566	486595	453743	32910
海南	Hainan	352	23438	79952	67690	1
重庆	Chongqing	994	86490	3960141	3834280	2078245
四川	Sichuan	4739	587107	6484155	5915429	234049
贵州	Guizhou	858	182695	762147	600096	42664
云南	Yunnan	396	44283	473085	398973	15544
西藏	Tibet	1	38	16567	17364	119
陕西	Shaanxi	1535	475690	2091845	2118593	108978
甘肃	Gansu	240	22546	207177	206422	30338
青海	Qinghai	12	1299	6103	3298	197
宁夏	Ningxia	155	10106	197755	161546	3787
新疆	Xinjiang	67	19075	101583	94443	

2-4-3 按行业和企业规模分高技术产业新产品开发和生产情况(2011年)

New Products Development and Production in High-tech Industry by Industrial Sector and Scale of Enterprises(2011)

单位：万元 (10000 yuan)

行业	Industry	大型企业 Large-sized Enterprises 新产品开发项目数(项) New Products (item)	新产品开发经费 Expenditure on New Products Development	新产品产值 Output Value of New Products	新产品销售收入 Sales Revenue of New Products	#出口 Exports
合　计	**Total**	**24328**	**11762195**	**162481123**	**174789697**	**92102219**
医药制造业	**Manufacture of Medicines**	**4393**	**901679**	**12056420**	**11178915**	**1228796**
#化学药品制造	Manufacture of Chemical Medicine	2924	656753	7813153	7207410	1072140
中成药制造	Manufacture of Finished Traditional Chinese Herbal Medicine	1063	129548	2100920	1882539	41494
生物、生化制品的制造	Manufacture of Biological and Biochemical Chemical Products	218	76474	1025732	1003041	18210
航空航天器制造业	**Manufacture of Aircrafts and Spacecrafts**	**3179**	**1176031**	**4585428**	**4605897**	**536364**
1.飞机制造及修理	Manufacture and Repairing of Airplanes	2146	1058660	4447519	4460544	536364
2.航天器制造	Manufacture of Spacecrafts	1033	117371	137909	145353	
电子及通信设备制造业	**Manufacture of Electronic Equipment and Communication Equipment**	**12964**	**7391056**	**88936333**	**90395802**	**41142585**
1.通信设备制造	Manufacture of Communication Equipment	4410	4131312	43298655	44038366	20454081
#通信传输设备制造	Manufacture of Communication Transmitting Equipment	613	153140	1546498	1712813	123469
通信交换设备制造	Manufacture of Communication Exchanging Equipment	2619	3351882	19673207	20432248	8283683
通信终端设备制造	Manufacture of Communication Terminal Equipment	203	40508	1080615	1107366	625154
2.雷达及配套设备制造	Manufacture of Radar and Its Fittings	632	86005	445798	364164	8729
3.广播电视设备制造	Manufacture of Broadcasting and TV Equipment	97	65846	734734	702684	287912
4.电子器件制造	Manufacture of Electronic Appliances	2775	1268882	14809681	14360331	8146605
#电子真空器件制造	Manufacture of Electronic Vacuum Appliances	209	36384	221219	215408	41684
半导体分立器件制造	Manufacture of Semiconductor Discreting Appliances	131	34701	334067	376569	171912
集成电路制造	Manufacture of Integrate Circuit	1355	338848	2837332	2777826	1911955
5.电子元件制造	Manufacture of Electronic Components	2791	870835	11931456	12203383	6554564
6.家用视听设备制造	Manufacture of Domestic TV Set and Radio Receiver	1779	786332	16241049	17361863	5495089
7.其他电子设备制造	Manufacture of Other Electronic Equipment	480	181845	1474959	1365010	195606
电子计算机及办公设备制造业	**Manufacture of Computers and Office Equipments**	**2159**	**1903355**	**52109561**	**64096566**	**48480446**
1.电子计算机整机制造	Manufacture of Entired Computer	920	1056049	24091854	32951739	24841080
2.电子计算机外部设备制造	Manufacture of Computer Peripheral Equipment	1130	802676	27410462	30557671	23489445
3.办公设备制造	Manufacture of Office Equipment	109	44631	607245	587157	149921
医疗设备及仪器仪表制造业	**Manufacture of Medical Equipments and Measuring Instrument**	**1633**	**390073**	**4793382**	**4512517**	**714027**
1.医疗设备及器械制造	Manufacture of Medical Equipment and Appliances	336	99400	310508	304987	98066
2.仪器仪表制造	Manufacture of Measuring Instrument	1297	290672	4482874	4207530	615961

2-4-3 续表 continued

单位：万元 (10000 yuan)

行业	Industry	中型企业 Medium-sized Enterprises				
		新产品开发项目数(项) New Products (item)	新产品开发经费 Expenditure on New Products Development	新产品产值 Output Value of New Products	新产品销售收入 Sales Revenue of New Products	#出口 Exports
合计	**Total**	**20419**	**3518107**	**30194816**	**29055512**	**7000336**
医药制造业	**Manufacture of Medicines**	**6326**	**789636**	**7540267**	**7074145**	**823291**
#化学药品制造	Manufacture of Chemical Medicine	3698	413832	3859326	3637051	548442
中成药制造	Manufacture of Finished Traditional Chinese Herbal Medicine	1399	151256	1648537	1563882	15102
生物、生化制品的制造	Manufacture of Biological and Biochemical Chemical Products	782	129354	1128920	1045046	119243
航空航天器制造业	**Manufacture of Aircrafts and Spacecrafts**	**549**	**164116**	**358053**	**374428**	**18639**
1.飞机制造及修理	Manufacture and Repairing of Airplanes	483	98207	139467	159419	13603
2.航天器制造	Manufacture of Spacecrafts	66	65908	218585	215009	5036
电子及通信设备制造业	**Manufacture of Electronic Equipment and Communication Equipment**	**8593**	**1721153**	**14057546**	**13722642**	**4179262**
1.通信设备制造	Manufacture of Communication Equipment	1464	363488	2164977	2154244	324125
#通信传输设备制造	Manufacture of Communication Transmitting Equipment	466	89176	374749	367573	35983
通信交换设备制造	Manufacture of Communication Exchanging Equipment	116	27806	107413	142694	1582
通信终端设备制造	Manufacture of Communication Terminal Equipment	147	37119	380263	384591	43873
2.雷达及配套设备制造	Manufacture of Radar and Its Fittings	145	45175	390431	388304	4352
3.广播电视设备制造	Manufacture of Broadcasting and TV Equipment	286	53595	605145	596302	163257
4.电子器件制造	Manufacture of Electronic Appliances	2396	515507	3620082	3498178	1048405
#电子真空器件制造	Manufacture of Electronic Vacuum Appliances	183	39802	564491	554409	158580
半导体分立器件制造	Manufacture of Semiconductor Discreting Appliances	222	51787	465450	465621	79253
集成电路制造	Manufacture of Integrate Circuit	826	174325	678721	637565	236579
5.电子元件制造	Manufacture of Electronic Components	3250	510037	4845136	4768392	1873885
6.家用视听设备制造	Manufacture of Domestic TV Set and Radio Receiver	577	131298	1782610	1664345	618540
7.其他电子设备制造	Manufacture of Other Electronic Equipment	475	102054	649164	652879	146697
电子计算机及办公设备制造业	**Manufacture of Computers and Office Equipments**	**918**	**187557**	**3468707**	**3291950**	**1097983**
1.电子计算机整机制造	Manufacture of Entired Computer	148	21763	673923	703388	60645
2.电子计算机外部设备制造	Manufacture of Computer Peripheral Equipment	605	125581	2357550	2273466	925799
3.办公设备制造	Manufacture of Office Equipment	165	40213	437234	315096	111539
医疗设备及仪器仪表制造业	**Manufacture of Medical Equipments and Measuring Instrument**	**4033**	**655646**	**4770245**	**4592346**	**881161**
1.医疗设备及器械制造	Manufacture of Medical Equipment and Appliances	876	158076	608890	557222	182624
2.仪器仪表制造	Manufacture of Measuring Instrument	3157	497569	4161355	4035124	698537

2-4-4 按行业分国有及国有控股企业高技术产业新产品开发和生产情况(2011年)

New Products Development and Production in High-tech Industry of State-owned and State-controlled Enterprises by Industrial Sector (2011)

单位：万元 (10000 yuan)

行业	Industry	新产品开发项目数(项) New Products (item)	新产品开发经费 Expenditure on New Products Development	新产品产值 Output Value of New Products	新产品销售收入 Sales Revenue of New Products	#出口 Exports
合　计	**Total**	**20943**	**5481512**	**46896876**	**46341092**	**6219615**
医药制造业	**Manufacture of Medicines**	**3478**	**419299**	**5168558**	**4889998**	**753581**
#化学药品制造	Manufacture of Chemical Medicine	1921	259514	2918148	2880934	682947
中成药制造	Manufacture of Finished Traditional Chinese Herbal Medicine	893	76661	1235461	1084138	19482
生物、生化制品的制造	Manufacture of Biological and Biochemical Chemical Products	488	58478	445473	418561	4152
航空航天器制造业	**Manufacture of Aircrafts and Spacecrafts**	**3889**	**1458380**	**4744302**	**4782034**	**401673**
1.飞机制造及修理	Manufacture and Repairing of Airplanes	2789	1276882	4409242	4440072	401673
2.航天器制造	Manufacture of Spacecrafts	1100	181499	335061	341962	
电子及通信设备制造业	**Manufacture of Electronic Equipment and Communication Equipment**	**10115**	**2947657**	**30011270**	**29918797**	**4470854**
1.通信设备制造	Manufacture of Communication Equipment	2025	1544607	14389116	13989982	1658144
#通信传输设备制造	Manufacture of Communication Transmitting Equipment	811	153169	1052537	1581075	93540
通信交换设备制造	Manufacture of Communication Exchanging Equipment	571	1166159	11272494	10385582	1342579
通信终端设备制造	Manufacture of Communication Terminal Equipment	167	30806	538019	540431	38056
2.雷达及配套设备制造	Manufacture of Radar and Its Fittings	759	126862	864363	767771	12704
3.广播电视设备制造	Manufacture of Broadcasting and TV Equipment	137	13628	102685	95157	20694
4.电子器件制造	Manufacture of Electronic Appliances	1689	476269	3263395	2904333	688619
#电子真空器件制造	Manufacture of Electronic Vacuum Appliances	220	36011	187782	185870	74452
半导体分立器件制造	Manufacture of Semiconductor Discreting Appliances	167	15508	230058	215729	3719
集成电路制造	Manufacture of Integrate Circuit	685	125820	361176	340057	106012
5.电子元件制造	Manufacture of Electronic Components	1821	175806	1537593	1606295	522741
6.家用视听设备制造	Manufacture of Domestic TV Set and Radio Receiver	3537	532789	9588695	10298767	1555021
7.其他电子设备制造	Manufacture of Other Electronic Equipment	147	77697	265423	256494	12932
电子计算机及办公设备制造业	**Manufacture of Computers and Office Equipments**	**759**	**296637**	**4074708**	**3926339**	**255793**
1.电子计算机整机制造	Manufacture of Entired Computer	497	163192	2913970	2798494	152831
2.电子计算机外部设备制造	Manufacture of Computer Peripheral Equipment	204	117723	976690	964277	93648
3.办公设备制造	Manufacture of Office Equipment	58	15722	184048	163568	9314
医疗设备及仪器仪表制造业	**Manufacture of Medical Equipments and Measuring Instrument**	**2702**	**359539**	**2898039**	**2823924**	**337713**
1.医疗设备及器械制造	Manufacture of Medical Equipment and Appliances	159	23910	155219	144971	11500
2.仪器仪表制造	Manufacture of Measuring Instrument	2543	335630	2742819	2678953	326214

2-4-5 按行业和登记注册类型分高技术产业新产品开发和生产情况(2011年)

New Products Development and Production in High-tech Industry by Industrial Sector and Registration Status(2011)

单位：万元 (10000 yuan)

行业	Industry	内资企业 Domestic Funded				
		新产品开发项目数(项) New Products (item)	新产品开发经费 Expenditure on New Products Development	新产品产值 Output Value of New Products	新产品销售收入 Sales Revenue of New Products	#出口 Exports
合 计	**Total**	**48134**	**11128221**	**86640036**	**85909321**	**16051889**
医药制造业	**Manufacture of Medicines**	**12313**	**1655169**	**18107123**	**16774393**	**1802736**
#化学药品制造	Manufacture of Chemical Medicine	6476	898815	9679542	8943118	1473923
中成药制造	Manufacture of Finished Traditional Chinese Herbal Medicine	3202	356250	4416870	4049826	35644
生物、生化制品的制造	Manufacture of Biological and Biochemical Chemical Products	1377	221524	1778623	1616405	115358
航空航天器制造业	**Manufacture of Aircrafts and Spacecrafts**	**3894**	**1457947**	**5246166**	**5241587**	**577392**
1.飞机制造及修理	Manufacture and Repairing of Airplanes	2787	1273134	4879276	4870212	572356
2.航天器制造	Manufacture of Spacecrafts	1107	184813	366890	371375	5036
电子及通信设备制造业	**Manufacture of Electronic Equipment and Communication Equipment**	**21338**	**6358472**	**47780647**	**49157508**	**11981307**
1.通信设备制造	Manufacture of Communication Equipment	5439	3728624	20947605	22205507	6803186
#通信传输设备制造	Manufacture of Communication Transmitting Equipment	1348	249385	1549932	2128680	136384
通信交换设备制造	Manufacture of Communication Exchanging Equipment	2517	3113053	16672096	17437170	6494317
通信终端设备制造	Manufacture of Communication Terminal Equipment	440	71467	1004802	987369	81998
2.雷达及配套设备制造	Manufacture of Radar and Its Fittings	845	142685	959343	853831	13081
3.广播电视设备制造	Manufacture of Broadcasting and TV Equipment	511	105942	1351779	1286080	416807
4.电子器件制造	Manufacture of Electronic Appliances	4054	890217	6535061	6131302	1142289
#电子真空器件制造	Manufacture of Electronic Vacuum Appliances	474	81503	444965	413918	113784
半导体分立器件制造	Manufacture of Semiconductor Discreting Appliances	423	63760	481485	498382	74445
集成电路制造	Manufacture of Integrate Circuit	1317	235808	1340082	1290458	234831
5.电子元件制造	Manufacture of Electronic Components	5050	633375	5732367	5651162	1089333
6.家用视听设备制造	Manufacture of Domestic TV Set and Radio Receiver	3991	640013	10756433	11605170	2381548
7.其他电子设备制造	Manufacture of Other Electronic Equipment	1448	217617	1498059	1424456	135062
电子计算机及办公设备制造业	**Manufacture of Computers and Office Equipments**	**2235**	**492839**	**5938159**	**5723750**	**623796**
1.电子计算机整机制造	Manufacture of Entired Computer	676	197581	3464730	3342995	160503
2.电子计算机外部设备制造	Manufacture of Computer Peripheral Equipment	1290	246681	2090300	2023397	437204
3.办公设备制造	Manufacture of Office Equipment	269	48577	383129	357358	26088
医疗设备及仪器仪表制造业	**Manufacture of Medical Equipments and Measuring Instrument**	**8354**	**1163794**	**9567942**	**9012084**	**1066658**
1.医疗设备及器械制造	Manufacture of Medical Equipment and Appliances	1466	220626	1168692	1098178	179832
2.仪器仪表制造	Manufacture of Measuring Instrument	6888	943168	8399250	7913906	886826

2-4-5 续表 1 continued

单位：万元 (10000 yuan)

行 业	Industry	#国有企业 State-owned Enterprises 新产品开发项目数(项) New Products (item)	新产品开发经费 Expenditure on New Products Development	新产品产值 Output Value of New Products	新产品销售收入 Sales Revenue of New Products	#出口 Exports
合 计	**Total**	**3986**	**947895**	**6338823**	**7664944**	**893151**
医药制造业	**Manufacture of Medicines**	**748**	**84825**	**716742**	**720834**	**37445**
#化学药品制造	Manufacture of Chemical Medicine	386	47587	534000	556776	36869
中成药制造	Manufacture of Finished Traditional Chinese Herbal Medicine	185	13271	112639	99189	
生物、生化制品的制造	Manufacture of Biological and Biochemical Chemical Products	141	21835	34775	31414	189
航空航天器制造业	**Manufacture of Aircrafts and Spacecrafts**	**734**	**237728**	**488084**	**453386**	**19102**
1.飞机制造及修理	Manufacture and Repairing of Airplanes	689	154859	354325	312759	19102
2.航天器制造	Manufacture of Spacecrafts	45	82869	133758	140627	
电子及通信设备制造业	**Manufacture of Electronic Equipment and Communication Equipment**	**1686**	**499015**	**4426995**	**5800885**	**717977**
1.通信设备制造	Manufacture of Communication Equipment	268	203471	1193570	1316919	76262
#通信传输设备制造	Manufacture of Communication Transmitting Equipment	119	62616	498001	619558	75984
通信交换设备制造	Manufacture of Communication Exchanging Equipment	90	127670	324657	334031	
通信终端设备制造	Manufacture of Communication Terminal Equipment	6	1592	293858	293113	
2.雷达及配套设备制造	Manufacture of Radar and Its Fittings	210	15175	90546	74587	
3.广播电视设备制造	Manufacture of Broadcasting and TV Equipment	6	779	5485	3048	
4.电子器件制造	Manufacture of Electronic Appliances	250	23263	95949	89219	6921
#电子真空器件制造	Manufacture of Electronic Vacuum Appliances	10	230	173	241	
半导体分立器件制造	Manufacture of Semiconductor Discreting Appliances	28	4565	17779	17652	1053
集成电路制造	Manufacture of Integrate Circuit	182	6573	7892	6581	
5.电子元件制造	Manufacture of Electronic Components	468	27612	58413	59838	14228
6.家用视听设备制造	Manufacture of Domestic TV Set and Radio Receiver	428	213930	2850786	4127031	619361
7.其他电子设备制造	Manufacture of Other Electronic Equipment	56	14786	132246	130244	1205
电子计算机及办公设备制造业	**Manufacture of Computers and Office Equipments**	**11**	**8182**	**62635**	**61970**	
1.电子计算机整机制造	Manufacture of Entired Computer					
2.电子计算机外部设备制造	Manufacture of Computer Peripheral Equipment	11	8182	62635	61970	
3.办公设备制造	Manufacture of Office Equipment					
医疗设备及仪器仪表制造业	**Manufacture of Medical Equipments and Measuring Instrument**	**807**	**118145**	**644366**	**627869**	**118627**
1.医疗设备及器械制造	Manufacture of Medical Equipment and Appliances	66	10146	92372	91399	8004
2.仪器仪表制造	Manufacture of Measuring Instrument	741	107999	551994	536470	110624

2-4-5 续表 2 continued

单位：万元 (10000 yuan)

行业	Industry	港澳台投资企业 Enterprises with Funds from Hong Kong, Macau and Taiwan				
		新产品开发项目数(项) New Products (item)	新产品开发经费 Expenditure on New Products Development	新产品产值 Output Value of New Products	新产品销售收入 Sales Revenue of New Products	#出口 Exports
合 计	**Total**	**7923**	**2290837**	**36902646**	**36644741**	**13900673**
医药制造业	**Manufacture of Medicines**	**2091**	**306962**	**2744791**	**2684960**	**249533**
#化学药品制造	Manufacture of Chemical Medicine	1181	174338	1280642	1305630	186660
中成药制造	Manufacture of Finished Traditional Chinese Herbal Medicine	371	32254	365604	318922	1980
生物、生化制品的制造	Manufacture of Biological and Biochemical Chemical Products	364	68888	841106	839039	54409
航空航天器制造业	**Manufacture of Aircrafts and Spacecrafts**	**77**	**11658**	**18489**	**16034**	
1.飞机制造及修理	Manufacture and Repairing of Airplanes	77	11658	18489	16034	
2.航天器制造	Manufacture of Spacecrafts					
电子及通信设备制造业	**Manufacture of Electronic Equipment and Communication Equipment**	**4107**	**1369992**	**20340176**	**19947108**	**8213046**
1.通信设备制造	Manufacture of Communication Equipment	874	210006	2057597	2087460	983606
#通信传输设备制造	Manufacture of Communication Transmitting Equipment	86	18494	153971	138974	9760
通信交换设备制造	Manufacture of Communication Exchanging Equipment	61	7272	58098	85615	11290
通信终端设备制造	Manufacture of Communication Terminal Equipment	100	17595	627801	660833	586835
2.雷达及配套设备制造	Manufacture of Radar and Its Fittings					
3.广播电视设备制造	Manufacture of Broadcasting and TV Equipment	76	22525	140099	135863	73298
4.电子器件制造	Manufacture of Electronic Appliances	838	368359	5482432	5444303	2184806
#电子真空器件制造	Manufacture of Electronic Vacuum Appliances	11	4513	94471	93715	
半导体分立器件制造	Manufacture of Semiconductor Discreting Appliances	100	23936	310209	302864	142370
集成电路制造	Manufacture of Integrate Circuit	189	80351	785137	743871	504731
5.电子元件制造	Manufacture of Electronic Components	1521	491176	6003969	6086116	3386824
6.家用视听设备制造	Manufacture of Domestic TV Set and Radio Receiver	621	250053	6380581	5888640	1476181
7.其他电子设备制造	Manufacture of Other Electronic Equipment	177	27873	275497	304725	108332
电子计算机及办公设备制造业	**Manufacture of Computers and Office Equipments**	**626**	**483524**	**12680913**	**12935059**	**5247425**
1.电子计算机整机制造	Manufacture of Entired Computer	46	108874	4711838	4658846	2027589
2.电子计算机外部设备制造	Manufacture of Computer Peripheral Equipment	542	359889	7742022	8170961	3125058
3.办公设备制造	Manufacture of Office Equipment	38	14760	227053	105252	94779
医疗设备及仪器仪表制造业	**Manufacture of Medical Equipments and Measuring Instrument**	**1022**	**118702**	**1118279**	**1061579**	**190669**
1.医疗设备及器械制造	Manufacture of Medical Equipment and Appliances	315	25081	108124	100048	30801
2.仪器仪表制造	Manufacture of Measuring Instrument	707	93621	1010155	961531	159868

2-4-5 续表 3 continued

单位：万元 (10000 yuan)

行 业	Industry	外商投资企业 Foreign Funded Enterprises				
		新产品开发项目数(项) New Products (item)	新产品开发经费 Expenditure on New Products Development	新产品产值 Output Value of New Products	新产品销售收入 Sales Revenue of New Products	#出口 Exports
合 计	**Total**	**10549**	**4490341**	**91041459**	**102179431**	**71714432**
医药制造业	**Manufacture of Medicines**	**2036**	**368588**	**4066393**	**3711082**	**372008**
#化学药品制造	Manufacture of Chemical Medicine	1403	265996	3063337	2761529	214462
中成药制造	Manufacture of Finished Traditional Chinese Herbal Medicine	174	30694	436387	415088	24994
生物、生化制品的制造	Manufacture of Biological and Biochemical Chemical Products	310	47189	295671	281774	41527
航空航天器制造业	**Manufacture of Aircrafts and Spacecrafts**	**48**	**12278**	**13220**	**12510**	**12079**
1.飞机制造及修理	Manufacture and Repairing of Airplanes	33	11653	13040	12340	11977
2.航天器制造	Manufacture of Spacecrafts	15	626	180	170	102
电子及通信设备制造业	**Manufacture of Electronic Equipment and Communication Equipment**	**5603**	**2524775**	**46436429**	**46076693**	**26808458**
1.通信设备制造	Manufacture of Communication Equipment	1019	748436	23806794	23201595	13115907
#通信传输设备制造	Manufacture of Communication Transmitting Equipment	115	37586	540783	132710	32997
通信交换设备制造	Manufacture of Communication Exchanging Equipment	318	281523	3207566	3177208	1791364
通信终端设备制造	Manufacture of Communication Terminal Equipment	44	14270	72922	77575	56179
2.雷达及配套设备制造	Manufacture of Radar and Its Fittings	14	1134	9916	10162	2169
3.广播电视设备制造	Manufacture of Broadcasting and TV Equipment	120	32750	247886	250006	48358
4.电子器件制造	Manufacture of Electronic Appliances	2180	777082	8216393	8045834	6179845
#电子真空器件制造	Manufacture of Electronic Vacuum Appliances	14	2409	407212	409773	153799
半导体分立器件制造	Manufacture of Semiconductor Discreting Appliances	149	30502	268980	290536	69802
集成电路制造	Manufacture of Integrate Circuit	1241	278659	1752491	1747221	1434734
5.电子元件制造	Manufacture of Electronic Components	1696	513563	6970918	7204754	4255091
6.家用视听设备制造	Manufacture of Domestic TV Set and Radio Receiver	369	308197	6266079	6524659	2992154
7.其他电子设备制造	Manufacture of Other Electronic Equipment	205	143614	918443	839684	214935
电子计算机及办公设备制造业	**Manufacture of Computers and Office Equipments**	**1159**	**1227393**	**37661425**	**49426606**	**43792555**
1.电子计算机整机制造	Manufacture of Entired Computer	451	781726	16708096	25765918	22719993
2.电子计算机外部设备制造	Manufacture of Computer Peripheral Equipment	619	410005	20416878	23124375	20912558
3.办公设备制造	Manufacture of Office Equipment	89	35662	536451	536313	160005
医疗设备及仪器仪表制造业	**Manufacture of Medical Equipments and Measuring Instrument**	**1703**	**357306**	**2863993**	**2952541**	**729333**
1.医疗设备及器械制造	Manufacture of Medical Equipment and Appliances	481	134151	322024	301346	154487
2.仪器仪表制造	Manufacture of Measuring Instrument	1222	223155	2541969	2651194	574845

2-4-6 按地区和企业规模分高技术产业新产品开发和生产情况(2011年)

New Products Development and Production in High-tech Industry by Region and Industrial Sector(2011)

单位：万元 (10000 yuan)

地区	Region	大型企业 Large-sized Enterprises 新产品开发项目数(项) New Products (item)	新产品开发经费 Expenditure on New Products Development	新产品产值 Output Value of New Products	新产品销售收入 Sales Revenue of New Products	#出口 Exports
全国	**Total**	**24328**	**11762195**	**162481123**	**174789697**	**92102219**
东部地区	Eastern Region	18600	10120662	148335332	161247086	89083383
中部地区	Middle Region	3051	904713	8117733	7568478	726689
西部地区	Western Region	2677	736819	6028058	5974133	2292147
北京	Beijing	1425	442778	11545926	11297150	4976014
天津	Tianjin	443	159304	6080901	6527526	3642978
河北	Hebei	521	64579	532583	533511	55491
山西	Shanxi	54	12017	175288	161915	29449
内蒙古	Inner Mongolia	4	575	9669	9864	
辽宁	Liaoning	290	352109	1640563	1805975	174035
吉林	Jilin	114	16855	249758	248148	14350
黑龙江	Heilongjiang	590	139113	314401	239369	1136
上海	Shanghai	1908	812266	7565425	7468725	3618042
江苏	Jiangsu	2793	1916642	26949703	39382222	26053262
浙江	Zhejiang	684	416491	5735982	5530110	1454904
安徽	Anhui	510	128209	1992195	1623495	124585
福建	Fujian	458	362226	9480249	9260316	4024788
江西	Jiangxi	524	120068	1184776	1093749	243900
山东	Shandong	1927	780080	12538920	13521898	4646800
河南	Henan	183	52566	832712	819106	79457
湖北	Hubei	705	332038	1997788	1944057	116535
湖南	Hunan	367	103272	1361146	1428776	117278
广东	Guangdong	7981	4796273	66164182	65825723	40434907
广西	Guangxi	170	17915	100898	93929	2163
海南	Hainan					
重庆	Chongqing	257	32777	2756882	2754136	1989919
四川	Sichuan	1158	294489	1035604	1008702	177682
贵州	Guizhou	131	12486	163111	126767	
云南	Yunnan	68	11463	169961	150311	2605
西藏	Tibet					
陕西	Shaanxi	772	347934	1539999	1592787	87836
甘肃	Gansu	180	16728	152215	149146	30338
青海	Qinghai					
宁夏	Ningxia	60	4656	108791	100016	3767
新疆	Xinjiang	51	16287	101496	92269	

2-4-6 续表 continued

单位：万元 (10000 yuan)

地区	Region	中型企业 Medium-sized Enterprises				
		新产品开发项目数(项) New Products (item)	新产品开发经费 Expenditure on New Products Development	新产品产值 Output Value of New Products	新产品销售收入 Sales Revenue of New Products	#出口 Exports
全国	**Total**	**20419**	**3518107**	**30194816**	**29055512**	**7000336**
东部地区	Eastern Region	15584	2809710	24693089	23984359	6576565
中部地区	Middle Region	2904	489613	3300105	3095690	329389
西部地区	Western Region	1931	218784	2201623	1975464	94382
北京	Beijing	1212	348906	2216468	2002047	275007
天津	Tianjin	1014	79912	857140	917457	293500
河北	Hebei	410	38586	183647	164139	36221
山西	Shanxi	91	17196	121402	104089	452
内蒙古	Inner Mongolia	11	4035	46735	34299	13934
辽宁	Liaoning	382	79940	818673	788720	69085
吉林	Jilin	332	44777	339163	367609	1367
黑龙江	Heilongjiang	256	21384	171019	156591	246
上海	Shanghai	1177	193547	1755608	1677856	246335
江苏	Jiangsu	2966	701278	6541727	6622403	1892475
浙江	Zhejiang	1910	301724	3712798	3396916	1254198
安徽	Anhui	524	83249	540935	489198	93007
福建	Fujian	636	149592	1317967	1183651	467998
江西	Jiangxi	226	36018	258133	245802	20773
山东	Shandong	891	164458	1146986	1259068	76715
河南	Henan	503	77200	372460	336080	42291
湖北	Hubei	684	150587	830961	729038	144390
湖南	Hunan	277	55167	619297	632985	12929
广东	Guangdong	4559	706771	6020157	5856504	1954599
广西	Guangxi	205	28888	83948	80522	10431
海南	Hainan	222	16108	37970	35077	1
重庆	Chongqing	568	41477	1029737	911440	67992
四川	Sichuan	587	41860	345001	310801	5329
贵州	Guizhou	60	8360	67687	57365	140
云南	Yunnan	182	19010	230906	190602	4221
西藏	Tibet					
陕西	Shaanxi	431	98324	428213	404344	16503
甘肃	Gansu	36	3382	46731	49784	
青海	Qinghai	10	1132	299	237	197
宁夏	Ningxia	51	4212	52962	48719	
新疆	Xinjiang	6	1027	87	2174	

2-4-7 各地区国有及国有控股企业高技术产业新产品开发和生产情况(2011年)

New Products Development and Production in High-tech Industry of State-owned and State-controlled Enterprises by Region (2011)

单位: 万元 (10000 yuan)

地区	Region	新产品开发项目数(项) New Products (item)	新产品开发经费 Expenditure on New Products Development	新产品产值 Output Value of New Products	新产品销售收入 Sales Revenue of New Products	#出口 Exports
全国	**Total**	**20943**	**5481512**	**46896876**	**46341092**	**6219615**
东部地区	Eastern Region	11208	3464294	32856073	33337726	5371213
中部地区	Middle Region	3633	900281	5618911	5094124	489697
西部地区	Western Region	6102	1116937	8421893	7909243	358704
北京	Beijing	2297	516045	3194545	2893596	208177
天津	Tianjin	1200	90789	836826	847996	150108
河北	Hebei	256	38330	284968	300907	43688
山西	Shanxi	31	9245	151000	139857	30227
内蒙古	Inner Mongolia	13	871	24020	12241	175
辽宁	Liaoning	461	416027	2745044	2891999	724770
吉林	Jilin	113	17970	35889	33170	13
黑龙江	Heilongjiang	662	143324	346280	270775	1383
上海	Shanghai	1160	354245	2930988	2972098	939816
江苏	Jiangsu	1183	206306	1642897	1953127	119533
浙江	Zhejiang	352	100486	1388254	1392442	461120
安徽	Anhui	793	116770	1373769	1010685	60712
福建	Fujian	192	58815	442082	439373	20903
江西	Jiangxi	421	116754	937293	872375	157182
山东	Shandong	1363	407800	5906528	7151758	876584
河南	Henan	297	43744	384262	341177	46935
湖北	Hubei	918	354744	1215558	1178185	104605
湖南	Hunan	385	96860	1150840	1235658	88466
广东	Guangdong	2627	1262420	13458524	12471238	1826517
广西	Guangxi	62	9234	25417	23190	
海南	Hainan	55	3798			
重庆	Chongqing	452	44907	800855	774332	30154
四川	Sichuan	3743	465683	5284677	4850069	185290
贵州	Guizhou	639	158130	437678	369016	42664
云南	Yunnan	82	13241	148276	122115	495
西藏	Tibet					
陕西	Shaanxi	1095	422187	1684311	1723532	100100
甘肃	Gansu	80	11026	66008	68005	
青海	Qinghai					
宁夏	Ningxia					
新疆	Xinjiang	11	1763	87	2174	

2-4-8 按地区和登记注册类型分高技术产业新产品开发和生产情况(2011年)

New Products Development and Production in High-tech Industry by Region and Registration Status (2011)

单位：万元 (10000 yuan)

地区	Region	内资企业 Domestic Funded				
		新产品开发项目数(项) New Products (item)	新产品开发经费 Expenditure on New Products Development	新产品产值 Output Value of New Products	新产品销售收入 Sales Revenue of New Products	#出口 Exports
全国	**Total**	**48134**	**11128221**	**86640036**	**85909321**	**16051889**
东部地区	Eastern Region	31795	8230578	64553318	65403054	14682322
中部地区	Middle Region	7913	1544989	11455163	10768692	901535
西部地区	Western Region	8426	1352653	10631556	9737576	468032
北京	Beijing	3415	605249	3976399	3738390	165293
天津	Tianjin	1708	144413	1380764	1450205	157060
河北	Hebei	686	75377	555677	531567	81493
山西	Shanxi	206	32952	161520	135114	3731
内蒙古	Inner Mongolia	34	6593	97784	60020	14109
辽宁	Liaoning	872	486910	3118161	3255625	744536
吉林	Jilin	576	80648	678152	686398	15731
黑龙江	Heilongjiang	805	160757	464575	377630	3226
上海	Shanghai	1456	237095	1727309	1719708	257554
江苏	Jiangsu	5054	1007484	9308982	9175700	856837
浙江	Zhejiang	3737	548844	7033493	6461448	1710061
安徽	Anhui	1695	258807	2311642	2063072	184016
福建	Fujian	859	151342	1159535	1103245	227860
江西	Jiangxi	848	164673	1481089	1381586	258759
山东	Shandong	3169	769235	9378720	10492206	1311312
河南	Henan	1002	144470	1335637	1208978	73988
湖北	Hubei	1792	500190	2326986	2179391	221853
湖南	Hunan	955	195900	2597777	2676502	126123
广东	Guangdong	10012	4117045	26406041	27009421	9145129
广西	Guangxi	568	71688	468284	428240	25185
海南	Hainan	259	15897	39952	37299	1
重庆	Chongqing	771	69821	927770	771684	44465
四川	Sichuan	4638	563931	6376500	5836192	234028
贵州	Guizhou	838	179945	651220	520073	35664
云南	Yunnan	315	33522	386845	327079	11094
西藏	Tibet	1	38	16567	17364	119
陕西	Shaanxi	1428	455633	1807380	1842761	108342
甘肃	Gansu	237	22383	207177	206422	30338
青海	Qinghai	12	1299	6103	3298	197
宁夏	Ningxia	119	7007	150411	118261	3787
新疆	Xinjiang	67	19075	101583	94443	

2-4-8 续表 1 continued

单位：万元 (10000 yuan)

地区	Region	#国有企业 State-owned Enterprises 新产品开发项目数(项) New Products (item)	新产品开发经费 Expenditure on New Products Development	新产品产值 Output Value of New Products	新产品销售收入 Sales Revenue of New Products	#出口 Exports
全国	**Total**	**3986**	**947895**	**6338823**	**7664944**	**893151**
东部地区	Eastern Region	1684	431702	4480029	5771135	690549
中部地区	Middle Region	957	278469	1359541	1435081	180346
西部地区	Western Region	1345	237724	499253	458729	22256
北京	Beijing	99	33437	116902	121885	488
天津	Tianjin	69	10898	65520	68855	344
河北	Hebei	181	22345	250642	271021	36764
山西	Shanxi	10	226	20484	17599	476
内蒙古	Inner Mongolia	2	375	17190	5730	
辽宁	Liaoning	14	4854	197402	194431	18091
吉林	Jilin	3	6522	18800	18800	
黑龙江	Heilongjiang	4	126			
上海	Shanghai	155	32439	109795	128777	4111
江苏	Jiangsu	298	52909	302137	276112	15000
浙江	Zhejiang	31	5774	323356	322847	3989
安徽	Anhui	477	47562	220130	183206	
福建	Fujian	11	1154			
江西	Jiangxi	164	14545	149911	142514	103587
山东	Shandong	644	239053	2824556	4113731	585666
河南	Henan	4	9837	48340	42277	
湖北	Hubei	262	151336	426679	438603	6
湖南	Hunan	31	47942	458007	586352	76277
广东	Guangdong	97	17918	269147	255083	26097
广西	Guangxi	51	7465	20573	18394	
海南	Hainan	34	3456			
重庆	Chongqing	72	7931	33500	29896	780
四川	Sichuan	644	25654	120663	101441	1536
贵州	Guizhou	84	85227	93708	70246	16740
云南	Yunnan	17	724	4968	4985	
西藏	Tibet					
陕西	Shaanxi	481	109334	215204	224020	3200
甘肃	Gansu	44	8399	31210	28141	
青海	Qinghai					
宁夏	Ningxia					
新疆	Xinjiang	3	455			

2-4-8 续表 2 continued

单位：万元 (10000 yuan)

地区	Region	港澳台投资企业 Enterprises with Funds from Hong Kong, Macau and Taiwan				
		新产品开发项目数(项) New Products (item)	新产品开发经费 Expenditure on New Products Development	新产品产值 Output Value of New Products	新产品销售收入 Sales Revenue of New Products	#出口 Exports
全国	**Total**	**7923**	**2290837**	**36902646**	**36644741**	**13900673**
东部地区	Eastern Region	7380	2193260	32777862	32709088	11768282
中部地区	Middle Region	329	76392	1813438	1628717	106714
西部地区	Western Region	214	21185	2311346	2306936	2025677
北京	Beijing	270	140578	3586051	3342052	536144
天津	Tianjin	119	42940	261721	285593	82654
河北	Hebei	278	27150	105934	102296	22039
山西	Shanxi	9	2454	454	561	
内蒙古	Inner Mongolia	1	68	5617	5211	
辽宁	Liaoning	92	10632	111158	115553	25538
吉林	Jilin	29	1347	3575	3250	
黑龙江	Heilongjiang	4	233			
上海	Shanghai	392	146372	1341704	1354427	833844
江苏	Jiangsu	1425	542754	7786318	8218047	3922391
浙江	Zhejiang	814	266747	2589160	2573200	802184
安徽	Anhui	67	8044	331584	120667	719
福建	Fujian	522	188768	4412359	4368973	1139110
江西	Jiangxi	50	2403	5560	4785	0
山东	Shandong	132	44602	397346	542326	78321
河南	Henan	23	4818	31148	90839	6264
湖北	Hubei	79	39526	1057200	1018454	70175
湖南	Hunan	67	17499	378301	384951	29555
广东	Guangdong	3232	778433	12141843	11764894	4318332
广西	Guangxi	59	2708	14213	21404	7726
海南	Hainan	45	1576	30055	20324	
重庆	Chongqing	70	4433	2151098	2180323	2014951
四川	Sichuan	23	2602	47869	32191	
贵州	Guizhou	14	1291	34412	23313	7000
云南	Yunnan	55	6803	30321	27671	3726
西藏	Tibet					
陕西	Shaanxi	16	2955	303	153	
甘肃	Gansu					
青海	Qinghai					
宁夏	Ningxia	36	3100	47344	43286	
新疆	Xinjiang					

2-4-8 续表 3 continued

单位：万元 (10000 yuan)

地区	Region	外商投资企业 Foreign Funded Enterprises				
		新产品开发项目数（项） New Products (item)	新产品开发经费 Expenditure on New Products Development	新产品产值 Output Value of New Products	新产品销售收入 Sales Revenue of New Products	#出口 Exports
全国	**Total**	**10549**	**4490341**	**91041459**	**102179431**	**71714432**
东部地区	Eastern Region	9779	4344852	88677267	99964874	71541107
中部地区	Middle Region	413	89998	1006536	908624	153116
西部地区	Western Region	357	55491	1357656	1305933	20210
北京	Beijing	540	254427	7817199	7815311	4640350
天津	Tianjin	332	110982	5756113	6215154	3729511
河北	Hebei	152	14725	177343	179943	356
山西	Shanxi	29	8713	168113	159117	29449
内蒙古	Inner Mongolia	1	399			
辽宁	Liaoning	112	47759	233933	212223	70090
吉林	Jilin	9	813	75388	42413	
黑龙江	Heilongjiang	170	15291	85930	85043	
上海	Shanghai	2209	764272	7012049	6883392	2866101
江苏	Jiangsu	2670	1545418	19326359	31568081	23512795
浙江	Zhejiang	884	159811	2485926	2374609	758839
安徽	Anhui	55	17902	426740	403047	63840
福建	Fujian	321	242218	5807767	5542989	3206718
江西	Jiangxi	14	11365	56626	47862	7905
山东	Shandong	443	281752	4513762	4329813	3388911
河南	Henan	36	18812	65061	64062	50747
湖北	Hubei	74	11347	15728	22349	552
湖南	Hunan	25	5356	112951	84730	623
广东	Guangdong	2066	917353	35532774	34829194	29367437
广西	Guangxi	2	170	4099	4099	
海南	Hainan	48	5965	9945	10067	
重庆	Chongqing	153	12235	881272	882274	18829
四川	Sichuan	78	20575	59787	47046	21
贵州	Guizhou	6	1459	76516	56710	
云南	Yunnan	26	3958	55919	44223	724
西藏	Tibet					
陕西	Shaanxi	91	17102	284163	275680	636
甘肃	Gansu	3	163			
青海	Qinghai					
宁夏	Ningxia					
新疆	Xinjiang					

2-4-9 按地区和行业分高技术产业新产品开发和生产情况(2011年)

New Products Development and Productionl in High-tech Industry by Region and Industrial Sector (2011)

单位：万元 (10000 yuan)

地区	Region	医药制造业 Medical and Pharmaceutical Products Manufacturing				
		新产品开发项目数(项) New Products (item)	新产品开发经费 Expenditure on New Products Development	新产品产值 Output Value of New Products	新产品销售收入 Sales Revenue of New Products	#出口 Exports
全国	**Total**	**16440**	**2330718**	**24918306**	**23170435**	**2424277**
东部地区	Eastern Region	11091	1706225	17113478	16149582	1980403
中部地区	Middle Region	3449	436092	5504461	5151086	376702
西部地区	Western Region	1900	188401	2300367	1869767	67172
北京	Beijing	896	105053	1163592	1065771	21657
天津	Tianjin	813	72719	1058775	1082035	151020
河北	Hebei	738	74197	612197	579809	40221
山西	Shanxi	136	25365	228187	204333	32251
内蒙古	Inner Mongolia	33	6361	99301	61294	14109
辽宁	Liaoning	307	31077	353182	331172	50812
吉林	Jilin	445	58273	616603	601924	350
黑龙江	Heilongjiang	410	41334	245958	230624	246
上海	Shanghai	772	144092	1408317	1321590	32767
江苏	Jiangsu	1901	403428	3328539	3263950	292929
浙江	Zhejiang	1497	188866	2682851	2374339	851864
安徽	Anhui	512	60862	578445	535082	53471
福建	Fujian	397	49716	480347	429198	73909
江西	Jiangxi	425	41249	571032	483793	55810
山东	Shandong	1584	374241	4047915	3891160	368488
河南	Henan	421	61360	748429	737641	59942
湖北	Hubei	649	83835	1434428	1329980	140381
湖南	Hunan	418	57452	982079	966415	20141
广东	Guangdong	1427	196460	1657447	1512930	86635
广西	Guangxi	440	46342	240365	229938	10103
海南	Hainan	319	20034	79952	67690	1
重庆	Chongqing	487	36409	624070	475504	50881
四川	Sichuan	502	46320	610012	507814	3093
贵州	Guizhou	203	22705	339381	233841	
云南	Yunnan	333	31976	304288	258226	3011
西藏	Tibet	1	38	16567	17364	119
陕西	Shaanxi	157	29201	233781	220892	6301
甘肃	Gansu	82	12803	50695	44490	
青海	Qinghai	10	200	5804	3061	
宁夏	Ningxia	111	6245	115682	106402	3767
新疆	Xinjiang	14	2506	87	2174	

2-4-9 续表 1 continued

单位：万元 (10000 yuan)

地区	Region	航空航天器制造业 Manufacture of Aircrafts and Spacecrafts 新产品开发项目数(项) New Products (item)	新产品开发经费 Expenditure on New Products Development	新产品产值 Output Value of New Products	新产品销售收入 Sales Revenue of New Products	#出口 Exports
全国	**Total**	**4019**	**1481883**	**5277874**	**5270131**	**589471**
东部地区	Eastern Region	1883	503964	2343288	2530300	287800
中部地区	Middle Region	1026	297441	1265024	1146959	65303
西部地区	Western Region	1110	680478	1669562	1592872	236368
北京	Beijing	1042	127727	262499	275469	2752
天津	Tianjin	54	3949	3283	2137	
河北	Hebei	42	8139	1191	26869	
山西	Shanxi					
内蒙古	Inner Mongolia					
辽宁	Liaoning	318	300686	1448922	1615970	91416
吉林	Jilin			812	600	
黑龙江	Heilongjiang	393	119311	207953	134475	
上海	Shanghai	50	23939	41299	67870	411
江苏	Jiangsu	283	19162	566440	522778	188596
浙江	Zhejiang	2	1707	13160	12713	4625
安徽	Anhui	151	18968	141572	123500	
福建	Fujian	2	383			
江西	Jiangxi	102	88165	564408	564408	52990
山东	Shandong	23	1564	2434	2434	
河南	Henan	24	24201	107676	90201	
湖北	Hubei	352	46241	140076	134940	12314
湖南	Hunan	4	554	102528	98835	
广东	Guangdong	67	16708	4060	4060	
广西	Guangxi					
海南	Hainan					
重庆	Chongqing					
四川	Sichuan	597	202633	264657	287733	129930
贵州	Guizhou	217	134082	281426	233793	31615
云南	Yunnan					
西藏	Tibet					
陕西	Shaanxi	296	343762	1093863	1039406	74823
甘肃	Gansu			29616	31940	
青海	Qinghai					
宁夏	Ningxia					
新疆	Xinjiang					

2-4-9 续表 2 continued

单位：万元 (10000 yuan)

地区	Region	电子及通信设备制造业 Manufacture of Electronic Equipment and Communication Equipment				
		新产品开发项目数(项) New Products (item)	新产品开发经费 Expenditure on New Products Development	新产品产值 Output Value of New Products	新产品销售收入 Sales Revenue of New Products	#出口 Exports
全 国	**Total**	**31048**	**10253240**	**114557251**	**115181309**	**47002811**
东部地区	Eastern Region	23729	9096846	102923607	104365307	46387355
中部地区	Middle Region	2341	692259	4677293	4306143	435870
西部地区	Western Region	4978	464135	6956351	6509859	179585
北 京	Beijing	1105	442823	8873133	8844770	4710520
天 津	Tianjin	1002	182501	6021768	6521208	3718617
河 北	Hebei	110	19555	101662	95424	38811
山 西	Shanxi	68	5575	35928	29658	150
内蒙古	Inner Mongolia	1	520	4100	3936	
辽 宁	Liaoning	220	175532	1503078	1484033	687275
吉 林	Jilin	63	9451	91820	85589	14900
黑龙江	Heilongjiang	23	5015	14107	15736	1641
上 海	Shanghai	2394	730837	7385699	7355255	3689612
江 苏	Jiangsu	3745	1558775	17169650	17843670	6195278
浙 江	Zhejiang	2170	435663	5133411	4884413	1508538
安 徽	Anhui	804	141371	1859399	1446543	154391
福 建	Fujian	855	350639	6566906	6259971	3872442
江 西	Jiangxi	189	26392	187874	181446	52399
山 东	Shandong	1201	396589	4751012	6014759	1662515
河 南	Henan	273	39533	299477	268903	26169
湖 北	Hubei	723	377841	1163174	1109861	86743
湖 南	Hunan	197	86561	1021415	1164473	99479
广 东	Guangdong	10769	4782380	45225772	44880672	20300975
广 西	Guangxi	125	18149	191517	181134	2773
海 南	Hainan	33	3404			
重 庆	Chongqing	140	11941	415116	419113	10828
四 川	Sichuan	3400	316752	5547437	5049618	99757
贵 州	Guizhou	397	22194	119540	112521	10909
云 南	Yunnan	20	1195	39185	35145	3726
西 藏	Tibet					
陕 西	Shaanxi	806	85349	576128	663854	24027
甘 肃	Gansu	156	9598	123320	126081	30338
青 海	Qinghai	1	150			
宁 夏	Ningxia	7	669	34129	11259	
新 疆	Xinjiang	51	16287	101496	92269	

2-4-9 续表 3 continued

单位：万元 (10000 yuan)

地区	Region	电子计算机及办公设备制造业 Manufacture of Computer and Office Equipments				
		新产品开发项目数(项) New Products (item)	新产品开发经费 Expenditure on New Products Development	新产品产值 Output Value of New Products	新产品销售收入 Sales Revenue of New Products	#出口 Exports
全国	**Total**	**4020**	**2203755**	**56280497**	**68085415**	**49663776**
东部地区	Eastern Region	3641	2118318	52773679	64588538	47614137
中部地区	Middle Region	236	68033	821498	814709	54286
西部地区	Western Region	143	17405	2685320	2682169	1995353
北京	Beijing	180	162757	4006852	3653351	533040
天津	Tianjin	22	5494	98867	126936	3980
河北	Hebei	42	2714	8017	5744	2420
山西	Shanxi					
内蒙古	Inner Mongolia	2	179			
辽宁	Liaoning	32	2258	4000	1970	
吉林	Jilin	2	6848	23861	24016	
黑龙江	Heilongjiang	25	1687	33147	32904	
上海	Shanghai	112	142420	433642	417824	55294
江苏	Jiangsu	717	632377	11155480	23254464	21118518
浙江	Zhejiang	194	152660	1546625	1600476	458976
安徽	Anhui	74	17094	57612	57090	788
福建	Fujian	214	148953	4155324	4158381	537339
江西	Jiangxi	16	4236	39845	33259	813
山东	Shandong	460	255514	5028343	5018704	2701482
河南	Henan	7	4168	22813	22463	
湖北	Hubei	45	22598	515031	514918	52455
湖南	Hunan	65	11225	129189	130058	231
广东	Guangdong	1660	611890	26336529	26342962	22195363
广西	Guangxi	8	1280		7726	7726
海南	Hainan					
重庆	Chongqing	37	7646	2589152	2609834	1994858
四川	Sichuan	35	4963	20849	20444	
贵州	Guizhou					
云南	Yunnan	12	4220	74620	51435	495
西藏	Tibet					
陕西	Shaanxi	59	576	700	456	
甘肃	Gansu					
青海	Qinghai					
宁夏	Ningxia					
新疆	Xinjiang					

2-4-9 续表 4 continued

单位：万元 (10000 yuan)

地区	Region	医疗设备及仪器仪表制造业 Manufacture of Medical Equipments and Measuring Instrument				
		新产品开发项目数(项) New Products (item)	新产品开发经费 Expenditure on New Products Development	新产品产值 Output Value of New Products	新产品销售收入 Sales Revenue of New Products	#出口 Exports
全国	**Total**	**11079**	**1639803**	**13550214**	**13026204**	**1986659**
东部地区	Eastern Region	8610	1343338	10854395	10443289	1722015
中部地区	Middle Region	1603	217554	2006861	1887137	229202
西部地区	Western Region	866	78910	688957	695778	35442
北京	Beijing	1002	161895	1073572	1056393	73819
天津	Tianjin	268	33672	215906	218636	95608
河北	Hebei	184	12647	115887	105961	22435
山西	Shanxi	40	13179	65973	60802	778
内蒙古	Inner Mongolia					
辽宁	Liaoning	199	35747	154070	150256	10661
吉林	Jilin	104	8234	24018	19932	481
黑龙江	Heilongjiang	128	8935	49341	48935	1338
上海	Shanghai	729	106450	812104	794988	179416
江苏	Jiangsu	2503	481915	4201550	4076965	496702
浙江	Zhejiang	1572	196508	2732533	2537315	447081
安徽	Anhui	276	46458	432938	424572	39925
福建	Fujian	234	32637	177085	167658	89999
江西	Jiangxi	180	18399	180117	171328	104653
山东	Shandong	476	67680	460123	437288	46059
河南	Henan	336	38838	253452	244671	44887
湖北	Hubei	176	20548	147206	130496	689
湖南	Hunan	363	62963	853818	786402	36452
广东	Guangdong	1387	205393	856850	862885	247926
广西	Guangxi	56	8794	54714	34945	12309
海南	Hainan					
重庆	Chongqing	330	30495	331802	329829	21677
四川	Sichuan	205	16440	41200	49822	1268
贵州	Guizhou	41	3714	21800	19942	140
云南	Yunnan	31	6892	54991	54167	8312
西藏	Tibet					
陕西	Shaanxi	217	16801	187374	193986	3827
甘肃	Gansu	2	145	3546	3912	
青海	Qinghai	1	949	299	237	197
宁夏	Ningxia	37	3193	47944	43886	20
新疆	Xinjiang	2	281			

2-5-1 按行业分高技术产业专利情况(2011年)

Statistics on Patents in High-tech Industry by Industrial Sector(2011)

单位：件 (piece)

行业	Industry	专利申请数 Patent Applications	#发明专利 Invention Patents	拥有发明专利 Number of Patents In Force
合计	**Total**	**101267**	**54224**	**82240**
医药制造业	**Manufacture of Medicines**	**11115**	**6968**	**10506**
#化学药品制造	Manufacture of Chemical Medicine	4667	3074	4410
中成药制造	Manufacture of Finished Traditional Chinese Herbal Medicine	3282	2117	4053
生物、生化制品的制造	Manufacture of Biological and Biochemical Chemical Products	1375	876	1148
航空航天器制造业	**Manufacture of Aircrafts and Spacecrafts**	**2693**	**1139**	**1494**
1.飞机制造及修理	Manufacture and Repairing of Airplanes	2385	1016	1269
2.航天器制造	Manufacture of Spacecrafts	308	123	225
电子及通信设备制造业	**Manufacture of Electronic Equipment and Communication Equipment**	**60335**	**32910**	**51234**
1.通信设备制造	Manufacture of Communication Equipment	25239	18572	32297
#通信传输设备制造	Manufacture of Communication Transmitting Equipment	1942	840	948
通信交换设备制造	Manufacture of Communication Exchanging Equipment	17908	14962	28218
通信终端设备制造	Manufacture of Communication Terminal Equipment	787	205	395
2.雷达及配套设备制造	Manufacture of Radar and Its Fittings	465	133	118
3.广播电视设备制造	Manufacture of Broadcasting and TV Equipment	3717	1814	815
4.电子器件制造	Manufacture of Electronic Appliances	13140	6656	6447
#电子真空器件制造	Manufacture of Electronic Vacuum Appliances	1366	634	318
半导体分立器件制造	Manufacture of Semiconductor Discreting Appliances	786	295	346
集成电路制造	Manufacture of Integrate Circuit	4214	2996	2239
5.电子元件制造	Manufacture of Electronic Components	10153	3329	5548
6.家用视听设备制造	Manufacture of Domestic TV Set and Radio Receiver	4632	1438	4322
7.其他电子设备制造	Manufacture of Other Electronic Equipment	2989	968	1687
电子计算机及办公设备制造业	**Manufacture of Computers and Office Equipments**	**12125**	**8187**	**11153**
1.电子计算机整机制造	Manufacture of Entired Computer	6423	5583	5983
2.电子计算机外部设备制造	Manufacture of Computer Peripheral Equipment	5132	2487	4942
3.办公设备制造	Manufacture of Office Equipment	570	117	228
医疗设备及仪器仪表制造业	**Manufacture of Medical Equipments and Measuring Instrument**	**14999**	**5020**	**7853**
1.医疗设备及器械制造	Manufacture of Medical Equipment and Appliances	2969	1127	2410
2.仪器仪表制造	Manufacture of Measuring Instrument	12030	3893	5443

2-5-2 各地区高技术产业专利情况(2011年)

Statistics on Patents in High-tech Industry by Region(2011)

单位：件 (piece)

地 区	Region	专利申请数 Patent Applications	#发明专利 Invention Patents	拥有发明专利 Number of Patents In Force
全 国	**Total**	**101267**	**54224**	**82240**
东部地区	Eastern Region	86256	47832	71481
中部地区	Middle Region	9568	4048	5443
西部地区	Western Region	5443	2344	5316
北 京	Beijing	6225	4290	4112
天 津	Tianjin	2764	1576	1773
河 北	Hebei	521	312	485
山 西	Shanxi	234	96	150
内 蒙 古	Inner Mongolia	54	29	32
辽 宁	Liaoning	1354	643	959
吉 林	Jilin	355	220	265
黑 龙 江	Heilongjiang	592	253	494
上 海	Shanghai	5031	3482	3596
江 苏	Jiangsu	15285	5546	6850
浙 江	Zhejiang	7243	2107	4672
安 徽	Anhui	2289	755	686
福 建	Fujian	2410	1116	1155
江 西	Jiangxi	561	257	420
山 东	Shandong	5611	2528	2375
河 南	Henan	1610	574	589
湖 北	Hubei	1800	988	1988
湖 南	Hunan	2073	876	819
广 东	Guangdong	39338	25961	45172
广 西	Guangxi	262	131	240
海 南	Hainan	212	140	92
重 庆	Chongqing	959	396	359
四 川	Sichuan	1965	773	2958
贵 州	Guizhou	637	304	423
云 南	Yunnan	271	153	312
西 藏	Tibet	17	16	57
陕 西	Shaanxi	1312	598	1108
甘 肃	Gansu	139	49	59
青 海	Qinghai			
宁 夏	Ningxia	115	39	17
新 疆	Xinjiang	28	16	23

2-5-3 按行业和企业规模分高技术产业专利情况(2011年)

Statistics on Patents in High-tech Industry by Industrial Sector and Scale of Enterprises(2011)

单位：件 (piece)

行业	Industry	大型企业 Large-sized Enterprises		
		专利申请数 Patent Applications	#发明专利 Invention Patents	拥有发明专利 Number of Patents In Force
合计	**Total**	**54554**	**36243**	**53896**
医药制造业	**Manufacture of Medicines**	**2914**	**2063**	**3552**
#化学药品制造	Manufacture of Chemical Medicine	1439	998	2009
中成药制造	Manufacture of Finished Traditional Chinese Herbal Medicine	1272	965	1384
生物、生化制品的制造	Manufacture of Biological and Biochemical Chemical Products	76	39	96
航空航天器制造业	**Manufacture of Aircrafts and Spacecrafts**	**2032**	**853**	**1046**
1.飞机制造及修理	Manufacture and Repairing of Airplanes	1866	790	932
2.航天器制造	Manufacture of Spacecrafts	166	63	114
电子及通信设备制造业	**Manufacture of Electronic Equipment and Communication Equipment**	**36807**	**24567**	**37282**
1.通信设备制造	Manufacture of Communication Equipment	22106	17484	30019
#通信传输设备制造	Manufacture of Communication Transmitting Equipment	802	448	439
通信交换设备制造	Manufacture of Communication Exchanging Equipment	17535	14856	28012
通信终端设备制造	Manufacture of Communication Terminal Equipment	458	121	91
2.雷达及配套设备制造	Manufacture of Radar and Its Fittings	285	83	36
3.广播电视设备制造	Manufacture of Broadcasting and TV Equipment	1770	861	152
4.电子器件制造	Manufacture of Electronic Appliances	5609	3585	3293
#电子真空器件制造	Manufacture of Electronic Vacuum Appliances	203	51	96
半导体分立器件制造	Manufacture of Semiconductor Discreting Appliances	66	33	80
集成电路制造	Manufacture of Integrate Circuit	2818	2268	1420
5.电子元件制造	Manufacture of Electronic Components	4014	1444	2309
6.家用视听设备制造	Manufacture of Domestic TV Set and Radio Receiver	2633	941	1330
7.其他电子设备制造	Manufacture of Other Electronic Equipment	390	169	143
电子计算机及办公设备制造业	**Manufacture of Computers and Office Equipments**	**9770**	**7551**	**9863**
1.电子计算机整机制造	Manufacture of Entired Computer	5983	5362	5905
2.电子计算机外部设备制造	Manufacture of Computer Peripheral Equipment	3667	2111	3887
3.办公设备制造	Manufacture of Office Equipment	120	78	71
医疗设备及仪器仪表制造业	**Manufacture of Medical Equipments and Measuring Instrument**	**3031**	**1209**	**2153**
1.医疗设备及器械制造	Manufacture of Medical Equipment and Appliances	611	316	844
2.仪器仪表制造	Manufacture of Measuring Instrument	2420	893	1309

2-5-3 续表 continued

单位：件 (piece)

行业	Industry	中型企业 Medium-sized Enterprises		
		专利申请数 Patent Applications	#发明专利 Invention Patents	拥有发明专利 Number of Patents In Force
合　计	**Total**	**23171**	**9424**	**13532**
医药制造业	**Manufacture of Medicines**	**3499**	**2162**	**2975**
#化学药品制造	Manufacture of Chemical Medicine	1790	1134	1297
中成药制造	Manufacture of Finished Traditional Chinese Herbal Medicine	881	465	962
生物、生化制品的制造	Manufacture of Biological and Biochemical Chemical Products	448	329	437
航空航天器制造业	**Manufacture of Aircrafts and Spacecrafts**	**382**	**149**	**231**
1.飞机制造及修理	Manufacture and Repairing of Airplanes	259	94	121
2.航天器制造	Manufacture of Spacecrafts	123	55	110
电子及通信设备制造业	**Manufacture of Electronic Equipment and Communication Equipment**	**12553**	**4959**	**7166**
1.通信设备制造	Manufacture of Communication Equipment	1645	619	1480
#通信传输设备制造	Manufacture of Communication Transmitting Equipment	467	181	315
通信交换设备制造	Manufacture of Communication Exchanging Equipment	178	66	59
通信终端设备制造	Manufacture of Communication Terminal Equipment	191	41	222
2.雷达及配套设备制造	Manufacture of Radar and Its Fittings	76	24	8
3.广播电视设备制造	Manufacture of Broadcasting and TV Equipment	1111	825	511
4.电子器件制造	Manufacture of Electronic Appliances	4293	1985	1677
#电子真空器件制造	Manufacture of Electronic Vacuum Appliances	1041	547	181
半导体分立器件制造	Manufacture of Semiconductor Discreting Appliances	236	130	133
集成电路制造	Manufacture of Integrate Circuit	651	342	415
5.电子元件制造	Manufacture of Electronic Components	3518	1083	2049
6.家用视听设备制造	Manufacture of Domestic TV Set and Radio Receiver	642	91	479
7.其他电子设备制造	Manufacture of Other Electronic Equipment	1268	332	962
电子计算机及办公设备制造业	**Manufacture of Computers and Office Equipments**	**1410**	**357**	**669**
1.电子计算机整机制造	Manufacture of Entired Computer	301	161	42
2.电子计算机外部设备制造	Manufacture of Computer Peripheral Equipment	857	184	561
3.办公设备制造	Manufacture of Office Equipment	252	12	66
医疗设备及仪器仪表制造业	**Manufacture of Medical Equipments and Measuring Instrument**	**5327**	**1797**	**2491**
1.医疗设备及器械制造	Manufacture of Medical Equipment and Appliances	1094	447	782
2.仪器仪表制造	Manufacture of Measuring Instrument	4233	1350	1709

2-5-4 按行业分国有及国有控股企业高技术产业专利情况(2011年)

Statistics on Patents in High-tech Industry of State-owned and State-controlled Enterprises by Industry (2011)

单位：件 (piece)

行业	Industry	专利申请数 Patent Applications	#发明专利 Invention Patents	拥有发明专利 Number of Patents In Force
合计	**Total**	**25941**	**16864**	**20186**
医药制造业	**Manufacture of Medicines**	**1600**	**1024**	**1881**
#化学药品制造	Manufacture of Chemical Medicine	882	615	840
中成药制造	Manufacture of Finished Traditional Chinese Herbal Medicine	517	267	796
生物、生化制品的制造	Manufacture of Biological and Biochemical Chemical Products	116	92	204
航空航天器制造业	**Manufacture of Aircrafts and Spacecrafts**	**2498**	**1084**	**1381**
1.飞机制造及修理	Manufacture and Repairing of Airplanes	2238	968	1194
2.航天器制造	Manufacture of Spacecrafts	260	116	187
电子及通信设备制造业	**Manufacture of Electronic Equipment and Communication Equipment**	**17809**	**12578**	**14812**
1.通信设备制造	Manufacture of Communication Equipment	10149	9025	9273
#通信传输设备制造	Manufacture of Communication Transmitting Equipment	550	314	351
通信交换设备制造	Manufacture of Communication Exchanging Equipment	8413	7995	8001
通信终端设备制造	Manufacture of Communication Terminal Equipment	179	35	99
2.雷达及配套设备制造	Manufacture of Radar and Its Fittings	382	109	98
3.广播电视设备制造	Manufacture of Broadcasting and TV Equipment	104	53	112
4.电子器件制造	Manufacture of Electronic Appliances	3112	1693	1706
#电子真空器件制造	Manufacture of Electronic Vacuum Appliances	891	493	148
半导体分立器件制造	Manufacture of Semiconductor Discreting Appliances	98	54	79
集成电路制造	Manufacture of Integrate Circuit	440	329	261
5.电子元件制造	Manufacture of Electronic Components	1097	524	607
6.家用视听设备制造	Manufacture of Domestic TV Set and Radio Receiver	2647	955	2649
7.其他电子设备制造	Manufacture of Other Electronic Equipment	318	219	367
电子计算机及办公设备制造业	**Manufacture of Computers and Office Equipments**	**1691**	**1097**	**822**
1.电子计算机整机制造	Manufacture of Entired Computer	927	550	241
2.电子计算机外部设备制造	Manufacture of Computer Peripheral Equipment	682	479	524
3.办公设备制造	Manufacture of Office Equipment	82	68	57
医疗设备及仪器仪表制造业	**Manufacture of Medical Equipments and Measuring Instrument**	**2343**	**1081**	**1290**
1.医疗设备及器械制造	Manufacture of Medical Equipment and Appliances	239	84	190
2.仪器仪表制造	Manufacture of Measuring Instrument	2104	997	1100

2-5-5 按行业和登记注册类型分高技术产业专利情况(2011年)

Statistics on Patents in High-tech Industry by Industrial Sector and Registration Status(2011)

单位：件 (piece)

行 业	Industry	内资企业 Domestic Funded		
		专利申请数 Patent Applications	#发明专利 Invention Patents	拥有发明专利 Number of Patents In Force
合 计	**Total**	**67871**	**35232**	**58163**
医药制造业	**Manufacture of Medicines**	**8616**	**5470**	**7966**
#化学药品制造	Manufacture of Chemical Medicine	3359	2235	3046
中成药制造	Manufacture of Finished Traditional Chinese Herbal Medicine	2914	1895	3559
生物、生化制品的制造	Manufacture of Biological and Biochemical Chemical Products	851	578	731
航空航天器制造业	**Manufacture of Aircrafts and Spacecrafts**	**2627**	**1133**	**1475**
1.飞机制造及修理	Manufacture and Repairing of Airplanes	2326	1010	1251
2.航天器制造	Manufacture of Spacecrafts	301	123	224
电子及通信设备制造业	**Manufacture of Electronic Equipment and Communication Equipment**	**42089**	**23580**	**41187**
1.通信设备制造	Manufacture of Communication Equipment	20962	16205	30058
#通信传输设备制造	Manufacture of Communication Transmitting Equipment	1646	775	748
通信交换设备制造	Manufacture of Communication Exchanging Equipment	17458	14746	27802
通信终端设备制造	Manufacture of Communication Terminal Equipment	604	110	295
2.雷达及配套设备制造	Manufacture of Radar and Its Fittings	464	133	118
3.广播电视设备制造	Manufacture of Broadcasting and TV Equipment	2798	1087	651
4.电子器件制造	Manufacture of Electronic Appliances	7171	2744	3426
#电子真空器件制造	Manufacture of Electronic Vacuum Appliances	1335	630	297
半导体分立器件制造	Manufacture of Semiconductor Discreting Appliances	546	180	242
集成电路制造	Manufacture of Integrate Circuit	1232	610	773
5.电子元件制造	Manufacture of Electronic Components	4986	1608	2516
6.家用视听设备制造	Manufacture of Domestic TV Set and Radio Receiver	3299	1071	3066
7.其他电子设备制造	Manufacture of Other Electronic Equipment	2409	732	1352
电子计算机及办公设备制造业	**Manufacture of Computers and Office Equipments**	**3174**	**1256**	**1325**
1.电子计算机整机制造	Manufacture of Entired Computer	1076	602	289
2.电子计算机外部设备制造	Manufacture of Computer Peripheral Equipment	1656	548	856
3.办公设备制造	Manufacture of Office Equipment	442	106	180
医疗设备及仪器仪表制造业	**Manufacture of Medical Equipments and Measuring Instrument**	**11365**	**3793**	**6210**
1.医疗设备及器械制造	Manufacture of Medical Equipment and Appliances	1943	710	1954
2.仪器仪表制造	Manufacture of Measuring Instrument	9422	3083	4256

2-5-5 续表 1 continued

单位：件 (piece)

行 业	Industry	#国有企业 State-owned Enterprises		
		专利申请数 Patent Applications	#发明专利 Invention Patents	拥有发明专利 Number of Patents In Force
合 计	**Total**	**3349**	**1497**	**2329**
医药制造业	**Manufacture of Medicines**	**129**	**88**	**313**
#化学药品制造	Manufacture of Chemical Medicine	80	51	139
中成药制造	Manufacture of Finished Traditional Chinese Herbal Medicine	30	21	92
生物、生化制品的制造	Manufacture of Biological and Biochemical Chemical Products	9	8	80
航空航天器制造业	**Manufacture of Aircrafts and Spacecrafts**	**366**	**175**	**224**
1.飞机制造及修理	Manufacture and Repairing of Airplanes	194	111	98
2.航天器制造	Manufacture of Spacecrafts	172	64	126
电子及通信设备制造业	**Manufacture of Electronic Equipment and Communication Equipment**	**2066**	**890**	**1344**
1.通信设备制造	Manufacture of Communication Equipment	583	341	868
#通信传输设备制造	Manufacture of Communication Transmitting Equipment	139	82	100
通信交换设备制造	Manufacture of Communication Exchanging Equipment	355	235	762
通信终端设备制造	Manufacture of Communication Terminal Equipment			
2.雷达及配套设备制造	Manufacture of Radar and Its Fittings	117	40	33
3.广播电视设备制造	Manufacture of Broadcasting and TV Equipment	1		3
4.电子器件制造	Manufacture of Electronic Appliances	145	93	55
#电子真空器件制造	Manufacture of Electronic Vacuum Appliances			
半导体分立器件制造	Manufacture of Semiconductor Discreting Appliances	30	14	10
集成电路制造	Manufacture of Integrate Circuit	9	4	
5.电子元件制造	Manufacture of Electronic Components	85	15	103
6.家用视听设备制造	Manufacture of Domestic TV Set and Radio Receiver	1104	393	257
7.其他电子设备制造	Manufacture of Other Electronic Equipment	31	8	25
电子计算机及办公设备制造业	**Manufacture of Computers and Office Equipments**	**20**	**10**	**13**
1.电子计算机整机制造	Manufacture of Entired Computer			
2.电子计算机外部设备制造	Manufacture of Computer Peripheral Equipment	20	10	13
3.办公设备制造	Manufacture of Office Equipment			
医疗设备及仪器仪表制造业	**Manufacture of Medical Equipments and Measuring Instrument**	**768**	**334**	**435**
1.医疗设备及器械制造	Manufacture of Medical Equipment and Appliances	161	38	31
2.仪器仪表制造	Manufacture of Measuring Instrument	607	296	404

单位：件 (piece)

行 业	Industry	港澳台投资企业 Enterprises with Funds from Hong Kong, Macau and Taiwan		
		专利申请数 Patent Applications	#发明专利 Invention Patents	拥有发明专利 Number of Patents In Force
合 计	**Total**	**11948**	**5108**	**9369**
医药制造业	**Manufacture of Medicines**	**1026**	**585**	**1206**
#化学药品制造	Manufacture of Chemical Medicine	563	351	643
中成药制造	Manufacture of Finished Traditional Chinese Herbal Medicine	205	109	321
生物、生化制品的制造	Manufacture of Biological and Biochemical Chemical Products	143	78	173
航空航天器制造业	**Manufacture of Aircrafts and Spacecrafts**	**31**	**2**	**4**
1.飞机制造及修理	Manufacture and Repairing of Airplanes	**31**	**2**	**4**
2.航天器制造	Manufacture of Spacecrafts			
电子及通信设备制造业	**Manufacture of Electronic Equipment and Communication Equipment**	**6956**	**2614**	**4169**
1.通信设备制造	Manufacture of Communication Equipment	1240	424	826
#通信传输设备制造	Manufacture of Communication Transmitting Equipment	174	26	148
通信交换设备制造	Manufacture of Communication Exchanging Equipment	97	20	22
通信终端设备制造	Manufacture of Communication Terminal Equipment	162	89	75
2.雷达及配套设备制造	Manufacture of Radar and Its Fittings			
3.广播电视设备制造	Manufacture of Broadcasting and TV Equipment	82	6	19
4.电子器件制造	Manufacture of Electronic Appliances	1622	940	1120
#电子真空器件制造	Manufacture of Electronic Vacuum Appliances	21	4	13
半导体分立器件制造	Manufacture of Semiconductor Discreting Appliances	159	95	64
集成电路制造	Manufacture of Integrate Circuit	745	583	548
5.电子元件制造	Manufacture of Electronic Components	2941	942	1205
6.家用视听设备制造	Manufacture of Domestic TV Set and Radio Receiver	893	276	899
7.其他电子设备制造	Manufacture of Other Electronic Equipment	178	26	100
电子计算机及办公设备制造业	**Manufacture of Computers and Office Equipments**	**2290**	**1502**	**3243**
1.电子计算机整机制造	Manufacture of Entired Computer	752	630	1279
2.电子计算机外部设备制造	Manufacture of Computer Peripheral Equipment	1513	871	1949
3.办公设备制造	Manufacture of Office Equipment	25	1	15
医疗设备及仪器仪表制造业	**Manufacture of Medical Equipments and Measuring Instrument**	**1645**	**405**	**747**
1.医疗设备及器械制造	Manufacture of Medical Equipment and Appliances	391	107	161
2.仪器仪表制造	Manufacture of Measuring Instrument	1254	298	586

2-5-5 续表 3 continued

单位：件 (piece)

行业	Industry	外商投资企业 Foreign Funded Enterprises		
		专利申请数 Patent Applications	#发明专利 Invention Patents	拥有发明专利 Number of Patents In Force
合 计	**Total**	**21448**	**13884**	**14708**
医药制造业	**Manufacture of Medicines**	**1473**	**913**	**1334**
#化学药品制造	Manufacture of Chemical Medicine	745	488	721
中成药制造	Manufacture of Finished Traditional Chinese Herbal Medicine	163	113	173
生物、生化制品的制造	Manufacture of Biological and Biochemical Chemical Products	381	220	244
航空航天器制造业	**Manufacture of Aircrafts and Spacecrafts**	**35**	**4**	**15**
1.飞机制造及修理	Manufacture and Repairing of Airplanes	28	4	14
2.航天器制造	Manufacture of Spacecrafts	7		1
电子及通信设备制造业	**Manufacture of Electronic Equipment and Communication Equipment**	**11290**	**6716**	**5878**
1.通信设备制造	Manufacture of Communication Equipment	3037	1943	1413
#通信传输设备制造	Manufacture of Communication Transmitting Equipment	122	39	52
通信交换设备制造	Manufacture of Communication Exchanging Equipment	353	196	394
通信终端设备制造	Manufacture of Communication Terminal Equipment	21	6	25
2.雷达及配套设备制造	Manufacture of Radar and Its Fittings	1		
3.广播电视设备制造	Manufacture of Broadcasting and TV Equipment	837	721	145
4.电子器件制造	Manufacture of Electronic Appliances	4347	2972	1901
#电子真空器件制造	Manufacture of Electronic Vacuum Appliances	10		8
半导体分立器件制造	Manufacture of Semiconductor Discreting Appliances	81	20	40
集成电路制造	Manufacture of Integrate Circuit	2237	1803	918
5.电子元件制造	Manufacture of Electronic Components	2226	779	1827
6.家用视听设备制造	Manufacture of Domestic TV Set and Radio Receiver	440	91	357
7.其他电子设备制造	Manufacture of Other Electronic Equipment	402	210	235
电子计算机及办公设备制造业	**Manufacture of Computers and Office Equipments**	**6661**	**5429**	**6585**
1.电子计算机整机制造	Manufacture of Entired Computer	4595	4351	4415
2.电子计算机外部设备制造	Manufacture of Computer Peripheral Equipment	1963	1068	2137
3.办公设备制造	Manufacture of Office Equipment	103	10	33
医疗设备及仪器仪表制造业	**Manufacture of Medical Equipments and Measuring Instrument**	**1989**	**822**	**896**
1.医疗设备及器械制造	Manufacture of Medical Equipment and Appliances	635	310	295
2.仪器仪表制造	Manufacture of Measuring Instrument	1354	512	601

2-5-6 按地区和企业规模分高技术产业专利情况(2011年)

Statistics on Patents in High-tech Industry by Region and Industrial Sector(2011)

单位：件 (piece)

地区	Region	大型企业 Large-sized Enterprises		
		专利申请数 Patent Applications	#发明专利 Invention Patents	拥有发明专利 Number of Patents In Force
全国	**Total**	**54554**	**36243**	**53896**
东部地区	Eastern Region	49748	34186	50377
中部地区	Middle Region	3343	1397	2477
西部地区	Western Region	1463	660	1042
北京	Beijing	2275	1677	2323
天津	Tianjin	1119	811	611
河北	Hebei	162	156	290
山西	Shanxi	76	29	61
内蒙古	Inner Mongolia	4	4	4
辽宁	Liaoning	389	214	370
吉林	Jilin	46	32	65
黑龙江	Heilongjiang	351	149	213
上海	Shanghai	2824	2248	1694
江苏	Jiangsu	5186	2329	3018
浙江	Zhejiang	1790	912	2228
安徽	Anhui	622	177	117
福建	Fujian	1013	649	536
江西	Jiangxi	267	102	225
山东	Shandong	3872	1950	1348
河南	Henan	536	164	208
湖北	Hubei	814	522	1348
湖南	Hunan	627	218	236
广东	Guangdong	31079	23223	37956
广西	Guangxi	39	17	3
海南	Hainan			
重庆	Chongqing	241	97	60
四川	Sichuan	332	143	109
贵州	Guizhou	52	23	172
云南	Yunnan	86	46	118
西藏	Tibet			
陕西	Shaanxi	643	319	540
甘肃	Gansu	91	23	27
青海	Qinghai			
宁夏	Ningxia	4	2	9
新疆	Xinjiang	14	7	7

2-5-6 续表 continued

单位：件 (piece)

地 区	Region	中型企业 Medium-sized Enterprises 专利申请数 Patent Applications	#发明专利 Invention Patents	拥有发明专利 Number of Patents In Force
全 国	**Total**	**23171**	**9424**	**13532**
东部地区	Eastern Region	18791	7637	11132
中部地区	Middle Region	2912	1213	1411
西部地区	Western Region	1468	574	989
北 京	Beijing	2909	2021	1141
天 津	Tianjin	871	452	311
河 北	Hebei	205	86	109
山 西	Shanxi	76	39	48
内蒙古	Inner Mongolia	10	10	14
辽 宁	Liaoning	357	139	228
吉 林	Jilin	175	108	121
黑龙江	Heilongjiang	139	56	128
上 海	Shanghai	748	428	801
江 苏	Jiangsu	4473	1432	1906
浙 江	Zhejiang	1997	547	883
安 徽	Anhui	581	172	220
福 建	Fujian	739	270	338
江 西	Jiangxi	123	80	77
山 东	Shandong	683	279	494
河 南	Henan	592	202	175
湖 北	Hubei	502	248	369
湖 南	Hunan	714	298	259
广 东	Guangdong	5663	1884	4785
广 西	Guangxi	72	34	98
海 南	Hainan	74	65	38
重 庆	Chongqing	562	218	248
四 川	Sichuan	331	142	282
贵 州	Guizhou	84	18	40
云 南	Yunnan	78	39	97
西 藏	Tibet	2	1	1
陕 西	Shaanxi	321	121	288
甘 肃	Gansu	38	21	21
青 海	Qinghai			
宁 夏	Ningxia	50	13	5
新 疆	Xinjiang	2	1	7

2-5-7 各地区国有及国有控股企业高技术产业专利情况(2011年)

Statistics on Patents in High-tech Industry of State-owned and State-controlled Enterprises by Region (2011)

单位：件 (piece)

地 区	Region	专利申请数 Patent Applications	#发明专利 Invention Patents	拥有发明专利 Number of Patents In Force
全 国	**Total**	**25941**	**16864**	**20186**
东部地区	Eastern Region	19501	14030	13965
中部地区	Middle Region	3413	1526	2467
西部地区	Western Region	3027	1308	3754
北 京	Beijing	2810	1771	1828
天 津	Tianjin	873	443	294
河 北	Hebei	76	52	101
山 西	Shanxi	28	18	27
内 蒙 古	Inner Mongolia	7	6	7
辽 宁	Liaoning	618	290	410
吉 林	Jilin	72	47	39
黑 龙 江	Heilongjiang	372	170	221
上 海	Shanghai	1113	793	988
江 苏	Jiangsu	1156	581	784
浙 江	Zhejiang	274	170	358
安 徽	Anhui	735	262	206
福 建	Fujian	401	327	298
江 西	Jiangxi	232	100	152
山 东	Shandong	2405	1087	604
河 南	Henan	487	155	157
湖 北	Hubei	944	557	1403
湖 南	Hunan	536	211	255
广 东	Guangdong	9753	8503	8280
广 西	Guangxi	21	12	18
海 南	Hainan	1	1	2
重 庆	Chongqing	382	158	143
四 川	Sichuan	1219	475	2411
贵 州	Guizhou	446	232	158
云 南	Yunnan	85	33	121
西 藏	Tibet	2	1	1
陕 西	Shaanxi	857	388	885
甘 肃	Gansu	31	20	25
青 海	Qinghai			
宁 夏	Ningxia			
新 疆	Xinjiang	5	1	10

2-5-8 按地区和登记注册类型分高技术产业专利情况(2011年)

Statistics on Patents in High-tech Industry by Region and Registration Status(2011)

单位：件 (piece)

地 区	Region	内资企业 Domestic Funded		
		专利申请数 Patent Applications	#发明专利 Invention Patents	拥有发明专利 Number of Patents In Force
全 国	**Total**	**67871**	**35232**	**58163**
东部地区	Eastern Region	54376	29424	48092
中部地区	Middle Region	8537	3628	5034
西部地区	Western Region	4958	2180	5037
北 京	Beijing	3341	1987	1782
天 津	Tianjin	2277	1393	1577
河 北	Hebei	399	200	296
山 西	Shanxi	182	74	142
内蒙古	Inner Mongolia	39	26	29
辽 宁	Liaoning	1175	544	725
吉 林	Jilin	336	210	252
黑龙江	Heilongjiang	475	182	452
上 海	Shanghai	1614	935	1345
江 苏	Jiangsu	8615	2898	3490
浙 江	Zhejiang	4548	1096	2190
安 徽	Anhui	2140	711	601
福 建	Fujian	879	322	552
江 西	Jiangxi	528	228	380
山 东	Shandong	4407	1779	1821
河 南	Henan	1537	543	544
湖 北	Hubei	1642	912	1894
湖 南	Hunan	1658	742	740
广 东	Guangdong	26746	18048	34052
广 西	Guangxi	252	123	200
海 南	Hainan	123	99	62
重 庆	Chongqjng	763	331	280
四 川	Sichuan	1881	731	2856
贵 州	Guizhou	584	287	405
云 南	Yunnan	219	132	245
西 藏	Tibet	17	16	57
陕 西	Shaanxi	1242	585	1095
甘 肃	Gansu	139	49	59
青 海	Qinghai			
宁 夏	Ningxia	85	33	17
新 疆	Xinjiang	28	16	23

2-5-8 续表 1 continued

单位：件 (piece)

地区	Region	#国有企业 State-owned Enterprises		
		专利申请数 Patent Applications	#发明专利 Invention Patents	拥有发明专利 Number of Patents In Force
全国	**Total**	**3349**	**1497**	**2329**
东部地区	Eastern Region	2041	859	976
中部地区	Middle Region	784	436	971
西部地区	Western Region	524	202	382
北京	Beijing	67	40	58
天津	Tianjin	43	18	14
河北	Hebei	50	38	72
山西	Shanxi	2		
内蒙古	Inner Mongolia	2	2	5
辽宁	Liaoning	36	15	16
吉林	Jilin	7	4	4
黑龙江	Heilongjiang			
上海	Shanghai	171	101	122
江苏	Jiangsu	249	163	240
浙江	Zhejiang	40	9	16
安徽	Anhui	188	83	59
福建	Fujian			1
江西	Jiangxi	49	8	18
山东	Shandong	1237	412	370
河南	Henan	30	19	12
湖北	Hubei	402	251	779
湖南	Hunan	104	69	94
广东	Guangdong	132	51	58
广西	Guangxi	15	11	9
海南	Hainan	1	1	
重庆	Chongqing	51	19	39
四川	Sichuan	77	28	25
贵州	Guizhou	62	35	17
云南	Yunnan	12	6	14
西藏	Tibet	2	1	1
陕西	Shaanxi	318	111	280
甘肃	Gansu	2	2	6
青海	Qinghai			
宁夏	Ningxia			
新疆	Xinjiang			

2-5-8 续表 2 continued

单位：件 (piece)

地区	Region	港澳台投资企业 Enterprises with Funds from Hong Kong, Macau and Taiwan		
		专利申请数 Patent Applications	#发明专利 Invention Patents	拥有发明专利 Number of Patents In Force
全国	**Total**	**11948**	**5108**	**9369**
东部地区	Eastern Region	11212	4847	9061
中部地区	Middle Region	594	205	157
西部地区	Western Region	142	56	151
北京	Beijing	820	670	1304
天津	Tianjin	113	29	126
河北	Hebei	73	73	154
山西	Shanxi	25	10	4
内蒙古	Inner Mongolia	15	3	3
辽宁	Liaoning	86	50	153
吉林	Jilin	9		2
黑龙江	Heilongjiang	8	2	7
上海	Shanghai	865	738	659
江苏	Jiangsu	3356	1095	1348
浙江	Zhejiang	1786	735	1995
安徽	Anhui	62	22	27
福建	Fujian	618	228	202
江西	Jiangxi	5	4	1
山东	Shandong	175	43	70
河南	Henan	37	16	26
湖北	Hubei	65	30	24
湖南	Hunan	368	118	63
广东	Guangdong	3308	1175	3024
广西	Guangxi	7	7	20
海南	Hainan	5	4	6
重庆	Chongqing	31	16	33
四川	Sichuan	15	8	67
贵州	Guizhou	44	16	14
云南	Yunnan	18	10	37
西藏	Tibet			
陕西	Shaanxi	4		
甘肃	Gansu			
青海	Qinghai			
宁夏	Ningxia	30	6	
新疆	Xinjiang			

2-5-8 续表 3 continued

单位：件 (piece)

地 区	Region	外商投资企业 Foreign Funded Enterprises 专利申请数 Patent Applications	#发明专利 Invention Patents	拥有发明专利 Number of Patents In Force
全 国	**Total**	**21448**	**13884**	**14708**
东部地区	Eastern Region	20668	13561	14328
中部地区	Middle Region	437	215	252
西部地区	Western Region	343	108	128
北 京	Beijing	2064	1633	1026
天 津	Tianjin	374	154	70
河 北	Hebei	49	39	35
山 西	Shanxi	27	12	4
内蒙古	Inner Mongolia			
辽 宁	Liaoning	93	49	81
吉 林	Jilin	10	10	11
黑龙江	Heilongjiang	109	69	35
上 海	Shanghai	2552	1809	1592
江 苏	Jiangsu	3314	1553	2012
浙 江	Zhejiang	909	276	487
安 徽	Anhui	87	22	58
福 建	Fujian	913	566	401
江 西	Jiangxi	28	25	39
山 东	Shandong	1029	706	484
河 南	Henan	36	15	19
湖 北	Hubei	93	46	70
湖 南	Hunan	47	16	16
广 东	Guangdong	9284	6738	8096
广 西	Guangxi	3	1	20
海 南	Hainan	84	37	24
重 庆	Chongqing	165	49	46
四 川	Sichuan	69	34	35
贵 州	Guizhou	9	1	4
云 南	Yunnan	34	11	30
西 藏	Tibet			
陕 西	Shaanxi	66	13	13
甘 肃	Gansu			
青 海	Qinghai			
宁 夏	Ningxia			
新 疆	Xinjiang			

2-5-9 按地区和行业分高技术产业专利情况(2011年)

Statistics on Patents in High-tech Industry by Region and Industrial Sector(2011)

单位：件 (piece)

地区 Region	医药制造业 Medical and Pharmaceutical Products Manufacturing		
	专利申请数 Patent Applications	#发明专利 Invention Patents	拥有发明专利 Number of Patents In Force
全国 Total	**11115**	**6968**	**10506**
东部地区 Eastern Region	6716	4556	7277
中部地区 Middle Region	2950	1637	2020
西部地区 Western Region	1449	775	1209
北京 Beijing	368	334	402
天津 Tianjin	1454	1086	1276
河北 Hebei	269	230	395
山西 Shanxi	141	61	116
内蒙古 Inner Mongolia	49	24	29
辽宁 Liaoning	222	157	260
吉林 Jilin	232	155	236
黑龙江 Heilongjiang	291	147	271
上海 Shanghai	398	270	520
江苏 Jiangsu	1225	707	961
浙江 Zhejiang	723	481	802
安徽 Anhui	600	312	291
福建 Fujian	100	67	117
江西 Jiangxi	195	118	293
山东 Shandong	975	586	1185
河南 Henan	442	283	239
湖北 Hubei	338	198	235
湖南 Hunan	662	339	310
广东 Guangdong	650	437	1101
广西 Guangxi	120	61	166
海南 Hainan	212	140	92
重庆 Chongqing	445	240	159
四川 Sichuan	382	191	292
贵州 Guizhou	177	67	262
云南 Yunnan	214	130	285
西藏 Tibet	17	16	57
陕西 Shaanxi	152	88	105
甘肃 Gansu	15	14	19
青海 Qinghai			
宁夏 Ningxia	36	20	17
新疆 Xinjiang	11	9	13

2-5-9 续表 1 continued

单位：件 (piece)

地区	Region	航空航天器制造业 Manufacture of Aircrafts and Spacecrafts		
		专利申请数 Patent Applications	#发明专利 Invention Patents	拥有发明专利 Number of Patents In Force
全国	**Total**	**2693**	**1139**	**1494**
东部地区	Eastern Region	1026	431	574
中部地区	Middle Region	974	351	357
西部地区	Western Region	693	357	563
北京	Beijing	105	73	89
天津	Tianjin	13	13	5
河北	Hebei	16	8	18
山西	Shanxi			
内蒙古	Inner Mongolia			
辽宁	Liaoning	376	187	299
吉林	Jilin	12	12	
黑龙江	Heilongjiang	216	82	131
上海	Shanghai	128	62	75
江苏	Jiangsu	353	86	58
浙江	Zhejiang	1		29
安徽	Anhui	56	31	26
福建	Fujian	1		
江西	Jiangxi	135	68	44
山东	Shandong	15		
河南	Henan	343	97	58
湖北	Hubei	80	40	94
湖南	Hunan	132	21	4
广东	Guangdong	18	2	1
广西	Guangxi			
海南	Hainan			
重庆	Chongqing			
四川	Sichuan	106	67	101
贵州	Guizhou	219	123	84
云南	Yunnan			
西藏	Tibet			
陕西	Shaanxi	358	163	367
甘肃	Gansu	10	4	11
青海	Qinghai			
宁夏	Ningxia			
新疆	Xinjiang			

2-5-9 续表 2 continued

单位：件 (piece)

地区	Region	电子及通信设备制造业 Manufacture of Electronic Equipment and Communication Equipment		
		专利申请数 Patent Applications	#发明专利 Invention Patents	拥有发明专利 Number of Patents In Force
全国	**Total**	**60335**	**32910**	**51234**
东部地区	Eastern Region	54624	30741	45998
中部地区	Middle Region	3366	1295	2279
西部地区	Western Region	2345	874	2957
北京	Beijing	3833	2656	1838
天津	Tianjin	729	239	403
河北	Hebei	81	25	42
山西	Shanxi	18	6	8
内蒙古	Inner Mongolia	5	5	3
辽宁	Liaoning	403	155	195
吉林	Jilin	40	11	15
黑龙江	Heilongjiang	6	4	6
上海	Shanghai	3744	2783	2556
江苏	Jiangsu	8101	2826	3463
浙江	Zhejiang	3384	639	1096
安徽	Anhui	1258	308	306
福建	Fujian	1449	594	599
江西	Jiangxi	111	43	54
山东	Shandong	2897	1237	568
河南	Henan	380	80	127
湖北	Hubei	1144	661	1582
湖南	Hunan	404	177	178
广东	Guangdong	29917	19533	35178
广西	Guangxi	86	54	60
海南	Hainan			
重庆	Chongqing	133	43	67
四川	Sichuan	1363	482	2446
贵州	Guizhou	218	112	76
云南	Yunnan	24	7	
西藏	Tibet			
陕西	Shaanxi	444	182	337
甘肃	Gansu	102	30	24
青海	Qinghai			
宁夏	Ningxia	47	11	
新疆	Xinjiang	14	7	7

2-5-9 续表 3 continued

单位：件 (piece)

地区	Region	电子计算机及办公设备制造业 Manufacture of Computer and Office Equipments		
		专利申请数 Patent Applications	#发明专利 Invention Patents	拥有发明专利 Number of Patents In Force
全国	**Total**	**12125**	**8187**	**11153**
东部地区	Eastern Region	11741	8076	11063
中部地区	Middle Region	340	95	77
西部地区	Western Region	44	16	13
北京	Beijing	865	678	1382
天津	Tianjin	230	150	6
河北	Hebei	47	1	1
山西	Shanxi			
内蒙古	Inner Mongolia			
辽宁	Liaoning	41	5	3
吉林	Jilin	20	12	4
黑龙江	Heilongjiang			
上海	Shanghai	135	89	46
江苏	Jiangsu	746	292	637
浙江	Zhejiang	830	510	1603
安徽	Anhui	69	26	19
福建	Fujian	507	342	290
江西	Jiangxi	14	6	
山东	Shandong	987	541	125
河南	Henan	8	1	
湖北	Hubei	15	5	11
湖南	Hunan	214	45	43
广东	Guangdong	7352	5468	6969
广西	Guangxi	1		1
海南	Hainan			
重庆	Chongqing	16	1	
四川	Sichuan	14	6	13
贵州	Guizhou			
云南	Yunnan	4	2	
西藏	Tibet			
陕西	Shaanxi	10	7	
甘肃	Gansu			
青海	Qinghai			
宁夏	Ningxia			
新疆	Xinjiang			

2-5-9 续表 4 continued

单位：件 (piece)

地 区	Region	医疗设备及仪器仪表制造业 Manufacture of Medical Equipments and Measuring Instrument		
		专利申请数 Patent Applications	#发明专利 Invention Patents	拥有发明专利 Number of Patents In Force
全 国	**Total**	**14999**	**5020**	**7853**
东部地区	Eastern Region	12149	4028	6569
中部地区	Middle Region	1938	670	710
西部地区	Western Region	912	322	574
北 京	Beijing	1054	549	401
天 津	Tianjin	338	88	83
河 北	Hebei	108	48	29
山 西	Shanxi	75	29	26
内 蒙 古	Inner Mongolia			
辽 宁	Liaoning	312	139	202
吉 林	Jilin	51	30	10
黑 龙 江	Heilongjiang	79	20	86
上 海	Shanghai	626	278	399
江 苏	Jiangsu	4860	1635	1731
浙 江	Zhejiang	2305	477	1142
安 徽	Anhui	306	78	44
福 建	Fujian	353	113	149
江 西	Jiangxi	106	22	29
山 东	Shandong	737	164	497
河 南	Henan	437	113	165
湖 北	Hubei	223	84	66
湖 南	Hunan	661	294	284
广 东	Guangdong	1401	521	1923
广 西	Guangxi	55	16	13
海 南	Hainan			
重 庆	Chongqing	365	112	133
四 川	Sichuan	100	27	106
贵 州	Guizhou	23	2	1
云 南	Yunnan	29	14	27
西 藏	Tibet			
陕 西	Shaanxi	348	158	299
甘 肃	Gansu	12	1	5
青 海	Qinghai			
宁 夏	Ningxia	32	8	
新 疆	Xinjiang	3		3

2-6-1 按行业分高技术产业技术获取和技术改造情况(2011年)
Technology Acquisition and Renovation in High-tech Industry by Region (2011)

单位：万元 (10000 yuan)

行业	Industry	技术引进经费支出 Expenditure for Acquisition of Foreign Technology	消化吸收经费支出 Expenditure for Assimilation of Technology	购买国内技术经费支出 Expenditure for Purchase of Domestic Technology	技术改造经费支出 Expenditure for Technical Renovation
合 计	**Total**	**696497**	**170610**	**202413**	**3047235**
医药制造业	**Manufacture of Medicines**	**61564**	**51359**	**94827**	**789221**
#化学药品制造	Manufacture of Chemical Medicine	50785	37881	60716	528046
中成药制造	Manufacture of Finished Traditional Chinese Herbal Medicine	1348	7816	17309	133218
生物、生化制品的制造	Manufacture of Biological and Biochemical Chemical Products	3946	1204	9031	71164
航空航天器制造业	**Manufacture of Aircrafts and Spacecrafts**	**21109**	**5820**	**14764**	**397211**
1.飞机制造及修理	Manufacture and Repairing of Airplanes	21109	5820	14764	354306
2.航天器制造	Manufacture of Spacecrafts				42905
电子及通信设备制造业	**Manufacture of Electronic Equipment and Communication Equipment**	**540321**	**75078**	**58303**	**1170814**
1.通信设备制造	Manufacture of Communication Equipment	43055	4803	19278	123606
#通信传输设备制造	Manufacture of Communication Transmitting Equipment	7165	149	6329	57072
通信交换设备制造	Manufacture of Communication Exchanging Equipment	6266	329	5	3752
通信终端设备制造	Manufacture of Communication Terminal Equipment	8448	1282	1134	19617
2.雷达及配套设备制造	Manufacture of Radar and Its Fittings	716	168	2328	29798
3.广播电视设备制造	Manufacture of Broadcasting and TV Equipment	1996	21	1119	7032
4.电子器件制造	Manufacture of Electronic Appliances	254202	7995	12178	342564
#电子真空器件制造	Manufacture of Electronic Vacuum Appliances	35592	212		18339
半导体分立器件制造	Manufacture of Semiconductor Discreting Appliances	5970	733	1508	48218
集成电路制造	Manufacture of Integrate Circuit	26107	1340	3957	106447
5.电子元件制造	Manufacture of Electronic Components	87077	52345	14335	330948
6.家用视听设备制造	Manufacture of Domestic TV Set and Radio Receiver	151905	7642	7360	313368
7.其他电子设备制造	Manufacture of Other Electronic Equipment	1369	2104	1706	23499
电子计算机及办公设备制造业	**Manufacture of Computers and Office Equipments**	**9976**	**8337**	**14825**	**136317**
1.电子计算机整机制造	Manufacture of Entired Computer	4372	5927	35	66324
2.电子计算机外部设备制造	Manufacture of Computer Peripheral Equipment	4444	96	14620	66139
3.办公设备制造	Manufacture of Office Equipment	1160	2315	171	3855
医疗设备及仪器仪表制造业	**Manufacture of Medical Equipments and Measuring Instrument**	**63527**	**30015**	**19693**	**553672**
1.医疗设备及器械制造	Manufacture of Medical Equipment and Appliances	33785	1407	4960	71673
2.仪器仪表制造	Manufacture of Measuring Instrument	29742	28608	14734	482000

2-6-2 各地区高技术产业技术获取和技术改造情况(2011年)

Technology Acquisition and Renovation in High-tech Industry by Region (2011)

单位：万元 (10000 yuan)

地区	Region	技术引进经费支出 Expenditure for Acquisition of Foreign Technology	消化吸收经费支出 Expenditure for Assimilation of Technology	购买国内技术经费支出 Expenditure for Purchase of Domestic Technology	技术改造经费支出 Expenditure for Technical Renovation
全国	**Total**	**696497**	**170610**	**202413**	**3047235**
东部地区	Eastern Region	636299	148282	159779	2143769
中部地区	Middle Region	43335	15363	22436	506390
西部地区	Western Region	16863	6965	20199	397076
北京	Beijing	58739	1504	9080	41750
天津	Tianjin	18642	1478	6142	72918
河北	Hebei	889	1785	4006	26658
山西	Shanxi		121	975	4141
内蒙古	Inner Mongolia				7339
辽宁	Liaoning	46887	471	1521	100955
吉林	Jilin	663	73	2801	30258
黑龙江	Heilongjiang			727	94548
上海	Shanghai	65658	16268	14481	94274
江苏	Jiangsu	198574	73868	30034	960814
浙江	Zhejiang	22462	13871	24683	284663
安徽	Anhui	13235	4503	6745	46852
福建	Fujian	157667	3810	24667	145570
江西	Jiangxi	5220	3599	1131	29823
山东	Shandong	21246	19098	18898	182130
河南	Henan	20849	1936	2036	46128
湖北	Hubei	1664	1810	1885	66962
湖南	Hunan	1705	3321	6135	180340
广东	Guangdong	43284	12117	21818	196631
广西	Guangxi	1806	3883	1568	32026
海南	Hainan	445	130	2882	5382
重庆	Chongqing	108	1062	3550	16617
四川	Sichuan	15931	1597	13570	208852
贵州	Guizhou	35	179	433	39609
云南	Yunnan	5	780	1115	6453
西藏	Tibet				
陕西	Shaanxi	426	2861	1471	113283
甘肃	Gansu	355	35	60	4263
青海	Qinghai				
宁夏	Ningxia		450		4378
新疆	Xinjiang	5			3621

2-6-3 按行业和企业规模分高技术产业技术获取和技术改造情况(2011年)

Technology Acquisition and Renovation in High-tech Industry by Industrial Sector and Scale of Enterprises(2011)

单位：万元 (10000 yuan)

行业	Industry	大型企业 Large-sized Enterprises			
		技术引进经费支出 Expenditure for Acquisition of Foreign Technology	消化吸收经费支出 Expenditure for Assimilation of Technology	购买国内技术经费支出 Expenditure for Purchase of Domestic Technology	技术改造经费支出 Expenditure for Technical Renovation
合　计	**Total**	**503298**	**108178**	**83360**	**1630643**
医药制造业	**Manufacture of Medicines**	**44350**	**33911**	**29183**	**327733**
#化学药品制造	Manufacture of Chemical Medicine	38259	26683	26243	276085
中成药制造	Manufacture of Finished Traditional Chinese Herbal Medicine		4916	2202	28137
生物、生化制品的制造	Manufacture of Biological and Biochemical Chemical Products	1272	168	212	3079
航空航天器制造业	**Manufacture of Aircrafts and Spacecrafts**	**19680**	**4908**	**14542**	**323582**
1.飞机制造及修理	Manufacture and Repairing of Airplanes	19680	4908	14542	301104
2.航天器制造	Manufacture of Spacecrafts				22479
电子及通信设备制造业	**Manufacture of Electronic Equipment and Communication Equipment**	**423118**	**59414**	**26852**	**587830**
1.通信设备制造	Manufacture of Communication Equipment	38775	848	9550	89424
#通信传输设备制造	Manufacture of Communication Transmitting Equipment	6046		6132	50842
通信交换设备制造	Manufacture of Communication Exchanging Equipment	6266	5	5	3
通信终端设备制造	Manufacture of Communication Terminal Equipment	8249	313	320	14525
2.雷达及配套设备制造	Manufacture of Radar and Its Fittings			2213	20851
3.广播电视设备制造	Manufacture of Broadcasting and TV Equipment		21	841	10
4.电子器件制造	Manufacture of Electronic Appliances	219709	5795	4905	222594
#电子真空器件制造	Manufacture of Electronic Vacuum Appliances	20238	212		6107
半导体分立器件制造	Manufacture of Semiconductor Discreting Appliances	4007	389		28977
集成电路制造	Manufacture of Integrate Circuit	15702	820	395	77257
5.电子元件制造	Manufacture of Electronic Components	78842	45017	4781	107767
6.家用视听设备制造	Manufacture of Domestic TV Set and Radio Receiver	85569	6180	3855	139359
7.其他电子设备制造	Manufacture of Other Electronic Equipment	224	1554	708	7826
电子计算机及办公设备制造业	**Manufacture of Computers and Office Equipments**	**7917**	**8251**	**12253**	**92923**
1.电子计算机整机制造	Manufacture of Entired Computer	3925	5926		33119
2.电子计算机外部设备制造	Manufacture of Computer Peripheral Equipment	2843	51	12253	58313
3.办公设备制造	Manufacture of Office Equipment	1150	2275		1490
医疗设备及仪器仪表制造业	**Manufacture of Medical Equipments and Measuring Instrument**	**8233**	**1694**	**529**	**298575**
1.医疗设备及器械制造	Manufacture of Medical Equipment and Appliances			320	28203
2.仪器仪表制造	Manufacture of Measuring Instrument	8233	1694	209	270372

2-6-3 续表 continued

单位：万元 (10000 yuan)

行　业	Industry	中型企业 Medium-sized Enterprises			
		技术引进经费支出 Expenditure for Acquisition of Foreign Technology	消化吸收经费支出 Expenditure for Assimilation of Technology	购买国内技术经费支出 Expenditure for Purchase of Domestic Technology	技术改造经费支出 Expenditure for Technical Renovation
合　计	**Total**	**118521**	**44303**	**79070**	**765748**
医药制造业	**Manufacture of Medicines**	**9961**	**10070**	**39838**	**274617**
#化学药品制造	Manufacture of Chemical Medicine	7139	6811	24406	174545
中成药制造	Manufacture of Finished Traditional Chinese Herbal Medicine	1240	1498	6389	47377
生物、生化制品的制造	Manufacture of Biological and Biochemical Chemical Products	914	505	6261	37860
航空航天器制造业	**Manufacture of Aircrafts and Spacecrafts**	**1429**	**912**	**222**	**50133**
1.飞机制造及修理	Manufacture and Repairing of Airplanes	1429	912	222	29802
2.航天器制造	Manufacture of Spacecrafts				20331
电子及通信设备制造业	**Manufacture of Electronic Equipment and Communication Equipment**	**55403**	**11579**	**22338**	**258251**
1.通信设备制造	Manufacture of Communication Equipment	3408	2617	8933	29094
#通信传输设备制造	Manufacture of Communication Transmitting Equipment	627		120	3733
通信交换设备制造	Manufacture of Communication Exchanging Equipment				3040
通信终端设备制造	Manufacture of Communication Terminal Equipment	199	478	139	4195
2.雷达及配套设备制造	Manufacture of Radar and Its Fittings	596	168	56	8712
3.广播电视设备制造	Manufacture of Broadcasting and TV Equipment	1633		181	3656
4.电子器件制造	Manufacture of Electronic Appliances	24002	690	2923	71327
#电子真空器件制造	Manufacture of Electronic Vacuum Appliances	15354			5468
半导体分立器件制造	Manufacture of Semiconductor Discreting Appliances	594	29	240	11090
集成电路制造	Manufacture of Integrate Circuit	4422	42	1586	19565
5.电子元件制造	Manufacture of Electronic Components	5992	6661	6152	127598
6.家用视听设备制造	Manufacture of Domestic TV Set and Radio Receiver	19553	1427	3418	14995
7.其他电子设备制造	Manufacture of Other Electronic Equipment	219	16	677	2870
电子计算机及办公设备制造业	**Manufacture of Computers and Office Equipments**	**655**	**31**	**2182**	**39886**
1.电子计算机整机制造	Manufacture of Entired Computer	447	1	15	33033
2.电子计算机外部设备制造	Manufacture of Computer Peripheral Equipment	208		2147	6053
3.办公设备制造	Manufacture of Office Equipment		30	20	801
医疗设备及仪器仪表制造业	**Manufacture of Medical Equipments and Measuring Instrument**	**51074**	**21711**	**14490**	**142860**
1.医疗设备及器械制造	Manufacture of Medical Equipment and Appliances	32224	393	4388	16070
2.仪器仪表制造	Manufacture of Measuring Instrument	18849	21318	10102	126790

2-6-4 按行业分国有及国有控股企业高技术产业技术获取和技术改造情况(2011年)

Technology Acquisition and Renovation in High-tech Industry of State-owned and State-controlled Enterprises by Industrial Sector (2011)

单位: 万元 (10000 yuan)

行业	Industry	技术引进经费支出 Expenditure for Acquisition of Foreign Technology	消化吸收经费支出 Expenditure for Assimilation of Technology	购买国内技术经费支出 Expenditure for Purchase of Domestic Technology	技术改造经费支出 Expenditure for Technical Renovation
合 计	**Total**	**141696**	**29551**	**48080**	**994176**
医药制造业	**Manufacture of Medicines**	**14163**	**14024**	**15829**	**190065**
#化学药品制造	Manufacture of Chemical Medicine	7413	12327	9790	158965
中成药制造	Manufacture of Finished Traditional Chinese Herbal Medicine	48	319	1506	17451
生物、生化制品的制造	Manufacture of Biological and Biochemical Chemical Products	2104	204	3466	2099
航空航天器制造业	**Manufacture of Aircrafts and Spacecrafts**	**15133**	**3706**	**8968**	**348051**
1.飞机制造及修理	Manufacture and Repairing of Airplanes	15133	3706	8968	305241
2.航天器制造	Manufacture of Spacecrafts				42810
电子及通信设备制造业	**Manufacture of Electronic Equipment and Communication Equipment**	**103516**	**5265**	**15077**	**356346**
1.通信设备制造	Manufacture of Communication Equipment	12292	1178	7161	70029
#通信传输设备制造	Manufacture of Communication Transmitting Equipment	4968		6233	42736
通信交换设备制造	Manufacture of Communication Exchanging Equipment	6256			3040
通信终端设备制造	Manufacture of Communication Terminal Equipment	410	343	128	13391
2.雷达及配套设备制造	Manufacture of Radar and Its Fittings	120		2273	24868
3.广播电视设备制造	Manufacture of Broadcasting and TV Equipment	1633		186	194
4.电子器件制造	Manufacture of Electronic Appliances	31437	364	2798	68576
#电子真空器件制造	Manufacture of Electronic Vacuum Appliances	28776	212		7423
半导体分立器件制造	Manufacture of Semiconductor Discreting Appliances			1201	9968
集成电路制造	Manufacture of Integrate Circuit	1761		505	2249
5.电子元件制造	Manufacture of Electronic Components	940	1006	383	39844
6.家用视听设备制造	Manufacture of Domestic TV Set and Radio Receiver	57095	2717	2277	150287
7.其他电子设备制造	Manufacture of Other Electronic Equipment				2549
电子计算机及办公设备制造业	**Manufacture of Computers and Office Equipments**	**3895**	**5925**	**3190**	**35324**
1.电子计算机整机制造	Manufacture of Entired Computer	3825	5876	20	30362
2.电子计算机外部设备制造	Manufacture of Computer Peripheral Equipment	70	49	3170	4919
3.办公设备制造	Manufacture of Office Equipment				43
医疗设备及仪器仪表制造业	**Manufacture of Medical Equipments and Measuring Instrument**	**4990**	**630**	**5015**	**64391**
1.医疗设备及器械制造	Manufacture of Medical Equipment and Appliances			320	6015
2.仪器仪表制造	Manufacture of Measuring Instrument	4990	630	4695	58377

2-6-5 按行业和登记注册类型分高技术产业技术获取和技术改造情况(2011年)

Technology Acquisition and Renovation in High-tech Industry by Industrial Sector and Registration Status(2011)

单位：万元　　(10000 yuan)

行业	Industry	内资企业 Domestic Funded			
		技术引进经费支出 Expenditure for Acquisition of Foreign Technology	消化吸收经费支出 Expenditure for Assimilation of Technology	购买国内技术经费支出 Expenditure for Purchase of Domestic Technology	技术改造经费支出 Expenditure for Technical Renovation
合　计	**Total**	**201809**	**79426**	**135176**	**2248418**
医药制造业	**Manufacture of Medicines**	**47486**	**39695**	**72965**	**626511**
#化学药品制造	Manufacture of Chemical Medicine	37611	28319	43071	407742
中成药制造	Manufacture of Finished Traditional Chinese Herbal Medicine	1348	6506	15632	118288
生物、生化制品的制造	Manufacture of Biological and Biochemical Chemical Products	3263	1053	8866	50439
航空航天器制造业	**Manufacture of Aircrafts and Spacecrafts**	**16210**	**4937**	**8968**	**397087**
1.飞机制造及修理	Manufacture and Repairing of Airplanes	16210	4937	8968	354182
2.航天器制造	Manufacture of Spacecrafts				42905
电子及通信设备制造业	**Manufacture of Electronic Equipment and Communication Equipment**	**122385**	**22859**	**29209**	**693691**
1.通信设备制造	Manufacture of Communication Equipment	9131	3548	8640	98121
#通信传输设备制造	Manufacture of Communication Transmitting Equipment	6412	149	6269	57030
通信交换设备制造	Manufacture of Communication Exchanging Equipment		324		3749
通信终端设备制造	Manufacture of Communication Terminal Equipment	410	1282	1123	18811
2.雷达及配套设备制造	Manufacture of Radar and Its Fittings	716	168	2328	29798
3.广播电视设备制造	Manufacture of Broadcasting and TV Equipment	1633		1083	6922
4.电子器件制造	Manufacture of Electronic Appliances	46129	4860	7102	167219
#电子真空器件制造	Manufacture of Electronic Vacuum Appliances	28776	212		15840
半导体分立器件制造	Manufacture of Semiconductor Discreting Appliances	10	334	1508	27106
集成电路制造	Manufacture of Integrate Circuit	2628	50	2156	12331
5.电子元件制造	Manufacture of Electronic Components	4513	8189	5826	195451
6.家用视听设备制造	Manufacture of Domestic TV Set and Radio Receiver	59115	3990	2764	176919
7.其他电子设备制造	Manufacture of Other Electronic Equipment	1150	2104	1466	19261
电子计算机及办公设备制造业	**Manufacture of Computers and Office Equipments**	**4447**	**5935**	**6997**	**48903**
1.电子计算机整机制造	Manufacture of Entired Computer	3825	5876	20	37969
2.电子计算机外部设备制造	Manufacture of Computer Peripheral Equipment	612	49	6826	8610
3.办公设备制造	Manufacture of Office Equipment	10	10	151	2324
医疗设备及仪器仪表制造业	**Manufacture of Medical Equipments and Measuring Instrument**	**11280**	**6001**	**17037**	**482226**
1.医疗设备及器械制造	Manufacture of Medical Equipment and Appliances	456	776	4900	62246
2.仪器仪表制造	Manufacture of Measuring Instrument	10824	5224	12136	419980

2-6-5 续表 1 continued

单位：万元 (10000 yuan)

行　业	Industry	#国有企业 State-owned Enterprises 技术引进经费支出 Expenditure for Acquisition of Foreign Technology	消化吸收经费支出 Expenditure for Assimilation of Technology	购买国内技术经费支出 Expenditure for Purchase of Domestic Technology	技术改造经费支出 Expenditure for Technical Renovation
合　计	**Total**	**11366**	**4402**	**7778**	**154220**
医药制造业	**Manufacture of Medicines**	**434**	**1080**	**1351**	**20736**
#化学药品制造	Manufacture of Chemical Medicine	434	900	1123	12080
中成药制造	Manufacture of Finished Traditional Chinese Herbal Medicine			16	7254
生物、生化制品的制造	Manufacture of Biological and Biochemical Chemical Products		180	150	200
航空航天器制造业	**Manufacture of Aircrafts and Spacecrafts**	**154**	**320**	**2720**	**55550**
1.飞机制造及修理	Manufacture and Repairing of Airplanes	154	320	2720	19740
2.航天器制造	Manufacture of Spacecrafts				35810
电子及通信设备制造业	**Manufacture of Electronic Equipment and Communication Equipment**	**10732**	**2941**	**3222**	**50267**
1.通信设备制造	Manufacture of Communication Equipment		379	825	30208
#通信传输设备制造	Manufacture of Communication Transmitting Equipment				29183
通信交换设备制造	Manufacture of Communication Exchanging Equipment				
通信终端设备制造	Manufacture of Communication Terminal Equipment			128	
2.雷达及配套设备制造	Manufacture of Radar and Its Fittings	120		60	1828
3.广播电视设备制造	Manufacture of Broadcasting and TV Equipment			5	
4.电子器件制造	Manufacture of Electronic Appliances			200	2188
#电子真空器件制造	Manufacture of Electronic Vacuum Appliances				56
半导体分立器件制造	Manufacture of Semiconductor Discreting Appliances			200	1270
集成电路制造	Manufacture of Integrate Circuit				266
5.电子元件制造	Manufacture of Electronic Components	30			5561
6.家用视听设备制造	Manufacture of Domestic TV Set and Radio Receiver	10582	2562	2132	7972
7.其他电子设备制造	Manufacture of Other Electronic Equipment				2510
电子计算机及办公设备制造业	**Manufacture of Computers and Office Equipments**				
1.电子计算机整机制造	Manufacture of Entired Computer				
2.电子计算机外部设备制造	Manufacture of Computer Peripheral Equipment				
3.办公设备制造	Manufacture of Office Equipment				
医疗设备及仪器仪表制造业	**Manufacture of Medical Equipments and Measuring Instrument**	**46**	**62**	**485**	**27666**
1.医疗设备及器械制造	Manufacture of Medical Equipment and Appliances			320	6015
2.仪器仪表制造	Manufacture of Measuring Instrument	46	62	165	21652

2-6-5 续表 2 continued

单位：万元 (10000 yuan)

行业	Industry	港澳台投资企业 Enterprises with Funds from Hong Kong, Macau and Taiwan			
		技术引进经费支出 Expenditure for Acquisition of Foreign Technology	消化吸收经费支出 Expenditure for Assimilation of Technology	购买国内技术经费支出 Expenditure for Purchase of Domestic Technology	技术改造经费支出 Expenditure for Technical Renovation
合　计	**Total**	**121687**	**13230**	**39852**	**356239**
医药制造业	**Manufacture of Medicines**	**3301**	**2984**	**9066**	**80463**
#化学药品制造	Manufacture of Chemical Medicine	2967	2688	6609	56572
中成药制造	Manufacture of Finished Traditional Chinese Herbal Medicine		296	976	11191
生物、生化制品的制造	Manufacture of Biological and Biochemical Chemical Products	333		22	11908
航空航天器制造业	**Manufacture of Aircrafts and Spacecrafts**	**4900**	**883**	**5796**	
1.飞机制造及修理	Manufacture and Repairing of Airplanes	4900	883	5796	
2.航天器制造	Manufacture of Spacecrafts				
电子及通信设备制造业	**Manufacture of Electronic Equipment and Communication Equipment**	**107558**	**8324**	**16389**	**197782**
1.通信设备制造	Manufacture of Communication Equipment	1285	163	4665	8692
#通信传输设备制造	Manufacture of Communication Transmitting Equipment	627		60	41
通信交换设备制造	Manufacture of Communication Exchanging Equipment				
通信终端设备制造	Manufacture of Communication Terminal Equipment			11	807
2.雷达及配套设备制造	Manufacture of Radar and Its Fittings				
3.广播电视设备制造	Manufacture of Broadcasting and TV Equipment		21		110
4.电子器件制造	Manufacture of Electronic Appliances	70761	1332	3146	33381
#电子真空器件制造	Manufacture of Electronic Vacuum Appliances				
半导体分立器件制造	Manufacture of Semiconductor Discreting Appliances	1287			3044
集成电路制造	Manufacture of Integrate Circuit	6617			10720
5.电子元件制造	Manufacture of Electronic Components	24552	6021	6771	59903
6.家用视听设备制造	Manufacture of Domestic TV Set and Radio Receiver	10960	787	1570	94685
7.其他电子设备制造	Manufacture of Other Electronic Equipment			236	1010
电子计算机及办公设备制造业	**Manufacture of Computers and Office Equipments**	**2969**	**97**	**7659**	**44693**
1.电子计算机整机制造	Manufacture of Entired Computer	100	51	15	26981
2.电子计算机外部设备制造	Manufacture of Computer Peripheral Equipment	2869	46	7644	17712
3.办公设备制造	Manufacture of Office Equipment				
医疗设备及仪器仪表制造业	**Manufacture of Medical Equipments and Measuring Instrument**	**2960**	**942**	**943**	**33301**
1.医疗设备及器械制造	Manufacture of Medical Equipment and Appliances				2350
2.仪器仪表制造	Manufacture of Measuring Instrument	2960	942	943	30951

2-6-5 续表 3 continued

单位：万元 (10000 yuan)

行　业	Industry	外商投资企业 Foreign Funded Enterprises 技术引进经费支出 Expenditure for Acquisition of Foreign Technology	消化吸收经费支出 Expenditure for Assimilation of Technology	购买国内技术经费支出 Expenditure for Purchase of Domestic Technology	技术改造经费支出 Expenditure for Technical Renovation
合　计	**Total**	**373002**	**77953**	**27385**	**442577**
医药制造业	**Manufacture of Medicines**	**10777**	**8681**	**12796**	**82247**
#化学药品制造	Manufacture of Chemical Medicine	10207	6874	11036	63732
中成药制造	Manufacture of Finished Traditional Chinese Herbal Medicine		1014	702	3740
生物、生化制品的制造	Manufacture of Biological and Biochemical Chemical Products	350	151	143	8818
航空航天器制造业	**Manufacture of Aircrafts and Spacecrafts**				**124**
1.飞机制造及修理	Manufacture and Repairing of Airplanes				124
2.航天器制造	Manufacture of Spacecrafts				
电子及通信设备制造业	**Manufacture of Electronic Equipment and Communication Equipment**	**310378**	**43896**	**12706**	**279341**
1.通信设备制造	Manufacture of Communication Equipment	32639	1092	5973	16793
#通信传输设备制造	Manufacture of Communication Transmitting Equipment	126			
通信交换设备制造	Manufacture of Communication Exchanging Equipment	6266	5	5	3
通信终端设备制造	Manufacture of Communication Terminal Equipment	8038			
2.雷达及配套设备制造	Manufacture of Radar and Its Fittings				
3.广播电视设备制造	Manufacture of Broadcasting and TV Equipment	364		36	
4.电子器件制造	Manufacture of Electronic Appliances	137313	1802	1930	141963
#电子真空器件制造	Manufacture of Electronic Vacuum Appliances	6816			2499
半导体分立器件制造	Manufacture of Semiconductor Discreting Appliances	4673	399		18068
集成电路制造	Manufacture of Integrate Circuit	16863	1290	1801	83396
5.电子元件制造	Manufacture of Electronic Components	58013	38135	1738	75593
6.家用视听设备制造	Manufacture of Domestic TV Set and Radio Receiver	81830	2866	3026	41764
7.其他电子设备制造	Manufacture of Other Electronic Equipment	219		4	3228
电子计算机及办公设备制造业	**Manufacture of Computers and Office Equipments**	**2560**	**2305**	**170**	**42720**
1.电子计算机整机制造	Manufacture of Entired Computer	447			1374
2.电子计算机外部设备制造	Manufacture of Computer Peripheral Equipment	963		150	39816
3.办公设备制造	Manufacture of Office Equipment	1150	2305	20	1530
医疗设备及仪器仪表制造业	**Manufacture of Medical Equipments and Measuring Instrument**	**49287**	**23072**	**1714**	**38145**
1.医疗设备及器械制造	Manufacture of Medical Equipment and Appliances	33329	631	59	7077
2.仪器仪表制造	Manufacture of Measuring Instrument	15958	22441	1654	31068

2-6-6 按地区和企业规模分高技术产业技术获取和技术改造情况(2011年)

Technology Acquisition and Renovation in High-tech Industry by Region and Scale of Enterprises(2011)

单位：万元 (10000 yuan)

地区	Region	大型企业 Large-sized Enterprises			
		技术引进经费支出 Expenditure for Acquisition of Foreign Technology	消化吸收经费支出 Expenditure for Assimilation of Technology	购买国内技术经费支出 Expenditure for Purchase of Domestic Technology	技术改造经费支出 Expenditure for Technical Renovation
全　国	**Total**	**503298**	**108178**	**83360**	**1630643**
东部地区	Eastern Region	456194	98596	68614	1273153
中部地区	Middle Region	31462	4390	5626	215407
西部地区	Western Region	15642	5192	9120	142084
北　京	Beijing	16301	1504	4620	4596
天　津	Tianjin	17673		400	30476
河　北	Hebei	886	1471	1694	20226
山　西	Shanxi			735	797
内蒙古	Inner Mongolia				4032
辽　宁	Liaoning		230	270	93825
吉　林	Jilin				1925
黑龙江	Heilongjiang			707	70420
上　海	Shanghai	56665	7479	10177	45084
江　苏	Jiangsu	167243	50449	8657	597276
浙　江	Zhejiang	16041	9999	11166	119807
安　徽	Anhui	7928	1650	1740	3936
福　建	Fujian	141078	1907	14261	105942
江　西	Jiangxi	3020	1784	109	21387
山　东	Shandong	16288	15958	7867	149410
河　南	Henan	20445	378	1208	30077
湖　北	Hubei		12		29600
湖　南	Hunan	70	567	1127	53233
广　东	Guangdong	24020	6017	8272	101878
广　西	Guangxi		3583	1230	4635
海　南	Hainan				
重　庆	Chongqing	53	437	160	6320
四　川	Sichuan	15225	1554	8324	54262
贵　州	Guizhou			220	328
云　南	Yunnan		120	130	285
西　藏	Tibet				
陕　西	Shaanxi	365	2632	286	76584
甘　肃	Gansu				
青　海	Qinghai				
宁　夏	Ningxia		450		4305
新　疆	Xinjiang				

2-6-6 续表 continued

单位：万元 (10000 yuan)

地区	Region	中型企业 Medium-sized Enterprises 技术引进经费支出 Expenditure for Acquisition of Foreign Technology	消化吸收经费支出 Expenditure for Assimilation of Technology	购买国内技术经费支出 Expenditure for Purchase of Domestic Technology	技术改造经费支出 Expenditure for Technical Renovation
全国	**Total**	**118521**	**44303**	**79070**	**765748**
东部地区	Eastern Region	115112	37492	61153	539534
中部地区	Middle Region	2319	5918	10117	162034
西部地区	Western Region	1090	894	7800	64180
北京	Beijing	40388		974	17713
天津	Tianjin	644	1113	400	31521
河北	Hebei		180	2311	5218
山西	Shanxi		121	190	1763
内蒙古	Inner Mongolia				3269
辽宁	Liaoning	105	27	14	5865
吉林	Jilin	663	15	2529	15682
黑龙江	Heilongjiang				13470
上海	Shanghai	6164	4295	3758	38440
江苏	Jiangsu	25201	21010	15881	188596
浙江	Zhejiang	3474	2349	6641	108879
安徽	Anhui	210	1766	1917	30629
福建	Fujian	15363	1734	7643	29563
江西	Jiangxi				6732
山东	Shandong	3374	2107	10234	22873
河南	Henan	341	1291	751	10546
湖北	Hubei	919	1149	1613	21683
湖南	Hunan	185	1575	3118	58259
广东	Guangdong	18278	4580	10967	69748
广西	Guangxi	1806		18	16191
海南	Hainan	315	99	2313	4929
重庆	Chongqing	55	519	3342	9150
四川	Sichuan	586	41	3841	11623
贵州	Guizhou	35	35	35	1052
云南	Yunnan	5	264	5	3058
西藏	Tibet				
陕西	Shaanxi	55		518	32380
甘肃	Gansu	355	35	60	3344
青海	Qinghai				
宁夏	Ningxia				73
新疆	Xinjiang				3500

2-6-7 各地区国有及国有控股企业高技术产业技术获取和技术改造情况(2011年)

Technology Acquisition and Renovation in High-tech Industry of State-owned and State-controlled Enterprises by Region (2011)

单位：万元 (10000 yuan)

地　区	Region	技术引进经费支出 Expenditure for Acquisition of Foreign Technology	消化吸收经费支出 Expenditure for Assimilation of Technology	购买国内技术经费支出 Expenditure for Purchase of Domestic Technology	技术改造经费支出 Expenditure for Technical Renovation
全　国	**Total**	**141696**	**29551**	**48080**	**994176**
东部地区	Eastern Region	102421	25328	32235	431668
中部地区	Middle Region	25649	975	6686	217879
西部地区	Western Region	13626	3248	9159	344630
北　京	Beijing	9597	1256	2756	18944
天　津	Tianjin	388	1126	749	69164
河　北	Hebei	434	1080	1182	10578
山　西	Shanxi			100	1397
内蒙古	Inner Mongolia				
辽　宁	Liaoning	46493	230	270	94025
吉　林	Jilin				1074
黑龙江	Heilongjiang			707	71065
上　海	Shanghai	17816	2229	9934	24118
江　苏	Jiangsu	931	134	2006	35639
浙　江	Zhejiang	6886	7413	5780	42051
安　徽	Anhui	4928	210	2058	4761
福　建	Fujian	1049	40	1340	11436
江　西	Jiangxi	350		1002	18963
山　东	Shandong	16078	9962	7259	93730
河　南	Henan	20232	210	915	23868
湖　北	Hubei	69	127	136	36244
湖　南	Hunan	70	428	1769	60506
广　东	Guangdong	2748	1859	448	29781
广　西	Guangxi			13	1752
海　南	Hainan			500	450
重　庆	Chongqing	63	569	315	8289
四　川	Sichuan	13109		7753	190337
贵　州	Guizhou	35	35	188	32439
云　南	Yunnan				1179
西　藏	Tibet				
陕　西	Shaanxi	419	2644	904	106870
甘　肃	Gansu				2017
青　海	Qinghai				
宁　夏	Ningxia				
新　疆	Xinjiang				3500

2-6-8 按地区和登记注册类型分高技术产业技术获取和技术改造情况(2011年)

Technology Acquisition and Renovation in High-tech Industry by Region and Registration Status(2011)

单位：万元 (10000 yuan)

地区	Region	内资企业 Domestic Funded			
		技术引进经费支出 Expenditure for Acquisition of Foreign Technology	消化吸收经费支出 Expenditure for Assimilation of Technology	购买国内技术经费支出 Expenditure for Purchase of Domestic Technology	技术改造经费支出 Expenditure for Technical Renovation
全国	**Total**	**201809**	**79426**	**135176**	**2248418**
东部地区	Eastern Region	151071	60245	97334	1424394
中部地区	Middle Region	35940	13063	18174	432713
西部地区	Western Region	14798	6118	19669	391311
北京	Beijing	10080	1256	4195	38049
天津	Tianjin	389	1457	6107	64610
河北	Hebei	437	1214	1561	15850
山西	Shanxi		121	855	3143
内蒙古	Inner Mongolia				3516
辽宁	Liaoning	46807	455	1521	98078
吉林	Jilin	663	73	1801	30055
黑龙江	Heilongjiang			20	73449
上海	Shanghai	8743	2799	10155	36174
江苏	Jiangsu	23544	12084	19697	604189
浙江	Zhejiang	16841	12275	14721	214842
安徽	Anhui	8602	4203	5103	43610
福建	Fujian	7142	1297	8230	53208
江西	Jiangxi	3020	1799	1131	25889
山东	Shandong	18607	14080	16709	168969
河南	Henan	20636	1936	2036	43348
湖北	Hubei	1314	1660	1885	64723
湖南	Hunan	1705	3271	5342	144982
广东	Guangdong	16545	9414	11523	93881
广西	Guangxi	1806	3883	1568	31487
海南	Hainan	130	32	1347	5057
重庆	Chongqing	55	662	3530	14853
四川	Sichuan	13919	1597	13570	208064
贵州	Guizhou	35	179	433	39456
云南	Yunnan	5	484	635	6219
西藏	Tibet				
陕西	Shaanxi	426	2711	1441	110476
甘肃	Gansu	355	35	60	4263
青海	Qinghai				
宁夏	Ningxia		450		4359
新疆	Xinjiang	5			3621

2-6-8 续表 1 continued

单位：万元 (10000 yuan)

地区	Region	#国有企业 State-owned Enterprises			
		技术引进经费支出 Expenditure for Acquisition of Foreign Technology	消化吸收经费支出 Expenditure for Assimilation of Technology	购买国内技术经费支出 Expenditure for Purchase of Domestic Technology	技术改造经费支出 Expenditure for Technical Renovation
全国	**Total**	**11366**	**4402**	**7778**	**154220**
东部地区	Eastern Region	6134	3683	3994	56659
中部地区	Middle Region	4997	644	3541	44203
西部地区	Western Region	235	75	244	53358
北京	Beijing			62	6549
天津	Tianjin			75	15
河北	Hebei	434	1080	1162	9265
山西	Shanxi				
内蒙古	Inner Mongolia				
辽宁	Liaoning				
吉林	Jilin				
黑龙江	Heilongjiang				
上海	Shanghai	46	41		4838
江苏	Jiangsu				13042
浙江	Zhejiang			230	890
安徽	Anhui	4928	150	1793	1536
福建	Fujian				881
江西	Jiangxi				6506
山东	Shandong	5654	2562	2452	16783
河南	Henan			915	1054
湖北	Hubei	69	115	136	5611
湖南	Hunan		379	697	29495
广东	Guangdong				2867
广西	Guangxi			13	1379
海南	Hainan				150
重庆	Chongqing		21	135	175
四川	Sichuan	120		60	3923
贵州	Guizhou				1408
云南	Yunnan				1179
西藏	Tibet				
陕西	Shaanxi	115	54	49	46673
甘肃	Gansu				
青海	Qinghai				
宁夏	Ningxia				
新疆	Xinjiang				

2-6-8 续表 2 continued

单位：万元 (10000 yuan)

地区	Region	港澳台投资企业 Enterprises with Funds from Hong Kong, Macau and Taiwan			
		技术引进经费支出 Expenditure for Acquisition of Foreign Technology	消化吸收经费支出 Expenditure for Assimilation of Technology	购买国内技术经费支出 Expenditure for Purchase of Domestic Technology	技术改造经费支出 Expenditure for Technical Renovation
全国	**Total**	**121687**	**13230**	**39852**	**356239**
东部地区	Eastern Region	121474	12777	38509	312790
中部地区	Middle Region	213		813	41941
西部地区	Western Region		453	530	1507
北京	Beijing			4814	1421
天津	Tianjin				
河北	Hebei	452	395	2446	1921
山西	Shanxi			20	201
内蒙古	Inner Mongolia				3800
辽宁	Liaoning	80	16		59
吉林	Jilin				203
黑龙江	Heilongjiang				32
上海	Shanghai	22271	2270	125	13137
江苏	Jiangsu	62252	5709	1529	155100
浙江	Zhejiang	4634	759	8350	35641
安徽	Anhui				1780
福建	Fujian	27683	1492	11953	21708
江西	Jiangxi				3934
山东	Shandong	1305	859	531	3159
河南	Henan	213			22
湖北	Hubei				430
湖南	Hunan			793	31539
广东	Guangdong	2798	1278	8276	80106
广西	Guangxi				540
海南	Hainan			485	
重庆	Chongqing		7	20	1070
四川	Sichuan				
贵州	Guizhou				153
云南	Yunnan		296	480	
西藏	Tibet				
陕西	Shaanxi		150	30	266
甘肃	Gansu				
青海	Qinghai				
宁夏	Ningxia				19
新疆	Xinjiang				

2-6-8 续表 3 continued

单位：万元 (10000 yuan)

地区	Region	外商投资企业 Foreign Funded Enterprises			
		技术引进经费支出 Expenditure for Acquisition of Foreign Technology	消化吸收经费支出 Expenditure for Assimilation of Technology	购买国内技术经费支出 Expenditure for Purchase of Domestic Technology	技术改造经费支出 Expenditure for Technical Renovation
全　国	**Total**	**373002**	**77953**	**27385**	**442577**
东部地区	Eastern Region	363754	75260	23936	406585
中部地区	Middle Region	7183	2300	3449	31735
西部地区	Western Region	2065	394		4258
北　京	Beijing	48659	248	70	2280
天　津	Tianjin	18252	21	36	8308
河　北	Hebei		176		8887
山　西	Shanxi			100	797
内蒙古	Inner Mongolia				22
辽　宁	Liaoning				2819
吉　林	Jilin			1000	
黑龙江	Heilongjiang			707	21068
上　海	Shanghai	34645	11199	4201	44962
江　苏	Jiangsu	112778	56074	8808	201526
浙　江	Zhejiang	987	838	1612	34180
安　徽	Anhui	4633	300	1642	1461
福　建	Fujian	122843	1021	4483	70653
江　西	Jiangxi	2200	1800		
山　东	Shandong	1334	4159	1657	10002
河　南	Henan				2759
湖　北	Hubei	350	150		1809
湖　南	Hunan		50		3819
广　东	Guangdong	23941	1425	2019	22644
广　西	Guangxi				
海　南	Hainan	315	99	1050	325
重　庆	Chongqing	53	394		694
四　川	Sichuan	2012			788
贵　州	Guizhou				
云　南	Yunnan				235
西　藏	Tibet				
陕　西	Shaanxi				2541
甘　肃	Gansu				
青　海	Qinghai				
宁　夏	Ningxia				
新　疆	Xinjiang				

2-6-9 按地区和行业分高技术产业技术获取和技术改造情况(2011年)

Technology Acquisition and Renovation in High-tech Industry by Region and Industrial Sector(2011)

单位：万元 (10000 yuan)

地区	Region	医药制造业 Medical and Pharmaceutical Products Manufacturing			
		技术引进经费支出 Expenditure for Acquisition of Foreign Technology	消化吸收经费支出 Expenditure for Assimilation of Technology	购买国内技术经费支出 Expenditure for Purchase of Domestic Technology	技术改造经费支出 Expenditure for Technical Renovation
全　国	**Total**	**61564**	**51359**	**94827**	**789221**
东部地区	Eastern Region	55337	40983	72440	537882
中部地区	Middle Region	5267	8205	14507	207282
西部地区	Western Region	960	2171	7880	44058
北　京	Beijing	1659	32	4940	6357
天　津	Tianjin	91	331	6026	32905
河　北	Hebei	889	1785	3834	21114
山　西	Shanxi		121	945	3041
内蒙古	Inner Mongolia				7339
辽　宁	Liaoning	121	297	640	6238
吉　林	Jilin	663	73	2801	27425
黑龙江	Heilongjiang			727	44519
上　海	Shanghai	5300	3807	4834	11206
江　苏	Jiangsu	14566	8797	15698	119640
浙　江	Zhejiang	10595	10392	9296	129905
安　徽	Anhui	600	1011	3198	16000
福　建	Fujian	239	22	4632	9611
江　西	Jiangxi	2200	1816	30	9432
山　东	Shandong	6492	10406	15968	115312
河　南	Henan	554	1577	925	19174
湖　北	Hubei	1250	1437	1157	30118
湖　南	Hunan		2171	4722	50236
广　东	Guangdong	14941	1402	2405	55969
广　西	Guangxi		3583	1285	24242
海　南	Hainan	445	130	2882	5382
重　庆	Chongqing	10	639	3387	13682
四　川	Sichuan	586	44	2336	4136
贵　州	Guizhou		144	245	8113
云　南	Yunnan	5	780	1115	5683
西　藏	Tibet				
陕　西	Shaanxi		79	737	2226
甘　肃	Gansu	355	35	60	2239
青　海	Qinghai				
宁　夏	Ningxia		450		4359
新　疆	Xinjiang	5			3621

2-6-9 续表 1 continued

单位：万元 (10000 yuan)

地 区	Region	航空航天器制造业 Manufacture of Aircrafts and Spacecrafts			
		技术引进经费支出 Expenditure for Acquisition of Foreign Technology	消化吸收经费支出 Expenditure for Assimilation of Technology	购买国内技术经费支出 Expenditure for Purchase of Domestic Technology	技术改造经费支出 Expenditure for Technical Renovation
全 国	**Total**	**21109**	**5820**	**14764**	**397211**
东部地区	Eastern Region	7312	2911	5984	165753
中部地区	Middle Region	419	277	2660	89404
西部地区	Western Region	13379	2632	6121	142054
北 京	Beijing				12123
天 津	Tianjin				1478
河 北	Hebei			12	1149
山 西	Shanxi				
内 蒙 古	Inner Mongolia				
辽 宁	Liaoning				91953
吉 林	Jilin				
黑 龙 江	Heilongjiang				45152
上 海	Shanghai				4121
江 苏	Jiangsu	2412	1231	176	54929
浙 江	Zhejiang				
安 徽	Anhui		150	1740	1536
福 建	Fujian	3595	883	5796	
江 西	Jiangxi	350			10214
山 东	Shandong	1305			
河 南	Henan			915	9351
湖 北	Hubei	69	127	5	15026
湖 南	Hunan				8125
广 东	Guangdong		797		
广 西	Guangxi				
海 南	Hainan				
重 庆	Chongqing				
四 川	Sichuan	12989		5617	25086
贵 州	Guizhou				23277
云 南	Yunnan				
西 藏	Tibet				
陕 西	Shaanxi	389	2632	504	92546
甘 肃	Gansu				1146
青 海	Qinghai				
宁 夏	Ningxia				
新 疆	Xinjiang				

2-6-9 续表 2 continued

单位：万元 (10000 yuan)

地 区	Region	电子及通信设备制造业 Manufacture of Electronic Equipment and Communication Equipment 技术引进经费支出 Expenditure for Acquisition of Foreign Technology	消化吸收经费支出 Expenditure for Assimilation of Technology	购买国内技术经费支出 Expenditure for Purchase of Domestic Technology	技术改造经费支出 Expenditure for Technical Renovation
全 国	**Total**	**540321**	**75078**	**58303**	**1170814**
东部地区	Eastern Region	500926	68466	51187	862885
中部地区	Middle Region	37009	5059	3995	107090
西部地区	Western Region	2386	1554	3122	200839
北 京	Beijing	24682	216	4076	21090
天 津	Tianjin	18297	1126	96	33161
河 北	Hebei				1566
山 西	Shanxi			30	1100
内蒙古	Inner Mongolia				
辽 宁	Liaoning	46551	59		730
吉 林	Jilin				1000
黑龙江	Heilongjiang				16
上 海	Shanghai	52235	5591	6480	71909
江 苏	Jiangsu	162629	42899	8359	399181
浙 江	Zhejiang	7925	2195	5800	90205
安 徽	Anhui	12538	1831	1661	11376
福 建	Fujian	153171	2858	11526	90695
江 西	Jiangxi	2470	1784	1051	5095
山 东	Shandong	8116	3444	2528	25199
河 南	Henan	20232	250		1924
湖 北	Hubei	320	211	323	17628
湖 南	Hunan	1450	983	930	68952
广 东	Guangdong	27322	9777	12043	122061
广 西	Guangxi		299	280	7088
海 南	Hainan				
重 庆	Chongqing			2	61
四 川	Sichuan	2356	1554	2767	179266
贵 州	Guizhou			153	8169
云 南	Yunnan				771
西 藏	Tibet				
陕 西	Shaanxi	30		200	11701
甘 肃	Gansu				871
青 海	Qinghai				
宁 夏	Ningxia				
新 疆	Xinjiang				

2-6-9 续表 3 continued

单位：万元 (10000 yuan)

地区	Region	电子计算机及办公设备制造业 Manufacture of Computer and Office Equipments 技术引进经费支出 Expenditure for Acquisition of Foreign Technology	消化吸收经费支出 Expenditure for Assimilation of Technology	购买国内技术经费支出 Expenditure for Purchase of Domestic Technology	技术改造经费支出 Expenditure for Technical Renovation
全　国	**Total**	**9976**	**8337**	**14825**	**136317**
东部地区	Eastern Region	9673	8288	14622	102357
中部地区	Middle Region	303	49	204	33035
西部地区	Western Region				925
北　京	Beijing	5	1256	12	273
天　津	Tianjin				46
河　北	Hebei				57
山　西	Shanxi				
内蒙古	Inner Mongolia				
辽　宁	Liaoning	10			
吉　林	Jilin				156
黑龙江	Heilongjiang				
上　海	Shanghai	194	2275		43
江　苏	Jiangsu	1610			16662
浙　江	Zhejiang	2527	10	5314	3567
安　徽	Anhui	33			5000
福　建	Fujian	663	46	2502	38973
江　西	Jiangxi	200			300
山　东	Shandong	3825	4620		30900
河　南	Henan			115	92
湖　北	Hubei				23
湖　南	Hunan	70	49	89	27464
广　东	Guangdong	839	81	6795	11836
广　西	Guangxi				
海　南	Hainan				
重　庆	Chongqing				778
四　川	Sichuan				147
贵　州	Guizhou				
云　南	Yunnan				
西　藏	Tibet				
陕　西	Shaanxi				
甘　肃	Gansu				
青　海	Qinghai				
宁　夏	Ningxia				
新　疆	Xinjiang				

2-6-9 续表 4 continued

单位：万元 (10000 yuan)

地 区	Region	医疗设备及仪器仪表制造业 Manufacture of Medical Equipments and Measuring Instrument			
		技术引进经费支出 Expenditure for Acquisition of Foreign Technology	消化吸收经费支出 Expenditure for Assimilation of Technology	购买国内技术经费支出 Expenditure for Purchase of Domestic Technology	技术改造经费支出 Expenditure for Technical Renovation
全 国	**Total**	**63527**	**30015**	**19693**	**553672**
东部地区	Eastern Region	63051	27634	15546	474893
中部地区	Middle Region	337	1773	1071	69579
西部地区	Western Region	139	608	3077	9201
北 京	Beijing	32394		51	1906
天 津	Tianjin	254	21	20	5329
河 北	Hebei			160	2772
山 西	Shanxi				
内 蒙 古	Inner Mongolia				
辽 宁	Liaoning	205	115	881	2035
吉 林	Jilin				1677
黑 龙 江	Heilongjiang				4863
上 海	Shanghai	7929	4594	3166	6995
江 苏	Jiangsu	17357	20941	5801	370402
浙 江	Zhejiang	1415	1275	4274	60986
安 徽	Anhui	64	1511	146	12941
福 建	Fujian			211	6290
江 西	Jiangxi			50	4781
山 东	Shandong	1508	628	402	10719
河 南	Henan	63	110	81	15587
湖 北	Hubei	25	35	400	4168
湖 南	Hunan	185	117	394	25563
广 东	Guangdong	183	60	576	6766
广 西	Guangxi	1806		4	696
海 南	Hainan				
重 庆	Chongqing	98	423	162	2096
四 川	Sichuan			2850	218
贵 州	Guizhou	35	35	35	50
云 南	Yunnan				
西 藏	Tibet				
陕 西	Shaanxi	7	150	30	6811
甘 肃	Gansu				7
青 海	Qinghai				
宁 夏	Ningxia				19
新 疆	Xinjiang				

2-7-1 按行业分高技术产业企业办研发机构情况(2011年)

R&D Institutions in High-tech Industry by Industrial Sector (2011)

行业	Industry	有研发机构的企业数(个) Number of Enterprises with R&D Institutions (unit)	机构数(个) R&D Institutions (unit)	机构人员(人) Personnel (person)	机构经费支出(万元) Expenditures on S&T Institutions (10000 yuan)	#仪器设备 Equipment
合　计	**Total**	**4518**	**5941**	**475743**	**10460123**	**5634980**
医药制造业	**Manufacture of Medicines**	**1472**	**1856**	**83959**	**1495647**	**1209896**
#化学药品制造	Manufacture of Chemical Medicine	662	880	44949	848076	657918
中成药制造	Manufacture of Finished Traditional Chinese Herbal Medicine	380	474	20679	299292	310934
生物、生化制品的制造	Manufacture of Biological and Biochemical Chemical Products	216	257	10556	231758	160950
航空航天器制造业	**Manufacture of Aircrafts and Spacecrafts**	**83**	**120**	**25120**	**424456**	**523202**
1.飞机制造及修理	Manufacture and Repairing of Airplanes	74	106	24072	389570	513070
2.航天器制造	Manufacture of Spacecrafts	9	14	1048	34886	10132
电子及通信设备制造业	**Manufacture of Electronic Equipment and Communication Equipment**	**1817**	**2507**	**271557**	**6518644**	**2967130**
1.通信设备制造	Manufacture of Communication Equipment	268	417	129537	3737140	767565
#通信传输设备制造	Manufacture of Communication Transmitting Equipment	80	126	8163	123667	50232
通信交换设备制造	Manufacture of Communication Exchanging Equipment	32	73	97365	3138346	443055
通信终端设备制造	Manufacture of Communication Terminal Equipment	39	55	3225	51261	38406
2.雷达及配套设备制造	Manufacture of Radar and Its Fittings	17	30	4508	77475	83188
3.广播电视设备制造	Manufacture of Broadcasting and TV Equipment	85	100	8422	86208	96948
4.电子器件制造	Manufacture of Electronic Appliances	430	537	41026	938643	958448
#电子真空器件制造	Manufacture of Electronic Vacuum Appliances	24	28	2531	44407	56459
半导体分立器件制造	Manufacture of Semiconductor Discreting Appliances	72	86	4824	63128	165521
集成电路制造	Manufacture of Integrate Circuit	79	115	11316	322011	290561
5.电子元件制造	Manufacture of Electronic Components	740	1042	52489	802385	747590
6.家用视听设备制造	Manufacture of Domestic TV Set and Radio Receiver	143	199	26668	742241	233655
7.其他电子设备制造	Manufacture of Other Electronic Equipment	134	182	8907	134553	79736
电子计算机及办公设备制造业	**Manufacture of Computers and Office Equipments**	**226**	**307**	**39781**	**1195404**	**446240**
1.电子计算机整机制造	Manufacture of Entired Computer	34	61	14214	620969	195876
2.电子计算机外部设备制造	Manufacture of Computer Peripheral Equipment	156	209	23094	537464	233049
3.办公设备制造	Manufacture of Office Equipment	36	37	2473	36971	17315
医疗设备及仪器仪表制造业	**Manufacture of Medical Equipments and Measuring Instrument**	**920**	**1151**	**55326**	**825972**	**488512**
1.医疗设备及器械制造	Manufacture of Medical Equipment and Appliances	178	224	10227	209874	93703
2.仪器仪表制造	Manufacture of Measuring Instrument	742	927	45099	616098	394809

2-7-2 各地区高技术产业企业办研发机构情况(2011年)

R&D Institutions in High-tech Industry by Region(2011)

地区	Region	有研发机构的企业数(个) Number of Enterprises with R&D Institutions (unit)	机构数(个) R&D Institutions (unit)	机构人员(人) Personnel (person)	机构经费支出(万元) Expenditures on S&T Institutions (10000 yuan)	#仪器设备 Equipment
全国	**Total**	**4518**	**5941**	**475743**	**10460123**	**5634980**
东部地区	Eastern Region	3515	4646	380922	9106357	4261692
中部地区	Middle Region	694	884	52727	668372	667804
西部地区	Western Region	309	411	42094	685394	705484
北京	Beijing	210	256	17736	526616	201968
天津	Tianjin	82	113	7711	129450	168313
河北	Hebei	65	78	5727	69827	69651
山西	Shanxi	22	25	1755	17563	17018
内蒙古	Inner Mongolia	13	17	433	6910	7935
辽宁	Liaoning	61	77	6854	137100	68656
吉林	Jilin	48	51	3286	31367	43999
黑龙江	Heilongjiang	40	50	3801	39927	52621
上海	Shanghai	174	206	19635	733516	382946
江苏	Jiangsu	943	1229	62594	1393719	1070131
浙江	Zhejiang	840	935	46277	795394	494732
安徽	Anhui	147	201	9033	115631	137026
福建	Fujian	151	190	16569	377199	276212
江西	Jiangxi	59	77	6197	71153	45668
山东	Shandong	216	362	32643	848220	465596
河南	Henan	146	190	11008	112266	101372
湖北	Hubei	113	140	11507	196338	196713
湖南	Hunan	106	133	5707	77216	65453
广东	Guangdong	697	1111	162183	4046298	1024100
广西	Guangxi	58	67	2231	34396	32981
海南	Hainan	18	22	762	14622	6405
重庆	Chongqing	58	82	3310	50091	34097
四川	Sichuan	71	93	19118	349296	229732
贵州	Guizhou	46	53	4795	49521	229851
云南	Yunnan	34	35	1881	36140	38464
西藏	Tibet	1	1	35	264	385
陕西	Shaanxi	71	114	10718	167877	138952
甘肃	Gansu	16	18	1477	21539	24501
青海	Qinghai	1	1	14	100	575
宁夏	Ningxia	8	11	698	10470	8563
新疆	Xinjiang	3	3	48	97	364

2-7-3 按行业和企业规模分高技术产业企业办研发机构情况(2011年)

R&D Institutions in High-tech Industry by Industrial Sector and Scale of Enterprises(2011)

行业	Industry	大型企业 Large-sized Enterprises				
		有研发机构的企业数(个) Number of Enterprises with R&D Institutions (unit)	机构数(个) R&D Institutions (unit)	机构人员(人) Personnel (person)	机构经费支出(万元) Expenditures on S&T Institutions (10000 yuan)	#仪器设备 Equipment
合　计	**Total**	**602**	**1268**	**282520**	**7576534**	**3231958**
医药制造业	**Manufacture of Medicines**	**144**	**303**	**32579**	**707945**	**544216**
#化学药品制造	Manufacture of Chemical Medicine	86	198	20262	467363	342882
中成药制造	Manufacture of Finished Traditional Chinese Herbal Medicine	36	74	7991	142912	128129
生物、生化制品的制造	Manufacture of Biological and Biochemical Chemical Products	10	10	2242	63369	52552
航空航天器制造业	**Manufacture of Aircrafts and Spacecrafts**	**28**	**54**	**18756**	**324028**	**307005**
1.飞机制造及修理	Manufacture and Repairing of Airplanes	26	51	18337	319623	302648
2.航天器制造	Manufacture of Spacecrafts	2	3	419	4406	4358
电子及通信设备制造业	**Manufacture of Electronic Equipment and Communication Equipment**	**310**	**697**	**184240**	**5200727**	**1875042**
1.通信设备制造	Manufacture of Communication Equipment	51	142	112434	3501117	620208
#通信传输设备制造	Manufacture of Communication Transmitting Equipment	9	33	3629	58875	21429
通信交换设备制造	Manufacture of Communication Exchanging Equipment	5	42	93960	3105680	419275
通信终端设备制造	Manufacture of Communication Terminal Equipment	6	11	1382	26761	24200
2.雷达及配套设备制造	Manufacture of Radar and Its Fittings	5	6	2879	63946	55164
3.广播电视设备制造	Manufacture of Broadcasting and TV Equipment	9	14	4504	34267	74082
4.电子器件制造	Manufacture of Electronic Appliances	84	136	24129	650529	595743
#电子真空器件制造	Manufacture of Electronic Vacuum Appliances	5	8	1386	21610	28378
半导体分立器件制造	Manufacture of Semiconductor Discreting Appliances	9	12	1992	20769	32694
集成电路制造	Manufacture of Integrate Circuit	20	37	7409	251760	212638
5.电子元件制造	Manufacture of Electronic Components	117	303	26348	425672	349607
6.家用视听设备制造	Manufacture of Domestic TV Set and Radio Receiver	34	67	10924	470911	142751
7.其他电子设备制造	Manufacture of Other Electronic Equipment	10	29	3022	54287	37486
电子计算机及办公设备制造业	**Manufacture of Computers and Office Equipments**	**69**	**120**	**31339**	**1080763**	**392542**
1.电子计算机整机制造	Manufacture of Entired Computer	16	39	13278	607453	190763
2.电子计算机外部设备制造	Manufacture of Computer Peripheral Equipment	45	73	16594	452788	192574
3.办公设备制造	Manufacture of Office Equipment	8	8	1467	20522	9204
医疗设备及仪器仪表制造业	**Manufacture of Medical Equipments and Measuring Instrument**	**51**	**94**	**15606**	**263070**	**113153**
1.医疗设备及器械制造	Manufacture of Medical Equipment and Appliances	10	18	2840	72215	20443
2.仪器仪表制造	Manufacture of Measuring Instrument	41	76	12766	190855	92711

2-7-3 续表 continued

行　业	Industry	中型企业 Medium-sized Enterprises				
		有研发机构的企业数（个）Number of Enterprises with R&D Institutions (unit)	机构数（个）R&D Institutions (unit)	机构人员（人）Personnel (person)	机构经费支出（万元）Expenditures on S&T Institutions (10000 yuan)	#仪器设备 Equipment
合　计	**Total**	**1572**	**1986**	**112070**	**1720182**	**1492364**
医药制造业	**Manufacture of Medicines**	**513**	**624**	**29444**	**484629**	**425064**
#化学药品制造	Manufacture of Chemical Medicine	262	327	15422	253842	213964
中成药制造	Manufacture of Finished Traditional Chinese Herbal Medicine	141	165	7262	94349	120019
生物、生化制品的制造	Manufacture of Biological and Biochemical Chemical Products	62	78	4370	93825	65777
航空航天器制造业	**Manufacture of Aircrafts and Spacecrafts**	**27**	**34**	**3878**	**74722**	**53206**
1.飞机制造及修理	Manufacture and Repairing of Airplanes	23	28	3293	45058	47870
2.航天器制造	Manufacture of Spacecrafts	4	6	585	29664	5336
电子及通信设备制造业	**Manufacture of Electronic Equipment and Communication Equipment**	**681**	**863**	**51681**	**757093**	**748675**
1.通信设备制造	Manufacture of Communication Equipment	83	112	11080	158978	109345
#通信传输设备制造	Manufacture of Communication Transmitting Equipment	23	36	2695	40571	19376
通信交换设备制造	Manufacture of Communication Exchanging Equipment	9	11	2127	17201	12304
通信终端设备制造	Manufacture of Communication Terminal Equipment	12	12	869	14715	9549
2.雷达及配套设备制造	Manufacture of Radar and Its Fittings	9	17	982	11003	22957
3.广播电视设备制造	Manufacture of Broadcasting and TV Equipment	27	35	2588	31288	13454
4.电子器件制造	Manufacture of Electronic Appliances	143	159	10855	184665	263897
#电子真空器件制造	Manufacture of Electronic Vacuum Appliances	6	7	819	18579	23074
半导体分立器件制造	Manufacture of Semiconductor Discreting Appliances	22	24	1515	21170	92997
集成电路制造	Manufacture of Integrate Circuit	26	31	2496	42319	60520
5.电子元件制造	Manufacture of Electronic Components	316	401	18182	257589	282960
6.家用视听设备制造	Manufacture of Domestic TV Set and Radio Receiver	62	78	4377	69028	33973
7.其他电子设备制造	Manufacture of Other Electronic Equipment	41	61	3617	44542	22090
电子计算机及办公设备制造业	**Manufacture of Computers and Office Equipments**	**72**	**89**	**5096**	**75320**	**37639**
1.电子计算机整机制造	Manufacture of Entired Computer	8	9	612	9811	3542
2.电子计算机外部设备制造	Manufacture of Computer Peripheral Equipment	53	68	3850	53536	29193
3.办公设备制造	Manufacture of Office Equipment	11	12	634	11973	4904
医疗设备及仪器仪表制造业	**Manufacture of Medical Equipments and Measuring Instrument**	**279**	**376**	**21971**	**328419**	**227780**
1.医疗设备及器械制造	Manufacture of Medical Equipment and Appliances	49	70	4078	85877	46051
2.仪器仪表制造	Manufacture of Measuring Instrument	230	306	17893	242542	181729

2-7-4 按行业分国有及国有控股企业高技术产业企业办研发机构情况(2011年)

R&D Institutions in High-tech Industry of State-owned and State-controlled Enterprises by Industrial Sector (2011)

行业	Industry	有研发机构的企业数(个) Number of Enterprises with R&D Institutions (unit)	机构数(个) R&D Institutions (unit)	机构人员(人) Personnel (person)	机构经费支出(万元) Expenditures on S&T Institutions (10000 yuan)	#仪器设备 Equipment
合 计	**Total**	**560**	**849**	**132122**	**2973353**	**1756016**
医药制造业	**Manufacture of Medicines**	**177**	**253**	**15737**	**301116**	**262836**
#化学药品制造	Manufacture of Chemical Medicine	88	140	9099	159414	162827
中成药制造	Manufacture of Finished Traditional Chinese Herbal Medicine	57	78	3855	81529	60998
生物、生化制品的制造	Manufacture of Biological and Biochemical Chemical Products	19	20	1684	37805	24989
航空航天器制造业	**Manufacture of Aircrafts and Spacecrafts**	**66**	**98**	**23971**	**393612**	**494302**
1.飞机制造及修理	Manufacture and Repairing of Airplanes	61	90	23036	360543	485028
2.航天器制造	Manufacture of Spacecrafts	5	8	935	33070	9273
电子及通信设备制造业	**Manufacture of Electronic Equipment and Communication Equipment**	**216**	**330**	**69478**	**1874253**	**784959**
1.通信设备制造	Manufacture of Communication Equipment	59	101	36070	1132548	292523
#通信传输设备制造	Manufacture of Communication Transmitting Equipment	16	30	3382	59343	19730
通信交换设备制造	Manufacture of Communication Exchanging Equipment	6	21	27716	990778	212250
通信终端设备制造	Manufacture of Communication Terminal Equipment	12	19	1487	22161	18131
2.雷达及配套设备制造	Manufacture of Radar and Its Fittings	11	17	4019	72109	73517
3.广播电视设备制造	Manufacture of Broadcasting and TV Equipment	7	7	588	9784	9091
4.电子器件制造	Manufacture of Electronic Appliances	55	71	6663	151489	210740
#电子真空器件制造	Manufacture of Electronic Vacuum Appliances	6	8	1339	26492	32466
半导体分立器件制造	Manufacture of Semiconductor Discreting Appliances	9	10	1017	7213	107137
集成电路制造	Manufacture of Integrate Circuit	12	15	838	20306	12189
5.电子元件制造	Manufacture of Electronic Components	63	92	7492	87999	91954
6.家用视听设备制造	Manufacture of Domestic TV Set and Radio Receiver	12	26	13074	385845	89956
7.其他电子设备制造	Manufacture of Other Electronic Equipment	9	16	1572	34479	17180
电子计算机及办公设备制造业	**Manufacture of Computers and Office Equipments**	**18**	**40**	**11232**	**240579**	**70410**
1.电子计算机整机制造	Manufacture of Entired Computer	5	13	4510	140294	40336
2.电子计算机外部设备制造	Manufacture of Computer Peripheral Equipment	11	25	5964	88552	24735
3.办公设备制造	Manufacture of Office Equipment	2	2	758	11733	5340
医疗设备及仪器仪表制造业	**Manufacture of Medical Equipments and Measuring Instrument**	**83**	**128**	**11704**	**163793**	**143509**
1.医疗设备及器械制造	Manufacture of Medical Equipment and Appliances	6	10	826	11424	17658
2.仪器仪表制造	Manufacture of Measuring Instrument	77	118	10878	152370	125850

2-7-5 按行业和登记注册类型分高技术产业企业办研发机构情况(2011年)

R&D Institutions in High-tech Industry by Industrial Sector and Registration Status(2011)

行业	Industry	内资企业 Domestic Funded				
		有研发机构的企业数(个) Number of Enterprises with R&D Institutions (unit)	机构数(个) R&D Institutions (unit)	机构人员(人) Personnel (person)	机构经费支出(万元) Expenditures on S&T Institutions (10000 yuan)	#仪器设备 Equipment
合　计	**Total**	**3182**	**4101**	**330117**	**6792955**	**3470136**
医药制造业	**Manufacture of Medicines**	**1162**	**1474**	**63137**	**1043694**	**901927**
#化学药品制造	Manufacture of Chemical Medicine	510	680	32380	559014	498299
中成药制造	Manufacture of Finished Traditional Chinese Herbal Medicine	316	395	17202	249415	240495
生物、生化制品的制造	Manufacture of Biological and Biochemical Chemical Products	154	187	7093	143180	99690
航空航天器制造业	**Manufacture of Aircrafts and Spacecrafts**	**77**	**112**	**24716**	**413923**	**515979**
1.飞机制造及修理	Manufacture and Repairing of Airplanes	69	99	23688	379491	506097
2.航天器制造	Manufacture of Spacecrafts	8	13	1028	34432	9882
电子及通信设备制造业	**Manufacture of Electronic Equipment and Communication Equipment**	**1098**	**1438**	**185239**	**4485228**	**1596515**
1.通信设备制造	Manufacture of Communication Equipment	183	286	108605	3177785	575788
#通信传输设备制造	Manufacture of Communication Transmitting Equipment	68	102	6766	105682	45630
通信交换设备制造	Manufacture of Communication Exchanging Equipment	28	67	92968	2958963	429439
通信终端设备制造	Manufacture of Communication Terminal Equipment	32	48	2489	32443	26161
2.雷达及配套设备制造	Manufacture of Radar and Its Fittings	17	30	4508	77475	83188
3.广播电视设备制造	Manufacture of Broadcasting and TV Equipment	65	76	6914	64757	85539
4.电子器件制造	Manufacture of Electronic Appliances	251	314	19069	307159	413004
#电子真空器件制造	Manufacture of Electronic Vacuum Appliances	20	24	2397	43428	55670
半导体分立器件制造	Manufacture of Semiconductor Discreting Appliances	40	49	3228	33231	134093
集成电路制造	Manufacture of Integrate Circuit	40	60	3457	68865	53290
5.电子元件制造	Manufacture of Electronic Components	416	492	22300	283294	258239
6.家用视听设备制造	Manufacture of Domestic TV Set and Radio Receiver	69	99	17140	471536	119633
7.其他电子设备制造	Manufacture of Other Electronic Equipment	97	141	6703	103222	61125
电子计算机及办公设备制造业	**Manufacture of Computers and Office Equipments**	**119**	**165**	**15105**	**276760**	**94599**
1.电子计算机整机制造	Manufacture of Entired Computer	17	28	5372	152432	43718
2.电子计算机外部设备制造	Manufacture of Computer Peripheral Equipment	81	116	8322	104132	38424
3.办公设备制造	Manufacture of Office Equipment	21	21	1411	20196	12457
医疗设备及仪器仪表制造业	**Manufacture of Medical Equipments and Measuring Instrument**	**726**	**912**	**41920**	**573350**	**361115**
1.医疗设备及器械制造	Manufacture of Medical Equipment and Appliances	125	160	6814	102196	48567
2.仪器仪表制造	Manufacture of Measuring Instrument	601	752	35106	471154	312548

2-7-5 续表 1 continued

行 业	Industry	#国有企业 State-owned Enterprises 有研发机构的企业数(个) Number of Enterprises with R&D Institutions (unit)	机构数(个) R&D Institutions (unit)	机构人员(人) Personnel (person)	机构经费支出(万元) Expenditures on S&T Institutions (10000 yuan)	#仪器设备 Equipment
合 计	**Total**	**108**	**191**	**22512**	**579946**	**435705**
医药制造业	**Manufacture of Medicines**	**34**	**47**	**2724**	**57854**	**41697**
#化学药品制造	Manufacture of Chemical Medicine	14	19	1223	29992	24682
中成药制造	Manufacture of Finished Traditional Chinese Herbal Medicine	14	22	737	11078	6086
生物、生化制品的制造	Manufacture of Biological and Biochemical Chemical Products	4	4	744	15473	10716
航空航天器制造业	**Manufacture of Aircrafts and Spacecrafts**	**21**	**27**	**4263**	**80648**	**156179**
1.飞机制造及修理	Manufacture and Repairing of Airplanes	19	24	3858	52950	149089
2.航天器制造	Manufacture of Spacecrafts	2	3	405	27698	7090
电子及通信设备制造业	**Manufacture of Electronic Equipment and Communication Equipment**	**28**	**75**	**10377**	**360144**	**184549**
1.通信设备制造	Manufacture of Communication Equipment	8	21	4664	127479	106545
#通信传输设备制造	Manufacture of Communication Transmitting Equipment	2	3	209	4605	398
通信交换设备制造	Manufacture of Communication Exchanging Equipment	1	10	3810	115909	100434
通信终端设备制造	Manufacture of Communication Terminal Equipment	1	1	58	1206	1779
2.雷达及配套设备制造	Manufacture of Radar and Its Fittings	4	5	854	5015	14460
3.广播电视设备制造	Manufacture of Broadcasting and TV Equipment	1	1	25	131	41
4.电子器件制造	Manufacture of Electronic Appliances	4	4	676	12439	17774
#电子真空器件制造	Manufacture of Electronic Vacuum Appliances					
半导体分立器件制造	Manufacture of Semiconductor Discreting Appliances	2	2	162	2739	5770
集成电路制造	Manufacture of Integrate Circuit					
5.电子元件制造	Manufacture of Electronic Components	8	25	1136	21934	4587
6.家用视听设备制造	Manufacture of Domestic TV Set and Radio Receiver	2	14	2126	182113	34577
7.其他电子设备制造	Manufacture of Other Electronic Equipment	1	5	896	11034	6566
电子计算机及办公设备制造业	**Manufacture of Computers and Office Equipments**	**1**	**1**	**189**	**2703**	**1910**
1.电子计算机整机制造	Manufacture of Entired Computer					
2.电子计算机外部设备制造	Manufacture of Computer Peripheral Equipment	1	1	189	2703	1910
3.办公设备制造	Manufacture of Office Equipment					
医疗设备及仪器仪表制造业	**Manufacture of Medical Equipments and Measuring Instrument**	**24**	**41**	**4959**	**78598**	**51369**
1.医疗设备及器械制造	Manufacture of Medical Equipment and Appliances	2	2	348	4846	6753
2.仪器仪表制造	Manufacture of Measuring Instrument	22	39	4611	73751	44617

行 业	Industry	港澳台投资企业 Enterprises with Funds from Hong Kong, Macau and Taiwan				
		有研发机构的企业数(个) Number of Enterprises with R&D Institutions (unit)	机构数(个) R&D Institutions (unit)	机构人员(人) Personnel (person)	机构经费支出(万元) Expenditures on S&T Institutions (10000 yuan)	#仪器设备 Equipment
合 计	**Total**	**620**	**918**	**64866**	**1479250**	**880416**
医药制造业	**Manufacture of Medicines**	**142**	**168**	**10115**	**208760**	**124298**
#化学药品制造	Manufacture of Chemical Medicine	67	83	5859	117014	48501
中成药制造	Manufacture of Finished Traditional Chinese Herbal Medicine	38	44	1779	22786	23107
生物、生化制品的制造	Manufacture of Biological and Biochemical Chemical Products	23	27	1865	58989	43051
航空航天器制造业	**Manufacture of Aircrafts and Spacecrafts**	**1**	**1**	**40**	**767**	**1950**
1.飞机制造及修理	Manufacture and Repairing of Airplanes	**1**	**1**	**40**	**766.8**	**1950.4**
2.航天器制造	Manufacture of Spacecrafts					
电子及通信设备制造业	**Manufacture of Electronic Equipment and Communication Equipment**	**363**	**612**	**39692**	**813304**	**574062**
1.通信设备制造	Manufacture of Communication Equipment	36	67	7359	111746	88624
#通信传输设备制造	Manufacture of Communication Transmitting Equipment	4	15	817	5465	2438
通信交换设备制造	Manufacture of Communication Exchanging Equipment	2	4	145	2180	363
通信终端设备制造	Manufacture of Communication Terminal Equipment	3	3	285	5700	2883
2.雷达及配套设备制造	Manufacture of Radar and Its Fittings					
3.广播电视设备制造	Manufacture of Broadcasting and TV Equipment	6	6	178	2286	3091
4.电子器件制造	Manufacture of Electronic Appliances	81	94	8873	248029	122942
#电子真空器件制造	Manufacture of Electronic Vacuum Appliances	3	3	117	941	692
半导体分立器件制造	Manufacture of Semiconductor Discreting Appliances	14	16	485	9218	9866
集成电路制造	Manufacture of Integrate Circuit	12	17	2404	69259	28467
5.电子元件制造	Manufacture of Electronic Components	182	369	15597	257092	283626
6.家用视听设备制造	Manufacture of Domestic TV Set and Radio Receiver	40	54	6468	179588	65477
7.其他电子设备制造	Manufacture of Other Electronic Equipment	18	22	1217	14562	10303
电子计算机及办公设备制造业	**Manufacture of Computers and Office Equipments**	**46**	**57**	**10239**	**391695**	**142996**
1.电子计算机整机制造	Manufacture of Entired Computer	4	7	1367	105796	16375
2.电子计算机外部设备制造	Manufacture of Computer Peripheral Equipment	36	43	8319	276103	125255
3.办公设备制造	Manufacture of Office Equipment	6	7	553	9796	1365
医疗设备及仪器仪表制造业	**Manufacture of Medical Equipments and Measuring Instrument**	**68**	**80**	**4780**	**64725**	**37109**
1.医疗设备及器械制造	Manufacture of Medical Equipment and Appliances	11	12	648	7533	7223
2.仪器仪表制造	Manufacture of Measuring Instrument	57	68	4132	57192	29887

2-7-5 续表 3 continued

行 业	Industry	外商投资企业 Foreign Funded Enterprises				
		有研发机构的企业数（个）Number of Enterprises with R&D Institutions (unit)	机构数（个）R&D Institutions (unit)	机构人员（人）Personnel (person)	机构经费支出（万元）Expenditures on S&T Institutions (10000 yuan)	#仪器设备 Equipment
合 计	**Total**	**716**	**922**	**80760**	**2187918**	**1284429**
医药制造业	**Manufacture of Medicines**	**168**	**214**	**10707**	**243194**	**183671**
#化学药品制造	Manufacture of Chemical Medicine	85	117	6710	172049	111118
中成药制造	Manufacture of Finished Traditional Chinese Herbal Medicine	26	35	1698	27091	47333
生物、生化制品的制造	Manufacture of Biological and Biochemical Chemical Products	39	43	1598	29589	18209
航空航天器制造业	**Manufacture of Aircrafts and Spacecrafts**	**5**	**7**	**364**	**9766**	**5272**
1.飞机制造及修理	Manufacture and Repairing of Airplanes	4	6	344	9312	5022
2.航天器制造	Manufacture of Spacecrafts	1	1	20	454	250
电子及通信设备制造业	**Manufacture of Electronic Equipment and Communication Equipment**	**356**	**457**	**46626**	**1220113**	**796553**
1.通信设备制造	Manufacture of Communication Equipment	49	64	13573	447609	103153
#通信传输设备制造	Manufacture of Communication Transmitting Equipment	8	9	580	12521	2164
通信交换设备制造	Manufacture of Communication Exchanging Equipment	2	2	4252	177204	13254
通信终端设备制造	Manufacture of Communication Terminal Equipment	4	4	451	13117	9361
2.雷达及配套设备制造	Manufacture of Radar and Its Fittings					
3.广播电视设备制造	Manufacture of Broadcasting and TV Equipment	14	18	1330	19165	8318
4.电子器件制造	Manufacture of Electronic Appliances	98	129	13084	383454	422502
#电子真空器件制造	Manufacture of Electronic Vacuum Appliances	1	1	17	39	96
半导体分立器件制造	Manufacture of Semiconductor Discreting Appliances	18	21	1111	20678	21563
集成电路制造	Manufacture of Integrate Circuit	27	38	5455	183888	208803
5.电子元件制造	Manufacture of Electronic Components	142	181	14592	261999	205726
6.家用视听设备制造	Manufacture of Domestic TV Set and Radio Receiver	34	46	3060	91118	48545
7.其他电子设备制造	Manufacture of Other Electronic Equipment	19	19	987	16769	8309
电子计算机及办公设备制造业	**Manufacture of Computers and Office Equipments**	**61**	**85**	**14437**	**526950**	**208645**
1.电子计算机整机制造	Manufacture of Entired Computer	13	26	7475	362741	135782
2.电子计算机外部设备制造	Manufacture of Computer Peripheral Equipment	39	50	6453	157230	69370
3.办公设备制造	Manufacture of Office Equipment	9	9	509	6979	3493
医疗设备及仪器仪表制造业	**Manufacture of Medical Equipments and Measuring Instrument**	**126**	**159**	**8626**	**187896**	**90288**
1.医疗设备及器械制造	Manufacture of Medical Equipment and Appliances	42	52	2765	100144	37913
2.仪器仪表制造	Manufacture of Measuring Instrument	84	107	5861	87753	52375

2-7-6 按地区和企业规模分高技术产业企业办研发机构情况(2011年)

R&D Institutions in High-tech Industry by Region and Industrial Sector(2011)

地区	Region	大型企业 Large-sized Enterprises				
		有R&D机构的企业单位数(个) Number of Enterprises with R&D Institutions (unit)	机构数(个) R&D Institutions (unit)	机构人员(人) Personnel (person)	机构经费支出(万元) Expenditures on S&T Institutions (10000 yuan)	#仪器设备 Equipment
全国	**Total**	**602**	**1268**	**282520**	**7576534**	**3231958**
东部地区	Eastern Region	477	1020	239933	6864735	2577841
中部地区	Middle Region	79	138	25419	392584	366363
西部地区	Western Region	46	110	17168	319214	287755
北京	Beijing	22	36	5197	235876	91338
天津	Tianjin	11	22	3818	72176	32205
河北	Hebei	8	8	2687	44367	31690
山西	Shanxi	4	4	724	4647	3564
内蒙古	Inner Mongolia	3	6	149	1398	1862
辽宁	Liaoning	6	11	4184	101979	52303
吉林	Jilin	4	6	1337	12607	23100
黑龙江	Heilongjiang	6	11	1977	27067	38508
上海	Shanghai	28	41	12587	581986	246061
江苏	Jiangsu	132	231	31260	870525	581063
浙江	Zhejiang	59	97	16426	357822	223679
安徽	Anhui	12	14	3533	55937	51302
福建	Fujian	24	41	10230	271416	199403
江西	Jiangxi	14	26	4292	49384	35752
山东	Shandong	42	127	23375	704927	333082
河南	Henan	20	37	4833	44454	50405
湖北	Hubei	9	23	5809	147983	127652
湖南	Hunan	7	11	2765	49107	34218
广东	Guangdong	143	400	129613	3610443	776143
广西	Guangxi	2	6	556	13218	10875
海南	Hainan					
重庆	Chongqing	5	10	1238	23283	15894
四川	Sichuan	12	28	5758	111986	138697
贵州	Guizhou	3	7	597	11641	7828
云南	Yunnan	4	5	676	18469	5657
西藏	Tibet					
陕西	Shaanxi	18	53	7589	132233	100277
甘肃	Gansu	2	4	848	14729	14851
青海	Qinghai					
宁夏	Ningxia	2	3	462	6874	4551
新疆	Xinjiang					

2-7-6 续表 continued

地区 Region	中型企业 Medium-sized Enterprises				
	有R&D机构的企业单位数(个) Number of Enterprises with R&D Institutions (unit)	机构数(个) R&D Institutions (unit)	机构人员(人) Personnel (person)	机构经费支出(万元) Expenditures on S&T Institutions (10000 yuan)	#仪器设备 Equipment
全国 Total	**1572**	**1986**	**112070**	**1720182**	**1492364**
东部地区 Eastern Region	1225	1560	88331	1449807	1207912
中部地区 Middle Region	231	290	16038	174315	176929
西部地区 Western Region	116	136	7701	96060	107523
北京 Beijing	73	89	8488	212651	91969
天津 Tianjin	33	48	2625	37116	114360
河北 Hebei	26	33	2195	19728	24359
山西 Shanxi	8	8	786	9182	10364
内蒙古 Inner Mongolia	4	4	125	3216	3343
辽宁 Liaoning	18	23	1130	17225	10536
吉林 Jilin	18	19	1263	13469	13241
黑龙江 Heilongjiang	12	17	1317	9153	8512
上海 Shanghai	57	67	3911	81995	98234
江苏 Jiangsu	318	432	18866	324301	353979
浙江 Zhejiang	246	268	16528	254220	155076
安徽 Anhui	37	64	2261	28108	47887
福建 Fujian	52	65	3882	75760	54434
江西 Jiangxi	16	19	1071	12769	6170
山东 Shandong	66	90	5321	88142	97895
河南 Henan	61	73	4233	44278	32572
湖北 Hubei	45	51	3350	34945	41680
湖南 Hunan	30	35	1632	19195	13162
广东 Guangdong	309	414	24068	317054	188917
广西 Guangxi	17	17	795	10306	13636
海南 Hainan	10	14	522	11309	4517
重庆 Chongqing	28	38	1607	21785	16172
四川 Sichuan	25	26	1543	24130	14581
贵州 Guizhou	7	8	413	2052	1598
云南 Yunnan	13	13	812	12564	28307
西藏 Tibet					
陕西 Shaanxi	31	37	2669	26404	35154
甘肃 Gansu	7	7	462	5936	7588
青海 Qinghai	1	1	14	100	575
宁夏 Ningxia	3	5	178	3079	3255
新疆 Xinjiang	1	1	3	11	292

2-7-7 各地区国有及国有控股企业高技术产业企业办研发机构情况(2011年)
R&D Institutions in High-tech Industry of State-owned and State-controlled Enterprises by Region (2011)

地　区	Region	有研发机构的企业数(个) Number of Enterprises with R&D Institutions (unit)	机构数(个) R&D Institutions (unit)	机构人员(人) Personnel (person)	机构经费支出(万元) Expenditures on S&T Institutions (10000 yuan)	#仪器设备 Equipment
全　国	**Total**	**560**	**849**	**132122**	**2973353**	**1756016**
东部地区	Eastern Region	335	508	78452	2107050	845083
中部地区	Middle Region	110	170	22494	351233	358195
西部地区	Western Region	115	171	31176	515070	552738
北　京	Beijing	61	79	5842	200935	86418
天　津	Tianjin	35	48	3202	51751	118808
河　北	Hebei	11	15	1615	16675	22059
山　西	Shanxi	4	4	401	4415	3653
内蒙古	Inner Mongolia	2	2	52	752	978
辽　宁	Liaoning	11	18	4880	111832	54601
吉　林	Jilin	4	4	258	2387	707
黑龙江	Heilongjiang	9	16	2302	28627	45816
上　海	Shanghai	43	47	6804	239388	72102
江　苏	Jiangsu	43	87	8222	112921	107915
浙　江	Zhejiang	24	30	3764	89368	61786
安　徽	Anhui	19	29	3091	34185	61336
福　建	Fujian	10	16	3337	46392	25795
江　西	Jiangxi	16	24	3463	42674	25984
山　东	Shandong	27	61	11819	379444	130065
河　南	Henan	18	29	3278	33042	36295
湖　北	Hubei	21	36	6859	159739	152852
湖　南	Hunan	17	26	2790	45413	30575
广　东	Guangdong	62	96	28559	852388	159769
广　西	Guangxi	5	5	246	2727	4507
海　南	Hainan	3	6	162	3230	1259
重　庆	Chongqing	17	24	1622	27191	19031
四　川	Sichuan	18	26	15139	277739	157917
贵　州	Guizhou	30	33	3857	35630	219733
云　南	Yunnan	7	7	460	12230	15042
西　藏	Tibet					
陕　西	Shaanxi	37	75	9435	150855	126114
甘　肃	Gansu	4	4	640	11394	14565
青　海	Qinghai					
宁　夏	Ningxia					
新　疆	Xinjiang	2	2	23	32	336

2-7-8 按地区和登记注册类型分高技术产业企业办研发机构情况(2011年)

R&D Institutions in High-tech Industry by Region and Registration Status(2011)

地 区	Region	内资企业 Domestic Funded				
		有研发机构的企业数(个) Number of Enterprises with R&D Institutions (unit)	机构数(个) R&D Institutions (unit)	机构人员(人) Personnel (person)	机构经费支出(万元) Expenditures on S&T Institutions (10000 yuan)	#仪器设备 Equipment
全 国	**Total**	**3182**	**4101**	**330117**	**6792955**	**3470136**
东部地区	Eastern Region	2286	2937	242377	5541404	2188355
中部地区	Middle Region	620	794	48245	604884	616737
西部地区	Western Region	276	370	39495	646667	665044
北 京	Beijing	146	172	11365	259489	104254
天 津	Tianjin	61	80	5462	70447	126390
河 北	Hebei	55	67	3859	39421	47566
山 西	Shanxi	18	21	1279	12976	13681
内蒙古	Inner Mongolia	11	15	391	6541	7598
辽 宁	Liaoning	47	62	6180	127253	65305
吉 林	Jilin	45	48	3190	30515	43048
黑龙江	Heilongjiang	35	40	3317	27848	46327
上 海	Shanghai	92	100	4453	95964	73540
江 苏	Jiangsu	573	766	29971	528245	448891
浙 江	Zhejiang	595	667	27962	419270	316022
安 徽	Anhui	130	178	8581	102912	125524
福 建	Fujian	91	109	5328	63572	67281
江 西	Jiangxi	55	73	5978	69914	45166
山 东	Shandong	175	292	24521	585967	350622
河 南	Henan	135	177	10040	101059	84413
湖 北	Hubei	99	124	10632	186522	192700
湖 南	Hunan	92	118	4837	66596	58281
广 东	Guangdong	388	546	120714	3309935	555420
广 西	Guangxi	50	59	1955	31227	29086
海 南	Hainan	13	17	607	10614	3977
重 庆	Chongqing	49	67	2447	38988	25563
四 川	Sichuan	62	84	18405	337238	219777
贵 州	Guizhou	43	49	4538	48136	228602
云 南	Yunnan	27	27	1528	26752	26678
西 藏	Tibet	1	1	35	264	385
陕 西	Shaanxi	67	110	10418	165376	132074
甘 肃	Gansu	16	18	1477	21539	24501
青 海	Qinghai	1	1	14	100	575
宁 夏	Ningxia	7	10	585	8178	6526
新 疆	Xinjiang	3	3	48	97	364

2-7-8 续表 1 continued

地 区	Region	#国有企业 State-owned Enterprises				
		有研发机构的企业数(个) Number of Enterprises with R&D Institutions (unit)	机构数(个) R&D Institutions (unit)	机构人员(人) Personnel (person)	机构经费支出(万元) Expenditures on S&T Institutions (10000 yuan)	#仪器设备 Equipment
全 国	**Total**	**108**	**191**	**22512**	**579946**	**435705**
东部地区	Eastern Region	49	89	9798	316143	122155
中部地区	Middle Region	23	39	6151	156150	156220
西部地区	Western Region	36	63	6563	107654	157329
北 京	Beijing	7	7	433	30790	4723
天 津	Tianjin	2	2	78	1478	5998
河 北	Hebei	4	8	1164	11565	13043
山 西	Shanxi					
内蒙古	Inner Mongolia	1	1	31	380	600
辽 宁	Liaoning	1	2	98	2421	2383
吉 林	Jilin					
黑龙江	Heilongjiang					
上 海	Shanghai	4	4	484	14968	11296
江 苏	Jiangsu	10	25	2849	35390	25718
浙 江	Zhejiang	4	5	223	3308	1927
安 徽	Anhui	5	5	493	15598	22370
福 建	Fujian	1	1	47	473	800
江 西	Jiangxi	7	10	535	5185	2460
山 东	Shandong	7	23	3721	204933	46093
河 南	Henan	2	2	531	4092	7716
湖 北	Hubei	7	20	4536	130358	122544
湖 南	Hunan	1	1	25	536	530
广 东	Guangdong	4	4	350	5979	4629
广 西	Guangxi	3	3	208	1707	4366
海 南	Hainan	2	5	143	3130	1179
重 庆	Chongqing	4	5	316	7828	5102
四 川	Sichuan	7	9	1423	19591	11941
贵 州	Guizhou	6	6	767	2629	83889
云 南	Yunnan	2	2	74	1148	1214
西 藏	Tibet					
陕 西	Shaanxi	15	39	3638	69932	45279
甘 肃	Gansu	1	1	325	6505	9860
青 海	Qinghai					
宁 夏	Ningxia					
新 疆	Xinjiang	1	1	20	21	44

地 区	Region	港澳台投资企业 Enterprises with Funds from Hong Kong, Macau and Taiwan				
		有研发机构的企业数（个）Number of Enterprises with R&D Institutions (unit)	机构数（个）R&D Institutions (unit)	机构人员（人）Personnel (person)	机构经费支出（万元）Expenditures on S&T Institutions (10000 yuan)	#仪器设备 Equipment
全 国	**Total**	**620**	**918**	**64866**	**1479250**	**880416**
东部地区	Eastern Region	566	857	61970	1435741	851496
中部地区	Middle Region	38	43	2126	29280	17225
西部地区	Western Region	16	18	770	14229	11695
北 京	Beijing	23	27	2104	127271	18682
天 津	Tianjin	8	13	876	25093	13119
河 北	Hebei	3	3	1195	21005	8814
山 西	Shanxi	1	1	27	346	277
内 蒙 古	Inner Mongolia	1	1	24	360	230
辽 宁	Liaoning	5	5	252	3391	1196
吉 林	Jilin	2	2	66	741	949
黑 龙 江	Heilongjiang	2	2	47	449	677
上 海	Shanghai	24	30	3103	133890	50860
江 苏	Jiangsu	146	187	12591	304483	171370
浙 江	Zhejiang	120	125	10137	242137	116352
安 徽	Anhui	7	10	174	4270	5086
福 建	Fujian	31	37	4205	139128	89985
江 西	Jiangxi	2	2	116	926	320
山 东	Shandong	8	10	383	15527	9787
河 南	Henan	6	6	383	7201	2615
湖 北	Hubei	7	8	605	5985	1898
湖 南	Hunan	10	11	684	9002	5173
广 东	Guangdong	191	413	26941	420549	367258
广 西	Guangxi	5	5	140	2221	3618
海 南	Hainan	2	2	43	1049	455
重 庆	Chongqing	6	8	245	4435	2885
四 川	Sichuan	2	2	133	467	1038
贵 州	Guizhou	2	2	74	433	43
云 南	Yunnan	5	5	205	6601	5692
西 藏	Tibet					
陕 西	Shaanxi					
甘 肃	Gansu					
青 海	Qinghai					
宁 夏	Ningxia	1	1	113	2293	2037
新 疆	Xinjiang					

2-7-8 续表 3 continued

地　区	Region	外商投资企业 Foreign Funded Enterprises				
		有研发机构的企业数（个）Number of Enterprises with R&D Institutions (unit)	机构数（个）R&D Institutions (unit)	机构人员（人）Personnel (person)	机构经费支出（万元）Expenditures on S&T Institutions (10000 yuan)	#仪器设备 Equipment
全　国	**Total**	**716**	**922**	**80760**	**2187918**	**1284429**
东部地区	Eastern Region	663	852	76575	2129212	1221841
中部地区	Middle Region	36	47	2356	34207	33842
西部地区	Western Region	17	23	1829	24499	28745
北　京	Beijing	41	57	4267	139856	79033
天　津	Tianjin	13	20	1373	33911	28804
河　北	Hebei	7	8	673	9401	13272
山　西	Shanxi	3	3	449	4241	3060
内蒙古	Inner Mongolia	1	1	18	9	107
辽　宁	Liaoning	9	10	422	6457	2155
吉　林	Jilin	1	1	30	111	2
黑龙江	Heilongjiang	3	8	437	11631	5617
上　海	Shanghai	58	76	12079	503662	258546
江　苏	Jiangsu	224	276	20032	560992	449870
浙　江	Zhejiang	125	143	8178	133987	62358
安　徽	Anhui	10	13	278	8448	6417
福　建	Fujian	29	44	7036	174499	118946
江　西	Jiangxi	2	2	103	313	182
山　东	Shandong	33	60	7739	246727	105187
河　南	Henan	5	7	585	4005	14344
湖　北	Hubei	7	8	270	3831	2116
湖　南	Hunan	4	4	186	1619	2000
广　东	Guangdong	118	152	14528	315814	101422
广　西	Guangxi	3	3	136	948	277
海　南	Hainan	3	3	112	2959	1974
重　庆	Chongqing	3	7	618	6668	5650
四　川	Sichuan	7	7	580	11591	8917
贵　州	Guizhou	1	2	183	952	1206
云　南	Yunnan	2	3	148	2787	6094
西　藏	Tibet					
陕　西	Shaanxi	4	4	300	2501	6878
甘　肃	Gansu					
青　海	Qinghai					
宁　夏	Ningxia					
新　疆	Xinjiang					

2-7-9 按地区和行业分高技术产业企业办研发机构情况(2011年)

R&D Institutions in High-tech Industry by Region and Industrial Sector (2011)

地区	Region	医药制造业 Medical and Pharmaceutical Products Manufacturing				
		有研发机构的企业数(个) Number of Enterprises with R&D Institutions (unit)	机构数(个) R&D Institutions (unit)	机构人员(人) Personnel (person)	机构经费支出(万元) Expenditures on S&T Institutions (10000 yuan)	#仪器设备 Equipment
全国	**Total**	**1472**	**1856**	**83959**	**1495647**	**1209896**
东部地区	Eastern Region	936	1213	57030	1159912	863209
中部地区	Middle Region	391	478	20041	214392	256309
西部地区	Western Region	145	165	6888	121343	90379
北京	Beijing	61	64	3181	65408	38826
天津	Tianjin	38	54	3649	45416	53107
河北	Hebei	35	43	3762	55845	43825
山西	Shanxi	14	14	1066	10625	12399
内蒙古	Inner Mongolia	12	15	383	6812	7299
辽宁	Liaoning	25	29	800	14116	11115
吉林	Jilin	42	43	2351	24972	40499
黑龙江	Heilongjiang	24	32	1551	21017	12264
上海	Shanghai	58	65	3173	91831	60060
江苏	Jiangsu	191	273	10729	241918	157981
浙江	Zhejiang	210	240	10535	188618	150285
安徽	Anhui	64	86	2588	26347	54889
福建	Fujian	42	46	1555	22375	27610
江西	Jiangxi	33	42	2252	26014	16157
山东	Shandong	109	180	11462	265770	215922
河南	Henan	77	95	4567	47686	37019
湖北	Hubei	62	75	3415	31589	43086
湖南	Hunan	63	76	1868	19331	32699
广东	Guangdong	106	151	5916	128339	73002
广西	Guangxi	44	50	1640	28686	26180
海南	Hainan	17	18	628	11592	5296
重庆	Chongqing	32	41	1408	25827	10474
四川	Sichuan	31	33	1119	26363	16945
贵州	Guizhou	13	17	850	13159	8981
云南	Yunnan	28	29	1524	30689	22685
西藏	Tibet	1	1	35	264	385
陕西	Shaanxi	19	20	755	7495	8764
甘肃	Gansu	10	10	550	9172	14681
青海	Qinghai	1	1	14	100	575
宁夏	Ningxia	7	10	585	8178	6526
新疆	Xinjiang	3	3	48	97	364

2-7-9 续表 1 continued

地区	Region	航空航天器制造业 Manufacture of Aircrafts and Spacecrafts				
		有研发机构的企业数（个）Number of Enterprises with R&D Institutions (unit)	机构数（个）R&D Institutions (unit)	机构人员（人）Personnel (person)	机构经费支出（万元）Expenditures on S&T Institutions (10000 yuan)	#仪器设备 Equipment
全国	**Total**	**83**	**120**	**25120**	**424456**	**523202**
东部地区	Eastern Region	28	43	7068	178126	89183
中部地区	Middle Region	11	14	6972	102955	115359
西部地区	Western Region	44	63	11080	143376	318661
北京	Beijing	4	6	746	36396	4801
天津	Tianjin	2	2	275	2356	6205
河北	Hebei	3	3	354	1659	2835
山西	Shanxi					
内蒙古	Inner Mongolia					
辽宁	Liaoning	3	6	3911	96188	45160
吉林	Jilin					
黑龙江	Heilongjiang	4	6	1533	13487	35303
上海	Shanghai	1	1	156	3675	2353
江苏	Jiangsu	10	20	1294	33195	27402
浙江	Zhejiang	2	2	64	372	191
安徽	Anhui	2	2	1126	19001	30495
福建	Fujian					
江西	Jiangxi	1	1	2016	28808	19866
山东	Shandong	2	2	23	264	175
河南	Henan	2	3	1319	12098	9931
湖北	Hubei	1	1	243	1993	5196
湖南	Hunan	1	1	735	27568	14568
广东	Guangdong	1	1	245	4021	63
广西	Guangxi					
海南	Hainan					
重庆	Chongqing					
四川	Sichuan	6	9	2609	35865	57119
贵州	Guizhou	16	18	2050	21167	158320
云南	Yunnan					
西藏	Tibet					
陕西	Shaanxi	20	34	6119	82231	98592
甘肃	Gansu	2	2	302	4112	4630
青海	Qinghai					
宁夏	Ningxia					
新疆	Xinjiang					

2-7-9 续表 2 continued

地　区	Region	电子及通信设备制造业 Manufacture of Electronic Equipment and Communication Equipment				
		有研发机构的企业数 (个) Number of Enterprises with R&D Institutions (unit)	机构数 (个) R&D Institutions (unit)	机构人员 (人) Personnel (person)	机构经费支出 (万元) Expenditures on S&T Institutions (10000 yuan)	#仪器设备 Equipment
全　国	**Total**	**1817**	**2507**	**271557**	**6518644**	**2967130**
东部地区	Eastern Region	1569	2157	235346	5904921	2499825
中部地区	Middle Region	169	225	15562	257718	217477
西部地区	Western Region	79	125	20649	356005	249828
北　京	Beijing	74	99	7589	190702	109334
天　津	Tianjin	30	40	3130	69953	101473
河　北	Hebei	14	15	446	4075	15553
山　西	Shanxi	4	7	140	2680	2322
内蒙古	Inner Mongolia	1	2	50	99	636
辽　宁	Liaoning	18	20	1449	18534	6259
吉　林	Jilin	4	6	780	5000	3015
黑龙江	Heilongjiang	2	2	45	195	520
上　海	Shanghai	73	91	13635	508828	290161
江　苏	Jiangsu	419	528	27667	574304	559818
浙　江	Zhejiang	356	392	18943	318384	209309
安　徽	Anhui	60	88	3273	49952	40873
福　建	Fujian	76	94	8210	200275	159580
江　西	Jiangxi	13	16	1098	7315	3881
山　东	Shandong	56	94	9956	303341	153469
河　南	Henan	27	33	2246	26573	17493
湖　北	Hubei	37	50	7347	157493	142388
湖　南	Hunan	21	21	583	8412	6349
广　东	Guangdong	444	769	143785	3709767	887627
广　西	Guangxi	8	11	402	3729	6134
海　南	Hainan	1	4	134	3030	1109
重　庆	Chongqing	10	17	474	4594	5457
四　川	Sichuan	31	48	15304	285774	154914
贵　州	Guizhou	14	14	1569	13608	60880
云　南	Yunnan	4	4	129	2151	2983
西　藏	Tibet					
陕　西	Shaanxi	19	39	2650	41656	20603
甘　肃	Gansu	1	3	523	8224	4991
青　海	Qinghai					
宁　夏	Ningxia					
新　疆	Xinjiang					

2-7-9 续表 3 continued

地 区	Region	电子计算机及办公设备制造业 Manufacture of Computer and Office Equipments				
		有研发机构的企业数 (个) Number of Enterprises with R&D Institutions (unit)	机构数 (个) R&D Institutions (unit)	机构人员 (人) Personnel (person)	机构经费支出 (万元) Expenditures on S&T Institutions (10000 yuan)	#仪器设备 Equipment
全 国	**Total**	**226**	**307**	**39781**	**1195404**	**446240**
东部地区	Eastern Region	208	280	36955	1167119	431460
中部地区	Middle Region	17	26	2667	26093	10708
西部地区	Western Region	1	1	159	2193	4072
北 京	Beijing	17	24	2373	143378	16656
天 津	Tianjin					
河 北	Hebei	3	3	222	2389	2188
山 西	Shanxi					
内 蒙 古	Inner Mongolia					
辽 宁	Liaoning	2	2	79	429	68
吉 林	Jilin					
黑 龙 江	Heilongjiang	1	1	187	428	23
上 海	Shanghai	7	9	763	87397	12715
江 苏	Jiangsu	43	51	7208	305538	153137
浙 江	Zhejiang	31	33	4821	137925	61121
安 徽	Anhui	3	3	1302	11507	2942
福 建	Fujian	19	31	6090	143194	74756
江 西	Jiangxi	2	5	105	3829	2508
山 东	Shandong	10	30	8914	246608	69079
河 南	Henan	3	4	162	3937	1723
湖 北	Hubei	4	5	154	793	1356
湖 南	Hunan	4	8	757	5600	2157
广 东	Guangdong	74	95	6450	99165	41472
广 西	Guangxi	2	2	35	1096	270
海 南	Hainan					
重 庆	Chongqing	1	1	159	2193	4072
四 川	Sichuan					
贵 州	Guizhou					
云 南	Yunnan					
西 藏	Tibet					
陕 西	Shaanxi					
甘 肃	Gansu					
青 海	Qinghai					
宁 夏	Ningxia					
新 疆	Xinjiang					

2-7-9 续表 4 continued

地区	Region	医疗设备及仪器仪表制造业 Manufacture of Medical Equipments and Measuring Instrument				
		有研发机构的企业数（个）Number of Enterprises with R&D Institutions (unit)	机构数（个）R&D Institutions (unit)	机构人员（人）Personnel (person)	机构经费支出（万元）Expenditures on S&T Institutions (10000 yuan)	#仪器设备 Equipment
全国	**Total**	**920**	**1151**	**55326**	**825972**	**488512**
东部地区	Eastern Region	774	953	44523	696279	378015
中部地区	Middle Region	106	141	7485	67215	67952
西部地区	Western Region	40	57	3318	62478	42545
北京	Beijing	54	63	3847	90732	32352
天津	Tianjin	12	17	657	11725	7529
河北	Hebei	10	14	943	5859	5251
山西	Shanxi	4	4	549	4258	2297
内蒙古	Inner Mongolia					
辽宁	Liaoning	13	20	615	7834	6055
吉林	Jilin	2	2	155	1394	485
黑龙江	Heilongjiang	9	9	485	4801	4511
上海	Shanghai	35	40	1908	41785	17657
江苏	Jiangsu	280	357	15696	238764	171794
浙江	Zhejiang	241	268	11914	150096	73826
安徽	Anhui	18	22	744	8824	7828
福建	Fujian	14	19	714	11355	14266
江西	Jiangxi	10	13	726	5188	3257
山东	Shandong	39	56	2288	32237	26951
河南	Henan	37	55	2714	21972	35207
湖北	Hubei	9	9	348	4472	4687
湖南	Hunan	17	27	1764	16306	9680
广东	Guangdong	72	95	5787	105007	21938
广西	Guangxi	4	4	154	884	397
海南	Hainan					
重庆	Chongqing	15	23	1269	17478	14094
四川	Sichuan	3	3	86	1294	754
贵州	Guizhou	3	4	326	1587	1671
云南	Yunnan	2	2	228	3300	12796
西藏	Tibet					
陕西	Shaanxi	13	21	1194	36495	10994
甘肃	Gansu	3	3	102	31	199
青海	Qinghai					
宁夏	Ningxia	1	1	113	2293	2037
新疆	Xinjiang					

固定资产投资情况
Statistics on Investment in Fixed Assets

3-1-1 高技术产业固定资产投资基本情况
Statistics on Investment in Fixed Assets in High-tech Industry

指 标	Indicator	2000	2005	2008	2009	2010	2011
施工项目个数（个）	Number of Projects under Construction (unit)	2734	7095	8534	9780	10723	13204
#新开工项目个数	Number of Projects Started This Year	1640	4460	4872	6220	7117	8447
全部建成或投产项目个数（个）	Number of Projects Completed and Put into Use (unit)	1282	3158	4290	5412	6011	7735
项目建成投产率（%）	Rate of Projects Completed and Put into Use (%)	46.89	44.51	50.27	55.34	56.06	58.58
投资额（亿元）	Investment (100 million yuan)	562.95	2144.00	4169.23	4882.24	6944.73	9468.46
新增固定资产（亿元）	Newly Increased Fixed Assets (100 million yuan)	421.02	1463.88	2574.17	3160.45	4450.41	6355.15
固定资产交付使用率（%）	Rate of Fixed Assets Put into Use (%)	74.79	68.28	61.74	64.73	64.08	67.12

注：2000年数据口径为投资额在50万元以上的基本建设项目和更新改造项目，2005年-2010年的数据口径为投资额在50万元以上的城镇项目，2011年的数据口径为投资额在500万元以上的全部项目。以下至3-1-12表相同。

3-1-2 制造业固定资产投资基本情况
Statistics on Investment in Fixed Assets in Manufacturing Industry

指 标	Indicator	2000	2005	2008	2009	2010	2011
施工项目个数（个）	Number of Projects under Construction (unit)	28463	90627	137959	159150	166930	205999
#新开工项目个数	Number of Projects Started This Year	19566	67686	95669	117443	123729	143906
全部建成或投产项目个数（个）	Number of Projects Completed and Put into Use (unit)	16803	49335	84324	103329	108811	135566
项目建成投产率（%）	Rate of Projects Completed and Put into Use (%)	59.03	54.44	61.10	64.93	65.18	65.81
投资额（亿元）	Investment (100 million yuan)	3279.26	20406.58	46368.30	58706.07	74485.17	102566.33
新增固定资产（亿元）	Newly Increased Fixed Assets (100 million yuan)	2689.27	13276.49	28335.21	40317.01	48870.51	70849.03
固定资产交付使用率（%）	Rate of Fixed Assets Put into Use (%)	82.01	65.06	61.10	68.68	65.61	69.08

3-1-3 分行业固定资产投资情况

Statistics on Investment in Fixed Assets in High-tech Industry by Industrial Sector

行 业	Industry	施工项目（个） Number of Projects under Construction (unit)					
		2000	2005	2008	2009	2010	2011
合 计	**Total**	**2734**	**7095**	**8534**	**9780**	**10723**	**13204**
医药制造业	**Manufacture of Medicines**	**1261**	**3201**	**3286**	**3922**	**4381**	**4741**
#化学药品制造	Manufacture of Chemical Medicine	727	1185	1114	1297	1321	1546
中成药制造	Manufacture of Finished Traditional Chinese Herbal Medicine	374	718	697	855	964	912
生物、生化制品的制造	Manufacture of Biological and Biochemical Chemical Products	120	405	548	596	715	740
航空航天器制造业	**Manufacture of Aircrafts and Spacecrafts**	**331**	**181**	**235**	**250**	**190**	**188**
1.飞机制造及修理	Manufacture and Repairing of Airplanes	274	159	201	207	144	137
2.航天器制造	Manufacture of Spacecrafts	57	22	34	33	32	51
电子及通信设备制造业	**Manufacture of Electronic Equipment and Communication Equipment**	**826**	**2524**	**3370**	**3687**	**4008**	**5470**
1.通信设备制造	Manufacture of Communication Equipment	159	394	436	501	592	678
#通信传输设备制造	Manufacture of Communication Transmitting Equipment	60	96	98	110	159	193
通信交换设备制造	Manufacture of Communication Exchanging Equipment	31	46	40	47	49	57
通信终端设备制造	Manufacture of Communication Terminal Equipment	36	49	58	53	58	70
2.雷达及配套设备制造	Manufacture of Radar and Its Fittings	32	28	21	32	23	31
3.广播电视设备制造	Manufacture of Broadcasting and TV Equipment	19	57	82	88	104	157
4.电子器件制造	Manufacture of Electronic Appliances	153	474	743	882	1008	1413
#电子真空器件制造	Manufacture of Electronic Vacuum Appliances	49	63	82	85	76	129
半导体分立器件制造	Manufacture of Semiconductor Discreting Appliances	57	54	100	120	122	154
集成电路制造	Manufacture of Integrate Circuit	47	139	168	176	207	233
5.电子元件制造	Manufacture of Electronic Components	291	1059	1453	1496	1549	2264
6.家用视听设备制造	Manufacture of Domestic TV Set and Radio Receiver	92	174	171	178	190	208
7.其他电子设备制造	Manufacture of Other Electronic Equipment	80	338	464	510	542	719
电子计算机及办公设备制造业	**Manufacture of Computers and Office Equipments**	**72**	**298**	**363**	**360**	**410**	**499**
1.电子计算机整机制造	Manufacture of Entired Computer	35	66	64	58	69	92
2.电子计算机外部设备制造	Manufacture of Computer Peripheral Equipment	32	184	259	201	229	357
3.办公设备制造	Manufacture of Office Equipment	5	48	40	40	40	50
医疗设备及仪器仪表制造业	**Manufacture of Medical Equipments and Measuring Instrument**	**244**	**891**	**1280**	**1561**	**1734**	**2306**
1.医疗设备及器械制造	Manufacture of Medical Equipment and Appliances	72	238	354	412	472	626
2.仪器仪表制造	Manufacture of Measuring Instrument	172	653	926	1149	1262	1680

3-1-3 续表 1 continued

行　业	Industry	新开工项目（个） Number of Projects Started This Year (unit)					
		2000	2005	2008	2009	2010	2011
合　计	**Total**	**1640**	**4460**	**4872**	**6220**	**7117**	**8447**
医药制造业	**Manufacture of Medicines**	**774**	**1983**	**1922**	**2635**	**3013**	**2977**
#化学药品制造	Manufacture of Chemical Medicine	450	720	600	834	857	906
中成药制造	Manufacture of Finished Traditional Chinese Herbal Medicine	237	446	435	578	666	566
生物、生化制品的制造	Manufacture of Biological and Biochemical Chemical Products	65	245	297	358	461	416
航空航天器制造业	**Manufacture of Aircrafts and Spacecrafts**	**196**	**68**	**87**	**131**	**80**	**86**
1.飞机制造及修理	Manufacture and Repairing of Airplanes	160	61	76	111	60	63
2.航天器制造	Manufacture of Spacecrafts	36	7	11	14	14	23
电子及通信设备制造业	**Manufacture of Electronic Equipment and Communication Equipment**	**481**	**1632**	**1903**	**2240**	**2588**	**3554**
1.通信设备制造	Manufacture of Communication Equipment	90	251	240	292	369	424
#通信传输设备制造	Manufacture of Communication Transmitting Equipment	33	51	66	68	102	130
通信交换设备制造	Manufacture of Communication Exchanging Equipment	15	31	16	26	36	36
通信终端设备制造	Manufacture of Communication Terminal Equipment	21	35	24	24	33	46
2.雷达及配套设备制造	Manufacture of Radar and Its Fittings	18	12	7	21	15	21
3.广播电视设备制造	Manufacture of Broadcasting and TV Equipment	13	40	49	55	70	100
4.电子器件制造	Manufacture of Electronic Appliances	73	284	396	514	630	867
#电子真空器件制造	Manufacture of Electronic Vacuum Appliances	27	36	51	52	48	90
半导体分立器件制造	Manufacture of Semiconductor Discreting Appliances	23	28	48	70	76	91
集成电路制造	Manufacture of Integrate Circuit	23	69	64	83	122	141
5.电子元件制造	Manufacture of Electronic Components	185	722	852	931	1039	1555
6.家用视听设备制造	Manufacture of Domestic TV Set and Radio Receiver	54	104	86	104	111	111
7.其他电子设备制造	Manufacture of Other Electronic Equipment	48	219	273	323	354	476
电子计算机及办公设备制造业	**Manufacture of Computers and Office Equipments**	**34**	**164**	**180**	**182**	**241**	**274**
1.电子计算机整机制造	Manufacture of Entired Computer	16	34	28	35	40	44
2.电子计算机外部设备制造	Manufacture of Computer Peripheral Equipment	15	97	131	102	137	202
3.办公设备制造	Manufacture of Office Equipment	3	33	21	18	22	28
医疗设备及仪器仪表制造业	**Manufacture of Medical Equipments and Measuring Instrument**	**155**	**613**	**780**	**1032**	**1195**	**1556**
1.医疗设备及器械制造	Manufacture of Medical Equipment and Appliances	42	165	202	267	330	414
2.仪器仪表制造	Manufacture of Measuring Instrument	113	448	578	765	865	1142

3-1-3 续表 2 continued

行 业	Industry	建成或投产项目（个） Number of Projects Completed and Put into Use (unit)					
		2000	2005	2008	2009	2010	2011
合 计	**Total**	**1282**	**3158**	**4290**	**5412**	**6011**	**7735**
医药制造业	**Manufacture of Medicines**	**602**	**1457**	**1664**	**2195**	**2508**	**2694**
#化学药品制造	Manufacture of Chemical Medicine	369	546	492	689	685	865
中成药制造	Manufacture of Finished Traditional Chinese Herbal Medicine	173	356	368	456	551	507
生物、生化制品的制造	Manufacture of Biological and Biochemical Chemical Products	38	132	261	307	370	391
航空航天器制造业	**Manufacture of Aircrafts and Spacecrafts**	**168**	**73**	**92**	**93**	**73**	**59**
1.飞机制造及修理	Manufacture and Repairing of Airplanes	155	64	87	74	57	37
2.航天器制造	Manufacture of Spacecrafts	13	9	5	16	9	22
电子及通信设备制造业	**Manufacture of Electronic Equipment and Communication Equipment**	**374**	**1111**	**1674**	**2001**	**2141**	**3247**
1.通信设备制造	Manufacture of Communication Equipment	64	166	206	255	310	374
#通信传输设备制造	Manufacture of Communication Transmitting Equipment	20	37	48	57	84	106
通信交换设备制造	Manufacture of Communication Exchanging Equipment	13	16	21	30	32	41
通信终端设备制造	Manufacture of Communication Terminal Equipment	19	26	24	27	27	38
2.雷达及配套设备制造	Manufacture of Radar and Its Fittings	15	8	7	21	9	16
3.广播电视设备制造	Manufacture of Broadcasting and TV Equipment	11	21	42	45	53	89
4.电子器件制造	Manufacture of Electronic Appliances	65	195	350	441	493	755
#电子真空器件制造	Manufacture of Electronic Vacuum Appliances	23	24	48	48	44	81
半导体分立器件制造	Manufacture of Semiconductor Discreting Appliances	27	25	42	63	56	76
集成电路制造	Manufacture of Integrate Circuit	15	47	72	83	101	129
5.电子元件制造	Manufacture of Electronic Components	139	502	761	883	902	1445
6.家用视听设备制造	Manufacture of Domestic TV Set and Radio Receiver	45	64	75	80	97	131
7.其他电子设备制造	Manufacture of Other Electronic Equipment	35	155	233	276	277	437
电子计算机及办公设备制造业	**Manufacture of Computers and Office Equipments**	**32**	**118**	**184**	**178**	**217**	**258**
1.电子计算机整机制造	Manufacture of Entired Computer	12	25	33	26	30	46
2.电子计算机外部设备制造	Manufacture of Computer Peripheral Equipment	18	68	129	104	122	180
3.办公设备制造	Manufacture of Office Equipment	2	25	22	20	20	32
医疗设备及仪器仪表制造业	**Manufacture of Medical Equipments and Measuring Instrument**	**106**	**399**	**676**	**945**	**1072**	**1477**
1.医疗设备及器械制造	Manufacture of Medical Equipment and Appliances	27	109	190	232	273	406
2.仪器仪表制造	Manufacture of Measuring Instrument	79	290	486	713	799	1071

3-1-3 续表 3 continued

行 业	Industry	项目建成投产率 (%) Rate of Projects Completed and Put into Use (%)					
		2000	2005	2008	2009	2010	2011
合 计	**Total**	**46.89**	**44.51**	**50.27**	**55.34**	**56.06**	**58.58**
医药制造业	**Manufacture of Medicines**	**47.74**	**45.52**	**50.64**	**55.97**	**57.25**	**56.82**
#化学药品制造	Manufacture of Chemical Medicine	50.76	46.08	44.17	53.12	51.85	55.95
中成药制造	Manufacture of Finished Traditional Chinese Herbal Medicine	46.26	49.58	52.80	53.33	57.16	55.59
生物、生化制品的制造	Manufacture of Biological and Biochemical Chemical Products	31.67	32.59	47.63	51.51	51.75	52.84
航空航天器制造业	**Manufacture of Aircrafts and Spacecrafts**	**50.76**	**40.33**	**39.15**	**37.20**	**38.42**	**31.38**
1.飞机制造及修理	Manufacture and Repairing of Airplanes	56.57	40.25	43.28	35.75	39.58	27.01
2.航天器制造	Manufacture of Spacecrafts	22.81	40.91	14.71	48.48	28.13	43.14
电子及通信设备制造业	**Manufacture of Electronic Equipment and Communication Equipment**	**45.28**	**44.02**	**49.67**	**54.27**	**53.42**	**59.36**
1.通信设备制造	Manufacture of Communication Equipment	40.25	42.13	47.25	50.90	52.36	55.16
#通信传输设备制造	Manufacture of Communication Transmitting Equipment	33.33	38.54	48.98	51.82	52.83	54.92
通信交换设备制造	Manufacture of Communication Exchanging Equipment	41.94	34.78	52.50	63.83	65.31	71.93
通信终端设备制造	Manufacture of Communication Terminal Equipment	52.78	53.06	41.38	50.94	46.55	54.29
2.雷达及配套设备制造	Manufacture of Radar and Its Fittings	46.88	28.57	33.33	65.63	39.13	51.61
3.广播电视设备制造	Manufacture of Broadcasting and TV Equipment	57.89	36.84	51.22	51.14	50.96	56.69
4.电子器件制造	Manufacture of Electronic Appliances	42.48	41.14	47.11	50.00	48.91	53.43
#电子真空器件制造	Manufacture of Electronic Vacuum Appliances	46.94	38.10	58.54	56.47	57.89	62.79
半导体分立器件制造	Manufacture of Semiconductor Discreting Appliances	47.37	46.30	42.00	52.50	45.90	49.35
集成电路制造	Manufacture of Integrate Circuit	31.91	33.81	42.86	47.16	48.79	55.36
5.电子元件制造	Manufacture of Electronic Components	47.77	47.40	52.37	59.02	58.23	63.83
6.家用视听设备制造	Manufacture of Domestic TV Set and Radio Receiver	48.91	36.78	43.86	44.94	51.05	62.98
7.其他电子设备制造	Manufacture of Other Electronic Equipment	43.75	45.86	50.22	54.12	51.11	60.78
电子计算机及办公设备制造业	**Manufacture of Computers and Office Equipments**	**44.44**	**39.60**	**50.69**	**49.44**	**52.93**	**51.70**
1.电子计算机整机制造	Manufacture of Entired Computer	34.29	37.88	51.56	44.83	43.48	50.00
2.电子计算机外部设备制造	Manufacture of Computer Peripheral Equipment	56.25	36.96	49.81	51.74	53.28	50.42
3.办公设备制造	Manufacture of Office Equipment	40.00	52.08	55.00	50.00	50.00	64.00
医疗设备及仪器仪表制造业	**Manufacture of Medical Equipments and Measuring Instrument**	**43.44**	**44.78**	**52.81**	**60.54**	**61.82**	**64.05**
1.医疗设备及器械制造	Manufacture of Medical Equipment and Appliances	37.50	45.80	53.67	56.31	57.84	64.86
2.仪器仪表制造	Manufacture of Measuring Instrument	45.93	44.41	52.48	62.05	63.31	63.75

3-1-3 续表 4 continued

行 业	Industry	投资额(亿元) Investment (100 million yuan)					
		2000	2005	2008	2009	2010	2011
合 计	**Total**	**562.95**	**2144.09**	**4169.23**	**4882.24**	**6944.73**	**9468.46**
医药制造业	**Manufacture of Medicines**	**133.62**	**696.05**	**1073.18**	**1454.29**	**1941.56**	**2648.93**
#化学药品制造	Manufacture of Chemical Medicine	81.50	289.30	410.80	543.61	730.78	1002.22
中成药制造	Manufacture of Finished Traditional Chinese Herbal Medicine	27.40	140.52	198.28	292.04	372.99	482.46
生物、生化制品的制造	Manufacture of Biological and Biochemical Chemical Products	20.74	116.50	209.82	262.19	368.71	488.02
航空航天器制造业	**Manufacture of Aircrafts and Spacecrafts**	**43.23**	**69.99**	**159.31**	**186.15**	**262.60**	**258.13**
1.飞机制造及修理	Manufacture and Repairing of Airplanes	31.70	64.20	137.73	157.85	215.98	190.16
2.航天器制造	Manufacture of Spacecrafts	11.52	5.78	21.58	22.80	34.87	67.97
电子及通信设备制造业	**Manufacture of Electronic Equipment and Communication Equipment**	**335.98**	**1062.99**	**2198.28**	**2344.33**	**3320.21**	**4521.94**
1.通信设备制造	Manufacture of Communication Equipment	55.36	139.89	275.46	345.26	441.31	540.67
#通信传输设备制造	Manufacture of Communication Transmitting Equipment	24.74	19.13	44.29	80.83	134.04	112.69
通信交换设备制造	Manufacture of Communication Exchanging Equipment	10.30	13.83	14.99	20.77	25.81	27.02
通信终端设备制造	Manufacture of Communication Terminal Equipment	8.37	16.02	32.24	20.00	33.43	59.83
2.雷达及配套设备制造	Manufacture of Radar and Its Fittings	3.04	8.86	17.06	13.58	24.16	38.66
3.广播电视设备制造	Manufacture of Broadcasting and TV Equipment	2.06	9.96	32.83	37.99	55.02	94.90
4.电子器件制造	Manufacture of Electronic Appliances	159.65	399.08	949.11	969.05	1508.29	2016.23
#电子真空器件制造	Manufacture of Electronic Vacuum Appliances	67.89	17.48	34.98	50.65	43.59	92.34
半导体分立器件制造	Manufacture of Semiconductor Discreting Appliances	10.11	56.18	87.01	82.60	129.40	207.35
集成电路制造	Manufacture of Integrate Circuit	81.65	195.44	458.12	359.25	489.29	306.18
5.电子元件制造	Manufacture of Electronic Components	70.93	345.87	638.25	611.53	815.30	1181.61
6.家用视听设备制造	Manufacture of Domestic TV Set and Radio Receiver	32.25	70.19	115.75	117.03	146.68	132.94
7.其他电子设备制造	Manufacture of Other Electronic Equipment	12.69	89.14	169.82	249.90	329.45	516.93
电子计算机及办公设备制造业	**Manufacture of Computers and Office Equipments**	**26.17**	**168.14**	**285.24**	**311.17**	**590.00**	**763.64**
1.电子计算机整机制造	Manufacture of Entired Computer	12.41	49.66	76.25	61.36	116.59	346.83
2.电子计算机外部设备制造	Manufacture of Computer Peripheral Equipment	13.51	102.91	187.08	176.36	386.99	390.20
3.办公设备制造	Manufacture of Office Equipment	0.25	15.57	21.91	31.88	22.04	26.61
医疗设备及仪器仪表制造业	**Manufacture of Medical Equipments and Measuring Instrument**	**23.95**	**146.92**	**453.22**	**586.30**	**830.37**	**1275.81**
1.医疗设备及器械制造	Manufacture of Medical Equipment and Appliances	8.90	38.83	108.73	147.54	209.68	330.80
2.仪器仪表制造	Manufacture of Measuring Instrument	15.05	108.09	344.49	438.76	620.69	945.01

3-1-3 续表 5 continued

行 业	Industry	新增固定资产（亿元） Newly Increased Fixed Assets (100 million yuan)					
		2000	2005	2008	2009	2010	2011
合 计	**Total**	**421.02**	**1463.88**	**2574.17**	**3160.45**	**4450.41**	**6355.15**
医药制造业	**Manufacture of Medicines**	**105.05**	**442.20**	**646.11**	**950.84**	**1154.92**	**1671.45**
#化学药品制造	Manufacture of Chemical Medicine	65.94	188.69	229.00	342.09	393.65	621.76
中成药制造	Manufacture of Finished Traditional Chinese Herbal Medicine	19.32	96.50	126.92	184.13	226.14	349.69
生物、生化制品的制造	Manufacture of Biological and Biochemical Chemical Products	16.21	55.68	115.87	166.32	192.74	260.45
航空航天器制造业	**Manufacture of Aircrafts and Spacecrafts**	**34.44**	**43.73**	**43.59**	**58.72**	**211.01**	**79.42**
1.飞机制造及修理	Manufacture and Repairing of Airplanes	29.01	40.09	38.27	51.77	179.36	46.53
2.航天器制造	Manufacture of Spacecrafts	5.43	3.64	5.32	4.64	12.59	32.89
电子及通信设备制造业	**Manufacture of Electronic Equipment and Communication Equipment**	**239.78**	**742.71**	**1404.21**	**1541.03**	**1959.27**	**3076.57**
1.通信设备制造	Manufacture of Communication Equipment	45.83	73.54	150.46	171.26	262.06	407.86
#通信传输设备制造	Manufacture of Communication Transmitting Equipment	18.25	7.86	24.69	36.98	81.29	88.39
通信交换设备制造	Manufacture of Communication Exchanging Equipment	9.25	6.70	12.96	18.93	18.15	27.62
通信终端设备制造	Manufacture of Communication Terminal Equipment	7.94	10.92	22.84	12.87	30.37	25.86
2.雷达及配套设备制造	Manufacture of Radar and Its Fittings	2.17	1.35	4.36	10.19	37.69	22.18
3.广播电视设备制造	Manufacture of Broadcasting and TV Equipment	2.06	10.06	22.75	19.41	21.47	50.13
4.电子器件制造	Manufacture of Electronic Appliances	99.07	304.49	656.95	656.16	599.66	1359.97
#电子真空器件制造	Manufacture of Electronic Vacuum Appliances	45.46	12.09	25.21	29.26	28.52	60.32
半导体分立器件制造	Manufacture of Semiconductor Discreting Appliances	9.40	19.59	53.50	49.53	52.26	103.29
集成电路制造	Manufacture of Integrate Circuit	44.21	129.03	334.07	290.99	142.15	307.24
5.电子元件制造	Manufacture of Electronic Components	52.12	240.71	417.42	508.33	594.25	865.99
6.家用视听设备制造	Manufacture of Domestic TV Set and Radio Receiver	28.42	40.98	60.37	59.16	76.10	105.39
7.其他电子设备制造	Manufacture of Other Electronic Equipment	10.12	71.59	91.90	116.51	368.05	265.03
电子计算机及办公设备制造业	**Manufacture of Computers and Office Equipments**	**22.81**	**140.51**	**202.90**	**214.61**	**492.98**	**580.70**
1.电子计算机整机制造	Manufacture of Entired Computer	9.43	33.44	29.94	25.09	47.20	235.05
2.电子计算机外部设备制造	Manufacture of Computer Peripheral Equipment	13.25	92.44	156.23	126.71	406.92	327.41
3.办公设备制造	Manufacture of Office Equipment	0.13	14.62	16.73	15.69	13.21	18.24
医疗设备及仪器仪表制造业	**Manufacture of Medical Equipments and Measuring Instrument**	**18.94**	**94.73**	**277.36**	**395.25**	**632.24**	**947.01**
1.医疗设备及器械制造	Manufacture of Medical Equipment and Appliances	8.54	25.39	75.51	100.79	132.09	220.56
2.仪器仪表制造	Manufacture of Measuring Instrument	10.40	69.34	201.85	294.46	500.15	726.45

3-1-3 续表 6 continued

行 业	Industry	固定资产交付使用率 (%) Rate of Fixed Assets Put into Use (%)					
		2000	2005	2008	2009	2010	2011
合 计	**Total**	**74.79**	**68.28**	**61.74**	**64.73**	**64.08**	**67.12**
医药制造业	**Manufacture of Medicines**	**78.62**	**63.53**	**60.21**	**65.38**	**59.48**	**63.10**
#化学药品制造	Manufacture of Chemical Medicine	80.90	65.22	55.74	62.93	53.87	62.04
中成药制造	Manufacture of Finished Traditional Chinese Herbal Medicine	70.50	68.67	64.01	63.05	60.63	72.48
生物、生化制品的制造	Manufacture of Biological and Biochemical Chemical Products	78.14	47.79	55.22	63.44	52.27	53.37
航空航天器制造业	**Manufacture of Aircrafts and Spacecrafts**	**79.67**	**62.48**	**27.36**	**31.54**	**80.35**	**30.77**
1.飞机制造及修理	Manufacture and Repairing of Airplanes	91.51	62.45	27.79	32.80	83.04	24.47
2.航天器制造	Manufacture of Spacecrafts	47.10	62.98	24.65	20.34	36.12	48.39
电子及通信设备制造业	**Manufacture of Electronic Equipment and Communication Equipment**	**71.37**	**69.87**	**63.88**	**65.73**	**59.01**	**68.04**
1.通信设备制造	Manufacture of Communication Equipment	82.78	52.57	54.62	49.60	59.38	75.44
#通信传输设备制造	Manufacture of Communication Transmitting Equipment	73.78	41.09	55.75	45.75	60.65	78.44
通信交换设备制造	Manufacture of Communication Exchanging Equipment	89.86	48.45	86.46	91.10	70.33	102.22
通信终端设备制造	Manufacture of Communication Terminal Equipment	94.90	68.16	70.84	64.32	90.83	43.22
2.雷达及配套设备制造	Manufacture of Radar and Its Fittings	71.22	15.24	25.56	75.02	156.02	57.37
3.广播电视设备制造	Manufacture of Broadcasting and TV Equipment	100.00	101.00	69.30	51.11	39.03	52.82
4.电子器件制造	Manufacture of Electronic Appliances	62.06	76.30	69.22	67.71	39.76	67.45
#电子真空器件制造	Manufacture of Electronic Vacuum Appliances	66.96	69.16	72.07	57.78	65.44	65.32
半导体分立器件制造	Manufacture of Semiconductor Discreting Appliances	93.00	34.87	61.49	59.97	40.39	49.81
集成电路制造	Manufacture of Integrate Circuit	54.15	66.02	72.92	81.00	29.05	100.35
5.电子元件制造	Manufacture of Electronic Components	73.47	69.60	65.40	83.12	72.89	73.29
6.家用视听设备制造	Manufacture of Domestic TV Set and Radio Receiver	88.12	58.38	52.16	50.56	51.88	79.28
7.其他电子设备制造	Manufacture of Other Electronic Equipment	79.76	80.31	54.12	46.62	111.72	51.27
电子计算机及办公设备制造业	**Manufacture of Computers and Office Equipments**	**87.14**	**83.57**	**71.13**	**68.97**	**83.56**	**76.04**
1.电子计算机整机制造	Manufacture of Entired Computer	75.99	67.34	39.27	40.89	40.48	67.77
2.电子计算机外部设备制造	Manufacture of Computer Peripheral Equipment	98.08	89.83	83.51	71.85	105.15	83.91
3.办公设备制造	Manufacture of Office Equipment	49.78	93.90	76.36	49.23	59.95	68.55
医疗设备及仪器仪表制造业	**Manufacture of Medical Equipments and Measuring Instrument**	**79.08**	**64.48**	**61.20**	**67.41**	**76.14**	**74.23**
1.医疗设备及器械制造	Manufacture of Medical Equipment and Appliances	95.94	65.39	69.45	68.31	63.00	66.67
2.仪器仪表制造	Manufacture of Measuring Instrument	69.11	64.15	58.59	67.11	80.58	76.87

3-1-4 国有及国有控股企业固定资产投资情况

Statistics on Investment in Fixed Assets in State-owned and State-controlled Enterprises by Industrial Sector

行　业	Industry	施工项目（个） Number of Projects under Construction (unit)					
		2000	2005	2008	2009	2010	2011
合　计	**Total**	**1321**	**1285**	**1073**	**1158**	**1167**	**1065**
医药制造业	**Manufacture of Medicines**	**478**	**553**	**308**	**331**	**336**	**292**
#化学药品制造	Manufacture of Chemical Medicine	310	269	134	139	152	124
中成药制造	Manufacture of Finished Traditional Chinese Herbal Medicine	131	115	64	77	64	58
生物、生化制品的制造	Manufacture of Biological and Biochemical Chemical Products	29	65	48	50	54	47
航空航天器制造业	**Manufacture of Aircrafts and Spacecrafts**	**328**	**169**	**195**	**203**	**144**	**124**
1.飞机制造及修理	Manufacture and Repairing of Airplanes	273	148	169	173	115	101
2.航天器制造	Manufacture of Spacecrafts	55	21	26	26	24	23
电子及通信设备制造业	**Manufacture of Electronic Equipment and Communication Equipment**	**363**	**369**	**413**	**448**	**490**	**453**
1.通信设备制造	Manufacture of Communication Equipment	74	103	89	123	133	101
#通信传输设备制造	Manufacture of Communication Transmitting Equipment	33	43	23	26	28	24
通信交换设备制造	Manufacture of Communication Exchanging Equipment	17	12	16	17	22	11
通信终端设备制造	Manufacture of Communication Terminal Equipment	11	10	14	25	13	11
2.雷达及配套设备制造	Manufacture of Radar and Its Fittings	27	22	14	15	15	17
3.广播电视设备制造	Manufacture of Broadcasting and TV Equipment	13	18	15	12	19	18
4.电子器件制造	Manufacture of Electronic Appliances	67	84	104	121	132	128
#电子真空器件制造	Manufacture of Electronic Vacuum Appliances	19	21	18	12	9	11
半导体分立器件制造	Manufacture of Semiconductor Discreting Appliances	35	13	13	24	18	14
集成电路制造	Manufacture of Integrate Circuit	13	19	15	29	37	32
5.电子元件制造	Manufacture of Electronic Components	111	91	122	107	116	114
6.家用视听设备制造	Manufacture of Domestic TV Set and Radio Receiver	39	31	30	27	20	16
7.其他电子设备制造	Manufacture of Other Electronic Equipment	32	20	39	43	55	59
电子计算机及办公设备制造业	**Manufacture of Computers and Office Equipments**	**19**	**41**	**52**	**59**	**55**	**56**
1.电子计算机整机制造	Manufacture of Entired Computer	16	11	13	16	14	24
2.电子计算机外部设备制造	Manufacture of Computer Peripheral Equipment		26	34	23	24	29
3.办公设备制造	Manufacture of Office Equipment	3	4	5	5	4	3
医疗设备及仪器仪表制造业	**Manufacture of Medical Equipments and Measuring Instrument**	**133**	**153**	**105**	**117**	**142**	**140**
1.医疗设备及器械制造	Manufacture of Medical Equipment and Appliances	27	16	14	21	33	24
2.仪器仪表制造	Manufacture of Measuring Instrument	106	137	91	96	109	116

3-1-4 续表 1 continued

行 业	Industry	新开工项目（个） Number of Projects Started This Year (unit)					
		2000	2005	2008	2009	2010	2011
合 计	**Total**	**803**	**636**	**533**	**636**	**605**	**514**
医药制造业	**Manufacture of Medicines**	**311**	**303**	**152**	**199**	**208**	**153**
#化学药品制造	Manufacture of Chemical Medicine	200	152	70	82	95	59
中成药制造	Manufacture of Finished Traditional Chinese Herbal Medicine	92	60	33	49	40	31
生物、生化制品的制造	Manufacture of Biological and Biochemical Chemical Products	13	39	21	27	31	23
航空航天器制造业	**Manufacture of Aircrafts and Spacecrafts**	**194**	**60**	**66**	**103**	**53**	**48**
1.飞机制造及修理	Manufacture and Repairing of Airplanes	160	54	59	94	45	41
2.航天器制造	Manufacture of Spacecrafts	34	6	7	8	7	7
电子及通信设备制造业	**Manufacture of Electronic Equipment and Communication Equipment**	**212**	**181**	**230**	**251**	**249**	**225**
1.通信设备制造	Manufacture of Communication Equipment	41	52	49	78	79	57
#通信传输设备制造	Manufacture of Communication Transmitting Equipment	18	15	16	15	12	12
通信交换设备制造	Manufacture of Communication Exchanging Equipment	9	6	5	12	18	7
通信终端设备制造	Manufacture of Communication Terminal Equipment	5	9	5	16	6	8
2.雷达及配套设备制造	Manufacture of Radar and Its Fittings	14	7	5	9	7	11
3.广播电视设备制造	Manufacture of Broadcasting and TV Equipment	8	14	11	8	14	12
4.电子器件制造	Manufacture of Electronic Appliances	34	36	55	62	62	63
#电子真空器件制造	Manufacture of Electronic Vacuum Appliances	11	6	11	3	4	7
半导体分立器件制造	Manufacture of Semiconductor Discreting Appliances	14	6	6	12	8	7
集成电路制造	Manufacture of Integrate Circuit	9	8	6	14	16	15
5.电子元件制造	Manufacture of Electronic Components	73	52	76	62	59	48
6.家用视听设备制造	Manufacture of Domestic TV Set and Radio Receiver	23	12	10	15	8	5
7.其他电子设备制造	Manufacture of Other Electronic Equipment	19	8	24	17	20	29
电子计算机及办公设备制造业	**Manufacture of Computers and Office Equipments**	**7**	**12**	**27**	**25**	**23**	**13**
1.电子计算机整机制造	Manufacture of Entired Computer	6	4	4	11	5	2
2.电子计算机外部设备制造	Manufacture of Computer Peripheral Equipment		7	22	10	12	11
3.办公设备制造	Manufacture of Office Equipment	1	1	1	1		
医疗设备及仪器仪表制造业	**Manufacture of Medical Equipments and Measuring Instrument**	**79**	**80**	**58**	**58**	**72**	**75**
1.医疗设备及器械制造	Manufacture of Medical Equipment and Appliances	12	10	7	10	15	13
2.仪器仪表制造	Manufacture of Measuring Instrument	67	70	51	48	57	62

3-1-4 续表 2 continued

行业	Industry	建成或投产项目（个）Number of Projects Completed and Put into Use (unit)					
		2000	2005	2008	2009	2010	2011
合 计	**Total**	**627**	**503**	**486**	**526**	**522**	**441**
医药制造业	**Manufacture of Medicines**	**233**	**260**	**136**	**171**	**159**	**146**
#化学药品制造	Manufacture of Chemical Medicine	148	128	57	68	73	59
中成药制造	Manufacture of Finished Traditional Chinese Herbal Medicine	70	60	34	39	31	28
生物、生化制品的制造	Manufacture of Biological and Biochemical Chemical Products	9	23	20	20	26	21
航空航天器制造业	**Manufacture of Aircrafts and Spacecrafts**	**167**	**68**	**78**	**74**	**50**	**30**
1.飞机制造及修理	Manufacture and Repairing of Airplanes	155	60	76	63	42	21
2.航天器制造	Manufacture of Spacecrafts	12	8	2	11	4	9
电子及通信设备制造业	**Manufacture of Electronic Equipment and Communication Equipment**	**159**	**128**	**205**	**205**	**230**	**182**
1.通信设备制造	Manufacture of Communication Equipment	29	43	44	65	71	46
#通信传输设备制造	Manufacture of Communication Transmitting Equipment	11	19	14	10	12	9
通信交换设备制造	Manufacture of Communication Exchanging Equipment	5	5	11	13	18	6
通信终端设备制造	Manufacture of Communication Terminal Equipment	7	4	6	15	7	4
2.雷达及配套设备制造	Manufacture of Radar and Its Fittings	11	6	5	6	6	7
3.广播电视设备制造	Manufacture of Broadcasting and TV Equipment	9	8	8	6	11	11
4.电子器件制造	Manufacture of Electronic Appliances	27	24	46	48	57	43
#电子真空器件制造	Manufacture of Electronic Vacuum Appliances	7	4	8	4	5	6
半导体分立器件制造	Manufacture of Semiconductor Discreting Appliances	17	2	2	13	7	4
集成电路制造	Manufacture of Integrate Circuit	3	5	7	10	14	11
5.电子元件制造	Manufacture of Electronic Components	52	34	73	49	56	42
6.家用视听设备制造	Manufacture of Domestic TV Set and Radio Receiver	18	8	13	13	10	7
7.其他电子设备制造	Manufacture of Other Electronic Equipment	13	5	16	18	19	26
电子计算机及办公设备制造业	**Manufacture of Computers and Office Equipments**	**9**	**5**	**21**	**30**	**24**	**26**
1.电子计算机整机制造	Manufacture of Entired Computer	7	2	9	4	6	14
2.电子计算机外部设备制造	Manufacture of Computer Peripheral Equipment		1	12	15	9	11
3.办公设备制造	Manufacture of Office Equipment	2	2		1	2	1
医疗设备及仪器仪表制造业	**Manufacture of Medical Equipments and Measuring Instrument**	**59**	**42**	**46**	**46**	**59**	**57**
1.医疗设备及器械制造	Manufacture of Medical Equipment and Appliances	10	7	4	4	15	10
2.仪器仪表制造	Manufacture of Measuring Instrument	49	35	42	42	44	47

3-1-4 续表 3 continued

行业	Industry	项目建成投产率 (%) Rate of Projects Completed and Put into Use (%)					
		2000	2005	2008	2009	2010	2011
合 计	**Total**	**47.46**	**39.14**	**45.29**	**45.42**	**44.73**	**41.41**
医药制造业	**Manufacture of Medicines**	**48.74**	**47.02**	**44.16**	**51.66**	**47.32**	**50**
#化学药品制造	Manufacture of Chemical Medicine	47.74	47.58	42.54	48.92	48.03	47.58
中成药制造	Manufacture of Finished Traditional Chinese Herbal Medicine	53.44	52.17	53.13	50.65	48.44	48.28
生物、生化制品的制造	Manufacture of Biological and Biochemical Chemical Products	31.03	35.38	41.67	40.00	48.15	44.68
航空航天器制造业	**Manufacture of Aircrafts and Spacecrafts**	**50.91**	**40.24**	**40.00**	**36.45**	**34.72**	**24.19**
1.飞机制造及修理	Manufacture and Repairing of Airplanes	56.78	40.54	44.97	36.42	36.52	20.79
2.航天器制造	Manufacture of Spacecrafts	21.82	38.10	7.69	42.31	16.67	39.13
电子及通信设备制造业	**Manufacture of Electronic Equipment and Communication Equipment**	**43.80**	**34.69**	**49.64**	**45.76**	**46.94**	**40.18**
1.通信设备制造	Manufacture of Communication Equipment	39.19	41.75	49.44	52.85	53.38	45.54
#通信传输设备制造	Manufacture of Communication Transmitting Equipment	33.33	44.19	60.87	38.46	42.86	37.5
通信交换设备制造	Manufacture of Communication Exchanging Equipment	29.41	41.67	68.75	76.47	81.82	54.55
通信终端设备制造	Manufacture of Communication Terminal Equipment	63.64	40.00	42.86	60.00	53.85	36.36
2.雷达及配套设备制造	Manufacture of Radar and Its Fittings	40.74	27.27	35.71	40.00	40	41.18
3.广播电视设备制造	Manufacture of Broadcasting and TV Equipment	69.23	44.44	53.33	50.00	57.89	61.11
4.电子器件制造	Manufacture of Electronic Appliances	40.30	28.57	44.23	39.67	43.18	33.59
#电子真空器件制造	Manufacture of Electronic Vacuum Appliances	36.84	19.05	44.44	33.33	55.56	54.55
半导体分立器件制造	Manufacture of Semiconductor Discreting Appliances	48.57	15.38	15.38	54.17	38.89	28.57
集成电路制造	Manufacture of Integrate Circuit	23.08	26.32	46.67	34.48	37.84	34.38
5.电子元件制造	Manufacture of Electronic Components	46.85	37.36	59.84	45.79	48.28	36.84
6.家用视听设备制造	Manufacture of Domestic TV Set and Radio Receiver	46.15	25.81	43.33	48.15	50	43.75
7.其他电子设备制造	Manufacture of Other Electronic Equipment	40.63	25.00	41.03	41.86	34.55	44.07
电子计算机及办公设备制造业	**Manufacture of Computers and Office Equipments**	**47.37**	**12.20**	**40.38**	**50.85**	**43.64**	**46.43**
1.电子计算机整机制造	Manufacture of Entired Computer	43.75	18.18	69.23	25.00	42.86	58.33
2.电子计算机外部设备制造	Manufacture of Computer Peripheral Equipment		3.85	35.29	65.22	37.5	37.93
3.办公设备制造	Manufacture of Office Equipment	66.67	50.00		20.00	50	33.33
医疗设备及仪器仪表制造业	**Manufacture of Medical Equipments and Measuring Instrument**	**44.36**	**27.45**	**43.81**	**39.32**	**41.55**	**40.71**
1.医疗设备及器械制造	Manufacture of Medical Equipment and Appliances	37.04	43.75	28.57	19.05	45.45	41.67
2.仪器仪表制造	Manufacture of Measuring Instrument	46.23	25.55	46.15	43.75	40.37	40.52

3-1-4 续表 4 continued

行 业	Industry	投资额（亿元） Investment (100 million yuan)					
		2000	2005	2008	2009	2010	2011
合 计	**Total**	**168.44**	**380.71**	**624.09**	**770.91**	**1356.36**	**1627.06**
医药制造业	**Manufacture of Medicines**	**39.66**	**137.69**	**126.24**	**121.92**	**171.95**	**218.63**
#化学药品制造	Manufacture of Chemical Medicine	28.85	61.14	59.63	47.56	96.69	119.55
中成药制造	Manufacture of Finished Traditional Chinese Herbal Medicine	7.12	20.29	16.04	26.12	24.81	24.63
生物、生化制品的制造	Manufacture of Biological and Biochemical Chemical Products	3.25	30.03	27.70	25.27	29.87	46.56
航空航天器制造业	**Manufacture of Aircrafts and Spacecrafts**	**41.21**	**67.20**	**101.80**	**139.88**	**213.55**	**208.04**
1.飞机制造及修理	Manufacture and Repairing of Airplanes	30.33	61.46	84.00	115.81	174.12	158.91
2.航天器制造	Manufacture of Spacecrafts	10.89	5.74	17.79	19.99	32.75	49.14
电子及通信设备制造业	**Manufacture of Electronic Equipment and Communication Equipment**	**71.98**	**150.31**	**298.75**	**383.76**	**694.6**	**899.28**
1.通信设备制造	Manufacture of Communication Equipment	17.20	42.09	28.22	94.50	105.6	125.25
#通信传输设备制造	Manufacture of Communication Transmitting Equipment	9.13	11.36	6.83	18.39	26.55	18.62
通信交换设备制造	Manufacture of Communication Exchanging Equipment	1.88	5.93	4.09	3.39	11.15	2.85
通信终端设备制造	Manufacture of Communication Terminal Equipment	3.14	4.04	4.18	5.15	4.97	26.24
2.雷达及配套设备制造	Manufacture of Radar and Its Fittings	2.60	8.32	10.24	9.42	20.91	29.83
3.广播电视设备制造	Manufacture of Broadcasting and TV Equipment	1.17	3.21	2.79	3.06	2.15	4.09
4.电子器件制造	Manufacture of Electronic Appliances	19.34	49.24	132.80	133.08	375.78	468.79
#电子真空器件制造	Manufacture of Electronic Vacuum Appliances	16.47	9.81	10.37	7.73	3.65	13.58
半导体分立器件制造	Manufacture of Semiconductor Discreting Appliances	1.34	5.73	10.18	6.82	6.82	20.72
集成电路制造	Manufacture of Integrate Circuit	1.53	10.85	38.90	92.56	205.45	55.51
5.电子元件制造	Manufacture of Electronic Components	15.51	27.95	59.02	61.53	75.02	83.09
6.家用视听设备制造	Manufacture of Domestic TV Set and Radio Receiver	12.93	7.67	46.71	39.22	23.27	14.24
7.其他电子设备制造	Manufacture of Other Electronic Equipment	3.24	11.82	18.97	42.94	91.88	173.99
电子计算机及办公设备制造业	**Manufacture of Computers and Office Equipments**	**4.84**	**8.11**	**47.67**	**67.61**	**153.58**	**186.8**
1.电子计算机整机制造	Manufacture of Entired Computer	4.67	2.05	4.30	12.25	7.75	91.03
2.电子计算机外部设备制造	Manufacture of Computer Peripheral Equipment	0.14	5.79	38.59	38.27	120.37	90.44
3.办公设备制造	Manufacture of Office Equipment	0.03	0.27	4.77	3.97	1.81	5.32
医疗设备及仪器仪表制造业	**Manufacture of Medical Equipments and Measuring Instrument**	**10.75**	**17.40**	**49.64**	**57.75**	**122.68**	**114.31**
1.医疗设备及器械制造	Manufacture of Medical Equipment and Appliances	2.53	2.18	5.43	8.26	28.46	15.02
2.仪器仪表制造	Manufacture of Measuring Instrument	8.22	15.22	44.21	49.49	94.22	99.29

3-1-4 续表 5 continued

行 业	Industry	新增固定资产（亿元） Newly Increased Fixed Assets (100 million yuan)					
		2000	2005	2008	2009	2010	2011
合 计	**Total**	**130.94**	**213.70**	**336.92**	**488.96**	**536.16**	**765.35**
医药制造业	**Manufacture of Medicines**	**32.52**	**93.08**	**64.42**	**77.88**	**115.7**	**110.15**
#化学药品制造	Manufacture of Chemical Medicine	23.10	40.76	31.16	26.85	53.66	52.07
中成药制造	Manufacture of Finished Traditional Chinese Herbal Medicine	5.27	19.02	10.55	14.41	15.01	14.62
生物、生化制品的制造	Manufacture of Biological and Biochemical Chemical Products	2.94	18.48	14.14	11.75	30.16	16.21
航空航天器制造业	**Manufacture of Aircrafts and Spacecrafts**	**34.32**	**41.88**	**35.33**	**43.45**	**106.43**	**43.03**
1.飞机制造及修理	Manufacture and Repairing of Airplanes	29.00	38.28	33.35	40.99	80.98	34.43
2.航天器制造	Manufacture of Spacecrafts	5.32	3.60	1.97	2.31	10.51	8.6
电子及通信设备制造业	**Manufacture of Electronic Equipment and Communication Equipment**	**53.38**	**66.12**	**198.41**	**237.77**	**237.4**	**371.46**
1.通信设备制造	Manufacture of Communication Equipment	15.23	21.72	18.30	42.22	58.15	40.21
#通信传输设备制造	Manufacture of Communication Transmitting Equipment	8.19	4.17	4.21	11.06	19.3	12.06
通信交换设备制造	Manufacture of Communication Exchanging Equipment	1.10	3.10	4.59	2.69	9.78	2.69
通信终端设备制造	Manufacture of Communication Terminal Equipment	3.44	1.73	3.33	3.61	3.91	3.41
2.雷达及配套设备制造	Manufacture of Radar and Its Fittings	1.47	0.98	2.26	1.42	35.9	17.07
3.广播电视设备制造	Manufacture of Broadcasting and TV Equipment	1.23	1.98	2.24	2.60	1.42	4.09
4.电子器件制造	Manufacture of Electronic Appliances	8.51	20.59	123.10	108.65	75.9	177
#电子真空器件制造	Manufacture of Electronic Vacuum Appliances	6.16	4.35	8.41	7.49	2.88	12.86
半导体分立器件制造	Manufacture of Semiconductor Discreting Appliances	1.07	2.37	5.30	5.72	7.26	7.45
集成电路制造	Manufacture of Integrate Circuit	1.28	8.52	27.78	85.87	41.84	19.75
5.电子元件制造	Manufacture of Electronic Components	12.65	15.96	25.06	59.58	33.2	67.64
6.家用视听设备制造	Manufacture of Domestic TV Set and Radio Receiver	11.77	2.49	16.15	11.91	7.42	10.59
7.其他电子设备制造	Manufacture of Other Electronic Equipment	2.52	2.40	11.31	11.39	25.41	54.85
电子计算机及办公设备制造业	**Manufacture of Computers and Office Equipments**	**3.37**	**1.90**	**16.14**	**77.68**	**12.16**	**143.42**
1.电子计算机整机制造	Manufacture of Entired Computer	3.30	0.53	4.02	1.78	1.77	59.82
2.电子计算机外部设备制造	Manufacture of Computer Peripheral Equipment	0.04	0.29	10.20	39.43	6.51	83.21
3.办公设备制造	Manufacture of Office Equipment	0.04	1.09	1.91	1.33	0.3	0.39
医疗设备及仪器仪表制造业	**Manufacture of Medical Equipments and Measuring Instrument**	**7.35**	**10.72**	**22.62**	**52.17**	**64.46**	**97.28**
1.医疗设备及器械制造	Manufacture of Medical Equipment and Appliances	2.32	1.53	1.73	3.36	6.11	8.67
2.仪器仪表制造	Manufacture of Measuring Instrument	5.04	9.19	20.90	48.80	58.35	88.61

3-1-4 续表 6 continued

行　业	Industry	固定资产交付使用率 (%) Rate of Fixed Assets Put into Use (%)					
		2000	2005	2008	2009	2010	2011
合 计	**Total**	**77.74**	**56.13**	**53.99**	**63.43**	**39.53**	**47.04**
医药制造业	**Manufacture of Medicines**	**81.99**	**67.60**	**51.03**	**63.88**	**67.29**	**50.38**
#化学药品制造	Manufacture of Chemical Medicine	80.08	66.67	52.26	56.46	55.49	43.56
中成药制造	Manufacture of Finished Traditional Chinese Herbal Medicine	74.01	93.74	65.77	55.16	60.5	59.36
生物、生化制品的制造	Manufacture of Biological and Biochemical Chemical Products	90.51	61.54	51.05	46.49	100.95	34.82
航空航天器制造业	**Manufacture of Aircrafts and Spacecrafts**	**83.28**	**62.32**	**34.71**	**31.06**	**49.84**	**20.68**
1.飞机制造及修理	Manufacture and Repairing of Airplanes	95.63	62.28	39.70	35.39	46.51	21.67
2.航天器制造	Manufacture of Spacecrafts	48.88	62.72	11.07	11.56	32.1	17.5
电子及通信设备制造业	**Manufacture of Electronic Equipment and Communication Equipment**	**74.16**	**43.99**	**66.41**	**61.96**	**34.18**	**41.31**
1.通信设备制造	Manufacture of Communication Equipment	88.56	51.60	64.85	44.68	55.07	32.1
#通信传输设备制造	Manufacture of Communication Transmitting Equipment	89.64	36.71	61.64	60.14	72.67	64.77
通信交换设备制造	Manufacture of Communication Exchanging Equipment	58.47	52.28	112.22	79.45	87.74	94.39
通信终端设备制造	Manufacture of Communication Terminal Equipment	109.43	42.82	79.67	70.10	78.54	13
2.雷达及配套设备制造	Manufacture of Radar and Its Fittings	56.52	11.78	22.07	15.08	171.72	57.22
3.广播电视设备制造	Manufacture of Broadcasting and TV Equipment	105.66	61.68	80.29	84.93	66.08	100
4.电子器件制造	Manufacture of Electronic Appliances	44.00	41.82	92.70	81.65	20.2	37.76
#电子真空器件制造	Manufacture of Electronic Vacuum Appliances	37.40	44.34	81.10	96.87	78.97	94.7
半导体分立器件制造	Manufacture of Semiconductor Discreting Appliances	79.72	41.36	52.06	83.82	106.49	35.96
集成电路制造	Manufacture of Integrate Circuit	83.86	78.53	71.41	92.77	20.37	35.58
5.电子元件制造	Manufacture of Electronic Components	81.60	57.10	42.46	96.83	44.26	81.41
6.家用视听设备制造	Manufacture of Domestic TV Set and Radio Receiver	91.01	32.46	34.58	30.37	31.89	74.37
7.其他电子设备制造	Manufacture of Other Electronic Equipment	77.76	20.30	59.62	26.52	27.65	31.52
电子计算机及办公设备制造业	**Manufacture of Computers and Office Equipments**	**69.66**	**23.43**	**33.86**	**114.89**	**7.92**	**76.78**
1.电子计算机整机制造	Manufacture of Entired Computer	70.70	25.85	93.49	14.53	22.85	65.71
2.电子计算机外部设备制造	Manufacture of Computer Peripheral Equipment	25.45	5.01	26.43	103.04	5.41	92.01
3.办公设备制造	Manufacture of Office Equipment	105.39	403.70	40.04	33.49	16.8	7.33
医疗设备及仪器仪表制造业	**Manufacture of Medical Equipments and Measuring Instrument**	**68.39**	**61.61**	**45.57**	**90.33**	**52.55**	**85.1**
1.医疗设备及器械制造	Manufacture of Medical Equipment and Appliances	91.51	70.18	31.86	40.70	21.47	57.72
2.仪器仪表制造	Manufacture of Measuring Instrument	61.26	60.38	47.27	98.62	61.93	89.24

3-1-5 内资企业固定资产投资情况

Statistics on Investment in Fixed Assets in Domestic Funded Enterprises by Industrial Sector

行业	Industry	施工项目（个） Number of Projects under Construction (unit)					
		2000	2005	2008	2009	2010	2011
合计	**Total**	**2270**	**5424**	**6773**	**8126**	**9129**	**11385**
医药制造业	**Manufacture of Medicines**	**1136**	**2858**	**2996**	**3569**	**4029**	**4390**
#化学药品制造	Manufacture of Chemical Medicine	642	1028	989	1137	1167	1377
中成药制造	Manufacture of Finished Traditional Chinese Herbal Medicine		653	646	794	900	860
生物、生化制品的制造	Manufacture of Biological and Biochemical Chemical Products	98	350	489	528	648	663
航空航天器制造业	**Manufacture of Aircrafts and Spacecrafts**	**329**	**175**	**218**	**231**	**167**	**168**
1.飞机制造及修理	Manufacture and Repairing of Airplanes	273	153	184	188	124	120
2.航天器制造	Manufacture of Spacecrafts	56	22	34	43	43	48
电子及通信设备制造业	**Manufacture of Electronic Equipment and Communication Equipment**	**585**	**1495**	**2250**	**2707**	**3079**	**4366**
1.通信设备制造	Manufacture of Communication Equipment	134	284	331	398	488	568
#通信传输设备制造	Manufacture of Communication Transmitting Equipment	55	85	85	90	137	167
通信交换设备制造	Manufacture of Communication Exchanging Equipment	26	34	37	43	46	53
通信终端设备制造	Manufacture of Communication Terminal Equipment	27	30	45	45	47	59
2.雷达及配套设备制造	Manufacture of Radar and Its Fittings	32	28	21	31	22	29
3.广播电视设备制造	Manufacture of Broadcasting and TV Equipment	16	43	60	72	84	140
4.电子器件制造	Manufacture of Electronic Appliances	101	248	435	591	710	1056
#电子真空器件制造	Manufacture of Electronic Vacuum Appliances	33	46	64	71	65	114
半导体分立器件制造	Manufacture of Semiconductor Discreting Appliances	49	31	49	85	81	108
集成电路制造	Manufacture of Integrate Circuit	19	47	86	96	125	152
5.电子元件制造	Manufacture of Electronic Components	186	600	926	1085	1179	1792
6.家用视听设备制造	Manufacture of Domestic TV Set and Radio Receiver	58	92	106	119	134	161
7.其他电子设备制造	Manufacture of Other Electronic Equipment	58	200	371	411	462	620
电子计算机及办公设备制造业	**Manufacture of Computers and Office Equipments**	**36**	**142**	**215**	**225**	**276**	**339**
1.电子计算机整机制造	Manufacture of Entired Computer	24	39	38	38	50	67
2.电子计算机外部设备制造	Manufacture of Computer Peripheral Equipment	8	82	148	156	197	235
3.办公设备制造	Manufacture of Office Equipment	4	21	29	31	29	37
医疗设备及仪器仪表制造业	**Manufacture of Medical Equipments and Measuring Instrument**	**184**	**754**	**1094**	**1394**	**1578**	**2122**
1.医疗设备及器械制造	Manufacture of Medical Equipment and Appliances	36	196	293	354	417	562
2.仪器仪表制造	Manufacture of Measuring Instrument	148	558	801	1040	1161	1560

3-1-5 续表 1 continued

行　业	Industry	新开工项目（个） Number of Projects Started This Year (unit)					
		2000	2005	2008	2009	2010	2011
合　计	**Total**	**1372**	**3422**	**4021**	**5385**	**6224**	**7428**
医药制造业	**Manufacture of Medicines**	**703**	**1790**	**1790**	**2440**	**2814**	**2800**
#化学药品制造	Manufacture of Chemical Medicine	399	633	534	748	771	826
中成药制造	Manufacture of Finished Traditional Chinese Herbal Medicine		411	414	534	627	537
生物、生化制品的制造	Manufacture of Biological and Biochemical Chemical Products	51	208	272	331	429	381
航空航天器制造业	**Manufacture of Aircrafts and Spacecrafts**	**195**	**66**	**80**	**121**	**71**	**77**
1.飞机制造及修理	Manufacture and Repairing of Airplanes	160	59	69	101	52	55
2.航天器制造	Manufacture of Spacecrafts	35	7	11	20	19	22
电子及通信设备制造业	**Manufacture of Electronic Equipment and Communication Equipment**	**340**	**979**	**1349**	**1747**	**2054**	**2911**
1.通信设备制造	Manufacture of Communication Equipment	72	176	189	245	318	366
#通信传输设备制造	Manufacture of Communication Transmitting Equipment	29	42	59	52	88	114
通信交换设备制造	Manufacture of Communication Exchanging Equipment	12	21	15	25	34	34
通信终端设备制造	Manufacture of Communication Terminal Equipment	14	23	17	24	27	40
2.雷达及配套设备制造	Manufacture of Radar and Its Fittings	18	12	7	20	14	20
3.广播电视设备制造	Manufacture of Broadcasting and TV Equipment	11	30	39	48	58	92
4.电子器件制造	Manufacture of Electronic Appliances	50	157	243	377	464	665
#电子真空器件制造	Manufacture of Electronic Vacuum Appliances	19	25	44	45	44	80
半导体分立器件制造	Manufacture of Semiconductor Discreting Appliances	20	16	22	57	55	66
集成电路制造	Manufacture of Integrate Circuit	11	30	35	49	77	92
5.电子元件制造	Manufacture of Electronic Components	119	414	583	709	810	1262
6.家用视听设备制造	Manufacture of Domestic TV Set and Radio Receiver	35	56	56	75	81	86
7.其他电子设备制造	Manufacture of Other Electronic Equipment	35	134	232	273	309	420
电子计算机及办公设备制造业	**Manufacture of Computers and Office Equipments**	**15**	**68**	**116**	**125**	**174**	**188**
1.电子计算机整机制造	Manufacture of Entired Computer	11	21	17	26	31	28
2.电子计算机外部设备制造	Manufacture of Computer Peripheral Equipment	2	35	83	84	126	139
3.办公设备制造	Manufacture of Office Equipment	2	12	16	15	17	21
医疗设备及仪器仪表制造业	**Manufacture of Medical Equipments and Measuring Instrument**	**119**	**519**	**686**	**952**	**1111**	**1452**
1.医疗设备及器械制造	Manufacture of Medical Equipment and Appliances	21	142	177	241	302	378
2.仪器仪表制造	Manufacture of Measuring Instrument	98	377	509	711	809	1074

3-1-5 续表 2 continued

行　业	Industry	建成或投产项目（个） Number of Projects Completed and Put into Use (unit)					
		2000	2005	2008	2009	2010	2011
合　计	**Total**	**1057**	**2394**	**3497**	**4563**	**5192**	**6698**
医药制造业	**Manufacture of Medicines**	**528**	**1305**	**1554**	**2034**	**2321**	**2520**
#化学药品制造	Manufacture of Chemical Medicine	321	471	444	613	611	780
中成药制造	Manufacture of Finished Traditional Chinese Herbal Medicine		326	346	434	510	479
生物、生化制品的制造	Manufacture of Biological and Biochemical Chemical Products	28	117	243	276	344	356
航空航天器制造业	**Manufacture of Aircrafts and Spacecrafts**	**168**	**70**	**86**	**89**	**62**	**54**
1.飞机制造及修理	Manufacture and Repairing of Airplanes	155	61	81	70	47	32
2.航天器制造	Manufacture of Spacecrafts	13	9	5	19	15	22
电子及通信设备制造业	**Manufacture of Electronic Equipment and Communication Equipment**	**265**	**643**	**1158**	**1466**	**1661**	**2584**
1.通信设备制造	Manufacture of Communication Equipment	53	128	159	210	267	314
#通信传输设备制造	Manufacture of Communication Transmitting Equipment	19	36	40	46	71	90
通信交换设备制造	Manufacture of Communication Exchanging Equipment	11	13	19	28	31	38
通信终端设备制造	Manufacture of Communication Terminal Equipment	14	15	19	24	24	31
2.雷达及配套设备制造	Manufacture of Radar and Its Fittings	15	8	7	20	9	16
3.广播电视设备制造	Manufacture of Broadcasting and TV Equipment	9	18	31	39	44	79
4.电子器件制造	Manufacture of Electronic Appliances	43	95	208	296	354	558
#电子真空器件制造	Manufacture of Electronic Vacuum Appliances	14	15	40	41	38	71
半导体分立器件制造	Manufacture of Semiconductor Discreting Appliances	25	13	17	50	35	51
集成电路制造	Manufacture of Integrate Circuit	4	13	36	46	58	81
5.电子元件制造	Manufacture of Electronic Components	90	270	515	619	679	1136
6.家用视听设备制造	Manufacture of Domestic TV Set and Radio Receiver	26	33	48	54	62	101
7.其他电子设备制造	Manufacture of Other Electronic Equipment	29	91	190	228	246	380
电子计算机及办公设备制造业	**Manufacture of Computers and Office Equipments**	**14**	**46**	**109**	**113**	**158**	**166**
1.电子计算机整机制造	Manufacture of Entired Computer	10	11	21	14	24	33
2.电子计算机外部设备制造	Manufacture of Computer Peripheral Equipment	2	20	70	84	120	109
3.办公设备制造	Manufacture of Office Equipment	2	15	18	15	14	24
医疗设备及仪器仪表制造业	**Manufacture of Medical Equipments and Measuring Instrument**	**82**	**330**	**590**	**861**	**990**	**1374**
1.医疗设备及器械制造	Manufacture of Medical Equipment and Appliances	15	85	163	201	243	370
2.仪器仪表制造	Manufacture of Measuring Instrument	67	245	427	660	747	1004

3-1-5 续表 3 continued

行　业	Industry	项目建成投产率（%） Rate of Projects Completed and Put into Use (%)					
		2000	2005	2008	2009	2010	2011
合　计	**Total**	**46.56**	**44.14**	**51.63**	**56.15**	**56.87**	**58.83**
医药制造业	**Manufacture of Medicines**	**46.48**	**45.66**	**51.87**	**56.99**	**57.61**	**57.4**
#化学药品制造	Manufacture of Chemical Medicine	50.00	45.82	44.89	53.91	52.36	56.64
中成药制造	Manufacture of Finished Traditional Chinese Herbal Medicine		49.92	53.56	54.66	56.67	55.7
生物、生化制品的制造	Manufacture of Biological and Biochemical Chemical Products	28.57	33.43	49.69	52.27	53.09	53.7
航空航天器制造业	**Manufacture of Aircrafts and Spacecrafts**	**51.06**	**40.00**	**39.45**	**38.53**	**37.13**	**32.14**
1.飞机制造及修理	Manufacture and Repairing of Airplanes	56.78	39.87	44.02	37.23	37.9	26.67
2.航天器制造	Manufacture of Spacecrafts	23.21	40.91	14.71	44.19	34.88	45.83
电子及通信设备制造业	**Manufacture of Electronic Equipment and Communication Equipment**	**45.30**	**43.01**	**51.47**	**54.16**	**53.95**	**59.18**
1.通信设备制造	Manufacture of Communication Equipment	39.55	45.07	48.04	52.76	54.71	55.28
#通信传输设备制造	Manufacture of Communication Transmitting Equipment	34.55	42.35	47.06	51.11	51.82	53.89
通信交换设备制造	Manufacture of Communication Exchanging Equipment	42.31	38.24	51.35	65.12	67.39	71.7
通信终端设备制造	Manufacture of Communication Terminal Equipment	51.85	50.00	42.22	53.33	51.06	52.54
2.雷达及配套设备制造	Manufacture of Radar and Its Fittings	46.88	28.57	33.33	64.52	40.91	55.17
3.广播电视设备制造	Manufacture of Broadcasting and TV Equipment	56.25	41.86	51.67	54.17	52.38	56.43
4.电子器件制造	Manufacture of Electronic Appliances	42.57	38.31	47.82	50.08	49.86	52.84
#电子真空器件制造	Manufacture of Electronic Vacuum Appliances	42.42	32.61	62.50	57.75	58.46	62.28
半导体分立器件制造	Manufacture of Semiconductor Discreting Appliances	51.02	41.94	34.69	58.82	43.21	47.22
集成电路制造	Manufacture of Integrate Circuit	21.05	27.66	41.86	47.92	46.4	53.29
5.电子元件制造	Manufacture of Electronic Components	48.39	45.00	55.62	57.05	57.59	63.39
6.家用视听设备制造	Manufacture of Domestic TV Set and Radio Receiver	44.83	35.87	45.28	45.38	46.27	62.73
7.其他电子设备制造	Manufacture of Other Electronic Equipment	50.00	45.50	51.21	55.47	53.25	61.29
电子计算机及办公设备制造业	**Manufacture of Computers and Office Equipments**	**38.89**	**32.39**	**50.70**	**50.22**	**57.25**	**48.97**
1.电子计算机整机制造	Manufacture of Entired Computer	41.67	28.21	55.26	36.84	48	49.25
2.电子计算机外部设备制造	Manufacture of Computer Peripheral Equipment	25.00	24.39	47.30	53.85	60.91	46.38
3.办公设备制造	Manufacture of Office Equipment	50.00	71.43	62.07	48.39	48.28	64.86
医疗设备及仪器仪表制造业	**Manufacture of Medical Equipments and Measuring Instrument**	**44.57**	**43.77**	**53.93**	**61.76**	**62.74**	**64.75**
1.医疗设备及器械制造	Manufacture of Medical Equipment and Appliances	41.67	43.37	55.63	56.78	58.27	65.84
2.仪器仪表制造	Manufacture of Measuring Instrument	45.27	43.91	53.31	63.46	64.34	64.36

3-1-5 续表 4 continued

行　业	Industry	投资额（亿元） Investment (100 million yuan)					
		2000	2005	2008	2009	2010	2011
合　计	**Total**	**300.49**	**1150.48**	**2448.83**	**3382.30**	**5195.76**	**7346.64**
医药制造业	**Manufacture of Medicines**	**109.56**	**590.97**	**937.24**	**1275.72**	**1751.63**	**2442.03**
#化学药品制造	Manufacture of Chemical Medicine	63.42	232.42	346.41	445.70	621.57	880.38
中成药制造	Manufacture of Finished Traditional Chinese Herbal Medicine		126.68	184.42	268.55	353.93	458.7
生物、生化制品的制造	Manufacture of Biological and Biochemical Chemical Products	16.82	96.87	177.05	230.25	333.48	455.47
航空航天器制造业	**Manufacture of Aircrafts and Spacecrafts**	**41.32**	**66.28**	**144.44**	**164.47**	**238.96**	**230.38**
1.飞机制造及修理	Manufacture and Repairing of Airplanes	30.34	60.50	122.86	136.18	196.06	168.34
2.航天器制造	Manufacture of Spacecrafts	10.98	5.78	21.58	28.29	42.9	62.04
电子及通信设备制造业	**Manufacture of Electronic Equipment and Communication Equipment**	**123.21**	**343.62**	**894.67**	**1269.33**	**2115.99**	**3140.31**
1.通信设备制造	Manufacture of Communication Equipment	41.85	77.24	130.69	233.35	305.74	398.5
#通信传输设备制造	Manufacture of Communication Transmitting Equipment	19.75	17.24	38.94	65.55	106.13	93.79
通信交换设备制造	Manufacture of Communication Exchanging Equipment	6.71	11.00	9.44	10.82	19.32	20.67
通信终端设备制造	Manufacture of Communication Terminal Equipment	6.84	8.35	16.69	14.60	18.2	48.31
2.雷达及配套设备制造	Manufacture of Radar and Its Fittings	3.04	8.86	17.06	12.79	23.9	34.72
3.广播电视设备制造	Manufacture of Broadcasting and TV Equipment	1.48	7.78	16.07	28.57	37.58	70.45
4.电子器件制造	Manufacture of Electronic Appliances	29.53	82.72	297.44	386.12	916.25	1333.15
#电子真空器件制造	Manufacture of Electronic Vacuum Appliances	22.45	12.36	23.70	38.22	31.03	74.91
半导体分立器件制造	Manufacture of Semiconductor Discreting Appliances	3.74	9.26	34.75	40.14	43.19	99.76
集成电路制造	Manufacture of Integrate Circuit	3.34	16.49	97.85	104.52	269.86	158.79
5.电子元件制造	Manufacture of Electronic Components	25.23	105.54	269.42	357.48	460.88	749.9
6.家用视听设备制造	Manufacture of Domestic TV Set and Radio Receiver	16.13	25.13	49.79	60.42	89.35	94.69
7.其他电子设备制造	Manufacture of Other Electronic Equipment	5.95	36.35	114.19	190.60	282.3	458.9
电子计算机及办公设备制造业	**Manufacture of Computers and Office Equipments**	**12.32**	**33.44**	**101.75**	**166.50**	**348.98**	**418.61**
1.电子计算机整机制造	Manufacture of Entired Computer	7.14	10.82	12.76	18.90	63.39	216.7
2.电子计算机外部设备制造	Manufacture of Computer Peripheral Equipment	5.03	20.01	78.50	123.44	270.89	184.84
3.办公设备制造	Manufacture of Office Equipment	0.16	2.61	10.49	24.15	14.71	17.07
医疗设备及仪器仪表制造业	**Manufacture of Medical Equipments and Measuring Instrument**	**14.07**	**116.18**	**370.73**	**506.28**	**740.2**	**1115.3**
1.医疗设备及器械制造	Manufacture of Medical Equipment and Appliances	4.35	31.48	82.85	120.92	184.92	283.74
2.仪器仪表制造	Manufacture of Measuring Instrument	9.72	84.70	287.88	385.37	555.28	831.56

3-1-5 续表 5 continued

行业	Industry	新增固定资产（亿元） Newly Increased Fixed Assets (100 million yuan)					
		2000	2005	2008	2009	2010	2011
合 计	**Total**	**234.07**	**699.11**	**1404.60**	**2102.44**	**3332.79**	**4693.19**
医药制造业	**Manufacture of Medicines**	**79.52**	**378.96**	**572.37**	**831.78**	**1052.56**	**1507.88**
#化学药品制造	Manufacture of Chemical Medicine	47.47	151.37	189.74	273.26	338.23	530.91
中成药制造	Manufacture of Finished Traditional Chinese Herbal Medicine		86.06	118.14	174.00	210.98	317.3
生物、生化制品的制造	Manufacture of Biological and Biochemical Chemical Products	11.14	47.58	108.55	143.26	177.33	238.53
航空航天器制造业	**Manufacture of Aircrafts and Spacecrafts**	**34.42**	**42.56**	**39.03**	**55.45**	**191.07**	**67.06**
1.飞机制造及修理	Manufacture and Repairing of Airplanes	29.01	38.92	33.71	48.51	163.11	40.1
2.航天器制造	Manufacture of Spacecrafts	5.41	3.64	5.32	6.94	27.96	26.97
电子及通信设备制造业	**Manufacture of Electronic Equipment and Communication Equipment**	**100.00**	**190.67**	**528.27**	**749.93**	**1204.74**	**1979.16**
1.通信设备制造	Manufacture of Communication Equipment	39.05	39.49	78.83	108.99	196.88	236.3
#通信传输设备制造	Manufacture of Communication Transmitting Equipment	17.92	7.49	19.06	27.30	69.07	74.77
通信交换设备制造	Manufacture of Communication Exchanging Equipment	7.51	5.78	7.31	10.51	15.02	22.29
通信终端设备制造	Manufacture of Communication Terminal Equipment	6.46	5.07	11.97	8.75	17.71	15.25
2.雷达及配套设备制造	Manufacture of Radar and Its Fittings	2.17	1.35	4.36	9.40	37.69	22.18
3.广播电视设备制造	Manufacture of Broadcasting and TV Equipment	1.48	8.85	9.23	12.26	13.65	34.31
4.电子器件制造	Manufacture of Electronic Appliances	18.51	40.71	179.00	234.23	263.93	844.51
#电子真空器件制造	Manufacture of Electronic Vacuum Appliances	12.47	6.55	16.82	26.13	19.18	48.81
半导体分立器件制造	Manufacture of Semiconductor Discreting Appliances	3.14	4.90	15.91	23.27	25.43	56.47
集成电路制造	Manufacture of Integrate Circuit	2.89	4.63	40.66	84.65	75.61	96.94
5.电子元件制造	Manufacture of Electronic Components	20.58	67.64	158.20	267.18	303.95	543.99
6.家用视听设备制造	Manufacture of Domestic TV Set and Radio Receiver	13.48	10.28	33.57	33.77	46.2	70.64
7.其他电子设备制造	Manufacture of Other Electronic Equipment	4.74	22.34	65.09	84.11	342.42	227.21
电子计算机及办公设备制造业	**Manufacture of Computers and Office Equipments**	**10.17**	**15.49**	**48.57**	**123.33**	**324.32**	**297.67**
1.电子计算机整机制造	Manufacture of Entired Computer	5.21	4.91	7.26	4.88	14.61	133.3
2.电子计算机外部设备制造	Manufacture of Computer Peripheral Equipment	4.93	7.06	34.69	107.08	301.36	151.3
3.办公设备制造	Manufacture of Office Equipment	0.04	3.51	6.62	11.37	8.35	13.06
医疗设备及仪器仪表制造业	**Manufacture of Medical Equipments and Measuring Instrument**	**9.96**	**71.43**	**216.36**	**341.96**	**560.11**	**841.42**
1.医疗设备及器械制造	Manufacture of Medical Equipment and Appliances	4.02	17.27	50.80	83.04	108.81	188.57
2.仪器仪表制造	Manufacture of Measuring Instrument	5.94	54.16	165.56	258.92	451.3	652.85

3-1-5 续表 6 continued

行　业	Industry	固定资产交付使用率（%） Rate of Fixed Assets Put into Use (%)					
		2000	2005	2008	2009	2010	2011
合　计	**Total**	**77.90**	**60.77**	**57.36**	**62.16**	**64.14**	**63.88**
医药制造业	**Manufacture of Medicines**	**72.58**	**64.13**	**61.07**	**65.2**	**60.09**	**61.75**
#化学药品制造	Manufacture of Chemical Medicine	74.85	65.13	54.77	61.31	54.42	60.3
中成药制造	Manufacture of Finished Traditional Chinese Herbal Medicine		67.93	64.06	64.79	59.61	69.17
生物、生化制品的制造	Manufacture of Biological and Biochemical Chemical Products	66.23	49.12	61.31	62.22	53.18	52.37
航空航天器制造业	**Manufacture of Aircrafts and Spacecrafts**	**83.30**	**64.21**	**27.02**	**33.71**	**79.96**	**29.11**
1.飞机制造及修理	Manufacture and Repairing of Airplanes	95.62	64.33	27.44	35.62	83.19	23.82
2.航天器制造	Manufacture of Spacecrafts	49.27	62.98	24.65	24.53	65.17	43.47
电子及通信设备制造业	**Manufacture of Electronic Equipment and Communication Equipment**	**81.16**	**55.49**	**59.05**	**59.08**	**56.94**	**63.02**
1.通信设备制造	Manufacture of Communication Equipment	93.31	51.13	60.32	46.71	64.39	59.3
#通信传输设备制造	Manufacture of Communication Transmitting Equipment	90.73	43.45	48.95	41.65	65.08	79.72
通信交换设备制造	Manufacture of Communication Exchanging Equipment	111.92	52.55	77.44	97.13	77.74	107.84
通信终端设备制造	Manufacture of Communication Terminal Equipment	94.44	60.72	71.72	59.93	97.31	31.57
2.雷达及配套设备制造	Manufacture of Radar and Its Fittings	71.38	15.24	25.56	73.49	157.7	63.88
3.广播电视设备制造	Manufacture of Broadcasting and TV Equipment	100.00	113.75	57.44	42.91	36.32	48.7
4.电子器件制造	Manufacture of Electronic Appliances	62.68	49.21	60.18	60.66	28.81	63.35
#电子真空器件制造	Manufacture of Electronic Vacuum Appliances	55.55	52.99	70.97	68.37	61.81	65.16
半导体分立器件制造	Manufacture of Semiconductor Discreting Appliances	83.96	52.92	45.78	57.97	58.88	56.61
集成电路制造	Manufacture of Integrate Circuit	86.53	28.08	41.55	80.99	28.02	61.05
5.电子元件制造	Manufacture of Electronic Components	81.57	64.09	58.72	74.74	65.95	72.54
6.家用视听设备制造	Manufacture of Domestic TV Set and Radio Receiver	83.57	40.91	67.42	55.89	51.71	74.6
7.其他电子设备制造	Manufacture of Other Electronic Equipment	79.66	61.46	57.00	44.13	121.3	49.51
电子计算机及办公设备制造业	**Manufacture of Computers and Office Equipments**	**82.55**	**46.32**	**47.73**	**74.07**	**92.93**	**71.11**
1.电子计算机整机制造	Manufacture of Entired Computer	72.97	45.38	56.90	25.82	23.05	61.51
2.电子计算机外部设备制造	Manufacture of Computer Peripheral Equipment	98.01	35.28	44.19	86.75	111.25	81.85
3.办公设备制造	Manufacture of Office Equipment	25.00	134.48	63.11	47.08	56.76	76.51
医疗设备及仪器仪表制造业	**Manufacture of Medical Equipments and Measuring Instrument**	**70.79**	**61.48**	**58.36**	**67.54**	**75.67**	**75.44**
1.医疗设备及器械制造	Manufacture of Medical Equipment and Appliances	92.41	54.86	61.32	68.67	58.84	66.46
2.仪器仪表制造	Manufacture of Measuring Instrument	61.11	63.94	57.51	67.19	81.27	78.51

3-1-6 港澳台资企业固定资产投资情况

Statistics on Investment in Fixed Assets in Hong Kong,Macau and Taiwan Funded Enterprises by Industrial Sector

行　业	Industry	施工项目（个） Number of Projects under Construction (unit)					
		2000	2005	2008	2009	2010	2011
合　计	**Total**	**201**	**700**	**681**	**666**	**701**	**811**
医药制造业	**Manufacture of Medicines**	**70**	**158**	**122**	**154**	**156**	**162**
#化学药品制造	Manufacture of Chemical Medicine	34	81	51	66	67	71
中成药制造	Manufacture of Finished Traditional Chinese Herbal Medicine		35	26	26	35	31
生物、生化制品的制造	Manufacture of Biological and Biochemical Chemical Products	11	19	26	30	29	37
航空航天器制造业	**Manufacture of Aircrafts and Spacecrafts**			**3**	**5**	**6**	**8**
1.飞机制造及修理	Manufacture and Repairing of Airplanes			3	5	4	6
2.航天器制造	Manufacture of Spacecrafts					2	2
电子及通信设备制造业	**Manufacture of Electronic Equipment and Communication Equipment**	**103**	**426**	**437**	**393**	**420**	**491**
1.通信设备制造	Manufacture of Communication Equipment	9	48	52	43	53	46
#通信传输设备制造	Manufacture of Communication Transmitting Equipment	1	4	6	5	11	11
通信交换设备制造	Manufacture of Communication Exchanging Equipment	1	6	2	3	2	1
通信终端设备制造	Manufacture of Communication Terminal Equipment	4	8	6	4	8	8
2.雷达及配套设备制造	Manufacture of Radar and Its Fittings				1	1	1
3.广播电视设备制造	Manufacture of Broadcasting and TV Equipment	2	6	4	4	3	7
4.电子器件制造	Manufacture of Electronic Appliances	21	75	120	105	132	154
#电子真空器件制造	Manufacture of Electronic Vacuum Appliances	7	4	8	4	2	4
半导体分立器件制造	Manufacture of Semiconductor Discreting Appliances	4	7	21	16	23	25
集成电路制造	Manufacture of Integrate Circuit	10	30	37	31	36	22
5.电子元件制造	Manufacture of Electronic Components	45	191	185	168	167	215
6.家用视听设备制造	Manufacture of Domestic TV Set and Radio Receiver	18	41	30	31	30	29
7.其他电子设备制造	Manufacture of Other Electronic Equipment	8	65	46	41	34	39
电子计算机及办公设备制造业	**Manufacture of Computers and Office Equipments**	**17**	**65**	**56**	**54**	**56**	**73**
1.电子计算机整机制造	Manufacture of Entired Computer	5	10	8	7	8	12
2.电子计算机外部设备制造	Manufacture of Computer Peripheral Equipment	12	42	45	46	45	56
3.办公设备制造	Manufacture of Office Equipment		13	3	1	3	5
医疗设备及仪器仪表制造业	**Manufacture of Medical Equipments and Measuring Instrument**	**11**	**51**	**63**	**60**	**63**	**77**
1.医疗设备及器械制造	Manufacture of Medical Equipment and Appliances	2	13	19	18	20	26
2.仪器仪表制造	Manufacture of Measuring Instrument	9	38	44	42	43	51

行 业	Industry	新开工项目（个） Number of Projects Started This Year (unit)					
		2000	2005	2008	2009	2010	2011
合 计	**Total**	**123**	**432**	**302**	**335**	**411**	**434**
医药制造业	**Manufacture of Medicines**	**42**	**90**	**57**	**90**	**91**	**82**
#化学药品制造	Manufacture of Chemical Medicine	22	41	29	40	40	38
中成药制造	Manufacture of Finished Traditional Chinese Herbal Medicine		21	10	18	24	14
生物、生化制品的制造	Manufacture of Biological and Biochemical Chemical Products	9	16	12	14	16	18
航空航天器制造业	**Manufacture of Aircrafts and Spacecrafts**			**1**	**2**	**1**	**3**
1.飞机制造及修理	Manufacture and Repairing of Airplanes			1	2	1	3
2.航天器制造	Manufacture of Spacecrafts						
电子及通信设备制造业	**Manufacture of Electronic Equipment and Communication Equipment**	**65**	**268**	**193**	**194**	**252**	**275**
1.通信设备制造	Manufacture of Communication Equipment	7	32	23	16	28	22
#通信传输设备制造	Manufacture of Communication Transmitting Equipment	1	3	5	5	7	8
通信交换设备制造	Manufacture of Communication Exchanging Equipment	1	5	1	1	2	
通信终端设备制造	Manufacture of Communication Terminal Equipment	3	6	2		5	3
2.雷达及配套设备制造	Manufacture of Radar and Its Fittings				1	1	
3.广播电视设备制造	Manufacture of Broadcasting and TV Equipment	1	4	2	3	3	6
4.电子器件制造	Manufacture of Electronic Appliances	10	44	44	42	80	82
#电子真空器件制造	Manufacture of Electronic Vacuum Appliances	4	2	1	2	1	2
半导体分立器件制造	Manufacture of Semiconductor Discreting Appliances	2	4	12	6	13	10
集成电路制造	Manufacture of Integrate Circuit	4	16	8	9	19	11
5.电子元件制造	Manufacture of Electronic Components	30	122	88	96	106	127
6.家用视听设备制造	Manufacture of Domestic TV Set and Radio Receiver	11	21	15	17	15	13
7.其他电子设备制造	Manufacture of Other Electronic Equipment	6	45	21	19	19	25
电子计算机及办公设备制造业	**Manufacture of Computers and Office Equipments**	**10**	**37**	**20**	**19**	**29**	**35**
1.电子计算机整机制造	Manufacture of Entired Computer	3	3	2	3	2	9
2.电子计算机外部设备制造	Manufacture of Computer Peripheral Equipment	7	24	16	16	25	23
3.办公设备制造	Manufacture of Office Equipment		10	2		2	3
医疗设备及仪器仪表制造业	**Manufacture of Medical Equipments and Measuring Instrument**	**6**	**37**	**31**	**30**	**38**	**39**
1.医疗设备及器械制造	Manufacture of Medical Equipment and Appliances	2	7	8	11	11	11
2.仪器仪表制造	Manufacture of Measuring Instrument	4	30	23	19	27	28

3-1-6 续表 2 continued

行 业	Industry	建成或投产项目（个） Number of Projects Completed and Put into Use (unit)					
		2000	2005	2008	2009	2010	2011
合 计	**Total**	**96**	**296**	**309**	**337**	**336**	**451**
医药制造业	**Manufacture of Medicines**	**37**	**67**	**51**	**82**	**84**	**81**
#化学药品制造	Manufacture of Chemical Medicine	22	35	23	37	40	39
中成药制造	Manufacture of Finished Traditional Chinese Herbal Medicine		17	12	10	22	15
生物、生化制品的制造	Manufacture of Biological and Biochemical Chemical Products	3	3	9	18	11	15
航空航天器制造业	**Manufacture of Aircrafts and Spacecrafts**			**1**	**1**	**2**	**3**
1.飞机制造及修理	Manufacture and Repairing of Airplanes			1	1	2	3
2.航天器制造	Manufacture of Spacecrafts						
电子及通信设备制造业	**Manufacture of Electronic Equipment and Communication Equipment**	**48**	**179**	**199**	**205**	**205**	**281**
1.通信设备制造	Manufacture of Communication Equipment	4	15	18	16	26	22
#通信传输设备制造	Manufacture of Communication Transmitting Equipment	1		5	1	8	6
通信交换设备制造	Manufacture of Communication Exchanging Equipment	1		1	2	1	1
通信终端设备制造	Manufacture of Communication Terminal Equipment	2	6	1	2	3	5
2.雷达及配套设备制造	Manufacture of Radar and Its Fittings				1		
3.广播电视设备制造	Manufacture of Broadcasting and TV Equipment	2	1	3	3	1	5
4.电子器件制造	Manufacture of Electronic Appliances	7	34	50	46	57	76
#电子真空器件制造	Manufacture of Electronic Vacuum Appliances	4	2	3	3	1	2
半导体分立器件制造	Manufacture of Semiconductor Discreting Appliances	1	2	11	4	9	12
集成电路制造	Manufacture of Integrate Circuit	2	11	14	9	19	12
5.电子元件制造	Manufacture of Electronic Components	22	82	97	109	94	138
6.家用视听设备制造	Manufacture of Domestic TV Set and Radio Receiver	9	15	11	13	14	17
7.其他电子设备制造	Manufacture of Other Electronic Equipment	4	32	20	17	13	23
电子计算机及办公设备制造业	**Manufacture of Computers and Office Equipments**	**10**	**26**	**28**	**24**	**20**	**39**
1.电子计算机整机制造	Manufacture of Entired Computer	1	3	4	2	2	7
2.电子计算机外部设备制造	Manufacture of Computer Peripheral Equipment	9	19	22	21	16	29
3.办公设备制造	Manufacture of Office Equipment		4	2	1	2	3
医疗设备及仪器仪表制造业	**Manufacture of Medical Equipments and Measuring Instrument**	**1**	**24**	**30**	**25**	**25**	**47**
1.医疗设备及器械制造	Manufacture of Medical Equipment and Appliances		6	12	7	6	19
2.仪器仪表制造	Manufacture of Measuring Instrument	1	18	18	18	19	28

3-1-6 续表 3 continued

行 业	Industry	项目建成投产率 (%) Rate of Projects Completed and Put into Use (%)					
		2000	2005	2008	2009	2010	2011
合 计	**Total**	**47.76**	**42.29**	**45.37**	**50.60**	**47.93**	**55.61**
医药制造业	**Manufacture of Medicines**	**52.86**	**42.41**	**41.80**	**53.25**	**53.85**	**50**
#化学药品制造	Manufacture of Chemical Medicine	64.71	43.21	45.10	56.06	59.7	54.93
中成药制造	Manufacture of Finished Traditional Chinese Herbal Medicine		48.57	46.15	38.46	62.86	48.39
生物、生化制品的制造	Manufacture of Biological and Biochemical Chemical Products	27.27	15.79	34.62	60.00	37.93	40.54
航空航天器制造业	**Manufacture of Aircrafts and Spacecrafts**			**33.33**	**20.00**	**33.33**	**37.5**
1.飞机制造及修理	Manufacture and Repairing of Airplanes			33.33	20.00	50	50
2.航天器制造	Manufacture of Spacecrafts						
电子及通信设备制造业	**Manufacture of Electronic Equipment and Communication Equipment**	**46.60**	**42.02**	**45.54**	**52.16**	**48.81**	**57.23**
1.通信设备制造	Manufacture of Communication Equipment	44.44	31.25	34.62	37.21	49.06	47.83
#通信传输设备制造	Manufacture of Communication Transmitting Equipment	100.00		83.33	20.00	72.73	54.55
通信交换设备制造	Manufacture of Communication Exchanging Equipment	100.00		50.00	66.67	50	100
通信终端设备制造	Manufacture of Communication Terminal Equipment	50.00	75.00	16.67	50.00	37.5	62.5
2.雷达及配套设备制造	Manufacture of Radar and Its Fittings				100.00		
3.广播电视设备制造	Manufacture of Broadcasting and TV Equipment	100.00	16.67	75.00	75.00	33.33	71.43
4.电子器件制造	Manufacture of Electronic Appliances	33.33	45.33	41.67	43.81	43.18	49.35
#电子真空器件制造	Manufacture of Electronic Vacuum Appliances	57.14	50.00	37.50	75.00	50	50
半导体分立器件制造	Manufacture of Semiconductor Discreting Appliances	25.00	28.57	52.38	25.00	39.13	48
集成电路制造	Manufacture of Integrate Circuit	20.00	36.67	37.84	29.03	52.78	54.55
5.电子元件制造	Manufacture of Electronic Components	48.89	42.93	52.43	64.88	56.29	64.19
6.家用视听设备制造	Manufacture of Domestic TV Set and Radio Receiver	50.00	36.59	36.67	41.94	46.67	58.62
7.其他电子设备制造	Manufacture of Other Electronic Equipment	50.00	49.23	43.48	41.46	38.24	58.97
电子计算机及办公设备制造业	**Manufacture of Computers and Office Equipments**	**58.82**	**40.00**	**50.00**	**44.44**	**35.71**	**53.42**
1.电子计算机整机制造	Manufacture of Entired Computer	20.00	30.00	50.00	28.57	25	58.33
2.电子计算机外部设备制造	Manufacture of Computer Peripheral Equipment	75.00	45.24	48.89	45.65	35.56	51.79
3.办公设备制造	Manufacture of Office Equipment		30.77	66.67	100.00	66.67	60
医疗设备及仪器仪表制造业	**Manufacture of Medical Equipments and Measuring Instrument**	**9.09**	**47.06**	**47.62**	**41.67**	**39.68**	**61.04**
1.医疗设备及器械制造	Manufacture of Medical Equipment and Appliances		46.15	63.16	38.89	30	73.08
2.仪器仪表制造	Manufacture of Measuring Instrument	11.11	47.37	40.91	42.86	44.19	54.9

3-1-6 续表 4 continued

行 业	Industry	投资额（亿元） Investment (100 million yuan)					
		2000	2005	2008	2009	2010	2011
合 计	**Total**	**53.91**	**365.51**	**624.89**	**541.20**	**729.61**	**941.04**
医药制造业	**Manufacture of Medicines**	**7.67**	**55.37**	**53.72**	**72.03**	**80.29**	**85.39**
#化学药品制造	Manufacture of Chemical Medicine	3.42	35.92	28.19	40.00	41.13	46.91
中成药制造	Manufacture of Finished Traditional Chinese Herbal Medicine		7.15	4.86	10.48	9.87	13.41
生物、生化制品的制造	Manufacture of Biological and Biochemical Chemical Products	2.15	8.26	13.01	11.95	18.16	17.22
航空航天器制造业	**Manufacture of Aircrafts and Spacecrafts**	**0.04**		**2.43**	**3.45**	**5.36**	**8.24**
1.飞机制造及修理	Manufacture and Repairing of Airplanes			2.43	3.45	2.09	4.83
2.航天器制造	Manufacture of Spacecrafts	0.04				3.27	3.41
电子及通信设备制造业	**Manufacture of Electronic Equipment and Communication Equipment**	**39.83**	**252.84**	**462.39**	**386.02**	**519.91**	**602.67**
1.通信设备制造	Manufacture of Communication Equipment	2.62	29.50	80.91	55.74	84.29	83.25
#通信传输设备制造	Manufacture of Communication Transmitting Equipment	0.01	0.49	2.26	4.48	18.69	5.27
通信交换设备制造	Manufacture of Communication Exchanging Equipment	0.21	0.94	0.12	0.34	0.83	0.05
通信终端设备制造	Manufacture of Communication Terminal Equipment	0.43	2.10	3.21	2.96	14.68	7.27
2.雷达及配套设备制造	Manufacture of Radar and Its Fittings				0.79	0.26	0.04
3.广播电视设备制造	Manufacture of Broadcasting and TV Equipment	0.09	1.31	12.72	4.79	7.43	18.88
4.电子器件制造	Manufacture of Electronic Appliances	21.18	110.31	212.09	183.52	221.03	263.95
#电子真空器件制造	Manufacture of Electronic Vacuum Appliances	10.76	0.77	3.35	6.09	6.74	10.78
半导体分立器件制造	Manufacture of Semiconductor Discreting Appliances	0.55	3.54	17.69	13.88	29.52	44.68
集成电路制造	Manufacture of Integrate Circuit	9.87	56.48	71.85	37.38	39.95	23.54
5.电子元件制造	Manufacture of Electronic Components	7.19	72.40	118.85	97.63	161.56	185.16
6.家用视听设备制造	Manufacture of Domestic TV Set and Radio Receiver	6.35	25.01	12.15	21.11	21.93	20.91
7.其他电子设备制造	Manufacture of Other Electronic Equipment	2.41	14.30	25.67	22.43	23.40	30.49
电子计算机及办公设备制造业	**Manufacture of Computers and Office Equipments**	**5.20**	**48.96**	**77.30**	**60.52**	**91.34**	**195.85**
1.电子计算机整机制造	Manufacture of Entired Computer	1.38	13.44	31.10	22.02	30.54	102.92
2.电子计算机外部设备制造	Manufacture of Computer Peripheral Equipment	3.74	28.91	44.97	38.46	59.51	91.14
3.办公设备制造	Manufacture of Office Equipment	0.08	6.60	1.23	0.04	1.28	1.79
医疗设备及仪器仪表制造业	**Manufacture of Medical Equipments and Measuring Instrument**	**1.16**	**8.33**	**29.05**	**19.18**	**32.73**	**48.90**
1.医疗设备及器械制造	Manufacture of Medical Equipment and Appliances	0.10	1.34	7.15	6.81	10.02	15.84
2.仪器仪表制造	Manufacture of Measuring Instrument	1.06	6.99	21.90	12.36	22.71	33.06

3-1-6 续表 5 continued

行业	Industry	新增固定资产（亿元） Newly Increased Fixed Assets (100 million yuan)					
		2000	2005	2008	2009	2010	2011
合　计	**Total**	**41.61**	**304.76**	**449.68**	**355.88**	**488.58**	**745.27**
医药制造业	**Manufacture of Medicines**	**6.26**	**35.18**	**33.85**	**60.12**	**43.49**	**93.47**
#化学药品制造	Manufacture of Chemical Medicine	2.87	23.05	22.16	34.23	24.48	48.32
中成药制造	Manufacture of Finished Traditional Chinese Herbal Medicine		5.08	2.45	4.75	7.31	25.80
生物、生化制品的制造	Manufacture of Biological and Biochemical Chemical Products	1.49	4.00	4.26	12.00	8.42	14.21
航空航天器制造业	**Manufacture of Aircrafts and Spacecrafts**	**0.01**		**1.82**	**0.06**	**4.81**	**7.98**
1.飞机制造及修理	Manufacture and Repairing of Airplanes			1.82	0.06	1.54	4.57
2.航天器制造	Manufacture of Spacecrafts	0.01				3.27	3.41
电子及通信设备制造业	**Manufacture of Electronic Equipment and Communication Equipment**	**29.84**	**225.62**	**317.84**	**249.88**	**374.08**	**454.64**
1.通信设备制造	Manufacture of Communication Equipment	2.27	13.62	25.66	15.77	33.64	120.73
#通信传输设备制造	Manufacture of Communication Transmitting Equipment	0.01	0.01	1.95	0.47	9.28	1.12
通信交换设备制造	Manufacture of Communication Exchanging Equipment	0.21	0.06	0.12	5.20	0.03	0.85
通信终端设备制造	Manufacture of Communication Terminal Equipment	0.26	1.91	1.26	2.68	12.43	6.58
2.雷达及配套设备制造	Manufacture of Radar and Its Fittings				0.79		
3.广播电视设备制造	Manufacture of Broadcasting and TV Equipment	0.10	0.55	11.63	5.18	4.76	13.85
4.电子器件制造	Manufacture of Electronic Appliances	12.76	133.14	147.55	108.65	188.23	142.46
#电子真空器件制造	Manufacture of Electronic Vacuum Appliances	6.93	0.84	2.44	1.53	6.74	6.96
半导体分立器件制造	Manufacture of Semiconductor Discreting Appliances	0.52	2.37	11.38	5.15	9.04	28.09
集成电路制造	Manufacture of Integrate Circuit	5.31	41.35	58.83	15.83	17.78	14.10
5.电子元件制造	Manufacture of Electronic Components	7.37	57.52	116.45	97.86	127.94	147.49
6.家用视听设备制造	Manufacture of Domestic TV Set and Radio Receiver	5.16	13.16	8.02	11.20	9.64	19.56
7.其他电子设备制造	Manufacture of Other Electronic Equipment	2.18	7.62	8.53	10.43	9.86	10.55
电子计算机及办公设备制造业	**Manufacture of Computers and Office Equipments**	**4.56**	**37.55**	**71.49**	**33.58**	**44.19**	**158.97**
1.电子计算机整机制造	Manufacture of Entired Computer	0.67	9.13	2.97	2.26	14.14	80.04
2.电子计算机外部设备制造	Manufacture of Computer Peripheral Equipment	3.81	22.58	67.70	30.81	29.36	77.81
3.办公设备制造	Manufacture of Office Equipment	0.08	5.84	0.82	0.50	0.69	1.12
医疗设备及仪器仪表制造业	**Manufacture of Medical Equipments and Measuring Instrument**	**0.94**	**6.41**	**24.68**	**12.25**	**22.02**	**30.21**
1.医疗设备及器械制造	Manufacture of Medical Equipment and Appliances	0.09	0.82	10.13	3.17	6.49	12.85
2.仪器仪表制造	Manufacture of Measuring Instrument	0.85	5.59	14.55	9.08	15.53	17.36

3-1-6 续表 6 continued

行 业	Industry	固定资产交付使用率 (%) Rate of Fixed Assets Put into Use (%)					
		2000	2005	2008	2009	2010	2011
合 计	**Total**	**77.18**	**83.38**	**71.96**	**65.76**	**66.96**	**79.20**
医药制造业	**Manufacture of Medicines**	**81.62**	**63.54**	**63.01**	**83.47**	**54.17**	**109.46**
#化学药品制造	Manufacture of Chemical Medicine	83.92	64.17	78.61	85.58	59.52	103.01
中成药制造	Manufacture of Finished Traditional Chinese Herbal Medicine		71.05	50.41	45.32	74.06	192.39
生物、生化制品的制造	Manufacture of Biological and Biochemical Chemical Products	69.30	48.43	32.74	100.42	46.37	82.52
航空航天器制造业	**Manufacture of Aircrafts and Spacecrafts**	**25.00**		**74.90**	**1.74**	**89.74**	**96.84**
1.飞机制造及修理	Manufacture and Repairing of Airplanes			74.90	1.74	73.68	94.62
2.航天器制造	Manufacture of Spacecrafts	25.00				100.00	100.00
电子及通信设备制造业	**Manufacture of Electronic Equipment and Communication Equipment**	**74.92**	**89.23**	**68.74**	**64.73**	**71.95**	**75.44**
1.通信设备制造	Manufacture of Communication Equipment	86.64	46.17	31.71	28.29	39.91	145.02
#通信传输设备制造	Manufacture of Communication Transmitting Equipment	100.00	2.04	86.28	10.49	49.65	21.25
通信交换设备制造	Manufacture of Communication Exchanging Equipment	100.00	6.38	100.00	1529.41	3.61	1700.00
通信终端设备制造	Manufacture of Communication Terminal Equipment	60.47	90.95	39.25	90.54	84.67	90.51
2.雷达及配套设备制造	Manufacture of Radar and Its Fittings				100.00		
3.广播电视设备制造	Manufacture of Broadcasting and TV Equipment	111.11	41.98	91.43	108.14	64.06	73.36
4.电子器件制造	Manufacture of Electronic Appliances	60.25	120.70	69.57	59.20	85.16	53.97
#电子真空器件制造	Manufacture of Electronic Vacuum Appliances	64.41	109.09	72.84	25.12	100.00	64.56
半导体分立器件制造	Manufacture of Semiconductor Discreting Appliances	94.55	66.95	64.33	37.10	30.62	62.87
集成电路制造	Manufacture of Integrate Circuit	53.80	73.21	81.88	42.35	44.51	59.90
5.电子元件制造	Manufacture of Electronic Components	102.50	79.45	97.98	100.24	79.19	79.66
6.家用视听设备制造	Manufacture of Domestic TV Set and Radio Receiver	81.26	52.62	66.01	53.06	43.96	93.54
7.其他电子设备制造	Manufacture of Other Electronic Equipment	90.46	53.29	33.23	46.50	42.14	34.60
电子计算机及办公设备制造业	**Manufacture of Computers and Office Equipments**	**87.69**	**76.70**	**92.48**	**55.49**	**48.38**	**81.17**
1.电子计算机整机制造	Manufacture of Entired Computer	48.55	67.93	9.55	10.26	46.30	77.77
2.电子计算机外部设备制造	Manufacture of Computer Peripheral Equipment	101.87	78.10	150.54	80.11	49.34	85.37
3.办公设备制造	Manufacture of Office Equipment	100.00	88.48	66.67	1250.00	53.91	62.57
医疗设备及仪器仪表制造业	**Manufacture of Medical Equipments and Measuring Instrument**	**81.03**	**76.95**	**84.96**	**63.87**	**67.28**	**61.78**
1.医疗设备及器械制造	Manufacture of Medical Equipment and Appliances	90.00	61.19	141.68	46.55	64.77	81.12
2.仪器仪表制造	Manufacture of Measuring Instrument	80.19	79.97	66.44	73.46	68.38	52.51

3-1-7 外资企业固定资产投资情况

Statistics on Investment in Fixed Assets in Foreign Funded Enterprises by Industrial Sector

行 业	Industry	施工项目（个） Number of Projects under Construction (unit)					
		2000	2005	2008	2009	2010	2011
合 计	**Total**	**263**	**971**	**1080**	**988**	**893**	**1008**
医药制造业	**Manufacture of Medicines**	**82**	**185**	**168**	**199**	**196**	**189**
#化学药品制造	Manufacture of Chemical Medicine	51	76	74	94	87	98
中成药制造	Manufacture of Finished Traditional Chinese Herbal Medicine		30	25	35	29	21
生物、生化制品的制造	Manufacture of Biological and Biochemical Chemical Products	11	36	33	38	38	40
航空航天器制造业	**Manufacture of Aircrafts and Spacecrafts**	**2**	**6**	**14**	**14**	**17**	**12**
1.飞机制造及修理	Manufacture and Repairing of Airplanes	1	6	14	14	16	11
2.航天器制造	Manufacture of Spacecrafts	1				1	1
电子及通信设备制造业	**Manufacture of Electronic Equipment and Communication Equipment**	**138**	**603**	**683**	**587**	**509**	**613**
1.通信设备制造	Manufacture of Communication Equipment	16	62	53	60	51	64
#通信传输设备制造	Manufacture of Communication Transmitting Equipment	4	7	7	15	11	15
通信交换设备制造	Manufacture of Communication Exchanging Equipment	4	6	1	1	1	3
通信终端设备制造	Manufacture of Communication Terminal Equipment	5	11	7	4	3	3
2.雷达及配套设备制造	Manufacture of Radar and Its Fittings						1
3.广播电视设备制造	Manufacture of Broadcasting and TV Equipment	1	8	18	12	17	10
4.电子器件制造	Manufacture of Electronic Appliances	31	151	188	186	166	203
#电子真空器件制造	Manufacture of Electronic Vacuum Appliances	9	13	10	10	9	11
半导体分立器件制造	Manufacture of Semiconductor Discreting Appliances	4	16	30	19	18	21
集成电路制造	Manufacture of Integrate Circuit	18	62	45	49	46	59
5.电子元件制造	Manufacture of Electronic Components	60	268	342	243	203	257
6.家用视听设备制造	Manufacture of Domestic TV Set and Radio Receiver	16	41	35	28	26	18
7.其他电子设备制造	Manufacture of Other Electronic Equipment	14	73	47	58	46	60
电子计算机及办公设备制造业	**Manufacture of Computers and Office Equipments**	**19**	**91**	**92**	**81**	**78**	**87**
1.电子计算机整机制造	Manufacture of Entired Computer	6	17	18	13	11	13
2.电子计算机外部设备制造	Manufacture of Computer Peripheral Equipment	12	60	66	60	59	66
3.办公设备制造	Manufacture of Office Equipment	1	14	8	8	8	8
医疗设备及仪器仪表制造业	**Manufacture of Medical Equipments and Measuring Instrument**	**22**	**86**	**123**	**107**	**93**	**107**
1.医疗设备及器械制造	Manufacture of Medical Equipment and Appliances	7	29	42	40	35	38
2.仪器仪表制造	Manufacture of Measuring Instrument	15	57	81	67	58	69

3-1-7 续表 1 continued

行　业	Industry	新开工项目（个） Number of Projects Started This Year (unit)					
		2000	2005	2008	2009	2010	2011
合　计	**Total**	**145**	**606**	**549**	**500**	**482**	**585**
医药制造业	**Manufacture of Medicines**	**44**	**103**	**75**	**105**	**108**	**95**
#化学药品制造	Manufacture of Chemical Medicine	29	46	37	46	46	42
中成药制造	Manufacture of Finished Traditional Chinese Herbal Medicine		14	11	26	15	15
生物、生化制品的制造	Manufacture of Biological and Biochemical Chemical Products	5	21	13	13	16	17
航空航天器制造业	**Manufacture of Aircrafts and Spacecrafts**	**1**	**2**	**6**	**8**	**8**	**6**
1.飞机制造及修理	Manufacture and Repairing of Airplanes		2	6	8	7	5
2.航天器制造	Manufacture of Spacecrafts	1				1	1
电子及通信设备制造业	**Manufacture of Electronic Equipment and Communication Equipment**	**76**	**385**	**361**	**299**	**282**	**368**
1.通信设备制造	Manufacture of Communication Equipment	11	43	28	31	23	36
#通信传输设备制造	Manufacture of Communication Transmitting Equipment	3	6	2	11	7	8
通信交换设备制造	Manufacture of Communication Exchanging Equipment	2	5				2
通信终端设备制造	Manufacture of Communication Terminal Equipment	4	6	5		1	3
2.雷达及配套设备制造	Manufacture of Radar and Its Fittings						1
3.广播电视设备制造	Manufacture of Broadcasting and TV Equipment	1	6	8	4	9	2
4.电子器件制造	Manufacture of Electronic Appliances	13	83	109	95	86	120
#电子真空器件制造	Manufacture of Electronic Vacuum Appliances	4	9	6	5	3	8
半导体分立器件制造	Manufacture of Semiconductor Discreting Appliances	1	8	14	7	8	15
集成电路制造	Manufacture of Integrate Circuit	8	23	21	25	26	38
5.电子元件制造	Manufacture of Electronic Components	36	186	181	126	123	166
6.家用视听设备制造	Manufacture of Domestic TV Set and Radio Receiver	8	27	15	12	15	12
7.其他电子设备制造	Manufacture of Other Electronic Equipment	7	40	20	31	26	31
电子计算机及办公设备制造业	**Manufacture of Computers and Office Equipments**	**9**	**59**	**44**	**38**	**38**	**51**
1.电子计算机整机制造	Manufacture of Entired Computer	2	10	9	6	7	7
2.电子计算机外部设备制造	Manufacture of Computer Peripheral Equipment	6	38	32	29	28	40
3.办公设备制造	Manufacture of Office Equipment	1	11	3	3	3	4
医疗设备及仪器仪表制造业	**Manufacture of Medical Equipments and Measuring Instrument**	**15**	**57**	**63**	**50**	**46**	**65**
1.医疗设备及器械制造	Manufacture of Medical Equipment and Appliances	4	16	17	15	17	25
2.仪器仪表制造	Manufacture of Measuring Instrument	11	41	46	35	29	40

3-1-7 续表 2 continued

行 业	Industry	建成或投产项目（个） Number of Projects Completed and Put into Use (unit)					
		2000	2005	2008	2009	2010	2011
合 计	**Total**	**129**	**468**	**484**	**512**	**483**	**586**
医药制造业	**Manufacture of Medicines**	**46**	**85**	**59**	**79**	**103**	**93**
#化学药品制造	Manufacture of Chemical Medicine	26	40	25	39	34	46
中成药制造	Manufacture of Finished Traditional Chinese Herbal Medicine		13	10	12	19	13
生物、生化制品的制造	Manufacture of Biological and Biochemical Chemical Products	7	12	9	13	15	20
航空航天器制造业	**Manufacture of Aircrafts and Spacecrafts**		**3**	**5**	**3**	**9**	**2**
1.飞机制造及修理	Manufacture and Repairing of Airplanes		3	5	3	8	2
2.航天器制造	Manufacture of Spacecrafts					1	
电子及通信设备制造业	**Manufacture of Electronic Equipment and Communication Equipment**	**61**	**289**	**317**	**330**	**275**	**382**
1.通信设备制造	Manufacture of Communication Equipment	7	23	29	29	17	38
#通信传输设备制造	Manufacture of Communication Transmitting Equipment		1	3	10	5	10
通信交换设备制造	Manufacture of Communication Exchanging Equipment	1	3	1			2
通信终端设备制造	Manufacture of Communication Terminal Equipment	3	5	4	1		2
2.雷达及配套设备制造	Manufacture of Radar and Its Fittings						
3.广播电视设备制造	Manufacture of Broadcasting and TV Equipment		2	8	3	8	5
4.电子器件制造	Manufacture of Electronic Appliances	15	66	92	99	82	121
#电子真空器件制造	Manufacture of Electronic Vacuum Appliances	5	7	5	4	5	8
半导体分立器件制造	Manufacture of Semiconductor Discreting Appliances	1	10	14	9	12	13
集成电路制造	Manufacture of Integrate Circuit	9	23	22	28	24	36
5.电子元件制造	Manufacture of Electronic Components	27	150	149	155	129	171
6.家用视听设备制造	Manufacture of Domestic TV Set and Radio Receiver	10	16	16	13	21	13
7.其他电子设备制造	Manufacture of Other Electronic Equipment	2	32	23	31	18	34
电子计算机及办公设备制造业	**Manufacture of Computers and Office Equipments**	**8**	**46**	**47**	**41**	**39**	**53**
1.电子计算机整机制造	Manufacture of Entired Computer	1	11	8	10	4	6
2.电子计算机外部设备制造	Manufacture of Computer Peripheral Equipment	7	29	37	27	31	42
3.办公设备制造	Manufacture of Office Equipment		6	2	4	4	5
医疗设备及仪器仪表制造业	**Manufacture of Medical Equipments and Measuring Instrument**	**14**	**45**	**56**	**59**	**57**	**56**
1.医疗设备及器械制造	Manufacture of Medical Equipment and Appliances	3	18	15	24	24	17
2.仪器仪表制造	Manufacture of Measuring Instrument	11	27	41	35	33	39

3-1-7 续表 3 continued

行业	Industry	项目建成投产率 (%) Rate of Projects Completed and Put into Use (%)					
		2000	2005	2008	2009	2010	2011
合 计	**Total**	**49.05**	**48.20**	**44.81**	**51.82**	**54.09**	**58.13**
医药制造业	**Manufacture of Medicines**	**56.10**	**45.95**	**35.12**	**39.70**	**52.55**	**49.21**
#化学药品制造	Manufacture of Chemical Medicine	50.98	52.63	33.78	41.49	39.08	46.94
中成药制造	Manufacture of Finished Traditional Chinese Herbal Medicine		43.33	40.00	34.29	65.52	61.90
生物、生化制品的制造	Manufacture of Biological and Biochemical Chemical Products	63.64	33.33	27.27	34.21	39.47	50.00
航空航天器制造业	**Manufacture of Aircrafts and Spacecrafts**		**50.00**	**35.71**	**21.43**	**52.94**	**16.67**
1.飞机制造及修理	Manufacture and Repairing of Airplanes		50.00	35.71	21.43	50.00	18.18
2.航天器制造	Manufacture of Spacecrafts					100.00	
电子及通信设备制造业	**Manufacture of Electronic Equipment and Communication Equipment**	**44.20**	**47.93**	**46.41**	**56.22**	**54.03**	**62.32**
1.通信设备制造	Manufacture of Communication Equipment	43.75	37.10	54.72	48.33	33.33	59.38
#通信传输设备制造	Manufacture of Communication Transmitting Equipment		14.29	42.86	66.67	45.45	66.67
通信交换设备制造	Manufacture of Communication Exchanging Equipment	25.00	50.00	100.00			66.67
通信终端设备制造	Manufacture of Communication Terminal Equipment	60.00	45.45	57.14	25.00		66.67
2.雷达及配套设备制造	Manufacture of Radar and Its Fittings						
3.广播电视设备制造	Manufacture of Broadcasting and TV Equipment		25.00	44.44	25.00	47.06	50.00
4.电子器件制造	Manufacture of Electronic Appliances	48.39	43.71	48.94	53.23	49.40	59.61
#电子真空器件制造	Manufacture of Electronic Vacuum Appliances	55.56	53.85	50.00	40.00	55.56	72.73
半导体分立器件制造	Manufacture of Semiconductor Discreting Appliances	25.00	62.50	46.67	47.37	66.67	61.90
集成电路制造	Manufacture of Integrate Circuit	50.00	37.10	48.89	57.14	52.17	61.02
5.电子元件制造	Manufacture of Electronic Components	45.00	55.97	43.57	63.79	63.55	66.54
6.家用视听设备制造	Manufacture of Domestic TV Set and Radio Receiver	62.50	39.02	45.71	46.43	80.77	72.22
7.其他电子设备制造	Manufacture of Other Electronic Equipment	14.29	43.84	48.94	53.45	39.13	56.67
电子计算机及办公设备制造业	**Manufacture of Computers and Office Equipments**	**42.11**	**50.55**	**51.09**	**50.62**	**50.00**	**60.92**
1.电子计算机整机制造	Manufacture of Entired Computer	16.67	64.71	44.44	76.92	36.36	46.15
2.电子计算机外部设备制造	Manufacture of Computer Peripheral Equipment	58.33	48.33	56.06	45.00	52.54	63.64
3.办公设备制造	Manufacture of Office Equipment		42.86	25.00	50.00	50.00	62.50
医疗设备及仪器仪表制造业	**Manufacture of Medical Equipments and Measuring Instrument**	**63.64**	**52.33**	**45.53**	**55.14**	**61.29**	**52.34**
1.医疗设备及器械制造	Manufacture of Medical Equipment and Appliances	42.86	62.07	35.71	60.00	68.57	44.74
2.仪器仪表制造	Manufacture of Measuring Instrument	73.33	47.37	50.62	52.24	56.90	56.52

3-1-7 续表 4 continued

行　业	Industry	投资额（亿元） Investment (100 million yuan)					
		2000	2005	2008	2009	2010	2011
合　计	**Total**	**208.56**	**628.10**	**1095.51**	**958.74**	**1019.36**	**1180.78**
医药制造业	**Manufacture of Medicines**	**18.75**	**49.72**	**82.22**	**106.54**	**109.64**	**121.51**
#化学药品制造	Manufacture of Chemical Medicine	14.67	20.97	36.20	57.91	68.09	74.93
中成药制造	Manufacture of Finished Traditional Chinese Herbal Medicine		6.68	9.00	13.01	9.19	10.35
生物、生化制品的制造	Manufacture of Biological and Biochemical Chemical Products	1.77	11.36	19.76	19.98	17.06	15.33
航空航天器制造业	**Manufacture of Aircrafts and Spacecrafts**	**1.87**	**3.71**	**12.44**	**18.22**	**18.28**	**19.51**
1.飞机制造及修理	Manufacture and Repairing of Airplanes	1.37	3.71	12.44	18.22	17.83	16.99
2.航天器制造	Manufacture of Spacecrafts	0.50				0.46	2.52
电子及通信设备制造业	**Manufacture of Electronic Equipment and Communication Equipment**	**172.94**	**466.53**	**841.22**	**688.99**	**684.31**	**778.96**
1.通信设备制造	Manufacture of Communication Equipment	10.88	33.15	63.85	56.17	51.28	58.92
#通信传输设备制造	Manufacture of Communication Transmitting Equipment	4.99	1.40	3.09	10.80	9.22	13.63
通信交换设备制造	Manufacture of Communication Exchanging Equipment	3.38	1.88	5.43	9.62	5.66	6.30
通信终端设备制造	Manufacture of Communication Terminal Equipment	1.10	5.56	12.33	2.45	0.55	4.25
2.雷达及配套设备制造	Manufacture of Radar and Its Fittings						3.90
3.广播电视设备制造	Manufacture of Broadcasting and TV Equipment	0.50	0.87	4.04	4.62	10.00	5.57
4.电子器件制造	Manufacture of Electronic Appliances	108.94	206.04	439.58	399.40	371.01	419.13
#电子真空器件制造	Manufacture of Electronic Vacuum Appliances	34.68	4.34	7.93	6.33	5.82	6.65
半导体分立器件制造	Manufacture of Semiconductor Discreting Appliances	5.82	43.37	34.56	28.58	56.68	62.91
集成电路制造	Manufacture of Integrate Circuit	68.43	122.47	288.41	217.36	179.48	123.85
5.电子元件制造	Manufacture of Electronic Components	38.52	167.93	249.98	156.42	192.87	246.55
6.家用视听设备制造	Manufacture of Domestic TV Set and Radio Receiver	9.77	20.05	53.81	35.50	35.41	17.34
7.其他电子设备制造	Manufacture of Other Electronic Equipment	4.33	38.49	29.96	36.87	23.75	27.55
电子计算机及办公设备制造业	**Manufacture of Computers and Office Equipments**	**8.65**	**85.74**	**106.19**	**84.15**	**149.68**	**149.19**
1.电子计算机整机制造	Manufacture of Entired Computer	3.89	25.39	32.38	20.43	22.67	27.22
2.电子计算机外部设备制造	Manufacture of Computer Peripheral Equipment	4.74	53.98	63.61	56.04	120.96	114.22
3.办公设备制造	Manufacture of Office Equipment	0.02	6.36	10.19	7.69	6.06	7.76
医疗设备及仪器仪表制造业	**Manufacture of Medical Equipments and Measuring Instrument**	**6.36**	**22.40**	**53.44**	**60.84**	**57.44**	**111.62**
1.医疗设备及器械制造	Manufacture of Medical Equipment and Appliances	2.09	6.01	18.73	19.81	14.74	31.22
2.仪器仪表制造	Manufacture of Measuring Instrument	4.27	16.39	34.71	41.03	42.70	80.40

3-1-7 续表 5 continued

行　业	Industry	新增固定资产（亿元） Newly Increased Fixed Assets (100 million yuan)					
		2000	2005	2008	2009	2010	2011
合　计	**Total**	**145.33**	**460.01**	**719.89**	**702.12**	**629.04**	**916.70**
医药制造业	**Manufacture of Medicines**	**20.90**	**28.05**	**39.89**	**58.94**	**58.87**	**70.10**
#化学药品制造	Manufacture of Chemical Medicine	15.60	14.27	17.10	34.59	30.94	42.54
中成药制造	Manufacture of Finished Traditional Chinese Herbal Medicine		5.36	6.33	5.39	7.85	6.59
生物、生化制品的制造	Manufacture of Biological and Biochemical Chemical Products	3.58	4.10	3.06	11.07	6.99	7.71
航空航天器制造业	**Manufacture of Aircrafts and Spacecrafts**		**1.17**	**2.75**	**3.21**	**15.13**	**4.38**
1.飞机制造及修理	Manufacture and Repairing of Airplanes		1.17	2.75	3.21	14.71	1.86
2.航天器制造	Manufacture of Spacecrafts					0.42	2.52
电子及通信设备制造业	**Manufacture of Electronic Equipment and Communication Equipment**	**109.94**	**326.43**	**558.09**	**541.21**	**380.46**	**642.77**
1.通信设备制造	Manufacture of Communication Equipment	4.51	20.42	45.97	46.50	31.53	50.82
#通信传输设备制造	Manufacture of Communication Transmitting Equipment	0.32	0.37	3.69	9.21	2.95	12.50
通信交换设备制造	Manufacture of Communication Exchanging Equipment	1.54	0.86	5.52	3.21	3.10	4.47
通信终端设备制造	Manufacture of Communication Terminal Equipment	1.22	3.95	9.61	1.44	0.23	4.03
2.雷达及配套设备制造	Manufacture of Radar and Its Fittings						
3.广播电视设备制造	Manufacture of Broadcasting and TV Equipment	0.47	0.66	1.88	1.98	3.06	1.97
4.电子器件制造	Manufacture of Electronic Appliances	67.80	130.64	330.40	313.29	147.49	372.99
#电子真空器件制造	Manufacture of Electronic Vacuum Appliances	26.06	4.70	5.95	1.60	2.60	4.54
半导体分立器件制造	Manufacture of Semiconductor Discreting Appliances	5.73	12.32	26.20	21.12	17.80	18.73
集成电路制造	Manufacture of Integrate Circuit	36.01	83.05	234.58	190.50	48.75	196.19
5.电子元件制造	Manufacture of Electronic Components	24.16	115.55	142.77	143.29	162.36	174.51
6.家用视听设备制造	Manufacture of Domestic TV Set and Radio Receiver	9.78	17.53	18.79	14.19	20.26	15.20
7.其他电子设备制造	Manufacture of Other Electronic Equipment	3.21	41.63	18.28	21.97	15.76	27.28
电子计算机及办公设备制造业	**Manufacture of Computers and Office Equipments**	**8.08**	**87.47**	**82.84**	**57.71**	**124.47**	**124.07**
1.电子计算机整机制造	Manufacture of Entired Computer	3.56	19.39	19.71	17.94	18.45	21.71
2.电子计算机外部设备制造	Manufacture of Computer Peripheral Equipment	4.52	62.81	53.84	35.94	101.85	98.30
3.办公设备制造	Manufacture of Office Equipment	0.01	5.27	9.30	3.83	4.18	4.06
医疗设备及仪器仪表制造业	**Manufacture of Medical Equipments and Measuring Instrument**	**6.42**	**16.89**	**36.32**	**41.04**	**50.11**	**75.38**
1.医疗设备及器械制造	Manufacture of Medical Equipment and Appliances	2.80	7.30	14.58	14.58	16.79	19.15
2.仪器仪表制造	Manufacture of Measuring Instrument	3.61	9.59	21.74	26.46	33.32	56.23

3-1-7 续表 6 continued

行　业	Industry	固定资产交付使用率（%） Rate of Fixed Assets Put into Use (%)					
		2000	2005	2008	2009	2010	2011
合　计	**Total**	**69.68**	**73.24**	**65.71**	**73.23**	**61.71**	**77.64**
医药制造业	**Manufacture of Medicines**	**111.47**	**56.42**	**48.52**	**55.32**	**53.69**	**57.69**
#化学药品制造	Manufacture of Chemical Medicine	106.34	68.05	47.24	59.73	45.44	56.77
中成药制造	Manufacture of Finished Traditional Chinese Herbal Medicine		80.24	70.33	41.43	85.42	63.67
生物、生化制品的制造	Manufacture of Biological and Biochemical Chemical Products	202.26	36.09	15.49	55.41	40.97	50.29
航空航天器制造业	**Manufacture of Aircrafts and Spacecrafts**		**31.54**	**22.11**	**17.62**	**82.77**	**22.45**
1.飞机制造及修理	Manufacture and Repairing of Airplanes		31.54	22.11	17.62	82.50	10.95
2.航天器制造	Manufacture of Spacecrafts					91.30	100.00
电子及通信设备制造业	**Manufacture of Electronic Equipment and Communication Equipment**	**63.57**	**69.97**	**66.34**	**78.55**	**55.60**	**82.52**
1.通信设备制造	Manufacture of Communication Equipment	41.45	61.60	72.00	82.78	61.49	86.25
#通信传输设备制造	Manufacture of Communication Transmitting Equipment	6.41	26.43	119.42	85.28	32.00	91.71
通信交换设备制造	Manufacture of Communication Exchanging Equipment	45.56	45.74	101.66	33.37	54.77	70.95
通信终端设备制造	Manufacture of Communication Terminal Equipment	110.91	71.04	77.94	58.78	41.82	94.82
2.雷达及配套设备制造	Manufacture of Radar and Its Fittings						
3.广播电视设备制造	Manufacture of Broadcasting and TV Equipment	94.00	75.86	46.53	42.86	30.60	35.37
4.电子器件制造	Manufacture of Electronic Appliances	62.24	63.41	75.16	78.44	39.75	88.99
#电子真空器件制造	Manufacture of Electronic Vacuum Appliances	75.14	108.29	75.03	25.28	44.67	68.27
半导体分立器件制造	Manufacture of Semiconductor Discreting Appliances	98.45	28.41	75.81	73.90	31.40	29.77
集成电路制造	Manufacture of Integrate Circuit	52.62	67.81	81.34	87.64	27.16	158.41
5.电子元件制造	Manufacture of Electronic Components	62.72	68.81	57.11	91.61	84.18	70.78
6.家用视听设备制造	Manufacture of Domestic TV Set and Radio Receiver	100.10	87.43	34.92	39.97	57.22	87.66
7.其他电子设备制造	Manufacture of Other Electronic Equipment	74.13	108.16	61.01	59.59	66.36	99.02
电子计算机及办公设备制造业	**Manufacture of Computers and Office Equipments**	**93.41**	**102.02**	**78.01**	**68.58**	**83.16**	**83.16**
1.电子计算机整机制造	Manufacture of Entired Computer	91.52	76.37	60.87	87.81	81.39	79.76
2.电子计算机外部设备制造	Manufacture of Computer Peripheral Equipment	95.36	116.36	84.64	64.13	84.20	86.06
3.办公设备制造	Manufacture of Office Equipment	50.00	82.86	91.27	49.80	68.98	52.32
医疗设备及仪器仪表制造业	**Manufacture of Medical Equipments and Measuring Instrument**	**100.94**	**75.40**	**67.96**	**67.46**	**87.24**	**67.53**
1.医疗设备及器械制造	Manufacture of Medical Equipment and Appliances	133.97	121.46	77.84	73.60	113.91	61.34
2.仪器仪表制造	Manufacture of Measuring Instrument	84.54	58.51	62.63	64.49	78.03	69.94

3-1-8 各地区固定资产投资情况

Statistics on Investment in Fixed Assets in High-tech Industry by Region

地区	Region	施工项目（个） Number of Projects under Construction (unit)					
		2000	2005	2008	2009	2010	2011
全国	**Total**	**2734**	**7095**	**8534**	**9780**	**10723**	**13204**
东部地区	Eastern Region	1549	4165	4830	4956	5216	7868
中部地区	Middle Region	643	1849	2614	3327	4368	4061
西部地区	Western Region	542	1081	1090	1497	1139	1275
北京	Beijing	111	72	96	90	105	139
天津	Tianjin	83	76	160	206	131	222
河北	Hebei	138	251	316	383	342	381
山西	Shanxi	36	116	63	81	94	138
内蒙古	Inner Mongolia	23	72	43	74	72	78
辽宁	Liaoning	132	290	385	495	318	410
吉林	Jilin	96	200	332	438	847	469
黑龙江	Heilongjiang	83	133	104	143	166	138
上海	Shanghai	134	127	130	155	211	259
江苏	Jiangsu	206	804	1148	1312	1377	2687
浙江	Zhejiang	171	502	557	574	587	1068
安徽	Anhui	59	257	451	574	701	725
福建	Fujian	70	243	295	282	300	397
江西	Jiangxi	44	291	435	586	740	585
山东	Shandong	155	614	683	715	762	980
河南	Henan	99	276	517	634	668	684
湖北	Hubei	146	288	310	415	491	585
湖南	Hunan	57	216	359	456	589	659
广东	Guangdong	264	976	809	730	769	999
广西	Guangxi	68	184	246	262	302	313
海南	Hainan	17	26	5	14	12	13
重庆	Chongqing	29	108	142	143	197	253
四川	Sichuan	146	421	430	463	406	490
贵州	Guizhou	145	74	118	114	55	36
云南	Yunnan	46	68	41	76	97	95
西藏	Tibet	2	2	9	16	18	13
陕西	Shaanxi	117	268	249	250	218	207
甘肃	Gansu	26	83	61	55	98	120
青海	Qinghai	11	16	6	16	12	15
宁夏	Ningxia	14	9	9	15	12	20
新疆	Xinjiang	6	32	25	13	26	26

3-1-8 续表 1 continued

地 区	Region	新开工项目（个） Number of Projects Started This Year (unit)					
		2000	2005	2008	2009	2010	2011
全 国	**Total**	**1640**	**4460**	**4872**	**6220**	**7117**	**8447**
东部地区	Eastern Region	943	2668	2627	2952	3173	4869
中部地区	Middle Region	384	1162	1682	2369	3272	2821
西部地区	Western Region	313	630	563	899	672	757
北 京	Beijing	58	26	48	35	41	43
天 津	Tianjin	62	44	90	139	75	148
河 北	Hebei	94	187	210	286	241	231
山 西	Shanxi	20	46	29	46	55	89
内 蒙 古	Inner Mongolia	11	49	30	61	55	61
辽 宁	Liaoning	85	216	294	401	222	242
吉 林	Jilin	43	150	266	349	788	406
黑 龙 江	Heilongjiang	57	86	63	103	120	95
上 海	Shanghai	80	65	62	81	99	130
江 苏	Jiangsu	139	564	598	802	932	1900
浙 江	Zhejiang	94	285	230	282	294	548
安 徽	Anhui	41	155	256	348	496	509
福 建	Fujian	28	134	147	139	167	220
江 西	Jiangxi	19	152	210	392	491	384
山 东	Shandong	94	435	365	404	464	631
河 南	Henan	70	201	388	522	492	385
湖 北	Hubei	87	189	204	287	337	407
湖 南	Hunan	36	134	236	322	438	485
广 东	Guangdong	150	578	458	371	424	558
广 西	Guangxi	46	118	123	150	211	216
海 南	Hainan	13	16	2	12	3	2
重 庆	Chongqing	17	68	60	82	136	171
四 川	Sichuan	75	273	224	258	230	283
贵 州	Guizhou	118	47	62	85	33	23
云 南	Yunnan	14	31	19	61	52	41
西 藏	Tibet	2	2	4	5	5	7
陕 西	Shaanxi	62	115	139	132	115	113
甘 肃	Gansu	13	63	28	32	69	79
青 海	Qinghai	4	6	4	12	5	11
宁 夏	Ningxia	4	7	5	11	5	13
新 疆	Xinjiang	4	18	18	10	22	16

3-1-8 续表 2 continued

地区	Region	建成或投产项目（个） Number of Projects Completed and Put into Use (unit)					
		2000	2005	2008	2009	2010	2011
全国	**Total**	**1282**	**3158**	**4290**	**5412**	**6011**	**7735**
东部地区	Eastern Region	705	1912	2380	2695	2677	4670
中部地区	Middle Region	335	840	1421	1928	2797	2404
西部地区	Western Region	242	406	489	789	537	661
北京	Beijing	38	26	39	32	24	34
天津	Tianjin	46	28	79	115	66	105
河北	Hebei	61	136	188	264	198	209
山西	Shanxi	13	45	26	26	50	83
内蒙古	Inner Mongolia	13	44	28	53	48	58
辽宁	Liaoning	66	171	269	322	157	240
吉林	Jilin	34	109	236	304	757	316
黑龙江	Heilongjiang	43	70	63	92	103	58
上海	Shanghai	21	57	49	37	78	72
江苏	Jiangsu	120	495	657	882	893	1991
浙江	Zhejiang	70	200	213	235	241	499
安徽	Anhui	33	84	173	302	372	377
福建	Fujian	22	88	89	84	84	159
江西	Jiangxi	28	137	240	352	517	420
山东	Shandong	79	224	311	342	384	626
河南	Henan	53	146	361	444	381	403
湖北	Hubei	91	120	138	233	296	350
湖南	Hunan	27	85	156	175	273	339
广东	Guangdong	134	412	419	378	374	553
广西	Guangxi	43	70	66	144	177	173
海南	Hainan	5	5	1	4	1	9
重庆	Chongqing	14	40	60	80	105	141
四川	Sichuan	66	129	191	280	216	294
贵州	Guizhou	97	42	68	43	16	11
云南	Yunnan	14	25	14	21	29	48
西藏	Tibet	2	1		1	11	9
陕西	Shaanxi	34	105	111	129	99	87
甘肃	Gansu	7	29	25	21	35	43
青海	Qinghai	2	14	1	6	7	10
宁夏	Ningxia	5	8	1	6	4	12
新疆	Xinjiang	1	13	18	5	15	6

3-1-8 续表 3 continued

地区	Region	项目建成投产率 (%) Rate of Projects Completed and Put into Use (%)					
		2000	2005	2008	2009	2010	2011
全国	**Total**	**46.89**	**44.51**	**50.27**	**55.34**	**56.06**	**58.58**
东部地区	Eastern Region	45.51	45.91	49.28	54.38	51.32	59.35
中部地区	Middle Region	52.10	45.43	54.36	57.95	64.03	59.20
西部地区	Western Region	44.65	37.56	44.86	52.71	47.15	51.84
北京	Beijing	34.23	36.11	40.63	35.56	22.86	24.46
天津	Tianjin	55.42	36.84	49.38	55.83	50.38	47.30
河北	Hebei	44.20	54.18	59.49	68.93	57.89	54.86
山西	Shanxi	36.11	38.79	41.27	32.10	53.19	60.14
内蒙古	Inner Mongolia	56.52	61.11	65.12	71.62	66.67	74.36
辽宁	Liaoning	50.00	58.97	69.87	65.05	49.37	58.54
吉林	Jilin	35.42	54.50	71.08	69.41	89.37	67.38
黑龙江	Heilongjiang	51.81	52.63	60.58	64.34	62.05	42.03
上海	Shanghai	15.67	44.88	37.69	23.87	36.97	27.80
江苏	Jiangsu	58.25	61.57	57.23	67.23	64.85	74.10
浙江	Zhejiang	40.94	39.84	38.24	40.94	41.06	46.72
安徽	Anhui	55.93	32.68	38.36	52.61	53.07	52.00
福建	Fujian	31.43	36.21	30.17	29.79	28.00	40.05
江西	Jiangxi	63.64	47.08	55.17	60.07	69.86	71.79
山东	Shandong	50.97	36.48	45.53	47.83	50.39	63.88
河南	Henan	53.54	52.90	69.83	70.03	57.04	58.92
湖北	Hubei	62.33	41.67	44.52	56.14	60.29	59.83
湖南	Hunan	47.37	39.35	43.45	38.38	46.35	51.44
广东	Guangdong	50.76	42.21	51.79	51.78	48.63	55.36
广西	Guangxi	63.24	38.04	26.83	54.96	58.61	55.27
海南	Hainan	29.41	19.23	20.00	28.57	8.33	69.23
重庆	Chongqing	48.28	37.04	42.25	55.94	53.30	55.73
四川	Sichuan	45.21	30.64	44.42	60.48	53.20	60.00
贵州	Guizhou	66.90	56.76	57.63	37.72	29.09	30.56
云南	Yunnan	30.43	36.76	34.15	27.63	29.90	50.53
西藏	Tibet	100.00	50.00		6.25	61.11	69.23
陕西	Shaanxi	29.06	39.18	44.58	51.60	45.41	42.03
甘肃	Gansu	26.92	34.94	40.98	38.18	35.71	35.83
青海	Qinghai	18.18	87.50	16.67	37.50	58.33	66.67
宁夏	Ningxia	35.71	88.89	11.11	40.00	33.33	60.00
新疆	Xinjiang	16.67	40.63	72.00	38.46	57.69	23.08

地区	Region	投资额（亿元） Investment (100 million yuan)					
		2000	2005	2008	2009	2010	2011
全 国	**Total**	**562.95**	**2144.09**	**4169.23**	**4882.24**	**6944.73**	**9468.46**
东部地区	Eastern Region	398.10	1513.19	2689.34	2742.22	3995.70	5714.76
中部地区	Middle Region	90.04	411.88	1047.37	1397.39	2168.91	2752.51
西部地区	Western Region	74.80	219.00	432.52	742.62	780.11	1001.19
北 京	Beijing	24.49	84.10	52.82	35.91	136.94	266.55
天 津	Tianjin	53.88	58.04	121.86	141.28	215.93	350.27
河 北	Hebei	13.89	66.81	105.54	166.78	214.12	288.36
山 西	Shanxi	2.97	32.81	55.79	52.34	48.09	77.40
内蒙古	Inner Mongolia	1.87	30.40	20.23	64.19	53.90	120.31
辽 宁	Liaoning	18.15	75.16	238.94	356.55	440.27	350.63
吉 林	Jilin	16.27	57.22	166.13	214.99	275.43	311.33
黑龙江	Heilongjiang	15.51	43.47	45.31	64.41	103.90	115.29
上 海	Shanghai	85.53	126.80	148.42	92.09	232.34	278.54
江 苏	Jiangsu	32.70	400.16	914.73	907.70	1324.22	2104.90
浙 江	Zhejiang	19.60	102.78	158.14	139.55	152.63	306.88
安 徽	Anhui	5.55	32.92	114.31	189.14	415.29	500.85
福 建	Fujian	12.08	51.04	98.52	92.86	161.18	212.65
江 西	Jiangxi	2.36	69.88	195.93	311.07	453.03	428.57
山 东	Shandong	23.99	198.56	365.59	476.76	520.96	695.27
河 南	Henan	12.69	52.43	175.31	219.28	325.86	562.92
湖 北	Hubei	15.53	53.96	164.43	196.11	266.24	361.43
湖 南	Hunan	17.29	38.79	109.93	150.05	227.17	274.41
广 东	Guangdong	108.63	318.29	440.45	327.74	495.85	703.53
广 西	Guangxi	2.05	24.12	43.07	66.46	93.33	142.09
海 南	Hainan	3.11	7.33	1.26	5.00	7.93	15.10
重 庆	Chongqing	3.21	28.30	53.55	75.71	195.21	232.26
四 川	Sichuan	31.05	99.58	242.59	324.95	334.43	459.90
贵 州	Guizhou	6.31	10.36	16.09	21.77	19.69	62.21
云 南	Yunnan	1.24	12.94	12.85	26.84	31.09	34.26
西 藏	Tibet	0.07	0.22	1.58	2.95	1.68	2.68
陕 西	Shaanxi	28.23	49.31	82.83	139.38	163.60	143.48
甘 肃	Gansu	2.98	10.48	12.16	10.51	22.43	35.20
青 海	Qinghai	0.30	2.28	1.82	4.55	4.53	6.74
宁 夏	Ningxia	1.22	1.59	6.13	4.10	3.80	7.39
新 疆	Xinjiang	0.19	3.94	2.92	1.21	3.65	17.06

3-1-8 续表 5 continued

地　区	Region	新增固定资产（亿元） Newly Increased Fixed Assets (100 million yuan)					
		2000	2005	2008	2009	2010	2011
全　国	**Total**	**421.02**	**1463.88**	**2574.17**	**3160.45**	**4450.41**	**6355.15**
东部地区	Eastern Region	299.64	1085.56	1772.74	1782.40	2406.50	3938.04
中部地区	Middle Region	67.49	273.50	623.02	889.76	1296.78	1746.72
西部地区	Western Region	53.88	104.83	178.43	488.29	747.12	670.40
北　京	Beijing	15.89	104.89	40.69	17.69	36.51	49.69
天　津	Tianjin	20.54	28.05	40.41	55.95	192.91	102.78
河　北	Hebei	10.50	44.15	79.19	115.38	134.19	186.46
山　西	Shanxi	1.69	16.81	17.08	19.79	17.05	39.81
内蒙古	Inner Mongolia	0.67	19.84	17.97	27.92	23.00	54.39
辽　宁	Liaoning	13.89	42.76	119.07	188.12	174.56	284.64
吉　林	Jilin	11.46	32.38	120.56	148.75	208.13	258.05
黑龙江	Heilongjiang	17.06	38.84	31.08	44.82	72.60	51.49
上　海	Shanghai	66.19	68.14	188.83	35.17	85.02	183.94
江　苏	Jiangsu	28.76	367.60	623.09	780.54	971.44	1701.50
浙　江	Zhejiang	16.47	59.04	128.22	84.49	104.99	203.25
安　徽	Anhui	3.80	20.13	41.83	92.71	147.07	328.62
福　建	Fujian	7.05	30.26	48.41	58.71	88.40	140.93
江　西	Jiangxi	2.23	46.54	160.18	215.18	356.27	329.79
山　东	Shandong	21.40	102.31	173.36	214.76	260.71	383.86
河　南	Henan	5.32	32.96	124.50	173.42	187.33	302.04
湖　北	Hubei	10.78	35.61	59.36	113.49	160.93	229.47
湖　南	Hunan	14.48	30.39	50.46	81.60	124.40	153.06
广　东	Guangdong	96.50	226.05	316.52	230.69	302.70	599.76
广　西	Guangxi	1.56	9.63	14.41	32.19	53.90	97.93
海　南	Hainan	0.89	2.68	0.54	0.90	1.17	3.29
重　庆	Chongqing	1.50	9.88	40.73	32.16	46.37	150.44
四　川	Sichuan	28.93	33.00	62.67	291.23	378.69	365.08
贵　州	Guizhou	4.91	10.40	12.70	10.79	5.95	20.59
云　南	Yunnan	1.17	5.50	4.92	6.38	9.80	21.28
西　藏	Tibet	0.07	0.21		0.07	1.22	1.93
陕　西	Shaanxi	13.66	33.24	50.60	78.20	286.43	85.11
甘　肃	Gansu	2.75	4.72	4.45	5.80	11.02	14.99
青　海	Qinghai	0.24	3.12	0.15	1.33	4.20	3.25
宁　夏	Ningxia	0.45	1.59	0.20	1.60	0.87	6.72
新　疆	Xinjiang	0.20	3.17	2.01	0.62	2.57	1.01

3-1-8 续表 6 continued

地区	Region	固定资产交付使用率 (%) Rate of Fixed Assets Put into Use (%)					
		2000	2005	2008	2009	2010	2011
全国	**Total**	**74.79**	**68.27**	**61.74**	**64.73**	**64.08**	**67.12**
东部地区	Eastern Region	75.27	71.74	65.92	65.00	60.23	68.91
中部地区	Middle Region	74.96	66.40	59.48	63.67	59.79	63.46
西部地区	Western Region	72.03	47.87	41.25	65.75	95.77	66.96
北京	Beijing	64.87	124.71	77.03	49.27	26.66	18.64
天津	Tianjin	38.12	48.33	33.16	39.60	89.34	29.34
河北	Hebei	75.60	66.08	75.03	69.18	62.67	64.66
山西	Shanxi	56.88	51.22	30.61	37.80	35.45	51.43
内蒙古	Inner Mongolia	35.79	65.25	88.83	43.50	42.67	45.21
辽宁	Liaoning	76.52	56.90	49.83	52.76	39.65	81.18
吉林	Jilin	70.46	56.59	72.57	69.19	75.57	82.89
黑龙江	Heilongjiang	109.97	89.36	68.60	69.58	69.87	44.66
上海	Shanghai	77.39	53.73	127.22	38.19	36.59	66.04
江苏	Jiangsu	87.94	91.86	68.12	85.99	73.36	80.84
浙江	Zhejiang	84.07	57.44	81.08	60.55	68.79	66.23
安徽	Anhui	68.51	61.16	36.60	49.02	35.41	65.61
福建	Fujian	58.37	59.27	49.14	63.23	54.85	66.27
江西	Jiangxi	94.49	66.60	81.75	69.18	78.64	76.95
山东	Shandong	89.19	51.53	47.42	45.05	50.04	55.21
河南	Henan	41.89	62.86	71.01	79.09	57.49	53.66
湖北	Hubei	69.44	66.00	36.10	57.87	60.45	63.49
湖南	Hunan	83.77	78.35	45.91	54.38	54.76	55.78
广东	Guangdong	88.83	71.02	71.86	70.39	61.05	85.25
广西	Guangxi	76.39	39.93	33.45	48.44	57.75	68.92
海南	Hainan	28.59	36.48	42.45	18.02	14.75	21.79
重庆	Chongqing	46.77	34.91	76.07	42.47	23.75	64.77
四川	Sichuan	93.15	33.14	25.83	89.62	113.23	79.38
贵州	Guizhou	77.83	100.46	78.91	49.55	30.22	33.10
云南	Yunnan	93.62	42.47	38.27	23.78	31.52	62.11
西藏	Tibet	100.00	96.59		2.44	72.62	72.01
陕西	Shaanxi	48.40	67.41	61.08	56.11	175.08	59.32
甘肃	Gansu	92.34	45.03	36.57	55.16	49.13	42.59
青海	Qinghai	79.16	136.53	8.26	29.23	92.72	48.22
宁夏	Ningxia	37.21	99.84	3.26	38.92	22.89	90.93
新疆	Xinjiang	104.96	80.48	68.89	51.23	70.41	5.92

3-1-9 各地区国有及国有控股企业固定资产投资情况

Statistics on Investment in Fixed Assets in State-owned and State-controlled Enterprises by Region

地区	Region	施工项目（个） Number of Projects under Construction (unit)					
		2000	2005	2008	2009	2010	2011
全　国	**Total**	**1321**	**1285**	**1073**	**1158**	**1167**	**1065**
东部地区	Eastern Region	652	539	550	531	569	552
中部地区	Middle Region	318	394	226	293	338	256
西部地区	Western Region	351	352	297	334	260	257
北　京	Beijing	67	40	38	35	32	41
天　津	Tianjin	19	14	33	44	32	45
河　北	Hebei	69	74	19	22	27	31
山　西	Shanxi	26	43	7	9	10	11
内蒙古	Inner Mongolia	14	17	1	4	6	
辽　宁	Liaoning	73	53	77	56	30	23
吉　林	Jilin	12	36	22	38	65	34
黑龙江	Heilongjiang	50	51	34	48	33	31
上　海	Shanghai	71	36	54	71	96	60
江　苏	Jiangsu	124	71	50	57	68	77
浙　江	Zhejiang	41	53	35	27	24	29
安　徽	Anhui	24	43	29	33	37	28
福　建	Fujian	22	22	15	13	17	19
江　西	Jiangxi	40	46	36	35	35	17
山　东	Shandong	55	27	27	35	38	51
河　南	Henan	68	30	24	19	26	25
湖　北	Hubei	63	68	33	61	55	55
湖　南	Hunan	21	60	40	50	71	55
广　东	Guangdong	65	106	184	168	176	133
广　西	Guangxi	42	32	17	22	26	40
海　南	Hainan	4	11	1	3	3	3
重　庆	Chongqing	9	25	31	33	57	62
四　川	Sichuan	51	77	53	62	50	51
贵　州	Guizhou	129	6	58	61	19	13
云　南	Yunnan	37	19	5	9	19	21
西　藏	Tibet	1	2	3	3	5	2
陕　西	Shaanxi	84	167	118	115	80	68
甘　肃	Gansu	21	44	19	15	23	31
青　海	Qinghai	4	4	2	5	1	5
宁　夏	Ningxia	11	1	1	2		1
新　疆	Xinjiang	4	7	7	3	6	3

3-1-9 续表 1 continued

地 区	Region	新开工项目（个） Number of Projects Started This Year (unit)					
		2000	2005	2008	2009	2010	2011
全 国	**Total**	**803**	**636**	**533**	**636**	**605**	**514**
东部地区	Eastern Region	407	283	288	283	246	244
中部地区	Middle Region	192	194	110	172	230	142
西部地区	Western Region	204	159	135	181	129	128
北 京	Beijing	37	10	27	19	12	9
天 津	Tianjin	15	8	9	23	11	21
河 北	Hebei	43	54	9	19	17	16
山 西	Shanxi	11	5		2	5	7
内蒙古	Inner Mongolia	7	9		3	6	
辽 宁	Liaoning	50	35	57	45	17	10
吉 林	Jilin	6	32	14	25	63	32
黑龙江	Heilongjiang	33	28	17	27	18	14
上 海	Shanghai	51	19	28	39	45	16
江 苏	Jiangsu	85	35	22	35	30	45
浙 江	Zhejiang	19	21	9	6	6	15
安 徽	Anhui	20	19	15	16	21	14
福 建	Fujian	8	8	3	2	7	5
江 西	Jiangxi	17	16	14	21	19	10
山 东	Shandong	36	16	13	19	13	33
河 南	Henan	47	19	13	14	16	8
湖 北	Hubei	38	41	16	36	26	28
湖 南	Hunan	13	25	21	31	56	29
广 东	Guangdong	31	50	100	73	71	46
广 西	Guangxi	29	21	10	16	16	28
海 南	Hainan	3	6	1	3	1	
重 庆	Chongqing	6	14	16	19	39	31
四 川	Sichuan	21	41	20	24	16	24
贵 州	Guizhou	110	5	23	46	10	9
云 南	Yunnan	11	7	3	7	13	7
西 藏	Tibet	1	2	1	1	3	
陕 西	Shaanxi	39	55	55	49	26	28
甘 肃	Gansu	9	31	8	8	16	22
青 海	Qinghai	3		2	3		5
宁 夏	Ningxia	2	1	1	2		1
新 疆	Xinjiang	2	3	6	3	6	1

3-1-9 续表 2 continued

地 区	Region	建成或投产项目（个） Number of Projects Completed and Put into Use (unit)					
		2000	2005	2008	2009	2010	2011
全 国	**Total**	**627**	**503**	**486**	**526**	**522**	**441**
东部地区	Eastern Region	286	229	272	238	249	221
中部地区	Middle Region	176	175	88	148	173	102
西部地区	Western Region	165	99	126	140	100	118
北 京	Beijing	22	14	23	19	7	11
天 津	Tianjin	13	7	12	23	11	19
河 北	Hebei	31	44	14	13	13	13
山 西	Shanxi	12	19		2	6	7
内蒙古	Inner Mongolia	10	12		4	6	
辽 宁	Liaoning	41	24	57	32	15	9
吉 林	Jilin		19	15	21	63	20
黑龙江	Heilongjiang	30	28	15	35	16	9
上 海	Shanghai	3	20	24	19	35	14
江 苏	Jiangsu	69	35	25	29	35	42
浙 江	Zhejiang	14	19	11	8	7	8
安 徽	Anhui	16	11	6	19	15	10
福 建	Fujian	8	8	1	2	2	5
江 西	Jiangxi	26	21	16	18	20	10
山 东	Shandong	22	6	9	11	16	25
河 南	Henan	39	17	18	9	7	7
湖 北	Hubei	34	28	6	33	27	26
湖 南	Hunan	9	20	12	11	13	13
广 东	Guangdong	33	33	92	80	99	56
广 西	Guangxi	27	15	4	12	9	17
海 南	Hainan	3	4		2		2
重 庆	Chongqing	3	6	14	13	28	30
四 川	Sichuan	21	18	12	27	23	25
贵 州	Guizhou	93	2	34	19	6	4
云 南	Yunnan	14	6	2	1	4	14
西 藏	Tibet	1	1		1	2	1
陕 西	Shaanxi	20	40	49	52	26	23
甘 肃	Gansu	6	17	9	5	8	16
青 海	Qinghai	1	4		2	1	3
宁 夏	Ningxia	5	1		2		
新 疆	Xinjiang	1	4	6	2	2	2

3-1-9 续表 3 continued

地　区	Region	项目建成投产率 (%) Rate of Projects Completed and Put into Use (%)					
		2000	2005	2008	2009	2010	2011
全　国	**Total**	**47.46**	**39.14**	**45.29**	**45.42**	**44.73**	**41.41**
东部地区	Eastern Region	43.87	42.49	49.45	44.82	43.76	40.04
中部地区	Middle Region	55.35	44.42	38.94	50.51	51.18	39.84
西部地区	Western Region	47.01	28.13	42.42	41.92	38.46	45.91
北　京	Beijing	32.84	35.00	60.53	54.29	21.88	26.83
天　津	Tianjin	68.42	50.00	36.36	52.27	34.38	42.22
河　北	Hebei	44.93	59.46	73.68	59.09	48.15	41.94
山　西	Shanxi	46.15	44.19		22.22	60.00	63.64
内蒙古	Inner Mongolia	71.43	70.59		100.00	100.00	
辽　宁	Liaoning	56.16	45.28	74.03	57.14	50.00	39.13
吉　林	Jilin		52.78	68.18	55.26	96.92	58.82
黑龙江	Heilongjiang	60.00	54.90	44.12	72.92	48.48	29.03
上　海	Shanghai	4.23	55.56	44.44	26.76	36.46	23.33
江　苏	Jiangsu	55.65	49.30	50.00	50.88	51.47	54.55
浙　江	Zhejiang	34.15	35.85	31.43	29.63	29.17	27.59
安　徽	Anhui	66.67	25.58	20.69	57.58	40.54	35.71
福　建	Fujian	36.36	36.36	6.67	15.38	11.76	26.32
江　西	Jiangxi	65.00	45.65	44.44	51.43	57.14	58.82
山　东	Shandong	40.00	22.22	33.33	31.43	42.11	49.02
河　南	Henan	57.35	56.67	75.00	47.37	26.92	28.00
湖　北	Hubei	53.97	41.18	18.18	54.10	49.09	47.27
湖　南	Hunan	42.86	33.33	30.00	22.00	18.31	23.64
广　东	Guangdong	50.77	31.13	50.00	47.62	56.25	42.11
广　西	Guangxi	64.29	46.88	23.53	54.55	34.62	42.50
海　南	Hainan	75.00	36.36		66.67		66.67
重　庆	Chongqing	33.33	24.00	45.16	39.39	49.12	48.39
四　川	Sichuan	41.18	23.38	22.64	43.55	46.00	49.02
贵　州	Guizhou	72.09	33.33	58.62	31.15	31.58	30.77
云　南	Yunnan	37.84	31.58	40.00	11.11	21.05	66.67
西　藏	Tibet	100.00	50.00		33.33	40.00	50.00
陕　西	Shaanxi	23.81	23.95	41.53	45.22	32.50	33.82
甘　肃	Gansu	28.57	38.64	47.37	33.33	34.78	51.61
青　海	Qinghai	25.00	100.00		40.00	100.00	60.00
宁　夏	Ningxia	45.45	100.00		100.00		
新　疆	Xinjiang	25.00	57.14	85.71	66.67	33.33	66.67

3-1-9 续表 4 continued

地 区	Region	投资额（亿元） Investment (100 million yuan)					
		2000	2005	2008	2009	2010	2011
全 国	**Total**	**168.44**	**380.71**	**624.09**	**770.91**	**1356.36**	**1627.06**
东部地区	Eastern Region	89.35	188.12	292.02	334.04	808.61	980.87
中部地区	Middle Region	33.63	110.57	146.58	166.33	224.97	316.31
西部地区	Western Region	45.49	82.02	185.45	270.54	322.78	329.88
北 京	Beijing	9.65	9.18	15.51	9.49	67.81	175.80
天 津	Tianjin	5.15	9.31	19.40	43.30	84.90	162.91
河 北	Hebei	7.59	24.06	11.28	17.20	40.06	50.60
山 西	Shanxi	1.75	4.83	2.14	4.83	2.43	10.12
内 蒙 古	Inner Mongolia	0.51	7.24	0.99	0.30	2.82	
辽 宁	Liaoning	8.48	21.15	66.33	48.40	60.24	37.46
吉 林	Jilin	1.80	15.55	14.91	16.38	13.99	16.61
黑 龙 江	Heilongjiang	11.55	27.90	20.45	30.12	35.33	32.65
上 海	Shanghai	11.88	17.81	28.52	35.15	133.43	93.90
江 苏	Jiangsu	14.29	52.89	40.61	63.42	181.58	169.86
浙 江	Zhejiang	3.95	9.42	8.25	9.83	8.62	12.58
安 徽	Anhui	1.61	8.49	21.88	24.37	34.07	99.62
福 建	Fujian	2.13	5.89	3.96	11.11	24.43	21.48
江 西	Jiangxi	2.22	16.05	19.17	17.54	38.34	13.94
山 东	Shandong	8.60	15.84	21.48	32.24	36.89	52.18
河 南	Henan	6.24	5.91	26.08	8.71	23.93	37.03
湖 北	Hubei	6.49	15.51	19.51	35.00	35.96	53.45
湖 南	Hunan	1.46	9.09	21.45	29.38	38.10	52.90
广 东	Guangdong	16.35	14.34	71.53	60.32	146.43	155.28
广 西	Guangxi	0.89	4.20	5.12	7.71	17.56	36.92
海 南	Hainan	0.39	4.03	0.03	3.58	6.66	11.91
重 庆	Chongqing	0.45	10.47	28.75	42.85	140.96	134.80
四 川	Sichuan	13.10	24.81	102.30	132.23	81.17	78.52
贵 州	Guizhou	4.57	0.53	6.49	11.66	10.45	30.62
云 南	Yunnan	1.05	6.11	3.03	6.06	10.81	11.42
西 藏	Tibet	0.04	0.22	0.11	0.68	0.14	0.28
陕 西	Shaanxi	22.37	32.06	38.55	64.59	72.47	64.51
甘 肃	Gansu	2.81	6.13	4.21	2.97	6.00	7.53
青 海	Qinghai	0.22	0.29	0.21	1.05	0.01	1.25
宁 夏	Ningxia	0.70	0.05	1.18	0.18	0.09	0.38
新 疆	Xinjiang	0.18	1.35	0.62	0.26	0.67	0.56

地　区	Region	新增固定资产（亿元） Newly Increased Fixed Assets (100 million yuan)					
		2000	2005	2008	2009	2010	2011
全　国	**Total**	**130.94**	**213.70**	**336.92**	**488.96**	**536.16**	**765.35**
东部地区	Eastern Region	71.36	94.78	197.01	187.38	294.73	428.70
中部地区	Middle Region	29.92	86.14	62.78	98.49	124.34	119.43
西部地区	Western Region	29.64	32.79	77.13	203.09	117.09	217.21
北　京	Beijing	5.47	11.34	14.99	3.23	14.51	13.25
天　津	Tianjin	3.48	6.87	5.37	9.20	24.03	44.08
河　北	Hebei	6.43	16.06	10.51	6.84	27.61	12.85
山　西	Shanxi	1.39	6.50		3.51	2.62	8.14
内蒙古	Inner Mongolia	0.17	4.41	0.99	1.29	2.74	
辽　宁	Liaoning	6.21	8.88	23.90	53.51	29.03	18.01
吉　林	Jilin	0.11	11.98	10.55	10.74	12.55	10.64
黑龙江	Heilongjiang	14.37	28.88	7.10	18.99	21.30	10.39
上　海	Shanghai	7.88	4.87	40.36	8.98	14.46	23.30
江　苏	Jiangsu	12.30	23.35	22.93	47.90	90.32	109.26
浙　江	Zhejiang	4.02	6.31	3.59	3.90	4.33	2.92
安　徽	Anhui	1.02	6.13	5.85	9.28	12.24	23.54
福　建	Fujian	1.21	2.08	0.79	7.83	8.52	7.21
江　西	Jiangxi	2.12	10.27	10.92	7.68	31.29	9.64
山　东	Shandong	8.19	3.01	12.60	12.21	12.43	29.61
河　南	Henan	4.21	4.24	14.46	15.61	3.11	6.75
湖　北	Hubei	4.55	7.27	9.25	24.76	28.96	37.14
湖　南	Hunan	1.98	6.46	3.66	7.92	9.53	13.20
广　东	Guangdong	15.33	8.21	61.18	33.38	62.24	142.20
广　西	Guangxi	0.55	1.68	0.79	3.69	6.40	24.88
海　南	Hainan	0.29	2.12		0.40	0.85	1.13
重　庆	Chongqing	0.13	1.46	29.80	8.43	21.60	107.63
四　川	Sichuan	13.33	8.32	9.75	136.22	59.62	45.19
贵　州	Guizhou	3.47	0.28	7.18	5.22	1.65	4.37
云　南	Yunnan	0.99	1.63	2.10	3.32	0.83	7.25
西　藏	Tibet	0.04	0.21		0.07	0.03	0.13
陕　西	Shaanxi	8.17	14.96	26.35	41.32	29.60	46.59
甘　肃	Gansu	2.66	3.01	1.50	2.93	3.62	5.05
青　海	Qinghai	0.20	1.42		0.24	0.03	0.54
宁　夏	Ningxia	0.45	0.05		0.18		
新　疆	Xinjiang	0.20	1.45	0.45	0.18	0.10	0.46

3-1-9 续表 6 continued

地　区	Region	固定资产交付使用率 (%) Rate of Fixed Assets Put into Use (%)					
		2000	2005	2008	2009	2010	2011
全　国	**Total**	**77.74**	**56.13**	**53.99**	**63.43**	**39.53**	**47.04**
东部地区	Eastern Region	79.87	50.38	67.46	56.10	36.45	43.71
中部地区	Middle Region	88.97	77.91	42.83	59.21	55.27	37.76
西部地区	Western Region	65.16	39.98	41.59	75.07	36.28	65.85
北　京	Beijing	56.74	123.57	96.61	34.02	21.39	7.54
天　津	Tianjin	67.63	73.87	27.66	21.25	28.30	27.06
河　北	Hebei	84.71	66.75	93.13	39.76	68.91	25.40
山　西	Shanxi	78.98	134.60		72.70	107.65	80.43
内蒙古	Inner Mongolia	33.75	60.84	100.00	433.67	97.02	
辽　宁	Liaoning	73.31	42.00	36.04	110.55	48.20	48.08
吉　林	Jilin	6.12	77.06	70.80	65.58	89.66	64.06
黑龙江	Heilongjiang	124.42	103.51	34.73	63.03	60.29	31.82
上　海	Shanghai	66.33	27.33	141.55	25.55	10.84	24.81
江　苏	Jiangsu	86.07	44.14	56.46	75.53	49.74	64.32
浙　江	Zhejiang	101.76	67.00	43.57	39.72	50.22	23.21
安　徽	Anhui	63.04	72.15	26.75	38.08	35.94	23.63
福　建	Fujian	56.82	35.29	19.88	70.42	34.88	33.57
江　西	Jiangxi	95.40	63.98	56.93	43.77	81.61	69.15
山　东	Shandong	95.26	18.98	58.67	37.87	33.69	56.75
河　南	Henan	67.58	71.70	55.43	179.30	13.01	18.23
湖　北	Hubei	70.13	46.83	47.44	70.76	80.56	69.49
湖　南	Hunan	135.65	70.98	17.07	26.97	25.01	24.95
广　东	Guangdong	93.76	57.24	85.53	55.33	42.51	91.58
广　西	Guangxi	61.59	40.11	15.34	47.89	36.47	67.39
海　南	Hainan	75.56	52.70		11.07	12.78	9.49
重　庆	Chongqing	29.53	13.93	103.65	19.68	15.33	79.84
四　川	Sichuan	101.74	33.53	9.53	103.02	73.45	57.55
贵　州	Guizhou	75.92	52.91	110.58	44.80	15.82	14.27
云　南	Yunnan	94.99	26.69	69.38	54.77	7.67	63.49
西　藏	Tibet	100.00	96.59		10.56	22.12	46.43
陕　西	Shaanxi	36.53	46.66	68.34	63.97	40.84	72.22
甘　肃	Gansu	94.75	49.16	35.50	98.75	60.31	67.07
青　海	Qinghai	94.69	482.65		23.22	242.86	43.20
宁　夏	Ningxia	65.15	100.00		100.00		
新　疆	Xinjiang	113.54	107.97	71.80	67.20	14.73	82.14

3-1-10 各地区内资企业固定资产投资情况

Statistics on Investment in Fixed Assets in Domeistic Funded Enterprises by Region

地区	Region	施工项目（个） Number of Projects under Construction (unit)					
		2000	2005	2008	2009	2010	2011
全国	**Total**	**2270**	**5424**	**6773**	**8126**	**9129**	**11385**
东部地区	Eastern Region	1165	2723	3327	3875	3894	6299
中部地区	Middle Region	584	1688	2433	3168	4150	3876
西部地区	Western Region	521	1013	1013	1083	1085	1210
北京	Beijing	92	51	46	58	75	107
天津	Tianjin	47	43	89	145	96	179
河北	Hebei	122	227	288	356	323	355
山西	Shanxi	34	110	58	74	87	129
内蒙古	Inner Mongolia	22	64	36	67	69	72
辽宁	Liaoning	109	249	344	454	281	381
吉林	Jilin	84	192	317	419	822	451
黑龙江	Heilongjiang	79	127	97	127	156	132
上海	Shanghai	93	63	76	100	143	172
江苏	Jiangsu	166	487	659	846	924	2055
浙江	Zhejiang	151	382	398	420	432	874
安徽	Anhui	49	229	421	532	679	700
福建	Fujian	43	144	195	202	216	300
江西	Jiangxi	43	253	388	526	677	545
山东	Shandong	121	461	560	618	640	873
河南	Henan	95	253	504	618	640	665
湖北	Hubei	130	259	283	381	456	546
湖南	Hunan	48	201	329	424	564	636
广东	Guangdong	143	426	463	450	491	709
广西	Guangxi	65	170	206	215	265	286
海南	Hainan	13	20	3	11	8	8
重庆	Chongqing	26	101	132	130	187	229
四川	Sichuan	133	384	401	439	389	473
贵州	Guizhou	144	69	110	105	51	35
云南	Yunnan	46	64	38	68	88	80
西藏	Tibet	2	2	9	16	18	13
陕西	Shaanxi	114	260	229	233	207	200
甘肃	Gansu	25	82	58	51	96	120
青海	Qinghai	11	14	6	15	12	15
宁夏	Ningxia	14	9	9	14	12	19
新疆	Xinjiang	6	28	21	12	25	26

3-1-10 续表 1 continued

地 区	Region	新开工项目（个） Number of Projects Started This Year (unit)					
		2000	2005	2008	2009	2010	2011
全 国	**Total**	**1372**	**3422**	**4021**	**5385**	**6224**	**7428**
东部地区	Eastern Region	730	1769	1893	2442	2429	3999
中部地区	Middle Region	343	1064	1592	2288	3144	2710
西部地区	Western Region	299	589	536	655	651	719
北 京	Beijing	49	18	17	18	27	33
天 津	Tianjin	39	23	43	96	55	124
河 北	Hebei	82	172	194	274	228	215
山 西	Shanxi	18	44	27	42	52	83
内 蒙 古	Inner Mongolia	10	45	28	56	55	56
辽 宁	Liaoning	76	180	264	373	194	230
吉 林	Jilin	38	144	255	333	767	393
黑 龙 江	Heilongjiang	54	84	61	91	116	92
上 海	Shanghai	61	31	36	57	67	80
江 苏	Jiangsu	115	373	371	559	633	1496
浙 江	Zhejiang	80	219	174	221	219	460
安 徽	Anhui	32	138	244	327	482	491
福 建	Fujian	19	79	110	107	133	170
江 西	Jiangxi	19	132	191	358	460	364
山 东	Shandong	76	320	310	360	412	575
河 南	Henan	66	186	382	512	472	380
湖 北	Hubei	76	169	187	267	316	382
湖 南	Hunan	30	122	217	302	424	469
广 东	Guangdong	79	228	268	237	271	415
广 西	Guangxi	44	113	104	129	188	200
海 南	Hainan	10	13	2	11	2	1
重 庆	Chongqing	14	64	56	77	133	153
四 川	Sichuan	69	250	219	250	220	276
贵 州	Guizhou	117	44	59	79	31	22
云 南	Yunnan	14	29	18	53	49	33
西 藏	Tibet	2	2	4	5	5	7
陕 西	Shaanxi	59	111	128	129	112	110
甘 肃	Gansu	12	63	26	30	69	79
青 海	Qinghai	4	5	4	11	5	11
宁 夏	Ningxia	4	7	5	11	5	12
新 疆	Xinjiang	4	14	17	10	22	16

3-1-10 续表 2 continued

地区	Region	建成或投产项目（个）Number of Projects Completed and Put into Use (unit)					
		2000	2005	2008	2009	2010	2011
全 国	**Total**	**1057**	**2394**	**3497**	**4563**	**5192**	**6698**
东部地区	Eastern Region	531	1235	1681	2125	1986	3761
中部地区	Middle Region	295	776	1351	1882	2684	2308
西部地区	Western Region	231	383	465	556	522	629
北 京	Beijing	31	15	12	16	16	24
天 津	Tianjin	34	17	35	84	51	86
河 北	Hebei	52	128	177	247	188	194
山 西	Shanxi	13	44	24	23	49	78
内蒙古	Inner Mongolia	12	39	23	49	47	53
辽 宁	Liaoning	57	147	249	299	137	225
吉 林	Jilin	28	103	225	295	735	303
黑龙江	Heilongjiang	41	69	60	84	99	58
上 海	Shanghai	7	29	28	22	46	38
江 苏	Jiangsu	92	290	400	558	612	1545
浙 江	Zhejiang	61	156	162	171	176	414
安 徽	Anhui	24	78	164	276	361	367
福 建	Fujian	16	54	62	71	63	124
江 西	Jiangxi	27	122	221	327	485	394
山 东	Shandong	62	163	257	308	314	548
河 南	Henan	50	137	357	438	369	391
湖 北	Hubei	79	104	131	220	278	331
湖 南	Hunan	21	80	146	170	261	333
广 东	Guangdong	74	166	235	232	227	398
广 西	Guangxi	41	65	63	113	155	159
海 南	Hainan	4	5	1	4	1	6
重 庆	Chongqing	12	36	58	71	103	131
四 川	Sichuan	59	120	180	266	211	283
贵 州	Guizhou	97	41	66	39	14	11
云 南	Yunnan	14	24	13	20	28	39
西 藏	Tibet	2	1		1	11	9
陕 西	Shaanxi	33	100	105	123	96	85
甘 肃	Gansu	6	29	24	20	33	43
青 海	Qinghai	2	12	1	6	7	10
宁 夏	Ningxia	5	8	1	5	4	12
新 疆	Xinjiang	1	12	17	5	15	6

3-1-10 续表 3 continued

地 区	Region	项目建成投产率 (%) Rate of Projects Completed and Put into Use (%)					
		2000	2005	2008	2009	2010	2011
全 国	**Total**	**46.56**	**44.14**	**51.63**	**56.15**	**56.87**	**58.83**
东部地区	Eastern Region	45.58	45.35	50.53	54.84	51.00	59.71
中部地区	Middle Region	50.51	45.97	55.53	59.41	64.67	59.55
西部地区	Western Region	44.34	37.81	45.90	51.34	48.11	51.98
北 京	Beijing	33.70	29.41	26.09	27.59	21.33	22.43
天 津	Tianjin	72.34	39.53	39.33	57.93	53.13	48.04
河 北	Hebei	42.62	56.39	61.46	69.38	58.20	54.65
山 西	Shanxi	38.24	40.00	41.38	31.08	56.32	60.47
内蒙古	Inner Mongolia	54.55	60.94	63.89	73.13	68.12	73.61
辽 宁	Liaoning	52.29	59.04	72.38	65.86	48.75	59.06
吉 林	Jilin	33.33	53.65	70.98	70.41	89.42	67.18
黑龙江	Heilongjiang	51.90	54.33	61.86	66.14	63.46	43.94
上 海	Shanghai	7.53	46.03	36.84	22.00	32.17	22.09
江 苏	Jiangsu	55.42	59.55	60.70	65.96	66.23	75.18
浙 江	Zhejiang	40.40	40.84	40.70	40.71	40.74	47.37
安 徽	Anhui	48.98	34.06	38.95	51.88	53.17	52.43
福 建	Fujian	37.21	37.50	31.79	35.15	29.17	41.33
江 西	Jiangxi	62.79	48.22	56.96	62.17	71.64	72.29
山 东	Shandong	51.24	35.36	45.89	49.84	49.06	62.77
河 南	Henan	52.63	54.15	70.83	70.87	57.66	58.80
湖 北	Hubei	60.77	40.15	46.29	57.74	60.96	60.62
湖 南	Hunan	43.75	39.80	44.38	40.09	46.28	52.36
广 东	Guangdong	51.75	38.97	50.76	51.56	46.23	56.14
广 西	Guangxi	63.08	38.24	30.58	52.56	58.49	55.59
海 南	Hainan	30.77	25.00	33.33	36.36	12.50	75.00
重 庆	Chongqing	46.15	35.64	43.94	54.62	55.08	57.21
四 川	Sichuan	44.36	31.25	44.89	60.59	54.24	59.83
贵 州	Guizhou	67.36	59.42	60.00	37.14	27.45	31.43
云 南	Yunnan	30.43	37.50	34.21	29.41	31.82	48.75
西 藏	Tibet	100.00	50.00		6.25	61.11	69.23
陕 西	Shaanxi	28.95	38.46	45.85	52.79	46.38	42.50
甘 肃	Gansu	24.00	35.37	41.38	39.22	34.38	35.83
青 海	Qinghai	18.18	85.71	16.67	40.00	58.33	66.67
宁 夏	Ningxia	35.71	88.89	11.11	35.71	33.33	63.16
新 疆	Xinjiang	16.67	42.86	80.95	41.67	60.00	23.08

3-1-10 续表 4 continued

地区	Region	投资额（亿元） Investment (100 million yuan)					
		2000	2005	2008	2009	2010	2011
全国	**Total**	**300.49**	**1150.48**	**2448.83**	**3382.30**	**5195.76**	**7346.64**
东部地区	Eastern Region	170.23	611.46	1226.80	1590.30	2518.28	3978.93
中部地区	Middle Region	63.25	351.81	856.02	1248.26	1957.43	2487.60
西部地区	Western Region	67.01	187.22	366.01	543.74	720.04	880.10
北京	Beijing	11.39	10.34	10.58	16.30	78.81	196.15
天津	Tianjin	9.21	16.64	65.91	88.89	137.09	268.89
河北	Hebei	12.32	58.61	86.36	140.61	183.98	265.13
山西	Shanxi	2.82	18.48	20.73	30.39	26.91	64.63
内蒙古	Inner Mongolia	1.85	21.92	9.03	49.76	52.57	111.68
辽宁	Liaoning	11.36	49.65	166.96	224.53	307.32	308.13
吉林	Jilin	11.50	54.27	153.48	203.23	262.19	299.81
黑龙江	Heilongjiang	14.86	42.38	42.41	59.05	90.14	99.31
上海	Shanghai	16.66	13.36	25.81	44.07	152.40	133.40
江苏	Jiangsu	18.80	131.62	307.83	407.77	722.56	1334.20
浙江	Zhejiang	16.54	69.78	82.01	86.10	103.32	237.73
安徽	Anhui	4.54	28.89	100.79	167.60	400.38	474.08
福建	Fujian	4.39	16.97	41.32	52.93	86.81	118.74
江西	Jiangxi	2.36	60.62	149.15	239.70	402.12	380.88
山东	Shandong	16.84	130.33	268.30	347.34	414.75	609.48
河南	Henan	8.54	45.53	156.18	209.19	290.00	494.27
湖北	Hubei	14.08	43.14	126.42	159.26	232.35	316.56
湖南	Hunan	2.69	36.59	97.83	130.08	200.76	246.38
广东	Guangdong	48.20	88.41	138.97	131.27	246.33	369.05
广西	Guangxi	1.99	20.57	32.67	45.90	77.32	124.43
海南	Hainan	2.52	5.19	0.07	4.59	7.61	13.61
重庆	Chongqing	2.68	27.80	49.64	69.62	182.07	204.24
四川	Sichuan	24.10	74.34	193.77	277.74	311.06	387.33
贵州	Guizhou	6.29	8.14	13.27	19.13	18.99	61.41
云南	Yunnan	1.24	11.91	12.20	25.10	27.69	30.18
西藏	Tibet	0.07	0.22	1.58	2.95	1.68	2.68
陕西	Shaanxi	28.02	47.63	73.77	130.25	144.55	128.52
甘肃	Gansu	2.89	9.87	11.50	9.53	22.03	35.20
青海	Qinghai	0.30	2.21	1.82	4.38	4.53	6.50
宁夏	Ningxia	1.22	1.59	6.13	3.87	3.80	6.99
新疆	Xinjiang	0.19	3.51	2.34	1.17	3.63	17.06

3-1-10 续表 5 continued

地 区	Region	新增固定资产（亿元） Newly Increased Fixed Assets (100 million yuan)					
		2000	2005	2008	2009	2010	2011
全 国	**Total**	**234.07**	**699.11**	**1404.60**	**2102.44**	**3332.79**	**4693.19**
东部地区	Eastern Region	138.84	363.44	710.35	922.72	1418.33	2547.78
中部地区	Middle Region	48.60	239.80	525.51	809.48	1182.52	1558.85
西部地区	Western Region	46.63	95.87	168.73	370.24	731.93	586.56
北 京	Beijing	6.99	10.26	9.09	6.21	10.18	25.83
天 津	Tianjin	5.87	16.12	6.49	27.13	145.39	80.78
河 北	Hebei	8.98	37.56	67.53	99.20	117.64	172.47
山 西	Shanxi	1.69	14.43	12.44	18.37	16.02	36.78
内蒙古	Inner Mongolia	0.65	13.96	6.12	20.15	18.20	46.16
辽 宁	Liaoning	8.14	28.84	92.73	157.59	142.67	238.27
吉 林	Jilin	7.00	29.80	116.57	143.52	199.18	247.21
黑龙江	Heilongjiang	16.46	38.70	29.25	40.23	68.75	51.49
上 海	Shanghai	14.04	9.56	38.47	12.40	25.43	42.05
江 苏	Jiangsu	16.78	78.30	179.73	268.45	510.68	1060.28
浙 江	Zhejiang	13.80	39.27	46.23	43.25	67.27	138.18
安 徽	Anhui	2.81	18.95	37.88	77.83	135.41	320.97
福 建	Fujian	2.66	9.88	17.66	33.93	37.76	57.01
江 西	Jiangxi	2.23	38.97	113.14	171.13	320.91	275.76
山 东	Shandong	14.55	68.93	139.27	162.57	210.92	338.27
河 南	Henan	5.24	28.90	113.33	168.57	172.24	238.41
湖 北	Hubei	9.99	26.75	49.80	99.18	147.36	201.11
湖 南	Hunan	2.54	29.31	46.99	70.52	104.45	140.98
广 东	Guangdong	44.70	54.64	102.29	89.08	106.30	308.24
广 西	Guangxi	1.51	7.64	10.84	22.02	42.93	83.95
海 南	Hainan	0.83	2.43	0.02	0.90	1.17	2.46
重 庆	Chongqing	1.17	9.65	39.20	25.14	45.00	146.80
四 川	Sichuan	22.12	29.06	58.85	246.72	377.02	295.27
贵 州	Guizhou	4.91	8.58	11.63	8.97	4.00	20.59
云 南	Yunnan	1.17	4.37	4.36	6.29	8.89	18.36
西 藏	Tibet	0.07	0.22		0.07	1.22	1.93
陕 西	Shaanxi	13.62	32.19	48.48	74.03	278.41	77.64
甘 肃	Gansu	2.66	4.22	3.84	5.72	9.75	14.99
青 海	Qinghai	0.24	2.86	0.15	1.33	4.20	3.25
宁 夏	Ningxia	0.45	1.59	0.20	1.37	0.87	6.72
新 疆	Xinjiang	0.20	3.12	2.01	0.62	2.57	1.01

3-1-10 续表 6 continued

地 区	Region	固定资产交付使用率 (%) Rate of Fixed Assets Put into Use (%)					
		2000	2005	2008	2009	2010	2011
全 国	**Total**	**77.90**	**60.77**	**57.36**	**62.16**	**64.14**	**63.88**
东部地区	Eastern Region	81.56	59.44	57.90	58.02	56.32	64.03
中部地区	Middle Region	76.84	68.16	61.39	64.85	60.41	62.66
西部地区	Western Region	69.59	51.21	46.10	68.09	101.65	66.65
北 京	Beijing	61.37	99.23	85.92	38.10	12.92	13.17
天 津	Tianjin	63.74	96.88	9.85	30.52	106.05	30.04
河 北	Hebei	72.89	64.08	78.20	70.55	63.94	65.05
山 西	Shanxi	59.93	78.08	60.01	60.45	59.53	56.91
内蒙古	Inner Mongolia	35.14	63.69	67.77	40.49	34.62	41.33
辽 宁	Liaoning	71.65	58.09	55.54	70.19	46.42	77.33
吉 林	Jilin	60.87	54.91	75.95	70.62	75.97	82.46
黑龙江	Heilongjiang	110.77	91.32	68.97	68.13	76.27	51.85
上 海	Shanghai	84.27	71.56	149.05	28.14	16.69	31.52
江 苏	Jiangsu	89.26	59.49	58.39	65.83	70.68	79.47
浙 江	Zhejiang	83.43	56.28	56.37	50.23	65.11	58.12
安 徽	Anhui	61.89	65.59	37.58	46.44	33.82	67.70
福 建	Fujian	60.59	58.22	42.74	64.10	43.50	48.01
江 西	Jiangxi	94.49	64.29	75.86	71.39	79.80	72.40
山 东	Shandong	86.40	52.89	51.91	46.80	50.85	55.50
河 南	Henan	61.36	63.47	72.56	80.58	59.39	48.23
湖 北	Hubei	70.95	62.01	39.39	62.28	63.42	63.53
湖 南	Hunan	94.42	80.10	48.03	54.21	52.03	57.22
广 东	Guangdong	92.74	61.80	73.61	67.86	43.15	83.52
广 西	Guangxi	75.88	37.14	33.18	47.97	55.52	67.47
海 南	Hainan	32.94	46.82	28.57	19.61	15.37	18.07
重 庆	Chongqing	43.66	34.71	78.97	36.11	24.72	71.88
四 川	Sichuan	91.78	39.09	30.37	88.83	121.20	76.23
贵 州	Guizhou	78.06	105.41	87.64	46.89	21.06	33.53
云 南	Yunnan	94.35	36.69	35.74	25.06	32.11	60.83
西 藏	Tibet	100.00	100.00		2.37	72.62	72.01
陕 西	Shaanxi	48.61	67.58	65.72	56.84	192.60	60.41
甘 肃	Gansu	92.04	42.76	33.39	60.02	44.26	42.59
青 海	Qinghai	80.00	129.41	8.24	30.37	92.72	50.00
宁 夏	Ningxia	36.89	100.00	3.26	35.40	22.89	96.14
新 疆	Xinjiang	105.26	88.89	85.90	52.99	70.80	5.92

3-1-11 各地区港澳台资企业固定资产投资情况

Statistics on Investment in Fixed Assets in Hong Kong, Macau and Taiwan Funded Enterprises by Region

地 区	Region	施工项目（个） Number of Projects under Construction (unit)					
		2000	2005	2008	2009	2010	2011
全 国	**Total**	**201**	**700**	**681**	**666**	**701**	**811**
东部地区	Eastern Region	154	582	567	509	573	674
中部地区	Middle Region	38	94	87	120	106	99
西部地区	Western Region	9	24	27	37	22	38
北 京	Beijing	8	3	2	5	5	10
天 津	Tianjin	3	4	5	7	3	4
河 北	Hebei	7	11	11	6	12	12
山 西	Shanxi	2	1	4	4	3	2
内蒙古	Inner Mongolia		6	4	5	1	4
辽 宁	Liaoning	7	5	11	14	16	15
吉 林	Jilin	7	3	5	10	5	5
黑龙江	Heilongjiang	1	3	2	6	3	1
上 海	Shanghai	9	11	12	17	20	23
江 苏	Jiangsu	12	106	153	129	178	238
浙 江	Zhejiang	14	46	68	67	74	94
安 徽	Anhui	9	18	13	19	13	9
福 建	Fujian	18	48	62	42	43	53
江 西	Jiangxi	1	25	25	36	33	26
山 东	Shandong	8	19	30	30	37	28
河 南	Henan	3	10	8	11	21	18
湖 北	Hubei	9	18	13	15	17	22
湖 南	Hunan	6	10	13	14	10	12
广 东	Guangdong	63	317	196	172	170	183
广 西	Guangxi	3	9	17	20	15	13
海 南	Hainan	2	3				1
重 庆	Chongqing	3	1	2	7	3	14
四 川	Sichuan	4	16	12	11	8	10
贵 州	Guizhou		1	2	2	1	1
云 南	Yunnan		1	2	6	6	9
西 藏	Tibet						
陕 西	Shaanxi	1	4	7	8	4	3
甘 肃	Gansu	1	1	1	1		
青 海	Qinghai				1		
宁 夏	Ningxia				1		1
新 疆	Xinjiang			1			

3-1-11 续表 1 continued

地区	Region	新开工项目（个） Number of Projects Started This Year (unit)					
		2000	2005	2008	2009	2010	2011
全　国	**Total**	**123**	**432**	**302**	**335**	**411**	**434**
东部地区	Eastern Region	91	355	250	242	340	356
中部地区	Middle Region	27	62	42	71	61	53
西部地区	Western Region	5	15	10	22	10	25
北　京	Beijing	5	2	1	3	2	4
天　津	Tianjin	3	2	2	6	1	
河　北	Hebei	5	6	5	1	10	8
山　西	Shanxi	2		1	2	1	2
内蒙古	Inner Mongolia		3	2	4		4
辽　宁	Liaoning	2	3	7	10	12	7
吉　林	Jilin	2	3	5	9	2	2
黑龙江	Heilongjiang	1	1		4	1	1
上　海	Shanghai	5	6	3	7	9	13
江　苏	Jiangsu	6	67	65	58	133	142
浙　江	Zhejiang	9	30	22	31	37	45
安　徽	Anhui	8	11	3	9	10	7
福　建	Fujian	7	25	24	14	17	26
江　西	Jiangxi		17	9	20	12	11
山　东	Shandong	6	15	9	14	18	8
河　南	Henan	3	8	5	7	16	5
湖　北	Hubei	6	12	10	7	12	13
湖　南	Hunan	5	7	7	9	7	8
广　东	Guangdong	39	195	104	89	91	93
广　西	Guangxi	2	3	8	9	10	9
海　南	Hainan	2	1				1
重　庆	Chongqing	3	1		4	1	13
四　川	Sichuan		9	3	6	4	4
贵　州	Guizhou		1	2	2	1	1
云　南	Yunnan		1	1	6	2	5
西　藏	Tibet						
陕　西	Shaanxi	1	3	3	3	2	1
甘　肃	Gansu	1		1			
青　海	Qinghai				1		
宁　夏	Ningxia						1
新　疆	Xinjiang						

3-1-11 续表 2 continued

地区	Region	建成或投产项目（个） Number of Projects Completed and Put into Use (unit)					
		2000	2005	2008	2009	2010	2011
全 国	**Total**	**96**	**296**	**309**	**337**	**336**	**451**
东部地区	Eastern Region	64	252	259	260	282	380
中部地区	Middle Region	24	33	38	59	50	57
西部地区	Western Region	8	11	12	18	4	14
北 京	Beijing	5	2	1	1	1	2
天 津	Tianjin	1		4	4		2
河 北	Hebei	3	5	4	4	8	6
山 西	Shanxi			2	2		2
内蒙古	Inner Mongolia		4	3	4	1	4
辽 宁	Liaoning		1	6	7	7	7
吉 林	Jilin	2	2	4	5	3	4
黑龙江	Heilongjiang				4	2	
上 海	Shanghai		6	1	3	9	6
江 苏	Jiangsu	10	58	91	86	98	172
浙 江	Zhejiang	6	18	22	32	36	46
安 徽	Anhui	9	3	5	13	7	2
福 建	Fujian	5	14	15	7	9	17
江 西	Jiangxi	1	10	11	17	17	18
山 东	Shandong	4	6	13	12	16	18
河 南	Henan	2	3	3	4	6	11
湖 北	Hubei	5	9	5	7	8	13
湖 南	Hunan	5	2	5	3	6	3
广 东	Guangdong	28	138	100	92	89	97
广 西	Guangxi	2	4	2	12	9	7
海 南	Hainan						
重 庆	Chongqing	2	1	1	5		4
四 川	Sichuan	4	5	6	5	2	5
贵 州	Guizhou		1	1	1		
云 南	Yunnan			1	1	1	4
西 藏	Tibet						
陕 西	Shaanxi	1	4	3	4	1	1
甘 肃	Gansu	1			1		
青 海	Qinghai						
宁 夏	Ningxia				1		
新 疆	Xinjiang						

3-1-11 续表 3 continued

地区	Region	项目建成投产率 (%) Rate of Projects Completed and Put into Use (%)					
		2000	2005	2008	2009	2010	2011
全国	**Total**	**47.76**	**42.29**	**45.37**	**50.60**	**47.93**	**55.61**
东部地区	Eastern Region	41.56	43.30	45.68	51.08	49.21	56.38
中部地区	Middle Region	63.16	35.11	43.68	49.17	47.17	57.58
西部地区	Western Region	88.89	45.83	44.44	48.65	18.18	36.84
北京	Beijing	62.50	66.67	50.00	20.00	20.00	20.00
天津	Tianjin	33.33		80.00	57.14		50.00
河北	Hebei	42.86	45.45	36.36	66.67	66.67	50.00
山西	Shanxi			50.00	50.00		100.00
内蒙古	Inner Mongolia		66.67	75.00	80.00	100.00	100.00
辽宁	Liaoning		20.00	54.55	50.00	43.75	46.67
吉林	Jilin	28.57	66.67	80.00	50.00	60.00	80.00
黑龙江	Heilongjiang				66.67	66.67	
上海	Shanghai		54.55	8.33	17.65	45.00	26.09
江苏	Jiangsu	83.33	54.72	59.48	66.67	55.06	72.27
浙江	Zhejiang	42.86	39.13	32.35	47.76	48.65	48.94
安徽	Anhui	100.00	16.67	38.46	68.42	53.85	22.22
福建	Fujian	27.78	29.17	24.19	16.67	20.93	32.08
江西	Jiangxi	100.00	40.00	44.00	47.22	51.52	69.23
山东	Shandong	50.00	31.58	43.33	40.00	43.24	64.29
河南	Henan	66.67	30.00	37.50	36.36	28.57	61.11
湖北	Hubei	55.56	50.00	38.46	46.67	47.06	59.09
湖南	Hunan	83.33	20.00	38.46	21.43	60.00	25.00
广东	Guangdong	44.44	43.53	51.02	53.49	52.35	53.01
广西	Guangxi	66.67	44.44	11.76	60.00	60.00	53.85
海南	Hainan						
重庆	Chongqing	66.67	100.00	50.00	71.43		28.57
四川	Sichuan	100.00	31.25	50.00	45.45	25.00	50.00
贵州	Guizhou		100.00	50.00	50.00		
云南	Yunnan			50.00	16.67	16.67	44.44
西藏	Tibet						
陕西	Shaanxi	100.00	100.00	42.86	50.00	25.00	33.33
甘肃	Gansu	100.00			100.00		
青海	Qinghai						
宁夏	Ningxia				100.00		
新疆	Xinjiang						

3-1-11 续表 4 continued

地 区	Region	投资额（亿元） Investment (100 million yuan)					
		2000	2005	2008	2009	2010	2011
全 国	**Total**	**53.91**	**365.51**	**624.89**	**541.20**	**729.61**	**941.04**
东部地区	Eastern Region	41.80	302.91	478.65	415.29	575.78	658.91
中部地区	Middle Region	10.86	49.64	135.88	113.41	132.06	182.80
西部地区	Western Region	1.25	12.96	10.36	12.50	21.77	99.33
北 京	Beijing	1.05	35.22	2.57	2.19	6.01	7.31
天 津	Tianjin	0.96	4.38	0.71	7.12	13.15	38.99
河 北	Hebei	0.64	4.15	5.81	13.65	25.27	14.99
山 西	Shanxi	0.15	14.11	34.95	21.19	15.76	0.35
内蒙古	Inner Mongolia		8.25	10.95	4.92	0.04	7.88
辽 宁	Liaoning	1.08	2.42	15.92	15.68	39.43	15.83
吉 林	Jilin	4.63	1.97	2.33	8.37	3.11	2.80
黑龙江	Heilongjiang	0.07	0.75	0.44	1.28	0.39	0.76
上 海	Shanghai	8.20	20.09	10.55	6.44	18.67	20.11
江 苏	Jiangsu	1.93	71.85	146.59	152.26	260.35	266.02
浙 江	Zhejiang	1.33	14.69	32.84	27.41	19.60	35.68
安 徽	Anhui	0.64	2.99	5.33	9.53	8.71	11.35
福 建	Fujian	3.11	11.14	40.23	20.43	27.56	31.56
江 西	Jiangxi	0.01	6.66	26.14	25.12	29.98	38.12
山 东	Shandong	2.09	21.63	39.44	51.05	33.90	27.56
河 南	Henan	4.14	4.71	18.09	5.47	33.35	68.23
湖 北	Hubei	1.00	9.05	31.46	26.51	21.09	30.51
湖 南	Hunan	0.23	1.14	6.19	11.02	19.64	22.80
广 东	Guangdong	21.12	114.59	180.97	115.09	125.64	190.15
广 西	Guangxi	0.06	1.86	3.03	3.96	6.21	10.21
海 南	Hainan	0.23	0.88				0.50
重 庆	Chongqing	0.53	0.09	2.49	4.51	11.17	22.61
四 川	Sichuan	0.60	10.31	3.75	2.93	3.21	69.18
贵 州	Guizhou		0.75	0.47	0.06	0.26	0.80
云 南	Yunnan		0.31	0.62	1.39	1.67	1.83
西 藏	Tibet						
陕 西	Shaanxi	0.04	0.89	2.50	3.19	5.47	4.52
甘 肃	Gansu	0.09	0.60	0.06	0.02		
青 海	Qinghai				0.17		
宁 夏	Ningxia				0.23		0.39
新 疆	Xinjiang			0.46			

3-1-11 续表 5 continued

地 区	Region	新增固定资产（亿元） Newly Increased Fixed Assets (100 million yuan)					
		2000	2005	2008	2009	2010	2011
全 国	**Total**	**41.61**	**304.76**	**449.68**	**355.88**	**488.58**	**745.27**
东部地区	Eastern Region	35.04	273.52	372.72	290.74	418.72	526.50
中部地区	Middle Region	5.32	27.99	73.17	58.97	66.89	155.30
西部地区	Western Region	1.26	3.25	3.79	6.17	2.97	63.47
北 京	Beijing	1.90	80.52	2.43	0.92	3.87	3.91
天 津	Tianjin	0.69	3.37	0.65	1.34	9.69	2.13
河 北	Hebei	0.72	3.86	2.47	9.66	15.36	8.90
山 西	Shanxi		2.35	4.64	0.83	1.00	0.27
内 蒙 古	Inner Mongolia		5.69	10.84	7.77	4.80	7.88
辽 宁	Liaoning	1.44	0.69	11.66	2.73	8.38	26.92
吉 林	Jilin	4.01	1.67	2.20	3.72	1.18	6.85
黑 龙 江	Heilongjiang	0.02			4.04	0.74	
上 海	Shanghai	3.38	4.36	15.38	5.57	9.27	5.94
江 苏	Jiangsu	2.38	76.05	116.63	119.65	217.60	194.71
浙 江	Zhejiang	0.74	8.53	52.29	26.28	15.82	40.35
安 徽	Anhui	0.65	0.71	2.19	8.24	2.82	1.66
福 建	Fujian	1.39	6.28	19.71	14.86	14.43	29.11
江 西	Jiangxi	0.01	5.59	37.67	18.20	20.52	46.76
山 东	Shandong	2.13	1.97	12.94	23.89	13.64	13.11
河 南	Henan	0.07	3.69	10.46	1.69	12.85	62.98
湖 北	Hubei	0.35	7.68	4.29	8.84	8.05	17.64
湖 南	Hunan	0.22	0.61	0.88	5.64	14.92	11.26
广 东	Guangdong	20.22	85.94	137.69	83.39	108.68	190.49
广 西	Guangxi	0.05	1.74	0.87	2.44	1.98	10.94
海 南	Hainan		0.19				
重 庆	Chongqing	0.33	0.09	0.66	1.81	0.91	1.37
四 川	Sichuan	0.81	1.07	0.65	1.74	1.01	60.19
贵 州	Guizhou		0.75	0.40	0.04		
云 南	Yunnan			0.56	0.08	0.89	1.29
西 藏	Tibet						
陕 西	Shaanxi	0.04	0.85	1.52	2.19	0.17	0.62
甘 肃	Gansu	0.09	0.49		0.08		
青 海	Qinghai						
宁 夏	Ningxia				0.23		
新 疆	Xinjiang						

3-1-11 续表 6 continued

地区	Region	固定资产交付使用率 (%) Rate of Fixed Assets Put into Use (%)					
		2000	2005	2008	2009	2010	2011
全国	**Total**	**77.18**	**83.38**	**71.96**	**65.76**	**66.96**	**79.20**
东部地区	Eastern Region	83.83	90.30	77.87	70.01	72.72	79.90
中部地区	Middle Region	48.99	56.39	53.85	52.00	50.65	84.96
西部地区	Western Region	100.80	25.08	36.58	49.36	13.64	63.90
北京	Beijing	180.95	228.62	94.55	42.01	64.39	53.49
天津	Tianjin	71.88	76.94	91.55	18.82	73.69	5.46
河北	Hebei	112.50	93.01	42.51	70.77	60.78	59.37
山西	Shanxi		16.65	13.28	3.92	6.35	77.14
内蒙古	Inner Mongolia		68.97	99.00	157.93	12000.00	100.00
辽宁	Liaoning	133.33	28.51	73.24	17.41	21.25	170.06
吉林	Jilin	86.61	84.77	94.42	44.44	37.94	244.64
黑龙江	Heilongjiang	28.57			315.63	189.74	
上海	Shanghai	41.22	21.70	145.78	86.49	49.65	29.54
江苏	Jiangsu	123.32	105.85	79.56	78.58	83.58	73.19
浙江	Zhejiang	55.64	58.07	159.23	95.88	80.71	113.09
安徽	Anhui	101.56	23.75	41.09	86.46	32.38	14.63
福建	Fujian	44.69	56.37	48.99	72.74	52.36	92.24
江西	Jiangxi	100.00	83.93	144.11	72.45	68.45	122.67
山东	Shandong	101.91	9.11	32.81	46.80	40.24	47.57
河南	Henan	1.69	78.34	57.82	30.90	38.53	92.31
湖北	Hubei	35.00	84.86	13.64	33.35	38.17	57.82
湖南	Hunan	95.65	53.51	14.22	51.18	75.97	49.39
广东	Guangdong	95.74	75.00	76.08	72.46	86.50	100.18
广西	Guangxi	83.33	93.55	28.71	61.62	31.88	107.15
海南	Hainan		21.59				
重庆	Chongqing	62.26	100.00	26.51	40.13	8.15	6.06
四川	Sichuan	135.00	10.38	17.33	59.39	31.46	87.00
贵州	Guizhou		100.00	85.11	66.67		
云南	Yunnan			90.32	5.76	53.29	70.49
西藏	Tibet						
陕西	Shaanxi	100.00	95.51	60.80	68.65	3.11	13.72
甘肃	Gansu	100.00	81.67		400.00		
青海	Qinghai						
宁夏	Ningxia				100.00		
新疆	Xinjiang						

3-1-12 各地区外资企业固定资产投资情况

Statistics on Investment in Fixed Assets in Foreign funded Enterprises by Region

地区	Region	施工项目（个） Number of Projects under Construction (unit)					
		2000	2005	2008	2009	2010	2011
全　国	**Total**	**263**	**971**	**1080**	**988**	**893**	**1008**
东部地区	Eastern Region	230	860	936	834	749	895
中部地区	Middle Region	21	67	94	113	112	86
西部地区	Western Region	12	44	50	41	32	27
北　京	Beijing	11	18	48	27	25	22
天　津	Tianjin	33	29	66	54	32	39
河　北	Hebei	9	13	17	21	7	14
山　西	Shanxi		5	1	3	4	7
内蒙古	Inner Mongolia	1	2	3	2	2	2
辽　宁	Liaoning	16	36	30	27	21	14
吉　林	Jilin	5	5	10	9	20	13
黑龙江	Heilongjiang	3	3	5	10	7	5
上　海	Shanghai	32	53	42	38	48	64
江　苏	Jiangsu	28	211	336	337	275	394
浙　江	Zhejiang	6	74	91	87	81	100
安　徽	Anhui	1	10	17	23	9	16
福　建	Fujian	9	51	38	38	41	44
江　西	Jiangxi		13	22	24	30	14
山　东	Shandong	26	134	93	67	85	79
河　南	Henan	1	13	5	5	7	1
湖　北	Hubei	7	11	14	19	18	17
湖　南	Hunan	3	5	17	18	15	11
广　东	Guangdong	58	233	150	108	108	107
广　西	Guangxi		5	23	27	22	14
海　南	Hainan	2	3	2	3	4	4
重　庆	Chongqing		6	8	6	7	10
四　川	Sichuan	9	21	17	13	9	7
贵　州	Guizhou	1	4	6	7	3	
云　南	Yunnan		3	1	2	3	6
西　藏	Tibet						
陕　西	Shaanxi	2	4	13	9	7	4
甘　肃	Gansu			2	3	2	
青　海	Qinghai		2				
宁　夏	Ningxia						
新　疆	Xinjiang		4	3	1	1	

3-1-12 续表 1 continued

地　区	Region	新开工项目（个） Number of Projects Started This Year (unit)					
		2000	2005	2008	2009	2010	2011
全　国	**Total**	**145**	**606**	**549**	**500**	**482**	**585**
东部地区	Eastern Region	122	544	484	418	404	514
中部地区	Middle Region	14	36	48	71	67	58
西部地区	Western Region	9	26	17	11	11	13
北　京	Beijing	4	6	30	14	12	6
天　津	Tianjin	20	19	45	37	19	24
河　北	Hebei	7	9	11	11	3	8
山　西	Shanxi		2	1	2	2	4
内蒙古	Inner Mongolia	1	1		1		1
辽　宁	Liaoning	7	33	23	18	16	5
吉　林	Jilin	3	3	6	7	19	11
黑龙江	Heilongjiang	2	1	2	8	3	2
上　海	Shanghai	14	28	23	17	23	37
江　苏	Jiangsu	18	124	162	185	166	262
浙　江	Zhejiang	5	36	34	30	38	43
安　徽	Anhui	1	6	9	12	4	11
福　建	Fujian	2	30	13	18	17	24
江　西	Jiangxi		3	10	14	19	9
山　东	Shandong	12	100	46	30	34	48
河　南	Henan	1	7	1	3	4	
湖　北	Hubei	5	8	7	13	9	12
湖　南	Hunan	1	5	12	11	7	8
广　东	Guangdong	32	155	86	45	62	50
广　西	Guangxi		2	11	12	13	7
海　南	Hainan	1	2		1	1	
重　庆	Chongqing		3	4	1	2	5
四　川	Sichuan	6	14	2	2	6	3
贵　州	Guizhou	1	2	1	4	1	
云　南	Yunnan		1		2	1	3
西　藏	Tibet						
陕　西	Shaanxi	2	1	8		1	2
甘　肃	Gansu			1	2		
青　海	Qinghai		1				
宁　夏	Ningxia						
新　疆	Xinjiang		4	1			

3-1-12 续表 2 continued

地区	Region	建成或投产项目（个） Number of Projects Completed and Put into Use (unit) 2000	2005	2008	2009	2010	2011
全国	**Total**	**129**	**468**	**484**	**512**	**483**	**586**
东部地区	Eastern Region	110	425	440	454	409	529
中部地区	Middle Region	16	31	32	40	63	39
西部地区	Western Region	3	12	12	18	11	18
北京	Beijing	2	9	26	15	7	8
天津	Tianjin	11	11	40	27	15	17
河北	Hebei	6	3	7	13	2	9
山西	Shanxi		1		1	1	3
内蒙古	Inner Mongolia	1	1	2			1
辽宁	Liaoning	9	23	14	16	13	8
吉林	Jilin	4	4	7	4	19	9
黑龙江	Heilongjiang	2	1	3	4	2	
上海	Shanghai	14	22	20	12	23	28
江苏	Jiangsu	18	147	166	238	183	274
浙江	Zhejiang	3	26	29	32	29	39
安徽	Anhui		3	4	13	4	8
福建	Fujian	1	20	12	6	12	18
江西	Jiangxi		5	8	8	15	8
山东	Shandong	13	55	41	22	54	60
河南	Henan	1	6	1	2	6	1
湖北	Hubei	7	7	2	6	10	6
湖南	Hunan	1	3	5	2	6	3
广东	Guangdong	32	108	84	54	58	58
广西	Guangxi		1	1	19	13	7
海南	Hainan	1					3
重庆	Chongqing		3	1	4	2	6
四川	Sichuan	3	4	5	9	3	6
贵州	Guizhou			1	3	2	
云南	Yunnan		1				5
西藏	Tibet						
陕西	Shaanxi		1	3	2	2	1
甘肃	Gansu			1		2	
青海	Qinghai		2				
宁夏	Ningxia						
新疆	Xinjiang		1	1			

3-1-12 续表 3 continued

地区	Region	项目建成投产率 (%) Rate of Projects Completed and Put into Use (%)					
		2000	2005	2008	2009	2010	2011
全国	**Total**	**49.05**	**48.20**	**44.81**	**51.82**	**54.09**	**58.13**
东部地区	Eastern Region	47.83	49.42	47.01	54.44	54.61	59.11
中部地区	Middle Region	76.19	46.27	34.04	35.40	56.25	45.35
西部地区	Western Region	25.00	27.27	24.00	43.90	34.38	66.67
北京	Beijing	18.18	50.00	54.17	55.56	28.00	36.36
天津	Tianjin	33.33	37.93	60.61	50.00	46.88	43.59
河北	Hebei	66.67	23.08	41.18	61.90	28.57	64.29
山西	Shanxi		20.00		33.33	25.00	42.86
内蒙古	Inner Mongolia	100.00	50.00	66.67			50.00
辽宁	Liaoning	56.25	63.89	46.67	59.26	61.90	57.14
吉林	Jilin	80.00	80.00	70.00	44.44	95.00	69.23
黑龙江	Heilongjiang	66.67	33.33	60.00	40.00	28.57	
上海	Shanghai	43.75	41.51	47.62	31.58	47.92	43.75
江苏	Jiangsu	64.29	69.67	49.40	70.62	66.55	69.54
浙江	Zhejiang	50.00	35.14	31.87	36.78	35.80	39.00
安徽	Anhui		30.00	23.53	56.52	44.44	50.00
福建	Fujian	11.11	39.22	31.58	15.79	29.27	40.91
江西	Jiangxi		38.46	36.36	33.33	50.00	57.14
山东	Shandong	50.00	41.04	44.09	32.84	63.53	75.95
河南	Henan	100.00	46.15	20.00	40.00	85.71	100.00
湖北	Hubei	100.00	63.64	14.29	31.58	55.56	35.29
湖南	Hunan	33.33	60.00	29.41	11.11	40.00	27.27
广东	Guangdong	55.17	46.35	56.00	50.00	53.70	54.21
广西	Guangxi		20.00	4.35	70.37	59.09	50.00
海南	Hainan	50.00					75.00
重庆	Chongqing		50.00	12.50	66.67	28.57	60.00
四川	Sichuan	33.33	19.05	29.41	69.23	33.33	85.71
贵州	Guizhou			16.67	42.86	66.67	
云南	Yunnan		33.33				83.33
西藏	Tibet						
陕西	Shaanxi		25.00	23.08	22.22	28.57	25.00
甘肃	Gansu			50.00		100.00	
青海	Qinghai		100.00				
宁夏	Ningxia						
新疆	Xinjiang		25.00	33.33			

3-1-12 续表 4 continued

地区	Region	投资额（亿元） Investment (100 million yuan)					
		2000	2005	2008	2009	2010	2011
全国	**Total**	**208.56**	**628.10**	**1095.51**	**958.74**	**1019.36**	**1180.78**
东部地区	Eastern Region	186.08	598.85	983.90	803.09	901.64	1076.91
中部地区	Middle Region	15.92	10.43	55.47	99.91	79.41	82.11
西部地区	Western Region	6.56	18.82	56.14	55.75	38.31	21.76
北京	Beijing	12.05	38.54	39.67	17.43	52.12	63.09
天津	Tianjin	43.70	37.02	55.24	45.26	65.69	42.39
河北	Hebei	0.93	4.05	13.36	12.52	4.87	8.25
山西	Shanxi		0.22	0.11	0.77	5.41	12.42
内蒙古	Inner Mongolia	0.02	0.22	0.26	9.50	1.29	0.75
辽宁	Liaoning	5.70	23.09	56.06	116.33	93.52	26.67
吉林	Jilin	0.14	0.98	10.32	3.39	10.13	8.72
黑龙江	Heilongjiang	0.58	0.34	2.46	4.08	13.37	15.22
上海	Shanghai	60.67	93.36	112.06	41.58	61.28	125.03
江苏	Jiangsu	11.97	196.69	460.31	347.68	341.32	504.69
浙江	Zhejiang	1.72	18.32	43.29	26.04	29.71	33.46
安徽	Anhui	0.36	1.04	8.18	12.01	6.20	15.42
福建	Fujian	4.58	22.94	16.98	19.50	46.82	62.34
江西	Jiangxi		2.60	20.64	46.25	20.94	9.57
山东	Shandong	5.07	46.60	57.84	78.36	72.31	58.23
河南	Henan	0.01	2.19	1.04	4.62	2.50	0.41
湖北	Hubei	0.45	1.76	6.55	10.34	12.80	14.36
湖南	Hunan	14.37	1.07	5.90	8.95	6.76	5.24
广东	Guangdong	39.32	115.30	120.51	81.38	123.88	144.32
广西	Guangxi		1.69	7.37	16.59	9.81	7.45
海南	Hainan	0.37	1.26	1.20	0.41	0.32	0.99
重庆	Chongqing		0.41	1.42	1.58	1.97	5.41
四川	Sichuan	6.35	14.93	45.07	44.29	20.16	3.40
贵州	Guizhou	0.02	1.47	2.34	2.58	0.45	
云南	Yunnan		0.72	0.03	0.35	1.73	2.26
西藏	Tibet						
陕西	Shaanxi	0.18	0.79	6.56	5.95	13.58	10.45
甘肃	Gansu			0.60	0.95	0.40	
青海	Qinghai		0.08				0.24
宁夏	Ningxia						
新疆	Xinjiang		0.43	0.12	0.04	0.02	

3-1-12 续表 5 continued

地区	Region	新增固定资产（亿元） Newly Increased Fixed Assets (100 million yuan)					
		2000	2005	2008	2009	2010	2011
全国	**Total**	**145.33**	**460.01**	**719.89**	**702.12**	**629.04**	**916.70**
东部地区	Eastern Region	125.77	448.59	689.65	601.14	569.45	863.76
中部地区	Middle Region	13.57	5.71	24.34	49.22	47.38	32.57
西部地区	Western Region	6.00	5.71	5.90	51.76	12.21	20.37
北京	Beijing	7.00	14.11	29.17	10.56	22.46	19.96
天津	Tianjin	13.97	8.56	33.28	27.48	37.82	19.88
河北	Hebei	0.80	2.73	9.19	6.53	1.19	5.09
山西	Shanxi		0.03		0.59	0.03	2.77
内蒙古	Inner Mongolia	0.02	0.18	1.01			0.35
辽宁	Liaoning	4.31	13.24	14.68	27.80	23.51	19.45
吉林	Jilin	0.46	0.91	1.79	1.51	7.77	3.99
黑龙江	Heilongjiang	0.58	0.14	1.83	0.55	3.11	
上海	Shanghai	48.78	54.21	134.97	17.21	50.33	135.94
江苏	Jiangsu	9.60	213.26	326.72	392.44	243.16	446.51
浙江	Zhejiang	1.94	11.23	29.70	14.96	21.91	24.72
安徽	Anhui	0.35	0.47	1.77	6.65	8.83	5.99
福建	Fujian	3.00	14.09	11.05	9.92	36.21	54.80
江西	Jiangxi		1.98	9.37	25.85	14.84	7.28
山东	Shandong	4.71	31.41	21.15	28.30	36.15	32.49
河南	Henan	0.01	0.37	0.70	3.16	2.24	0.65
湖北	Hubei	0.44	1.18	5.27	5.47	5.52	10.71
湖南	Hunan	11.72	0.47	2.60	5.44	5.04	0.83
广东	Guangdong	31.58	85.46	76.53	58.21	87.72	101.04
广西	Guangxi		0.24	2.70	7.73	9.00	3.04
海南	Hainan	0.06	0.05	0.52			0.83
重庆	Chongqing		0.13	0.88	5.20	0.46	2.27
四川	Sichuan	6.00	2.87	3.16	42.78	0.66	9.63
贵州	Guizhou		1.07	0.67	1.78	1.95	
云南	Yunnan		1.13		0.02	0.02	1.63
西藏	Tibet						
陕西	Shaanxi		0.20	0.60	1.99	7.86	6.85
甘肃	Gansu			0.60		1.27	
青海	Qinghai		0.26				
宁夏	Ningxia						
新疆	Xinjiang		0.04				

3-1-12 续表 6 continued

地区	Region	固定资产交付使用率 (%) Rate of Fixed Assets Put into Use (%)					
		2000	2005	2008	2009	2010	2011
全国	**Total**	**69.68**	**73.24**	**65.71**	**73.23**	**61.71**	**77.64**
东部地区	Eastern Region	67.59	74.91	70.09	74.85	63.16	80.21
中部地区	Middle Region	85.24	54.75	43.88	49.26	59.67	39.67
西部地区	Western Region	91.46	30.34	10.51	92.84	31.87	93.61
北京	Beijing	58.09	36.61	73.53	60.59	43.09	31.64
天津	Tianjin	31.97	23.12	60.25	60.72	57.57	46.90
河北	Hebei	86.02	67.41	68.79	52.16	24.44	61.70
山西	Shanxi		13.64		76.62	0.55	22.30
内蒙古	Inner Mongolia	100.00	81.82	388.46			46.67
辽宁	Liaoning	75.61	57.34	26.19	23.90	25.14	72.93
吉林	Jilin	328.57	92.86	17.34	44.54	76.70	45.76
黑龙江	Heilongjiang	100.00	41.18	74.39	13.48	23.26	
上海	Shanghai	80.40	58.07	120.44	41.39	82.13	108.73
江苏	Jiangsu	80.20	108.42	70.98	112.87	71.24	88.47
浙江	Zhejiang	112.79	61.30	68.61	57.45	73.75	73.88
安徽	Anhui	97.22	45.19	21.64	55.37	142.42	38.85
福建	Fujian	65.50	61.42	65.08	50.87	77.34	87.91
江西	Jiangxi		76.15	45.40	55.89	70.87	76.07
山东	Shandong	92.90	67.40	36.57	36.12	49.99	55.80
河南	Henan	100.00	16.89	67.31	68.40	89.60	158.54
湖北	Hubei	97.78	67.05	80.46	52.90	43.13	74.58
湖南	Hunan	81.56	43.93	44.07	60.78	74.56	15.84
广东	Guangdong	80.32	74.12	63.51	71.53	70.81	70.01
广西	Guangxi		14.20	36.64	46.59	91.74	40.81
海南	Hainan	16.22	3.97	43.33			83.84
重庆	Chongqing		31.71	61.97	329.11	23.35	41.96
四川	Sichuan	94.49	19.22	7.01	96.59	3.27	283.24
贵州	Guizhou		72.79	28.63	68.99	433.33	
云南	Yunnan		156.94		5.71	1.16	72.12
西藏	Tibet						
陕西	Shaanxi		25.32	9.15	33.45	57.88	65.55
甘肃	Gansu			100.00		317.50	
青海	Qinghai		325.00				
宁夏	Ningxia						
新疆	Xinjiang		9.30				

3-2-1 按行业分高技术产业投资基本情况(2011年)

Basic Statistics on Investment in Fixed Assets in High-tech Industry by Industrial Sector (2011)

行业	Industry	施工项目数(个) Number of Projects under Construction (unit)	#新开工 Number of Projects Started This Year	建成或投产项目数(个) Number of Projects Completed and Put into Use (unit)
合 计	**Total**	**13204**	**8447**	**7735**
医药制造业	**Manufacture of Medicines**	**4741**	**2977**	**2694**
#化学药品制造	Manufacture of Chemical Medicine	1546	906	865
中成药制造	Manufacture of Finished Traditional Chinese Herbal Medicine	912	566	507
生物、生化制品的制造	Manufacture of Biological and Biochemical Chemical Products	740	416	391
航空航天器制造业	**Manufacture of Aircrafts and Spacecrafts**	**188**	**86**	**59**
1.飞机制造及修理	Manufacture and Repairing of Airplanes	137	63	37
2.航天器制造	Manufacture of Spacecrafts	51	23	22
电子及通信设备制造业	**Manufacture of Electronic Equipment and Communication Equipment**	**5470**	**3554**	**3247**
1.通信设备制造	Manufacture of Communication Equipment	678	424	374
#通信传输设备制造	Manufacture of Communication Transmitting Equipment	193	130	106
通信交换设备制造	Manufacture of Communication Exchanging Equipment	57	36	41
通信终端设备制造	Manufacture of Communication Terminal Equipment	70	46	38
2.雷达及配套设备制造	Manufacture of Radar and Its Fittings	31	21	16
3.广播电视设备制造	Manufacture of Broadcasting and TV Equipment	157	100	89
4.电子器件制造	Manufacture of Electronic Appliances	1413	867	755
#电子真空器件制造	Manufacture of Electronic Vacuum Appliances	129	90	81
半导体分立器件制造	Manufacture of Semiconductor Discreting Appliances	154	91	76
集成电路制造	Manufacture of Integrate Circuit	233	141	129
5.电子元件制造	Manufacture of Electronic Components	2264	1555	1445
6.家用视听设备制造	Manufacture of Domestic TV Set and Radio Receiver	208	111	131
7.其他电子设备制造	Manufacture of Other Electronic Equipment	719	476	437
电子计算机及办公设备制造业	**Manufacture of Computers and Office Equipments**	**499**	**274**	**258**
1.电子计算机整机制造	Manufacture of Entired Computer	92	44	46
2.电子计算机外部设备制造	Manufacture of Computer Peripheral Equipment	357	202	180
3.办公设备制造	Manufacture of Office Equipment	50	28	32
医疗设备及仪器仪表制造业	**Manufacture of Medical Equipments and Measuring Instrument**	**2306**	**1556**	**1477**
1.医疗设备及器械制造	Manufacture of Medical Equipment and Appliances	626	414	406
2.仪器仪表制造	Manufacture of Measuring Instrument	1680	1142	1071

注：本表数据口径为投资额在500万元以上的全部项目。以下至3-2-7表相同。

行　业	Industry	项目建成投产率(%) Rate of Projects Completed and Put into Use (%)	投资额(亿元) Investment (100 million yuan)	新增固定资产(亿元) Newly Increased Fixed Assets (100 million yuan)	固定资产交付使用率(%) Rate of Fixed Assets Put into Use (%)
合　计	**Total**	**58.58**	**9468.46**	**6355.15**	**67.12**
医药制造业	**Manufacture of Medicines**	**56.82**	**2648.93**	**1671.45**	**63.10**
#化学药品制造	Manufacture of Chemical Medicine	55.95	1002.22	621.76	62.04
中成药制造	Manufacture of Finished Traditional Chinese Herbal Medicine	55.59	482.46	349.69	72.48
生物、生化制品的制造	Manufacture of Biological and Biochemical Chemical Products	52.84	488.02	260.45	53.37
航空航天器制造业	**Manufacture of Aircrafts and Spacecrafts**	**31.38**	**258.13**	**79.42**	**30.77**
1.飞机制造及修理	Manufacture and Repairing of Airplanes	27.01	190.16	46.53	24.47
2.航天器制造	Manufacture of Spacecrafts	43.14	67.97	32.89	48.39
电子及通信设备制造业	**Manufacture of Electronic Equipment and Communication Equipment**	**59.36**	**4521.94**	**3076.57**	**68.04**
1.通信设备制造	Manufacture of Communication Equipment	55.16	540.67	407.86	75.44
#通信传输设备制造	Manufacture of Communication Transmitting Equipment	54.92	112.69	88.39	78.44
通信交换设备制造	Manufacture of Communication Exchanging Equipment	71.93	27.02	27.62	102.22
通信终端设备制造	Manufacture of Communication Terminal Equipment	54.29	59.83	25.86	43.22
2.雷达及配套设备制造	Manufacture of Radar and Its Fittings	51.61	38.66	22.18	57.37
3.广播电视设备制造	Manufacture of Broadcasting and TV Equipment	56.69	94.90	50.13	52.82
4.电子器件制造	Manufacture of Electronic Appliances	53.43	2016.23	1359.97	67.45
#电子真空器件制造	Manufacture of Electronic Vacuum Appliances	62.79	92.34	60.32	65.32
半导体分立器件制造	Manufacture of Semiconductor Discreting Appliances	49.35	207.35	103.29	49.81
集成电路制造	Manufacture of Integrate Circuit	55.36	306.18	307.24	100.35
5.电子元件制造	Manufacture of Electronic Components	63.83	1181.61	865.99	73.29
6.家用视听设备制造	Manufacture of Domestic TV Set and Radio Receiver	62.98	132.94	105.39	79.28
7.其他电子设备制造	Manufacture of Other Electronic Equipment	60.78	516.93	265.03	51.27
电子计算机及办公设备制造业	**Manufacture of Computers and Office Equipments**	**51.70**	**763.64**	**580.70**	**76.04**
1.电子计算机整机制造	Manufacture of Entired Computer	50.00	346.83	235.05	67.77
2.电子计算机外部设备制造	Manufacture of Computer Peripheral Equipment	50.42	390.20	327.41	83.91
3.办公设备制造	Manufacture of Office Equipment	64.00	26.61	18.24	68.55
医疗设备及仪器仪表制造业	**Manufacture of Medical Equipments and Measuring Instrument**	**64.05**	**1275.81**	**947.01**	**74.23**
1.医疗设备及器械制造	Manufacture of Medical Equipment and Appliances	64.86	330.80	220.56	66.67
2.仪器仪表制造	Manufacture of Measuring Instrument	63.75	945.01	726.45	76.87

3-2-2 各地区高技术产业投资基本情况(2011年)

Basic Statistics on Investment in Fixed Assets in High-tech Industry by Region (2011)

地 区	Region	施工项目数 (个) Number of Projects under Construction (unit)	#新开工 Number of Projects Started This Year	建成或投产项目数 (个) Number of Projects Completed and Put into Use (unit)
全 国	**Total**	**13204**	**8447**	**7735**
东部地区	Eastern Region	7868	4869	4670
中部地区	Middle Region	4061	2821	2404
西部地区	Western Region	1275	757	661
北 京	Beijing	139	43	34
天 津	Tianjin	222	148	105
河 北	Hebei	381	231	209
山 西	Shanxi	138	89	83
内 蒙 古	Inner Mongolia	78	61	58
辽 宁	Liaoning	410	242	240
吉 林	Jilin	469	406	316
黑 龙 江	Heilongjiang	138	95	58
上 海	Shanghai	259	130	72
江 苏	Jiangsu	2687	1900	1991
浙 江	Zhejiang	1068	548	499
安 徽	Anhui	725	509	377
福 建	Fujian	397	220	159
江 西	Jiangxi	585	384	420
山 东	Shandong	980	631	626
河 南	Henan	684	385	403
湖 北	Hubei	585	407	350
湖 南	Hunan	659	485	339
广 东	Guangdong	999	558	553
广 西	Guangxi	313	216	173
海 南	Hainan	13	2	9
重 庆	Chongqing	253	171	141
四 川	Sichuan	490	283	294
贵 州	Guizhou	36	23	11
云 南	Yunnan	95	41	48
西 藏	Tibet	13	7	9
陕 西	Shaanxi	207	113	87
甘 肃	Gansu	120	79	43
青 海	Qinghai	15	11	10
宁 夏	Ningxia	20	13	12
新 疆	Xinjiang	26	16	6

3-2-2 续表 continued

地 区	Region	项目建成投产率 (%) Rate of Projects Completed and Put into Use (%)	投资额 (亿元) Investment (100 million yuan)	新增固定资产 (亿元) Newly Increased Fixed Assets (100 million yuan)	固定资产交付使用率 (%) Rate of Fixed Assets Put into Use (%)
全 国	**Total**	**58.58**	**9468.46**	**6355.15**	**67.12**
东部地区	Eastern Region	59.35	5714.76	3938.04	68.91
中部地区	Middle Region	59.20	2752.51	1746.72	63.46
西部地区	Western Region	51.84	1001.19	670.40	66.96
北 京	Beijing	24.46	266.55	49.69	18.64
天 津	Tianjin	47.30	350.27	102.78	29.34
河 北	Hebei	54.86	288.36	186.46	64.66
山 西	Shanxi	60.14	77.40	39.81	51.43
内蒙古	Inner Mongolia	74.36	120.31	54.39	45.21
辽 宁	Liaoning	58.54	350.63	284.64	81.18
吉 林	Jilin	67.38	311.33	258.05	82.89
黑龙江	Heilongjiang	42.03	115.29	51.49	44.66
上 海	Shanghai	27.80	278.54	183.94	66.04
江 苏	Jiangsu	74.10	2104.90	1701.50	80.84
浙 江	Zhejiang	46.72	306.88	203.25	66.23
安 徽	Anhui	52.00	500.85	328.62	65.61
福 建	Fujian	40.05	212.65	140.93	66.27
江 西	Jiangxi	71.79	428.57	329.79	76.95
山 东	Shandong	63.88	695.27	383.86	55.21
河 南	Henan	58.92	562.92	302.04	53.66
湖 北	Hubei	59.83	361.43	229.47	63.49
湖 南	Hunan	51.44	274.41	153.06	55.78
广 东	Guangdong	55.36	703.53	599.76	85.25
广 西	Guangxi	55.27	142.09	97.93	68.92
海 南	Hainan	69.23	15.10	3.29	21.79
重 庆	Chongqing	55.73	232.26	150.44	64.77
四 川	Sichuan	60.00	459.90	365.08	79.38
贵 州	Guizhou	30.56	62.21	20.59	33.10
云 南	Yunnan	50.53	34.26	21.28	62.11
西 藏	Tibet	69.23	2.68	1.93	72.01
陕 西	Shaanxi	42.03	143.48	85.11	59.32
甘 肃	Gansu	35.83	35.20	14.99	42.59
青 海	Qinghai	66.67	6.74	3.25	48.22
宁 夏	Ningxia	60.00	7.39	6.72	90.93
新 疆	Xinjiang	23.08	17.06	1.01	5.92

3-2-3 按行业分国有及国有控股企业高技术产业投资基本情况(2011年)

Basic Statistics on Investment in Fixed Assets in High-tech Industry of State-owned and State-controlled Enterprises by Industrial Sector (2011)

行 业	Industry	施工项目数 (个) Number of Projects under Construction (unit)	#新开工 Number of Projects Started This Year	建成或投产项目数 (个) Number of Projects Completed and Put into Use (unit)
合 计	**Total**	**1065**	**514**	**441**
医药制造业	**Manufacture of Medicines**	**292**	**153**	**146**
#化学药品制造	Manufacture of Chemical Medicine	124	59	59
中成药制造	Manufacture of Finished Traditional Chinese Herbal Medicine	58	31	28
生物、生化制品的制造	Manufacture of Biological and Biochemical Chemical Products	47	23	21
航空航天器制造业	**Manufacture of Aircrafts and Spacecrafts**	**124**	**48**	**30**
1.飞机制造及修理	Manufacture and Repairing of Airplanes	101	41	21
2.航天器制造	Manufacture of Spacecrafts	23	7	9
电子及通信设备制造业	**Manufacture of Electronic Equipment and Communication Equipment**	**453**	**225**	**182**
1.通信设备制造	Manufacture of Communication Equipment	101	57	46
#通信传输设备制造	Manufacture of Communication Transmitting Equipment	24	12	9
通信交换设备制造	Manufacture of Communication Exchanging Equipment	11	7	6
通信终端设备制造	Manufacture of Communication Terminal Equipment	11	8	4
2.雷达及配套设备制造	Manufacture of Radar and Its Fittings	17	11	7
3.广播电视设备制造	Manufacture of Broadcasting and TV Equipment	18	12	11
4.电子器件制造	Manufacture of Electronic Appliances	128	63	43
#电子真空器件制造	Manufacture of Electronic Vacuum Appliances	11	7	6
半导体分立器件制造	Manufacture of Semiconductor Discreting Appliances	14	7	4
集成电路制造	Manufacture of Integrate Circuit	32	15	11
5.电子元件制造	Manufacture of Electronic Components	114	48	42
6.家用视听设备制造	Manufacture of Domestic TV Set and Radio Receiver	16	5	7
7.其他电子设备制造	Manufacture of Other Electronic Equipment	59	29	26
电子计算机及办公设备制造业	**Manufacture of Computers and Office Equipments**	**56**	**13**	**26**
1.电子计算机整机制造	Manufacture of Entired Computer	24	2	14
2.电子计算机外部设备制造	Manufacture of Computer Peripheral Equipment	29	11	11
3.办公设备制造	Manufacture of Office Equipment	3		1
医疗设备及仪器仪表制造业	**Manufacture of Medical Equipments and Measuring Instrument**	**140**	**75**	**57**
1.医疗设备及器械制造	Manufacture of Medical Equipment and Appliances	24	13	10
2.仪器仪表制造	Manufacture of Measuring Instrument	116	62	47

3-2-3 续表 continued

行 业	Industry	项目建成投产率(%) Rate of Projects Completed and Put into Use (%)	投资额(亿元) Investment (100 million yuan)	新增固定资产(亿元) Newly Increased Fixed Assets (100 million yuan)	固定资产交付使用率(%) Rate of Fixed Assets Put into Use (%)
合 计	**Total**	**41.41**	**1627.06**	**765.35**	**47.04**
医药制造业	**Manufacture of Medicines**	**50**	**218.63**	**110.15**	**50.38**
#化学药品制造	Manufacture of Chemical Medicine	47.58	119.55	52.07	43.56
中成药制造	Manufacture of Finished Traditional Chinese Herbal Medicine	48.28	24.63	14.62	59.36
生物、生化制品的制造	Manufacture of Biological and Biochemical Chemical Products	44.68	46.56	16.21	34.82
航空航天器制造业	**Manufacture of Aircrafts and Spacecrafts**	**24.19**	**208.04**	**43.03**	**20.68**
1.飞机制造及修理	Manufacture and Repairing of Airplanes	20.79	158.91	34.43	21.67
2.航天器制造	Manufacture of Spacecrafts	39.13	49.14	8.6	17.5
电子及通信设备制造业	**Manufacture of Electronic Equipment and Communication Equipment**	**40.18**	**899.28**	**371.46**	**41.31**
1.通信设备制造	Manufacture of Communication Equipment	45.54	125.25	40.21	32.1
#通信传输设备制造	Manufacture of Communication Transmitting Equipment	37.5	18.62	12.06	64.77
通信交换设备制造	Manufacture of Communication Exchanging Equipment	54.55	2.85	2.69	94.39
通信终端设备制造	Manufacture of Communication Terminal Equipment	36.36	26.24	3.41	13
2.雷达及配套设备制造	Manufacture of Radar and Its Fittings	41.18	29.83	17.07	57.22
3.广播电视设备制造	Manufacture of Broadcasting and TV Equipment	61.11	4.09	4.09	100
4.电子器件制造	Manufacture of Electronic Appliances	33.59	468.79	177	37.76
#电子真空器件制造	Manufacture of Electronic Vacuum Appliances	54.55	13.58	12.86	94.7
半导体分立器件制造	Manufacture of Semiconductor Discreting Appliances	28.57	20.72	7.45	35.96
集成电路制造	Manufacture of Integrate Circuit	34.38	55.51	19.75	35.58
5.电子元件制造	Manufacture of Electronic Components	36.84	83.09	67.64	81.41
6.家用视听设备制造	Manufacture of Domestic TV Set and Radio Receiver	43.75	14.24	10.59	74.37
7.其他电子设备制造	Manufacture of Other Electronic Equipment	44.07	173.99	54.85	31.52
电子计算机及办公设备制造业	**Manufacture of Computers and Office Equipments**	**46.43**	**186.8**	**143.42**	**76.78**
1.电子计算机整机制造	Manufacture of Entired Computer	58.33	91.03	59.82	65.71
2.电子计算机外部设备制造	Manufacture of Computer Peripheral Equipment	37.93	90.44	83.21	92.01
3.办公设备制造	Manufacture of Office Equipment	33.33	5.32	0.39	7.33
医疗设备及仪器仪表制造业	**Manufacture of Medical Equipments and Measuring Instrument**	**40.71**	**114.31**	**97.28**	**85.1**
1.医疗设备及器械制造	Manufacture of Medical Equipment and Appliances	41.67	15.02	8.67	57.72
2.仪器仪表制造	Manufacture of Measuring Instrument	40.52	99.29	88.61	89.24

3-2-4 按行业和登记注册类型分高技术产业投资基本情况(2011年)

Basic Statistics on Investment in Fixed Assets in High-tech Industry in High-tech Industry by Industrial Sector and Registration Status (2011)

行 业	Industry	内资企业 Domestic Funded		
		施工项目数 (个) Number of Projects under Construction (unit)	#新开工 Number of Projects Started This Year	建成或投产项目数 (个) Number of Projects Completed and Put into Use (unit)
合 计	**Total**	**11385**	**7428**	**6698**
医药制造业	**Manufacture of Medicines**	**4390**	**2800**	**2520**
#化学药品制造	Manufacture of Chemical Medicine	1377	826	780
中成药制造	Manufacture of Finished Traditional Chinese Herbal Medicine	860	537	479
生物、生化制品的制造	Manufacture of Biological and Biochemical Chemical Products	663	381	356
航空航天器制造业	**Manufacture of Aircrafts and Spacecrafts**	**168**	**77**	**54**
1.飞机制造及修理	Manufacture and Repairing of Airplanes	120	55	32
2.航天器制造	Manufacture of Spacecrafts	48	22	22
电子及通信设备制造业	**Manufacture of Electronic Equipment and Communication Equipment**	**4366**	**2911**	**2584**
1.通信设备制造	Manufacture of Communication Equipment	568	366	314
#通信传输设备制造	Manufacture of Communication Transmitting Equipment	167	114	90
通信交换设备制造	Manufacture of Communication Exchanging Equipment	53	34	38
通信终端设备制造	Manufacture of Communication Terminal Equipment	59	40	31
2.雷达及配套设备制造	Manufacture of Radar and Its Fittings	29	20	16
3.广播电视设备制造	Manufacture of Broadcasting and TV Equipment	140	92	79
4.电子器件制造	Manufacture of Electronic Appliances	1056	665	558
#电子真空器件制造	Manufacture of Electronic Vacuum Appliances	114	80	71
半导体分立器件制造	Manufacture of Semiconductor Discreting Appliances	108	66	51
集成电路制造	Manufacture of Integrate Circuit	152	92	81
5.电子元件制造	Manufacture of Electronic Components	1792	1262	1136
6.家用视听设备制造	Manufacture of Domestic TV Set and Radio Receiver	161	86	101
7.其他电子设备制造	Manufacture of Other Electronic Equipment	620	420	380
电子计算机及办公设备制造业	**Manufacture of Computers and Office Equipments**	**339**	**188**	**166**
1.电子计算机整机制造	Manufacture of Entired Computer	67	28	33
2.电子计算机外部设备制造	Manufacture of Computer Peripheral Equipment	235	139	109
3.办公设备制造	Manufacture of Office Equipment	37	21	24
医疗设备及仪器仪表制造业	**Manufacture of Medical Equipments and Measuring Instrument**	**2122**	**1452**	**1374**
1.医疗设备及器械制造	Manufacture of Medical Equipment and Appliances	562	378	370
2.仪器仪表制造	Manufacture of Measuring Instrument	1560	1074	1004

3-2-4 续表 1 continued

行业	Industry	内资企业 Domestic Funded 项目建成投产率(%) Rate of Projects Completed and Put into Use (%)	投资额(亿元) Investment (100 million yuan)	新增固定资产(亿元) Newly Increased Fixed Assets (100 million yuan)	固定资产交付使用率(%) Rate of Fixed Assets Put into Use (%)
合 计	**Total**	**58.83**	**7346.64**	**4693.19**	**63.88**
医药制造业	**Manufacture of Medicines**	**57.4**	**2442.03**	**1507.88**	**61.75**
#化学药品制造	Manufacture of Chemical Medicine	56.64	880.38	530.91	60.3
中成药制造	Manufacture of Finished Traditional Chinese Herbal Medicine	55.7	458.7	317.3	69.17
生物、生化制品的制造	Manufacture of Biological and Biochemical Chemical Products	53.7	455.47	238.53	52.37
航空航天器制造业	**Manufacture of Aircrafts and Spacecrafts**	**32.14**	**230.38**	**67.06**	**29.11**
1.飞机制造及修理	Manufacture and Repairing of Airplanes	26.67	168.34	40.1	23.82
2.航天器制造	Manufacture of Spacecrafts	45.83	62.04	26.97	43.47
电子及通信设备制造业	**Manufacture of Electronic Equipment and Communication Equipment**	**59.18**	**3140.31**	**1979.16**	**63.02**
1.通信设备制造	Manufacture of Communication Equipment	55.28	398.5	236.3	59.3
#通信传输设备制造	Manufacture of Communication Transmitting Equipment	53.89	93.79	74.77	79.72
通信交换设备制造	Manufacture of Communication Exchanging Equipment	71.7	20.67	22.29	107.84
通信终端设备制造	Manufacture of Communication Terminal Equipment	52.54	48.31	15.25	31.57
2.雷达及配套设备制造	Manufacture of Radar and Its Fittings	55.17	34.72	22.18	63.88
3.广播电视设备制造	Manufacture of Broadcasting and TV Equipment	56.43	70.45	34.31	48.7
4.电子器件制造	Manufacture of Electronic Appliances	52.84	1333.15	844.51	63.35
#电子真空器件制造	Manufacture of Electronic Vacuum Appliances	62.28	74.91	48.81	65.16
半导体分立器件制造	Manufacture of Semiconductor Discreting Appliances	47.22	99.76	56.47	56.61
集成电路制造	Manufacture of Integrate Circuit	53.29	158.79	96.94	61.05
5.电子元件制造	Manufacture of Electronic Components	63.39	749.9	543.99	72.54
6.家用视听设备制造	Manufacture of Domestic TV Set and Radio Receiver	62.73	94.69	70.64	74.6
7.其他电子设备制造	Manufacture of Other Electronic Equipment	61.29	458.9	227.21	49.51
电子计算机及办公设备制造业	**Manufacture of Computers and Office Equipments**	**48.97**	**418.61**	**297.67**	**71.11**
1.电子计算机整机制造	Manufacture of Entired Computer	49.25	216.7	133.3	61.51
2.电子计算机外部设备制造	Manufacture of Computer Peripheral Equipment	46.38	184.84	151.3	81.85
3.办公设备制造	Manufacture of Office Equipment	64.86	17.07	13.06	76.51
医疗设备及仪器仪表制造业	**Manufacture of Medical Equipments and Measuring Instrument**	**64.75**	**1115.3**	**841.42**	**75.44**
1.医疗设备及器械制造	Manufacture of Medical Equipment and Appliances	65.84	283.74	188.57	66.46
2.仪器仪表制造	Manufacture of Measuring Instrument	64.36	831.56	652.85	78.51

3-2-4 续表 2 continued

行 业	Industry	#国有企业 State-owned Enterprises 施工项目数(个) Number of Projects under Construction (unit)	#新开工 Number of Projects Started This Year	建成或投产项目数(个) Number of Projects Completed and Put into Use (unit)
合 计	**Total**	**560**	**309**	**253**
医药制造业	**Manufacture of Medicines**	**149**	**88**	**84**
#化学药品制造	Manufacture of Chemical Medicine	57	34	32
中成药制造	Manufacture of Finished Traditional Chinese Herbal Medicine	23	12	15
生物、生化制品的制造	Manufacture of Biological and Biochemical Chemical Products	22	11	7
航空航天器制造业	**Manufacture of Aircrafts and Spacecrafts**	**72**	**32**	**19**
1.飞机制造及修理	Manufacture and Repairing of Airplanes	52	26	11
2.航天器制造	Manufacture of Spacecrafts	20	6	8
电子及通信设备制造业	**Manufacture of Electronic Equipment and Communication Equipment**	**232**	**138**	**101**
1.通信设备制造	Manufacture of Communication Equipment	65	40	32
#通信传输设备制造	Manufacture of Communication Transmitting Equipment	12	8	4
通信交换设备制造	Manufacture of Communication Exchanging Equipment	8	6	4
通信终端设备制造	Manufacture of Communication Terminal Equipment	8	5	3
2.雷达及配套设备制造	Manufacture of Radar and Its Fittings	13	9	4
3.广播电视设备制造	Manufacture of Broadcasting and TV Equipment	11	8	8
4.电子器件制造	Manufacture of Electronic Appliances	52	31	14
#电子真空器件制造	Manufacture of Electronic Vacuum Appliances	5	3	3
半导体分立器件制造	Manufacture of Semiconductor Discreting Appliances	9	4	1
集成电路制造	Manufacture of Integrate Circuit	15	9	6
5.电子元件制造	Manufacture of Electronic Components	47	26	23
6.家用视听设备制造	Manufacture of Domestic TV Set and Radio Receiver	9	5	3
7.其他电子设备制造	Manufacture of Other Electronic Equipment	35	19	17
电子计算机及办公设备制造业	**Manufacture of Computers and Office Equipments**	**32**	**7**	**16**
1.电子计算机整机制造	Manufacture of Entired Computer	18	1	11
2.电子计算机外部设备制造	Manufacture of Computer Peripheral Equipment	12	6	5
3.办公设备制造	Manufacture of Office Equipment	2		
医疗设备及仪器仪表制造业	**Manufacture of Medical Equipments and Measuring Instrument**	**75**	**44**	**33**
1.医疗设备及器械制造	Manufacture of Medical Equipment and Appliances	13	7	6
2.仪器仪表制造	Manufacture of Measuring Instrument	62	37	27

3-2-4 续表 3 continued

行 业	Industry	#国有企业 State-owned Enterprises			
		项目建成投产率 (%) Rate of Projects Completed and Put into Use (%)	投资额 (亿元) Investment (100 million yuan)	新增固定资产 (亿元) Newly Increased Fixed Assets (100 million yuan)	固定资产交付使用率 (%) Rate of Fixed Assets Put into Use (%)
合 计	**Total**	**45.18**	**781.48**	**373.89**	**47.84**
医药制造业	**Manufacture of Medicines**	**56.38**	**123.67**	**67.86**	**54.87**
#化学药品制造	Manufacture of Chemical Medicine	56.14	69.37	30.96	44.63
中成药制造	Manufacture of Finished Traditional Chinese Herbal Medicine	65.22	10.67	7.23	67.76
生物、生化制品的制造	Manufacture of Biological and Biochemical Chemical Products	31.82	21.72	5.86	26.98
航空航天器制造业	**Manufacture of Aircrafts and Spacecrafts**	**26.39**	**140.16**	**27.51**	**19.63**
1.飞机制造及修理	Manufacture and Repairing of Airplanes	21.15	96.21	19.86	20.64
2.航天器制造	Manufacture of Spacecrafts	40.00	43.94	7.65	17.41
电子及通信设备制造业	**Manufacture of Electronic Equipment and Communication Equipment**	**43.53**	**338.16**	**143.34**	**42.39**
1.通信设备制造	Manufacture of Communication Equipment	49.23	91.01	28.27	31.06
#通信传输设备制造	Manufacture of Communication Transmitting Equipment	33.33	7.99	4.51	56.45
通信交换设备制造	Manufacture of Communication Exchanging Equipment	50.00	2.69	2.09	77.70
通信终端设备制造	Manufacture of Communication Terminal Equipment	37.50	25.10	2.57	10.24
2.雷达及配套设备制造	Manufacture of Radar and Its Fittings	30.77	19.83	2.50	12.61
3.广播电视设备制造	Manufacture of Broadcasting and TV Equipment	72.73	2.87	2.87	100.00
4.电子器件制造	Manufacture of Electronic Appliances	26.92	82.49	20.30	24.61
#电子真空器件制造	Manufacture of Electronic Vacuum Appliances	60.00	6.22	8.62	138.59
半导体分立器件制造	Manufacture of Semiconductor Discreting Appliances	11.11	19.98	1.62	8.11
集成电路制造	Manufacture of Integrate Circuit	40.00	13.13	5.46	41.58
5.电子元件制造	Manufacture of Electronic Components	48.94	44.35	38.14	86.00
6.家用视听设备制造	Manufacture of Domestic TV Set and Radio Receiver	33.33	10.72	8.99	83.86
7.其他电子设备制造	Manufacture of Other Electronic Equipment	48.57	86.89	42.27	48.65
电子计算机及办公设备制造业	**Manufacture of Computers and Office Equipments**	**50.00**	**102.24**	**65.56**	**64.12**
1.电子计算机整机制造	Manufacture of Entired Computer	61.11	79.40	59.40	74.81
2.电子计算机外部设备制造	Manufacture of Computer Peripheral Equipment	41.67	17.80	6.09	34.21
3.办公设备制造	Manufacture of Office Equipment		5.04	0.07	1.39
医疗设备及仪器仪表制造业	**Manufacture of Medical Equipments and Measuring Instrument**	**44.00**	**77.25**	**69.62**	**90.12**
1.医疗设备及器械制造	Manufacture of Medical Equipment and Appliances	46.15	11.74	4.22	35.95
2.仪器仪表制造	Manufacture of Measuring Instrument	43.55	65.51	65.40	99.83

3-2-4 续表 4 continued

行 业	Industry	港澳台投资企业 Enterprises with Funds from Hong Kong, Macau and Taiwan 施工项目数(个) Number of Projects under Construction (unit)	#新开工 Number of Projects Started This Year	建成或投产项目数(个) Number of Projects Completed and Put into Use (unit)
合 计	**Total**	**811**	**434**	**451**
医药制造业	**Manufacture of Medicines**	**162**	**82**	**81**
#化学药品制造	Manufacture of Chemical Medicine	71	38	39
中成药制造	Manufacture of Finished Traditional Chinese Herbal Medicine	31	14	15
生物、生化制品的制造	Manufacture of Biological and Biochemical Chemical Products	37	18	15
航空航天器制造业	**Manufacture of Aircrafts and Spacecrafts**	**8**	**3**	**3**
1.飞机制造及修理	Manufacture and Repairing of Airplanes	6	3	3
2.航天器制造	Manufacture of Spacecrafts	2		
电子及通信设备制造业	**Manufacture of Electronic Equipment and Communication Equipment**	**491**	**275**	**281**
1.通信设备制造	Manufacture of Communication Equipment	46	22	22
#通信传输设备制造	Manufacture of Communication Transmitting Equipment	11	8	6
通信交换设备制造	Manufacture of Communication Exchanging Equipment	1		1
通信终端设备制造	Manufacture of Communication Terminal Equipment	8	3	5
2.雷达及配套设备制造	Manufacture of Radar and Its Fittings	1		
3.广播电视设备制造	Manufacture of Broadcasting and TV Equipment	7	6	5
4.电子器件制造	Manufacture of Electronic Appliances	154	82	76
#电子真空器件制造	Manufacture of Electronic Vacuum Appliances	4	2	2
半导体分立器件制造	Manufacture of Semiconductor Discreting Appliances	25	10	12
集成电路制造	Manufacture of Integrate Circuit	22	11	12
5.电子元件制造	Manufacture of Electronic Components	215	127	138
6.家用视听设备制造	Manufacture of Domestic TV Set and Radio Receiver	29	13	17
7.其他电子设备制造	Manufacture of Other Electronic Equipment	39	25	23
电子计算机及办公设备制造业	**Manufacture of Computers and Office Equipments**	**73**	**35**	**39**
1.电子计算机整机制造	Manufacture of Entired Computer	12	9	7
2.电子计算机外部设备制造	Manufacture of Computer Peripheral Equipment	56	23	29
3.办公设备制造	Manufacture of Office Equipment	5	3	3
医疗设备及仪器仪表制造业	**Manufacture of Medical Equipments and Measuring Instrument**	**77**	**39**	**47**
1.医疗设备及器械制造	Manufacture of Medical Equipment and Appliances	26	11	19
2.仪器仪表制造	Manufacture of Measuring Instrument	51	28	28

3-2-4 续表 5 continued

行　业	Industry	港澳台投资企业 Enterprises with Funds from Hong Kong, Macau and Taiwan			
		项目建成投产率(%) Rate of Projects Completed and Put into Use (%)	投资额(亿元) Investment (100 million yuan)	新增固定资产(亿元) Newly Increased Fixed Assets (100 million yuan)	固定资产交付使用率(%) Rate of Fixed Assets Put into Use (%)
合　计	**Total**	**55.61**	**941.04**	**745.27**	**79.20**
医药制造业	**Manufacture of Medicines**	**50.00**	**85.39**	**93.47**	**109.46**
#化学药品制造	Manufacture of Chemical Medicine	54.93	46.91	48.32	103.01
中成药制造	Manufacture of Finished Traditional Chinese Herbal Medicine	48.39	13.41	25.80	192.39
生物、生化制品的制造	Manufacture of Biological and Biochemical Chemical Products	40.54	17.22	14.21	82.52
航空航天器制造业	**Manufacture of Aircrafts and Spacecrafts**	**37.50**	**8.24**	**7.98**	**96.84**
1.飞机制造及修理	Manufacture and Repairing of Airplanes	50.00	4.83	4.57	94.62
2.航天器制造	Manufacture of Spacecrafts		3.41	3.41	100.00
电子及通信设备制造业	**Manufacture of Electronic Equipment and Communication Equipment**	**57.23**	**602.67**	**454.64**	**75.44**
1.通信设备制造	Manufacture of Communication Equipment	47.83	83.25	120.73	145.02
#通信传输设备制造	Manufacture of Communication Transmitting Equipment	54.55	5.27	1.12	21.25
通信交换设备制造	Manufacture of Communication Exchanging Equipment	100.00	0.05	0.85	1700.00
通信终端设备制造	Manufacture of Communication Terminal Equipment	62.50	7.27	6.58	90.51
2.雷达及配套设备制造	Manufacture of Radar and Its Fittings		0.04		
3.广播电视设备制造	Manufacture of Broadcasting and TV Equipment	71.43	18.88	13.85	73.36
4.电子器件制造	Manufacture of Electronic Appliances	49.35	263.95	142.46	53.97
#电子真空器件制造	Manufacture of Electronic Vacuum Appliances	50.00	10.78	6.96	64.56
半导体分立器件制造	Manufacture of Semiconductor Discreting Appliances	48.00	44.68	28.09	62.87
集成电路制造	Manufacture of Integrate Circuit	54.55	23.54	14.10	59.90
5.电子元件制造	Manufacture of Electronic Components	64.19	185.16	147.49	79.66
6.家用视听设备制造	Manufacture of Domestic TV Set and Radio Receiver	58.62	20.91	19.56	93.54
7.其他电子设备制造	Manufacture of Other Electronic Equipment	58.97	30.49	10.55	34.60
电子计算机及办公设备制造业	**Manufacture of Computers and Office Equipments**	**53.42**	**195.85**	**158.97**	**81.17**
1.电子计算机整机制造	Manufacture of Entired Computer	58.33	102.92	80.04	77.77
2.电子计算机外部设备制造	Manufacture of Computer Peripheral Equipment	51.79	91.14	77.81	85.37
3.办公设备制造	Manufacture of Office Equipment	60.00	1.79	1.12	62.57
医疗设备及仪器仪表制造业	**Manufacture of Medical Equipments and Measuring Instrument**	**61.04**	**48.90**	**30.21**	**61.78**
1.医疗设备及器械制造	Manufacture of Medical Equipment and Appliances	73.08	15.84	12.85	81.12
2.仪器仪表制造	Manufacture of Measuring Instrument	54.90	33.06	17.36	52.51

3-2-4 续表 6 continued

行 业	Industry	外商投资企业 Foreign Funded Enterprises		
		施工项目数 (个) Number of Projects under Construction (unit)	#新开工 Number of Projects Started This Year	建成或投产项目数 (个) Number of Projects Completed and Put into Use (unit)
合 计	**Total**	**1008**	**585**	**586**
医药制造业	**Manufacture of Medicines**	**189**	**95**	**93**
#化学药品制造	Manufacture of Chemical Medicine	98	42	46
中成药制造	Manufacture of Finished Traditional Chinese Herbal Medicine	21	15	13
生物、生化制品的制造	Manufacture of Biological and Biochemical Chemical Products	40	17	20
航空航天器制造业	**Manufacture of Aircrafts and Spacecrafts**	**12**	**6**	**2**
1.飞机制造及修理	Manufacture and Repairing of Airplanes	11	5	2
2.航天器制造	Manufacture of Spacecrafts	1	1	
电子及通信设备制造业	**Manufacture of Electronic Equipment and Communication Equipment**	**613**	**368**	**382**
1.通信设备制造	Manufacture of Communication Equipment	64	36	38
#通信传输设备制造	Manufacture of Communication Transmitting Equipment	15	8	10
通信交换设备制造	Manufacture of Communication Exchanging Equipment	3	2	2
通信终端设备制造	Manufacture of Communication Terminal Equipment	3	3	2
2.雷达及配套设备制造	Manufacture of Radar and Its Fittings	1	1	
3.广播电视设备制造	Manufacture of Broadcasting and TV Equipment	10	2	5
4.电子器件制造	Manufacture of Electronic Appliances	203	120	121
#电子真空器件制造	Manufacture of Electronic Vacuum Appliances	11	8	8
半导体分立器件制造	Manufacture of Semiconductor Discreting Appliances	21	15	13
集成电路制造	Manufacture of Integrate Circuit	59	38	36
5.电子元件制造	Manufacture of Electronic Components	257	166	171
6.家用视听设备制造	Manufacture of Domestic TV Set and Radio Receiver	18	12	13
7.其他电子设备制造	Manufacture of Other Electronic Equipment	60	31	34
电子计算机及办公设备制造业	**Manufacture of Computers and Office Equipments**	**87**	**51**	**53**
1.电子计算机整机制造	Manufacture of Entired Computer	13	7	6
2.电子计算机外部设备制造	Manufacture of Computer Peripheral Equipment	66	40	42
3.办公设备制造	Manufacture of Office Equipment	8	4	5
医疗设备及仪器仪表制造业	**Manufacture of Medical Equipments and Measuring Instrument**	**107**	**65**	**56**
1.医疗设备及器械制造	Manufacture of Medical Equipment and Appliances	38	25	17
2.仪器仪表制造	Manufacture of Measuring Instrument	69	40	39

3-2-4 续表 7 continued

行 业	Industry	外商投资企业 Foreign Funded Enterprises			
		项目建成投产率(%) Rate of Projects Completed and Put into Use (%)	投资额(亿元) Investment (100 million yuan)	新增固定资产(亿元) Newly Increased Fixed Assets (100 million yuan)	固定资产交付使用率(%) Rate of Fixed Assets Put into Use (%)
合 计	**Total**	**58.13**	**1180.78**	**916.70**	**77.64**
医药制造业	**Manufacture of Medicines**	**49.21**	**121.51**	**70.10**	**57.69**
#化学药品制造	Manufacture of Chemical Medicine	46.94	74.93	42.54	56.77
中成药制造	Manufacture of Finished Traditional Chinese Herbal Medicine	61.90	10.35	6.59	63.67
生物、生化制品的制造	Manufacture of Biological and Biochemical Chemical Products	50.00	15.33	7.71	50.29
航空航天器制造业	**Manufacture of Aircrafts and Spacecrafts**	**16.67**	**19.51**	**4.38**	**22.45**
1.飞机制造及修理	Manufacture and Repairing of Airplanes	18.18	16.99	1.86	10.95
2.航天器制造	Manufacture of Spacecrafts		2.52	2.52	100.00
电子及通信设备制造业	**Manufacture of Electronic Equipment and Communication Equipment**	**62.32**	**778.96**	**642.77**	**82.52**
1.通信设备制造	Manufacture of Communication Equipment	59.38	58.92	50.82	86.25
#通信传输设备制造	Manufacture of Communication Transmitting Equipment	66.67	13.63	12.50	91.71
通信交换设备制造	Manufacture of Communication Exchanging Equipment	66.67	6.30	4.47	70.95
通信终端设备制造	Manufacture of Communication Terminal Equipment	66.67	4.25	4.03	94.82
2.雷达及配套设备制造	Manufacture of Radar and Its Fittings		3.90		
3.广播电视设备制造	Manufacture of Broadcasting and TV Equipment	50.00	5.57	1.97	35.37
4.电子器件制造	Manufacture of Electronic Appliances	59.61	419.13	372.99	88.99
#电子真空器件制造	Manufacture of Electronic Vacuum Appliances	72.73	6.65	4.54	68.27
半导体分立器件制造	Manufacture of Semiconductor Discreting Appliances	61.90	62.91	18.73	29.77
集成电路制造	Manufacture of Integrate Circuit	61.02	123.85	196.19	158.41
5.电子元件制造	Manufacture of Electronic Components	66.54	246.55	174.51	70.78
6.家用视听设备制造	Manufacture of Domestic TV Set and Radio Receiver	72.22	17.34	15.20	87.66
7.其他电子设备制造	Manufacture of Other Electronic Equipment	56.67	27.55	27.28	99.02
电子计算机及办公设备制造业	**Manufacture of Computers and Office Equipments**	**60.92**	**149.19**	**124.07**	**83.16**
1.电子计算机整机制造	Manufacture of Entired Computer	46.15	27.22	21.71	79.76
2.电子计算机外部设备制造	Manufacture of Computer Peripheral Equipment	63.64	114.22	98.30	86.06
3.办公设备制造	Manufacture of Office Equipment	62.50	7.76	4.06	52.32
医疗设备及仪器仪表制造业	**Manufacture of Medical Equipments and Measuring Instrument**	**52.34**	**111.62**	**75.38**	**67.53**
1.医疗设备及器械制造	Manufacture of Medical Equipment and Appliances	44.74	31.22	19.15	61.34
2.仪器仪表制造	Manufacture of Measuring Instrument	56.52	80.40	56.23	69.94

3-2-5 各地区国有及国有控股企业高技术产业投资基本情况(2011年)

Basic Statistics on Investment in Fixed Assets in High-tech Industry of State-owned and State-controlled Enterprises by Region (2011)

地区	Region	施工项目数(个) Number of Projects under Construction (unit)	#新开工 Number of Projects Started This Year	建成或投产项目数(个) Number of Projects Completed and Put into Use (unit)	项目建成投产率(%) Rate of Projects Completed and Put into Use (%)	投资额(亿元) Investment (100 million yuan)	新增固定资产(亿元) Newly Increased Fixed Assets (100 million yuan)	固定资产交付使用率(%) Rate of Fixed Assets Put into Use (%)
全　国	**Total**	**1065**	**514**	**441**	**41.41**	**1627.06**	**765.35**	**47.04**
东部地区	Eastern Region	552	244	221	40.04	980.87	428.70	43.71
中部地区	Middle Region	256	142	102	39.84	316.31	119.43	37.76
西部地区	Western Region	257	128	118	45.91	329.88	217.21	65.85
北　京	Beijing	41	9	11	26.83	175.80	13.25	7.54
天　津	Tianjin	45	21	19	42.22	162.91	44.08	27.06
河　北	Hebei	31	16	13	41.94	50.60	12.85	25.40
山　西	Shanxi	11	7	7	63.64	10.12	8.14	80.43
内蒙古	Inner Mongolia							
辽　宁	Liaoning	23	10	9	39.13	37.46	18.01	48.08
吉　林	Jilin	34	32	20	58.82	16.61	10.64	64.06
黑龙江	Heilongjiang	31	14	9	29.03	32.65	10.39	31.82
上　海	Shanghai	60	16	14	23.33	93.90	23.30	24.81
江　苏	Jiangsu	77	45	42	54.55	169.86	109.26	64.32
浙　江	Zhejiang	29	15	8	27.59	12.58	2.92	23.21
安　徽	Anhui	28	14	10	35.71	99.62	23.54	23.63
福　建	Fujian	19	5	5	26.32	21.48	7.21	33.57
江　西	Jiangxi	17	10	10	58.82	13.94	9.64	69.15
山　东	Shandong	51	33	25	49.02	52.18	29.61	56.75
河　南	Henan	25	8	7	28.00	37.03	6.75	18.23
湖　北	Hubei	55	28	26	47.27	53.45	37.14	69.49
湖　南	Hunan	55	29	13	23.64	52.90	13.20	24.95
广　东	Guangdong	133	46	56	42.11	155.28	142.20	91.58
广　西	Guangxi	40	28	17	42.50	36.92	24.88	67.39
海　南	Hainan	3		2	66.67	11.91	1.13	9.49
重　庆	Chongqing	62	31	30	48.39	134.80	107.63	79.84
四　川	Sichuan	51	24	25	49.02	78.52	45.19	57.55
贵　州	Guizhou	13	9	4	30.77	30.62	4.37	14.27
云　南	Yunnan	21	7	14	66.67	11.42	7.25	63.49
西　藏	Tibet	2		1	50.00	0.28	0.13	46.43
陕　西	Shaanxi	68	28	23	33.82	64.51	46.59	72.22
甘　肃	Gansu	31	22	16	51.61	7.53	5.05	67.07
青　海	Qinghai	5	5	3	60.00	1.25	0.54	43.20
宁　夏	Ningxia	1	1			0.38		
新　疆	Xinjiang	3	1	2	66.67	0.56	0.46	82.14

3-2-6 按地区和登记注册类型分高技术产业投资基本情况(2011年)

Basic Statistics on Investment in Fixed Assets in High-tech Industry by Region and Registration Status (2011)

地区	Region	内资企业 Domestic Funded						
		施工项目数(个) Number of Projects under Construction (unit)	#新开工 Number of Projects Started This Year	建成或投产项目数(个) Number of Projects Completed and Put into Use (unit)	项目建成投产率(%) Rate of Projects Completed and Put into Use (%)	投资额(亿元) Investment (100 million yuan)	新增固定资产(亿元) Newly Increased Fixed Assets (100 million yuan)	固定资产交付使用率(%) Rate of Fixed Assets Put into Use (%)
全国	**Total**	**11385**	**7428**	**6698**	**58.83**	**7346.64**	**4693.19**	**63.88**
东部地区	Eastern Region	6299	3999	3761	59.71	3978.93	2547.78	64.03
中部地区	Middle Region	3876	2710	2308	59.55	2487.60	1558.85	62.66
西部地区	Western Region	1210	719	629	51.98	880.10	586.56	66.65
北京	Beijing	107	33	24	22.43	196.15	25.83	13.17
天津	Tianjin	179	124	86	48.04	268.89	80.78	30.04
河北	Hebei	355	215	194	54.65	265.13	172.47	65.05
山西	Shanxi	129	83	78	60.47	64.63	36.78	56.91
内蒙古	Inner Mongolia	72	56	53	73.61	111.68	46.16	41.33
辽宁	Liaoning	381	230	225	59.06	308.13	238.27	77.33
吉林	Jilin	451	393	303	67.18	299.81	247.21	82.46
黑龙江	Heilongjiang	132	92	58	43.94	99.31	51.49	51.85
上海	Shanghai	172	80	38	22.09	133.40	42.05	31.52
江苏	Jiangsu	2055	1496	1545	75.18	1334.20	1060.28	79.47
浙江	Zhejiang	874	460	414	47.37	237.73	138.18	58.12
安徽	Anhui	700	491	367	52.43	474.08	320.97	67.70
福建	Fujian	300	170	124	41.33	118.74	57.01	48.01
江西	Jiangxi	545	364	394	72.29	380.88	275.76	72.40
山东	Shandong	873	575	548	62.77	609.48	338.27	55.50
河南	Henan	665	380	391	58.80	494.27	238.41	48.23
湖北	Hubei	546	382	331	60.62	316.56	201.11	63.53
湖南	Hunan	636	469	333	52.36	246.38	140.98	57.22
广东	Guangdong	709	415	398	56.14	369.05	308.24	83.52
广西	Guangxi	286	200	159	55.59	124.43	83.95	67.47
海南	Hainan	8	1	6	75.00	13.61	2.46	18.07
重庆	Chongqing	229	153	131	57.21	204.24	146.80	71.88
四川	Sichuan	473	276	283	59.83	387.33	295.27	76.23
贵州	Guizhou	35	22	11	31.43	61.41	20.59	33.53
云南	Yunnan	80	33	39	48.75	30.18	18.36	60.83
西藏	Tibet	13	7	9	69.23	2.68	1.93	72.01
陕西	Shaanxi	200	110	85	42.50	128.52	77.64	60.41
甘肃	Gansu	120	79	43	35.83	35.20	14.99	42.59
青海	Qinghai	15	11	10	66.67	6.50	3.25	50.00
宁夏	Ningxia	19	12	12	63.16	6.99	6.72	96.14
新疆	Xinjiang	26	16	6	23.08	17.06	1.01	5.92

3-2-6 续表 1 continued

地区	Region	#国有企业 State-owned Enterprises						
		施工项目数(个) Number of Projects under Construction (unit)	#新开工 Number of Projects Started This Year	建成或投产项目数(个) Number of Projects Completed and Put into Use (unit)	项目建成投产率(%) Rate of Projects Completed and Put into Use (%)	投资额(亿元) Investment (100 million yuan)	新增固定资产(亿元) Newly Increased Fixed Assets (100 million yuan)	固定资产交付使用率(%) Rate of Fixed Assets Put into Use (%)
全国	**Total**	**560**	**309**	**253**	**45.18**	**781.48**	**373.89**	**47.84**
东部地区	Eastern Region	226	116	99	43.81	348.43	134.41	38.58
中部地区	Middle Region	166	92	70	42.17	183.68	76.16	41.46
西部地区	Western Region	168	101	84	50.00	249.37	163.33	65.50
北京	Beijing	10	2	3	30.00	6.09	5.33	87.52
天津	Tianjin	27	12	11	40.74	83.81	29.93	35.71
河北	Hebei	21	13	11	52.38	36.89	12.51	33.91
山西	Shanxi	6	4	5	83.33	7.77	7.89	101.54
内蒙古	Inner Mongolia							
辽宁	Liaoning	14	8	5	35.71	28.46	13.64	47.93
吉林	Jilin	22	21	13	59.09	11.08	6.60	59.57
黑龙江	Heilongjiang	20	10	6	30.00	14.16	8.19	57.84
上海	Shanghai	23	6	5	21.74	29.59	1.75	5.91
江苏	Jiangsu	43	25	20	46.51	70.83	17.80	25.13
浙江	Zhejiang	6	4	1	16.67	5.08	0.38	7.48
安徽	Anhui	16	8	5	31.25	37.79	6.07	16.06
福建	Fujian	7	2	3	42.86	12.93	1.07	8.28
江西	Jiangxi	9	6	7	77.78	7.53	5.20	69.06
山东	Shandong	19	13	14	73.68	20.48	16.77	81.88
河南	Henan	14	4	5	35.71	20.74	5.27	25.41
湖北	Hubei	39	18	20	51.28	39.52	26.05	65.92
湖南	Hunan	40	21	9	22.50	45.09	10.90	24.17
广东	Guangdong	27	10	12	44.44	24.18	10.21	42.22
广西	Guangxi	28	21	13	46.43	29.82	24.44	81.96
海南	Hainan	1		1	100.00	0.27	0.57	211.11
重庆	Chongqing	43	22	21	48.84	105.93	102.63	96.88
四川	Sichuan	33	20	18	54.55	59.43	21.10	35.50
贵州	Guizhou	9	7	4	44.44	26.17	4.37	16.70
云南	Yunnan	8	5	5	62.50	6.15	3.51	57.07
西藏	Tibet	2		1	50.00	0.28	0.13	46.43
陕西	Shaanxi	41	24	17	41.46	43.19	26.11	60.45
甘肃	Gansu	26	18	14	53.85	6.66	4.54	68.17
青海	Qinghai	4	4	3	75.00	0.95	0.54	56.84
宁夏	Ningxia	1	1			0.38		
新疆	Xinjiang	1		1	100.00	0.22	0.40	181.82

3-2-6 续表 2 continued

地区	Region	港澳台投资企业 Enterprises with Funds from Hong Kong, Macau and Taiwan						
		施工项目数（个） Number of Projects under Construction (unit)	#新开工 Number of Projects Started This Year	建成或投产项目数（个） Number of Projects Completed and Put into Use (unit)	项目建成投产率（%） Rate of Projects Completed and Put into Use (%)	投资额（亿元） Investment (100 million yuan)	新增固定资产（亿元） Newly Increased Fixed Assets (100 million yuan)	固定资产交付使用率（%） Rate of Fixed Assets Put into Use (%)
全国	**Total**	**811**	**434**	**451**	**55.61**	**941.04**	**745.27**	**79.20**
东部地区	Eastern Region	674	356	380	56.38	658.91	526.50	79.90
中部地区	Middle Region	99	53	57	57.58	182.80	155.30	84.96
西部地区	Western Region	38	25	14	36.84	99.33	63.47	63.90
北京	Beijing	10	4	2	20.00	7.31	3.91	53.49
天津	Tianjin	4		2	50.00	38.99	2.13	5.46
河北	Hebei	12	8	6	50.00	14.99	8.90	59.37
山西	Shanxi	2	2	2	100.00	0.35	0.27	77.14
内蒙古	Inner Mongolia	4	4	4	100.00	7.88	7.88	100.00
辽宁	Liaoning	15	7	7	46.67	15.83	26.92	170.06
吉林	Jilin	5	2	4	80.00	2.80	6.85	244.64
黑龙江	Heilongjiang	1	1			0.76		
上海	Shanghai	23	13	6	26.09	20.11	5.94	29.54
江苏	Jiangsu	238	142	172	72.27	266.02	194.71	73.19
浙江	Zhejiang	94	45	46	48.94	35.68	40.35	113.09
安徽	Anhui	9	7	2	22.22	11.35	1.66	14.63
福建	Fujian	53	26	17	32.08	31.56	29.11	92.24
江西	Jiangxi	26	11	18	69.23	38.12	46.76	122.67
山东	Shandong	28	8	18	64.29	27.56	13.11	47.57
河南	Henan	18	5	11	61.11	68.23	62.98	92.31
湖北	Hubei	22	13	13	59.09	30.51	17.64	57.82
湖南	Hunan	12	8	3	25.00	22.80	11.26	49.39
广东	Guangdong	183	93	97	53.01	190.15	190.49	100.18
广西	Guangxi	13	9	7	53.85	10.21	10.94	107.15
海南	Hainan	1	1			0.50		
重庆	Chongqing	14	13	4	28.57	22.61	1.37	6.06
四川	Sichuan	10	4	5	50.00	69.18	60.19	87.00
贵州	Guizhou	1	1			0.80		
云南	Yunnan	9	5	4	44.44	1.83	1.29	70.49
西藏	Tibet							
陕西	Shaanxi	3	1	1	33.33	4.52	0.62	13.72
甘肃	Gansu							
青海	Qinghai							
宁夏	Ningxia	1	1			0.39		
新疆	Xinjiang							

3-2-6 续表 3 continued

地区	Region	外商投资企业 Foreign Funded Enterprises						
		施工项目数(个) Number of Projects under Construction (unit)	#新开工 Number of Projects Started This Year	建成或投产项目数(个) Number of Projects Completed and Put into Use (unit)	项目建成投产率(%) Rate of Projects Completed and Put into Use (%)	投资额(亿元) Investment (100 million yuan)	新增固定资产(亿元) Newly Increased Fixed Assets (100 million yuan)	固定资产交付使用率(%) Rate of Fixed Assets Put into Use (%)
全国	**Total**	**1008**	**585**	**586**	**58.13**	**1180.78**	**916.70**	**77.64**
东部地区	Eastern Region	895	514	529	59.11	1076.91	863.76	80.21
中部地区	Middle Region	86	58	39	45.35	82.11	32.57	39.67
西部地区	Western Region	27	13	18	66.67	21.76	20.37	93.61
北京	Beijing	22	6	8	36.36	63.09	19.96	31.64
天津	Tianjin	39	24	17	43.59	42.39	19.88	46.90
河北	Hebei	14	8	9	64.29	8.25	5.09	61.70
山西	Shanxi	7	4	3	42.86	12.42	2.77	22.30
内蒙古	Inner Mongolia	2	1	1	50.00	0.75	0.35	46.67
辽宁	Liaoning	14	5	8	57.14	26.67	19.45	72.93
吉林	Jilin	13	11	9	69.23	8.72	3.99	45.76
黑龙江	Heilongjiang	5	2			15.22		
上海	Shanghai	64	37	28	43.75	125.03	135.94	108.73
江苏	Jiangsu	394	262	274	69.54	504.69	446.51	88.47
浙江	Zhejiang	100	43	39	39.00	33.46	24.72	73.88
安徽	Anhui	16	11	8	50.00	15.42	5.99	38.85
福建	Fujian	44	24	18	40.91	62.34	54.80	87.91
江西	Jiangxi	14	9	8	57.14	9.57	7.28	76.07
山东	Shandong	79	48	60	75.95	58.23	32.49	55.80
河南	Henan	1		1	100.00	0.41	0.65	158.54
湖北	Hubei	17	12	6	35.29	14.36	10.71	74.58
湖南	Hunan	11	8	3	27.27	5.24	0.83	15.84
广东	Guangdong	107	50	58	54.21	144.32	101.04	70.01
广西	Guangxi	14	7	7	50.00	7.45	3.04	40.81
海南	Hainan	4		3	75.00	0.99	0.83	83.84
重庆	Chongqing	10	5	6	60.00	5.41	2.27	41.96
四川	Sichuan	7	3	6	85.71	3.40	9.63	283.24
贵州	Guizhou							
云南	Yunnan	6	3	5	83.33	2.26	1.63	72.12
西藏	Tibet							
陕西	Shaanxi	4	2	1	25.00	10.45	6.85	65.55
甘肃	Gansu							
青海	Qinghai					0.24		
宁夏	Ningxia							
新疆	Xinjiang							

3-2-7 按地区和行业分高技术产业投资基本情况(2011年)

Basic Statistics on Investment in Fixed Assets in High-tech Industry by Region and Industrial Sector (2011)

地区 Region	医药制造业 Medical and Pharmaceutical Products Manufacturing						
	施工项目数(个) Number of Projects under Construction (unit)	#新开工 Number of Projects Started This Year	建成或投产项目数(个) Number of Projects Completed and Put into Use (unit)	项目建成投产率(%) Rate of Projects Completed and Put into Use (%)	投资额(亿元) Investment (100 million yuan)	新增固定资产(亿元) Newly Increased Fixed Assets (100 million yuan)	固定资产交付使用率(%) Rate of Fixed Assets Put into Use (%)
全国 Total	**4741**	**2977**	**2694**	**56.82**	**2648.93**	**1671.45**	**63.10**
东部地区 Eastern Region	2142	1213	1170	54.62	1190.87	792.95	66.59
中部地区 Middle Region	1935	1376	1161	60.00	1165.33	702.09	60.25
西部地区 Western Region	664	388	363	54.67	292.74	176.40	60.26
北京 Beijing	65	19	14	21.54	30.95	12.23	39.52
天津 Tianjin	64	40	26	40.63	51.62	25.44	49.28
河北 Hebei	184	102	98	53.26	158.88	98.86	62.22
山西 Shanxi	97	59	61	62.89	56.17	27.76	49.42
内蒙古 Inner Mongolia	45	34	29	64.44	104.98	37.24	35.47
辽宁 Liaoning	188	95	116	61.70	137.03	117.14	85.48
吉林 Jilin	349	306	217	62.18	244.50	189.19	77.38
黑龙江 Heilongjiang	93	68	41	44.09	69.84	37.77	54.08
上海 Shanghai	66	31	13	19.70	34.22	10.24	29.92
江苏 Jiangsu	370	240	257	69.46	224.38	180.26	80.34
浙江 Zhejiang	307	156	144	46.91	91.95	64.15	69.77
安徽 Anhui	261	172	108	41.38	102.29	38.99	38.12
福建 Fujian	118	57	55	46.61	37.99	20.83	54.83
江西 Jiangxi	216	143	173	80.09	126.45	96.77	76.53
山东 Shandong	452	283	283	62.61	296.51	182.47	61.54
河南 Henan	340	200	207	60.88	234.60	127.26	54.25
湖北 Hubei	270	201	178	65.93	134.90	89.63	66.44
湖南 Hunan	264	193	147	55.68	91.61	57.46	62.72
广东 Guangdong	178	98	84	47.19	70.22	46.97	66.89
广西 Guangxi	139	90	72	51.80	53.36	31.65	59.31
海南 Hainan	11	2	8	72.73	3.75	2.72	72.53
重庆 Chongqing	93	63	62	66.67	55.10	25.30	45.92
四川 Sichuan	241	141	144	59.75	117.50	81.52	69.38
贵州 Guizhou	15	9	6	40.00	11.75	6.65	56.60
云南 Yunnan	79	34	38	48.10	25.35	17.31	68.28
西藏 Tibet	11	5	8	72.73	2.48	1.73	69.76
陕西 Shaanxi	92	49	52	56.52	35.50	23.78	66.99
甘肃 Gansu	89	59	32	35.96	21.90	11.78	53.79
青海 Qinghai	11	7	7	63.64	5.90	2.71	45.93
宁夏 Ningxia	13	9	8	61.54	5.29	4.61	87.15
新疆 Xinjiang	20	12	6	30.00	11.98	1.01	8.43

地区	Region	航空航天器制造业 Manufacture of Aircrafts and Spacecrafts						
		施工项目数(个) Number of Projects under Construction (unit)	#新开工 Number of Projects Started This Year	建成或投产项目数(个) Number of Projects Completed and Put into Use (unit)	项目建成投产率(%) Rate of Projects Completed and Put into Use (%)	投资额(亿元) Investment (100 million yuan)	新增固定资产(亿元) Newly Increased Fixed Assets (100 million yuan)	固定资产交付使用率(%) Rate of Fixed Assets Put into Use (%)
全国	**Total**	**188**	**86**	**59**	**31.38**	**258.13**	**79.42**	**30.77**
东部地区	Eastern Region	83	40	28	33.73	131.08	39.46	30.10
中部地区	Middle Region	52	24	16	30.77	72.27	15.71	21.74
西部地区	Western Region	53	22	15	28.30	54.78	24.26	44.29
北京	Beijing	7	2	2	28.57	6.09	1.93	31.69
天津	Tianjin	10	4	1	10.00	33.19	0.36	1.08
河北	Hebei	4	1			13.50		
山西	Shanxi							
内蒙古	Inner Mongolia	1				0.40		
辽宁	Liaoning	7	5	3	42.86	10.40	4.48	43.08
吉林	Jilin	8	6	4	50.00	4.03	1.72	42.68
黑龙江	Heilongjiang	14	5	3	21.43	21.55	2.38	11.04
上海	Shanghai	8	1	1	12.50	25.40	0.22	0.87
江苏	Jiangsu	24	12	11	45.83	22.40	21.28	95.00
浙江	Zhejiang	2	1	2	100.00	0.75	0.72	96.00
安徽	Anhui	4	2	3	75.00	4.15	0.82	19.76
福建	Fujian	4	2	1	25.00	1.86	0.67	36.02
江西	Jiangxi	4	4	1	25.00	5.55	3.62	65.23
山东	Shandong	7	6	5	71.43	8.20	7.92	96.59
河南	Henan	9	3	2	22.22	3.51	0.83	23.65
湖北	Hubei	8	3	1	12.50	10.09	5.56	55.10
湖南	Hunan	4	1	2	50.00	22.99	0.78	3.39
广东	Guangdong	7	3	1	14.29	7.56	1.54	20.37
广西	Guangxi	3	3	1	33.33	1.73	0.34	19.65
海南	Hainan							
重庆	Chongqing							
四川	Sichuan	7	3	3	42.86	15.56	9.37	60.22
贵州	Guizhou	8	4	1	12.50	24.78	1.71	6.90
云南	Yunnan	1	1			0.35		
西藏	Tibet	1	1			0.10	0.10	100.00
陕西	Shaanxi	33	11	10	30.30	13.02	12.78	98.16
甘肃	Gansu	2	1	1	50.00	0.59	0.31	52.54
青海	Qinghai							
宁夏	Ningxia	1	1			0.38		
新疆	Xinjiang							

3-2-7 续表 2 continued

地区	Region	电子及通信设备制造业 Manufacture of Electronic Equipment and Communication Equipment						
		施工项目数(个) Number of Projects under Construction (unit)	#新开工 Number of Projects Started This Year	建成或投产项目数(个) Number of Projects Completed and Put into Use (unit)	项目建成投产率(%) Rate of Projects Completed and Put into Use (%)	投资额(亿元) Investment (100 million yuan)	新增固定资产(亿元) Newly Increased Fixed Assets (100 million yuan)	固定资产交付使用率(%) Rate of Fixed Assets Put into Use (%)
全国	**Total**	**5470**	**3554**	**3247**	**59.36**	**4521.94**	**3076.57**	**68.04**
东部地区	Eastern Region	3767	2409	2308	61.27	3163.94	2182.68	68.99
中部地区	Middle Region	1355	918	764	56.38	1057.45	714.93	67.61
西部地区	Western Region	348	227	175	50.29	300.55	178.96	59.54
北京	Beijing	34	10	12	35.29	218.82	31.32	14.31
天津	Tianjin	107	80	62	57.94	199.02	64.12	32.22
河北	Hebei	107	70	68	63.55	84.52	67.37	79.71
山西	Shanxi	20	16	12	60.00	18.16	10.18	56.06
内蒙古	Inner Mongolia	21	18	20	95.24	8.78	13.00	148.06
辽宁	Liaoning	114	72	64	56.14	133.60	94.30	70.58
吉林	Jilin	28	22	21	75.00	17.68	13.45	76.07
黑龙江	Heilongjiang	11	7	4	36.36	9.89	2.48	25.08
上海	Shanghai	134	73	41	30.60	189.43	151.70	80.08
江苏	Jiangsu	1475	1055	1099	74.51	1208.18	960.71	79.52
浙江	Zhejiang	491	258	241	49.08	149.35	92.10	61.67
安徽	Anhui	321	232	180	56.07	320.03	259.24	81.00
福建	Fujian	210	127	70	33.33	148.35	100.86	67.99
江西	Jiangxi	253	159	162	64.03	204.46	138.25	67.62
山东	Shandong	293	186	186	63.48	231.64	104.74	45.22
河南	Henan	192	100	112	58.33	231.80	124.89	53.88
湖北	Hubei	206	139	114	55.34	128.39	79.26	61.73
湖南	Hunan	303	225	139	45.87	118.27	74.19	62.73
广东	Guangdong	675	388	391	57.93	517.91	458.91	88.61
广西	Guangxi	125	90	73	58.40	71.77	55.98	78.00
海南	Hainan	2		1	50.00	11.35	0.57	5.02
重庆	Chongqing	80	60	38	47.50	63.79	24.78	38.85
四川	Sichuan	179	107	108	60.34	149.02	119.42	80.14
贵州	Guizhou	10	7	3	30.00	7.38	1.74	23.58
云南	Yunnan	6	4	4	66.67	7.01	2.94	41.94
西藏	Tibet							
陕西	Shaanxi	52	32	14	26.92	59.68	28.53	47.80
甘肃	Gansu	14	12	5	35.71	8.58	1.01	11.77
青海	Qinghai	3	3	3	100.00	0.54	0.54	100.00
宁夏	Ningxia							
新疆	Xinjiang	4	2			4.56		

3-2-7 续表 3 continued

地区	Region	电子计算机及办公设备制造业 Manufacture of Computer and Office Equipments 施工项目数(个) Number of Projects under Construction (unit)	#新开工 Number of Projects Started This Year	建成或投产项目数(个) Number of Projects Completed and Put into Use (unit)	项目建成投产率(%) Rate of Projects Completed and Put into Use (%)	投资额(亿元) Investment (100 million yuan)	新增固定资产(亿元) Newly Increased Fixed Assets (100 million yuan)	固定资产交付使用率(%) Rate of Fixed Assets Put into Use (%)
全国	**Total**	**499**	**274**	**258**	**51.70**	**763.64**	**580.70**	**76.04**
东部地区	Eastern Region	333	174	177	53.15	390.19	306.11	78.45
中部地区	Middle Region	107	71	56	52.34	118.55	96.34	81.27
西部地区	Western Region	59	29	25	42.37	254.90	178.25	69.93
北京	Beijing	4	2			3.54	1.77	50.00
天津	Tianjin	7	4			46.38	6.12	13.20
河北	Hebei	12	9	5	41.67	4.13	3.13	75.79
山西	Shanxi	2	1			0.57		
内蒙古	Inner Mongolia	2	2	1	50.00	2.78	0.47	16.91
辽宁	Liaoning	8	4	6	75.00	15.54	32.48	209.01
吉林	Jilin	4	3	4	100.00	2.55	1.79	70.20
黑龙江	Heilongjiang	3	2	1	33.33	3.15	0.45	14.29
上海	Shanghai	7	5	3	42.86	13.95	11.81	84.66
江苏	Jiangsu	112	67	80	71.43	171.61	141.41	82.40
浙江	Zhejiang	55	21	20	36.36	22.65	20.73	91.52
安徽	Anhui	18	12	9	50.00	19.51	3.35	17.17
福建	Fujian	26	13	10	38.46	11.10	7.73	69.64
江西	Jiangxi	25	17	17	68.00	27.01	56.51	209.22
山东	Shandong	23	13	15	65.22	16.06	13.24	82.44
河南	Henan	14	9	6	42.86	10.27	2.36	22.98
湖北	Hubei	21	13	8	38.10	42.95	27.24	63.42
湖南	Hunan	18	12	10	55.56	9.76	4.17	42.73
广东	Guangdong	64	26	28	43.75	78.95	62.54	79.21
广西	Guangxi	15	10	10	66.67	6.30	5.15	81.75
海南	Hainan							
重庆	Chongqing	39	19	19	48.72	93.35	50.44	54.03
四川	Sichuan	15	8	5	33.33	160.28	127.49	79.54
贵州	Guizhou							
云南	Yunnan	1				0.26		
西藏	Tibet							
陕西	Shaanxi	3	2	1	33.33	0.82	0.33	40.24
甘肃	Gansu	1				0.19		
青海	Qinghai							
宁夏	Ningxia							
新疆	Xinjiang							

地区	Region	施工项目数(个) Number of Projects under Construction (unit)	#新开工 Number of Projects Started This Year	建成或投产项目数(个) Number of Projects Completed and Put into Use (unit)	项目建成投产率(%) Rate of Projects Completed and Put into Use (%)	投资额(亿元) Investment (100 million yuan)	新增固定资产(亿元) Newly Increased Fixed Assets (100 million yuan)	固定资产交付使用率(%) Rate of Fixed Assets Put into Use (%)
		医疗设备及仪器仪表制造业 Manufacture of Medical Equipments and Measuring Instrument						
全国	**Total**	**2306**	**1556**	**1477**	**64.05**	**1275.81**	**947.01**	**74.23**
东部地区	Eastern Region	1543	1033	987	63.97	838.68	616.83	73.55
中部地区	Middle Region	612	432	407	66.50	338.91	217.65	64.22
西部地区	Western Region	151	91	83	54.97	98.22	112.52	114.56
北京	Beijing	29	10	6	20.69	7.16	2.45	34.22
天津	Tianjin	34	20	16	47.06	20.06	6.74	33.6
河北	Hebei	74	49	38	51.35	27.33	17.11	62.61
山西	Shanxi	19	13	10	52.63	2.51	1.87	74.5
内蒙古	Inner Mongolia	9	7	8	88.89	3.36	3.68	109.52
辽宁	Liaoning	93	66	51	54.84	54.06	36.25	67.06
吉林	Jilin	80	69	70	87.50	42.56	51.89	121.92
黑龙江	Heilongjiang	17	13	9	52.94	10.87	8.41	77.37
上海	Shanghai	44	20	14	31.82	15.54	9.96	64.09
江苏	Jiangsu	706	526	544	77.05	478.33	397.84	83.17
浙江	Zhejiang	213	112	92	43.19	42.19	25.56	60.58
安徽	Anhui	121	91	77	63.64	54.87	26.22	47.79
福建	Fujian	39	21	23	58.97	13.34	10.83	81.18
江西	Jiangxi	87	61	67	77.01	65.10	34.64	53.21
山东	Shandong	205	143	137	66.83	142.85	75.49	52.85
河南	Henan	129	73	76	58.91	82.74	46.69	56.43
湖北	Hubei	80	51	49	61.25	45.11	27.78	61.58
湖南	Hunan	70	54	41	58.57	31.78	16.47	51.83
广东	Guangdong	75	43	49	65.33	28.89	29.80	103.15
广西	Guangxi	31	23	17	54.84	8.93	4.82	53.98
海南	Hainan							
重庆	Chongqing	41	29	22	53.66	20.03	49.92	249.23
四川	Sichuan	48	24	34	70.83	17.55	27.28	155.44
贵州	Guizhou	3	3	1	33.33	18.30	10.50	57.38
云南	Yunnan	8	2	6	75.00	1.29	1.03	79.84
西藏	Tibet	1	1	1	100.00	0.11	0.11	100
陕西	Shaanxi	27	19	10	37.04	34.46	19.70	57.17
甘肃	Gansu	14	7	5	35.71	3.94	1.89	47.97
青海	Qinghai	1	1			0.30		
宁夏	Ningxia	6	3	4	66.67	1.71	2.11	123.39
新疆	Xinjiang	2	2			0.52		

4

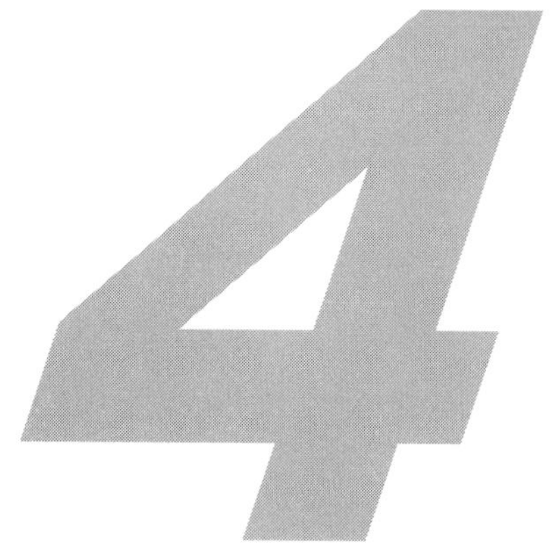

国际比较情况

International Comparison

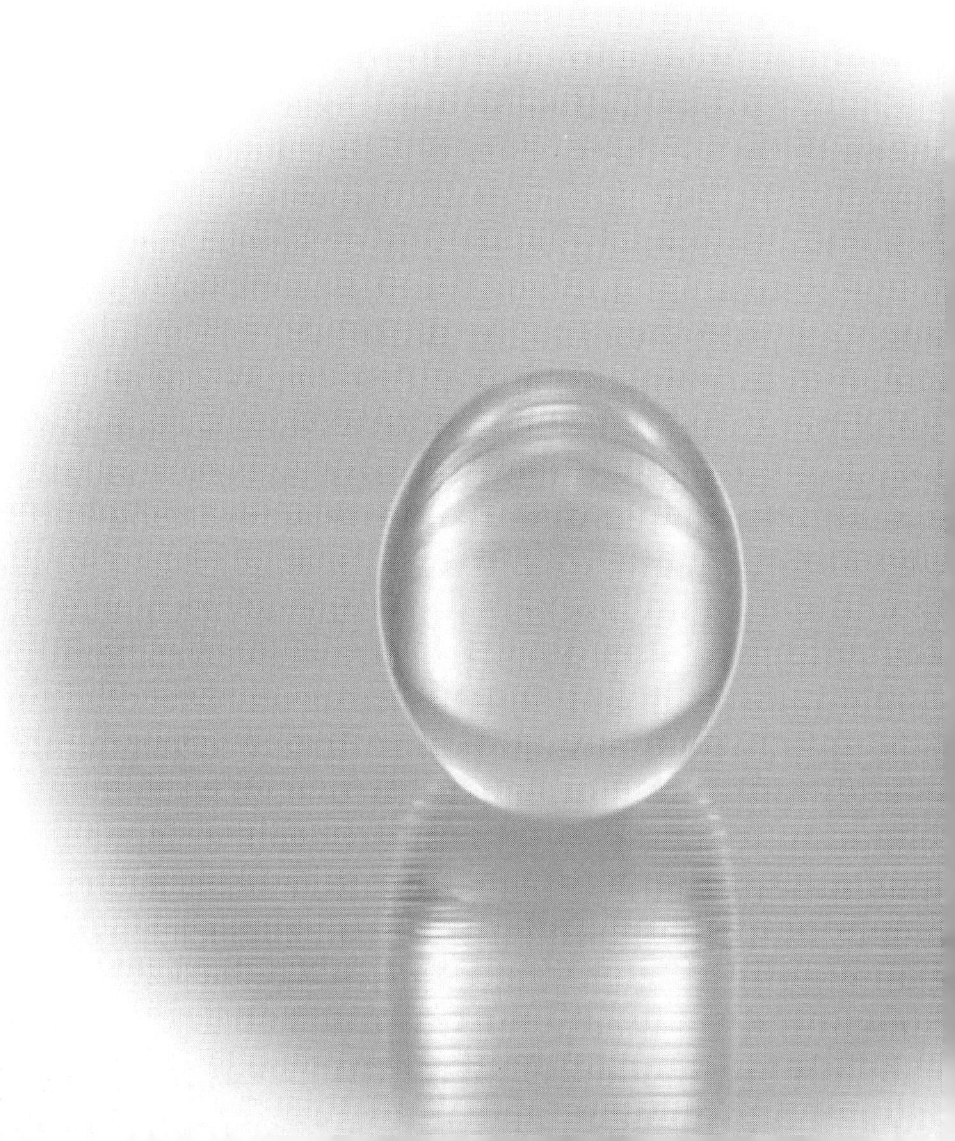

4-1 部分国家高技术产业R&D经费占工业总产值比例
The Ratio of R&D Expenditure to Gross Industrial Output Value of High Technology Industry in Selected Countries

(%)

		高技术产业 High Technology Industry	飞机和航天器制造业 Aircraft and Spacecraft	医药制造业 Pharmacruticals	办公、会计和计算机制造业 Office, accounting and computing Machinery	广播、电视及通信设备制造业 Radio, Television and communication Equipment	医疗、精密仪器和光学器具制造业 Medical, Precision and Optical Instruments
中　国	China (2011)*	1.63	7.82	1.41	0.75	1.81	1.91
美　国	USA (2007)	16.89	9.90	26.57	10.69	15.72	18.34
日　本	Japan(2008)	10.50	2.90	16.40	7.61	8.90	16.98
德　国	Germany(2007)	6.87	8.65	8.27	4.46	6.28	6.28
英　国	UK(2006)	11.10	10.70	24.92	0.38	7.56	3.63
法　国	France(2006)	7.74	5.20	8.69	7.94	12.24	7.08
意大利	Italy (2007)	3.82	13.43	1.79	1.23	4.48	2.60
加拿大	Canada(2006)	11.50	6.27	11.88	10.92	14.52	
西班牙	Spain (2007)	5.22	6.87	6.25	3.80	3.85	3.24
韩　国	Korea(2006)	5.86	9.02	2.51	3.93	6.65	2.16
瑞　典	Sweden(2007)	13.18	12.91	13.44	13.92	14.73	8.99
丹　麦	Denmark (2006)			18.40	5.09	11.49	8.32
挪　威	Norway(2007)	5.67	1.09	5.48	0.85	7.51	5.91
芬　兰	Finland(2007)	11.50	4.81	24.50	2.34	11.76	4.91

*按规模以上工业企业计算。

Calculated by data of enterprises above designated size .

数据来源：国外数据来自经济合作与发展组织《结构分析数据库2011》、《企业研发分析数据库2011》。

Foreign Countries' data sourced from OECD, DSTI (STAN Industrial database) 2011 and ANBERD Database 2011.

4-2 部分国家高技术产业R&D经费占工业增加值比例
The Ratio of R&D Expenditure to Value Added of Industry of High Technology Industry in Selected Countries

(%)

		高技术产业 High Technology Industry	飞机和航天器制造业 Aircraft and Spacecraft	医药制造业 Pharmacruticals	办公、会计和计算机制造业 Office, accounting and computing Machinery	广播、电视及通信设备制造业 Radio, Television and communication Equipment	医疗、精密仪器和光学器具制造业 Medical, Precision and Optical Instruments
中　国	China (2007)*	6.01	15.39	4.66	3.87	6.78	6.28
美　国	USA (2007)	36.84	25.92	55.98	24.65	32.72	35.21
日　本	Japan(2008)	31.29	6.31	52.67	41.60	24.96	37.53
德　国	Germany(2007)	18.05	27.88	19.84	15.41	20.15	13.11
英　国	UK(2006)	26.81	30.26	48.53	1.04	23.35	7.64
法　国	France(2006)	32.63	36.39	32.99	30.27	49.91	18.31
意大利	Italy (2007)	11.81	66.68	5.83	5.72	11.61	7.29
加拿大	Canada(2006)	29.82	15.70	26.13	48.38	40.28	
西班牙	Spain (2007)	17.13	24.90	18.42	13.77	18.34	8.49
韩　国	Korea(2006)	22.06	33.29	7.94	20.71	25.22	8.11
瑞　典	Sweden(2007)	35.41	35.81	26.57	38.52	54.74	21.28
丹　麦	Denmark (2006)			44.48	14.02	33.66	16.24
挪　威	Norway(2007)	14.86	3.73	10.91	4.34	20.11	16.68
芬　兰	Finland(2007)	29.21	12.74	40.67	7.82	30.55	12.11

*按规模以上工业企业计算。

Calculated by data of enterprises above designated size .

数据来源：国外数据来自经济合作与发展组织《结构分析数据库2011》、《企业研发分析数据库2011》。

Foreign Countries' data sourced from OECD, DSTI (STAN Industrial database) 2011 and ANBERD Database 2011.

4-3 部分国家高技术产业增加值占制造业增加值的比重(2001-2009)

The Ratio of Value Added of High Technology Industry to Value Added of Manufacturing in Selected Countries (2001-2009)

(%)

		2001	2002	2003	2004	2005	2006	2007	2008	2009
中 国	China *	9.5	9.9	10.5	10.9	11.5	11.5	12.7		
美 国	USA	17.0	17.0	17.2	17.5	18.1	19.2	19.1	19.7	21.2
日 本	Japan	15.9	15.3	16.5	16.9	15.7	16.1	16.2	15.4	
德 国	Germany	10.5	10.8	11.4	11.8	12.4	12.2	12.8	..	
英 国	UK	17.0	16.2	15.7	15.5	16.2	17.2	17.1	..	
法 国	France	15.1	14.9	14.7	13.5	14.2	14.9	14.0	13.9	
意大利	Italy	9.8	9.7	9.3	9.3	9.1	9.4	9.0		
加拿大	Canada	8.7	8.1	8.5	8.2	8.6	9.2			
西班牙	Spain	6.9	6.2	6.2	5.9	5.9	6.1	6.2		
韩 国	Korea	20.9	21.6	22.2	23.7	22.7	23.0			
瑞 典	Sweden	13.6	15.7	17.5	20.8	21.1	20.9	18.7		
丹 麦	Denmark	16.5	14.6	16.3	15.8	17.5	16.7	16.0		
挪 威	Norway	7.5	7.8	7.6	7.7	7.8	8.4	8.1		
芬 兰	Finland	20.3	23.4	23.7	22.0	22.2	22.3	23.5		

*按全部工业企业计算。

Caculated by all industry enterprises' data.

数据来源：国外数据来自经济合作与发展组织《结构分析数据库2011》。

Foreign Countries' data sourced from OECD, DSTI (STAN Industrial database) 2011.

4-4 部分国家高技术产业出口占制造业出口的比重(2001-2010年)

The Ratio of Exports of High Technology Industry to Exports of Manufacturing in Selected Countries (2001-2010)

(%)

		2001	2002	2003	2004	2005	2006	2007	2008	2009	2010
中 国	China	20.6	23.3	27.1	29.8	30.6	30.3	29.7	28.7	31.0	27.5
美 国	USA	32.6	31.8	30.8	30.3	29.9	30.1	27.2	25.9	21.5	19.9
日 本	Japan	26.6	24.8	24.4	24.1	23.0	22.1	18.4	17.3	18.8	18.0
德 国	Germany	18.3	17.5	16.9	17.8	17.4	17.1	14.0	13.3	15.3	15.3
英 国	UK	34.1	31.7	26.3	24.5	28.3	33.9	18.9	18.5	21.8	20.9
法 国	France	23.5	21.5	19.7	19.8	20.3	21.5	18.5	20.0	22.6	24.9
意大利	Italy	9.6	9.2	8.0	8.0	8.0	7.3	6.3	6.4	7.5	7.2
加拿大	Canada	16.6	14.2	13.7	12.1	13.1	13.3	12.8	13.6	16.2	14.0
西班牙	Spain	7.8	7.2	7.5	7.3	7.3	6.4	5.1	5.3	6.2	6.4
韩 国	Korea	29.8	31.5	32.3	32.9	32.5	32.1	30.5	27.6	28.7	
瑞 典	Sweden	17.4	18.2	16.3	17.4	16.9	16.1	11.5	11.2	12.9	13.9
丹 麦	Denmark	20.8	22.5	20.2	20.3	22.5	19.9	16.8	15.6	17.7	14.2
挪 威	Norway	18.2	20.6	16.8	17.4	16.1	17.2	14.7	14.8	15.8	16.1
芬 兰	Finland	24.4	24.1	23.7	20.9	25.1	22.3	18.0	17.2	14.0	10.8

数据来源：世界银行《世界发展指标2012》。

World Bank, World Development Indicators 2012.

附　　录
Appendix

附录1　高技术产业统计分类目录

Statistics Catalogue of High-technology Industry Classifications

行业代码	行业名称	行业代码	行业名称
2530	核燃料加工	405	电子器件制造
2665	信息化学品制造	4051	电子真空器件制造
27	医药制造业	4052	半导体分立器件制造
2710	化学药品原药制造	4053	集成电路制造
2720	化学药品制剂制造业	4059	光电子器件及其他电子器件制造
2730	中药饮片加工	406	电子元件制造
2740	中成药制造	4061	电子元件及组件制造
2750	兽用药品制造	4062	印制电路板制造
2760	生物、生化制品的制造	407	家用视听设备制造
2770	卫生材料及医药用品制造	4071	家用影视设备制造
368	医疗仪器设备及器械制造	4072	家用音响设备制造
3681	医疗诊断、监护及治疗设备制造	409	其他电子设备制造
3682	口腔科用设备及器具制造	411	通用仪器仪表制造
3683	实验室及医用消毒设备和器具制造	4111	工业自动控制系统装置制造
3684	医疗、外科及兽医用器械制造	4112	电工仪器仪表制造
3685	机械治疗及病房护理设备制造	4113	绘图、计算及测量仪器制造
3686	假肢、人工器官及植(介)入器械制造	4114	实验分析仪器制造
3689	其他医疗设备及器械制造	4115	试验机制造
376	航空航天器制造	4119	供应用仪表及其他通用仪器制造
3761	飞机制造及修理	412	专用仪器仪表制造
3762	航天器制造	4121	环境监测专用仪器仪表制造
3769	其他飞行器制造	4122	汽车及其他用计数仪表制造
40	通信设备、计算机及其他电子设备制造业	4123	导航、气象及海洋专用仪器制造
401	通信设备制造	4124	农林牧渔专用仪器仪表制造
4011	通信传输设备制造	4125	地质勘探和地震专用仪器制造
4012	通信交换设备制造	4126	教学专用仪器制造
4013	通信终端设备制造	4127	核子及核辐射测量仪器制造
4014	移动通信及终端设备制造	4128	电子测量仪器制造
4019	其他通信设备制造	4129	其他专用仪器制造
402	雷达及配套设备制造	4141	光学仪器制造
403	广播电视设备制造	4154	复印和胶印设备制造
4031	广播电视节目制作及发射设备制造	4155	计算器及货币专用设备制造
4032	广播电视接受设备及器材制造	4190	其他仪器仪表的制造及修理
4039	应用电视设备及其他广播电视设备制造	621	软件业
404	电子计算机制造	6211	基础软件服务
4041	电子计算机整机制造	6212	应用软件服务
4042	计算机网络设备制造		
4043	电子计算机外部设备制造		

注：此目录摘自国家统计局国统字(2002)033号文件。

附录2　高技术产业统计资料整理公布格式

Published Format for Sorting-out the Statistical Data of High-technology Industry

行　　业	对应代码
一、核燃料加工	253
二、信息化学品制造	2665
三、医药制造业	27
其中：化学药品制造	271+272
中成药制造	274
生物、生化制品的制造	276
四、航空航天器制造	376
1. 飞机制造及修理	3761
2. 航天器制造	3762
3. 其他飞行器制造	3769
五、电子及通信设备制造业	40-404
1. 通信设备制造	401
其中：通信传输设备制造	4011
通信交换设备制造	4012
通信终端设备制造	4013
移动通信及终端设备制造	4014
2. 雷达及配套设备制造	402
3. 广播电视设备制造	403
4. 电子器件制造	405
电子真空器件制造	4051
半导体分立器件制造	4052
集成电路制造	4053
光电子器件及其他电子器件制造	4059
5. 电子元件制造	406
6. 家用视听设备制造	407
7. 其他电子设备制造	409
六、电子计算机及办公设备制造业	404+4154+4155
1. 电子计算机整机制造	4041
2. 计算机网络设备制造	4042
3. 电子计算机外部设备制造	4043
4. 办公设备制造	4154+4155
七、医疗设备及仪器仪表制造业	368+411+412+4141+419
1. 医疗设备及器械制造	368
2. 仪器仪表制造	411+412+4141+419
八、公共软件服务	6211+6212

注：受统计资料来源的限制，本年鉴只包括三、四、五、六、七类行业。

附录 3　指标解释

Explanatory Notes of Indicators

工业总产值　指工业企业在一定时期内生产的工业最终产品或提供工业性劳务活动的总价值量，由本期生产成品价值、对外加工费收入、在制品半成品期末期初差额价值三部分。它反映一定时间内工业生产的总规模和总水平。

资产总计　指企业拥有或控制的能以货币计量的经济资源，包括各种财产、债权和其他权利。资产按流动性分为流动资产、长期投资、固定资产、无形资产、递延资产和其他资产。该指标根据企业会计“资产负债表”中“资产总计”项目的期末数增列。

主营业务收入　指会计“利润表”中对应指标的本年累计数。未执行 2001 年《企业会计制度》的企业，用“产品销售收入”的本期累计数代替。

利润总额　指企业生产经营活动的最终成果，是企业在一定时期内实现的盈亏相抵后的利润总额(亏损以“-”号表示)，它等于营业利润加上补贴收入加上投资收益加上营业外净收入再加上以前年度损益调整。

R&D　即研究与试验发展的简称，指在科学技术领域，为增加知识总量、以及运用这些知识去创造新的应用而进行的系统的、创造性的活动，包括基础研究、应用研究、试验发展三类活动。

R&D 人员全时当量　是国际上通用的、用于比较科技人力投入的指标。指 R&D 全时人员（全年从事 R&D 活动累积工作时间占全部工作时间的 90%及以上人员）工作量与非全时人员按实际工作时间折算的工作量之和。例如：有 2 个 R&D 全时人员(工作时间分别为 0.9 年和 1 年)和 3 个 R&D 非全时人员(工作时间分别为 0.2 年、0.3 年和 0.7 年)，则 R&D 人员全时当量 = 1+1+0.2+0.3+0.7=3.2(人年)。

R&D 经费内部支出　指调查单位在报告年度用于内部开展 R&D 活动的实际支出。包括用于 R&D 项目（课题）活动的直接支出，以及间接用于 R&D 活动的管理费、服务费、与 R&D 有关的基本建设支出以及外协加工费等。不包括生产性活动支出、归还贷款支出以及与外单位合作或委托外单位进行 R&D 活动而转拨给对方的经费支出。

政府资金　指调查单位R&D经费内部支出中来自各级政府部门的各类资金。

企业资金　指调查单位R&D经费内部支出中来自本企业的自有资金和接受其他企业委托而获得的经费。

新产品　指采用新技术原理、新设计构思研制、生产的全新产品，或在结构、材质、工艺等某一方面比原有产品有明显改进，从而显著提高了产品性能或扩大了使用功能的产品。

企业办研发机构数　指企业自办（或与外单位合办），管理上同生产系统相对独立（或者单独核算）的专门研发机构，如企业办的技术中心、研究院所、开发中心、开发部、实验室、中试车间、试验基地等。企业办科技活动机构经过资源整合，被国家或省级有关部门认定为国家级或省级技术中心的，应按一个机构填报。与外单位合办的科技活动机构若主要由本企业出资兴办，则由本企业统计，否则应由合办方统计。企业科技管理职能处（科）室（如科研处、技术科等）一般不统计在内；若科研处、技术科等同时挂有科技活动机构的牌子，视其报告年度内主要工作任务而定，主要任务是从事科技活动的可以统计，否则不予统计。本指标不含企业在中国境外设立的科技活动机构数。

机构人员 指报告期末企业办研发活动机构中从业人员合计。

机构经费支出 指报告期企业办研发机构用于内部开展研发活动实际支出的总费用。包括机构人员劳务费（含工资）支出、机构业务费支出、管理费支出、固定资产购建支出以及其他维持机构正常工作的日常费用等的支出总和。

引进技术经费支出 指企业在报告期用于购买境外技术的费用支出，包括产品设计、工艺流程、图纸、配方、专利等技术资料的费用支出，以及购买关键设备、仪器、样机和样件等的费用支出。

消化吸收经费支出 引进技术的消化吸收指对引进技术的掌握、应用、复制而开展的工作，以及在此基础上的创新。引进技术的消化吸收经费支出包括：人员培训费、测绘费、参加消化吸收人员的工资、工装、工艺开发费、必备的配套设备费、翻版费等。消化吸收经费支出中属于科技活动的经费支出，除包含在本项外，还要计入企业科技活动经费支出中。

购买国内技术经费支出 指企业在报告期购买境内其他单位科技成果的经费支出。包括购买产品设计、工艺流程、图纸、配方、专利、技术诀窍及关键设备的费用支出。

技术改造经费支出 指企业在报告期进行技术改造而发生的费用支出。技术改造指企业在坚持科技进步的前提下，将科技成果应用于生产的各个领域（产品、设备、工艺等），用先进工艺、设备代替落后工艺、设备，实现以内涵为主的扩大再生产，从而提高产品质量、促进产品更新换代、节约能源、降低消耗，全面提高综合经济效益。

施工项目 指报告期内进行过建筑或安装施工活动的项目。凡是报告期内施过工的建设项目，不论施工时间长短，均作为施工项目统计。施工项目个数可以反映一定时期固定资产投资的实际规模，与同期全部建成投产项目个数相比，可以从建设速度的角度反映固定资产投资的效果。根据建设项目施工活动的不同性质，施工项目又分为：本年正式施工项目、本年收尾项目和以前年度全部停缓建项目。

全部建成投产项目 工业项目指设计文件规定形成生产能力的主体工程及其相应配套的辅助设施全部建成，经负荷试运转，证明具备生产设计规定合格产品的条件，并经过验收鉴定合格或达到竣工验收标准，与生产性工程配套的生活福利设施可以满足近期正常生产的需要，正式移交生产的建设项目。非工业项目指设计文件规定的主体工程和相应的配套工程全部建成，能够发挥设计规定的全部效益，经验收鉴定合格或达到竣工验收标准，正式移交使用的建设项目。

项目建成投产率 指一定时期内全部建成投产项目个数与同期施工项目个数的比率。该指标是从建设单位建设速度的角度反映投资效果的指标。

新增固定资产 指报告期内已经完成建造和购置过程，并已交付生产或使用单位的固定资产价值。该指标是表示固定资产投资成果的价值指标，也是反映建设进度，计算固定资产投资效果的重要指标。

固定资产交付使用率 指一定时期新增固定资产与同期完成投资额的比率。该指标是反映固定资产动用速度，衡量建设过程中宏观投资效果的综合指标。由于新增固定资产是较长时期内形成的结果，而投资额则是当年完成的，因此，该指标一般适宜于反映较长时期内固定资产的动用情况。